Beschik Tasch
Dolma Bagtsche
Dolma Bagtsche Serai
S. Dimitri
Taksim
Fyndykly
Tophane
Galata Serai
BOSPORUS
Reede
Serai Burnu (Serai Landspitze)
Kiss Kulessi Leanderturm
SKUTARI (ÜSKÜDA
Selimieh
Selimieh Kaserne (Garde)
Top Kapu Serai
Aja Sophia
Sultan Ahmed
HAUPT-BAHNHOF
HAIDAR PASC BAHNHOF
Haidar Pascha Militärspital
Grosse Moschee
Neue Moschee
Pascha Kapusi
Dampfschiffstation Beschiktasch
Dampfsch.-Station Kabatasch
Dampfschiff Station Skutari
Ausländische Stations-Kriegsdampfer

KONSTANTINOPEL.

Maſsstab 1 : 25,000.

Meter.
800 0 200 400 600 800 1000

Die Zahlen im Wasser bezeichnen die Meerestiefen in Metern.

Tramway. Eisenbahn. Dampferlinien.

STAMBUL PERA GALATA SKUTARI CHALCEDON
MARMARA-MEER
Maſsst. 1 : 240.000 Kilom.

es Institut in Leipzig.

Thomas Weiberg

Sultan & Kaiser

Abdül Hamid II. und Wilhelm II.

Orientpolitik
zwischen Wunsch und Wirklichkeit

MatrixMedia Verlag

Impressum

Internet: www.matrixmedia.info

Umschlagabbildung:
Sultan Abdül Hamid II. und Kaiser Wilhelm II.
Feundschaftspostkarte um 1900

Gestaltung und Layout: Masood Ghorbani
Druck: druckhaus köthen, Köthen
ISBN 978-3-946891-20-8

Grußwort von Hasan Cobanli

Dieses Buch berührt mich in vielerlei Hinsicht besonders – schwingt doch auch meine eigene deutsch-türkische Familiengeschichte darin mit: Mein deutscher Ur-Urgroßvater, der preußische Generalfeldmarschall und Kriegsminister Albrecht Graf v. Roon, hatte zwar keine unmittelbaren Berührungspunkte mit den Osmanen, aber er liebte die Türkei und bereiste sie privat, angeregt durch seinen Freund, den fast gleichaltrigen Generalfeldmarschall Helmuth Graf v. Moltke, der dort von 1836 bis 1839 als Militär-Instrukteur des damaligen Sultans Mahmut II. gelebt und in seinem großartigen Buch »Unter dem Halbmond« und den »Briefen über Zustände und Begebenheiten in der Türkei aus den Jahren 1835 bis 1839« darüber berichtet hatte. Mein osmanischer Urgroßvater Müsir (Feldmarschall) Sakir Pascha verhandelte mit den Emissären Wilhelms I. und dankte diesem als Erster im Namen des Sultans Abdul Hamid II. für dessen Geschenk an das Osmanische Reich, ein prachtvolles Grundstück für die Sommerresidenz der deutschen Botschafter in Terabya am Bosporus. Dessen Sohn, mein türkischer Großvater Cevat Çobanli Pascha, bekam von Wilhelm II. nach der unter seinem Küstenkommando siegreichen Dardanellen-Schlacht am 18. März 1915 als »Verteidiger der Dardanellen« unter anderem den Roten-Adler-Orden verliehen. (ja, es gibt sogar einen kleinen Film-Clip, auf dem er zu sehen ist, wie er dem Kaiser Wilhelm II. von einem Boot aus 1917 den Bosporus zeigt). Beide türkischen Vorfahren, wie auch der deutsche, waren kritische Diener ihrer Herrscher. Großvater Cevat schloss sich sogar dem Reformer und Republikgründer Mustafa Kemal (später: Atatürk) an, der den deutschen Verbündeten misstraut hatte und das Sultanat schließlich beendete. Nicht nur der DNA meiner preußisch-deutschen und osmanisch-türkischen Väter, sondern auch Ihrer exzellenten historischen Recherche wegen, ist es mir eine Freude, Ihnen, lieber Thomas Weiberg, zu diesem lehrreich erzählten Buch zu gratulieren.

Herzlich, Ihr Hasan Cobanli

Einführung

»Die Vergangenheit, das heißt die Geschichte,
ist für die Gesellschaft, was das Gedächtnis für das Individuum ist.«

Ahmet Hamdi Tanpınar

»Aber wer im Okzident kennt unsere Geschichte? Wer unterzieht sich der Mühe, sie kennenzulernen?« So fragte Sultan Abdül Hamid II. vor mehr als einhundert Jahren in einem Kapitel seiner ›Gedanken und Erinnerungen‹ und stellte damit auch die Frage nach der europäischen Bereitschaft zu einer tieferen Auseinandersetzung mit Osmanen oder Türken, um sie verstehen zu lernen. Auf den ersten Blick scheinen diese Fragen des Sultans bis heute, wenigstens in bezug auf eine breite Öffentlichkeit, noch immer aktuell.

Im Sommer 2009 fand im Istanbuler Şale Kasrı, das zu dem weitläufigen Ensemble des Yıldız Sarayı gehört, unter dem Titel ›İki dost hükümdar – Zwei befreundete Herrscher‹ eine Ausstellung unter der Schirmherrschaft des Präsidenten des Deutschen Bundestages sowie des Präsidenten der Großen Nationalversammlung der Türkei statt, die erstmals seit mehr als einhundert Jahren die Aufmerksamkeit der türkischen (und der deutschen) Öffentlichkeit auf die intensiven freundschaftlichen Beziehungen lenkte, die zwischen Abdül Hamid II. und Kaiser Wilhelm II. bestanden hatten. Der Ausstellungsort war gut gewählt, denn der hoch über dem europäischen Ufer des Bosporus gelegene Yıldız-Palast war die Residenz des Sultans gewesen, und Kaiser Wilhelm II. hatte während seiner Aufenthalte in Constantinopel 1889, 1898 und 1917 stets das eigens für ihn im Park errichtete Şale Kasrı bewohnt. Seine dreißig Jahre währende Regierungszeit zwischen 1888 und 1918 war eine Epoche enger Beziehungen zwischen dem deutschen Kaiserreich sowie dem Osmanischen Reich auf nahezu allen Gebieten, und beide Staaten profitierten davon in erheblichem Maß.

Die Entstehung dieses Buches verdankt sich, angeregt durch jene in Deutschland leider viel zu wenig beachtete Ausstellung,[1] jedoch letztlich Großherzogin Elisabeth von Oldenburg, der letzten regierenden Fürstin dieses nordwestdeutschen Staates. Die von mir vor einigen Jahren veröffentlichten und kommentierten Reisetagebücher[2] dieser weltoffenen und klugen Beobachterin, die im April

1902 gemeinsam mit Großherzog Friedrich August unter anderem Constantinopel und den osmanischen Hof besuchte, haben mich maßgeblich zu einer Beschäftigung sowohl mit der Person Sultan Abdül Hamids II. als auch dem Osmanischen Reich in seiner Spätzeit angeregt.

Aus einer ersten Beschäftigung mit der Person dieses gleichermaßen bedeutenden wie widersprüchlichen osmanischen Herrschers im Rahmen der Veröffentlichung der Reisetagebücher entstand der Wunsch, mehr über den Sultan und das Osmanische Reich in dieser Zeit zu erfahren. Schon bald erfolgte dabei die ernüchternde Feststellung, auf eine ungeahnte Fülle von Fakten und Zusammenhängen zu stoßen, je mehr ich in dieses verzweigte Thema eindrang. Damit Hand in Hand ging allerdings die Erkenntnis, daß es unbedingt lohnend ist, sich eingehend mit Abdül Hamid II. und dessen Sicht der Dinge auseinanderzusetzen, gibt es doch – zumindest in Deutschland – wenig Literatur, die sich konkret mit der Person dieses Sultans befaßt, obwohl seit weit mehr als einhundert Jahren in ganz Europa, die Türkei eingeschlossen, viel über ihn geschrieben wird, wobei das meiste davon dieser ambivalenten Persönlichkeit kaum Gerechtigkeit widerfahren läßt.

Seine nun erstmals vollständig übersetzten, tagebuchartigen Reflexionen, die die Grundlage des vorliegenden Buches bilden und über einen beigegebenen QR-Code im Internet gelesen werden können (siehe Seite 433), sind bereits auszugsweise im Frühjahr 1913 gänzlich unkommentiert in der von Ludwig Stein[3] herausgegebenen Monatsschrift ›Nord und Süd‹ in einer teils pointierten deutschen Übersetzung publiziert worden – ohne allerdings dabei auf nachhaltige Beachtung zu stoßen. Die von Stein damals veröffentlichten Aufzeichnungen Sultan Abdül Hamids II. enthalten zudem Passagen, die sich in dem von einem Sekretär des Padischahs unter dem Namen Ali Vehbi Bey 1914 herausgegebenen Buch ›Avant la débâcle de la Turquie. Pensées et Souvenirs de l'ex-Sultan Abdul-Hamid‹ nicht finden. Dieses Buch erschien in französischer Sprache im schweizerischen Neufchâtel, wobei es eine der eigentümlichen Fügungen der Geschichte sein mag, daß ausgerechnet dort die Erinnerungen des Preußen- und Deutschlandfreundes Abdül Hamid II. verlegt worden sind – gehörte doch Neufchâtel oder Neuenburg bis 1857 nominell zu Preußen. Jene französische Ausgabe von 1914 also liegt meiner Übersetzung nun zugrunde.

Nur auf den ersten Blick erstaunt es, daß die von Ludwig Stein damals vorgestellten ›Gedanken und Erinnerungen‹ Abdül Hamids II., der doch als ein Freund Wilhelms II. galt, in Deutschland gerade 1913, dem Jahr des glanzvoll in Szene gesetzten silbernen Thronjubiläums des Monarchen, aber auch danach, nicht auf größere Resonanz stießen. Doch standen die politischen Umstände dem entgegen: Die angestrebten engen Kontakte der deutschen Regierung auch zu den jungtürkischen Machthabern, die seit 1909, dem Jahr des endgültigen Sturzes Abdül Hamids II., das Osmanische Reich regierten – und diesem Sultan keineswegs wohlwollend zugeneigt waren, der im Jahr 1914 ausgebrochene Erste Weltkrieg, das dann vier Jahre später im Herbst 1918 folgende Ende der deutsch-osmanischen Freund- und Waffenbrüderschaft, der Untergang der Monarchie und die stürmischen Nachkriegsjahre in Deutschland sowie der dramatische Zerfall des Osmanischen Reiches, die Abschaffung des Sultanats und die schließlich folgende Neubegründung der Türkei durch Mustafa Kemal, den späteren Atatürk, wobei es zu einem radikalen Bruch mit allen Traditionen kam, trugen sicherlich ganz entscheidend dazu bei, daß die Erinnerungen Sultan Abdül Hamids II. in Deutschland bis heute nur sehr wenig Beachtung fanden. Das für beide Staaten und Völker so schicksalhafte zwanzigste Jahrhundert ist letztlich über sie hinweggegangen. Hinzu kommen die bis heute nicht restlos geklärte Entstehungsgeschichte dieser ›Gedanken und Erinnerungen‹ und die Frage, ob es wirklich Abdül Hamid II. gewesen ist, der diese Aufzeichnungen niederschrieb. Daß der abgesetzte Padischah an seinen beiden Exilorten seinem Sekretär Anmerkungen zu seiner Regierungszeit diktiert hat, ist überliefert, ebenso, daß die jungtürkischen Machthaber versuchten, diese Niederschriften aufzuspüren und zu konfiszieren. So mag es Ali Vehbi Bey gelungen sein, die ›Gedanken und Erinnerungen‹ Abdül Hamids II. ungesehen in das sichere Ausland zu bringen und zu publizieren. Jedenfalls vermitteln diese Aufzeichnungen einen sehr persönlichen, keineswegs unkritischen Blick auf die lange Regierungszeit des Sultans und sind es allein deshalb wert, aufmerksam gelesen zu werden.

Viele der Reformen, zu denen sich der Sultan wenigstens verbal bekannte, sind seitdem umgesetzt worden – in der Türkei gilt seit Mustafa Kemal Atatürk der gregorianische Kalender, die Berechnung der Uhrzeit folgt längst der europäischen Art, das lateinische Alphabet bildet seit über neunzig Jahren die Grundlage der türkischen Schrift – dennoch sind die Anmerkungen Abdül Hamids II. vielfach noch immer aktuell und stimmen gerade angesichts der gegenwärtigen Konfliktsituationen zwischen Europa und der islamischen Welt nachdenklich, etwa wenn es heißt: »Daß der Zivilisation des Orients all das Gute hinzugefügt wird, was die abendländische Kultur zu bieten hat – und sich so bei uns eine neue Kultur entfaltet, dies zu erleben, bleibt künftigen Generationen vorbehalten; sie werden dann beide Elemente miteinander verschmelzen können. Die europäischen Völker[4] maßen sich in unerhörter Weise an, zu glauben, in der ihnen eigenen Zivilisation liege das alleinige Heil. Unsere osmanisch-muslimische Kultur hat das gleiche Existenzrecht wie die christlich-abendländische Kultur.«[5]

Abdül Hamid II. spricht hier von zwei deutlich unterscheidbaren ›Kulturen‹ – der osmanisch-muslimischen und der christlich-abendländischen – ohne diese jedoch als gänzlich unvereinbare kulturelle Sphären aufzufassen. Die bis heute verbreitete Meinung, daß islamische und westliche Kultur in wesentlichen Teilen inkompatibel seien, bestand jedoch auch schon Ende des 19. Jahrhunderts – und das nicht etwa nur in Kreisen europäischer Politiker oder islamischer Geistlicher.

Die wirtschaftliche wie politische Dominanz der westlichen Welt und der unbedingte Wille, eben jene Vormachtstellung dauerhaft zu erhalten, Kolonialismus beziehungsweise Neokolonialismus, globale Ungleichheit der Chancen, Stagnation in weiten Bereichen der islamischen Welt, die fortschreitende Ablehnung ›westlicher Werte‹ sowie der damit einhergehende fatale Rückzug auf die ›letzte Resource Religion‹, das Erdöl als begehrter Rohstoff und Druckmittel trugen im weiteren Verlauf des 20. Jahrhunderts zur Vertiefung dieser Vorstellung bei. Jene Faktoren bilden seitdem das explosive Potential zahlreicher Konflikte, die unter anderem in der iranischen Revolution von 1979 oder den spektakulären Anschlägen am 11. September 2001 ebenso ihren Ausdruck fanden wie in den revolutionären Vorgängen und den darauffolgenden verheerenden Bürgerkriegen, die die islamische Welt seit 2011 erschüttern und durch die rege Beteiligung verschiedener ausländischer Groß- und Regionalmächte mit ganz unterschiedlichen Interessen immer wieder neue Nahrung bekommen.

Eine schnelle Lösung dieser Konflikte war und ist naturgemäß nicht möglich. In seinen Aufzeichnungen versuchte Sultan Abdül Hamid II. politische Strategien abseits brachialer Lösungswege zu skizzieren, wobei er sich keineswegs gegen beratende Hilfe der Europäer verwahrte, wenn sie denn ernstgemeint und uneigennützig war. Eingedenk seiner Doppelfunktion als Sultan-Kalif[6] beharrte er jedoch auf eigenen Initiativen zur Entwicklung der islamischen Welt – und vor allem darauf, von den Großmächten als gleichberechtigter Partner behandelt zu werden. Er lehnte das europäische Vormachtstreben strikt ab und trat stets für die territoriale Unversehrtheit seines Reiches ein. Doch nicht zuletzt seine gegen die Minderheiten innerhalb des Landes gerichtete gewalttätige Politik erleichterte den europäischen Großmächten das Eingreifen in die inneren Belange des Staates, und so trug der Monarch selbst dazu bei, dessen Integrität zu gefährden. Fernerhin gelang es Sultan Abdül Hamid II. keineswegs, Militär, Beamtenapparat und Bildungseliten dauerhaft in seine Reformbestrebungen einzubinden, um auf diese Weise deutlich vor dem Umsturz im Jahr 1908 eine glaubhafte Abkehr von seinen seit der Suspendierung der Verfassung angewandten autokratischen Herrschaftsprinzipien einzuleiten.

An der komplizierten Gemengelage zwischen Orient und Okzident hat sich seitdem kaum etwas geändert, die autokratischen Regierungen in den Nachfolgestaaten auf dem Boden des Osmanischen Reiches sehen sich spätestens seit dem Frühjahr 2011 schweren Erschütterungen und massiven Forderungen der Bevölkerung nach demokratischen Reformen gegenüber. Mittlerweile dürfte die bloße Friedenssehnsucht der zunehmend illusionslosen Menschen alle anderen Forderungen überlagern. Die aktuellen Vorgänge im Nahen Osten, in Kleinasien und Nordafrika sowie die oftmals von einseitigen Sichtweisen bestimmten Diskussionen in Europa zeigen, wie schwierig es auch in unseren Tagen ist, beide Kulturkreise zu verbinden und traditionelle Wertvorstellungen zu reformieren. Soll der Wunsch Sultan Abdül Hamids II. sich heute dahingehend erfüllen, daß »der Zivilisation des Orients all das Gute hinzugefügt wird, was die abendländische Kultur zu bieten hat – und sich so bei uns eine neue Kultur entfaltet«, müssen beide Seiten neue Wege beschreiten und das herrschende Ungleichgewicht beseitigen. Nur wenn sich beide Kulturen gegenseitig in Respekt und Achtung begegnen, können aus den Gegnern des 19. und des 20. Jahrhunderts Partner für das 21. Jahrhundert und darüber hinaus werden.

Repräsentiert Sultan Abdül Hamid II. naturgemäß die osmanische Seite der sich in seiner Regierungszeit dynamisch entwickelnden Beziehungen zu Deutschland, so steht Kaiser Wilhelm II. für den deutschen Part. Nach einigem medialen Interesse im Jahr 2018, dem einhundertsten Jahrestag der erzwungenen Abdankung des Kaiers, ist es still um ihn geworden. Seine vielschichtige Persönlichkeit scheint ausgedeutet, seine Politik in allen Facetten ausgeleuchtet zu sein. Dennoch gilt es immer wieder Neues zu entdecken, sich der Person Wilhelms II. und der nach ihm benannten Epoche unter neuen Gesichtspunkten und Fragestellungen zu nähern. Dabei darf jedoch keineswegs übersehen werden, daß der deutsche Kaiser Oberhaupt eines Bundesstaates war, ›primus inter pares‹, dessen Teilstaaten, von vier Ausnahmen abgesehen, Monarchien waren, die von den Bundesfürsten regiert wurden. Vertraten die einzelnen Regenten das Deutsche Reich auch nicht nach außen, so waren sie doch nicht ohne Bedeutung für die Außenpolitik. Wilhelm II. wußte das zuweilen sehr zu schätzen, wie der im Buch dargestellte Constantinopel-Besuch des Großherzogs und der Großherzogin von Oldenburg im Jahr 1902 zeigt.

Deutschlands dritter Kaiser sah sich bereits zu seinen Lebzeiten zahlreicher Kritik ausgesetzt. Schon seinen Zeitgenossen galt er als sprunghaft – sie nannten ihn »Wilhelm den Plötzlichen« – und wenig ausdauernd bei der politischen Arbeit. Stattdessen, so wurde und wird kritisiert, gefiel er sich in glanzvollen Inszenierungen und ließ es oftmals an politischer Feinfühligkeit mangeln. Die Worte des Dichters Emanuel Geibel: »Und es mag am deutschen Wesen einmal noch die Welt genesen« schienen den argwöhnischen Franzosen, Briten oder Russen so recht zu dem oftmals so selbstherrlich auftretenden deutschen Kaiser zu passen. Die martialischen Worte vieler seiner Reden während seiner dreißigjährigen Regierungszeit, von denen immerhin sechsundzwanzig Jahre Friedensjahre waren, ließen die europäischen Nachbarn aufhorchen und wohl auch aufschrecken. Rasselte Wilhelm II. nicht immer wieder laut mit seinem Säbel, war er nicht bereit, Europa jederzeit in einen Krieg zu stürzen, um Deutschland als Weltmacht zu etablieren? Hatte der Kaiser auch andere Seiten? Immerhin verkündete er in seiner Thronrede im Jahr 1888: »In der auswärtigen Politik bin Ich entschlossen, Frieden zu halten mit jedermann, so viel an Mir liegt. [...] Deutschland bedarf weder neuen Kriegsruhms noch irgend welcher Eroberungen, nachdem es sich die Berechtigung als einige und unabhängige Nation zu bestehen, endgültig erkämpft hat.« Mag sich das wenigstens auf die Orientpolitik Wilhelms II. anwenden lassen?

Zu einer Zeit, da die Politik der Fürsten bereits weitgehend durch die Politik der Kabinette abgelöst war, wollte Kaiser Wilhelm II. noch immer selbst die Politik bestimmen, griff häufig in das politische Tagesgeschehen ein und sprach lieber selbst mit dem russischen Zaren, dem britischen König oder eben dem osmanischen Sultan. Er wurde und wird deswegen scharf kritisiert und agierte in der Tat oftmals nicht glücklich dabei. Die gutgeölte diplomatische Maschinerie fühlte sich gestört, das starke persönliche Engagement eines Monarchen mochte als unzeitgemäß gelten, erinnerte an absolutistische Zeiten. Doch war genau dieses Vorgehen Wilhelms II. nicht auch sehr modern? Denn wie verhält es sich heute im 21. Jahrhundert: Heutzutage ist es selbstverständlich, daß Staats- und Ministerpräsidenten kurzfristig durch die Welt ›jetten‹, um in direkten Gesprächen auf Augenhöhe Konflikte zu lösen, Wirtschaftskontakte anzubahnen und ›Freundschaften‹ zu pflegen – und auch im Inland eilen sie von Termin zu Termin, sind überall präsent, halten zahllose Reden. Wilhelm II. tat nichts anderes und wird deswegen bis heute als der »Reisekaiser« bestenfalls belächelt. Ebenso ist für uns heute die starke mediale Präsenz der Staats- und der Regierungschefs alltäglich geworden, niemand mokiert sich darüber. Wilhelm II. erkannte frühzeitig die Bedeutung der Massenmedien, wurde jedoch zumeist dafür kritisiert, daß er alles im Bild und bald auch im Film festhalten ließ. Wurden die Constantinopel-Besuche von 1889 und 1898 noch mit zahlreichen Photographien der Nachwelt überliefert, so war es 1917 schon ein Film für die Wochenschau, der den Deutschen zeigte, wie ihr Kaiser zu Schiff über den Bosporus fuhr und durch den Sultan empfangen wurde.

Daß nicht alle Felder der Politik einen Staatschef, sei er nun Monarch oder auf Zeit gewählter Repräsentant, gleichermaßen interessieren, liegt auf der Hand. Bei Kaiser Wilhelm II. war das nicht anders, früh prägte sich aber bei ihm eine Vorliebe für die Außenpolitik aus. So mag es nicht verwunderlich erscheinen, daß er bald nach seinem Regierungsantritt begann, sich in diesem Bereich ein eigenes Feld zu erschließen. Der Gegenstand seines Interesses allerdings verwunderte seine Zeitgenossen – es war das Osmanische Reich, auf das die europäischen Großmächte, mit Ausnahme Deutschlands, in kolonialer Manier seit langem begehrliche Blicke gerichtet hatten. Ganz wie heute, zu Beginn des 21. Jahrhunderts, üblich, knüpfte der Kaiser schon 1888 persönliche Kontakte zu dem Herrscher dieses Reiches, das mit inneren wie äußeren Schwierigkeiten zu kämpfen hatte und starke Partner brauchte. Er hatte Erfolg – Abdül Hamid II., ein erfahrener Politiker, lud den jungen ›Kollegen‹ mitsamt seiner Frau nach Constantinopel ein. Das Interesse für den Orient und das Osmanische Reich sollte fortan den deutschen Kaiser durch sein Leben begleiten, zumal sich zwischen ihm und Abdül Hamid II. eine Art Freundschaft entwickelte. Zumindest bis 1909, dem Jahr, in dem der Sultan abgesetzt wurde, waren die osmanischen Angelegenheiten für Wilhelm II. gewissermaßen ›Chefsache‹, doch auch danach zeigte er rege Anteilnahme und ließ sich ausführlich unterrichten.

Dem Sultan ging es nicht nur darum, enge Beziehungen zum deutschen Kaiser anzuknüpfen, ihm war auch daran gelegen, regierende deutsche Fürsten und einzelne Erbprinzen kennenzulernen. Auch Kaiser Wilhelm II. war daran interessiert, seine Orientpolitik fest zu verankern und deutsche Bundesfürsten zu diesem Zweck in jene Politik einzubinden. Ein befreundeter Herrscher wie der Sultan, der Französisch sprach, aber ansonsten sehr exotisch erschien, war ein Gastgeber, dessen großzügige Einladung auch Großherzog Friedrich August und Großherzogin Elisabeth von Oldenburg im Frühjahr 1902 annahmen. Trug der Besuch offiziell privaten Charakter, so fiel er doch in eine für die deutsch-osmanischen Beziehungen wichtige Zeit, denn es galt die wichtigen Verhandlungen über den Bau der Bagdadbahn abzuschließen. Die Visite des oldenburgischen Fürstenpaares war sicherlich beiderseits erwünscht. Der Besuch von Großherzog Friedrich August, der mit der Familie des deutschen Kaisers ebenso verwandt war wie Großherzogin Elisabeth, zeigte dem Sultan, wie wichtig er der deutschen Staatsspitze war. Der Sultan wiederum zeigte mit dem herzlichen Empfang des Fürstenpaares, wie groß sein Interesse an guten Beziehungen zu Deutschlands obersten Repräsentanten war. Sicherlich wurde im Vorfeld einer solchen Reise auf Nachfrage aus Berlin signalisiert, daß der Besuch des oldenburgischen Großherzogs am osmanischen Hof durchaus erwünscht sei. Heute spricht man angesichts solcher Maßnahmen von den ›weichen Faktoren‹, die für das Gelingen eines politischen oder wirtschaftlichen Vorhabens sehr wichtig und längst selbstverständlich sind.

Bei seinem Engagement für die deutsch-osmanischen Beziehungen ging der deutsche Kaiser weder planlos noch mit der ihm oft attestierten Oberflächlichkeit vor. Er hielt, von politischen wie von ökonomischen Interessen gleichermaßen geleitet, als einer der wenigen europäischen Repräsentanten über lange Zeit strikt daran fest, das Osmanische Reich zu entwickeln und zu unterstützen, statt es zu schwächen, wandte sich gegen eine Zerteilung des Reiches und war bis 1918 bestrebt, für beide Seiten vorteilhafte Wirtschaftsbeziehungen anzubahnen und auszubauen. Die Zeitgenossen, denen die enge Verbindung von Politik und Wirtschaft noch suspekt erscheinen mochte, nannten den Kaiser spöttisch »den ersten Handlungsreisenden Europas«. Heute hingegen ist es völlig normal geworden, daß Politiker auch im Dienst der Wirtschaft Politik betreiben. Wilhelm II. hatte, vielleicht deutlicher als andere Monarchen, die Zeichen der Zeit erkannt. Gerade deshalb darf die Epoche der deutsch-osmanischen ›Freundschaft‹ jener Epoche im Abstand von nun mehr als einhundert Jahren nicht verklärt und auf die Bekanntschaft zweier Männer reduziert werden. Beide Mächte verbanden handfeste Interessen, es ging, kaum anders als heute, um politisches Kalkül und um Märkte. Mit ihrer Politik wollten beide Monarchen verläßliche Grundlagen für das

20. Jahrhundert legen. Trotz aller Umschwünge und Widrigkeiten scheint es, als sei ihnen dies wenigstens im Hinblick auf die deutsch-türkischen Beziehungen gelungen. Aber Freundschaften müssen weiterhin beiderseits gepflegt und entwickelt werden, ganz gleich, ob sie zehn oder einhundert Jahre alt sind. Diese uralte Erkenntnis wird in unseren Tagen jedoch immer öfter auf dem Altar effekthascherischer Tagespolitik geopfert, wobei die erheblichen Folgen unabsehbar sind.

Der türkische Romancier Ahmet Hamdi Tanpınar[7] stellte sehr treffend fest: »Die Vergangenheit, das heißt die Geschichte, ist für die Gesellschaft, was das Gedächtnis für das Individuum ist.« Tanpınar kam zu dem Schluß, daß ein Mensch ohne historisches Bewußtsein, geprägt durch eine Gesellschaft, die mit ihrer Zivilisation gebrochen hat, seine Zukunft nicht zu gestalten vermag. Auf die Türkei und Deutschland trifft das angesichts der an Irrungen und Wirrungen reichen Geschichte gleichermaßen zu. Dieses Buch handelt in weiten Teilen von Reformen und Reformideen beziehungsweise von dem Streben, sie durchzusetzen oder zu behindern. Seit dem Ende des 18. Jahrhunderts versuchten die Sultane, ihr Reich zu modernisieren, die reformfreudige Zeit der ›wohltätigen Verordnungen‹[8] – auch Tanzimatära genannt – begann jedoch erst 1839. Viel öfter allerdings als die Sultane verlangten die schon damals am Bosporus durch ihre Botschafter vertretenen europäischen Großmächte mit Nachdruck diese Reformen. Daß sie dabei keineswegs selbstlos vorgingen, liegt – zumal in der Epoche eines hemmungslosen Imperialismus – auf der Hand. Auch damit beschäftigt sich dieses Buch.

Am Ende dieser Einführung soll daher die Stimme eines bedeutenden europäischen Politikers stehen, eines Mannes, der infolge seiner extrem konservativen Einstellung eine abweichende Haltung von den lange Zeit üblichen europäischen Meinungen bezüglich des Osmanischen Reiches pflegte: Es handelt sich um den bekannten österreichischen Staatskanzler Clemens Fürst von Metternich.[9] Seine zielgerichteten Aussagen mögen heutigen Lesern im Abstand von nahezu zwei Jahrhunderten teils klug und bedenkenswert erscheinen – sind sie doch zum Teil von einiger Aktualität für die Tagespolitik allgemein. Dem Politiker Metternich war sehr bewußt, was heute, in einer weitgehend atemlosen Zeit, die stets und in allem schnelle Lösungen erwartet, zuweilen in Vergessenheit geraten ist: Wird die eigene Gesellschaft oder Kultur nach fremden Mustern verändert, ohne sie dabei gleichzeitig mit ihrer eigenen Vergangenheit zu harmonisieren, so können daraus bedrohliche Fehlentwicklungen entstehen. Doch der durchtriebene Reaktionär Fürst von Metternich fürchtete etwas anderes noch viel mehr – er witterte die Gefahr, daß die eingeleiteten Reformen auch im Osmanischen Reich an dem Prinzip des Gottesgnadentums der Monarchie rütteln könnten. Diesen fragwürdigen Modus der Legitimation autokratischer Herrschaft aber galt es in seinen Augen überall unbedingt zu erhalten. So instruierte er Graf Anton von Apponyi,[10] der als Botschafter Wiens am osmanischen Hof akkreditiert war, zu Beginn der 1840er Jahre: »Das osmanische Reich ist in Dekadenz. Von allen Ursachen dieser Dekadenz ist die schlimmste gewesen: Die Reformidee à l'européenne des Sultans Selim. Sie ist die erste Basis, auf ihr hat der gegenwärtige Sultan – Abdul Medschid – weitergebaut; und seine Stützen sind bloß: Tiefste Unwissenheit und immense Illusionen. Wir rathen der Pforte: Etablieren Sie Ihre Regierung auf dem Respect vor Ihren religiösen Institutionen. Diese sind die Fundamente Ihrer Existenz als Macht, sie sind das feste Band zwischen dem Sultan und seinen moslemischen Unterthanen. Marschiren Sie mit der Zeit und consultiren Sie die Bedürfnisse derselben. Machen Sie Ordnung in Ihrer Administration, reformiren Sie da! Aber stürzen Sie die Administration nicht, um ihr andere Formen zu substituieren, welche Ihnen nicht passen und die den Menschen dem Vorwurf aussetzen, daß er weder den Werth dessen kennt, was er zerstört, noch den Werth dessen, was er an der Stelle des Zerstörten aufrichtet. Entleihen Sie der europäischen Civilisation nicht Institutionen, welche mit den Ihren nicht stimmen, weil die occidentalen Institutionen auf anderen Principien basiren, als auf jenen, welche bei Ihnen als Reichsfundamente dienen. Die occidentale Basis ist das christliche Gesetz. Bleibet Türken! Aber dann consultirt den Islam. Bedient Euch dessen, was das moslemische Gesetz Euch liefert, um Toleranz zu üben. Gewährt Euren christlichen Unterthanen vollkommene Protection. [...] Veröffentlicht niemals ein Gesetz, dem Ihr nicht die Ausführung sichern könnt. Schreitet geradeaus zum Guten, ohne Rücksicht, was Ihr für die öffentliche Meinung des Occidents haltet. Ihr werdet diese Stimme nicht verstehen. Statt dieser Meinung werdet Ihr dann jene für Euch haben, welche etwas werth ist ... Alles in Allem: Wir hören nicht auf, die Pforte zur Verbesserung ihres administrativen Systems anzueifern. Aber wir rathen ihr ab, das Prototyp dieser Verbesserung in den Modellen zu suchen, welche nichts gemein haben mit den Bedingungen, die für das türkische Reich passen. Wir rathen ab, die Staaten zu imitiren, deren fundamentale Gesetzgebung im Gegensatze zu den Sitten des Orients sich befindet. Wir rathen der Pforte, sich sorgfältig zu vertheidigen gegen den Import solcher Reformen, welche auf die moslemischen Länder nur auflösend wirken können ...«[11]

Ein Prinz im Schatten des Thrones
Die Jahre bis zur Weltausstellung 1867

»Wohl gibt es Fürsten,
Die nach Wahrheit dürsten,
Doch wenigen ward ein so gesunder Magen
Sie zu vertragen.«

Friedrich von Bodenstedt, aus den Liedern des Mirza Schaffy

»Tiefbewegt von dem Gedanken, an der Stelle zu stehen, wo einer der ritterlichsten Herrscher aller Zeiten, der große Sultan Saladin[12] geweilt hat, ..., ergreife Ich mit Freuden die Gelegenheit, Sr. Majestät dem Sultan Abdul Hamid zu danken für seine Gastfreundschaft. Möge Se. Majestät der Sultan und mögen die 300 Millionen Mohammedaner, welche auf der Erde zerstreut lebend, in ihm ihren Kalifen verehren, dessen versichert sein, daß zu allen Zeiten der Deutsche Kaiser ihr Freund sein wird.«[13]

Wer war dieser Sultan, den der deutsche Kaiser Wilhelm II. am 9. November 1898 während einer in Damaskus gehaltenen Rede mit solch emphatischen Worten seiner Freundschaft versicherte? Die folgenden Kapitel sind der Versuch einer Antwort, ohne alle Facetten der komplexen Persönlichkeit Abdül Hamids II. erfassen zu können. Dies muß einer ausführlichen deutschsprachigen Biographie, die sowohl aus europäischen als auch osmanisch-türkischen Quellen schöpft, vorbehalten bleiben.

Am 15. Şaban 1258, nach dem gregorianischen Kalender war dies der 22. September 1842, wurde dem seit drei Jahren das Osmanische Reich regierenden Sultan Abdül Medschid[14] in dem am Bosporus gelegenen Çırağan-Palast ein zweiter Sohn geboren. Kanonensalven verkündeten der Bevölkerung in Constantinopel[15] dieses frohe Ereignis.

Prinz Abdül Hamid erblickte das Licht der Welt in der Hauptstadt eines Großreiches, in dem mindestens fünf verschiedene Zeitrechnungen[16] nebeneinander existierten, das sich über drei Kontinente – Asien, Europa sowie Afrika – erstreckte, in dem mehr als dreißig verschiedene Völker[17] lebten, in dessen Hauptstadt die Einwohner etwa fünfundzwanzig Sprachen sprachen, zahlreiche

Religionen seit Jahrhunderten selbstverständlich beheimatet waren und wo neben dem Kalifen oder dem Scheich ül-Islam der ehrwürdige Patriarch von Constantinopel[18] seinen Sitz hatte.

Der Prinz wurde in eine Ära der Reformen hineingeboren: Am 3. November 1839 verkündete sein Vater Sultan Abdül Medschid mit dem ›Hatt-i scherif von Gülhane‹ den Beginn der als ›Tanzimat‹ bezeichneten Ära weitgreifender Reformen, die das vom Untergang bedrohte Osmanische Reich modernisieren und Europa annähern sollten. Die Zustände waren katastrophal – das Reich drohte von den Rändern her zu zerfallen: Griechen, Serben, Bulgaren sowie Rumänen kämpften um ihre Unabhängigkeit, in Ägypten hatte sich eine Bewegung gebildet, die das Land von der osmanischen Oberherrschaft befreien wollte, die Zustände in Armee und Verwaltung waren verheerend, die Staatsfinanzen befanden sich in einem Zustand permanenter Zerrüttung.

Prinz Abdül Hamid hatte bereits zwei ältere Schwestern und einen Bruder, der 1876 als Sultan Murad V. für nur wenige Wochen regieren sollte, bis Abdül Hamid selbst an dessen Stelle den Thron bestieg. Der Prinz verbrachte seine Kindheit gemäß der Tradition, abgeschirmt von der Welt, im Harem seines Vaters. Seine Mutter war Tirimüjgan Kadın Efendi, eine Tscherkessin, die bereits 1853 im Alter von nur vierunddreißig Jahren an Tuberkulose starb.

Sultan Abdül Aziz und Sultan Murad V.

Die Hierarchie im Harem des Padischahs war streng: Die vier angetrauten Gemahlinnen des osmanischen Sultans trugen den Titel ›Kadın Efendi‹, sie wurden aus der Zahl der sogenannten Hassekis (Favoritinnen) ausgewählt, die im Rang tiefer standen. Unter ihnen standen wiederum die İkbals,[19] denen die Gözdes folgen. Hasseki bezeichnet eine Frau, die bereits einem Kind des Sultans das Leben geschenkt hat, die İkbal hingegen ist eine Frau, die noch kein Kind des Sultans geboren hatte. Innerhalb dieser Hierarchien gab es noch weitere Abstufungen. »Die Gjösde wiederum sind Fräulein ›unter dem Auge des Padischahs‹, Erwartende, die noch nicht die Liebe des Sultans genossen haben, auf die aber jederzeit der Sultan sein Auge werfen kann, die dann sofort den Rang einer Ikbal oder Chasseki erreichen,«[20] erläuterte der Kulturhistoriker und Journalist Bernhard Stern in seinem 1901 erschienen Buch über den Hof sowie die Familie des Sultans, das den wißbegierigen europäischen Lesern und Leserinnen ein Bild über die wenig bekannten inneren Zustände des Hofes zu vermitteln trachtete, wobei es sich wegen seiner zumeist fundierten und vor Ort erworbenen Kenntnisse durchaus vorteilhaft von der damals ziemlich verbreiteten Kolportageliteratur über den Sultan abhob. Die erste Stelle unter den Damen des Hofes bekleidete allerdings traditionell die Mutter des Sultans, die den Titel ›Ihre Kaiserliche Majestät die Sultansmutter‹ trug. Da Abdül Hamids II. leibliche Mutter verstorben war, übernahm deren höfischen Rang als ›Walide Sultan‹[21] eine der Gemahlinnen seines Vaters, Rahime Perestu Kadın Efendi, ebenfalls eine Tscherkessin. Sie lebte in Pera (Beyoğlu) im hoch über dem Bosporus liegenden Maçka-Palast. Der Tradition des Hofes entsprechend, wurden ihr alle kaiserlichen Ehren erwiesen, am Hof Abdül Hamids II. spielte sie allerdings keine politische oder gesellschaftlich eigenständige Rolle, wobei der Sultan sie als ›Mutter‹ offenbar zärtlich verehrte. Die zweite Frau am Hof war stets die erste Gemahlin des Sultans, die den besonderen Titel Baş Kadın Efendi trug und nach dem Tod der Walide Sultan an deren Stelle aufrückte.

Sultan Abdül Hamid selbst schrieb in seinen Erinnerungen über seine Kindheit folgendes: »Es wird vergessen, unter welchen Umständen ich aufgewachsen bin. Meine Brüder und Schwestern sind verwöhnt und liebevoll umsorgt worden, während ich, aus welchem Grund, lasse ich außer Acht, von meinem Vater nicht immer gut behandelt wurde. Nur mein armer Bruder Murad verstand mich. Seit meiner Kindheit hatte ich einen ernsten Charakter; Spiele nur wenig liebend, dachte ich frühzeitig über die tiefgreifenden Fragen des menschlichen Lebens nach. Ich war ein Träumer, weswegen meine Erzieher mich schalten und sich deswegen bei meinem Vater beklagten. Mich von meiner Umgebung unverstanden fühlend, zog ich mich mehr und mehr in mich selbst zurück.«[22]

Der wahrhaft schillernde ungarische Turkologe und Orientalist Arminius Vámbéry[23] scheint diese Schilderung in seinen Erinnerungen zu bekräftigen. Er erteilte Fatma Sultan,[24] der ältesten Schwester des Prinzen, Französischunterricht und begegnete dabei dem etwa sechzehn Jahre alten Prinzen. Vámbéry beschrieb ihn als »schlanken, blassen, schwach aussehenden Jungen«, der ihm neugierige Fragen gestellt habe. Wie Vámbéry schrieb, fragte der Prinz dabei selten nach Themen aus dem Unterricht, sondern lenkte das Gespräch meist auf seine Verwandten. Im Harem sei Hamid Efendi als Spion bekannt und gefürchtet gewesen.[25] Diese Behauptungen wurden von vielen anderen Europäern, die über Sultan Abdül Hamid II. schrieben, in den kommenden einhundertzwanzig Jahren immer wieder begierig aufgegriffen, ohne sie allerdings auf ihren Wahrheitsgehalt hin zu überprüfen.

In ihrer tiefgreifenden Arbeit zu Leben und Werk Vámbérys geht Ruth Bartholomä auf diesen durchaus heiklen Punkt ein: »Vámbérys Angaben werden von späteren Biographen Abdülhamids aufgegriffen. So zitiert der britische Autor und Publizist Sir Edwin Pears in seiner Biographie ›Life of Abdul Hamid‹ Vámbérys Eindrücke vom jungen Sultan und führt zur Begründung an, dass über die Jugendjahre des späteren Herrschers kaum etwas bekannt sei. [...] Auch die britische Schriftstellerin Joan Haslip nutzt bei ihrer Darstellung Abdülhamids Vámbérys Berichte.«[26] Dabei darf durchaus gefragt werden, ob Arminius Vámbéry mit seinen Äußerungen ein glaubhafter Gewährsmann ist. Seine seit einem Aufenthalt am Bosporus im Jahr 1889 offenbar intensive Beziehung zu Sultan Abdül Hamid II. trübte sich im Lauf der Jahre, da sich Vámbéry, der offensichtlich Kritik nur schwer vertrug, als Ratgeber nicht geschätzt glaubte. Der eitle und seine Bedeutung wohl gelegentlich überschätzende Vámbéry wußte denn auch in seinen Erinnerungen kaum etwas Schmeichelhaftes über den Sultan zu berichten, gekränkte Eitelkeit als Motiv mag hier – neben tatsächlicher Beobachtung – eine Rolle gespielt haben. Doch werden seine Äußerungen seit mehr als einhundert Jahren als feststehende Tatsachen gewertet.

Daß Hamid Efendi ein ängstliches Kind war, das in der abgeschlossenen Welt des Harems aufwuchs, beleuchtet eine andere Episode, die er angeblich selbst Vámbéry berichtet hatte: »... während einer Audienz für den britischen Botschafter, den berühmten Stratford Canning,[27] hatte der Diplomat den etwa acht Jahre alten Prinzen umarmt; geängstigt durch diesen ersten Kontakt mit einem Christen, begann das Kind zu weinen. Sein Vater tröstete ihn, indem er erklärte, daß er keine Angst haben solle, denn es handele sich um einen Vertreter einer befreundeten Nation, die die Türken wie Brüder behandle.«[28] Angesichts dieser wahrhaft rührenden Geschichte gilt es, nicht zu vergessen, daß ihr Überlieferer Arminius Vámbéry enge Beziehungen zu Großbritannien unterhielt und eventuell sogar zeitweilig als britischer Agent in Zentralasien tätig war.

Als Prinz Abdül Hamid fünf Jahre alt war, erfolgte die rituelle Beschneidung – gemeinsam mit seinem Bruder Murad – im Rahmen einer festlichen Zeremonie im kaiserlichen Lustschloß in Haydarpascha auf der asiatischen Seite des Bosporus. Damit begann 1847 für den jungen Prinzen der Schulunterricht, der in der alten Residenz der Sultane, dem Topkapı-Palast, stattfand. Wie seine Geschwister erhielt Abdül Hamid dazu ein arabisches Alphabet sowie einen Koran, eine mit der ›Tuğra‹ (dem kaiserlichen Siegel) seines Vaters versehene samtene Federtasche, die mit Perlen bestickt war und einen mit Brillanten geschmückten Verschluß besaß. Ein mit violetter Seide bezogenes Kissen, um sich während der Unterrichtsstunden im Schneidersitz niederzulassen, ferner ein kleines Lesepult, ›Rahle‹ genannt, zum Ablegen des Geschriebenen vervollständigten die Ausstattung des prinzlichen Schülers.[29]

Abdül Hamid erhielt die für Prinzen am Hof traditionell üblichen Unterweisungen, osmanisch ›Adab‹ genannt. Damit sollten ihm neben ausgezeichnetem Benehmen, Anstand und Höflichkeit auch Konversationsfähigkeit, Beherrschung der Hofsprache, der Einsatz von Komplimenten, die Fähigkeit, auf einen Gesprächspartner einzugehen und ihm dabei zu schmeicheln, kurz gesagt, die für ein männliches Mitglied des Herrscherhauses erforderlichen Umgangsformen vermittelt werden. Abdül Hamid II. beherrschte sie später dann als Sultan in solch vollendeter Weise, daß er alle seine Besucher – ganz gleich, ob Monarchen, Diplomaten oder Journalisten – damit zu bezaubern oder, wie seine Gegner sagten, zu blenden vermochte. Auf jeden Fall verstand er sich dann als Sultan vortrefflich auf diese unverbindlichen Äußerlichkeiten, so daß er nur wenigen gestattete, Einblicke in sein tiefstes Inneres zu nehmen.

Ein bezeichnendes Beispiel für diese von Abdül Hamid II. oftmals sehr bewußt eingesetzten, courtoisen Fähigkeiten liefert die kurze Episode, die Freiherr Dalwigk zu Lichtenfels im Frühjahr 1902 anläßlich des Besuches des oldenburgischen Großherzogspaares erwähnte. Der Padischah verstand es, seinen Gästen mit einer besonderen Geste zu schmeicheln und sie auszuzeichnen: »Für den folgenden Tag war unsere Abreise geplant, und der Großherzog hatte beim Sultan anfragen lassen, ob und wann er sich verabschieden dürfe. Statt dessen kam aber die dringende Bitte zurück, daß die höchsten Herrschaften noch einmal zu ihm in ganz intimen Zirkel kommen sollten; die Zahl des Gefolges war freigestellt, und so nahm der Großherzog die gnädige Einladung für den 7. abends an und gestattete uns allen, d. h. zwei Damen und vier Herren, mitzukommen. Wir waren durch diese Höflichkeit auf das Angenehmste überrascht, denn soweit mir bekannt war, hatte der Sultan bei ähnlichen hohen Besuchen in früheren Jahren sich nur den Fürstlichkeiten gezeigt, sich aber von den Mahlzeiten usw. ferngehalten. Jetzt sollten wir, nachdem er sich schon bei und nach dem Galadiner verhältnismäßig zwanglos unter seinen Gästen bewegt hatte, in das Innere seiner Privatwohnung gelangen.«[30]

Hamid Efendi erhielt zudem den für einen osmanischen Prinzen damals typischen Unterricht – Stunden in Arabisch, Persisch (das damals am Hof und in den gebildeten Schichten gesprochene Türkisch war mit zahlreichen arabischen und persischen Wörtern durchsetzt und wurde in arabischer Schrift geschrieben)[31] sowie Französisch. Die Französischstunden erteilten ihm unter anderem Edhem Pascha,[32] der spätere Botschafter in Berlin und Großwesir, sowie der künftige Außenminister und Großwesir Mahmud Esat Pascha.[33] Der Hofhistoriograph Lütfi Efendi[34] übernahm den Unterricht in osmanischer Geschichte. Wie bereits erwähnt, war der Prinz nach eigener Aussage ein oftmals unaufmerksamer Schüler, der seinen eigenen Gedanken nachhing und das Gefühl hatte, daß er vom Lernen abgehalten werde, damit er später dem Thron – und damit auch seinem älteren Bruder – nicht gefährlich werden könnte.

In seiner ausführlichen Biographie des Padischahs geht François Georgeon auf dessen spätere Ausbildung ein. Er führt aus, Abdül Hamid II. habe noch als Sultan deutliche Lücken in der Bildung erkennen lassen, wobei sich auch Georgeon ausschließlich auf Arminius Vámbéry bezieht. So sei er in der Orthographie unsicher gewesen und habe hinsichtlich der Geschichte, Geographie und Literatur nur über begrenzte Kenntnisse verfügt, selbst seine religiöse Unterweisung habe zu wünschen übrig gelassen. Diese Behauptung Vámbérys in bezug auf den Kalifen scheint wenig glaubhaft, zumal offenbar auch Zweifel an Vámbérys eigenem Verständnis des Islams zu bestehen scheinen.

Diese Arbeit kann nicht der Frage nachgehen, wie tief die Kenntnisse Sultan Abdül Hamids II. bezüglich des Islams gewesen sind; in Kreisen frommer Muslime wird er jedenfalls bis heute als bedeutender Kalif verehrt. Turki Mugheid schreibt dazu knapp, Abdül Hamid II. »betonte die Wichtigkeit des Kalifen-Titels als des Fürsten aller Gläubigen und belebte die frühere Pracht des Kalifats wieder.«[35]

Weiter heißt es, der Sultan habe außerdem, wenn überhaupt, nur soviel Französisch verstanden, daß er in der Lage gewesen sei, die Übersetzer zu tadeln, wenn sie in ihren Übersetzungen ein wichtiges Wort des Sultans vergessen hatten.[36] Wieder scheint es geboten, den Aussagen des Turkologen nicht in allem bedingungslos zu trauen. Arminius Vámbéry war offenbar ein eitler, hochfahrender Mann, der wohl fest davon überzeugt war, in jeglicher Hinsicht alles überragende Kenntnisse zu besitzen. Verschiedene seiner Zeitgenossen bewerten ihn und seine Äußerungen außerordentlich kritisch, wobei sie ihn sogar als wenig integer hinstellen.[37] Der Islamwissenschaftler Lawrence Conrad urteilte in neuerer Zeit, daß Vámbéry als Europäer auf die Muslime hinabgesehen, und ihre »Zivilisierung durch christliche Völker als Rettung« begrüßt habe.[38] Vámbérys abschätzigen Behauptungen über die angeblich unzureichenden Französischkenntnisse des Sultans steht deutlich entgegen, daß Kaiser Wilhelm II. bereits bei seinem ersten Besuch am osmanischen Hof im Herbst 1889 den Dolmetscher abtreten ließ, als er feststellte, daß der Sultan Französisch sprach, und daraufhin das Gespräch mit ihm ohne Übersetzer fortführte.[39] Einen weiteren Beweis dafür, daß Sultan Abdül Hamid II. offenbar doch recht gut die französische Sprache verstand, liefert der spätere Schloßhauptmann von Posen Graf Bogdan von

Hutten-Czapski[40] in seinen bis jetzt von der Geschichtsschreibung leider wenig beachteten Erinnerungen: »Durch Radowitz erlangte ich eine Audienz beim Sultan Abdul Hamid. Sie fand in einem kleinen Kiosk des Yıldız-Gartens statt. Wir beide saßen, während der kaiserliche Dragoman, ein hoher Offizier, stehend übersetzte. Der Sultan sprach der Etikette entsprechend türkisch, ich französisch, und ich merkte, daß der Sultan mein Französisch sehr gut verstand, da der Dragoman meine längeren Ausführungen nur kurz wiederholte.« Der Oberhofmeister der Kaiserin Auguste Victoria, Freiherr von Mirbach, berichtete von seinen diesbezüglichen Beobachtungen während des Besuches in Constantinopel im Herbst 1898: »Der Sultan ist indes der französischen Sprache mächtig. Kein Wunder also, daß die Unterhaltung, sobald sie von den förmlichen zum lebendigen, vertrauteren Verkehre gelangt war, auch von Mund zu Mund geführt wurde und bei der lebhaften Natur beider Monarchen oft äußerst anregend verlief. Man war erstaunt über die Vielseitigkeit des Wissens und der Interessen, über die Gewandtheit im Umgange bei einem so einsam und abgeschlossen, so unnahbar und jedem fürstlichen und anderen Verkehre so fern und entfremdet lebendem Manne, wie dem Sultan.«[41]

In ihren der Person des Vaters weitgehend unkritisch gegenüberstehenden Erinnerungen ging Prinzessin Şadiye auch auf die diplomatischen Gepflogenheiten und die Sprachkenntnisse Sultan Abdül Hamids II. ein: »Unter den Pavillons des Yıldız-Palastes war der Şale-Pavillon ein Ort, an dem mein Vater die Repräsentanten ausländischer Staaten empfing, Bankette für sie veranstaltete und sie bewirtete. Es war, genauer gesagt, sein außenpolitischer Pavillon. Er sprach mit den Botschaftern sämtlicher Staaten sehr oft und auf eine freundschaftliche Weise. Mein Vater beherrschte gut die französische Sprache, es war jedoch sein Prinzip, die Ausländer mittels seines Dolmetschers türkisch anzureden.«[42]

Offenbar im Gegensatz zu seinen teilweise hochverschuldeten Geschwistern fand der junge Prinz Abdül Hamid keinen besonderen Geschmack am luxuriösen, oftmals an europäischen Genüssen orientierten Leben. Er selbst schrieb über sich: »In meiner Jugend kannte auch ich die Versuchung, mich dem Müßiggang zu ergeben. Als ich mir aber darüber klar wurde, was daraus resultieren kann, als ich verstanden hatte, was der Müßiggang aus meinen Bruder Murad gemacht hatte [...], befreite ich mich vom Joch dieses Lasters.«[43] Fortan verbrachte der Prinz viel Zeit auf seinen Besitzungen in der waldreichen Umgebung Constantinopels, vor allem in seinem nördlich der Stadt auf der europäischen Seite gelegenen Maslak Kasrı. Die schlichte Anlage im Stil der Zeit besteht aus einer zweistöckigen Villa, orientiert an den hölzernen Sommerhäusern der Oberschicht, sowie einem langgestreckten Wintergarten, dem wiederum ein kleiner Salon, der Selamlik, vorgelagert ist. Der Wohnbereich des Prinzen lag im Erdgeschoß der Villa, wogegen sich die übrigen Wohnräume in der ersten Etage befanden. Der Prinz schwamm, ritt, übte sich im Schießen mit dem Karabiner und im Fechten, musizierte – Abdül Hamid spielte Klavier und Saz –, aquarellierte, ließ Schafe sowie Kühe züchten und studierte den modernen Gartenbau. In dem bereits erwähnten beachtlichen Wintergarten ließ der Prinz vor allem Kamelien und kleinere Bäume ziehen, die noch heute dort zu sehen sind. Orientiert an modernen britischen Vorbildern, entstand auf diesem Landsitz über dem Bosporus eine ›Ornamental Farm‹. Die ersten Eindrücke dazu dürfte der Prinz während seines Aufenthaltes in Großbritannien 1867 gewonnen haben. In Maslak Kasrı legte Abdül Hamid überdies eine umfangreiche Bibliothek an, die er nach seiner Thronbesteigung in den Yıldız-Palast überführen ließ.

Sultan Abdül Aziz

Seine große Leidenschaft gehörte allerdings der Kunsttischlerei. Für das Maslak Kasrı fertigte er das Geländer der sehr eleganten doppelläufigen Treppe an, für andere von ihm bewohnte Schlösser entstanden zahlreiche Möbelstücke, teils mit Einlegearbeiten in Perlmutt, die heute nicht nur im Şale Kasrı (wegen seiner eleganten Holzarchitektur, die allerdings typisch für die Villen an den Ufern des Bosporus ist, wurde dieses Schloß nach einem Schweizer Chalet benannt) oder in Beylerbeyi zu sehen sind. Als Prinz besaß er eine Tischlerwerkstatt im Topkapı-Palast, später als Sultan dann auch eine im Yıldız-Palast, die heute samt einigen Erzeugnissen von der Hand des Großherrn zu besichtigen ist. Die Standesgenossen des Sultans wußten von diesem Steckenpferd, und so schenkte der japanische Kaiser Mutsohito[44] Abdül Hamid II. ein Sortiment von Tischlerwerkzeugen, das heute ebenfalls in seiner Werkstatt zu sehen ist.

Die zur Zeit des Prinzen Abdül Hamid elegante, aber keineswegs überreiche Einrichtung der Villa in Maslak wurde wie folgt beschrieben: »Abdülhamid wählte auf der rechten Seite im Erdgeschoß den Raum als Schlafzimmer, der am weitesten vom Eingang entfernt liegt. Er hatte eine der beiden in das Zimmer führenden Türen blockiert. Die Tür des Vorzimmers in den Schlafraum selbst trägt sein Monogramm A H, und es wird gesagt, sie sei seine eigene Arbeit.[45] Eine Bettstatt aus Walnußholz stand in der Ecke nahe der ungenutzten Tür, daneben befanden sich ein Tisch mit Einlegearbeiten aus Perlmutt sowie ein Waschtisch.

In der gegenüberliegenden Ecke standen zwischen zwei Fenstern eine Chaiselongue, ein weiterer Tisch mit Perlmuttintarsien und ein Sessel. Die Wand mit der versperrten Tür hinter dem Bett war mit Wandteppichen behängt. [...]

Die Decke des großen rechteckigen Saales im Obergeschoß des Schlosses ist zurückhaltend mit geometrischen Mustern und Blumenranken bemalt. Da die Wände in keinerlei Weise dekoriert sind, wird die Aufmerksamkeit ganz und gar auf die beiden einander gegenüber liegenden Kamine sowie die darüber hängenden Kristallspiegel in ihren vergoldeten Rahmen gelenkt. An der Wand zwischen den Fenstern befanden sich kristallene Wandarme. Der Raum war mit schweren vergoldeten Sitzmöbeln ausgestattet, und ein einziger, großer Teppich bedeckte den Boden. In der Mitte des Teppichs stand ein großer ovaler Tisch, der vergoldet war und eine Marmorplatte trug; darüber hing ein prachtvoller Kronleuchter. Ein weiterer Leuchter erhellte zudem die offene Treppe am Ende des Saales. Uhren und Bronzekandelaber standen auf den Kaminsimsen. In einem der seitlich gelegenen Räume befanden sich sich ein Klavier, Sessel sowie entlang der Wände Sofas. Dies war Abdülhamids privates Wohnzimmer, wo er Klavier spielte und komponierte.«[46]

Seine Tochter Ayşe Sultan[47] schrieb über die Jugend ihres Vaters: »Papa liebte es zu dieser Zeit, am Fluß Kağıthane zu spazieren oder dort zu rudern. Nachdem ihm Sultan Abdül Aziz[48] eine Villa in Therapia [Tarabya] geschenkt hatte [...], entwickelte er eine Passion für das Segeln. Der Sultan wurde darauf aufmerksam gemacht, daß sich der Prinz [er war nach seinem Bruder Murad der nächste Thronerbe] täglich auf das Meer hinausbegab. Daraufhin befahl ihm der Sultan, nicht mehr nach Therapia zu gehen, und überließ ihm als Ersatz die Villa in Maslak (auf den Hügeln am Bosporus). Papa widmete sich dort auch dem Gartenbau, ließ bleihaltiges Erz fördern[49] und einen Ofen zur Herstellung von Bleiweiß betreiben. Er zog Schafe und Ziegen auf. Aus Europa ließ er neben Rosenstauden verschiedene Blumen kommen und gestaltete einen Teil seines Gartens zu einem Blumengarten.«

Der überaus geschäftstüchtige Prinz verkaufte die Erzeugnisse seiner Landwirtschaft – Gemüse, Fleisch, Milch, Lämmer und Felle. Das in Maslak erzeugte Bleiweiß, das in der Farbenindustrie benötigt wurde, veräußerte er zu einem niedrigeren Preis als das aus Venedig importierte. Der Handel mit Merinoschafen aber war bei alldem das einträglichste Geschäft. An der Börse in Galata spekulierte Prinz Abdül Hamid außerdem erfolgreich und vermehrte auf diese Weise sein Vermögen stetig. Für ein Mitglied der Herrscherfamilie war das durchaus ungewöhnlich. Der Prinz erklärte es damit, daß er in seiner Jugend gesehen habe, wie die Verschwendung in der kaiserlichen Familie zum Ruin des Landes beigetragen habe. Daher war er zeit seines Lebens auf Sparsamkeit bedacht, was ihm in der Bevölkerung den Spitznamen ›Pinti Hamid‹ – ›Hamid der Geizkragen‹ – eintrug.[50]

Ein Prinz auf dem Weg nach Europa
Die Jahre bis 1876

»Was alle wollen, weißt du schon
Und hast es wohl verstanden:
Denn Sehnsucht hält, von Staub zu Thron
Uns all in strengen Banden.«

Johann Wolfgang von Goethe, aus dem West-Östlichen Divan

Prinz Abdül Hamid begleitete 1863 seinen Onkel Sultan Abdül Aziz auf eine bemerkenswerte Reise nach Ägypten, die dazu dienen sollte, diesen reichen Vasallenstaat, der sich seit der Mitte des Jahrhunderts mehr und mehr von Constantinopel zu lösen trachtete, wieder enger an die osmanische Zentralgewalt zu binden. Im Sommer 1867 folgte dann die spektakuläre sechswöchige Europareise des Sultans, auf der ihn neben seinem zehn Jahre alten Sohn seine Neffen Murad und Abdül Hamid begleiteten. Es war das erste und einzige Mal, daß ein Sultan das Ausland besuchte – zumal die christlichen Länder. Wie sehr diese Reise sowohl von der Öffnung des Osmanischen Reiches als auch der seines Sultans gegenüber dem Ausland, speziell Europa, zeugt, wird deutlich, wenn man sich vergegenwärtigt, daß noch im Jahr 1845, also nur zwei Jahrzehnte zuvor, Sultan Abdül Medschid einer Versammlung von Notabeln aus dem gesamten Land in Constantinopel hinter einem Vorhang verborgen beigewohnt hatte. Dies war so seit Jahrhunderten üblich, um auf diese Weise die traditionelle Unnahbarkeit und Distanz des allmächtigen Herrschers gegenüber seinen Untertanen zu betonen.[51] Auch Anfang November 1839, als Sultan Abdül Medschid sein ambitioniertes Reformwerk mit dem ›Hatt-i scherif‹ von Gülhane einleitete, war es lediglich der Außenminister, der dieses großherrliche Handschreiben verlas und sich voller Ergebenheit vor dem Sultan zu Boden warf. Abdül Medschid verfolgte die Zeremonie, zu der sich die wichtigsten Würdenträger des Reiches und die ausländischen Gesandten im Park unterhalb des Topkapı-Palastes versammelt hatten, währenddessen nur von einem Fenster des dortigen Gülhane-Köşks aus. Seitdem hatte sich also schon viel geändert.

Den äußeren Anlaß zu der Reise von 1867 bot die Pariser Weltausstellung, auf der sich auch das Osmanische Reich präsentierte. Tatsächlich aber ging es darum, mit den europäischen Mächten zu verhandeln, damit angesichts einer komplizierten Gemengelage der Bestand des Reiches gesichert wurde, galt es doch, kurz gesagt, zu verhindern, daß Rußland und Frankreich im Geist des Nationalismus noch länger nur die christlichen Minderheiten im Osmanischen Reich unterstützten, um auf diese Weise den Zerfall des Staates herbeizuführen. Weiterhin benötigte das Reich, das neben allen ohnehin vorhandenen Finanznöten unter der verschwenderischen Hofhaltung von Sultan Abdül Aziz ächzte, dringend europäische Anleihen. Die osmanischen Politiker hofften ihrerseits, der Sultan werde auf dieser Reise die modernen, wirtschaftlich fortgeschrittenen Monarchien Europas kennenlernen und versprachen sich davon einen günstigen Einfluß auf die ebenfalls dringend notwendigen inneren Reformen des Reiches.

Nach einer Schiffahrt über das Mittelmeer bis Toulon sowie der Weiterreise mit der Eisenbahn bis Paris empfing Kaiser Napoléon III. auf der Gare de Lyon mit glänzendem Gefolge die mehr als siebzig Personen umfassende osmanische Reisegesellschaft.[52] Sultan Abdül Aziz blieb elf Tage in der französischen Hauptstadt, wo er den ausländischen Herrschern damals als Absteigequartier vorbehaltenen Elysée-Palast bewohnte. Die zweite Station der Reise war London, der Sultan logierte hier im Buckingham-Palast und wurde von Königin Victoria[53] in Schloß Windsor empfangen. Überall galt es ein umfangreiches offizielles Programm zu absolvieren. Es folgten dann Visiten in Preußen, wo König Wilhelm I.[54] die Gäste aus dem Osmanischen Reich zuvorkommend in seiner Sommerresidenz, dem Koblenzer Schloß, empfing, und am Wiener Hof bei Kaiser Franz Joseph,[55] der als einziger europäischer Herrscher Sultan Abdül Aziz nach dessen Empfinden wie einen Bruder behandelte.[56] Zwei Jahre später gaben sich dann aus Anlaß der Eröffnung des Suezkanales europäische Prinzen, Fürsten und Monarchen ein glanzvolles Stelldichein am Bosporus. Der offizielle Staatsbesuch Kaiser Franz Josephs 1869 war die erste Visite eines europäischen Monarchen am Hof der Sultane überhaupt. Weitere Gäste waren die französische Kaiserin Eugénie und der preußische Kronprinz Friedrich Wilhelm. Sultan Abdül Aziz unterstrich damit nicht nur eine weitere Öffnung des Reiches gegenüber dem Westen, sondern zeigte sich auch bestrebt, engere Kontakte zu den europäischen Dynastien zu knüpfen.

Doch zurück zu Abdül Hamid und der Europareise von 1867. Der Prinz erwies sich als guter Beobachter und sollte die gewonnenen Einblicke, die sein Bild von Europa und ›der Zivilisation‹ prägten, zeit seines Lebens nicht vergessen. Er wollte als Sultan dann Constantinopel zu einer Metropole machen, die sich mit London, Paris oder Wien, den Hauptstädten, die er 1867 kennengelernt hatte, messen konnte. Seiner Tochter Prinzessin Ayşe gegenüber erklärte er die alte

Freundschaft zu Kaiser Franz Joseph, die »rein privater Art« sei, damit, daß er während seiner Europareise 1867 in Wien erkrankte und auf Veranlassung des österreichischen Kaisers zwei Wochen lang im Schloß Schönbrunn gepflegt worden war, bis er nach Constantinopel zurückkehren konnte.[57] Doch neben solch menschlichen Begegnungen hinterließen gerade das zunehmend dichtere Eisenbahnnetz mit seinen »wie im Flug eilenden Zügen« und das vor dem Sultan und dessen Entourage paradierende preußische Militär bleibende Eindrücke bei dem osmanischen Prinzen.

Prinz Abdül Hamid während seiner Europareise im Buckingham-Palace, London 1867

Beeinflußt durch das weltoffene Leben an den Höfen Europas, kehrte Prinz Abdül Hamid auch als Liebhaber europäischer Musik an den Bosporus zurück. Fortan galt sein Interesse der italienischen Oper. Neben den zeitgenössischen italienischen Komponisten bevorzugte er besonders die Werke Vincenzo Bellinis, dessen Oper ›Norma‹ später wiederholt in seinem privaten Theater in Yıldız aufgeführt wurde.[58] Als Sultan ließ Abdül Hamid II. osmanische Musiker in Italien ausbilden und zog speziell italienische Sänger, Musiker und Komponisten an seinen Hof. Den in seiner Regierungszeit als Nationalhymne fungierenden ›Hamidiye-Marsch‹ schuf mit Necib Pascha ein ebenfalls italienisch geprägter osmanischer Komponist.[59] Callisto Guatelli Pascha[60] war ein weiterer vielbeschäftigter italienischer Tonsetzer am osmanischen Hof, und selbst der berühmte Gioachino Rossini[61] hatte schon 1852 einen Sultan Abdül Medschid gewidmeten Marsch komponiert. Seit 1828 bereits war Giuseppe Donizetti,[62] der ältere Bruder Gaetano Donizettis, am osmanischen Hof als Komponist tätig. Italienische Klänge hatten also auch schon vor der spektakulären Europareise von Sultan Abdül Aziz[63] das Musikleben am Bosporus beeinflußt. Erste Begegnungen mit italienischer Opernmusik erlebte Prinz Abdül Hamid denn auch bereits im 1859 eingeweihten Hoftheater des Dolmabahçe-Palastes.[64]

Auch Kaiser Wilhelm II. und Kaiserin Auguste Victoria wohnten am 5. November 1889 – es war der erste Besuch des deutschen Kaiserpaares in Constantinopel – in dem kleinen Schloßtheater des Yıldız-Palastes der Aufführung einer italienischen Operette bei. Der damalige deutsche Botschafter Joseph Maria von Radowitz vermerkte dazu: »Zum Diner vereinigten wir uns wieder im Kiosk der Majestäten, dazu die Türken vom Ehrendienst. Nachher holte der Sultan die Majestäten zum Theater ab, wo ›Crispino e la Commare‹ von einer italienischen Palasttruppe, bestehend aus jungen Männern und Knaben, gegeben wurde. Die Majestäten amüsierten sich sehr über das originelle Schauspiel.«[65]

Prinzessin Ayşe berichtete in ihren Erinnerungen an den Vater ebenfalls ausführlich über die kulturellen Unterhaltungen des Hofes von Yıldız. Sie schrieb, ihr Vater habe Verdis[66] Oper ›Rigoletto‹ sehr geliebt und sie dementsprechend oft im Theater des Schlosses aufführen lassen. Die Aufführung der Oper ›Norma‹ hingegen rief bei Großherzogin Elisabeth von Oldenburg und ihrer Begleitung allergrößte Heiterkeit hervor, da das Niveau der Vorstellung keineswegs den Erwartungen der deutschen Gäste entsprach. Auch Verdis Oper ›I Masnadieri‹ nach Friedrich von Schillers Drama ›Die Räuber‹ schätzte Abdül Hamid II. und ließ sie, wie auch andere Werke Verdis, wiederholt auf den Spielplan seines Hoftheaters setzen. Den Posten des Hofkapellmeisters bekleidete der in Frankreich ausgebildete Spanier d'Aranda Pascha. Der letzte Hofkapellmeister war dann übrigens ein Deutscher: Paul Lange,[67] der allerdings nicht von Abdül Hamid II. berufen wurde, sondern in der Regierungszeit der Sultane Mohammed V. und Mohammed VI. die Leitung der Hofkapelle übernahm und dieses Amt bis zu seinem Tod 1920 versah.

Angeblich verfaßte der Sultan auch selbst Komödien, die auf seinen Wunsch hin gelegentlich zur Aufführung kamen. Diese kleinen Stücke waren zumeist zielgerichtet und enthielten Winke und Warnungen für einzelne Mitglieder der Hofgesellschaft, die sich in den dargestellten Personen erkennen sollten. Auf diese Weise thematisierte Sultan Abdül Hamid II. Fehlverhalten oder andere Dinge und rügte solche Vorkommnisse auf diese ungewöhnliche Weise, ohne die Betroffenen, die seiner Meinung nach künftig darauf achten würden, nicht wieder in einem der ›großherrlichen Moralstücke‹ aufzutauchen, persönlich kritisieren zu müssen.[68]

Das Ende der 1880er Jahre errichtete Theater des Yıldız-Palastes – zwischen den Verwaltungsgebäuden und dem Harem gelegen – entspricht in seiner eleganten Mischung aus Rokoko und Klassizismus ganz den kleineren europäischen Hoftheatern des späten 19. Jahrhunderts. Die Decke des Theatersaales ist blau bemalt und mit goldenen Sternen geschmückt (als Anspielung auf den ›Sternenpalast‹ bedeutenden Namen der Schloßanlage), die elegante kaiserliche Loge mit ihren sechs Plätzen ist reich ausgemalt, ein kleines Vorzimmer ermöglichte Empfänge und Gespräche in den Pausen. Eine Bestuhlung im Parkett war nicht vorhanden, denn niemand durfte dem Sultan den Rücken zukehren. Für Gäste, Familie und Hofgesellschaft waren die wenigen Logenplätze ausreichend.

Obwohl Prinz Abdül Hamid an zweiter Stelle der Thronfolge stand, war keineswegs damit zu rechnen, daß er in absehbarer Zeit das Osmanische Reich regieren würde. Sein Onkel Sultan Abdül Aziz war etwas über vierzig Jahre alt und galt trotz seines Asthmas als Kraftnatur, sein Bruder Murad, der Thronfolger, zählte etwa dreißig Jahre. Abdül Aziz war außerdem immer wieder bestrebt, das in der osmanischen Kaiserfamilie herrschende Senioritätsprinzip, nach dem stets das älteste männliche Familienmitglied die Regierung antrat, zugunsten der in den europäischen Monarchien üblichen Primogenitur, der Thronfolge des erstgeborenen Sohnes eines Fürsten, abzuschaffen und seinem eigenen Sohn Prinz Yusuf İzzeddin[69] auf diese Weise den Thron zu sichern.

Dennoch knüpfte Prinz Abdül Hamid in diesen Jahren ein Netz von politischen Verbindungen, die sich ihm später, zu Beginn seiner Regierung und auch danach, als sehr nützlich erweisen sollten. Der Prinz verkehrte viel im Schloß seiner Schwester Prinzessin Cemile[70] in Bebek am Bosporus. Dort traf er mit seinem einflußreichen Schwager Damad Mahmud Celaleddin Pascha,[71] dem Mitglied des Staatsrates und damaligen Handelsminister, zusammen. Durch ihn lernte der Prinz auch den schillernden Küçük Said[72] kennen, den er sieben Mal zum Großwesir ernennen sollte.

In späteren Jahren bemerkte der Sultan gegenüber seiner Tochter Prinzessin Ayşe: »Ich kannte Said bereits seit der Zeit, als ich noch kaiserlicher Prinz war. Als er Sekretär war, kam er mitunter zu mir. [...] Ich fand ihn intelligent, mit gesundem Urteilsvermögen begabt – und ich schätzte ihn. Als wir in meiner Regierungszeit dann mit meinem Schwager Mahmud Celaleddin überlegten und diskutierten, um zu klären, ob er sich für das Amt des Ersten Sekretärs eignen würde, entschlossen wir uns beide, es mit ihm zu versuchen. [...] Auch zu Zeiten, als Said Pascha in Ungnade gefallen war, diente er mir hervorragend. Ich ließ ihn durch die Kammerherren rufen und fragte ihn nach seinen Meinungen zu vielen Problemen, und ich erhielt sehr offene und sehr aufrichtige Antworten. Aber einmal Großwesir geworden, änderte sich alles. Seit er dieses Amt innehatte, ließ sich daraus für mich kein Nutzen mehr ziehen. Ich sah mich gezwungen, ihn abzusetzen. Said Pascha ist eine wandelnde Bibliothek, er ist außerordentlich gut informiert, intelligent, vernünftig, erfahren. Von den Wesiren verfügt keiner über solche Kenntnisse. Aber aufgrund seiner Schliche und seiner Feigheit kann er niemandem dienen.« Die Prinzessin fuhr in ihrem Bericht fort. »Obwohl Papa in solcher Weise hinsichtlich Said Paschas sprach und dachte, schätze er ihn dennoch. Er hegte Vertrauen zu ihm, obschon er wußte, daß man nicht auf ihn zählen konnte.«[73] Doch auch Europäer traf der Prinz offenbar regelmäßig, was wenigstens damals ungewöhnlich für einen kaiserlichen Prinzen am Bosporus war.

Seinem Onkel Sultan Abdül Aziz brachte der Prinz wenig Sympathien entgegen. Das ergibt sich erkennbar aus seinen Äußerungen in den im Internet abrufbaren Aufzeichnungen. Er kritisierte den schwachen Charakter des Herrschers, dem er vorwarf, das Reich an den Rand des Abgrundes geführt zu haben, als im Oktober 1875 der Staatsbankrott erklärt werden mußte. Sein Bruder Murad, der Thronfolger, versank zunehmend in Pessimismus und ließ offenbar zupackenden Elan vermissen. Prinz Abdül Hamid begann nun, sich Chancen auszurechnen, eventuell in absehbarerZeit die Regierung zu übernehmen – und sondierte wohl diese Möglichkeiten auch in der offenen Atmosphäre des schwesterlichen Palais in Bebek. Über diese Schwester Abdül Hamids bemerkte Prinzessin Ayşe:

»Cemile Sultan hielt sich bei Zeremonien stets vor Papa zu seiner Rechten, da sie die älteste der drei Schwestern war. Ließ sie sich nieder, so war der große Sessel rechts von ihm für sie reserviert. Bei Veranstaltungen ging sie an der Seite der Walide Sultan voran. Sie trug stets Braun und hatte auf ihrem Kopf immer eine Haube[74] aus Spitzen oder Tüll von derselben Farbe. Ihre Kleider entsprachen türkischer Mode, mit einer langen Schleppe, die sie an ihrer Taille befestigte. [...] Sie trug keine Juwelen. Obwohl sie sich einfach gab, zeigte sie mit kaiserlicher Anmut, daß sie eine Prinzessin war. Diejenigen, die meinen Großvater Abdül Medschid kannten, sagten, sie ähnele ihm sehr. Nach den Photographien gleichen sich tatsächlich das Gesicht und die Augen. Im Palais begegnete ihr jeder mit

Moschee Hagia Sophia, Postkarte um 1900

respektvoller Zuneigung. Ihre Art zu sprechen war zart und klug; sie lachte nicht unnötigerweise und behandelte jeden seinem Rang entsprechend. Insgesamt war sie eine perfekte Sultan.«[75]

Indessen wurde die Lage des Osmanischen Reiches immer katastrophaler, angesichts der Zustände im Inneren verlor der Staat in Europa zunehmend an Rückhalt. Die Aufstände auf dem Balkan, Kämpfe gegen Serben und Montenegriner, die nach Unabhängigkeit strebten, erschütterten das Reich ebenso wie der sich abzeichnende Zusammenbruch der Wirtschaft und der Finanzen. Am 6. Oktober 1875 mußte Sultan Abdül Aziz schließlich durch eine fünfzigprozentige Zinskürzung für die immensen Auslandschulden des Osmanischen Reiches de facto den Staatsbankrott erklären und wurde fälschlicherweise weitgehend allein für die völlige Zerrüttung der Finanzen verantwortlich gemacht. Auf massiven Druck der europäischen Mächte und ihrer Botschafter erfolgte die offizielle Erklärung der Zahlungsunfähigkeit des Reiches dann am 13. April des folgenden Jahres. Der innenpolitische Kampf zwischen Reformern und konservativen Kräften eskalierte: Am 30. Mai 1876 wurde Sultan Abdül Aziz abgesetzt, fünf Tage später, am 4. Juni, starb er an seinem Verbannungsort unter bis heute ungeklärten Umständen: In dem erst 1871 am Bosporus errichteten Feriye-Köşk

Blick auf den Dolmabahçe-Palast, Postkarte um 1900

in der Nähe des Çırağan-Palastes wurde der Sterbende mit aufgeschnittenen Pulsadern gefunden. Wenn auch offiziell von einem Selbstmord des entthronten Herrschers gesprochen wurde, hieß es in diplomatischen Kreisen doch sofort: »L'on a suicidé« – »An ihm wurde Selbstmord verübt.«

Prinz Abdül Hamid hatte die dramatischen Vorgänge um Absetzung und Gefangennahme seines Onkels unmittelbar miterlebt, da er sich in jener Nacht selbst im Dolmabahçe-Palast aufgehalten hatte. Mag er auch eventuell einen Augenblick selbst um sein Leben gefürchtet haben, so war er doch dem Thron in eben dieser Nacht ein gutes Stück näher gekommen, denn zwei Hindernisse waren nun aus dem Weg geräumt – sein Onkel Sultan Abdül Aziz selbst und damit auch die Möglichkeit, daß durch eine Reform des Nachfolgerechtes dessen Sohn Yusuf İzzeddin zum Kronprinzen werden könnte.

Unter einigermaßen aufsehenerregenden Umständen und in politisch alles andere als ruhigen Zeiten – (Gegner und Unterstützer des alten Regimes bekämpften einander blutig, es kam zu einem bis heute nur unzureichend geklärten Mordanschlag auf Regierungsmitglieder, die maßgeblich an der Absetzung von Sultan Abdül Aziz beteiligt gewesen waren) – hatte Abdül Hamids Bruder als Sultan Murad V.[76] den Thron seiner Vorfahren bestiegen, und der Prinz selbst war zum Thronfolger avanciert. Mit dem neuen Sultan verbanden sich überall hochfliegende Hoffnungen, die Bevölkerung brachte ihm begeisterte Ovationen dar. Doch schon bald zeigte sich, daß zumindest die psychische Verfassung Murads V. schwer erschüttert war. So mußte die der Krönung in europäischen Staaten entsprechende Zeremonie der Gürtung mit dem Schwert Osmans in der Moschee von Eyüp[77] am Goldenen Horn immer wieder verschoben werden. Bald wurde klar, daß der Sultan weder den auf dem Balkan ausgebrochenen Krieg gegen Serbien und Montenegro zu führen in der Lage war noch dazu, eine moderne Verfassung zu erlassen. Der neue Herrscher galt rasch als geisteskrank und somit ungeeignet für die Regierung des Reiches in so stürmischen Zeiten. Aus heutiger Kenntnis und unter Hinzuziehung ärztlicher Untersuchungsberichte der Zeit läßt sich vermuten, daß der labile Sultan Murad V. an einer Depression litt, die durch übermäßigen Alkoholkonsum noch verstärkt wurde.

Doch zunächst sah sich der Reformer Midhat Pascha als der vermeintlich kommende Mann und ›Sultansmacher‹ veranlaßt, bei dem nunmehrigen Thronfolger Prinz Abdül Hamid in Maslak zu sondieren, ob er bereit wäre, eine Regentschaft für seinen auf unbestimmte Zeit kranken Bruder auszuüben. Prinz Abdül Hamid lehnte das Ansinnen Midhat Paschas[78] mit Hinweisen sowohl auf die dynastischen Traditionen als auch die religiösen Gesetze ab. Vermutlich argwöhnte der machtbewußte Thronfolger, daß er als Regent für Sultan Murad V. sehr schnell zu einer Marionette in den Händen eines Großwesirs Midhat Pascha werden könnte und nicht nur im Fall einer eventuellen Genesung seines Bruders abgesetzt werden würde, falls es dem ambitionierten Machtpolitiker Midhat erforderlich erscheinen sollte.[79] So stimmte er einer Regierungsübernahme zu Lebzeiten seines Bruders nur als Sultan zu – und nur unter der Bedingung, daß zuvor der Zustand Murads V. als unheilbar festgestellt würde. Als Prinz Abdül Hamid dann wenig später von einem mißglückten Selbstmordversuches des Padischahs erfuhr, hielt er die Zeit endgültig für gekommen, ernsthaft an eine Übernahme der Herrschaft zu denken. Eine Schlüsselrolle nahmen bei den nun folgenden Ereignissen neben weiteren konservativen Weggefährten des Thronfolgers der spätere Kriegsminister Redif Pascha nebst Prinz Abdül Hamids bereits erwähntem Ratgeber und Schwager Damad[80] Mahmud Celaleddin ein. Seine Gegner beschrieben den ehrgeizigen Mann, dem die Bevölkerung den Spottnamen Mahmud Bakschisch Pascha nachrief, »als skrupellos, am Geld interessiert, ohne politische Überzeugungen, seine persönlichen Interessen verfolgend, machthungrig.«[81] Gleich nach der Regierungsübernahme ernannte Abdül Hamid II. seinen Schwager zur Belohnung für die geleisteten Dienste denn auch zum Oberhofmarschall (›Mabeyn Müşiri‹), während Redif Pascha zum Kriegsminister avancierte. Der dritte einflußreiche Verbündete, der neben dem Oberkommandierenden des hauptstädtischen Armeecorps und dem Schwager des Thronfolgers eine wichtige Rolle bei den Ereignissen im brisanten Sommer 1876 spielte, war Osman Salaheddin Dede.[82] Er war Oberhaupt einer Mevlevi-Bruderschaft (der berühmten ›tanzenden Derwische‹ von Yenikapı) und erster Präsident des in der Tanzimatära gegründeten ›Meclis-i Meşayih‹, der Versammlung aller Scheichs zur Aufsicht über die religiösen Bruderschaften. Osman Salaheddin Dede war einerseits das Bindeglied des Thronfolgers zu den Kreisen der hohen Geistlichkeit und andererseits aufgrund seiner engen freundschaftlichen Beziehungen zu Politikern vor allem des Reformlagers Prinz Abdül Hamids Verbindungsmann zu Midhat Pascha.[83]

Ausführlich auf die teils dramatischen Ereignisse im Juli und August 1876 einzugehen, die der Absetzung Sultan Murads V. vorausgingen, ist hier nicht möglich. Das politische Constantinopel mit seinen verschiedenen Machtzentren glich in jenen Tagen einem Hexenkessel. Prinz Abdül Hamid sondierte durch seine Mittelsmänner wie Damad Mahmud Celaleddin Pascha oder Redif Pascha, des Kommandeurs der Kaiserlichen Garde und des in Constantinopel stationierten Armeecorps, bei Militärführung und Verwaltung sowie der Geistlichkeit, inwieweit er dort bei dem Sturz eines weiteren Sultans Unterstützung fände. Gleichzeitig verschaffte er sich das Wohlwollens Großbritanniens, das zunächst auf Seiten Sultan Murads V. stand, indem er dem Botschafter versicherte, an den liberalen Bestrebungen seines Bruders festzuhalten.

Doch auch die liberalen Politiker blieben keineswegs untätig. Der führende Mann im Lager der Reformkräfte, Midhat Pascha, suchte zu ergründen, welche Absichten Prinz Abdül Hamid für den Fall seiner Thronbesteigung verfolgte, und begab sich deshalb auf Vermittlung und in Begleitung von Osman Salaheddin

Dede mehrfach zum Maslak Kasrı, wo sich der Thronfolger in dieser Zeit zumeist aufhielt.

Sultan Abdül Hamid II. erinnerte sich später an diese konspirativen Zusammenkünfte: »Als mein Bruder erkrankte, kamen Midhat Pascha und Mehmed Rüşdü Pascha zu mir. Es war mein erstes Zusammentreffen mit ihnen. Sie fragten mich, ob ich eine konstitutionelle Regierung oder eine absolute Herrschaft bevorzuge. Ich antwortete, daß der österreichische Kaiser, wenn er nach Ungarn komme, sich ungarisch kleide und ein Ungar sei und ein Österreicher, wenn er in Österreich sei. Ich erklärte, daß ich das Land in der Weise regieren würde, die ich für die geeignetste und günstigste hielte, sollte ich das Kommando übernehmen, genau wie ein Kapitän, der sein Schiff führt, wie er will. ›Lassen Sie mich hinzufügen‹, sagte ich, ›daß ich gegenwärtig eine konstitutionelle Regierung favorisiere, denn unter einer absoluten Herrschaft fällt alles, gut oder schlecht, auf den Monarchen zurück, während die Mitglieder der Regierung keinerlei Verantwortung tragen. Vielleicht wäre ihnen dies aber lieber.‹ Sie lachten.«[84]

Abdül Hamid erkannte also die Gunst der Stunde und machte Zugeständnisse an die europäisch beeinflußte Reformpartei. Er versprach die Verkündung einer Verfassung und die Unterstützung der liberalen Männer, die sein Bruder Murad V. bereits berufen hatte. Sein Schwager Damad Mahmud Celaleddin versuchte unterdessen gemeinsam mit Redif Pascha, den Großwesir, der sich noch gegen die Absetzung des Sultans aussprach, zu einer Änderung seiner ablehnenden Haltung zu bewegen. Für den Fall, daß Mehmed Rüşdü Pascha[85] weiterhin für einen Verbleib Murads V. auf dem Thron eintreten sollte, drohte Redif Pascha mit einem Putsch des Militärs, für den er bereits Pläne ausgearbeitet hatte. Es gelang beiden Männern letztlich, den Großwesir zu überzeugen, denn auch der Beginn des Ramadans rückte näher, und es war in diesem heiligen Fastenmonat unerläßlich, daß der Sultan-Kalif sich zu den üblichen Festlichkeiten in der Öffentlichkeit zeigte – Murad V. würde selbst dazu augenblicklich nicht in der Lage sein.

Am 30. August 1876 trat an der Hohen Pforte der Ministerrat zusammen. Gemeinsam mit dem Großwesir Mehmed Rüşdü Pascha erläuterte Midhat Pascha den Anwesenden die Situation, sprach über den Krieg mit Griechenland, über den Druck der europäischen Großmächte, die auf einen Friedensschluß mit dem um Unabhängigkeit kämpfenden Serbien drängten, und von der Krankheit des Sultans, die ihn daran hindere, zu handeln.

Die Minister stimmten daraufhin für die Absetzung des Sultans, wünschten allerdings noch eine erweiterte Beratung am folgenden Tag im Topkapı-Palast. Damad Mahmud Celaleddin Pascha wurde ausersehen, Prinz Abdül Hamid entsprechend zu informieren und ihn zu veranlassen, sich am folgenden Tag in die geschichtsträchtige Sultansresidenz zu begeben. Die dort versammelten Minister, Würdenträger und Religionsgelehrten votierten am 31. August abermals für eine Absetzung des Sultans, der anwesende Scheich ül-Islam Hasan Hayrullah

Efendi[86] hatte für diesen Fall bereits eine entsprechende Fatwa ausgearbeitet, die erklärte, der regierende Sultan Murad V. sei dauerhaft geistesgestört und daher regierungsunfähig.

»Währenddessen wartete Abdül Hamid im Saal des Heiligen Mantels (Hırka-i saadet). Er wurde hineingeführt, um mit der Zeremonie der Einsetzung (Biat)[87] zu beginnen. Auf dem zu diesem Zweck vor dem Tor der Glückseligkeit aufgestellten goldenen Thron seiner Vorfahren sitzend, leisteten der Großwesir, die Minister, die Ulema, die Oberkommandierenden der Armee und die Repräsentanten der [religiösen] Gemeinschaften dem neuen Sultan den Treueeid, der ihre Grüße und Glückwünsche entgegennahm.«[88] Die kurze Regierung Sultan Murads V. war somit der Geschichte verfallen.

Reformherrscher oder Totengräber des Reiches
Die lange Regierung Sultan Abdül Hamids II.

»Adler, deine großen Fitt'ge warfen Schatten auf die Welt,
bis zuletzt die schon gesenkten lähmte das Geschoß der Zeit.«

August Graf von Platen-Hallermünde, aus den neuen Ghaselen

»Ob es nun Kâmil ist oder Said – der eigentliche Großwesir wohnt in Yıldız, denn ich bin es selbst.«[89] Nichts charakterisiert seine Regierungszeit, die doch einer ganzen Epoche ihren Namen gab, treffender als dieser Ausspruch des Sultans selbst. Abdül Hamid II. regierte dreiunddreißig Jahre lang das Osmanische Reich, ein Reich, das sich zu Beginn seiner Herrschaft von Tunesien im Westen bis in den Kaukasus im Osten, von Bosnien im Norden bis zum Jemen im Süden erstreckte.

Seine Regierungszeit ist eine der längsten unter den sechsunddreißig Herrschern aus dem Haus Osman. In diesem Buch, das keine Biographie des Sultans sein will, kann diese lange, an Wechselfällen und Ereignissen reiche Herrschaft keinesfalls erschöpfend dargestellt werden. Die vorangehenden Abschnittel haben die frühen Jahre Sultan Abdül Hamids II., über die er in seinen Erinnerungen selbst nicht allzuviel berichtet, um den Leserinnen und Lesern ein Bild jenes Mannes zu vermitteln, der 1876 unter so dramatischen Umständen den Thron bestiegen hatte. Im folgenden soll nur auf einige bedeutsame Abschnitte in der Regierungszeit Abdül Hamids II. eingegangen werden, zumal die sich anschließenden Kapitel, die sich ausführlich mit den Äußerungen deutschsprachiger Zeitgenossen und mit den deutsch-osmanischen Beziehungen befassen, immer wieder den Sultan in den Mittelpunkt stellen werden.

Die Regierung des neuen Sultans begann zunächst mit Vaterfreuden: Abdül Hamid II. wurde in diesen Tagen Vater einer Prinzessin,[90] die er Naime (›die Glückliche, die Sorgenfreie‹) nannte. Sollte der Kreis der Reformer um Midhat Pascha, der nun Minister ohne Portefeuille war, geglaubt haben, der neue Sultan sei beherrschbar, so mußte er bald erkennen, daß Abdül Hamid II. sehr wohl eigene Wege ging und rasch bestrebt war, mit Hilfe der konservativen Kräfte seiner Entourage Armee und Verwaltung nachhaltig zu kontrollieren. Ali Haydar beschreibt in seinem Midhat Pascha und dessen Reformwerk gewidmeten Buch ausführlich das Verhältnis zwischen diesem machtbewußten Politiker und dem sehr ambitionierten Sultan. Zunächst aber hielten einige Reformen nach europäischem Vorbild Einzug: Der liberale Rüşdü Pascha nannte sich nun nicht mehr Sadrazam,[91] sondern Premierminister. Bereits nach den Umwälzungen von 1878 wurde jedoch wieder ganz selbstverständlich zu den traditionellen Bezeichnungen Sadrazam beziehungsweise Großwesir (wie die Europäer sagten) zurückgekehrt.

Der Padischah gestattete den Ministern jetzt, sich in seiner Gegenwart zu setzen und sogar zu rauchen. Die Zahl der hohen Beamten wurde ebenso eingeschränkt wie die Ausgaben für die Prinzen über die sogenannte Civil-Liste der kaiserlichen Familie. Gemeinsame Schulen für Muslime und Nicht-Muslime eröffneten, der Sklavenhandel wurde endgültig abgeschafft.[92] Neben drei Christen wurden auch zwei Juden zu Flügeladjutanten des Sultans ernannt, ein für den größten Teil der damaligen europäischen Herrscher wohl unvorstellbarer Vorgang.[93] Andere Reformversprechen blieben indes vage, der neue Sultan schien sich zum Teil nicht mehr an seine Midhat während der Treffen in Maslak Kasrı gegebenen Zusicherungen zu erinnern. Premierminister Rüşdü Pascha beschlichen leise Zweifel, ob es richtig gewesen war, Sultan Murad V. so kurzentschlossen abzusetzen: »Wir hatten es sehr eilig, uns Murads zu entledigen, hoffentlich kommt niemals die Gelegenheit, da wir bereuen werden, was wir getan haben.«[94] Doch Abdül Hamid II. gelang es zunächst, die Reformer zu beruhigen, indem er ihnen versicherte, er werde an dem eingeschlagenen Weg einer Liberalisierung und der Reform des Reiches in europäischem Sinn festhalten, wobei er ein wahrer Befürworter der noch ausstehenden Verfassung sei. Sogar Namık Kemal,[95] der den Jungtürken nahestehende, stark westlich beeinflußte Dichter, dessen Gedichte und Dramen weite Kreise der Intellektuellen am Bosporus begeisterten – nicht zuletzt schätzte ihn auch der entthronte Sultan Murad V. –, wurde freundschaftlich am Hof empfangen. Abdül Hamid II. bot dem Dichter und Politiker an, mit ihm gemeinsam die vergangene Größe der osmanischen Herrschaft wiederherzustellen. Dieses Angebot blieb allerdings ein Lippenbekenntnis, den Sultan-Kalifen trennten politische Welten von dem wortgewaltigen, prägenden Dichter.

Im Dezember hatte Midhat Pascha den Gipfel seiner Macht erreicht. Am 19. des Monats wurde er zum Premierminister ernannt. Am 23. Dezember 1876 proklamierte Abdül Hamid II. dann feierlich eine Verfassung, die den Sultan – erstmals in der Geschichte des Reiches – zu einem konstitutionellen Monarchen machte. Dem Padischah waren jedoch weiterhin erhebliche Machtbefugnisse vorbehalten: Er allein ernannte und entließ die Minister oder die Mitglieder der zweiten Kammer des Parlamentes, die Senatoren. Zudem hatte er das Recht, das Parlament einzuberufen oder zu vertagen. Jedes Gesetz bedurfte einer kaiserlichen İrade,[96] womit der Sultan über ein Vetorecht verfügte. Zudem stellte die Verfassung nun die geheiligte Person des Herrschers außerhalb jeglicher Verantwortung.[97] Es war also keineswegs eine liberale Verfassung, sondern eine auf die Bedürfnisse des Sultans zugeschnittene Konstitution, die in Anbetracht der aktuellen Autonomie- und Teilungsgelüste der Europäer die territoriale Integrität des Reiches und seiner Souveränität bekräftigte. Des weiteren garantierte die Konstitution die Unabhängigkeit der Justiz, ebenso die Freiheit der Presse und die politische Gleichberechtigung aller nichtmuslimischen Untertanen, wobei zwar der Islam als Staatsreligion festgeschrieben wurde, aber den anderen religiösen Gemeinschaften eine freie Religionsausübung zugesichert war. Weitere bürgerliche Rechte, die bislang im Osmanischen Reich nicht verbrieft gewesen waren, wie das Recht aller Untertanen auf Arbeit, wurden ebenfalls festgelegt. Das Eigentum wurde garantiert, Konfiskation des Besitzes war ebenso verboten wie die Folter. Amtssprache war das osmanische Türkisch, sowohl Christen als auch Juden mußten diese Sprache beherrschen, wollten sie öffentliche Ämter bekleiden. Völlig neu war die Einführung eines aus zwei Kammern (Senat und Abgeordnetenhaus) bestehenden Parlamentes, das alle vier Jahre in den Großstädten aus Direktwahlen, in den Provinzen dagegen aus den Abstimmungen von Wahl-

Sultan Abdül Hamid II. zieht anläßlich seiner Inthronisierung (Schwertgürtung) in den Hof der Moschee in Eyüp ein, Constantinopel 1876

männern hervorgehen sollte. Die europäischen Wilajets mit ihrer größeren Bevölkerungsdichte entsandten eine im Verhältnis zu den übrigen Wilajets des Reiches größere Anzahl von Abgeordneten als die außereuropäischen Wilajets, so daß die nunmehr gleichberechtigten Christen in der zweiten Kammer sogar überrepräsentiert waren. Dieses Parlament, das lediglich wenige garantierte Rechte für sich beanspruchen konnte, sollte stets nur im Winter tagen – Beginn der Sitzungsperiode war jährlich der 13. November, am 13. März eines jeden Jahres sollte das Parlament vertagt werden.

Mit einer prunkvollen Zeremonie im Thronsaal des Dolmabahçe-Palastes eröffnete Sultan Abdül Hamid II. am 14. März 1877 das Parlament. Er hielt eine programmatische Thronrede, und die Abgeordneten antworteten mit einer an den Herrscher gerichteten Adresse, in der sie eine klare Zurückweisung der Einflußnahme der europäischen Mächte auf die inneren Angelegenheiten des Reiches forderten.

Während der neue Premierminister seine ersten Amtshandlungen absolvierte,

Thronsaal im Dolmabahçe-Palast in Constantinopel. Der Kronleuchter war angeblich ein Geschenk der englischen Königin Victoria

trat ebenfalls am 23. Dezember 1876 eine internationale Konferenz unter Führung von Lord Salisbury und Graf Ignatjew, bestehend aus hochrangigen Vertretern Großbritanniens, Frankreichs, Deutschlands, Italiens, Österreich-Ungarns sowie Rußlands und des Osmanischen Reiches, am Goldenen Horn zusammen. Abermals sollte über die aus europäischer Sicht notwendigen Reformen für den wankenden Koloss auf tönernen Füßen beraten werden. Nach den Aufständen von 1875 und 1876 ging es den Europäern außerdem um die Autonomie Bosniens, der Herzegowina und Bulgariens, dessen mögliche Grenzen – geteilt in zwei Wilajets – erstmals während der Konferenz definiert wurden. »Umwandlungen innerhalb des Reiches wurden routinemäßig gefordert: Seine Praxis der mit scheinheiligen Reform-, Demokratisierungs- und Menschenrechtspostulaten getarnten gierigen politischen und wirtschaftlichen Expansion auf Kosten eines minderentwickelten Staates behielt das Abendland bei«,[98] urteilen Ferenc Majoros und Bernd Rill zutreffend in ihrem ansonsten wenig überzeugenden Werk zur osmanischen Geschichte.

Aus heutiger Sicht mag es allerdings unbegreiflich erscheinen, warum das Osmanische Reich 1876 sowie in den folgenden Jahrzehnten mit allen Mitteln um den Besitz und die souveräne Verwaltung seiner europäischen Wilajets kämpfte. Um dies zu verstehen, darf nicht übersehen werden, daß es sich bei den Territorien in Thessalien, Thrakien, dem heutigen Bulgarien, Mazedonien, der später rumänischen Walachei, Albanien oder Serbien ebenso wie bei den anatolischen Provinzen um Kerngebiete des Reiches handelte, die bereits zum Teil vor der Eroberung Constantinopels 1453 (teilweise bereits seit dem 14. Jahrhundert) unter der Herrschaft der Osmanen standen. Diese für die Reichsgeschichte und die Geschichte der Dynastie so bedeutenden Provinzen galt es zu bewahren. Vorschläge, wie Vertreter der Großmächte sie wiederholt äußerten, daß nämlich das Osmanische Reich sich aus Europa zurückziehen solle, um sich auf Anatolien und den Nahen Osten zu konzentrieren, mußten den Osmanen angesichts der Bedeutung dieser Gebiete für das Reich und dessen Geschichte als Zumutung erscheinen.

Die völlige Unabhängigkeit Serbiens und Rumäniens 1878 war schon ein schwerer Schlag für das Osmanische Reich. In bezug auf Mazedonien und Bulgarien, die Herzstücke der osmanischen Besitzungen in Europa, die auch der Hauptstadt Constantinopel schon deutlich näher lagen als die Walachei oder Serbien, mußte eine Loslösung unbedingt verhindert werden. So erklärt sich auch das nur zähneknirschende Einvernehmen mit der in Berlin getroffenen Regelung, daß Bulgarien 1878 ein Fürstentum – jedoch unter osmanischer Suzeränität – werden konnte, dem zunächst das autonome Wilajet Ostrumelien (bis 1885) offiziell nicht angehörte. Welche Auswirkungen sich selbst an entfernten Schauplätzen daraus ergaben, schilderte der bayerische Gesandte am russischen Hof Graf Carl von Moy sehr anschaulich in seinen Erinnerungen: 1894 besuchte Fürst

Ferdinand[99] von Bulgarien den jungen russischen Kaiser Nikolaus II.[100] in Sankt Petersburg. Fürst Ferdinand wurde auf dem Bahnhof von einem der Großfürsten empfangen (nicht durch den Kaiser, denn de jure war der Fürst von Bulgarien bis 1908 kein souveräner Herrscher) »und entdeckte dort zu seiner geringen Freude auch den türkischen Botschafter Husny Pascha, der betonen wollte, daß sein Herrscher auch der Suzerän des Fürsten Ferdinand war. [...] Als aber Fürst Ferdinand endlich Petersburg verließ, erschien wieder der türkische Botschafter an der Bahn, um ihm zu zeigen, daß er doch der Suzeränität des Sultans unterstand.«[101] Den von ihm offenbar erwarteten protokollarischen Höflichkeitsbesuch in der osmanischen Botschaft bei Hüsni Pascha unterließ der selbstbewußte Fürst Ferdinand übrigens. Bis 1908 war es zudem Angehörigen fremder Staaten offiziell nicht gestattet, ›fürstlich bulgarische‹ Orden anzunehmen, da das Fürstentum Bulgarien kein anerkannter Staat war, und auch im Hofkalender der regierenden Häuser, dem sogenannten ›Gotha‹, war Bulgarien bis 1908 kein eigener Artikel eingeräumt, vielmehr fanden die interessierten Leser die entsprechenden Angaben in dem Artikel über das Osmanische Reich.

Während des Konferenzauftaktes im Palais der Admiralität in Kasimpascha (Kasımpaşa) am Goldenen Horn kam es zu einer bühnenreifen Inszenierung, die angesichts der Bedeutsamkeit dieses Treffens und des dadurch zu befürchtenden Gebiets- und Machtverlustes auf dem Balkan wahrscheinlich höchst absichtsvoll von Midhat Pascha geplant worden war. Die Teilnehmer hörten inmitten eines heftigen Gewitters plötzlich Artillerie- und Kanonensalven, während der Außenminister Saffet Pascha den Diplomaten höchst feierlich erklärte: »Es ereignet sich zu dieser Stunde ein großer Akt, der eine seit sechshundert Jahren bestehende Regierungsform verändern wird. Die Verfassung, die Seine Majestät der Sultan seinem Reich zu geben geruhte, wurde soeben verkündet. Sie eröffnet eine neues Zeitalter des Glücks und des Fortschritts für die Völker Seiner Majestät.«[102] Die anwesenden europäischen Politiker gingen nach einem Augenblick der Erstarrung zu ihren Verhandlungen über – so, als wäre nichts geschehen. An die osmanischen Botschafter im Ausland erging wenige Tage später ein Rundschreiben des Außenministers, das in wohlgesetzten Worten das Ereignis pries und es als »in den Annalen des Reiches unauslöschliches Datum« bezeichnete. Darüber hinaus enthielt das Schreiben Hinweise, wie die Diplomaten in den ausländischen Hauptstädten auf dortige Nachfragen die neue Verfassung darzustellen hatten.[103]

François Georgeon kommt in seiner ausführlichen Lebensbeschreibung des Sultans zu einem zwiespältigen Urteil bezüglich der Verfassung und ihrer Wirkung auf die europäischen Mächte: Die abendländischen Vertreter nahmen sie nicht ernst, sondern betrachteten sie lediglich als Vorwand der Osmanen, der die Europäer von weiteren Einmischungsversuchen abhalten sollte. Die osmanischen Delegierten bei der Konferenz benutzten den Text der Konstitution tatsächlich während der gesamten Zusammenkunft wiederholt regelrecht als diplomatische

Waffe gegen die europäischen Vertreter, um sich gegen die steten Übergriffe der Mächte zu verwahren.[104]

Sollte also die mehr als theatralische Bekanntmachung der ersten Verfassung des Reiches unter Kanonendonner die Idee des Premierministers Midhat Pascha gewesen sein, so hatte dieser sein Ziel gründlich verfehlt. Die Konstitution stellte nämlich nicht den erhofften diplomatischen Befreiungsschlag dar und erhob in den Augen der europäischen Großmächte das Osmanische Reich keineswegs zu einem auch nur annähernd gleichberechtigten Partner, schlußfolgert Georgeon.

Zu einer etwas anderen Bewertung gelangen dagegen Majoros und Rill: »Abdulhamid II. durchschaute wohl die Lage, und die Osmanen wanden sich – diesmal durch einen genialen Trick – heraus, indem sie erst eine Verfassung verkündeten und dann darauf beharrten, daß alle Änderungen einer verfassungsgebenden Versammlung unterbreitet werden müssen«.[105] Beides trifft in gewisser Weise zu. Für die Europäer blieb das Osmanische Reich auch mit seiner Verfassung kein gleichberechtigter Partner im Schacher um Territorien und Völkerschaften. Gleichzeitig konnten die europäischen Mächte die osmanische Forderung, daß das künftige Parlament an wichtigen politischen Entscheidungen beteiligt werden müsse, nicht so ohne weiteres übergehen.

Am 20. Januar 1877 waren ein Scheitern der Konferenz und die angedrohte Abreise der Delegierten kaum mehr zu verhindern. Die ablehnende osmanische Position war mit der fordernden europäischen Haltung nicht vereinbar, zudem waren sich die Europäer untereinander ebenfalls nicht einig – Großbritannien und Rußland standen Deutschland und Österreich-Ungarn gegenüber. Abdül Hamid II., der sich als klug berechnender Machtpolitiker offiziell nicht an den Verhandlungen beteiligt hatte, war indessen keineswegs untätig geblieben. Sein alter Vertrauter und Lehrer Edhem Pascha, ein erbitterter Gegner jeglicher Einmischung der Europäer in die inneren Angelegenheiten des Reiches, nahm an der Konferenz teil. Er handelte dabei sicherlich im Auftrag des Sultans, wenn er unnachgiebig und beharrlich den Mächten gegenüber die territoriale Integrität des Osmanischen Reiches betonte. Gleichzeitig empfing aber der Padischah in einem sehr geschickten Schachzug den britischen Vertreter Lord Salisbury. Es gelang ihm dabei offenbar, den Briten, der das Osmanische Reich schon damals liebend gern aus Europa entfernt gesehen hätte, mehr und mehr gegen seinen Premierminister Midhat Pascha einzunehmen. Dabei wußte der Sultan den Eindruck zu erwecken, ihm sei, im Gegensatz zu seinem Premierminister und dem Kabinett, an einem Erfolg der Konferenz gelegen, allerdings könnte er sich nicht durchsetzen, denn in diesem Fall müßte er seine Absetzung fürchten. Abdül Hamid II. verstand es somit außerordentlich geschickt, seine Person nicht mit dem sicherlich auch von ihm insgeheim favorisierten Scheitern der Konferenz in Verbindung zu bringen. Die europäischen Diplomaten berichteten schließlich sogar in ihre Hauptstädte, der Padischah sei der Konferenz gewogen, das eigentliche Hindernis sei dagegen der Reformer Midhat Pascha. Sultan Abdül Hamid II. spielte also sehr klug die Rolle eines Monarchen, der herrscht, ohne allerdings zu regieren, um auf diese Weise sehr erfolgreich allein seinem Premierminister Midhat Pascha die Verantwortung für den negativen Verlauf der Konferenz zuzuschreiben.

Nach nur sechs Wochen im Amt wurde Midhat Pascha schließlich am 5. Februar 1877 brüsk als Premierminister entlassen, wobei der Sultan sich auf seine nun in Paragraph 113 verfassungsmäßig garantierten Rechte berufen konnte. Entsprechend der Verfassung wurde Midhat zunächst gezwungen, nach Europa ins Exil zu gehen. 1878 gestattete ihm der Sultan allerdings, zurückzukehren, ernannte ihn zum Wali (Provinzgouverneuer) von Syrien und dann von Aydın, dessen Hauptstadt İzmir war. 1881 erneut in Ungnade gefallen, starb Midhat Pascha unter bis heute ungeklärten Umständen im Mai 1884 in seinem Verbannungsort im arabischen Taif. Gerüchte wollten sicher wissen, auch an ihm sei im Auftrag Abdül Hamids II. ›Selbstmord verübt‹ worden, zumal der gleichzeitig in Ungnade gefallene und verbannte Schwager des Sultans, Damad Mahmud Celaleddin Pascha, unter ebenso mysteriösen Umständen starb. »Dann wurde Midhat durch eine List zurückberufen und vor einem geheimen Tribunal im Sserai [sic] des Hochverrathes beschuldigt wegen der Entthronung des Sultans Abdul Asis [...] Er wurde zum Tode verurtheilt. Abdul Hamid begnadigte ihn zur lebenslänglichen Verbannung nach Taif in Arabien. [...] Einige Zeit später meldete eine offizielle Mittheilung in den türkischen Zeitungen: ›Midhat Pascha ist in Taif an einer Landeskrankheit plötzlich gestorben.‹ [...] Der Scheich ül Islam Hassan Chairullah Efendi, der durch seine Fetwas oder Gutachten erst zur Entthronung des Abdul Asis, dann auch zur Absetzung und Einsperrung Murads beigetragen und Abdul Hamid zum Throne verholfen, wurde ebenfalls nach Taif verbannt. [...] Kurze Zeit darauf konnte eine officielle Nachricht verlautbaren: ›Chairullah Efendi ist in Taif an einer Landeskrankheit gestorben ...‹ «[106] schilderte der allerdings in diesem Fall nicht ganz richtig orientierte Journalist Bernhard Stern später die Ereignisse um den von ihm sehr geschätzten Midhat Pascha.

Erst 1951 wurden die sterblichen Überreste Midhat Paschas nach Istanbul gebracht und dort auf dem Heldenfriedhof ›Hürriyet Tepesi‹ beigesetzt. Das heute nach İsmet İnönü,[107] dem bedeutenden Weggefährten Atatürks und Hüter seins Erbes, benannte Sportstadion in Istanbul trug bis 1973 den Namen Midhat-Pascha-Stadion.

Auch der übrigen wichtigen Protagonisten, gleichsam engste Mitwisser der zweifelhaften Umstände seiner Thronbesteigung, entledigte sich Sultan Abdül Hamid II. in den Jahren bis 1881 in rascher Folge: Sein Schwager Damad Mahmud Celaleddin Pascha wurde 1879 zunächst zum Gouverneur von Tripolis in Nordafrika ernannt, was bereits einer Verbannung gleichkam. Es folgte dann 1881 die offizielle Verbannung nach Taif (wo er 1884 ermordet wurde). Der liberale Süleyman Pascha, der in die Absetzung beider Vorgänger Abdül Hamids II. auf das engste involviert gewesen war, wurde nach Bagdad abgeschoben, Redif Pascha[108] wurde auf die Insel Lemnos verbannt. Ebenso erging es Mehmed Rüşdü Pascha, der 1878 auf seinen Landgütern bei Manisa festgesetzt wurde. Wie erwähnt, wurde der Scheich ül-Islam Hasan Hayrullah Efendi in das arabische Taif geschickt, und auch Osman Salaheddin Dede wurde nach anfänglichen Ehrungen vom Hof entfernt, 1880 aller seiner Posten enthoben – und seine Mevlevi-Bruderschaft wurde von nun an streng überwacht.[109]

1881 kann in mehrfacher Hinsicht als ein für die osmanische Geschichte bedeutsames Jahr angesehen werden. Fünf Jahre nach der unter dramatischen Umständen erfolgten Thronbesteigung Abdül Hamids II. war es dem Sultan endgültig gelungen, die Macht im Yıldız-Palast zu konzentrieren und die Kämpfe der konkurrierenden Gruppen um die Vorherrschaft zu seinen Gunsten zu entscheiden. Auch für die gesamte Situation des Reiches bildete 1881 eine wichtige Zäsur, trat doch das Osmanische Reich in eine Phase der Konsolidierung ein. Die orientalische Krise, die hauptsächlich eine osmanische Krise war, hatte ab 1875 das Reich in seinen Grundfesten erschüttert sowie Europa und seine widerstreitenden Mächte in Atem gehalten. Der Staatsbankrott von 1875 bildete den Auftakt, es folgten die Absetzung zweier Sultane, von denen einer wahrscheinlich ermordet wurde, der andere psychisch erkrankte, ein Krieg auf dem Balkan, der den Verlust Serbiens sowie Montenegros brachte, ein weiterer Krieg gegen Rußland mit dem verheerenden Friedensschluß von San Stefano und der Berliner Kongreß, mit dem die europäischen Großmächte die Zustände im Osmanischen Reich in ihrem Sinn zu regeln trachteten. Immerhin war es den Osmanlıs gelungen, den Frieden von San Stefano erheblich zugunsten des Reiches zu korrigieren und das vielfach gedemütigte Land auf diese Weise in seinem Bestand abzusichern. Daraufhin entbrannten schwere innere Auseinandersetzungen zwischen konservativen Kräften sowie europäisch orientierten Reformern, die schließlich damit endeten, daß es dem Sultan gelang, die Macht in seinen Händen zu bündeln. So markierte das im Dezember 1881 durch eine kaiserliche İrade bestätigte ›Muharrem-Dekret‹,[110] das die dauernde Einrichtung einer osmanischen Schuldenverwaltung, der ›Administration de la Dette Publique Ottomane‹ zum Gegenstand hatte, das Ende der Zeit des staatlichen Bankrotts. Auf dem Berliner Kongreß war bereits festgelegt worden, daß das Reich eine Institution schaffen müsse, um seine europäischen Gläubiger zu bezahlen. Abdül Hamid II. war gewillt, die europäischen Kredite zu bedienen, schon allein, um weitere unverzichtbare Gelder für die angestrebten Reformen zu erhalten, allerdings nicht um den Preis einer europäischen Kuratel über die osmanischen Finanzen. So ließ der Sultan im Herbst 1880 ohne vorherige Veranlassung durch die europäischen Großmächte alle Gläubigerstaaten zu Verhandlungen nach Constantinopel einladen. Es entstand im Ergebnis die osmanische Schuldenverwaltung – mit Sitz am Bosporus[111] –, die der Historiker Wolfgang Mommsen als »zwar formell eine türkische Verwaltungseinrichtung, faktisch [aber] eine multinationale Finanzkorporation mit halbstaatlichen Rechten«[112] bezeichnete.

Vertreter der sechs europäischen Gläubigerstaaten (Rußland war ausgenommen) Großbritannien, Frankreich, die Niederlande, Italien, Österreich-Ungarn und Deutschland sowie ein osmanischer Delegierter, die jeweils für fünf Jahre ernannt wurden, bildeten die Spitzen dieser Behörde, deren Vorsitz zwischen den Hauptgläubigern Großbritannien und Frankreich abwechselte. Zeitweilig vertrat ein europäischer Delegierter auch zwei Gläubigerstaaten. »Sie beschäftigte rund hundert ausländische Fachleute und 5.000 Angestellte. Auf lange Sicht steigerten diese Veränderungen die Staatseinnahmen während Abdülhamits Regierung um 43 Prozent; die Gefahr eines staatlichen Bankrotts verringerte sich, obwohl ein jährliches Haushaltsdefizit blieb«, konzedierte Alan Palmer.[113] Als Sultan hatte Abdül Hamid II. Ende 1881 eine der bislang schwersten Krisen des Reiches überstanden. Er hatte sein Land vor einer Zerstückelung bewahrt und die Zustände im Inneren zunächst konsolidiert. Doch auch die Interessen der Großmächte begannen sich mit Beginn der 1880er Jahre zu verlagern – Rußland engagierte sich verstärkt im Fernen Osten, und sowohl Großbritannien als auch Frankreich wandten sich der Vergrößerung ihres Kolonialbesitzes zu (was dem Osmanischen Reich zwar schwere territoriale Verluste an seinen Rändern einbringen sollte, ohne es allerdings in seiner Existenz zu gefährden). So ließ für gut ein Jahrzehnt auch der äußere Druck der europäischen Mächte auf das Reich nach.

Abdül Hamid II. wollte sich Midhat Paschas, der nach dem Scheitern der Konferenz von 1876 kaum noch auf europäische Unterstützung rechnen konnte, deshalb so schnell entledigen, weil er voraussah, daß es noch weit schwieriger sein würde, den ungeliebten Premierminister zu entlassen, wenn erst das Parlament einberufen war. Mit diesem skrupellosen Schachzug hatte der Sultan einen Reformpolitiker abgesetzt, dem er keineswegs vertraute, war doch Midhat Pascha ein gewichtiger Gegenspieler mit internationaler Reputation, dessen sich der Prinz jedoch auf seinem Weg zur Macht bedenkenlos bedient hatte. Der von Sultan Abdül Hamid II. angestrebten Zentralisierung der Macht im Yıldız-Palast hätte der Premierminister wohl keineswegs einfach zugestimmt – und sich auch dem allgemein konservativen Umschwung der Politik widersetzt.

Weiterhin fürchtete der Sultan wahrscheinlich, Midhat Pascha könnte ihn absetzen, sobald sich die Gesundheit seines Bruders Murad V. (der verfügte noch immer über eine erhebliche Anhängerschaft, die zumindest einmal versuchte, den entthronten Sultan zu befreien und erneut in seine Rechte einzusetzen) stabilisiert hätte, um so mit einem willensschwachen Sultan an der Staatsspitze (und in seiner Hand) die liberale Öffnungspolitik gegenüber Großbritannien und dem übrigen Europa fortzuführen.

Die Absetzung Midhat Paschas markierte einen wichtigen Punkt in der noch jungen Regierungszeit des Sultans, das bislang wenig erkennbare politische Profil Abdül Hamids II. gewann damit an Konturen: »Man entdeckt eine autoritäre Persönlichkeit, extrem um ihre Vorrechte und Rechte besorgt, jeden Eingriff in ihre Macht zurückweisend; ein gewiegter Stratege ohne Skrupel, ein geschickter Diplomat.«[114] Der Diplomat Ludwig Raschdau[115] war in den Jahren zwischen 1870 und 1879 immer wieder längere Zeit an der deutschen Botschaft tätig. Er schrieb über den Regierungsstil des jungen Sultans: »Aus allen diesen Bemühungen des Großherrn ging für den Beobachter immer von neuem hervor, daß er sein eigener Großwesir und jedenfalls sein eigener Minister des Auswärtigen sein wollte. Das war auch der Eindruck, den er bei gelegentlichen Unterhaltungen mit Fremden hervorbrachte.«[116]

Angesichts dieses sich nun abzeichnenden konservativen Sinneswandels, der mit einer wenigstens teilweisen Entmachtung der bisherigen obersten Regierungsorgane (des Sadrazams und der Hohen Pforte) einherging, erhebt sich die Frage, ob die Amtsenthebung Midhat Paschas das Ende der seit 1839 andauernden Tanzimat-Ära markiert. Die meisten Historiker neigen dieser Auffassung zu und zählen die Regierungszeit Abdül Hamids II. nicht zu der Ära der Reformen in europäischem Sinn. Eingedenk dessen, daß der Sultan das im März 1877 zusammengetretene Parlament schon elf Monate später, im Februar 1878, wieder auflöste, um in den kommenden dreißig Jahren ohne das Parlament und ohne die Verfassung, die allerdings de jure in Kraft blieb, zu regieren, angesichts einer starken Pressezensur und einer als ›hamidischer Despotismus‹[117] bezeichneten Alleinherrschaft des Sultans, die die Ministerialbürokratie wieder erheblich beschränkte, mag dies gerechtfertigt erscheinen. Diese bis heute bei den Historikern vorherrschende Meinung bedarf allerdings einer Überprüfung und Neubewertung, zu der unbedingt die bislang wenig erschlossenen osmanischen Aktenbestände in türkischen Archiven herangezogen werden müßten.

Neben dem kontrovers beurteilten Bernhard Lewis vertrat auch der ebenso umstrittene Historiker Stanford J. Shaw die Ansicht, daß mit den zahlreichen Reformen Sultan Abdül Hamids II. die Tanzimatepoche, wenn auch deutlich verändert, erst ihren eigentlichen Höhepunkt erreicht habe.[118] Auch der Theologe Hans Küng rechnete aufgrund der durchgreifenden Veränderungsbestrebungen in vielen, auch religiösen Bereichen, während dessen Regierung Abdül Hamid II. zu den bedeutenden Reformsultanen.[119] Eine tiefgreifende Auseinandersetzung mit Abdül Hamid II. in dessen Rolle als Kalif und mit seinen religiösen Bestrebungen steht allerdings noch aus.

Ob der Beginn der Herrschaft Abdül Hamids II. beziehungsweise die Suspendierung der Verfassung das Ende der Tanzimatepoche darstellt oder ob diese lange Regierung als deren intensive Fortsetzung mit anderen Mitteln bezeichnet werden kann, ist eine Frage, deren abschließende Beurteilung einer umfassenden Arbeit über den Sultan und dessen politische wie religiöse Motive vorbehalten bleiben muß. Dagegen muß es als unbestritten gelten, daß Abdül Hamid II. als der letzte osmanische Sultan überhaupt es vermochte, seine Regierungszeit, die nach ihm auch die ›Hamidische Epoche‹ genannt wird, entscheidend zu prägen. Ali Merad unternimmt mit seiner knappen Definition der Herrschaft des Padischahs den Versuch, eine Polarisierung zu vermeiden, und betont den pragmatischen Charakter der Regierung Abdül Hamids II., für den der Bestand des Osmanischen Reiches die oberste Priorität darstellte: »Für den Sultan war das System dann gegenüber Reformen aufgeschlossen, wenn sie mit den islamischen Werten vereinbar waren, denn per Definition war er [als Kalif] ihr oberster Garant. Abdul Hamid II. hat in erheblichem Maß seine Fähigkeit unter Beweis gestellt, moderne Anforderungen in die Verwaltung und die Armee, in das Bildungssystem ebenso wie in alle Bereiche des wirtschaftlichen Lebens zu integrieren.«[120]

Auf den sich im Frühjahr 1877 abzeichnenden Konflikt mit Rußland und dem letztlich daraus resultierenden Berliner Kongreß muß an dieser Stelle etwas ausführlicher eingegangen werden, bildete er doch die Grundlage für zahlreiche Einzelaspekte der europäisch-osmanischen Beziehungen in den folgenden drei Jahrzehnten.

Die innenpolitische Krise nach der Absetzung zweier Sultane und der darauf folgenden Thronbesteigung Abdül Hamids II. wurde durch einen erneuten Krieg in den Schatten gestellt: Am 24. April 1877 erklärte Rußland, nachhaltig gestärkt durch Geheimabkommen mit Österreich-Ungarn, dem Osmanischen Reich unter anderem wegen der ungelösten bulgarischen Frage den Krieg. »Es hoffte wieder auf einen Kollaps des Osmanenreiches, welches jetzt der englischen Rückendeckung entbehrte. Die Russen beschwichtigten England mit dem mageren Versprechen, auf die Einnahme von Istanbul zu verzichten. [...] Im großen und ganzen brachte der Landkrieg Siege für Rußland [...], das Zarenreich verfehlte aber sein Kriegsziel, das Imperium zu zerschlagen. Die osmanische Verteidigung war außerordentlich zäh, [...]. Das war die große Überraschung, die russischen Streitkräfte waren außerstande, das Imperium zu zerschlagen, es kollabierte nicht. [...]. Die russischen Armeen schleppten sich im Januar 1878 bis vor die Tore von Konstantinopel [...].«[121] Schritten auch die russischen Truppen siegreich voran, errangen die Osmanen doch immer wieder Achtungserfolge, so zum Beispiel mit der in der Kriegsgeschichte vielfach als heldenhaft dargestellten Verteidigung der im heutigen Bulgarien liegenden Stadt Plewna, die den Russen erst im Dezember 1877 nach dreimonatiger Belagerung in die Hände fiel. Verantwortlich für diesen ruhmreichen Widerstand war Osman Nuri Pascha. Für seine militärischen Erfolge verlieh ihm der Sultan den Titel ›Ghazi‹.[122] Der einstige deutsche Reichskanzler Bernhard von Bülow (seit 1899 Graf, seit 1905 Fürst von Bülow) hob in seinen Lebenserinnerungen die Tapferkeit Osman Paschas[123] hervor, »der für kurze Zeit den alten Kriegsruhm des Halbmonds erneuerte«.[124] In Europa wurde Ghazi Osman Pascha fortan achtungsvoll ›der Löwe von Plewna‹ genannt.

Doch auch dem Padischah selbst brachte der insgesamt desaströse Feldzug gegen den russischen Gegner den Titel Ghazi ein: Der Scheich-ül Islam Hasan Hayrullah Efendi erließ am 15. Mai 1877 eine entsprechende Fetwa, in der es hieß, daß Abdül Hamid II. fortan auch den Titel Ghazi trage. Den eigentlichen Grund dafür lieferte die Rückeroberung der Festung Suchumi am Schwarzen Meer. Die an alten Traditionen orientierte Begründung lautete allerdings, der Sultan-Kalif habe Krieger für den Kampf gegen die Ungläubigen ausgerüstet, um so den wahren Glauben zu verbreiten. Da sich das Osmanische Reich allerdings in seiner kurzlebigen konstitutionellen Ära befand, wurde auch das Parlament (Meclis-i Mebusan) mit dieser Titelverleihung befaßt.

Die Abgeordneten richteten eine offizielle Anfrage an den Scheich-ül Islam: »Ist es aus dem Grund mit der Scharia[125] konform, daß Seine Majestät in allen Fermanen [Erlassen], in den Versammlungen und auf den Kanzeln, insbesondere in den Freitagspredigten, mit dem Titel ›Ghazi‹ erwähnt werde, da das Islam-Heer, welches Seine Majestät unser Herr, Sultan Abdül Hamid, der Kalif der Erdoberfläche – möge Allah sein Kalifat bis zum Jüngsten Tage fortdauern lassen! –, in uneigennütziger Hingabe in Seiner Majestät großherrlichem Feldzug, welcher nun in Übereinstimmung mit der Scharia stattgefunden hat, ausgerüstet und entsandt hat, gegen eine der Religion feindliche Nation in der Absicht, die Religion Allahs zu verbreiten, Krieg geführt hat, und es sich aus dem Edlen Hadith ergibt, daß eine Person, welche auf Allahs Weg ein Heer von Ghazis ausrüstet, zum Ghazi wird, weshalb Seine Majestät unser Herr in Konformität mit der Scharia ein Ghazi sei?« Die kurze Antwort lautete: »Es ist. Hasan Hayrullah.«[126] Am 21. Mai 1877 stimmte das Parlament der Entscheidung des Scheich-ül Islam einstimmig zu. Sultan Abdül Hamid II. fügte nun seiner Tuğra noch den Titel Ghazi hinzu – es ist der kleine kreisförmige Teil rechts des eigentlichen Monogramms.

Die Leiden der Zivilbevölkerung, ganz gleich, welchem Volk sie angehörte, waren wie in jedem Krieg grauenvoll. Ludwig Raschdau schilderte in seinem Buch ›Ein sinkendes Reich‹ sehr eindrucksvoll den Exodus der muslimischen Bevölkerung,[127] die in großer Zahl vor Russen und Bulgaren floh (er nannte die Zahl von mindestens 500.000 Menschen, andere Angaben gingen von einer Million aus) und im kalten Winter oftmals den Tod fand. Raschdau gehörte nach dem Ende des Krieges einer internationalen Kommission an, die diese Schicksale teilweise aufklären, die verübten Greuel ermitteln und letztlich Hilfen für die heimatlos gewordenen Flüchtlinge initiieren sollte. Nach seinen Angaben scheiterten diese sehr modern anmutenden Ideen jedoch letztlich am Widerstand aller Seiten.

Als die militärische Niederlage des Osmanischen Reiches bereits unübersehbar war, ließ König Georg I. von Griechenland[128] seine Truppen in Thessalien einrücken, um diese überwiegend griechisch besiedelte Provinz für sein Land zu reklamieren. Den griechischen Plänen war indessen kein Erfolg beschieden. Nach nur fünf Tagen mußten sich die Truppen auf Druck der europäischen Mächte zurückziehen, weil diese angesichts der militärischen Katastrophe eine weitere Demütigung des Reiches fürchteten. Stattdessen wurde König Georg I. zugesichert, daß ›die Mächte‹ mit ihrer Forderung nach besonderen Garantien für den Schutz der griechischen Bevölkerung im Osmanischen Reich eintreten würden. Zudem sollte Griechenland an der nun fälligen Friedenskonferenz beteiligt werden – ein Versprechen, das jedoch so nicht umgesetzt wurde. An die britische Königin schrieb deren Tochter, die deutsche Kronprinzessin Victoria, am 19. Oktober 1877, also noch vor dem Fall Plewnas, in einem Brief: »Die Türken sind, wie man ihnen zugeben muß, zur Verteidigung ihrer Heimat aufgestanden; diese Tatsache trägt ihnen eine ganze Menge Sympathie ein, die sie sonst nicht verdienen würden. Nachdem sie mit vollkommener Untätigkeit den Zusammenbruch ihrer Herrschaft in Europa erwartet haben, sind die Türken selbst über ihren unvorhergesehenen Erfolg erstaunt, wie die ganze Welt auch.«[129]

Am 3. März 1878 diktierte das siegreiche Rußland dem Osmanischen Reich den harten Frieden von San Stefano (Yeşilköy), benannt nach einem Dorf vor den Toren Constantinopels. Das Reich sollte neben nahezu allen seinen europäischen Wilajets den für das russische Kaukasien so bedeutenden Schwarzmeerhafen Batum [Batumi] sowie einige Landstriche mit der Stadt Kars in Ostanatolien verlieren. Ein von Sankt Petersburg abhängiges Großbulgarien, vom Donaudelta bis nach Albanien sich erstreckend, sollte fortan Rußlands Herrschaft auf dem Balkan garantieren. Angesichts eines vollständigen militärischen Zusammenbruches des Reiches – und der drohenden Gefahr eines russischen Einmarsches nach Constantinopel – mußte die Hohe Pforte diesen Friedensvertrag unterzeichnen, bat aber gleichzeitig Großbritannien um Schutz vor dem übermächtigen Rußland.

Der von den Russen im Bewußtsein ihrer Stärke oktroyierte Friedensvertrag schien den bislang unbeteiligt gebliebenen europäischen Mächten nicht akzeptabel. »Sie vertraten zwar unterschiedliche Interessen, darin stimmten sie aber überein, daß man den gesamten Balkan nicht den Russen und den Kleinstaaten überlassen durfte, die dann womöglich stets nur auf das Einsatzzeichen des großen Kapellmeisters aus St. Petersburg warten sollten. Kosaken an den Gestaden des Marmarameeres waren für die Großmächte kein erquickender Anblick.«[130] Der Außenminister Österreich-Ungarns, Graf Gyula Andrássy, war es schließlich, der eine internationale Konferenz anregte, um damit eine Revision des Friedens von San Stefano zu erreichen. Wie alle übrigen europäischen Diplomaten war er nicht etwa an einer Stärkung des Osmanischen Reiches interessiert, ihm ging es vielmehr darum, für Österreich-Ungarn das Wilajet Bosnien – und möglichst noch die Herzegowina – aus dem zusammengebrochenen Reich zu reklamieren und Rußlands Position auf dem Balkan nachhaltig zu erschüttern. Rußland hatte diese osmanischen Gebiete Österreich-Ungarn in einem Geheimabkommen als Lohn für dessen Neutralität im russisch-osmanischen Krieg zugesagt, nun aber, im Frieden von San Stefano, war davon keine Rede mehr gewesen.

Graf Andrássy dachte zunächst an Wien oder das mondäne Baden-Baden mit seinem internationalen Flair als Konferenzort, die Russen votierten hingegen für Lausanne oder das neutrale Berlin, was schließlich allgemein akzeptiert wurde. Die Situation im Vorfeld des Kongresses war unterdessen keineswegs friedfertig. Großbritannien drohte mit seinem Fernbleiben, wenn Rußland einer Revision des Friedensvertrages von San Stefano und einer damit einhergehenden deutlichen Verkleinerung Bulgariens nicht zustimmen sollte. Eine Eskalation begann sich abzuzeichnen – britische Flotteneinheiten lagen vor Constantinopel, russische Streitkräfte standen am Rand der Reichshauptstadt. Fürst von Bismarck[131] vermittelte in dieser gefahrvollen Lage Anfang April 1878 erfolgreich zwischen London und Sankt Petersburg und erklärte sich schließlich nach zweimaligen Gesprächen mit dem russischen Grafen Schuwalow widerstrebend dazu bereit, das Präsidium des Kongresses zu übernehmen.

Bereits am 19. Dezember 1877 schrieb die politisch stets außerordentlich interessierte deutsche Kronprinzessin Victoria ihrer Mutter nach London: »Selbstverständlich sind überall zwei Meinungen über den russisch-türkischen Krieg verbreitet. Die eine wünscht, daß die Türkei verschwindet, und will also Rußland das Vernichtungswerk tun lassen. Die andere vertritt die Ansicht, daß eine Nation, in wie korrupter und schlechter Weise sie immer regiert werden mag, von einer anderen Macht nicht ausgelöscht werden dürfe, ohne daß die anderen gehört werden. Es wäre besser gewesen, die Türkei aufzufordern, ihr Leben zu reformieren und sie unter Umständen zu zwingen, dies zu tun, als diesen schmählichen Krieg zu führen.«[132] Der weitere Brieftext zeigt den prononciert probritischen Standpunkt, den die deutsche Kronprinzessin in dieser Angelegenheit einnahm: »Ich würde es aber jetzt als Beleidigung und einen schweren Schlag für die englischen Interessen ansehen, wenn Rußland und die Türkei einen Sonderfrieden schließen würden, ohne England zu befragen. Wenn England in seinem Prestige vor ganz Europa leidet, wie wird es ihm dann in den Augen der orientalischen Völker ergehen!!«[133] Immerhin plädierte auch sie für eine Konferenz ›der Mächte‹ (ihr ging es vor allem um Großbritannien, um dessen Reputation sie offensichtlich in jenem Fall besonders besorgt war), bevor das Osmanische Reich eventuell zerschlagen würde. Ein Kongreß war also auch im Sinn der preußischen Kronprinzessin, obschon sie ansonsten wenig mit Bismarck übereinstimmte.

Reichskanzler Fürst Otto von Bismarck war trotz aller Zurückhaltung daran gelegen, dem aufstrebenden Deutschen Reich internationales Gewicht zu verschaffen, und so wurde nun also die junge deutsche Hauptstadt Berlin zum

Schauplatz einer Zusammenkunft der damaligen Großmächte, die unter dem Namen ›Berliner Kongreß‹ in die Geschichte eingehen sollte. Bismarck gedachte dabei die Rolle des ›ehrlichen Maklers‹ zu spielen. Er gab vor, allen sich gegenseitig bekämpfenden Seiten gerecht werden zu wollen, und rief sie – wie vereinbart – dazu auf, den gesamten Vertrag von San Stefano offen zu diskutieren. Das fiel dem Deutschen Reich insofern leicht, da in der kurzen Zeit, die seit der Reichseinigung 1871 verstrichen war, Deutschland unter Bismarcks Führung ganz absichtsvoll keine eigenständige Orientpolitik entwickelt hatte, um dadurch Verwicklungen mit den übrigen Großmächten zu vermeiden. Dem Reichskanzler war vielmehr daran gelegen, sich neutral zu verhalten und Großbritannien, Frankreich sowie Rußland auf dem Balkan und im Vorderen Orient derartig zu binden, daß jene Mächte durch ihr dortiges Engagement von einem Bündnis gegen das Deutsche Reich abgehalten wurden.

Rückblickend schrieb Hajo Holborn, daß die Politik Bismarcks gegenüber dem Osmanischen Reich während seiner gesamten Amtszeit darauf ausgerichtet war, »jedes [offene] Engagement Deutschlands in der Türkei zu meiden« und dennoch die deutsch-osmanischen Beziehungen freundlich zu gestalten. Dabei sollten Beweise der Freundschaft sowie gelegentliche Unterstützung in politischen Belangen den Sultan gewogen machen, falls der Reichskanzler auf das Osmanische Reich doch einmal als Verbündeten gegen Rußland oder Frankreich angewiesen sein sollte. Für den mit allen Winkelzügen der Politik bestens vertrauten Fürsten von Bismarck war das Osmanische Reich nichts anderes als ein »Objekt der großen Politik«, also ein Gegenstand von gesamteuropäischem Interesse,[134] das er in dessen gegenwärtiger Erscheinung für eine »ohnehin unhaltbare Einrichtung« hielt. Bismarck enthüllte zynisch den eigentlichen Beweggrund für seine Rolle als scheinbar ehrlicher Makler während des Berliner Kongresses, als er im November 1878 erklärte, es wäre »ein Triumph unserer Staatskunst, [...] wenn es uns gelänge, das orientalische Geschwür offen zu halten und dadurch die Einigkeit der anderen Großmächte zu vereiteln und unseren eigenen Frieden zu sichern.«[135] Dabei ging es dem skrupellosen Strategen der Macht darum, die Kräfte der rivalisierenden Groß- und Kolonialmächte in ganz bestimmten Gegenden des Osmanischen Reiches dauerhaft zu binden. Österreich-Ungarn sollte auf dem westlichen Balkan bis nach Mazedonien, Rußland auf dem östlichen Balkan in Bulgarien und dem Kaukasus ›beschäftigt‹ werden; Tunesien sowie Syrien mit Palästina waren im politischen Spiel Bismarcks Frankreich zugedacht, Großbritannien mußte demzufolge in Ägypten gebunden werden – und Italien sollte Tripolitanien und die Cyrenaika erhalten. Abweichende Spielarten waren außerdem möglich: Eventuell konnte auch Italien mit Tunesien bedacht werden – oder würde es sich unter Umständen nicht auch als lohnend erweisen, die in Afrika rivalisierenden Mächte Frankreich und Großbritannien gemeinsam in Ägypten zu binden? Doch in bezug auf Ägypten hatte Frankreich jetzt kein Interesse daran, in einen Konflikt mit Großbritannien (und dem Osmanischen Reich als dem Suzerän über Ägypten) zu geraten, zumal die Franzosen Abdül Hamid II. im Verdacht hatten, die ägyptischen Wirren dafür zu nutzen, eine panislamische Bewegung gegen die französische (europäische) Kolonialherrschaft in Nordafrika zu initiieren. Die Ausdehnung des französischen Kolonialreiches verlief in Afrika von West nach Ost, wogegen das britische Bestreben dahin ging, in Ostafrika von Nord nach Süd Territorien zu beherrschen (von Ägypten bis nach Südafrika), unter anderem, um die reichen indischen Kolonien und den Seeweg dorthin strategisch abzusichern. Daher hatte Großbritannien auch großes Interesse daran, auf der Arabischen Halbinsel Fuß zu fassen (Aden, Oman).[136] Seit den Eroberungsversuchen Napoléons zwischen 1798 und 1801 hatte auch Frankreich – neben Großbritannien – ein Interesse daran, in Ägypten, das seit 1517 Teil des Osmanischen Reiches war, Fuß zu fassen. Durch das Mittel der Kapitulationen und zahlreiche Konzessionen gelang es beiden Nationen, das Land auszubeuten und Ägypten zu kontrollieren. Wichtigstes Projekt dieser Entwicklung war der Bau des Suezkanals zwischen 1859 und 1869, der Ägypten 1876 schließlich in den Staatsbankrott führte, da das Land die Hälfte der Baukosten tragen mußte. Großbritannien und Frankreich errichteten daraufhin eine Finanzkontrolle (Caisse de la dette publique). 1881 kam es zu einem Umsturz und Parlamentswahlen, gegen deren Ergebnis die beiden europäischen Kontrollmächte protestierten. Im Juli 1882 griffen die Briten nach Unruhen in Alexandria ein. Bei Tell-el-Kebir erlitten die Ägypter im September dann die entscheidende Niederlage. Britische Truppen zogen in Kairo ein, seitdem stand Ägypten de facto unter britischer Herrschaft, wobei das Land nominell jedoch bis zum Kriegseintritt Ende 1914 Teil des Osmanischen Reiches war und alle Gesetze offiziell im Namen des osmanischen Sultans erlassen wurden.

Doch zurück zu dem Geschehen während des Berliner Kongresses: Lediglich Anatolien sowie die ehrwürdige Reichshauptstadt Constantinopel mit den strategisch so überaus bedeutsamen Meerengen blieben in diesem perfiden Spiel um Macht, Territorien und Einfluß unangetastet und damit in aller Blickfeld. Ausgerechnet dort sollten sich wenige Jahre später dann die ›friedlichen‹ deutschen Imperialisten engagieren. Zufall oder lange gehegtes Kalkül? Ahnte Bismarck, daß nach ihm eine jüngere Politikergeneration in Deutschland eine offensivere Orientpolitik vertreten würde, und wollte er ihr auf diese Weise den Weg bereiten und eine Einflußsphäre sichern? Doch abgesehen davon, hatte auch der ›ehrliche Makler‹ seine Vorlieben. Längst nach dem Ende des Kongresses bekannte Bismarck, daß er die diffizile Mission des eigentlichen russischen Verhandlungsführers Graf Schuwalow größtenteils so wohlwollend unterstützt habe, weil er sich als der vierte Delegierte der russischen Delegation gefühlt habe. Der Bismarck-Intimus Gerson von Bleichröder,[137] einer der einflußreichsten deutschen Bankiers des aufstrebenden Kaiserreiches, bemerkte zu Bismarcks Rolle als ehrlicher Makler, der Reichskanzler hätte einen anderen Vergleich wählen sollen, »denn einen wirklichen ehrlichen Makler gibt es nicht ...«.[138]

Die Spitzen der internationalen Diplomatie waren im Sommer 1878 in der deutschen Reichshauptstadt vertreten. Im Gegensatz zum Wiener Kongreß von 1815 oder zu dem Frankfurter Fürstentag von 1863 war das Treffen in Berlin nicht mehr eine Konferenz der Fürsten, sondern eine Zusammenkunft der Politiker.[139] Die Politik der Kabinette löste in jenen Jahren endgültig die Politik der Monarchen ab. ›Die Mächte‹ wurden mit Ausnahme Italiens, das lediglich zwei Delegierte benannt hatte, von jeweils drei Bevollmächtigten vertreten. Österreich-Ungarn entsandte neben dem Grafen Andrássy dessen designierten Nachfolger im Amt des Außenministers, Baron von Haymerle, und den Botschafter Graf Károly.

Nachdem Kaiser Alexander II.[140] davon Abstand genommen hatte, nach Berlin zu reisen, repräsentierte Rußland offiziell der greise Reichskanzler Fürst Gortschakow, der mit dem nun zu korrigierenden Friedensvertrag von San Stefano den Bogen der russischen Politik deutlich überspannt hatte und den Kongreßteilnehmern mit seinen Eitelkeiten und Attitüden auf die Nerven fiel. Ihm zur Seite stand der eigentliche russische Verhandlungsführer Graf Schuwalow, der die delikate Situation zu meistern hatte, Rußlands Gesichts- und Machtverlust so gering wie möglich zu halten. Der russische Botschafter Baron d'Oubril trat während der Verhandlungen kaum in Erscheinung und blieb den Teilnehmern lediglich wegen seines ausgezeichneten Kochs im Gedächtnis.

Großbritannien war durch seinen geschickt agierenden Premierminister Benjamin Disraeli, den Außenminister Marquess of Salisbury und seinen Botschafter am Berliner Hof, Lord Odo Russel, vertreten. Disraeli und sein Gegenspieler Gortschakow blieben einander nichts schuldig: Drohte Rußland mit seinen Forderungen zu unterliegen, dann blieb Gortschakow den Verhandlungen ostentativ fern und schützte sein hohes Alter und damit einhergehende Gebrechen vor. Als die Russen in der überaus strittigen Bulgarienfrage nicht zu einem Einlenken bereit waren, erpreßte Disraeli den vermittelnden Reichskanzler Bismarck und Fürst Gortschakow, indem er äußerte, er werde sich aus Köln einen Sonderzug kommen lassen. Er drohte also indirekt mit dem Abbruch der Verhandlungen, doch daran konnte keiner der Verhandlungsparteien gelegen sein. Bismarck, der die Konferenz in der jungen deutschen Hauptstadt unbedingt zu einem erfolgreichen Abschluß führen wollte, vermittelte angestrengt nach allen Seiten. Rußland gab schließlich nach, die Briten trugen einen Sieg davon.

Frankreich hatte seinen Außenminister Waddington geschickt, der britischer Abstammung war und durch seine besonnene Art das Vertrauen Bismarcks zu erringen wußte, so daß dieser schließlich der Besetzung Tunesiens, das de jure noch immer dem Osmanischen Reich unterstand, durch Frankreich zustimmte.

Der französische Botschafter am Berliner Hof, Graf de Saint-Vallier, hatte durch sein Wirken im Rahmen einer deutsch-französischen Annäherung dafür den Boden bereitet. Der dritte Vertreter Frankreichs war der mit der Situation auf dem Balkan seit langem vertraute bevollmächtigte Gesandte Desprez. Graf Corti und der Botschafter Graf de Launay verhandelten für Italien, wobei ihnen die undankbare und mehr als delikate Aufgabe zufiel, die als unmäßig empfundenen Forderungen der Regierung in Rom den tatsächlichen Gegebenheiten anzupassen. Der osmanischen Delegation in Berlin präsidierte der erfahrene Diplomat Alexander Karatheodori Pascha, ein Christ griechisch-phanariotischer Abkunft, dessen Familie im Osmanischen Reich zur griechischen Oberschicht zählte. Außerdem gehörte zu den Abgesandten Mehmed Ali Pascha,[141] der 1827 als Carl Detroit, von Hugenotten abstammend, in Magdeburg geboren worden war, wo er einige Jahre das Domgymnasium besuchte. Mehmed Ali alias Carl Detroit war in seiner Jugend im Hafen Constantinopels von einem deutschen Schiff einfach in den Bosporus gesprungen und hatte nach seiner Konversion durch glückliche Umstände eine bedeutende Stellung in der Armee errungen. Aufgrund seiner deutschen Herkunft war er Teil der osmanischen Delegation während des Berliner Kongresses. Noch im selben Jahr wurde Mehmed Ali Pascha von aufständischen Albanern ermordet. Was seitens der Osmanen als besondere Geste der Wertschätzung gelten sollte, wurde allerdings in Berlin überhaupt nicht so empfunden: Der mehr als erzürnte Reichskanzler bezeichnete die Anwesenheit des Renegaten Mehmed Ali Pascha als grobe Taktlosigkeit, und der gesamte deutsche Generalstab boykottierte ihn. Es wurde sogar überlegt, ob gegen den osmanischen General juristische Schritte eingeleitet werden könnten. Doch waren diese an sich lächerlichen Querelen um Mehmed Ali Pascha, die in diesem Fall speziell die deutsche Geringschätzung des Osmanischen Reiches enthüllten, nur ein Nebenkriegsschauplatz, den Bismarck allerdings überaus geschickt zu instrumentalisieren verstand, um die osmanische Delegation zu brüskieren und in die Isolation zu treiben. Der dritte osmanische Vertreter war der Botschafter Sadullah Bey.[142] Er hatte eine interessante Lebensgeschichte: Der Literat und Diplomat wurde wegen seiner Verbindungen zu den Jungtürken 1877 von Abdül Hamid II. aus Constantinopel verbannt; bis 1883 war er osmanischer Botschafter in Berlin und anschließend in Wien, wo er sich 1891, angeblich aus übergroßer Sehnsucht nach der Heimat, in die er nicht mehr zurückkehren durfte, das Leben nahm. Über die Zusammenkunft berichtete er seinem Kollegen Refet Bey: »Der Berliner Kongreß war sehr anstrengend für mich. Jetzt wird die Entscheidung und ihr Drumherum Istanbul anstrengen. Immer noch wüten jene Stürme, die die Orientfrage seit nunmehr drei Jahren auslöst. Wir leben in empfindlichen Zeiten, da kann aus einem kleinen Fehler großes Unglück entstehen.«[143]

Der deutschen Delegation gehörten schließlich neben dem gastgebenden Reichskanzler der Staatssekretär des Äußeren von Bülow[144] sowie Fürst Chlodwig zu Hohenlohe-Schillingsfürst an. Das Kongreßsekretariat stand unter Leitung des mehrmals als deutscher Gesandter und Botschafter am Bosporus tätigen von Radowitz. Verschiedene Länder und Gruppen – Rumänien, Griechenland, Serbien und die Armenier, die serbische Kirche und der orthodoxe Patriarch in Jerusalem – hatten zu den Verhandlungen Delegationen entsandt, die allerdings lediglich zu den sie betreffenden Fragen Gehör fanden.

Vier Wochen hindurch wurde im vornehmen Palais des Reichskanzlers in der Wilhelmstraße nach einem strikten Tagesordnungsplan in zwanzig Sitzungen sowie in zahllosen Einzelbesprechungen erpreßt, gefeilscht und gestritten, bis die Delegierten am 13. Juli 1878 schließlich den Berliner Vertrag unterzeichneten. Die von Bismarck nur widerwillig geduldete osmanische Delegation (sie war im Vorfeld der Konferenz ohnehin erst auf Druck der Briten hinzugezogen worden) wurde dabei kaum ernst genommen. Die Vertreter des Sultans gewannen den demütigenden Eindruck, in Berlin lediglich dabei zu sein, um die bereits in Separatabsprachen ausgehandelten Beschlüsse der beteiligten Staaten, die ihr offiziell doch souveränes Land betrafen, widerspruchslos entgegenzunehmen. Scherer resümiert lakonisch: »Selten wohl sind bei einer Friedenskonferenz die Delegierten des Verlierers von dem Repräsentanten einer angeblich neutralen Macht derart rücksichtslos, ja feindlich behandelt worden.«[145] Bereits bei ihrem Antrittsbesuch hatte Bismarck den Vertretern aus Constantinopel rüde erklärt, sie sollten keineswegs dem Irrtum erliegen, zu glauben, der Kongreß werde für die

Die Unterzeichnung des Berliner Vertrages am 13. Juli 1878; vorne v.l.n.r.: Graf Gyula Andrassy, Fürst Otto von Bismarck und Graf Pjotr Schuwalow. Die Vertreter des Osmanischen Reichs befinden sich am rechten Bildrand; Ölbild von Anton von Werner

Osmanen zusammentreten. Auch sei es völlig aussichtslos, auf ein Scheitern zu spekulieren, denn im Falle eines weiteren Krieges würden sich die europäischen Mächte auf Kosten des Osmanischen Reiches verständigen.[146] Wiederholt schnitt er Karatheodori Pascha in schroffster Weise das Wort ab, so daß dieser die Sicht seiner Regierung zu verschiedenen Sachverhalten kaum oder gar nicht darstellen konnte. Über den deutlichen Widerstand der osmanischen Delegation gegen verschiedene Verhandlungsergebnisse des Kongresses auf das äußerste erbost, wies der Reichskanzler die Osmanen kühl darauf hin, daß sie zuvor den für das Reich so nachteiligen Friedensvertrag von San Stefano unterschrieben hätten und demzufolge über keinerlei Recht verfügten, Ansprüche zu stellen oder Einwände zu erheben. Der Fürst brüskierte die osmanischen Vertreter schließlich wiederholt in so unerhörter Weise, daß Karatheodori Pascha mehrfach fürchtete, der Delegation könnte das Rederecht entzogen werden. Um für diesen demütigenden Fall gerüstet zu sein, beschlossen die osmanischen Vertreter, ein Memorandum mit ihren Stellungnahmen zu den noch offenen Fragen zu formulieren, um es nötigenfalls zu Protokoll geben zu können.[147] Die ablehnende Haltung des Reichskanzlers illustriert anschaulich auch eine Begebenheit, die Fürst zu Hohenlohe-Schillingsfürst berichtete: »Als nachher davon die Rede war, daß Bismarcks großer Hund einen Minister angeknurrt habe, sagte der Kanzler: ›Der Hund ist in seiner Dressur nicht fertig. Er weiß nicht, wen er beißen soll. Wenn er es wüßte, würde er die Türken gebissen haben‹.«[148] Weitere Ausfälle des ›ehrlichen Maklers‹ gegen die seiner Meinung nach unfähige osmanische Regierung und die ›unzivilisierten Völker‹ des Reiches durchzogen die Zusammenkünfte der Delegationen.

Auch mangelhafter lokaler Kenntnisse der Teilnehmer wegen gestalteten sich die Verhandlungen in einigen Bereichen schwierig und zeitigten fragwürdige Resultate, wie eine Äußerung des Fürsten zu Hohenlohe-Schillingsfürst belegt. Rußland war sich mit Großbritannien (die Osmanen waren ›selbstverständlich‹ nicht involviert) hinsichtlich des Verlaufes der russisch-osmanischen Grenze im Kaukasus uneins, die ›Delimitationskommission‹[149] mußte eine Lösung finden: »Wir fanden nach langem Suchen ein kleines Stück, das wir den Russen wieder abnehmen konnten, einige Gebirgsrücken, woraus wir eine sogenannte ›ligne de conciliation‹ machten, die dann angenommen wurde. Ob das eine vernünftige Grenze ist, wußte keiner von uns.«

Das durch den desaströsen Kriegsverlauf und den demütigenden Friedensschluss mit Rußland arg geschwächte Osmanische Reich konnte aber dennoch aufatmen, denn die zuvor im Frieden von San Stefano durch Rußland im Bewußtsein des Sieges diktierten unannehmbaren Territorialverluste konnten in Berlin weitgehend abgewendet werden. Daran vermochte auch die respektlose Mißachtung der osmanischen Delegation durch den deutschen Reichskanzler nichts zu ändern. Zwar gingen trotz einer Petition der türkischen Einwohner der

Schwarzmeerhafen Batum und Kars in Ostanatolien verloren, aber die fast vollständige Verdrängung des Reiches aus Europa konnte ebenso verhindert werden wie die Schaffung eines großbulgarischen Staates, der, vom Schwarzen Meer bis nahezu an die Adria reichend, als möglicher russischer Satellitenstaat die verbliebenen osmanischen Gebiete um Constantinopel umklammert und Rußland indirekt zu einem Mittelmeerzugang verholfen hätte (wobei durch einen großbulgarischen Staat mit Rußland als Stüze gleichzeitig ein weiterer Vorstoß Österreich-Ungarns nach Selanik[150] unterbunden worden wäre).

Griechenland erhielt letztlich Thessalien und Teile von Epirus. Serbien, Montenegro und Rumänien schieden aus dem Gefüge des Osmanischen Reiches aus. Der rumänische Fürst Karl I.[151] aus dem Haus Hohenzollern-Sigmaringen hatte sich 1877 an die Seite Rußlands gestellt und war gegen das Osmanische Reich, das noch immer der Suzerän Rumäniens war, zu Feld gezogen. Der Berliner Vertrag brachte Rumänien nun die erhoffte Unabhängigkeit, das Land mußte jedoch die strategisch wichtige Donaumündung, die es nach dem Krimkrieg 1859 erhalten hatte, auf massiven Druck Rußlands wieder an das Russische Reich abtreten. Dafür wurde Rumänien zwar mit großen Teilen der Dobrudscha entschädigt, sah sich aber von seinem Verbündeten betrogen. Das rumänisch-russische Verhältnis war dadurch letztlich bis zum Tod König Karls im Oktober 1914 belastet.

Nördlich des Balkangebirges entstand das Fürstentum Bulgarien, das allerdings offiziell unter osmanischer Suzeränität verblieb und erst 1908 endgültig unabhängig wurde, nachdem es seit 1885 mit dem autonomen osmanischen Wilajet Ostrumelien vereinigt war. Italien konnte mit seinem Wunsch nach einer Besetzung Albaniens, zu der auch Bismarck geraten hatte, nicht durchdringen. Die italienische Delegation stand selbst nicht hinter dieser Forderung ihrer Regierung und hatte den Osmanen von diesem Ansinnen Roms, das eine weitere Ausdehnung Griechenlands nach Norden verhindern sollte, vertraulich Mitteilung gemacht. Den größten Gewinn konnte neben Großbritannien schließlich Österreich-Ungarn verbuchen: Bosnien und Herzegowina sowie der Sandschak von Novi Pazar verblieben zwar de jure unter osmanischer Herrschaft (Suzeränität), sollten aber von Wien aus verwaltet werden.[152] Wie viele Zeitgenossen damals meinten, war damit die Donaumonarchie ihrem erklärten Ziel, die bedeutsame Hafenstadt Selanik zu beherrschen[153] und somit einen weiteren Zugang zum Mittelmeer zu erhalten, ein gutes Stück näher gekommen. Die Österreicher konnten ihre neuen Herrschaftsgebiete auf dem Balkan jedoch erst nach heftigen Kämpfen gegen die größtenteils muslimische Bevölkerung übernehmen. 1908 annektierte die Doppelmonarchie dann endgültig beide Provinzen und löste mit diesem unerwarteten Schritt eine schwere europäische Krise aus.

Großbritannien war zwar an dem russisch-osmanischen Krieg nicht beteiligt gewesen, wollte jedoch für das britische Weltreich auf dem Berliner Kongreß einen ansehnlichen Gewinn aushandeln. Wohin die Stoßrichtung langfristig gehen würde, war allen deutlich – Ägypten hieß das Ziel. Auf Bismarcks im Vorfeld der Berliner Verhandlungen lancierte Ermunterung, das Land am Nil doch kurzerhand zu annektieren, war Königin Victoria nicht eingegangen. Die britische Regierung wollte eine günstigere Gelegenheit abwarten und richtete ihre Blicke zunächst auf weitere Erwerbungen im Mittelmeer. Bereits 1835 hatte der deutsche Wirtschaftstheoretiker Friedrich List[154] mit feinem Gespür prophezeit: »Kein lebender Mensch kann sagen, wann England jene Brücke herstellen wird, die über Gibraltar und Malta, über Kreta und Zypern, nach Kairo und Suez, nach Damaskus und Bagdad führt; aber das darf man keck sagen: das Menschenkind ist geboren, das alles dieses ausgeführt sehen wird.«[155] List fuhr fort und meinte, daß die Briten sich in den Besitz des jemenitischen Hafens Aden und der dem arabischen Küstenstreifen vorgelagerten Insel Sokotra zur Absicherung des Seeweges nach Indien bringen sollten, was dann 1835 und 1839 tatsächlich geschah.

Großbritannien gelang es denn auch folgerichtig, durch ein in aller Stille im Vorfeld des Kongresses separat ausgehandeltes britisch-osmanisches Abkommen seinem Kolonialbesitz das seit 1571 osmanische Zypern einzuverleiben. Der britische Premierminister Disraeli hatte die Insel im östlichen Mittelmeer in einem während des Kongresses an Königin Victoria gerichteten Brief als »Schlüssel zu Asien« bezeichnet. »England [...] tritt in ein Defensivbündnis mit der Türkei bezüglich ihrer asiatischen Besitzungen ein und erhält vom Sultan die Erlaubnis, die Insel Zypern zu besetzen. Sie ist der Schlüssel zu Asien und liegt nahe bei Ägypten. Malta ist als militärische Basis für solche Zwecke zu weit entfernt.«[156]

Das britische Doppelspiel belastete die osmanisch-britischen Beziehungen nachhaltig, denn Benjamin Disraeli, den die Kongreßteilnehmer spöttisch ›Dizzy‹ [schwindelig, schwindelerregend] nannten, hatte Rußland schon vor dem Kongress regelrecht dazu ermuntert, die Hafenstadt Batum und das seit 1514 osmanische Kars zu annektieren, um anschließend dem verblüfften Sultan scheinheilig zu versichern, Großbritannien sei bereit, die kleinasiatischen Provinzen des Osmanischen Reich künftig vor weiteren Begehrlichkeiten Rußlands zu schützen, als Gegenleistung müsse die Regierung am Bosporus allerdings die Insel Zypern vertraglich den Briten überlassen.

Abdül Hamid II. blieb nichts anderes übrig, als auf dieses Angebot einzugehen. Er schloß bereits am 4. Juni 1878 in Constantinopel mit den Briten ein zunächst geheimes Separatabkommen, ohne später die osmanische Delegation in Berlin davon in Kenntnis zu setzen, was selbstverständlich deren Verhandlungsposition erheblich schwächte. Immerhin hatte der Sultan erreichen können, daß Zypern nominell unter osmanischer Oberhoheit verblieb. Ebenso wie in

Ägypten übernahmen die Briten erst bei Kriegseintritt des Osmanischen Reiches in den Ersten Weltkrieg auf Seiten der Mittelmächte im November 1914 auch de jure die Herrschaft über die Insel. Die bis dahin an die Osmanen jährlich zu zahlenden Entschädigungssummen (die die Zyprioten natürlich selbst aufbringen mußten), die mit der seit 1855 bei den Briten bestehenden Schuld verrechnet wurden, stellten ein sicherlich nicht unerhebliches Trostpflaster dar. Kronprinzessin Victoria hielt die Besetzung Zyperns »für ein ganz großes Ereignis« und schrieb ihrer Mutter aus Berlin am 13. Juli 1878 einen Brief, in dem sie sich sehr zufrieden mit diesem britischen Erfolg im Ergebnis des Kongresses äußerte: »Niemand kann sich ehrlicher und aufrichtiger als ich über den Vertrag mit der Türkei und die Okkupation der Insel Zypern freuen. Unter allen Freunden Englands hat diese Maßnahme den besten Eindruck gemacht, und viele der deutschen Zeitungen haben sie außerordentlich gelobt. Ich halte sie ebenfalls für ausgezeichnet und glaube bestimmt, daß die einst so fruchtbare Insel wieder aufblühen und daß der Vorgang der türkischen Regierung zur Mahnung dienen wird, ihre armen Untertanen besser zu regieren und ihr entsetzlich verwüstetes Land besser zu verwalten; [...].«[157] Mit einem fragwürdigen Hinweis auf die mangelhafte wirtschaftliche und politische Situation speziell auf der Insel und allgemein im Osmanischen Reich rechtfertigte nicht nur die deutsche Kronprinzessin Victoria die ungebremsten Expansionsgelüste der großen europäischen Kolonialmächte. Dabei konnte sie kaum ernsthaft annehmen, daß die Briten darauf verzichtet hätten, selbst eine gut entwickelte und befriedete Insel Zypern ihrem Kolonialreich einzuverleiben, wenn ihnen dies zweckdienlich erschienen wäre.

Als Wilhelm II. 1921 in Haus Doorn eine erste Rückschau auf sein Leben hielt, widmete er auch der Erinnerung an Bismarck einige Blätter. Über dessen Orientpolitik und den Berliner Kongreß schrieb er: »Ausserdem hat er nicht gesehen, dass der Berliner Congress ein eklatanter Sieg von Disraeli und Österreich über Russland war.«[158] Handschriftlich setzte der entthronte Kaiser hinzu: »Somit auch über ihn«, womit er auf Bismarcks starke Sympathien für die russische Delegation anspielte.

Eines wurde in Berlin wieder einmal überdeutlich: Die europäischen Mächte, mit ihrer tiefen Sehnsucht nach politischer sowie militärischer Stabilität, Unveränderlichkeit, Meßbarkeit sowie Berechenbarkeit, nahmen sich spätestens seit dem Beginn des 19. Jahrhunderts dieses Denken zum Vorwand, um die wachsende innere Schwäche sowie die sich abzeichnenden Zerfallstendenzen des Osmanischen Reiches mit dessen enormer Ausdehnung über drei Kontinente für ihre eigenen (kolonial-)politischen Zwecke auszunutzen, und beschleunigten in der Folge eben jenen Zerfall noch durch ihre massive Einflußnahme.

»Die nunmehr zur Gewohnheit gewordene Spaltung der Souveränität über Territorien, welche rein nominell oder teilweise auch substantiell unter osmanischer Herrschaft verblieben, aber gleichzeitig – in verschiedenem Maße – von anderen Staaten oder Staatsgebilden regiert wurden, lieferte einen Konfliktstoff per excellence.«[159] Genau das war Bismarcks Absicht gewesen: Das Osmanische Reich mit seinen zum Teil in Aufruhr befindlichen Provinzen bildete einen vielversprechenden Zankapfel und eine lohnende Beute für die europäischen Großmächte, während Deutschland sich als scheinbar neutral in diesen Fragen präsentieren und abwarten konnte. Daß der Reichskanzler diese Situation geschickt zu nutzen bereit war, sollte er sich einen Vorteil davon erhoffen, zeigt sein Verhalten in der Frage des französischen Protektorates über Tunesien. Sultan Abdül Hamid II., der im Einzelfall immer wieder auf deutsche Unterstützung spekulieren mochte, war jedoch klug genug, sich in diesem Spiel von Bismarck nicht instrumentalisieren zu lassen, um seine Herrschaft nicht durch etwaige waghalsige außenpolitische Unternehmungen zu gefährden.[160] Der für das Osmanische Reich zwiespältige Vertrag von Berlin erhielt seine Gültigkeit erst durch die Unterschrift Abdül Hamids II. Der Sultan unterzeichnete ihn am 15. Juli 1878, es war nach osmanischer Zeitrechnung der 3. Temmuz 1294, nicht ohne den bedeutungsvollen Satz hinzuzusetzen: »Ich ratifiziere unter der Bedingung, daß meine Souveränitätsrechte unantastbar bleiben.«[161]

Die christlichen Minderheiten und ihre teilweise berechtigten Interessen waren seit langem Spielball aller beteiligten europäischen Mächte, wenn es darum ging, das Osmanische Reich von außen unter Druck zu setzen. Wer im Zeitalter des Nationalismus diesen Vielvölkerstaat zu schwächen oder letztlich gar zu zerstören trachtete, mußte unter anderem diese Minderheiten unterstützen, ihnen Versprechungen machen – und sie gegeneinander ausspielen. Das tatsächliche Schicksal dieser christlichen Bevölkerungsteile und ihre teilweise berechtigten Forderungen interessierten wohl kaum einen der Teilnehmer des Kongresses in Berlin nachhaltig. Bismarck – für ihn waren die christlichen Minderheiten nur ein weiterer Störfaktor bei der raschen Lösung der osmanischen Angelegenheiten – äußerte sich mehrfach unverblümt in diese Richtung und konnte damit auf eine breite Zustimmung rechnen.[162] So entsandten auch verschiedene christliche Repräsentanten in Vorausahnung dieser wenig wohlwollenden Haltung eigene Vertreter nach Berlin, um ihren Standpunkten und Forderungen bei den verschiedenen Gesprächsrunden im Umfeld der offiziellen Gespräche, von denen ausgeschlossen waren, Ausdruck zu verleihen.

Die Armenier, bis in die Mitte des 19. Jahrhunderts von den Osmanen immer wieder als ›treue Gemeinde‹[163] bezeichnet und eng mit Wirtschaft und Politik des Reiches verbunden, hatten unter den obwaltenden Verhältnissen besonders zu leiden. Seit Jahrhunderten nahmen sie innerhalb der zahlreichen Völker des Reiches eine wichtige Stellung ein: Zum einen bekleideten Armenier viele Posten innerhalb der Verwaltung auf allen Ebenen, bis hin zum Sadrazam,[164] zum anderen waren sie es auch, in deren Händen Jahrhunderte hindurch ein erheblicher Teil des Wirtschaftskreislaufes des Osmanischen Reiches lag, eine Tatsache, die sie zu privilegierten, oftmals wohlhabenden, allerdings auch beneideten und angefeindeten Mitmenschen machte. Auch sie versuchten sich schließlich mit einer eigenen Vertretung in Berlin Gehör zu verschaffen. Der vierköpfigen armenischen Delegation gehörten Bischof Khoren Narbey,[165] Minaz Tcheraz sowie Stephan Papazian an, angeführt wurde sie allerdings von dem einstigen Constantinopeler Patriarchen Mkrtich Khrimian.[166] Das erreichte Ergebnis war jedoch aus ihrer Sicht wenig zufriedenstellend. Die im Berliner Vertrag in Artikel 61 lediglich vage formulierte Autonomie der Armenier im Osmanischen Reich wurde in der Folge nicht durchgesetzt, woraus im Osten des Landes stete Unruhen erwuchsen, die an Gewalt im Lauf der Jahre zunahmen und unterschwellig angeheizt wurden. Verantwortlich dafür waren neben der osmanischen Verwaltung, dem Militär und den Armeniern selbst teilweise auch die Europäer, die die prekäre Lage der Armenier bei Bedarf als Vorwand zu immer neuen Einmischungen[167] in die inneren Zustände des Osmanischen Reiches zu nutzten bereit waren. In den Augen Abdül Hamids II. machten sich die Europäer und besonders die Briten mit ihren stetig vorgebrachten Forderungen nach Autonomie für die Armenier unglaubwürdig. Es genügte ihm, auf deren eigene zynische Kolonial- und Minderheitenpolitik hinzuweisen – etwa auf das irisch-britische Verhältnis oder die Behandlung der Inder durch die Briten. Auch konnte er geltend machen, daß die Armenier im Russischen Reich keineswegs besser gestellt waren als diejenigen im Osmanischen Reich, was die Europäer allerdings zu keinerlei Intervention veranlaßte, wie der Padischah durchaus zutreffend feststellte.[168] Auch die deutschen ›Freunde‹ waren in dieser Hinsicht kein leuchtendes Vorbild. Es sei nur an die massive Unterdrückung der polnischen Bevölkerung nicht nur in der preußischen Provinz Posen erinnert.

Spätestens seit den späten 1870er Jahren verschärften sich die osmanisch-armenischen Spannungen, wofür nicht zuletzt der anhaltende Zustrom von geflohenen osmanischen Untertanen aus Rumelien, von Tscherkessen, Abchasen und Kurden, teils aus Rußland, teils aus anderen Gebieten des Osmanischen Reiches, in die Siedlungsgebiete der Armenier verantwortlich war. Zwischen 1877 und 1885 wanderte etwa eine Million Muslime dort ein, es kam zu einer nachhaltigen Erschütterung des bestehenden armenischen Sozialgefüges.[169] Zunehmend an Bedeutung in diesem Konflikt gewannen außerdem der sich allerorts herausbildende Nationalismus und die mit ihm verbundenen emanzipatorischen Bewegungen der nicht-muslimischen Völker gegenüber den Türken.

Wie der Sultan in dem Kapitel ›Die armenische Frage‹ seiner ›Gedanken und Erinnerungen‹ später schrieb, entstand eine armenische Freiheitsbewegung, die einerseits Ausdruck des Freiheitswillens dieses Volkes war, andererseits jedoch auch eine Reaktion auf die sich in jenen Jahren entwickelnden Vorstellungen von einem türkischen Nationalstaat, in dem für fremde Völker kein Platz sein sollte. Doch auch die Rolle einzelner europäischer Mächte, vor allem Rußlands und Großbritanniens, bei der Unterstützung von armenischen Autonomiebestrebungen ist nicht zu vernachlässigen. Die christlichen Armenier waren willkommene Objekte, die in ihrer Bedrängnis leicht zu instrumentalisieren waren. Wer das Reich schwächen und unregierbar machen wollte, konnte, wie gesagt, nichts besseres tun, als die christlichen Minderheiten in ihrer Opposition gegen die Regierung des Sultan-Kalifen zu stärken. Welche Sprengkraft die sich zuspitzende Minderheitenfrage für das Reich barg, bemerkte auch Abdül Hamid II. Der Vertrag, den der Berliner Kongreß besiegelte, sah ausdrücklich die Stärkung der Rechte der armenischen Minderheit gegenüber den Kurden und den Tscherkessen vor. Der Sultan, der nach einem kurzen parlamentarischen Intermezzo sein neoabsolutistisches Regiment erfolgreich installiert hatte, weigerte sich allerdings beharrlich, nur einer ethnischen Gruppe innerhalb des Reiches politische Sonderrechte einzuräumen, denn ein solches Vorgehen mußte unweigerlich immer neue Begehrlichkeiten der übrigen Völker und religiösen Gemeinschaften wecken – und so das fragile Reich früher oder später zur Explosion bringen. Vor diesem Hintergrund begann ein jahrelanges Tauziehen zwischen den Großmächten und der osmanischen Regierung. Zwischen 1892 und 1896 kam es in Ostanatolien zu blutigen armenischen Unruhen, die von örtlichen muslimischen Kräften – Beamten, Militär, Ulema (islamischer Rechtsgelehrter) und Kurdenführern – offensichtlich provoziert worden waren. Es folgten danach erste armenische Erhebungen in Constantinopel, in deren Folge mehrere tausend Armenier von aufgebrachten Muslimen in grausamen Pogromen ermordet wurden. Unter dem Druck der europäischen Mächte, allen voran Großbritannien, machte Sultan Abdül Hamid II. daraufhin einige vage Zugeständnisse im Hinblick auf eine Stärkung der armenischen Selbstverwaltung. »Jedoch begnügten sich die Armenier mit den halbherzigen Reformen nicht. Sie griffen auch zur Waffe des Terrorismus. 1896 überfielen sie die Osmanische Bank in Istanbul. 1905 zielten sie dann auf das Leben des Sultans, doch entkam Abdulhamid dem Attentatsversuch. [...] Der armenische Terrorismus vertiefte die Kluft zwischen den Armeniern und der muslimischen Bevölkerung [...] und weckte bei den Muslimen im Reich heftige antiarmenische Ressentiments.«[170]

Die Fronten verhärteten sich weiter, eine Lösung des Konfliktes war so nicht möglich. Mochte der Sultan auch nicht der unmittelbare Urheber der Ausschreitungen gegen die Armenier sein, so ließ er sie doch tatenlos geschehen, ergriff in Gesprächen mit Vertretern der Mächte eher Partei für seine (muslimischen) Soldaten und bedrohte mit seinem Verhalten selbst seine ansonsten von ihm nachdrücklich geforderten souveränen Rechte sowie die Integrität seines Reiches, indem er den Europäern starke Vorwände zu einer Einmischung lieferte. In jenen Jahren entstand mit »le Sultan Rouge« jene

Bezeichnung, die Abdül Hamid II. teilweise bis heute anhaftet – der französische Graf Albert Vandal nannte ihn so in seinem 1897 erschienen Werk »Les Arméniens et la Réforme de la Turquie«, um auf die Verantwortung des Padischahs hinsichtlich der Morde an den Armeniern hinzuweisen. Den Massakern fielen schätzungsweise einhunderttausend Menschen zum Opfer. Die folgende Verelendung breiter Schichten führte zu einer erheblichen Auswanderung von Armeniern vor allem nach Übersee. Die europäischen Regierungen empörten sich zunächst heftig, ohne damit allerdings viel zu erreichen. Der bereits mehrfach erwähnte Journalist Bernhard Stern stellte sich noch 1906 ganz in den Dienst der alles verharmlosenden osmanischen Propaganda. In seinem Buch ›Der Sultan und seine Politik‹ diffamierte er die Armenier als mörderische Räuber, die sich mit kurdischen Verbrechern verbündet hätten. Gegen sie habe daher seitens der osmanischen Behörden und des Militärs im Interesse der inneren Ordnung vorgegangen werden müssen, aber großzügig sei jedem Delinquenten, der darum bat, Pardon gegeben worden.[171]

Auch offizielle deutsche Stellen versuchten häufig die Geschehnisse herunterzuspielen, um nicht die sich immer enger gestaltenden deutsch-osmanischen Beziehungen zu gefährden. Die öffentliche Meinung in weiten Teilen des übrigen Europas machte, sicherlich unter ›dezenter‹ Förderung durch einflußreiche politische Kreise, in diesem Konflikt jedoch ganz klar einen Hauptschuldigen aus – eben Abdül Hamid II., der in zahlreichen Publikationen fortan außschließlich als ›le Sultan Rouge‹ oder ›le Sultan Sanglant‹ (›roter Sultan‹ oder ›blutiger Sultan‹) erschien und in Karikaturen immer wieder als bluttriefender, wahnsinniger Schlächter des armenischen Volkes gezeichnet wurde. Diese pointierten Darstellungen sollten sich als äußerst nachhaltig erweisen und prägen in Teilen noch immer das Bild dieses Sultans in der öffentlichen Wahrnehmung. Abdül Hamid II. konnte diese gegen ihn gerichtete Berichterstattung, an der er keineswegs schuldlos war, kaum entgehen, und mit gewohnt subtilen Mitteln versuchte er dem entgegenzusteuern, um sein wenig vorteilhaftes Bild in der Öffentlichkeit etwas zu korrigieren. So schrieb Freiherr von der Goltz,[172] damals Souschef des osmanischen Generalstabes, letztlich wohl auf Wunsch Sultan Abdül Hamids II. am 24. Februar 1895 einen längeren Artikel für die konservative Kölnische Zeitung, einem halbamtlichen Sprachrohr der deutschen Regierung. Darin hieß es: »Wer Land und Leute kennt, [...] für dessen Ohr klingen die ›Schauergeschichten von der Abschlachtung von Tausenden von Menschen, von Frauen und Kindern höchst unwahrscheinlich‹.«[173] Verharmlosend räumte von der Goltz einzelne Übergriffe von osmanischen Truppen ein, falls Befehle »anders ausgelegt wurden, als sie gemeint waren«, verwies ansonsten jedoch armenische und europäische Berichte über an der armenischen Bevölkerung verübte Greueltaten in den Bereich ärgster Übertreibungen und einer in solchen Fällen üblichen »Mythenbildung«. Politische Reformen erachtete der deutsche

Generalstabsoffizier nicht für notwenig, vielmehr sollten die Armenier grundsätzlich ihre »Agitation« gegen die osmanischen Regierungsstellen aufgeben. Die gebildeten Armenier, die wichtige Positionen in Wirtschaft und Politik bekleideten, sollten ihren Einfluß auf ihre erregten Landsleute im In- und im Ausland geltend machen, um die Situation zu beruhigen, forderte Goltz. Insgeheim mochte er freilich anders denken und äußerte, daß »die blutigen Schlächtereien der Christen nicht nur etwa mit Zustimmung, sondern auf ausdrücklichen Befehl des Sultans eingeleitet und durchgeführt« worden waren.[174] Doch so einfach scheint sich die Frage nach dem Initiator oder den Urhebern der Massaker nicht beantworten zu lassen.

Viel wurde schon damals darüber spekuliert, inwieweit Sultan Abdül Hamid II. und seine engste Umgebung die Urheber der Pogrome gegen die armenische Bevölkerung waren. Daß den Sultan ›die armenische Frage‹ stark beschäftigte, ist schon daraus ersichtlich, daß sich allein sechs Kapitel seiner Aufzeichnungen mit diesem Thema befassen. Allerdings sind seine unkritischen Einlassungen zu den teils dramatischen Geschehnissen verschleiernd und sehr allgemein gehalten. Bis heute scheint es daher schwierig, den Anteil, den Abdül Hamid II. selbst an diesen Ausschreitungen hatte, zu bestimmen. Botschafter Freiherr Saurma von der Jeltsch ging in einem Bericht an den Reichskanzler Fürst zu Hohenlohe-Schillingsfürst vom 15. November 1895 zunächst davon aus, der Sultan selbst habe wohl den Befehl zur blutigen Niederschlagung der Aufstände gegeben, allerdings sei fraglich, ob er, der »die Blutgier der Muhammedaner gegen die verhaßten Armenier« heraufbeschworen habe, auch in der Lage sei, dem Morden Einhalt zu gebieten. Freiherr von der Goltz, so der Botschafter weiter, sei jedoch der Meinung, der Padischah müsse nur nachdrücklich befehlen, die Übergriffe gegen die Armenier einzustellen, um eine Beruhigung zu erreichen. »Dabei müsse aber jeder Hintergedanke ausgeschlossen werden können, ›so daß die ausführenden Organe in der Provinz, welche den persönlichen Haß des Sultans gegen die Armenier kennen, nicht etwa glauben, daß im Grunde doch ein Gefallen mit der Fortsetzung der Gewalttätigkeiten gegen dieselben geschieht.‹«[175]

Angesichts der zahlreichen ermordeten und mißhandelten Armenier – die oftmals scheinheiligen europäischen Politiker und Diplomaten wurden nicht müde, zu betonen, es handele sich bei den Opfern um Christen[176] – kühlte die Freundschaft zwischen Kaiser Wilhelm II. und Abdül Hamid II. zeitweilig erheblich ab. Ob der Kaiser tatsächlich von den brutalen Morden an den armenischen Christen so erschüttert war, wie er selbst es behauptete, bleibt dahingestellt. An dem Rand eines Berichts seines Botschafters über die von den Mächten geforderten »armenischen Reformen« und die massiven Druckmittel, die man anzuwenden gedenke, um bei Abdül Hamid II. etwas zu erreichen, schrieb Wilhelm II. gewohnt drastisch: »Il sera suicidé.«[177] Botschafter Freiherr Saurma von der Jeltsch[178] hatte geschrieben, die Mächte sollten »im Interesse einer gehörigen Wirkung« die bekannte »Besorgnis des Sultans für seine persönliche Sicherheit« dementsprechend »verwerten«.[179] Gegen eine gewisse ›Erpressung‹ des Monarchen hatte der deutsche Kaiser also nichts einzuwenden. Auf jeden Fall war ihm offenbar massiv daran gelegen, daß die Briten, denen das Schicksal der Armenier scheinbar so sehr am Herzen lag, ihn nicht als heimlichen Unterstützer des Padischahs, in dessen Reich solch ungeheure Verbrechen geschahen, ansehen konnten. Daher lehnte Wilhelm II. eine Intervention zugunsten Sultan Abdül Hamids II. bei Königin Victoria strikt ab.

Seiner Großmutter schrieb der deutsche Kaiser stattdessen noch am 18. Dezember 1896: »Möge ihn Allah bald dahin holen, wo es sehr heiß ist – ...« und nannte ihn einen »elenden Schurken«. [180] An den Rand eines Berichtes aus Constantinopel notierte er zu seinem bisherigen ›Freund‹ Abdül Hamid II.: »Ein ekelhafter Mensch!«.[181] Auch mit der Absetzung des Sultans wäre Wilhelm II. in jenen Jahren durchaus einverstanden gewesen, wie verschiedene eindeutige Randbemerkungen zu den Berichten seines Botschafters in Constantinopel zeigen: »Jetzt muß Effendimis klar gemacht werden, daß er gerade so verschwinden werde wie Abdul Aziz, das zieht vielleicht besser«[182], merkte der Kaiser am 29. Juli 1896 an. Am 28. August notierte er an einen Bericht seines Staatssekretärs kurzerhand: »Der Sultan muß abgesetzt werden!«.[183] Am folgenden Tag schrieb der Monarch dann befehlsgewohnt: »Man setze ihn ab!«[184]

Bis etwa Ende 1896 kehrten in verschiedenen Randbemerkungen die mehr oder minder heftigen Vorbehalte Kaiser Wilhelms II. gegenüber seinem ›Freund‹ am Bosporus wieder. Von einer Aufteilung des Osmanischen Reiches ist, abgesehen von der bereits erwähnten Äußerung im Sommer 1895, in diesem Zusammenhang in den kaiserlichen Notaten allerdings nie die Rede. Eine eingehende Beschäftigung mit den zumeist ausführlichen Berichten, die Freiherr Marschall von Bieberstein[185] seit Dezember 1897 als Botschafter aus Constantinopel sandte, könnte Aufschluß darüber geben, ob diese verständnisvollen farbigen Schilderungen der politischen Lage am Bosporus, die mit ihren zuweilen ironischen oder amüsanten Einsprengseln teilweise durchaus literarische Qualität besitzen, diese ambivalente Haltung des Kaisers gegenüber dem Sultan beeinflußten und sie zu ändern vermochten. Die lebendigen Berichte des Botschafters trafen sicherlich eher als die trockenen Nachrichten seiner Vorgänger den von Wilhelm II. in diesem Zusammenhang geschätzten saloppereren Ton, der sie häufig mit zustimmenden Randbemerkungen glossierte.

Doch zurück zu den Vorgängen um die Armenier. Freiherr Dalwigk von Lichtenfels bemerkte 1902 bei seinem Constantinopel-Besuch im Gefolge des oldenburgischen Großherzogspaares allerdings zu den Gerüchten um die erst wenige Jahre zurückliegenden Massaker, daß der vielen Europäern suspekte Sekretär Abdül Hamids II. die treibende Kraft dabei gewesen sei: »... von Izzet Bey,[186] dem Kammerherren und zweiten Sekretär des Sultans, wie man sagte, einem der schlimmsten Elemente in der Umgebung desselben, dem Urheber und Anstifter alles Bösen, auch wohl des Mordes der Armenier.«[187] Sultan Abdül Hamid II. hat die Pogrome im Osten des Reiches – seine Zensur verbot die Benutzung der Bezeichnung ›Armenien‹ – und in der Hauptstadt, wo armenische Terroristen des Geheimbundes ›Daschnakzutiun‹[188] Ende August 1896 in einer spektakulären Aktion die Ottomanische Bank in Galata besetzten, Geiseln nahmen und Sprengstoff in dem gesamten Gebäude verteilten, um es in die Luft zu sprengen, wohl zumindest geschehen lassen oder sie wenigstens unter der Hand gefördert. Dies tat er wohl schon allein deshalb, um den europäischen Mächten zu beweisen, daß die von ihnen gegenüber den – in seinen Augen eben keineswegs friedfertigen – Armeniern verlangten Vergünstigungen, die letztlich auf eine Autonomie innerhalb des Reiches abzielten, nicht umgesetzt werden konnten. Darüber hinaus nutzte er die Pogrome als ein Ventil des Volkszornes, der einen Sündenbock fand und sich nun nicht gegen den Sultan oder dessen Politik richtete. Er ließ die Armee in Ostanatolien mit Härte gegen die Armenier vorgehen und weigerte sich dabei immer wieder, trotz der Proteste vor allem Großbritanniens, seine Soldaten auch gegen muslimische Aufrührer und Provokateure einzusetzen.[189]

Die wie stets heillos zerstrittenen europäischen Mächte begünstigten durch ihren Hader das gewalttätige osmanische Vorgehen in Ostanatolien und in der Hauptstadt, denn Abdül Hamid II. konnte sicher davon ausgehen, daß sich ›die Mächte‹ nicht zu einem massiven gemeinsamen Vorgehen gegen ihn durchringen würden. Der skrupellose Populist und Machtpolitiker Abdül Hamid II. suchte wiederum alle Parteien gegeneinander auszuspielen, um aus den armenischen Erhebungen und Wirren innenpolitischen Profit zu schlagen und die schließlich von ihm zugesicherten Reformen in bezug auf die Armenier weiter zu verzögern. Gegen die seit über einhundert Jahren nicht nur von europäischen Historikern immer wieder kolportierte These, Sultan Abdül Hamid II. habe die Pogrome an den Armeniern allgemein befohlen,[190] spricht allerdings, daß es – worauf unter anderem Georgeon hinweist – offenbar eine Reihe von Städten und Provinzen (Van, Ankara, Tokat, Mersin, Muş, Mardin) gab, in denen Generäle, Gouverneure oder Verwaltungsbeamte weitgehend Ruhe und Ordnung aufrechtzuerhalten vermochten. Sollten diese Repräsentanten der fernen Zentralgewalt eigenmächtig gegen kaiserliche Befehle aus dem Yıldız-Palast verstoßen haben? Das scheint gerade angesichts des gut funktionierenden hamidischen Spionageapparates und drakonischer Strafen gegen solche Würdenträger, die den großherrlichen Willen mißachteten, schwer vorstellbar.

In den bislang zur Untersuchung dieser Vorgänge kaum herangezogenen und sehr umfangreichen osmanischen Aktenkonvoluten aus dem Yıldız-Palast könnten sich auch Dokumente befinden, die zu dieser wichtigen Frage Aufschluß zu geben vermöchten. Auch Cebeci kommt aufgrund der von ihm ausgewerteten osmanischen Quellen zu dem Schluß, daß eine unmittelbare Urheberschaft Abdül Hamids II. bezüglich der Massaker an der armenischen Bevölkerung nicht pauschal angenommen werden kann.[191]

Über die die blutigen Verbrechen, denen dieses Volk seit dem ausgehenden 19. Jahrhundert und in den ersten beiden Dezennien des 20. Jahrhunderts ganz zweifellos zum Opfer gefallen ist, gibt es eine Flut von Literatur. Für deutsche Leser interessant ist in diesem Zusammenhang das bereits erwähnte, 2010 erschienene Buch Mehmed Cebecis, der sich unter anderem mit der armenischen Frage im Spannungsfeld der deutsch-osmanischen Beziehungen befaßt, wozu er auch osmanische Quellen auswertete und diese damit erstmals einer breiteren Öffentlichkeit in Deutschland vorstellte.[192]

Es sei an dieser Stelle auch auf die unheilvolle Verstrickung des deutschen Militärs[193] nicht nur in die Vorgänge der Jahre 1915 bis 1917 hingewiesen, die gerade in neuester Zeit untersucht worden ist. Die bis heute immer wieder verdrängte Geschichte dieses dramatischen Konfliktes, der schließlich in einem grauenvollen Morden großer Teile der armenischen Bevölkerung im Osmanischen Reich während des Ersten Weltkrieges gipfelte, gehört zu den düstersten Kapiteln der Geschichte des beginnenden 20. Jahrhunderts.

Trotz allerlei Nachwehen des Berliner Kongresses der in puncto noch länger ungeklärten Grenzfragen und -korrekturen mit Griechenland gerieten die osmanischen Verhältnisse, wie bereits erwähnt, nach der Krise um die Hafenstadt Dulcigno [Ülgün, Ulcinj], die das Reich an den Rand eines militärischen Übergriffes der europäischen Mächte geführt hatte, ab 1881 in etwas ruhigeres Fahrwasser. Sultan Abül Hamid II. konnte sich nun daran begeben, sein schwer erschüttertes Reich zu reformieren. Dazu gehörte auch die längst überfällige Modernisierung des Militärs. Bereits im Frühjahr 1880 faßte der Sultan daher den Beschluß, zu diesem Zweck von der deutschen Regierung die Freistellung von Offizieren (und auch Beamten zur Entwicklung der zivilen Verwaltung) zu erbitten. Am 11. Mai 1880 ließ er den zu einer Audienz befohlenen deutschen Botschafter wissen, daß er um entsprechende Hilfe aus Deutschland bitte, da er die entsandten Offiziere und Beamten dann »in seinem Reich in den wichtigsten Positionen unterbringen wolle«. Die großherrliche Schenkung eines Grundstückes zur Anlage einer angemessenen Sommerresidenz des deutschen Botschafters in Therapia war dabei als ›kleine Entscheidungshilfe‹ gedacht. Über die alsbald erfolgende Zustimmung des bislang eher zögerlichen Bismarck war der Botschafter offenbar recht erstaunt. Friedrich Scherer sieht darin den Beginn der deutsch-osmanischen Freundschaft, die, sich stetig verfestigend, bis zum Zusammenbruch der Mittelmächte am Ende des Ersten Weltkrieges fast vierzig Jahre lang andauern sollte.[194]

Mit dem erprobten Mittel oktroyierten Reformen knüpfte Abdül Hamid II. an die Tanzimat-Ära an und wurde trotz aller gerechtfertigten Kritik zu einem bedeutenden Reformherrscher und zu einem Motor der Modernisierung seines heterogenen Landes auf vielen Gebieten. Eine durchgreifende Militärreform wurde in Angriff genommen, die Finanzen wurden, auch mit Hilfe deutscher Beamter, konsolidiert, Landwirtschaft und Pflanzenbau wurden nach europäischen Standards verbessert, die Infrastruktur des Reiches erfuhr entscheidende Modernisierungen und Impulse durch die Anlage von Eisenbahnen, Straßen sowie Telegraphenleitungen. Bildung und Ausbildung wurden modernisiert und breiteren Schichten zugänglich gemacht, Hochschulen und Universitäten wurden gegründet. Ein bürgerliches Gesetzbuch trat in Kraft, die Gewaltentrennung zwischen Exekutive und Justiz wurde eingeführt. Die islamischen Gerichte mit ihren jahrhundertealten fragwürdig gewordenen Rechtsvorstellungen, denen noch immer die Scharia zugrunde lag, wurden allerdings nur teilweise zugunsten einer zeitgemäßen Zivilgerichtsbarkeit eingeschränkt, so daß der sich daraus ergebende Dualismus insgesamt lähmend auf das Rechtssystem wirkte.

Was sich auf den ersten Blick wie das unfehlbare Rezept zu einer osmanischen Erfolgsgeschichte liest, verlief keineswegs reibungslos und ohne Stockungen. Die Angst des Sultans, alte Eliten vor den Kopf zu stoßen oder sie altgewohnter Privilegien zu berauben und dadurch an Zustimmung zu verlieren, ließ ihn manche Reform nicht völlig zu Ende führen und verprellte oftmals die ausländischen Helfer. Auch gab es in der Beamtenschaft des Reiches genug Vorbehalte gegen derartig weitgehende Änderungen, wie sie der Padischah verlangte. Dennoch sollten heute bei eingehender kritischer Beschäftigung mit der Hamidischen Epoche und der Person des Sultans weder das umfassende Reformbestreben Abdül Hamids II. noch sein tatsächliches Reformwerk verkannt werden.

Zu einer tiefer greifenden Auseinandersetzung mit der Situation des Osmanischen Reiches in der Regierungszeit Sultan Abdül Hamids II. und einer ausführlichen Bewertung der politischen Rolle des Sultans während seiner langen Regierungszeit sei an dieser Stelle auf die ausgezeichnete Biographie François Georgeons und das bereits ebenfalls zitierte Werk Ali Merads verwiesen, das mit seiner zutreffenden knappen Analyse zahlreiche interessante Denkanstöße liefert. Ali Merad umreißt die Regierungsepoche Abdül Hamids II. und dessen Verhältnis zu Europa in eindringlicher Weise: »In seiner Regierungszeit wurde sich die Türkei – und mit ihr die muslimische Welt – der dramatischen Situation ihrer Geschichte bewußt. Einerseits die Erkenntnis ihres Rückstandes auf dem Gebiet der Wissenschaft und Technologie, ihrer wirtschaftlichen Schwäche, ihrer politischen Bedeutungslosigkeit auf der internationalen Bühne; andererseits ein auf dem Höhepunkt seiner industriellen ›Explosion‹ befindliches Europa, das gleichzeitig beseelt war von einem Expansionswillen, einer Aggressivität auf den

Gebieten der Politik, Wirtschaft sowie Kultur – und dessen Übergriffen die Gesamtheit der muslimischen Staaten ausgesetzt war.«[195]

Sultan Abdül Hamid II. wurde dabei von den europäischen Großmächten zumindest argwöhnisch beobachtet. Reichskanzler Bismarck, der seit 1880 durch die Entsendung deutscher Offiziere und Beamter ›Amtshilfe‹ bei den Reformbestrebungen leistete, um damit das Osmanische Reich zu stärken, erklärte in einem Erlaß vom 17. Mai 1883: »Nach unserer Auffassung der Verhältnisse kann es nicht Aufgabe der englischen Politik sein, die Lebensfähigkeit des osmanischen [sic] Reiches zu schmälern [...]«[196] Dabei erscheint es erstaunlich, daß angesichts der zahlreichen innen- wie außenpolitischen Widerstände im dennoch Osmanischen Reich so viele Reformen überhaupt in Angriff genommen wurden und zur Ausführung gelangten. Ein türkischer Großwesir soll angesichts des Reformdrucks und der oftmals überaus eigennützigen Einflußnahme der europäischen Mächte bemerkt haben: »Soufflieren Sie uns, meine Herren Botschafter, aber lassen Sie uns das Theater und die Rollen.«[197]

Botschafter Freiherr Marschall von Bieberstein äußerte sich zu den von den Großmächten immer wieder verlangten und teilweise erzwungenen Reformen wiederholt ablehnend: »Wer allgemeine Reformen betreibt, will das Reich nicht reformieren, sondern ruinieren.«[198] Abdül Hamid II. war offensichtlich mit dem Botschafter nicht nur deshalb sehr zufrieden. In seinen Erinnerungen nannte er ihn mit leiser Ironie scherzhaft »den Großherrn«. Das war an sich der ausschließlich dem Sultan zustehende Titel und mochte somit auch zeigen, daß er die Rolle, die Freiherr Marschall von Bieberstein am Bosporus spielte, sehr genau einzuschätzen wußte und ihm, trotz gelegentlicher Vorbehalte, eigentlich dankbar war. Großherzogin Elisabeth von Oldenburg erwähnte in ihrem Reisetagebuch ein Gespräch mit dem Sultan über den Botschafter: »Dann trug er mir auf, unserem Kaiser zu sagen, wie sehr er den Botschafter verehre u. daß er eine Ausnahmestellung unter seinen Collegen einnähme; u. das erzählte ich Marschall umgehend weiter, mit der Bemerkung, er solle es nur nicht glauben; er behauptete aber, es sei immer ganz nett, etwas Angenehmes über sich zu hören.«[199]

Wie der deutsche Botschafter am Bosporus mit seinen lebendigen Schilderungen auf Wilhelm II. wirkte, beschreibt Prinz Heinrich von Schönburg-Waldenburg, der viele Jahre der engeren Umgebung des Monarchen angehörte und diesem persönlich verbunden war: »Einmal [im Sommer 1901] meldete sich anläßlich seines Urlaubs auch [...] Freiherr von Marschall in Wilhelmshöhe. [...] Bei der Frühstückstafel erzählte er so fesselnd von seinem Leben im Orient und von seinen guten Beziehungen zum Padischah, daß der Kaiser völlig unter seinem Bann stand.«[200]

»Das Osmanische Reich war mit Europa innig verbunden, aber auch an dieses angebunden«,[201] mit diesen kurzen Worten charakterisiert Maurus Reinkowski anschaulich das höchst komplizierte Verhältnis des Reiches zu Europa, das eben auch eine wechselseitige Anbindung beinhaltete.

Europa ignorierte seit langem nach Kräften, daß das Osmanische Reich in dem Augenblick zu einem Faktor europäischer Geschichte und Politik geworden war, als es sich Mitte des 14. Jahrhunderts von Kleinasien nach Europa ausdehnte und in rascher Folge große Teile des Balkans eroberte, der sich bis in unsere Tage in vielerlei Hinsicht als osmanisches Erbe in Europa präsentiert. Um sich diesen einst so bedeutsamen, nun aber zunehmend geschwächten Staat gefügig zu machen und ihren Einfluß zu steigern, ließen die europäischen Mächte nichts unversucht. Daß das Osmanische Reich trotz aller Eingriffe von außen noch immer ein unabhängiger Staat war, ignorierten die Europäer zuweilen, und waren dann entrüstet, wenn der Sultan ihre Vorschläge als zu weit seine souveränen Rechte als Herrscher eingreifend ablehnte. Als Beispiel sei hier nur ein Vorschlag der Botschafterkonferenz in Constantinopel angeführt: Der russische Botschafter von Nelidow[202] hatte Anfang Januar 1897 angeregt, Sultan Abdül Hamid II. einen ›obersten Staatsrat‹ an die Seite zu stellen, »welcher zusammengesetzt aus den höchsten Würdenträgern des Reichs und den Oberhäuptern der kirchlichen Korporationen, eine Kontrolle über die administrativen, finanziellen und juristischen Angelegenheiten des Landes ausüben und zugleich als oberste Disziplinarbehörde fungieren solle.«[203]

In den europäischen Hauptstädten stieß dieser plumpe Vorschlag Nelidows auf breite Zustimmung. Allerdings ahnten die Regierungen bereits, daß der Sultan sich für diese Idee kaum erwärmen würde. Er wies dieses höchst eigennützige Ansinnen der europäischen Diplomatie denn auch kategorisch zurück, wäre doch die Installation eines solchen obersten Staatsrates durch die Großmächte dem Einsetzen einer Regentschaft gleichgekommen und der Padischah auf diese Weise von den Europäern gleichsam entmachtet worden. Der politisch erfahrene Sultan mußte sich zudem bewußt sein, daß ein solch heterogener Staatsrat in den Händen der Großmächte leicht ein weiteres Instrument zur Destabilisierung des Reiches sein konnte, wenn sich nämlich aufgrund ihrer verschiedenen Ansichten oder äußerer Einflüsse dessen Mitglieder zu einem bestimmten Sachverhalt entscheidungsunfähig zeigten – und den Europäern damit den Vorwand lieferten, regelnd einzugreifen, wenn sie nicht ohnehin die (christlichen) Mitglieder von vornherein manipulierten, so daß diese stets als verlängerter Arm der Mächte auftreten würden. Daß genau diese verlockenden Möglichkeiten dabei auch den Regierungen in Sankt Petersburg, Berlin, London, Rom oder Wien deutlich vor Augen standen, versteht sich von selbst.

Die sechs in Constantinopel vertretenen europäischen Großmächte verfügten über eine in ihrem Wirken ohnehin höchst fragwürdige Einrichtung – die ständige Botschafterkonferenz, die über diverse das Osmanische Reich betreffende Fragen beriet sowie befugt war, Reformvorschläge auszuarbeiten und gegenüber dem

Sultan und dessen Regierung durchzusetzen. Zudem nahm das Gremium noch Ernennungen vor (!) und griff damit, einer Nebenregierung gleich, in innenpolitische Belange ein.[204] Diese Konferenz spiegelte die Kontroversen der beteiligten Mächte hinsichtlich der Politik gegenüber dem Sultan und dem Reich exakt wider. Die Botschafter verloren sich in endlosen Debatten um Nichtigkeiten, ohne eine Einigung zu erzielen, beziehungsweise waren handlungsunfähig, wenn eine der Großmächte den Vorschlägen der übrigen Mächte nicht zustimmte. Dennoch war die Botschafterkonferenz eine ernstzunehmende Größe im politischen Gefüge am Bosporus. Sowohl Bieberstein als auch sein zeitweiliger Vertreter von Kiderlen-Wächter[205] versuchten immer wieder, keinesfalls selbstlos, Beschlüsse der Konferenz zu vereiteln, indem sie ihnen ihre Zustimmung verweigerten, um so die ›Reformen‹ abzuwenden und damit die osmanische Position zu stärken.[206]

Welche Fallstricke sich für die europäischen Mächte bei den von ihnen über rund ein Jahrhundert so vehement geforderten, betriebenen oder erzwungenen Reformen innerhalb des Osmanischen Reiches auf Grund ihrer nur mangelhaften Kenntnisse von dessen inneren Verhältnissen ergaben, erhellt eine Bemerkung des Botschafters Marschall von Bieberstein an den Reichskanzler Fürst von Bülow vom 13. Januar 1908 bezüglich der seit Jahren angestrebten Reform der Justiz: »Der Entwurf der Justizreform ist von sechs Botschaftern ausgearbeitet worden, die sehr verschiedene Anschauungen, aber etwas gemeinsam haben, nämlich die Unkenntnis des türkischen Rechtslebens. Ich schließe mich in dieser Beziehung nicht aus. [...]«[207] Speziell ging es hier um die von den Großmächten geforderte Berufung christlicher Inspektoren zur Kontrolle der Justiz, der Abdül Hamid II. in seiner Funktion als Kalif unmöglich zustimmen konnte, ohne seine Position nachhaltig zu gefährden, wie der Botschafter erläuterte. Der Großherr wußte, was er von der Botschafterkonferenz, diesem Kontrollorgan der Großmächte, zu halten hatte. Abdül Hamid II. nannte die Teilnehmer wiederholt in einer Mischung aus Ironie und Wut ›les six impuissances‹ (›die sechs Machtlosen‹), und auch der deutsche Botschafter bemerkte kritisch: »Der einzelne Botschafter hat im Palais ein erhebliches Prestige, aber als ein Ganzes flößen wir Botschafter S. M. dem Sultan weder großen Respekt, noch große Furcht ein.«[208] Während eines Aufenthaltes in Deutschland, Marschall von Bieberstein bewohnte ein Schloß im badischen Neuershausen, notierte der Botschafter ergänzend: »Die Türken sind so sehr daran gewöhnt, von den Botschaftern scharfe und drohende Noten zu erhalten, daß man bezüglich der Wirkung [...] seine Erwartungen auf das bescheidenste Maß reduzieren muß. Unter allen diplomatischen Waffen gilt den Türken die Kollektivaktion sämtlicher Mächte als die wenigst gefährliche. [...] Der Sultan fürchtet das scharfe Auftreten eines einzelnen Botschafters, weil er dahinter den festen Entschluß einer Regierung sieht, die unternommene Aktion zu Ende zu führen; die Aktion von zwei Botschaftern ist dem hohen Herrn

Alfred von Kiderlen-Wächter, deutscher Diplomat

unbehaglich, weil zwischen zwei Regierungen eine Verständigung über Mittel und Wege unschwer erreichbar scheint; hinter einer Kollektivaktion aller Mächte dagegen sieht Seine Majestät scharf divergierende Interessen, die sich wohl zur Redaktion einer drohenden Note, aber nicht zu einer Einigung über Zwangsmaßregeln zusammenfinden können. Die Regierungszeit Abdul Hamids ist reich an Präzedenzfällen, welche die Richtigkeit dieser Anschauung bestätigen. Als Normalbeispiel kann die Haltung der Mächte gelegentlich der sogenannten ›armenischen Massakres‹ gelten. In Entrüstung und Drohung haben damals die Mächte sehr große Worte gemacht. Und schließlich ist die geplante Aktion im Sande verlaufen.«[209]

Wenn auch bei den sechs Großmächten oftmals gänzlich verschiedene Auffassungen und Unkenntnis (aus heutiger Sicht läßt sich auch von bewußter Ignoranz sprechen) der tatsächlichen Gegebenheiten im Osmanischen Reich vorherrschten, so sollte dies aber keineswegs über den von Fall zu Fall dennoch erheblichen Einfluß dieses fragwürdigen Gremiums hinwegtäuschen, dessen Forderungen sich Sultan Abdül Hamid II. zuweilen ausgeliefert fühlte. Angesichts der oftmals demütigenden Geringschätzung der Großmächte gegenüber dem Osmanischen Reich und seinen Vertretern ist es eigentlich überflüssig, zu bemerken, daß zu der Botschafterkonferenz ein osmanischer Vertreter nicht hinzugezogen wurde.

Der Diplomat Ludwig Raschdau kennzeichnete das osmanisch-europäische Spannungsfeld der Politik folgendermaßen: »Das Land stand in gewissem Sinne unter der Vormundschaft der Großmächte, die für jede Einmischung in die inneren Angelegenheiten sich auf die Bestimmungen irgend eines Vertrages berufen konnten. Die fremde Diplomatie war immer mit Klagen und Anliegen zur Hand. Während überall sonst in Europa ihre Aufgabe in erster Linie eine berichtende und vermittelnde ist, gab es am Goldenen Horn keine politische oder religiöse Angelegenheit, keine Frage des Handels und Verkehrs, selbst keine größere Ausschreibung eines Regierungsgeschäftes, bei dem die fremden Vertreter nicht ihre Hand im Spiele hatten. Und sie gingen in allen diesen Dingen nicht bloß an die höchsten Behörden, sie machten sich an den Sultan persönlich heran. Dann entwickelte er seine Kunst, in dem Wettstreit der fremden Vertreter für sein eigenes Interesse zu arbeiten, indem er ihre Eifersüchteleien ausnutzte.«[210]

Bieberstein war ganz zweifellos eine selbstbewußte Persönlichkeit mit einem erheblichen Gespür für Situationen und großem diplomatischen Geschick. Er verstand es über viele Jahre, dem Posten des deutschen Vertreters am osmanischen Hof erhebliches Gewicht und große Geltung zu verschaffen. Eifersüchteleien und kleinliche Kritteleien anderer deutscher Diplomaten und Militärs konnten in diesem Fall nicht ausbleiben. Alfred von Kiderlen-Wächter oder von der Goltz äußerten sich des öfteren abfällig über ihn.[211] Wenn auch die deutsche und die französische Orientpolitik ansonsten nur wenige Gemeinsamkeiten aufwiesen, so war nach Biebersteins eigenem Bekunden der kurz nach ihm 1898 in Constantinopel akkreditierte französische Botschafter Ernest Constans in seiner Einstellung sowohl dem Sultan als auch dem Osmanischen Reich gegenüber das Vorbild Biebersteins.[212]

Freiherr Adolf Marschall von Bieberstein, deutscher Botschafter

Constans verstand es mit Erfolg, am Bosporus eine selbstbewußte Diplomatie zu betreiben. Sein Sekretär beschrieb den Franzosen als einen pragmatischen, erfahrenen Politiker: »Er hegte keinerlei Abscheu vor der Person Abdül Hamids und war weder gegen das hamidische Regime voreingenommen, noch war er voller Ungeduld hinsichtlich der Anachronismen, die der Türkei zu dieser Zeit ein ganz spezielles Erscheinungsbild bewahrt hatten. Auf erstaunliche Weise kam dieser alte Jura-Professor, dieser alte Radikale, gut mit der kaiserlich-osmanischen Autokratie zurecht. Er hatte zuviel Gespür für das Machbare, das er mit gehörigem Opportunismus und sogar Zynismus mischte, um auf seinen Posten im Ausland seine politischen Glaubensbekenntnisse, um deretwillen er im Inland gewählt wurde, zu übertragen oder unangebrachten Äußerungen zu moralischen Handlungsweisen ihren Lauf zu lassen. Dies hatte sein erhebliches Ansehen am Hof – oder wie man in der Türkei sagte, im Palais – begründet.«[213] Diese Einstellung läßt sich auch bei dem badischen Freiherrn wiederfinden und machte sicherlich einen bedeutenden Teil seines Erfolges bei Abdül Hamid II. aus.

Die Situation im Osmanischen Reich war in der Regierungszeit Sultan Abdül Hamids II. durch in vielen Bereichen andauernde Stagnation und wiederholte Finanzkrisen ebenso gekennzeichnet wie durch eine Vielzahl teils eigenem

Antrieb entsprungener, teils von außen erzwungener, oftmals schleppender Reformen.

Franz Carl Endres beschrieb die dieser Situation zugrundeliegende Haltung so: »... Unüberlegtheit der Handlung ist eine der größten Sünden. Daher kommt viel Geplantes gar nicht zur Ausführung, vieles spät, manches so verklausuliert, daß es besser ganz unterblieben wäre.«[214] Der dem Sultan gegenüber durchaus aufgeschlossene Bernhard Stern kennzeichnete 1901 die Regierung Abdül Hamids II. folgendermaßen: » ›Eilen ist Teufelswerk, Zögern ist Gotteswerk.‹ Dieses türkische Sprüchwort wurde der Leitfaden der Reformgeschichte unter Abdul Hamid II.«[215] Für die der orientalischen Mentalität gegenüber wenig verständnisvollen Europäer war dieser Regierungsstil eine schwere Prüfung und wurde offensichtlich von Fall zu Fall auch ganz bewußt angewandt.

Die Diplomaten berichteten wiederholt, daß, je mehr Druck seitens ›der Mächte‹ in einer Angelegenheit ausgeübt werde, der Sultan desto länger eine Entscheidung verzögere. Doch nicht nur der Monarch übte sich in dieser die Europäer enervierenden Langsamkeit. Dem Padischah war dieses Manko wohl bewußt. In dem ›Die Dekadenz der Osmanen‹ überschriebenen Kapitel seiner Erinnerungen kritisierte Abdül Hamid II. diese verbreitete Lethargie seiner Beamtenschaft, wobei er die Europäer am Bosporus, sicherlich nicht ganz zu unrecht, miteinbezog: Es »herrscht aber überall derselbe schwunglose Müßiggang, dieselbe Gedankenlosigkeit, dieselbe Gleichgültigkeit in unseren kultivierten Kreisen. Unsere Beamten und Offiziere haben keinerlei Vertrauen zu sich selbst, sie wollen weder arbeiten noch sich weiterbilden; die europäischen Beamten, die wir in das Land holten, sind ohnmächtig im Kampf gegen die Routine. Der Mangel an Eigeninitiative, auf den sie allenthalben treffen, lähmt alsbald ihre Energie – und sie ergeben sich dem Keyf.«[216] In ihren Ausführungen zu dem speziell osmanischen Lebensgefühl Huzur schreibt Erika Glassen: »Ja, das Bewusstsein von einstmaliger Größe und gegenwärtigem Verfall, eine osmanische Variante des islamischen Dogmas von der guten alten Zeit, scheint zu den typischen Merkmalen der Osmanlı-Persönlichkeit zu gehören. Sie alle waren Nachgeborene und suchten das goldene Zeitalter im Reich Mehmeds II., Bâyezids II., Selims I. und Süleymâns des Prächtigen.«[217] Das trifft in gewisser Weise auch auf den Sultan zu, der immer wieder die vergangene Größe des osmanischen Erbes beschwor.

Viele Beamte praktizierten eine Gelassenheit im Amt, die auch moderne Osmanlıs zeitweilig verzweifeln ließ. Als das Reich bereits in Agonie lag, charakterisierte 1921 ein Anhänger der Nationalisten die Beamtenschaft in der Hauptstadt folgendermaßen: »Sie sagen immer wieder: Efendim, devlet adamlarının başlıca vazifesi halkın huzur ve sükunetini muhafaza etmektir (Mein Herr, die Hauptpflicht der Staatsbeamten ist [es], die Ruhe und den Frieden des Volkes zu beschützen.)«[218] Diese nötigen Reformen gegenüber äußerst widerstandsfähig auftretende Beamtenschaft war es, die mit ihrer prägenden Einstellung über einen langen Zeitraum einen wichtigen Teil osmanischer Kultur und unverbindlicher, lethargischer Höflichkeit schuf und trotz aller Unzulänglichkeit den Staatsapparat damit bis zum Untergang des Reiches in Gang hielt.[219] Wenn auch unter Mitwirkung dieser in allen Fugen ächzenden Bürokratie auf einzelnen Gebieten beachtliche Reformen umgesetzt wurden, so ist dennoch festzustellen, daß es gerade dem Autokraten Abdül Hamid II. aufgrund der Struktur seines Herrschaftssystems in vielen Fällen nicht gelang, wichtige Teile der geistigen, reformorientierten Elite seines Reiches dauerhaft an sich zu binden und in verantwortlichen Positionen zu einer Erneuerung des Osmanischen Reiches heranzuziehen. »Der moralische Verfall, der für den Niedergang des Reiches verantwortlich gemacht wurde, traf die gebildete Schicht, die in den staatlichen Institutionen Karriere machen wollte, ganz persönlich. Korruption, Protektion und Willkür trieben die fähigen Köpfe mit moralischen Prinzipien in die geistige Frustration und Resignation. Die Wurzeln der Trägheit und Passivität des spätzeitlichen Osmanlı reichen weit zurück in die Geschichte.«[220] Diesem Bild der Stagnation fügt Friedrich Scherer einen interessanten, das Dilemma der Reformen kennzeichnenden Hinweis hinzu: »Der starke Ausbau öffentlicher Schulen machte Bildung für breitere Schichten zugänglich, während die neuen Fachhochschulen und die 1900 gegründete Universität [...] eine neue Elite schufen. Die Männer, die Abdül Hamid II. später stürzten, haben ihren Bildungsweg in den unter ihm geschaffenen oder ausgebauten Institutionen genommen.«[221]

Um seine vielfältigen Reformprojekte umzusetzen, bediente sich der Padischah nicht nur jener auch von ihm zuweilen als unzulänglich empfundenen Bürokratie,[222] sondern er berief zudem auch ausländische Fachleute auf verschiedene Posten, um auf diese Weise den Staaten zu schmeicheln, denen diese Fachleute entstammten, und zugleich einen gewissen Druck auf die osmanische Bürokratie auszuüben, diese von außen kommenden Impulse umzusetzen. Dies führte indessen, wie er selbst feststellen mußte, nicht immer zu den erhofften Resultaten. Diese Fachleute arbeiteten Denkschriften und Reformvorschläge aus, wobei sie häufig erleben mußten, daß ihre Ideen gar nicht oder erst mit großer Verzögerung – und dann auch nur teilweise – von dem nach seinen eigenen Regeln funktionierenden Beamtenapparat umgesetzt wurden. Nicht nur Goltz erfuhr dies als Angehöriger des osmanischen Generalstabs am eigenen Leib, was ihn dazu veranlaßte, die ausländischen Reformer bitter überzeichnend ›des Sultans Hofnarren‹ zu nennen.[223]

War das Verhältnis Abdül Hamids II. zu seiner Armee schon zwiespältig – in tiefem Mißtrauen gegen das Militär fürchtete er eine Beteiligung der Armee an einem gegen ihn gerichteten Putsch –, so gestalteten sich seine Beziehungen zu den immerhin auf den ausdrücklichen Wunsch des Sultans nach 1880 entsandten deutschen Militärreformern schwierig. Abdül Hamids II. Haltung in der Frage einer Modernisierung der Armee war schwankend: Einerseits hatte die desaströse Niederlage der Osmanen im Krieg gegen Rußland zu Beginn seiner Regierung ihm deutlich gemacht, daß eine baldige Reform des Militärs unumgänglich war, andererseits fürchtete der Sultan nicht zu unrecht, daß eine gestärkte und modernisierte Armee sich auch gegen ihn richten könnte. Außerdem mußte er mit dem Widerstand der bisher begünstigten Eliten rechnen, denen es nicht gefallen konnte, Befehle von Ausländern entgegenzunehmen, Posten und damit verbundene Vorteile zu verlieren und mit seit je geübten Traditionen zu brechen. Auch bei der umfassenden Reform der Verwaltung schreckte der Sultan letztlich davor zurück, durch konsequent durchgesetzte Neuerungen eventuell die Ergebenheit seines Beamtenapparates zu verlieren. Denn, so argwöhnte er durchaus berechtigt, auch ein möglicher Loyalitätsverlust könnte die Quelle von Putschgelüsten gegen den Großherrn sein. Die Ereignisse, die 1908 zunächst zu seiner teilweisen Entmachtung und 1909 dann zu seiner Absetzung führten, sollten zeigen, daß er damit recht hatte.

Auf diese Weise entstand sowohl bei den deutschen als auch bei den übrigen ausländischen Fachleuten oftmals der – ihre Eitelkeit kränkende und ihren Arbeitseifer lähmende – Eindruck, daß der Sultan jene in das Land geholten Fachkräfte an wichtigen Entscheidungen nicht wirklich beteiligen wolle oder daß ihre Pläne den Intrigen der ausländische Einflußnahme ablehnenden Hof-, Armee- oder Regierungsmaschinerie zum Opfer fielen. Darauf, daß Abdül Hamid II. dennoch seine das Reformpläne Militär betreffenden keineswegs völlig aufgab, verweist Friedrich Scherer,[224] der darüber hinaus zu dem interessanten Schluß gelangt, daß Kaiser Wilhelm II. mit seinem ersten Constantinopelbesuch im Herbst 1889, bei dem die Besichtigung militärischer Einrichtungen und Truppenteile im Mittelpunkt stand, ganz gezielt den Zweck verfolgte, den Reformeifer des Sultans anzustacheln und ihn durch sein zur Schau gestelltes Interesse von der Bedeutung solcher Reformen, natürlich mit Hilfe deutscher Offiziere (und Beamter), nachhaltig zu überzeugen.[225]

Auf die Situation der deutschen Offiziere am Bosporus und ihr Wirken[226] soll an dieser Stelle nicht ausführlich eingegangen werden. Friedrich Scherer schreibt dazu: »Die Offiziere wollten dem Sultan freilich nicht nur die Struktur, sondern auch die Stellung und den Geist der preußischen Armee vermitteln. [...] Eben diese Anlehnung ihrer Pläne an das preußische Vorbild und Ideal ist freilich in den folgenden Jahren auf Kritik gestoßen. Sie versuchten, ›die türkische Armee über den preußischen Leisten zu schlagen‹, hat der österreichische Militärattaché in Konstantinopel [...] ihre Vorschläge einmal ironisch charakterisiert, da sie für ihn die nötige Einsicht in die besonderen orientalischen Verhältnisse vermissen ließen.« Der britische Militärattaché stellte kritisch fest, die Ideen »fresh from the Exerzierplätze of Berlin« hätten der osmanischen Armee zwar neue Anregungen, aber keine neuen Impulse beschert.[227] Um dennoch bei Abdül Hamid II. an das gewünschte Ziel zu gelangen, mußte sein Gegenüber entweder sehr behutsam vorgehen[228] – oder von Fall zu Fall mit Beharrlichkeit und Drohungen arbeiten.

Goltz schilderte eine bezeichnende Szenerie am Ende seiner zunächst auf drei Jahre angelegten Tätigkeit im Generalstab der osmanischen Armee, die er nicht zu verlängern gedachte, weil er seine Reformvorschläge nicht genügend berücksichtigt sah. Als der Sultan von seinem Abschiedsgesuch erfuhr, ließ er von der Goltz Pascha zur Begutachtung eines abgerutschten Berghanges in den Yıldız-Park bitten. In Goltz' Tagebuch von 1886 liest sich diese Begebenheit dann so: »Daß ich hier auch als Sachverständiger in Bergrutschen angesehen werde, ist recht amüsant [...], aber echte Sultanspolitik. Mit dem Auftrage soll mir nur bewiesen werden, welchen Wert der Großherr auf meinen Rat in einer rein persönlichen Angelegenheit legt, und ich soll mich dementsprechend geschmeichelt fühlen. Ferner will Abdul Hamid Gelegenheit haben, mir eines der üblichen Geschenke zu machen, für das er dann auf Nachgeben in sachlichen Differenzen rechnet. Diese infame Verquickung persönlicher und sachlicher Angelegenheiten erschwert hier jede dienstliche Tätigkeit ungeheuer. Die Unzulässigkeit des Verfahrens einem Orientalen beizubringen, wäre vergebene Liebesmühe. Die mit Brillanten besetzte Tabaksdose, die ich erhielt, soll natürlich heißen: ›Sei hübsch artig, ziehe dein Abschiedsgesuch zurück und verlängere deinen Vertrag.‹ Ich werde aber, selbst auf die Gefahr hin, mir eine Dosensammlung anlegen zu müssen, mein Abschiedsgesuch in einiger Zeit erneuern.«[229] Der Sultan wandte sich offenbar auch noch an den deutschen Reichskanzler sowie an Kaiser Wilhelm I., um von der Goltz Pascha zum Bleiben zu veranlassen. Der Monarch übermittelte dem Offizier eine entsprechende Kabinettsorder – und von der Goltz blieb letztlich bis 1896. Im Gegenzug genehmigte Abdül Hamid II. einen Teil seiner Reformvorschläge und betraute ihn zudem mit der Leitung der Armeereform.

Paul Lindenberg faßte seine Eindrücke von Land und Leuten nach einer mehrmonatigen Reise durch weite Teile des Reiches 1902 lakonisch so zusammen: »Daß Vieler Wünsche unerfüllt blieben, daß die Türkei in verschiedenster Hinsicht heute noch nicht den Anforderungen entspricht, die wir an einen modernen Kulturstaat stellen, liegt an den festsitzenden orientalischen Überlieferungen, am orientalischen Leben und Wesen, an den früher begangenen Sünden der Regierenden, an dem inneren Wertgefühl jedes Türken, dessen Herrschernatur, mag sie sich auch selten äußern, nicht dem Fremden irgendwelche Überlegungen einräumt und jeder Neuerung übelwollend, mißtrauisch, abwartend gegenübersteht.«[230]

Wie bereits erwähnt, führte die sich im Inneren des Reiches zunehmend verschärfende Lage, die mit einer erheblichen Unzufriedenheit mit dem hamidischen Regime einherging, bereits Ende des 19. Jahrhunderts unter anderem zu einer Zuspitzung der Nationalitätenkonflikte im Osmanischen Reich, die in der Folge in blutigen Ausschreitungen, vor allem gegen christliche Minderheiten, mit zahlreichen Opfern gipfelte. Diese Ereignisse sowie der sichtbare Zerfall des Reiches führten in Europa dazu, dass auch die Person des autokratisch herrschenden Sultans Abdül Hamid II. bis in die Gegenwart nahezu ausschließlich negativ beurteilt wird.

»Wenn der Orientale unvernünftig, verderbt (sündig), kindisch und ›abartig‹ war, so der Europäer vernünftig, tugendhaft, erwachsen und ›normal‹.« Mit diesen drastischen Worten beschrieb Edward W. Said in seinem kontrovers aufgenommenen Werk über den europäischen Orientalismus das europäisch-orientalische Verhältnis seit dem 19. Jahrhundert aus dem Blickwinkel der meisten Europäer. Sehr wohl konzedierten die Europäer der orientalischen Bevölkerung in einer Mischung aus Großmut und Zynismus, in einer eigenen festgefügten Welt mit »festen nationalen, kulturellen und epistemischen Grenzen und inneren Gesetzmäßigkeiten« zu leben, aber, so Said weiter, »was der Welt des Orientalen ihre Intelligibilität und Identität verlieh, war [in den Augen der meisten Europäer] nicht das Ergebnis seiner eigenen Anstrengungen, sondern verdankte sich eher einer komplexen Folge sachkundiger Manipulationen, durch die der Orient durch den Westen identifiziert wurde.«[231] Mit diesem teils selbstgeschaffenen Bild antimodernistischer Gesellschaften rechtfertigten die ›Mächte‹ dann nicht zuletzt ihre Kolonial- und Wirtschaftspolitik von Marokko bis Indonesien. Was also ›orientalisch‹ war, das bestimmten letztlich die Europäer, die sich damit, zugespitzt ausgedrückt, einen Orient nach ihren Vorstellungen schufen.

Die Reisetagebücher der Großherzogin von Oldenburg zeigen dies alles ganz anschaulich in einigen Situationen, die sich auf den Hof des Sultans beziehen. Das ›europäische Dekorum‹ eines im tiefen Inneren von jeher als fremd und exotisch empfundenen orientalischen Hofes und Landes mag die anspruchsvollen Besucher aus Deutschland, die ihre fertigen Bilder des Orients bereits im Kopf mit sich trugen, vornehmlich irritiert haben: Die an den Gepflogenheiten europäischer Höfe orientierten Speisen waren in ihren Augen nicht gelungen, die musikalischen Darbietungen europäischer Komponisten[232] wurden als ebenso drittklassig empfunden wie die zahlreichen Gemälde europäischer Künstler. Die Kunstsammlungen des Padischahs beeindruckten die Besucher nicht durch Qualität, sondern durch Masse, auch die verliehenen Orden belustigten eher, als daß sie Stolz oder Freude auslösten. Und der Sultan selbst wurde insgeheim lieber mit leisem Schauder als Despot asiatisch-orientalischen Zuschnitts gesehen denn als moderner Herrscher. Auf beiden Seiten scheinen dabei grundlegende Mißverständnisse vorgelegen zu haben: Der osmanische Sultan kopierte das Europäische, um seine Zugehörigkeit zu diesem als überlegen empfundenen Kulturkreis zu demonstrieren – und hoffte schon deshalb (allerdings durchaus vergeblich), von den europäischen Herrschern als einer ihresgleichen akzeptiert zu werden. Seine fürstlichen Besucher aus Europa erwarteten dagegen einen Hof mit exotischer Prachtentfaltung und einen Herrscher, der für sie um so interessanter war, je weniger ›europäisch‹ er auftrat.

Doch wie hätten die deutschen, die britischen oder die französischen Gäste eigentlich reagiert, wäre ihnen nichts Europäisches geboten worden? Die mangelnde Akzeptanz einem absolut orientalischen Hof gegenüber wäre seitens der europäischen Besucher des Sultans vermutlich groß gewesen.[233] So mußten die Zeichen einer Europäisierung des osmanischen Hofes eher zu Belustigung sowie Unverständnis führen oder wurden bestenfalls übergangen und nicht gewürdigt. Die Freude solcher ›Séjours‹ trübte die allseitige Europäisierung allerdings nicht nachhaltig, war das Gebotene doch noch exotisch genug – und sahen sich die Besucher doch oftmals zu ihrer Zufriedenheit in ihren Vorurteilen bestätigt.

Hinsichtlich der Person Abdül Hamids II. entsteht der Eindruck, die meisten Europäer seien deshalb so schlecht auf den Herrscher zu sprechen gewesen, weil dieser eben keineswegs geneigt war, bloßes Objekt im Sinn ›der Mächte‹ und ihrer oftmals selbstsüchtigen Orientpolitik zu sein. Der Sultan war ihnen vielmehr deshalb so unbequem, weil er, hochintelligent und erfahren, ein Meister der Diplomatie und der Politik war. Er zeigte sich immer bestrebt, selbst handelndes Subjekt zu sein, und erwies sich daher in gewisser Weise für die Großmächte als unberechenbar.

Die europäischen Überlegenheitsphantasien in jener Epoche eines immer rücksichtsloseren Imperialismus gingen selbstverständlich davon aus, daß die europäischen Politiker oder Diplomaten Meister ihres Faches seien. Was bei Bismarck oder Benjamin Disraeli als raffinierte Politik galt und den Gipfel der ehrenwerten Staatskunst markierte, konnte dagegen bei Sultan Abdül Hamid II. nur auf Verschlagenheit, Niedertracht und bloßer Lust am Intrigenspiel beruhen und war keineswegs ehrenwert (siehe das erwähnte Zitat von Edward W. Said). Es läßt sich auch zugespitzter ausdrücken: Vielen Europäern jener Epoche mag es geradezu als unfaßbar erschienen sein, daß es auch in den politischen Lagern außerhalb der festgefügten europäischen Welt Menschen gab, die sich ihnen gewachsen zeigten, bei denen sie an Grenzen stießen, Menschen eben, die eine begründete Vorstellung von den Dingen hatten und dabei nicht von vornherein bereit waren, die europäische Überlegenheit bedingungslos anzuerkennen. Hinzu kommt noch, daß die Europäer gewöhnlich ihre Kultur und das ihnen Vertraute als den Gipfel des Erreichbaren und einzig gültigen Maßstab ansahen. An europäischer Art mußte sich alles andere messen lassen – und konnte dabei zumeist nur verlieren. Edward W. Said sprach in diesem Zusammenhang von einem »dichten Netz kultureller Stereotypen oder demütigender Ideologien wie dem Rassismus oder dem politischen Imperialismus«.[234]

Bismarcks zynischer Leitsatz, wonach ein politischer Gegner zunächst herabgesetzt werden solle, damit man ihn dann um so nachhaltiger zerstören könne, wurde seit dem späten 19. Jahrhundert nicht nur von den Europäern immer wieder auch auf die Person Abdül Hamids II. angewandt. Jenes Vorgehen verstellt nicht sellten bis heute den Blick auf den Sultan, weil die historische Forschung oftmals eben jene verunglimpfenden Beurteilungen und polemischen Anschuldigungen ungeprüft übernahm.

In ihrer noch immer weit verbreiteten, von abwertenden Vorurteilen und Andeutungen sowohl in bezug auf den Padischah als auch die islamische Welt durchsetzten Biographie Sultan Abdül Hamids II. entwarf Joan Haslip beispielsweise das Bild eines bedauernswerten Mannes, der aufgrund seiner offensichtlichen geistigen Zerrüttung, die angeblich auf der ›Dekadenz der Familie‹ [235] beruhe, Verständnis für seine oftmals irrationalen Handlungen verdiene, da er für sie letztlich nicht verantwortlich gewesen sei. Haslip erweckt den Eindruck eines unberechenbaren, geistesgestörten Mannes, der sich einer selbstverständlich abzulehnenden – weil nicht europäisch-aufgeklärten (und von den Europäern nicht verstandenen?) – Welt verbunden gesehen habe und von fast ausnahmslos charakterlosen Höflingen oder verderbten Politikern umgeben gewesen sei. Auch Arminius Vámbéry bezeichnete Abdül Hamid II. in seinen Briefen an Theodor Herzl an verschiedenen Stellen als wahnsinnig.

In seinem 1912 erschienenen Werk ›Geschichte der Türken‹ schrieb Albrecht Wirth »Man muß die Geschichte der Osmanen kennen und die Degeneration beachten, in der die Familie sich seit Jahrhunderten befindet. Wie ein schwarzer Faden zieht sich durch diese Geschichte Wahnsinn und Unfähigkeit, Größenwahn und Krankheit, Blödsinn und alles andere, was kranke Kinder zeugt. [...] Abdul Hamid ist eine sonderbare Mischung von Genie und Wahnsinn. Genial ist seine Leitung der auswärtigen Politik, wahnsinnig sind seine Tyrannei und Mordlust, genial ist seine Kunst, sich Menschen dienstbar zu machen und sich geschickt aus politischen Schlingen zu ziehen, wahnsinnig seine Furcht vor Verfolgung, die nicht vor seinem Kinde und nicht vor seinem Bruder, auch nicht vor seinem Weibe Halt macht.« [236] Diese jeglicher Seriosität entbehrenden Feststellungen Wirths gehen unter anderem auf die seit der Mitte des 19. Jahrhunderts weit verbreiteten rassistischen Irrlehren des französischen Grafen Arthur de Gobineau [237] zurück. Gobineau war es, der mit seinen pseudotheoretischen Werken über die Ungleichheit der Rassen und die von ihm behauptete generelle Überlegenheit der Arier bis weit in das 20. Jahrhundert hinein Völkerkundler, sogenannte Rassenforscher, Philosophen, Historiker und Politiker stark beeinflußte. In den Augen des französischen Grafen und seiner begeisterten Anhänger führte die Mischung von Rassen (wie sie vor allem in den von verschiedenen Völkern bewohnten Großreichen der Weltgeschichte vorkam) zwangsläufig zu intellektueller und moralischer Degeneration der jeweils höherwertigen Rasse. Bei einer Auseinandersetzung mit dem Osmanischen Reich in der Zeit seines Niederganges geriet das Haus Osman, in dessen Harems sich Frauen verschiedenster Völker fanden, daher zu einem beliebten Beispiel dieser rassistischen Auffassung, der dann alle übrigen biographischen oder historischen, politischen oder wirtschaftlichen Fakten angepaßt wurden. Dadurch, daß im Ergebnis der Beschäftigung mit Gobineaus Behauptungen die Überlegenheit der Europäer postuliert wurde, entstand dann dieses krude Zerrbild, wie es in dem zitierten Text Wirths zum Ausdruck gelangt.

Für die klischeebehaftete Sichtweise einiger europäischer Historiker und Publizisten der Gegenwart ist es bezeichnend, wie unter anderem John Röhl in seiner Einschätzung Sultan Abdül Hamids II. diesen kurzerhand einen »verschlagenen Despoten« nennt, der trotz seines Wahnsinns in der Lage gewesen sei, noch etwas zu begreifen. Außerdem behauptet Röhl fälschlich, der Sultan sei entmündigt worden, ohne daß er allerdings dafür seine Quelle nennt.[238] Eine weitere oberflächliche Fehleinschätzung der Person des Sultans und seiner Politik liefert Stephen Kinzer in seinem Buch ›Halbmond und Stern‹: »Abdül Hamid II. war ein engstirniger Tyrann, der von Reformen nichts wissen wollte.«[239] Die DDR-Geschichtsschreibung setzte solch oberflächlicher Darstellung in gewisser Weise die Krone auf, indem Ernst Werner und Walter Markov in ihrer »Geschichte der Türken« den Padischah zunächst zwar einigermaßen zutreffend schilderten, um dann jedoch fast triumphal zu behaupten, Abdül Hamid II. habe nach seiner Absetzung 1909 das »wohlverdiente Schicksal« ereilt – er sei hingerichtet worden.[240] Um so höher sind die bereits erwähnten Untersuchungen François Georgeons, Ali Merads oder Gregor Schöllgens und Friedrich Scherers einzuschätzen, da sie sich darum bemühen, ein objektives und dabei doch kritisches Bild des Sultans und seiner Regierungsepoche zu zeichnen.

General Freiherr Colmar von der Goltz, der preußische Generalstabsoffizier, der seit 1883 im Dienst Sultan Abdül Hamids II. stand, um die osmanische Armee grundlegend zu modernisieren, beschrieb in einem Brief an seine Frau die erste Begegnung mit dem Padischah, der von den ausländischen Diplomaten oder Militärs oft auch salopp lediglich als ›Effendimis‹[241] tituliert wurde: »Abdul Hamid II. kam mir bis an die Tür entgegen und gab mir die Hand [...]. Der Sultan ist von schmächtiger Gestalt, seine Gesichtszüge sind ziemlich grob. Die Hautfarbe ist sehr dunkel, die gebogene Nase allzu stark. Die Augen sind auffallend groß und haben einen lebendigen, lauernden Ausdruck. Man gewinnt sehr schnell das Gefühl, einer hochintelligenten Persönlichkeit gegenüberzustehen. Äußerlich unterschied sich der Sultan in keiner Weise von den Herren seiner Umgebung. Alle trugen einen langen, schwarzen Rock mit ebensolcher Weste, dazu roten Fez, aber keinerlei Orden oder andere Abzeichen ihrer Würden. Man setzte sich in dem kleinen Raum in Kreise, der Sultan mitten zwischen uns. [...] Der ganze Eindruck, den er machte, war von einer wohltuenden Einfachheit und

Schlichtheit. [...] Seine Worte wurden mir [...] übersetzt. Ich antwortete französisch, das der Sultan verstand, denn er erwiderte seinerseits, ohne erst Testas Übersetzung abzuwarten.«[242]

Von seinem privaten Besuch in Constantinopel und am Hof des Padischahs im Juni 1908, unmittelbar vor dem Ausbruch der ersten jungtürkischen Revolution, berichtete Goltz: »Mit der ungezwungenen Liebenswürdigkeit, welche dem Sultan in so hohem Maße eigen ist, wurden wir empfangen. [...] Eine Audienz bei Sultan Abdul Hamid II. hat nichts Steifes und Feierliches, wie man es im Hinblick auf die Schilderung von Sultans-Empfängen alter Zeit anzunehmen geneigt ist. Obwohl ein souveraines Bewußtsein auch in seiner freundlichen Art bestimmt zum Ausdruck kommt, weiß er doch sofort jedes Gefühl von Fremdsein zu bannen. Große Einfachheit ist der Stempel seines Verkehrs mit Gästen. Selbst bei der Überreichung der Auszeichnungen, die er diesen so gern spendet, versteht er es vortrefflich, es für einen jeden in besonders verbindlicher Art zu tun. Ich hatte dabei stets eine Empfindung, als befände ich mich bei einem befreundeten Grandseigneur auf seinem Landsitze, der mir Aufnahme gewährt habe.«[243] In welch guter Erinnerung der Reformer der osmanischen Streitkräfte bei Abdül Hamid geblieben war, bezeugt auch die Tatsache, daß er auf Wunsch des Sultans bei seinen späteren Besuchen am Bosporus in Yıldız wohnen sollte. Goltz bat allerdings darum, eine Suite im vornehmen ›Pera Palace Hotel‹ zur Verfügung gestellt zu bekommen, denn dort, im europäisch-modernen Stadtteil Constantinopels zu wohnen – fernab des höfischen Zeremoniells und der unmittelbaren Kontrolle des Padischahs – war viel unkomplizierter.

Franz Carl Endres, der bayerische Generalstabsoffizier in osmanischen Diensten, charakterisierte den Sultan und dessen überragendes politisches Talent mit folgenden Worten: »Es hat wohl nur wenige diplomatische Genies wie Abdul Hamid gegeben. Er war all den europäischen Mittelmäßigkeiten, die an seinem Hofe wimmelten, weit überlegen. Nur dadurch und durch die steigende Konkurrenz der Großmächte erklärt es sich, daß er das zerrissene, geschwächte, hin- und hergezerrte Reich vor dem Untergange bewahren konnte. Unsagbar viel Geschicklichkeit war dazu nötig, nur ›der kranke Mann‹ und nicht ›der tote Mann‹ am Bosporus zu sein.« [244] Diese Meinung vertrat ebenfalls der russische Außenminister Graf Lamsdorf, [245] der 1902 gegenüber dem deutschen Reichskanzler Bülow äußerte: »Der Sultan sei, soweit seine persönliche Sicherheit in Frage komme, ein Narr, aber in der Leitung der internationalen Beziehungen der Türkei habe er sich sich als einer der größten lebenden Diplomaten erwiesen.«[246]

Prinzessin Şadiye lieferte in ihren Erinnerungen ein anschauliches Beispiel für das diplomatisch-taktische Geschick ihres Vaters: »Er verstand sehr viel von Diplomatie, sein einziger politischer Grundsatz in der Staatsführung war die Beseitigung von Gegensätzen auf friedlichem Weg, ohne zum Mittel des Kriegs zu greifen. Eines Tages bat der britische Botschafter um eine Audienz, um mit meinem Vater eine bedeutsame Angelegenheit zu besprechen. Das Treffen fand zwei Tage später in dem kleinen Selamlık in der Nähe der Mabeyn-Wohnung statt. Doch als der Botschafter, nachdem die ersten Höflichkeitsgespräche hinter ihnen lagen, das eigentliche Thema zur Sprache bringen wollte, da zog mein Vater jene perlenbesetzte Nadel, die er an diesem Tag mit einer ganz besonderen Absicht an seine Krawatte gesteckt hatte, heraus und sagte mit einem ganz weichen Ausdruck: ›Monsieur, wir sind zwei Freunde, die einander schon seit langer Zeit kennen. Vor kurzem bekam ich durch Zufall diese Nadel hier, welche mein Vater mir in meiner Kindheit geschenkt hatte, in die Hände. Meiner Ansicht nach ist ihr historischer Wert weit höher als ihr tatsächlicher Wert. Wenn Sie sie annehmen, werde ich Ihnen zu großem Dank verpflichtet sein. Sie wird ein Mittel sein, sich eines Tages noch meiner zu erinnern.‹ Mit diesen Worten gab er sie dem Botschafter. Der erhob sich sofort und bedankte sich überschwänglich. Damit nahm er sein Geschenk aus der Hand meines Vaters in Empfang und steckte es sich an seine eigene Krawatte. [...] ›Dies wird nach mir insbesondere für meine Kinder von großem Reichtum sein‹, sagte er. In dem Augenblick jedoch, als die sich um das Aushändigen und Empfangen der Perlennadel drehende Konversation zu Ende ging, war auch die für die Audienz zugeteilte offizielle Gesprächszeit beendet. Ohne in der Lage gewesen zu sein, das Gespräch zu führen, welches an jenem Tag der eigentliche Grund seines Besuchs gewesen war, doch nachdem er mutmaßlich den geistreichen Rapport zwischen dem Geschenk und dem politischen Thema erfaßt hatte, war er gezwungen, meinen Vater zu verlassen.«[247]

Hatte sich Graf Lamsdorf bisweilen noch anerkennend über den Sultan geäußert, so berichtete der deutsche Botschafter Freiherr Saurma von der Jeltsch am 14. November 1895 in gegenteiligem Sinn nach Berlin an den Reichskanzler: »Im Palais hält sich übrigens die Überzeugung aufrecht, daß Abdul Hamid wirklich geistesleidend sei, und daß alle seine bedauerlichen Entschließungen sowohl in den armenischen Verwicklungen als auch in betreff der sonstigen Ausübung seiner souveränen Gewalt direkte Ausflüsse seiner zeitweisen Unzurechnungsfähigkeit sind.« In der ihm eigenen Weise kommentierte Kaiser Wilhelm II. diese Ausführungen: »Da können wir ja noch manches erleben! kann [sic] denn der Cheich-ul-Islam ihn nicht deswegen absetzen?«[248] Diese von verschiedenen europäischen Diplomaten und Politikern kolportierten Vorstellungen von einer Geisteskrankheit Abdül Hamids II. scheinen in ihrer Mehrheit ganz offenbar eher in den Bereich europäischer Wunschvorstellungen zu gehören, als daß sie den realen Tatsachen entsprochen hätten. Auch Graf Johann Heinrich von Bernstorff,[249] der ab 1889 ein Jahr lang der deutschen Botschaft als Attaché angehört hatte, beurteilte den Sultan in seinen Memoiren mehr als ambivalent: »... Sultan Abdul Hamid, wohl einer der bedeutendsten

Diplomaten und schlechtesten Regenten der Epoche.« Bernstorff bezeichnete den Padischah weiterhin als Tyrannen, »dessen Feigheit an Verfolgungswahn grenzte.«[250] Bismarck dagegen, selbst ein mit allen Finessen vertrauter Meister der Politik, zollte in einem Gespräch mit einem Journalisten im Sommer 1890 Abdül Hamid II. und dessen überragenden politischen Fähigkeiten mit folgender Bemerkung Respekt: »In Europa hält man Sultan Abdül Hamid für krank, ich für meinen Teil halte ihn für einen Diplomaten, der allen anderen an den Ufern des Goldenen Hornes überlegen ist; meiner Ansicht nach läßt man ihm nicht genügend Gerechtigkeit widerfahren.«[251]

Immer wieder glaubten die Europäer sichere Anzeichen dafür zu erkennen, daß sich der Padischah heillos in seinen eigenen Intrigen verstrickt habe – oder, noch passender, daß er selbst den ständigen Ränken seiner niederträchtigen Kreaturen zum Opfer gefallen sei. Der Hof von Yıldız war ganz zweifellos, neben Pera (Beyoğlu), dem Stadtteil Constantinopels, in dem die ausländischen Botschafter residierten und auch die meisten Journalisten lebten, ein Ort heftigster Ranküne und ein Zentrum des Klatsches – beides ging und geht in Zentren der Macht oder der Politik wohl stets Hand in Hand. Abdül Hamid II., ein ausgezeichneter Menschenkenner und genialer Manipulator, wußte ohne Zweifel darum – und war offenbar bestrebt, in diesem Spiel die Oberhand zu behalten. Dies belegen in seinen ›Erinnerungen und Gedanken‹ entsprechende Äußerungen, beispielsweise in den Kapiteln ›Die Menschenfeindlichkeit des Sultans‹ sowie ›Der Pessimismus der Türken‹. Bieberstein beschrieb diese Zustände sehr zutreffend: »Über das, was im Jildiz vorgeht, fehlt es nicht an ›Informationen‹ und ›Indiskretionen‹. Der trübe Strom politischen Klatsches, der sich täglich über die Stadt ergießt, steht in engstem Zusammenhang mit jenen Vorgängen.«[252] Im Hinblick auf Ränke und politische Pläne aller Art sollte auch in Betracht gezogen werden, daß alle sechs Mächte häufig selbst in diese Intrigen verwoben waren, sie ausnutzen oder sogar selbst anzettelten. Die weiter unten ausführlich dargestellten Unternehmungen Großbritanniens und seiner osmanischen Parteigänger um Damad Mahmud Celaleddin Pascha und eine Reihe weiterer hoher Politiker bei der Konzessionsvergabe zum Bau der Bagdadbahn Ende 1899 oder die deutschen Bestechungsgelder für hohe Beamte in diesem Zusammenhang sind nur zwei Beispiele.

Eine treffliche Beschreibung des hamidischen Regierungssystems sowie der Position des Herrschers innerhalb dieses komplizierten Geflechtes lieferte Bieberstein in einem ausführlichen Bericht an den Reichskanzler Hohenlohe-Schillingsfürst vom 6. August 1898. Er bezog dabei sowohl die Intrigen- und Günstlingswirtschaft am Hof als auch die Haltung, die der Padischah selbst dazu einnahm, als zentrale Momente der Machtausübung im Sinne jener altbekannten Devise ›teile und herrsche‹ ein. Dieses Prinzip beherrschte und praktizierte Sultan Abdül Hamid II. auf allen Feldern der Politik, besonders auf dem Feld des politischen Überlebenskampfes, während dreier Jahrzehnte wahrlich meisterhaft. »Diese Reminiszenz führt mich zu der wichtigen Frage, welche Stellung der Sultan inmitten jenes Intriguenspiels einnimmt. In dieser Beziehung sind vielfach schiefe Auffassungen im Umlauf. Richtig ist, daß der hohe Herr, wo es sich um seine persönliche Sicherheit handelt, öfters [sic] Argumenten zugänglich ist, die wir als ›seltsam‹ oder gar als ›absurd‹ zu bezeichnen geneigt sind. Aber es hieße die ganze Persönlichkeit des Monarchen durchaus verkennen und seine geistigen wie politischen Fähigkeiten gewaltig unterschätzen, wollte man daraus schließen, daß er bei jenem Intriguenspiel, das ihn umgibt, der passive Teil sei, daß er hilflos und willenlos sich bald in der einen, bald in der anderen Schlinge einer mehr oder minder plumpen Einflüsterung fangen lasse. – Am allerwenigsten ist das der Fall, wo in dem großmächtlichen Interessenkampf das ›ôte toi que je m'y mette‹[253] in Frage steht. Gegen dahin zielende Argumente ist der Sultan längst abgestumpft, und wenn er sich anscheinend überzeugen läßt, ist er viel öfter der Täuschende als der Getäuschte. Nach meiner Überzeugung ist die ganze Intriguen- und Cliquenwirtschaft, die an sich im Orient zur Staatskunst gehört, in ihrer heutigen Gestaltung und Ausdehnung ein integrierender Bestandteil des eigenartigen Regierungssystems Abdul Hamids; es ist die auf die Spitze getriebene Anwendung des Satzes ›divide et impera‹. Jenes Treiben besteht bis in seine nächste Umgebung, weil der Sultan es duldet, und er duldet es, weil er es seinen Zwecken dienstbar erachtet. Je mehr Ansichten und Interessen in seiner persönlichen und politischen Sphäre vertreten sind, je schärfer die Gegensätze aufeinanderplatzen, je mehr Mißtrauen gesät und verbreitet wird, umsomehr hält Abdul Hamid seine persönliche Sicherheit und seine politische Machtstellung nach innen und außen [für] gewährleistet. Er kennt die russischen, französischen, englischen usw. Steine im Palais und die Hintermänner, welche die Züge jener Steine[254] beeinflussen; er weiß, welche Personen seiner Umgebung für Zwecke des Auslandes ›interessiert‹ sind, er weiß, daß ehrgeizige und sich bekämpfende Mitglieder seines Ministeriums [Kabinetts] ihre Agenten im Palais haben, er pflegt die Gegensätze unter allen diesen Faktoren, spielt die einen gegen die anderen aus, erweckt da Hoffnungen, gibt dort Versprechungen, um schließlich weder die ersteren noch die letzteren zu realisieren. Auf welchem Grunde schließlich eine großherrliche Entscheidung beruht, ob überhaupt ein von außen zugetragenes Argument dabei mitgespielt hat, kann niemand auch nur mit annähernder Bestimmtheit wissen, und darum beruht alles, was außerhalb darüber erzählt wird, wenn nicht auf Erfindungen, so doch auf willkürlichen Kombinationen.«[255]

Daß Abdül Hamid II., seinem autokratischen Herrschaftsstil entsprechend, viele Entscheidungen letztlich selbständig traf, schrieb er selbst in seinen als Grundlage sowie Ergänzung zu dieser Publikation im Internet abrufbaren ›Gedanken und Erinnerungen‹ in dem Kapitel ›Die Berater‹: »Wenn meine Feinde mich beschuldigen, bald dem Einfluß dieses und bald dem Einfluß jenes

Ratgebers zu erliegen, so ist das falsch. Selbst İzzet Bey beeinflußt mich nicht, auch wenn man das vermutet. Ich schätze ihn, gewiß, denn er ist ein Mann von besonderer Intelligenz. Ich schenke allen Gehör, und nachdem ich reiflich die Meinungen all meiner Berater erwogen habe, gelange ich zu meinen eigenen Schlüssen und fälle meine Entscheidungen, die ich dann beharrlich umsetze. Es ist leicht, die von mir getroffenen Maßnahmen zu kritisieren, aber es wird gewöhnlich vergessen, daß ich nicht nur die Forderungen der Mächte zu berücksichtigen habe, sondern auch noch die Meinung meiner muslimischen Untertanen. Ich muß vor allem als Kalif handeln, als Beherrscher der Gläubigen.« Stellten auch die muslimischen Untertanen die Bevölkerungsmehrheit im Reich, so wäre es jedoch im Sinn des multiethnischen Osmanismus gewesen, hätte sich der Sultan-Kalif als der Herrscher über alle seine Osmanlis verstanden, gleichgültig, welchen Bekenntnisses sie waren. Damit zeigte sich das hamidische System nach innen von gefährlicher Einseitigkeit, die nur zum Teil mit dem schwierigen Dualismus zwischen weltlicher und geistlicher Herrschaft zu begründen war.[256] Aus Sultan Abdül Hamid II. sprach an dieser Stelle der Populist, der genau wußte, wie wichtig die Meinung ›der muslimischen Straße‹ zur Sicherung seiner Herrschaft war – zumal, wenn es galt, die Forderungen der christlichen Großmächte mit der öffentlichen Meinung im Reich des Sultan-Kalifen in Einklang zu bringen.

In seinem bereits erwähnten Bericht an den Reichskanzler schrieb Bieberstein: »In der Türkei sind ›Politik‹ und ›Intrigue‹ so untrennbar verbunden, daß sie fast identische Begriffe geworden. Es gibt keine Frage, sie mag der äußeren oder inneren Politik angehören, Sachen oder Personen betreffen, der nicht ein Intriguenspiel vorhergeht, welches bei der heutigen Machtstellung des Sultans naturgemäß in Jildiz kulminiert.«[257] Es darf bei alldem keineswegs übersehen werden, daß die Politik Abdül Hamids II. nach innen wie nach außen stets eine vorsichtig-taktierende war, wobei es manchem Betrachter bis heute erscheinen mag, als habe der Sultan sich letztlich gescheut, persönliche Risiken auf sich zu nehmen, wenn es um die konsequente Reform vor allem des Militärs und von Teilen der Verwaltung ging.[258] Doch aus seiner Sicht hatte Abdül Hamid II. gute Gründe dafür: Er war stets bestrebt, sich die Loyalität von Militär und Beamtenschaft zu bewahren, um letztlich so seine Herrschaft nach innen abzusichern und außerdem ein Funktionieren dieser Institutionen zu garantieren. Auf diese Weise gelang es ihm, den ausländischen Mächten die (begehrten) Eingriffsmöglichkeiten in die inneren Belange des Reiches teilweise zu nehmen und dem Land so die Ruhe zu verschaffen, die es für eine dringend gebotene Konsolidierung benötigte. Auf deren Basis sollten dann langsam die dringend erforderlichen Reformen erwachsen.

Die unübersehbaren Schattenseiten dieser abwägenden, zögerlichen Politik waren jedoch, daß sie einerseits die ausländischen Militär- und Verwaltungsreformer oftmals resignieren ließ, während sie andererseits weitgehend diejenigen Kreise der gebildeten Bevölkerung ausschloß, die für baldige Reformen eintraten und bereit waren, sich aktiv an ihnen zu beteiligen. Diese Tatsache führte letztlich zu Entmachtung und Absetzung des Sultans. Risikobereitschaft oder Waghalsigkeit lagen seiner Politik also zumeist fern. Der Sultan betonte dies selbst an mehreren Stellen seiner ›Gedanken und Erinnerungen‹. Diese besonnene Politik war, ungeachtet aller berechtigten Kritik, sein kluger und immerhin über drei Jahrzehnte zumeist erfolgreicher Versuch, die verschiedenen Kräfte seines nach innen wie nach außen so fragilen Reiches ebenso auszubalancieren wie die einzelnen Interessen der europäischen Großmächte untereinander – und sie dabei mit seinen eigenen Bestrebungen in Einklang zu bringen. Im Hinblick auf die Europäer gelang ihm das jedoch nur von Fall zu Fall. Botschafter von Radowitz unterrichtete den Reichskanzler im Mai 1885 über eine Äußerung von der Goltz Paschas, wonach Abdül Hamid II. stets darauf abziele, »es allen recht zu machen, es mit keinem zu verderben, heimlich aber alle zu hintergehen.«[259] Der gradlinige preußische Offizier, der sich in seinen vehement vorgebrachten militärischen Reformabsichten nicht zuletzt durch den Sultan selbst häufig ausgebremst fühlte, mochte in typisch europäischem Überlegenheitsdenken zudem erwartet haben, daß seine reformerischen Vorstellungen von den Osmanlıs sogleich begeistert und willfährig übernommen werden würden. Auf beiden Seiten mußte die mangelnde Einfühlungsbereitschaft zu Mißstimmungen und Kränkungen führen. Goltz blieb dem Osmanischen Reich dennoch bis zu seinem Tod 1916 und selbst darüber hinaus verbunden – er fand, wie bereits erwähnt, im Garten der einstigen Sommerresidenz der deutschen Botschafter in Therapia (Tarabya) seine letzte Ruhe. Zeitweilig urteilte Goltz sehr negativ über den schwankenden Politikstil des Sultans und verkannte dabei, wie auch viele andere Zeitgenossen, daß gerade in diesem beharrlichen Lavieren zwischen so vielen Parteien die eigentliche diplomatisch-politische Meisterschaft Abdül Hamids II. lag. Die Kritiker »beachteten dabei zu wenig, daß seine äußere Politik zwar dem Schilfrohr ähnlich mit jedem Wind umschlug, wie dieses [ihren] Standort immer beibehielt und in die eigene Senkrechte zurückstrebte«,[260] resümiert Friedrich Scherer die Politik des Sultans. Bernstorff, der den Padischah als junger Diplomat am Bosporus erlebt hatte, bescheinigte diesem zwar erhebliches diplomatisches Geschick, die weitgreifenden Reformanstrengungen des Padischahs nahm er allerdings nicht zur Kenntnis und gelangte so zu einer überheblichen Fehleinschätzung der Politik des Sultans: »Aber vielleicht hatte er, rein politisch betrachtet, recht, seine ganze Geisteskraft auf ränkevolles Intrigenspiel mit allen europäischen Mächten zu verwenden. [...] Ob der kluge Abdul Hamid die Aussichtslosigkeit aller Reformen in seinem Reiche erkannt hatte oder nicht, jedenfalls hat er nie einen ernstlichen Versuch gemacht, solche durchzuführen. [...] Er selbst suchte den Schutz seines Reiches lediglich in der Eifersucht der Großmächte untereinander.«[261] Die

Europäer stellten es zumeist so dar, als fehle Sultan Abdül Hamid II. jegliche programmatische Idee für seine Regierung, als sei alles Tun und Handeln des Monarchen einer Laune des Augenblicks entsprungen. Mochte Goltz während seiner Tätigkeit als Erneuerer der osmanischen Armee eine Reihe von Enttäuschungen erlitten haben, so bewahrte er sich doch Zeit seines Lebens ein spezielles Wohlwollen gegenüber dem Osmanischen Reich und dessen Herrscher.

Als der Sultan im Herbst 1906 sein 30. Thronjubiläum beging, schrieb der alte Feldmarschall für die Zeitschrift ›Die Woche‹ einen langen Artikel mit dem Titel ›Sultan Abdul Hamids Lebensarbeit‹, in dem er sich mit dem politischen Programm der Regierung des Padischahs beschäftigte. Einleitend konstatierte Goltz zunächst zutreffend: »Wer die politischen Schicksale des türkischen Staates während der letzten Jahrzehnte oberflächlich verfolgt, kommt leicht zu der Meinung, daß der regierende Großherr und seine Berater lediglich damit beschäftigt gewesen seien, immer neue Auswege aus den über das Reich hereinbrechenden Bedrängnissen zu suchen und in einem geschickten Lavieren zwischen den Großmächten meist auch zu finden. Anscheinend hat es an allem gefehlt, was man in europäischem Sinn als ein Regierungsprogramm bezeichnen könnte. Und dennoch findet der aufmerksame Beobachter in Sultan Abdul Hamids Herrschaft einen bestimmten leitenden Grundgedanken heraus, der trotz aller Wirrnisse mit ganz ungewöhnlicher Zähigkeit festgehalten worden ist.« Als diesen »leitenden Grundgedanken« machte Goltz den unbedingten Friedenswillen des Sultans aus und schrieb: »Wäre es der Türkei beschieden gewesen, seit dem großen Balkankrieg [1877-1878] mit ihren Nachbarn in Frieden und Ruhe zu leben, so hätte die stille, innere Konzentrationsarbeit natürlich weit größere Resultate zeitigen können. Eine furchtlose, äußere Politik hätte es am ehesten zuwege gebracht. An dieser aber fehlte es, weil Sultan Abdul Hamid mit einer einzigen Ausnahme stets darauf ausging, den Frieden um jeden Preis zu erhalten. [...] Dabei war Abdul Hamid II. trotz der in seiner Hand vereinten Machtfülle doch gezwungen, mit dem beleidigten und erregten osmanischen National- oder besser gesagt Herrengefühl zu rechnen. Meist mußte er sich anfangs den Schein geben, als sei er auch zu einer kriegerischen Entscheidung bereit. [...] Die sich immer wiederholenden Konflikte, bei denen die Pforte anfangs selbst der Übermacht europäischer Großstaaten einen unbegreiflichen Starrsinn zeigte, auch rüstete, um dann im letzten Augenblick [...] unerwartet nachzugeben, erklären sich aus dieser geheimen Rücksichtnahme auf die Volksstimmung durch den Padischah.«[262]

Hier schließt sich der Kreis zu den Ausführungen Friedrich Scherers, der sich, wie erwähnt, mit dem Moment des Zögerns in der Politik des Sultans eingehend beschäftigt hat. Der erfahrene Militär von der Goltz ließ allerdings bei seiner Betrachtung außer Acht, daß Abdül Hamid II. nicht nur aus inneren Rücksichten keine kriegerische Außenpolitik (mit Ausnahme des siegreichen Krieges um Kreta von 1897) verfolgte, sondern auch deshalb, weil er genau wußte, daß er bei einem Eingreifen der europäischen Mächte im Fall eines Waffenganges nur verlieren würde, wie denn auch Kreta dem Reich 1897 de facto nach den Friedensverhandlungen mit den europäischen Mächten verloren ging, obwohl die Osmanen die Griechen siegreich geschlagen hatten. Das Friedensabkommen zwischen der osmanischen und der griechischen Regierung legte 1898 fest, daß Kreta von einem durch die vier ›Mächte‹ Großbritannien, Frankreich, Rußland und Italien zu bestimmenden Hochkommissar regiert werden sollte. Offiziell stand Kreta unter osmanischer Suzeränität, doch durften die in Rom akkreditierten Botschafter der genannten Mächte alle Kreta und das Ausland betreffenden Fragen entscheiden. Zum Hochkommissar wurde am 21.12.1898 Prinz Georg von Griechenland, zweiter Sohn des griechischen Königs Georg ernannt.[263] Er hatte dieses Amt bis zum August 1906 inne. Seit 1906 hatte der griechische König dann das Recht, den sogenannten Schutzmächten den Oberkommissar vorzuschlagen. Angesichts der inneren Unruhen im Osmanischen Reich nach der weitgehenden Entmachtung Sultan Abdül Hamids II. wurde im Oktober 1908 de facto die Angliederung an Griechenland verkündet (Regierung der Insel im Namen des griechischen Königs), die Truppen der Schutzmächte räumten im Juli 1909 die Insel und übergaben die Regierung Kretas ›den bestehenden Behörden‹ bis zu einer Regelung der Frage mit dem Osmanischen Reich. In diesem Zusammenhang sei darauf hingewiesen, daß Kaiser Wilhelm II. in der Kreta-Frage eine deutlich proosmanische Haltung einnahm.

Daß Abdül Hamid II. auch die innenpolitisch mehr als heikle Lage über drei Jahrzehnte letztlich klug zu meistern verstand, erklärte auch Goltz mit dem »System von Klugheit und Gewalt [...], das er mit Meisterschaft handhabte«.[264] Interessant ist dabei nicht nur das, was der journalistisch gewandte Generalfeldmarschall schrieb, sondern auch das, was er unerwähnt ließ: Auf die schweren inneren Unruhen, die das Reich in der ersten Hälfte der 1890er Jahre erschüttert hatten, die blutigen Massaker an den Armeniern, ging Goltz mit keinem Wort ein. Stattdessen schrieb er lediglich kurz und verharmlosend: »Auch mit den aufsässigen Völkerschaften, die keine fremde Macht hinter sich haben, ist der Großherr am Ende immer noch fertig geworden.«[265] Abgesehen von diesem bedeutenden Punkt, war Goltz jedoch in seinem Artikel gegenüber dem autokratischen Regiment Abdül Hamids II. und dessen lähmender Wirkung auf weite Kreise der Bevölkerung keineswegs unkritisch: »Das Land soll in seinen Einrichtungen europäisiert werden; europäische Neigungen und Beziehungen des einzelnen aber sind eine verbotene Frucht. Wie hemmend dieser Gegensatz wirken muß, liegt klar auf der Hand. [...]«

Mit dem Hinweis auf einen möglichen Zusammenbruch des Reiches infolge des Staatsbankrotts und des russisch-osmanischen Krieges fuhr Goltz fort: »Daß der Großherr während der ersten Periode seiner Regierung alles daran setzte, seine persönliche Autorität zu stärken und unbedingten Gehorsam in seinem ausgedehnten Reiche zu erzielen, war ein Zeichen seines weiten staatsmännischen Blickes. [...] An die Herstellung unbedingter Autorität, die jetzt schon um Jahrzehnte zurückliegt, hätte sich ihr Gebrauch zur freieren Entwicklung der dem Lande innewohnenden Kräfte und Talente knüpfen müssen; doch ist dieser Prozeß bis jetzt noch ausgeblieben. Die wahre Stärke von Volk und Reich befindet sich in gebundenem Zustande und hat keine Gelegenheit gefunden, sich kundzutun.«[266]

Prinz Heinrich von Schönburg-Waldenburg, der 1904 bei einem Besuch in Constantinopel dem Sultan Grüße des deutschen Kaisers überbringen sollte, berichtete von seinem Empfang bei Abdül Hamid II.: »Der Sultan machte während der ganzen Handlung den Eindruck eines Mannes, der sich voll des Wertes seiner Persönlichkeit bewußt schien. Dabei gab er sich ganz natürlich und ließ seine tiefliegenden, ausdrucksvollen Augen fest auf dem gerade von ihm Angeredeten ruhen.«[267] Der spätere Reichskanzler Bernhard von Bülow beschrieb dagegen den Sultan, der ihm als Staatssekretär des Äußeren im Herbst 1898 eine Audienz gewährt hatte, ganz anders: »Sultan Abdül Hamid II. machte mir während der längeren Audienz, die er mir gewährte, keinen erhebenden Eindruck. Obwohl er der Welt als der ›Schlächter der Armenier‹ galt und es wohl auch war, sah er mehr armenisch als türkisch aus, krumm, lauernd, scheu und gebückt.«[268] Angesichts einer solch verunglimpfenden rassistischen Charakterisierung erübrigt sich jeder Kommentar. Franz Carl Endres konstatierte dagegen lakonisch: »Nach den Bildern, die mir zur Verfügung standen, ist jedenfalls festzustellen, daß Abdul Hamid deutliche Rasseneigentümlichkeiten des Armeniers nicht an sich hat. Er erscheint vielmehr wie der richtige Türke ...«[269]

Theodor Herzl wurde am 17. Mai 1901 nach dem Selamlık von Sultan Abdül Hamid II. zu einer ersten langersehnten Audienz empfangen, um dabei dem Padischah seine Vorstellungen von einer verstärkten Ansiedlung von Juden in Palästina und der dann daraus resultierenden Schaffung eines jüdischen Gemeinwesens – für ein außerordentliches Entgegenkommen der Juden in Fragen der Finanzen als Gegenleistung – zu präsentieren. Der Monarch ging auf diese Wünsche aus wohl erwogenen Gründen nicht ein – und Herzl rächte sich für diese tiefempfundene Niederlage in seinen Tagebuchnotizen und Briefen mit einer ausgesprochen bösartigen, an die verzerrte Karikatur eines Räuberhauptmannes erinnernden Darstellung des Sultans, an deren Ende Abdül Hamid II. nur mehr als ›das‹ tituliert wird: »Ich sehe ihn noch vor mir, diesen Sultan des elendenden Räuberreiches. Klein, schäbig, mit dem schlecht gefärbten Bart, der wahrscheinlich immer nur zum Selamlik, einmal in der Woche frisch angestrichen wird. Die Hakennase eines Polichinells, die langen gelben Zähne mit der großen Lücke rechts oben. Das Fez tief über die wahrscheinlich kahle Stirn gezogen, die abstehenden Ohren ›dienen als Hosenschützer‹ wie ich zur Belustigung meiner Freunde von solchen Fezträgern zu sagen pflegte: damit nämlich das Fez nicht bis auf die Hosen herunterrutsche. Die kraftlosen Hände in zu grossen weissen Handschuhen, u. die unpassenden groben bunten Manschetten. Die meckernde Stimme, die Beschränktheit in jedem Wort, die Furchtsamkeit in jedem Blick. Und das regiert! Allerdings nur scheinbar u. nominell.«[270] Das Osmanische Reich, das im Lauf der Zeit vielen bedrängten Juden Zuflucht geboten hatte, sank bei Herzl, der sich, offenbar persönlich tief verletzt, um seinen Lebenstraum gebracht sah, zu einem ›elenden Räuberreich‹ herab. Die groteske Darstellung Abdül Hamids II., die bei ihren Lesern das Bild einer alten abgelebten Marionette, die hilf- und machtlos an ihren Fäden manipuliert erweckt wird, verrät ebenfalls wiederum mehr über denjenigen, der sie äußerte, als über den Gegenstand dieser abwertenden Betrachtung.

Im Frühjahr 1903 besuchte Kronprinz Wilhelm von Preußen gemeinsam mit seinem Bruder Prinz Eitel Friedrich Constantinopel und beschrieb den Padischah, den er in seinen Erinnerungen ansonsten überheblich als den »alten Herren« bezeichnete, wie folgt: »Abdul Hamid war eine außerordentlich fesselnde Erscheinung: klein, krummbeinig, lebhaft, der Typ des armenischen Semiten. Er war überaus freundlich, ich möchte sagen väterlich gegen uns. [...] Diese Begegnung mit dem alten Abdul Hamid ist für mich eines der interessantesten Zusammentreffen unter meinen Berührungen mit fremden Fürsten geblieben.«[271] Seine Großmutter Kaiserin Victoria hatte dagegen in einem Brief an ihre Mutter vom 16. Januar 1897 den Sultan vorurteilsvoll »falsch, verschlagen und verrückt« genannt.[272]

Freifrau Hugo von Spitzemberg schilderte Abdül Hamid II., dem sie 1900 begegnet war, ebenfalls negativ: »Der Sultan ist – kurz gesagt – ein kleiner, krummbeiniger Jude [...] mit einem kleinen, gelblichen, verlebten Gesicht, kleinen braunen Augen, die [...] müde und teilnahmslos dreinblicken – man kann sich vorstellen, daß nicht viel Menschliches ihnen verständlich ist, und das Zerrbild, das solche Erziehung und Traditionen aus einem Menschen machen müssen, tritt in der Person Abdul Hamids stark zutage. [...] Doch soll er [...] einen richtigen Begriff haben von der Weltlage, seiner Macht oder Ohnmacht den Mächten gegenüber.«[273] Auch diese Beschreibung voller Stereotype und Vorurteile enthüllt eher die überhebliche Geisteshaltung der Spitzemberg, als daß sie ein tatsächliches Bild des Sultans vermittelt. Einen deutlich angenehmeren Eindruck gewann im September 1889 die Constantinopel-Reisende Rosa von Förster, die den Padischah während des Selamliks sah: »Der Sultan Abdul Hamid ist in den vierziger Jahren, sieht ernst aus, jedoch nicht finster und trägt einen dunkelblauen Kaftan ohne Schmuck.«[274]

Den Kaiserbesuch von 1889 erlebte als junger Botschaftsangehöriger der spätere deutsche Gesandte am Hof des Königs von Montenegro[275] Heinrich von

Eckardt und schrieb danach über Abdül Hamid II.: »Der Sultan ist ein kleiner Mann mit nervösem Gesicht – hat eine feine gebogene Nase, schwarzes Haar und schwarzen Vollbart, der schon etwas grau wird. Sein Auge sieht gestört aus und zeigt deutlich die Angst, welche ihn Tag und Nacht quält.«[276] Der damalige Vize-Admiral Paul Hoffmann, der Wilhelm II. ebenfalls bei der ersten Orientreise begleitete, notierte am 4. November 1889: »Der Sultan ist Mitte der Vierziger, er ist mager, hat sehr scharfe jüdische Züge und macht einen nervenkranken Eindruck.«[277] Freiherr von Mirbach gewann neun Jahre später einen deutlich angenehmeren Eindruck: »... der Sultan, ein kleiner, zart aussehender, gebückter Mann, mit fein geschnittenem, von einem schwarzen Vollbart umrahmten Gesicht.«[278] Der Diplomat Ludwig Raschdau, der durch seine Tätigkeit in verschiedenen Ämtern Constantinopel, den osmanischen Hof und das Land über lange Jahre kennengelernt hatte, beschrieb in seinen Erinnerungen eine kurze Begegnung mit dem Sultan im Jahr 1899. Negative Untertöne bestimmen abermals die Sichtweise: »Genau zwanzig Jahre später [...] bin ich dem Herrscher bei gleicher Gelegenheit [dem freitäglichen Moscheebesuch] wieder begegnet. Er hatte sich äußerlich nicht gerade zu seinem Vorteil verändert. Wie er dieses Mal in

Empfang des Kaiserpaares in Konstantinopel, 2. November 1889.

Sultan Abdül Hamid II. begrüßt seine Gäste auf der Terrasse des Dolmabahçe-Palasts und führt Kaiserin Auguste Victoria. Kaiser Wilhelm II. steht in Husarenuniform unter dem Tor, Constantinopel 1889

seinem Wagen saß, bequem, ohne Haltung, schmerbäuchig, hätte er mit seinem ausgesprochen semitischen Typus etwa einen wohlhabenden jüdischen Geschäftsmann vorstellen können. Der Verfolgungswahn war nicht von ihm gewichen.«[279] Den lebenslang sehr zierlichen Sultan ›schmerbäuchig‹ (also dickbäuchig) zu nennen, ist eine schlichte Verleumdung, wie die raren Photographien Abdül Hamids II. aus dessen späten Jahren zeigen. Das negative Bild, das hier evoziert wird, ist perfide und unverhohlen antisemitisch-rassistisch, die Stoßrichtung unübersehbar: Jude – Kaufmann – Reichtum – Schmerbauch. Daß ein solcher Mensch ohne ›Haltung‹ im Wagen sitzen muß, versteht sich von selbst.

Doch Raschdau konnte nicht umhin, wenn auch hörbar widerwillig, dem Sultan einiges staatspolitische Können zuzubilligen: »Und dennoch [...] wurde mir der schlaffe, nervöse, überall Gespenster sehende Mann allgemein als der Lenker seines Reiches geschildert. Seit mehr als zwei Jahrzehnten trug er die Verantwortung für alles, was im Sultanat geschah und nicht geschah. So ist seine Geschichte die Geschichte seines Staates geworden. Es fehlte dem Herrscher nicht ganz an Eigenschaften, die dem Lande zum Nutzen gereichen konnten. Er war im Grunde aufgeklärter als seine Umgebung, obwohl er ein gläubiger Moslem war; er kannte den Wert von Schulen, für die er manches aus seinem Privatvermögen tat, auch die Bedeutung von Handel und Verkehr, die er

Das Tor des Dolmabahçe-Palasts. Hier ging das deutsche Kaiserpaar 1889 und 1898 wieder an Bord seines Schiffes, Constantinopel 1903

entwickelt zu sehen wünschte. Er hat sein von allen Seiten bedrohtes Land militärisch besser gerüstet, als es seit langem der Fall war, und in der großen Politik wußte er mit viel Geschick zwischen den beständigen und vielfach sich kreuzenden Wünschen und Bestrebungen der fremden Mächte zu lavieren. Diese letzte Tätigkeit war seine bedeutendste. [...] Neben dieser listenreichen Tätigkeit aber war die Fähigkeit und Kraft, für den Fortschritt des Landes zu wirken, gering. Dem stand entgegen der verhängnisvolle Wahn des Herrschers.«[280] Angesichts der zahlreichen inneren Reformen in der Regierungszeit Abdül Hamids II. zeugt diese Einschätzung Raschdaus in ihrem letzten Punkt zumindest von erheblicher Ignoranz. Der deutsche Journalist und Schriftsteller Paul Lindenberg veröffentlichte 1902 einen ausführlichen Bericht über eine Reise durch das Osmanische Reich. Darin heißt es einigermaßen zutreffend: »Wohl kein anderer Monarch der Erde ist in so verschiedenen Beleuchtungen geschildert worden, wie Sultan Abdül Hamid, und, sagen wir es offen, meist in so wechselndem Licht.« Wie auch Anna Grosser-Rilke, so ging Lindenberg scharf mit seinen Journalisten- und Schriftstellerkollegen ins Gericht, die er »stoffarme Berichterstatter« oder »höchst vertraut mit türkischen Hofverhältnissen thuende Touristen« nannte. Deren Mitteilungen fänden »desto eher Glauben [...], je unwahrscheinlicher sie sind«. Nicht ohne Ironie zählte Lindenberg dann amüsiert einige dieser Nachrichten über Sultan Abdül Hamid II. auf. Sie sollen hier in Teilen wiedergegeben werden, um auch eine solche kritische Stimme zu Wort kommen zu lassen und zu illustrieren, daß es in Europa sehr wohl Zeitgenossen gab, denen bewußt war, daß die sogenannte seriöse Berichterstattung aus Constantinopel in einem nicht geringen Maß den Märchen aus tausendundeiner Nacht glich: »... bald hat er seinen Leibarzt erstochen oder niedergeschossen (in den letzten Jahren sind auf diese Weise mindestens zwölf Leibärzte ›umgebracht‹ worden, obwohl noch heute der gleiche sein Amt versieht!), [...] oder [er] findet niemals Ruhe in seinen ›fünfzig‹ Arbeitszimmern und seinen ›gleich eisernen Geldschränken‹ eingerichteten Schlafgemächern, und des Unsinns mehr. [...] Da selten diesen Dummheiten widersprochen wird, haben sie sich fest eingebürgert und bilden in vielen Blättern eine fast ständige Rubrik; wenn der liebe Leser von dem dreizehnten Leibarzt liest, der blutig im fünfzigsten Arbeitskabinett zusammengesunken, so sagt er mit angenehmem Gruseln: ›Also wieder einer!‹ und wenn der theuren Leserin schöne Augen auf der Notiz haften bleiben: ›Neuerliche schwere Vergiftung des Sultans‹, so seufzt sie: ›Der arme Mann, nun wird's wohl sein Ende sein!‹ «[281]

Angesichts solcher Nachrichten sowie der geschilderten Publikumsreaktion bleibt festzustellen, daß sich in der Berichterstattung zu bestimmten Themen und in deren Rezeption seitdem nicht viel geändert hat. Dennoch sind, wie zumeist auch die negativen Urteile, auch Lindenbergs zumeist wohlwollende Ausführungen zweckorientiert, allerdings in positiver Absicht – stellte er seinen sehr anschaulich gestalteten Reisebericht doch in den Dienst der politisch gewollten deutsch-osmanischen ›Freundschaft‹.

Bei dem allen liegt allerdings eine Vermutung nahe: Vielen europäischen Zeitgenossen, die sich über den Sultan äußerten, war offenbar daran gelegen, ein weitgehend verzerrtes Bild Abdül Hamids II. zu entwerfen, um unter anderem damit ihr Streben nach Hegemonie über das Osmanische Reich zu rechtfertigen. Sollte ein so großer und für die europäische Geschichte seit nahezu fünf Jahrhunderten bedeutender Staat wie das Osmanische Reich zerschlagen oder zumindest in der Weise der europäischen Kolonien wirtschaftlich ausgebeutet werden, so mußte für dieses höchst fragwürdige Tun ein plausibler Grund gefunden werden. Was lag da näher, als den Herrscher über dieses Reich mit all den Attributen zu belegen, die ihn in den Augen der europäischen Öffentlichkeit verabscheuungswürdig erscheinen ließen. So mußte der Sultan in der europäischen Wahrnehmung zwangsläufig zu einer scheuen, lauernden, blutrünstigen Persönlichkeit voller Verschlagenheit werden, deren angeblicher Wahnsinn neben ihrem phantasierten jüdischen Aussehen zudem noch Abscheu einflößen sollte – und das Bewußtsein stärken, daß es völlig rechtmäßig sei, wenn ›die Mächte‹ anstelle dieses Irrsinnigen auf dem Thron die Geschicke des Osmanischen Reiches wenigstens teilweise, natürlich in ihrem Sinn, zu lenken versuchten? Mit Werner Ende läßt sich im Hinblick auf die in der Öffentlichkeit bis heute vorherrschende europäische Haltung gegenüber dem Osmanischen Reich in der Zeit Abdül Hamids II. noch immer feststellen, daß »die gängigen Urteile über die Spätzeit des Osmanischen Reiches ganz allgemein auf extrem parteilichen, z.T. verfälschten Aussagen beruhen«.[282]

Der bereits erwähnte Paul Lindenberg lieferte in seinem Reisebericht auch eine sich von den üblichen negativen Urteilen unterscheidende politische Einschätzung des Padischahs: »Mag Sultan Abdül Hamid seine Fehler haben, mag seine Regierungszeit manch Blatt aufweisen, das keine Billigung findet, eine spätere Geschichtsschreibung wird ihm gerechter werden als die Gegenwart, die sein Bild getrübt sieht durch viele Flecke, die zum Teil erdichtet sind. Das müssen ihm auch seine erbittertsten Feinde zugestehen, daß er, was an ihm lag, den bekannten ›kranken Mann‹ zu möglichster Gesundung brachte, daß er sein Reich nach außen festete und für dasselbe im Inneren mehr that, als seine Vorgänger [...] alle zusammen.«[283] Aus heutiger Sicht ist Lindenberg zuzustimmen. Sultan Abdül Hamid II. hat mit seiner nach allen Seiten hin flexiblen Politik nach innen sowie der Meisterschaft, mit der er es verstand, die als bedrohlich empfundenen ›six impuissances‹ zu manipulieren und deren Gegnerschaft untereinander nach Kräften zu fördern, dem Osmanischen Reich trotz aller Heimsuchungen und inneren Zerrüttung eine lange Friedenszeit beschert, in der sich das krisengeschüttelte Land konsolidieren und entwickeln konnte. Lindenberg betonte in seiner Einschätzung die kontinuierlichen Verdienste des Padischahs

Das deutsche Kaiserpaar vor dem Şale-Schloß, Constantinopel 1898, Ölbild von Fausto Zonaro 1899

um den inneren Ausbau des Reiches. Zeitgenossen und Historiker hatten und haben diesen beharrlichen Einsatz oftmals übersehen und die ›Hamidische Epoche‹ lediglich als eine lange Zeit der Stagnation, geprägt von Despotie und konservativem Rückschritt, zwischen der kurzen Reformära Mitte des 19. Jahrhunderts und der zunächst von Enthusiasmus getragenen Herrschaft der Jungtürken bewertet. So wie Sultan Abdül Hamid II. seine Regierungszeit nicht mit einem glanzvollen Moscheebau an repräsentativer Stelle in seiner Hauptstadt krönte und stattdessen lieber an vielen Stellen mit weniger spektakulärer, aber wirksamer Wohltätigkeit wirkte, so fehlte es eventuell in seinem vielschichtigen Reformwerk auch an spektakulär inszenierten Erlassen (wie dem Hatt-i scherif von Gülhane), die ihm in Europa die Beachtung als Reformsultan garantiert hätten. Den Mächten diente die fortwährende Wiederholung negativer Klischeevorstellungen – deren nachhaltigste wohl die des ›kranken Mannes am Bosporus‹ war – im Hinblick auf die innere wie die äußere Situation des Osmanischen Reiches eindeutig dazu, ihr zunehmendes Engagement im Nahen Osten der europäischen Öffentlichkeit gegenüber zu rechtfertigen. Mit nicht zu überbietendem Zynismus enthüllte der deutsche Außenstaatssekretär und spätere Reichskanzler Bülow in seinen ›Denkwürdigkeiten‹ das europäisch-imperialistische Denken und Handeln jener Jahre: »Die Türkei gehörte zu jenen staatlichen Gebilden, die Lord Salisbury mit britischer Härte die ›dying nations‹

Das deutsche Kaiserpaar steht rechts vor dem Dolmabahçe-Palast, Constantinopel 1898, Ölbild von Fausto Zonaro 1899

genannt hatte, d. h. zu denjenigen Staaten, die Gebietsverluste geduldig hinnehmen und dadurch zeigen, daß sie solche Verluste eigentlich verdient haben ...«[284]

Maurus Reinkowski ist unbedingt zuzustimmen, wenn er in seiner Untersuchung über die osmanische Reformpolitik im 19. Jahrhundert ausführt: »Seit der ersten Hälfte des 19. Jahrhunderts war das Osmanische Reich wegen einer Pattsituation zwischen den europäischen Mächten als Eckstein in das internationale Mächtegleichgewicht eingemauert worden, seine Ränder und seine inneren Strukturen konnten aber dennoch usurpiert werden: ›Im Kern war die ›Orientalische Frage‹ des neunzehnten Jahrhunderts daher das schwierige Problem, wieviel vom Osmanischen Reich in welcher Form im Interesse der europäischen Mächte unbedingt erhalten werden mußte.‹ Die Orientalische Frage war daher eine diplomatische Konstante in den europäischen Beziehungen, ...«[285]

Am 15. August 1895 hatte Premierminister Lord Salisbury angesichts der Massaker an den Armeniern in einer spektakulären Rede vor dem britischen Oberhaus in scharfen Worten die Stabilität des Osmanischen Reiches bezweifelt und deutlich durchblicken lassen, daß er sich eine Aufteilung des Reiches vorstellen könnte, wobei er gleichzeitig enthüllte, wie sehr die Großmächte das Osmanische Reich als einen Staat von Europas Gnaden ansahen: »Die Unabhängigkeit der Türkei ist zwar in das europäische Staatsrecht eingeschrieben und durch die Verträge von Paris [1856] und Berlin gewährleistet, ist aber doch eine ganz besondere Unabhängigkeit, die auf Grund der Übereinkünfte anderer Mächte besteht, sie nicht anzutasten und sie aufrechtzuerhalten. Wie lange der heutige Zustand der Dinge andauern wird, das erscheint mir [...] heute mehr zweifelhaft als vor 20 Jahren. Wenn [...] Jammergeschrei aus verschiedenen Teilen des Türkischen Reiches erschallt, so kann nach meiner Überzeugung der Sultan sich nicht über die Wahrscheinlichkeit täuschen, daß Europa früher oder später der Hilferufe, die von seiten der Pforte zu ihm dringen, überdrüssig werde, und daß die dem Türkischen Reiche verliehene künstliche Stärke versagen werde.«[286] Doch der britische Premierminister ging noch weiter. Auf die Bemerkung des deutschen Botschafters, daß sich ein besserer willfähriger Nachfolger für Abdül Hamid II. nur schwer werde finden lassen, antwortete er im Januar 1897: »Dann müssen wir die eventuellen Nachfolger so oft beseitigen, bis sich ein geeigneter Sultan findet.«[287] Die Arroganz und Mißachtung Salisburys gegenüber dem doch noch immer souveränen Staat war ungeheuerlich. Doch vor dem Hintergrund solcher britischen Respektlosigkeit vollzog sich nach und nach ein Wandel in der bis dato zurückhaltenden deutschen Orientpolitik, Deutschland näherte sich dem Osmanischen Reich allmählich an. Über Lord Salisbury schrieb Kaiser Wilhelm II. in der ihm eigenen impulsiven Art: »Der hat doch keinen Schimmer vom Orient, seinen Sitten und Anschauungen, [...]«[288]

Nicht nur die europäischen Mächte machten sich Gedanken über eine möglicherweise bevorstehende Aufteilung des Osmanischen Reiches, auch einzelne Interessengruppen erhofften sich dadurch Lösungen für ihre Belange. Am 10. November 1896 notierte der Führer der zionistischen Bewegung, Theodor Herzl, der bereits zu diesem Zeitpunkt alles daran setzte, einen jüdischen Staat, vorzugsweise in Palästina, zu gründen, in sein Tagebuch: »In der Türkei Gärungen. Sollte die orientalische Frage aufgerollt und durch Teilung der Türkei gelöst werden, so könnten wir auf dem europäischen Kongreß vielleicht ein Stück neutrales Land (wie Belgien, Schweiz) für uns bekommen.«[289] Herzl zeigte sich hier, offenbar angeregt durch die aufgeheizte Stimmung in der Politik in bezug auf die orientalische Frage, die aus europäischer Sicht häufig eigentlich eine osmanische Frage war, ganz im Fahrwasser dieser imperialistischen und kolonialistischen Vorstellungen, um sein Ziel, die Schaffung eines jüdischen Staates oder wenigstens eines jüdischen Gemeinwesens in Palästina, zu verwirklichen. Abdül Hamids II. im Mai 1901 gegenüber Herzl geäußerte Worte sollten sich als prophetisch erweisen: »Wenn mein Reich zerteilt wird, bekommen sie vielleicht Palästina umsonst. Aber teilen wird man erst unseren Kadaver. Eine

Vivisektion gebe ich nicht zu.« Erleben sollten beide Männer das dramatische Erstehen eines jüdisch geprägten Palästinas (das als Mandatsgebiet unter britischer Herrschaft jedoch keineswegs neutral war, wie noch Herzl es gehofft hatte) im Ergebnis des Ersten Weltkrieges und der Auflösung des Reiches nicht mehr.

Theodor Herzl indes erwies sich 1901 als schlechter Verlierer und überheblicher Europäer, der sich während der Audienz mit dem Padischah natürlich voller Überlegenheit »tief u. bequem in meinen Sessel« setzte, während der Sultan angeblich unbequem auf einem Sofa Platz nahm; selbstverständlich war es auch Herzl, der »von da ab die Zügel des Gesprächs in die Hand nahm«.[290] Als er Constantinopel allerdings ohne konkrete Zusage des Herrschers bezüglich seines Lebenstraumes verlassen mußte, erschien ihm der komplette osmanische Hof samt dem Sultan abstoßend und wenigstens kriminell oder »halb irrsinnig«. Diese Haltung ist bei vielen Chronisten festzustellen. Machte der Sultan nicht das, was die Europäer wünschten, verhielt er sich ganz anders als vorausberechnet, dann rächten sich viele von ihnen mit überaus giftigen Beschreibungen des Herrschers und dessen Umgebung. Herzl bildete da keine Ausnahme: » ›Der Herr‹ stand vor mir, genau wie ich ihn mir vorgestellt hatte: klein, mager, mit großer Hakennase, gefärbtem Vollbart, schwacher zitternder Stimme.« In seinem Tagebuch schrieb Herzl dann weiter, er habe die Idee zu einem Theaterstück über Abhängigkeit und Ausbeuterei mit dem Titel ›Der Herr‹. Dieser Herr müsse, »von einem Komiker gespielt, ein dummer, schwacher, lächerlicher Mensch sein«. Weiter führte er aus: »Dieser lächerliche Sultan ist geradezu die Erfüllung meiner Vorstellung, u. doch auch wieder nicht, denn ich muß ihn bedauern. Vielleicht wäre meine Stückidee noch dadurch zu vertiefen, dass [...] ›der Herr‹ insgeheim bankerott ist.« [291] Der schwer gekränkte Herzl lieferte eine groteske Fehleinschätzung.

Bezüglich des Verhaltens außereuropäischen Mächten, Kulturen und Völkern gegenüber durchzog die Geschichte Europas bis weit in das zwanzigste Jahrhundert hinein eine Geisteshaltung, die teilweise noch bis in die Gegenwart sehr lebendig fortwirkt: Das fremde, exotische ›Nichteuropäische‹ wurde fast immer als unterlegen, unzivilisiert, sowie bedrohlich hingestellt und empfunden, damit man so vor allem jene europäische Überlegenheit konstruieren konnte, die den Herrschaftsanspruch der einzigen ›wirklichen Zivilisation‹ über die fremde Macht oder die exotische Kultur begründen mußte, wie nicht nur der britische Historiker Eric J. Hobsbawm kritisch anmerkte. »Zwar wurde das Osmanische Reich in seinem Kernbestand von den europäischen Mächten nicht kolonisiert, aber dennoch wurde in vielerlei Hinsicht (unter anderem mit Hilfe der zu einem Instrument der europäischen Großmächte umgebogenen ›Kapitulationen‹) seine Souverainität untergraben und es in einen oft demütigenden Zustand der

Abhängigkeit gebracht.«,[292] beurteilt Maurus Reinkowski die politische Situation des Reiches seit der Mitte des 19. Jahrhunderts.

Den sich auf die Hoheit des Osmanischen Reiches in Rechtsfragen zunehmend sehr negativ auswirkenden Kapitulationen widmete Abdül Hamid II. ein eigenes Kapitel seiner ›Gedanken und Erinnerungen‹. Ein zentraler Bestandteil solcher Kapitulationen, die umfangreiche Privilegien gewährten, war die weitgehende Exemption der Angehörigen der europäischen Staaten von der Gerichtsbarkeit des Osmanischen Reiches. Die Kapitulationen regelten einseitig hauptsächlich die Rechtsverhältnisse für die sich auf dem Gebiet des Osmanischen Reiches befindlichen Untertanen der Großmächte, wobei die Rechte und Befugnisse der Europäer und ihrer Vertretungsbehörden oftmals weit über die Rechte der Untertanen des Sultans hinausgingen und die osmanischen Behörden gegenüber den Europäern nahezu ohnmächtig erscheinen ließen. Die sich daraus entwickelnde sogenannte Konsulargerichtsbarkeit endete in einigen Fällen erst um die Mitte des 20. Jahrhunderts. Richtungsweisende Kapitulationen hatte das Osmanische Reich bereits 1536 und 1740 mit Frankreich abgeschlossen und diesem unter anderem das Privileg als Schutzmacht der katholischen Christen im Osmanischen Reich eingeräumt. Dieses Vorrecht prägte Frankreichs Engagement im Nahen Osten bis weit in das 20. Jahrhundert hinein. Die historische Bedeutung der Kapitulationen als Machtinstrument, mit dem das Osmanische Reich den europäischen Handelsmächten die Bedingungen des seit dem letzten Drittel des 16. Jahrhunderts osmanisch beherrschten Levantehandels diktierte, darf hierbei jedoch nicht übersehen werden. Die mit den Kapitulationen zunächst verbundenen erheblichen Gegenleistungen der begünstigten europäischen Staaten waren freilich im 19. Jahrhundert längst fortgefallen.[293]

Bereits in der Regierungszeit Abdül Hamids II. jedoch »arbeiteten die Behörden daran, durch stetige Verletzung der Privilegien im Alltag die Abwehr der Gesandtschaften und Konsulate langsam zu zermürben«, wie Jens Oliver Schmitt in seiner ausführlichen Darstellung der Levantiner im Osmanischen Reich feststellt. Dieses pragmatische Vorgehen nennt er ein »Spiel von Druck und Gegendruck«, in dem beharrlich »die Osmanen die Konsulargerichtsbarkeit [untergruben]«, denn »unermüdlich zogen sie Fälle vor osmanische Gerichte, die vor europäischen oder gemischten Tribunalen hätten verhandelt werden müssen«.[294] Erst im Jahr 1908 wurden diese Kapitulationen gegen entschiedene Proteste der Europäer infolge der ersten jungtürkischen Revolution abgeschafft. Es ist allerdings äußerst bezeichnend für die koloniale Attitüde der europäischen Siegermächte des Ersten Weltkrieges, daß Briten, Franzosen und Italiener nach der Besetzung Constantinopels im November 1918 sich nun am Ziel wähnten, das Territorium des Reiches nach ihren Wünschen aufteilten und die demütigenden Kapitulationen mit Billigung des von ihnen nahezu entmachteten

Sultans Mohammed VI. erneut in Kraft setzten – nun jedoch gegen den erbitterten Widerstand der nationaltürkischen Regierung in Ankara.[295]

Typisch für die oftmals beleidigende Geringschätzung auch vieler Deutscher gegenüber den Osmanen und dem Osmanischen Reich beziehungsweise seinem Sultan ist die folgende Passage aus den Lebenserinnerungen des von Kaiser Wilhelm II. geschätzten Hofpredigers Ernst von Dryander, der das Kaiserpaar 1898 auf dessen aufsehenerregender Palästinareise begleitet hatte und 1907 abermals das Heilige Land und Constantinopel besuchte:

»Überall aber hatte man den imponierenden Eindruck deutscher Machtstellung und der überragenden Position unseres Botschafters. – Endlich drückte eine Audienz beim Sultan Abdul Hamid, als dessen Gäste wir im Pera Palace Hotel wohnten und dessen Selamlik wir mit Marschalls besuchten, dem Ganzen [das] Siegel auf. Diesmal konnte ich mich gegenüber der persönlichen Freundlichkeit des Sultans und der Bedeutung, die seinem Schutz für unsere Anstalten in Palästina und Syrien zukam, nicht der bei der ersten Reise ausdrücklich abgelehnten Dekoration mit dem Medschidieh entziehen. Er hat sein Etui selbstverständlich nie verlassen. Ich mußte den Empfang des Ordens auch dem Kaiser melden. Nicht ohne Ironie wurde mir die scherzende Antwort: ›Ich freue mich, daß endlich Ihre Verdienste um den Orient die entsprechende Anerkennung gefunden haben.‹ Übrigens ist die immer wiederholte Anekdote, auf dem Orden stehe die wohlwollende Begrüßung »Tod den Christenhunden!« eine Fabel.«[296] Wie überheblich und borniert sich die christlichen Europäer gegenüber den Muslimen verhielten, geht auch aus einer Predigt Dryanders während der Palästina-Reise 1898 hervor. Freiherr von Mirbach erinnerte sich: »Er zeigte, wie der Christ gegenüber dem Islam seine Überlegenheit beweisen solle als das Licht der Welt und das Salz der Erde.«[297]

Kaiser Wilhelm II. dagegen schienen die Christen im Heiligen Land mit all ihrem Zank, Hader und einem wenig verinnerlichten Glauben den Muslimen so gar nicht überlegen zu sein. Er zeigte sich eher noch von ihrem Benehmen abgestoßen und schrieb Nikolaus II. am 9. November 1898 aus Damaskus nach Sankt Petersburg: »Meine persönliche Empfindung beim Verlassen der Heiligen Stadt war, daß ich mich tief beschämt den Moslems gegenüber fühlte, und daß ich, wenn ich ohne Religion dorthin gekommen wäre, sicherlich Mohammedaner geworden wäre.«[298] Ein bemerkenswerter Satz für den deutschen Kaiser, der doch zugleich protestantischer ›oberster Bischof‹ war. Die nicht nur aus Dryanders Erinnerungen sprechende und geradezu selbstverständliche Herablassung der Europäer gegenüber dem Osmanischen Reich, seinen Bewohnern und den innenpolitischen Verhältnissen enthüllt neben vielen Kleinigkeiten ganz eindeutig die nicht nur im diplomatischen Sprachgebrauch jener Zeit häufig verwendete Formulierung ›die Mächte‹ für das Deutsche Reich, Großbritannien, Frankreich, Rußland, Italien und Österreich-Ungarn. Diese Bezeichnung belegt, daß die imperialistische Politik der Europäer das Osmanische Reich längst nicht mehr als eine Macht wahrnahm, sondern lediglich als einen Spielball oder ein Objekt ansah, mit dem mehr oder weniger nach Belieben verfahren werden konnte.

Ein anschaulicher Bericht aus der Feder des Generalfeldmarschalls Edwin von Manteuffel [299] an Kaiser Wilhelm I. vom 6. September 1876 faßte diese Mißachtung in Worte: »Im großen und ganzen scheint mir die russische Auffassung die zu sein, daß die Türkei wieder in die Stellung zurückgefallen ist, welche sie vor 1830 eingenommen habe. Bis dahin sei sie als rein faktische Macht behandelt worden, der je nach den Erfolgen der Kriege das oder das gewissermaßen dekretiert worden sei, und die die europäischen Mächte je nach ihrer Politik benutzt, nie aber als gleichberechtigt mit sich selbst behandelt hätten; erst nach der Sendung des Generals Müffling[300] 1829 sei die Türkei nach und nach immer mehr als eine gleichberechtigte Macht behandelt worden und 1856 vollständig als eine solche hingestellt worden; die Behandlung der Christen trotz aller Versprechungen, die Greueltaten der jüngsten Zeit, die fortwährenden Sultanabsetzungen zeigten aber, daß die Türkei nicht in der Zivilisation fortgeschritten sei, und daher wieder, wie in früheren Zeiten, als eine unzivilisierte, nicht zu dem europäischen Konzert gehörende Macht betrachtet und behandelt werden müsse.«[301] Jene eingeschränkte Sichtweise hat sich in der europäischen Geschichtsschreibung teilweise bis heute gehalten, worauf der Historiker Reinkowski zu Recht hinweist. Er führt weiter aus, daß dieses einseitige Bild »eines vollständig dekadenten und lethargischen Reiches, das von den europäischen Mächten mühsam am Leben erhalten werden mußte«, mit den tatsächlichen Gegebenheiten im 19. Jahrhundert kaum übereinstimmt. Das Osmanische Reich zählte danach innerhalb des komplexen europäischen Mächtesystems viel eher zu den entscheidenden Regulativen – allerdings war es ein Regulativ, auf das die europäischen Großmächte jeweils besondere Zugriffsrechte geltend machten. Reinkowski benennt das Hauptmotiv des politischen Handelns der Mächte im 19. und im frühen 20. Jahrhundert gegenüber dem Osmanischen Reich zugespitzt und in aller Deutlichkeit: »Die europäische Politik gegenüber dem Osmanischen Reich [hat trotz aller gegenteiligen Beteuerungen] nicht darin bestanden, dem angeblichen osmanischen ›Verfall‹ Einhalt zu gebieten, sondern Reformen, die die europäische Vorherrschaft bedrohten, zu behindern.«[302] Diese Haltung unterstreichen auch die Schilderungen verschiedener Europäer, die suggerieren, Abdül Hamid II. sei lediglich aufgrund europäischer Vorgaben oder regelrechter Anleitungen überhaupt in der Lage gewesen, etwas Sinnvolles zu tun oder zu entscheiden.

Doch nicht nur der Sultan bedurfte aus der Sicht der Europäer der steten Anleitung, sondern auch seine treuen Osmanlıs ganz allgemein. Denn viele von ihnen gaben sich – so nicht nur die abendländische Klischeevorstellung – einem sehr speziellen, osmanischen Lebensgefühl hin – dem Huzur. Erika Glassen umschreibt diese komplexe Lebenseinstellung in ihrem Aufsatz zur osmanischen Mentalitätsgeschichte mit Trägheit, Seelenruhe und dem Streben nach sozialer Harmonie. Sultan Abdül Hamid II. kritisierte in seinen ›Gedanken und Erinnerungen‹ an verschiedenen Stellen die Neigung seiner Unertanen, sich dem ›Keyf‹ genannten Müßiggang hinzugeben. Dieser unterstellte Hang zu einem scheinbar sehr bequemen Wohlleben in Übereinstimmung mit der Umgebung und der Tradition ist ein Teil jenes Gefühls Huzur, das den meisten Europäern fremd und daher schon per se kritikwürdig erschien. Glassen schreibt, zunächst Arminius Vámbéry zitierend: »›Wer hat nicht die beinahe an Schläfrigkeit grenzende Sanftmut, das gelassene stille Wesen, den würdevollen edlen Gesichtsausdruck der Osmanlıs bewundert?‹ In der Zeit der Reformversuche im neunzehnten Jahrhundert wurde diese von dem Osmanlı verkörperte Mentalität mitverantwortlich gemacht für die Rückständigkeit des Orients gegenüber Europa. [...] Der Osmanlı galt nun als dekadentes Endprodukt der jahrhundertealten islamisch-osmanischen Gesellschaft, die zum Untergang verurteilt war. Sollte sein Weltbild zerstört werden, musste man einen revolutionären kulturellen und gesellschaftlichen Wandel schaffen, der die Institutionen und Traditionen beseitigte, die es [das osmanische Weltbild] geprägt hatten.«[303] Mit dem Ersten Weltkrieg vollbrachten die Europäer diesen Wandel dann allerdings nur indirekt. Infolge des Krieges ging das Osmanische Reich unter, und es blieb Mustafa Kemal Atatürk und seinen Mitstreitern vorbehalten, aus dessen Trümmern die moderne, stark an europäischen Werten orientierte Türkei zu schaffen, deren Bürger nicht länger der Tradition verhaftete, lethargische Osmanlıs sein sollten, sondern tatkräftige, moderne Türken.

Daß die mangelnde Einfühlungsbereitschaft in die ihnen fremde Mentalität sowie eine massive Einflußnahme von außen auf den Gang der Dinge im Osmanischen Reich verderblich wirken könnten oder auch auf osmanischer Seite eine zumindest zögerliche oder aber geradezu ablehnende Haltung hervorzurufen in der Lage waren, kam offenbar den meisten Europäern, die von einem atemberaubenden Sendungsbewußtsein beseelt waren, nicht in den Sinn. Kritische Refexionen lassen sich in diesem Zusammenhang jedenfalls nur wenige finden. Allerdings äußerte sich der Botschafter Joseph Maria von Radowitz recht aufschlußreich und als dem Osmanischen Reich auffallend zugewandt.[304] Der militante Imperialist Ewald Banse, der sich von den Völkern des Orients gleichermaßen angezogen wie abgestoßen zeigte, unterstrich die kosmopolitische Atmosphäre am Bosporus und die historische Bedeutung des Osmanischen Reiches für Europa: »Noch immer ist Konstantinopel die Hochschule der Diplomatie, und noch immer ist etwas an dem alten Wort, daß am Goldenen Horn die Lose der Welt geschüttelt werden. Die Türkei, das ist eine Schale, welche die ältesten Kulturländer unserer Erdseite enthält, Babylonien und Assyrien, Kappadokien und Syrien, Ionien und Jemen, und auch Ägypten hat zu ihr gehört. Sie ist die Mutter der Völker und die Wiege unserer Kultur, und wir haben keinen Anlaß, ihr mit gerümpfter Nase zu nahen, denn auf ihrem Boden schrieb man Schrift und sah nach den Sternen, als bei uns die Menschen noch in prähistorischen Höhlen hausten.«[305] Recht kritisch gegenüber den Europäern und deren Wirken am Bosporus zeigte sich auch der scharfzüngige Bernhard Stern, der Ende des 19. Jahrhunderts mehrere Jahre lang für deutsche und österreichische Zeitungen aus Constantinopel berichtete: »Mit leeren Händen oder mit Händen, die nichts Gutes bringen, kommen die Europäer zum Sultan und mit sultanischen Geschenken und Brillantenorden bedeckt gehen sie aus Yildiz fort.«[306]

Mit dem aufkeimenden Nationalismus und der Zunahme von Kontakten zwischen dem Osmanischen Reich und dem Abendland setzte auch ein partieller Mentalitätswandel der Osmanlıs ein, den die sendungsbewußten Europäer einigermaßen befriedigt konstatierten. Erika Glassen schreibt dazu: »Mit dem nun aus Europa importierten türkischen Nationalismus drangen neue Ideale der Persönlichkeitsbildung in das Osmanische Reich ein, die besonders durch die Literaten verkündet wurden. Dieses neue Türkentum wurde im Ersten Weltkrieg von den deutschen Waffenbrüdern gönnerhaft beobachtet. Hachtmann schreibt in seiner Literaturgeschichte (1916): ›... die Ideen der Neu-Turaner ... haben einen ganz neuen Typ des Türken geschaffen: den zukunftsgläubigen, disziplinierten, zielbewussten Mann. Eine strenge, herbe, fast asketische, gänzlich unerotische Männlichkeit ist der hervorstechende Zug auch des neuesten türkischen Schrifttums. Diese ›Neu-Turaner‹ verachten den kejf, das behagliche Dahinträumen des Türken der alten guten Zeit ... sie sind heroisch gestimmt. Arbeit und Kampf sind die Leitsterne ihres Lebens‹.«[307]

Doch zurück zu den Reformbestrebungen: Die Tanzimat-Ära hatte die Erkenntnis mit sich gebracht, daß es allgemein zugängliche öffentliche Bildung geben müsse und daß der Unterricht in den Händen des Staates liegen solle. Die Einrichtung öffentlicher Schulen nach französischem Vorbild war also seit dem Gesetz von 1869 ein wichtiger Bestandteil der Reformpolitik und der Umgestaltung bestehender Institutionen. Gemeinsam mit dem engagierten Großwesir und Bildungspolitiker Küçük Said ging Abdül Hamid II. 1879 an eine umfassende Umstrukturierung des osmanischen Unterrichtswesens. Die Zahlen sind ein beachtliches Zeugnis der Entwicklung: Hatte es 1879 in der gesamten Monarchie 277 Mittelschulen gegeben, so waren es 1909 bereits 650. Die Zahl der weiterführenden Schulen stieg von landesweit sechs im Jahr 1876 auf 104 im Jahr 1909.[308] Auch die Zahl der Mädchenschulen stieg in diesem Zeitraum an, allein in Constantinopel existierten um 1895 etwa 123 Grundschulen für Mädchen.[309] Der Unterricht sah folgende Inhalte vor: Religion, türkische Grammatik, Grundkenntnisse in arabischer und in persischer Grammatik, Anfangsgründe der Literatur, der Geschichte, der Geographie sowie der Arithmetik, Grundlagen in

Hauswirtschaft, Handarbeiten und Zeichnen, zusätzlich freiwilliger Musikunterricht. Die Knaben sollten in den weiterführenden Schulen unter anderem auch eine Sprache einer örtlichen nichtmuslimischen Gemeinschaft lernen. So betonte es Baron Le Jeune in seinem Werk über die Regierungszeit Abdül Hamids II. Durch eine Überprüfung der tatsächlichen Unterrichtsinhalte dieser ›Mittelschulen‹ ließe sich heute feststellen, ob dieser bemerkenswerte Ansatz im Sinn des Osmanismus auch tatsächlich praktiziert wurde.[310]

Die Gründung neuer Hochschulen setzte seit dem Beginn der 1880er Jahre die engagierte Bildungsinitiative von oben fort: Es entstanden die Juristische Hochschule (Hukuk Mektebi), die Hochschule der Schönen Künste (Sanayi-i Nefise Mektebi), Hochschulen für Wirtschaft, Ingenieurswesen und für Medizin. Die bereits länger bestehenden Verwaltungshochschulen wurden den modernen Erfordernissen angepaßt. Die Kaiserliche Hochschule der Schönen Künste befand sich nahe dem Topkapı-Palast und war der Direktion des Großherrlichen Museums unterstellt. In dem die Regierung Sultan Abdül Hamids II. ansonsten als eine unübersehbare Folge glorioser Ereignisse und Taten verherrlichenden Werk des Barons Edouard Le Jeune wird stolz betont, daß die Hochschule ihrem Geist nach an der Ecole des beaux arts in Paris ausgerichtet sei.[311]

Eine besondere Schulgründung, auf die Abdül Hamid II. auch in seinen ›Gedanken und Erinnerungen‹ einging,[312] war die anläßlich des Geburtstages des Propheten im Oktober 1892 in Constantinopel eingeweihte ›Großherrliche Stammesschule‹ (Mektebi ‘Aşîret-i Hümâyûn). Es handelte sich um eine weiterführende Schule, die zunächst ausschließlich von Söhnen arabischer Stammesführer besucht wurde. Später kamen auch Söhne von Albanern und Kurden hinzu. Die Gouverneure der entsprechenden Wilajets waren angewiesen, geeignete Jungen aus der muslimischen Führungsschicht an Ort und Stelle auszuwählen.

Die Stammesschule in der Hauptstadt stand ganz im Zeichen des Panislamismus, die Eröffnungsrede des Ministers wurde in arabischer Sprache gehalten, die fünf Jahre währende Ausbildung sollte die Schüler befähigen, anschließend die Hochschulen zu besuchen, und somit eine arabische, albanische oder kurdische muslimische Elite heranbilden, die gleichzeitig loyal zum Osmanischen Reich stand. Sultan Abdül Hamid II. war Ehrendirektor der Stammesschule, was schon zeigt, wie wichtig ihm dieses Projekt war. Die Schüler aus dem Hedschas, dem Jemen und aus Tripolitanien wurden zweimal durch den Hofphotographen photographiert – zunächst einmal in traditioneller arabischer Kleidung, dann in westlicher Kleidung mit Fez. Diese Portraits ließ Abdül Hamid II. überall in Europa verbreiten, um auf seine umfassende Reform- und Bildungspolitik zu verweisen. Maschinenbau gehörte ebenso zum Unterrichtsstoff wie Koranunterweisung und Französisch. Das Ergebnis war offensichtlich nicht in allen Punkten zufriedenstellend, so daß die Stammesschule schon 1907, fünfzehn Jahre nach ihrer Eröffnung, geschlossen wurde. Unter anderem hatte die auch in den arabischen und den kurdischen Landesteilen sich stetig entwickelnde Schullandschaft hierzu beigetragen, denn die Stammesführer schickten ihre Söhne lieber auf die näher gelegenen Institute als in die weit entfernte Hauptstadt.[313] Außerdem mochte bei einigen dieser Männer die Angst vorhanden gewesen sein, daß ihre Söhne im Fall eines Konfliktes mit der Zentralregierung schnell zu Geiseln in der Hand des Padischahs werden könnten oder zumindest durch eine allzu enge Anbindung an den Hof des Großherrn ihrer Identität als Araber, Albaner oder Kurden im Sinn des Osmanismus beraubt werden würden.

Bemerkenswert ist bei alldem, daß die Entwicklung des Schulwesens keineswegs auf die Hauptstadt Constantinopel oder die europäischen Wilajets beschränkt blieb. Hochschulen aller Art entstanden in Konya, Selanik, Damaskus und Bagdad.[314] Einerseits folgte der Sultan seinen panislamischen Intentionen dadurch, daß er deutlich mehr Hochschulen in den muslimisch geprägten Gegenden des Reiches als in den christlich-europäisch geprägten Provinzen installierte, andererseits entsprach dieses Vorgehen durchaus seinem Bestreben, die bislang vernachlässigten Provinzen zu entwickeln und dort überhaupt erst eine ihm ergebene Bildungselite zu schaffen, die das Reich modernisieren sollte. Anläßlich seines silbernen Regierungsjubiläums gründete Sultan Abdül Hamid II. in Constantinopel eine Universität und ließ in Haydarpascha die weitläufige Medizinische Hochschule[315] im eindrucksvollen osmanischen Jugendstil errichten. Für den alle Bevölkerungsgruppen einschließenden Osmanismus des Sultans spricht auch, daß in der Hochschule sowohl ein Gebetsraum für muslimische Studenten eingerichtet wurde als auch ein Andachtsraum für die christlichen Studenten. Die Osmanlıs feierten ihren Padischah in Anbetracht solcher Bildungsinitiativen als ›maarifperver‹ – ›Freund der Bildung‹. Angesichts dieser Unternehmungen läßt sich sagen, daß Abdül Hamid II. in seiner Regierungszeit deutlich mehr Schulen als Moscheen errichten ließ, ein Faktum, das durchaus nicht für eine Desäkularisierung während seiner Regierungszeit spricht. Der eindrucksvolle Komplex der Medizinischen Hochschule in Haydarpascha ist zudem der bedeutendste öffentliche Bau seiner Herrschaft

Uhrenturm in Izmir (Smyrna)

Türdekoration mit dem lateinisch geschriebenen Monogramm »AH« des Sultans im Selamik des Schlosses in Masalak, Istanbul

in der Hauptstadt. Hingegen hat es einen vergleichbar bedeutenden Moscheeneubau im Auftrag des Monarchen weder in Constantinopel noch an anderer Stelle im Reich gegeben.

Den Geist einer der modernen Zeitströmung gegenüber aufgeschlossenen Herrscherpersönlichkeit, Nation und Regierung verkörpern in besonderer Weise die dreiunddreißig monumentalen Uhrtürme, die Sultan Abdül Hamid II. überall im Reich errichten ließ. Sie zeigen neben der im Osmanischen Reich damals üblichen Stundeneinteilung höchst absichtsvoll die vom Sultan favorisierte europäische Zeitrechnung an. Begonnen wurde mit dem zwischen 1890 und 1895 vor dem Dolmabahçe-Palast in Constantinopel erbauten Uhrturm,[316] dem viele weitere folgen sollten. Anläßlich des silbernen Regierungsjubiläums entstand unter anderem ein malerischer Turm in der Stadt İzmir (Smyrna), dessen Uhrwerk Kaiser Wilhelm II. stiftete. Daß bis heute auch vor der Moschee des Sultan-Kalifen am Yıldız-Palast ein Uhrturm an den Reformer auf dem Thron erinnert, versteht sich eigentlich von selbst. Der Sultan nahm auch in seinen ›Erinnerungen und Gedanken‹ auf seine Reformpläne hinsichtlich Zeitrechnung [317] und Kalenderumstellung Bezug. Interessant sind in Zusammenhang mit der Öffnung nach Europa und dem gleichzeitigen Bewahren traditioneller Strukturen in der

Zeit Abdül Hamids II. ebenfalls die Überlegungen des Sultans, das arabische Alphabet durch lateinische Buchstaben zu ersetzen.[318]

In seinem persönlichen Umfeld verwendete der Padischah häufig sein in lateinischen Großbuchstaben geschriebenes Monogramm. In den von ihm bewohnten Schlössern Yıldız und Maslak tragen bis heute zahlreiche Gegenstände – unter anderem holzgeschnitzte Rahmungen über Fenstern und Türen, marmorne Kamine, Möbelstücke, diverse Porzellanservices sowohl für den alltäglichen Bedarf als auch für besondere Festlichkeiten und sogar das Telephon sowie selbst der hochmoderne Füllhalter[319] des Monarchen – die immer wieder verschieden gestalteten lateinischen Buchstaben A H anstelle der ansonsten üblichen Sultanstuğra. Aus der privaten Bibliothek des Sultans hat sich ein Armlehnensessel erhalten, der in eine Bibliothekstreppe verwandelt werden kann. Die Mitte des Rückenpolsters dieses Sessels zieren ebenfalls die eingewebten Majuskeln AH. Der Eingangsbereich des Wintergartens in Maslak wird ebenfalls von den metallenen, den osmanischen Halbmond geschickt einbeziehenden lateinischen Chiffren des Sultans bekrönt. So können diese Monogramme als Ausdruck einer zunehmenden Verwestlichung verstanden werden. Wäre Abdül Hamid II. tatsächlich so konservativ gewesen, wie es ihm bis heute zumeist unterstellt wird, so hätte er sich des Monogramms A H kaum in solcher Weise bedient. Ein weiteres Beispiel für diese Haltung bietet wohl auch seine Reaktion auf die Verbreitung des Tscharschafs. Diese aus dem Nahen Osten stammende Form der blickdichten Totalverschleierung erfuhr seit etwa 1872 in konservativen Kreisen als Reaktion auf die zunehmende ›Verwestlichung‹ im Osmanischen Reich eine immer größere Verbreitung.[320] Der wie immer taktierende Sultan, auch in dieser Angelegenheit wahrscheinlich bestrebt, zwar die konservativen Sitten zu achten, sie dabei dennoch der Moderne anzupassen, ließ den Tscharschaf kurzerhand für die weiblichen Angehörigen seines Hofes verbieten. Diese bedienten sich nun weiterhin des mehr oder weniger durchsichtigen, traditionellen Halbschleiers, der den unteren Teil des Gesichts bedeckte. In diesem Zusammenhang erscheint es interessant, zu prüfen, ob Abdül Hamid II. damit auch eine Vorbildfunktion für die Haremliks der dem Hof nahestehenden Oberschicht ausübte. Şefik Okday, der Enkel Tewfik Paschas,[321] erwähnt in seinen Erinnerungen jedenfalls, daß seine christliche Großmutter erst während des Ersten Weltkrieges in der Öffentlichkeit den Tscharschaf trug, um nicht »ständig die gutgemeinten Reden von religiösen Kreisen anhören zu müssen«.[322]

Die erheblichen Anstrengungen der osmanischen Regierung auf dem Gebiet der Bildung entsprangen auch der besonders in den Jahren zwischen 1880 und 1895 stark zunehmenden christlichen Missionierung durch Briten, US-Amerikaner, Franzosen und Russen, wobei diese eine Vielzahl von christlich geprägten Schulen und sogar weiterführenden Colleges im gesamten Reich errichteten. Diese übereifrigen Missionare beschränkten sich bei ihren

Bemühungen keineswegs auf die christliche Bevölkerung in Ostanatolien oder in den arabischen Gebieten, sie zielten teilweise auch auf Muslime. Das führte zu erheblichen Spannungen, so daß Abdül Hamid II. die Missionare als »den gefährlichsten Feind der sozialen Ordnung«[323] bezeichnete. Nicht nur der Sultan hatte erkannt, daß eben zwischen den ausländischen Schulen, der regen Missionstätigkeit sowie dem kolonialpolitischen europäischen Imperialismus ein ganz unmittelbarer Zusammenhang bestand und daß die europäischen Mächte auf diese Weise versuchten, die osmanische Jugend in ihrem Sinn zu sozialisieren und zu beeinflussen. Dem galt es aus osmanischer Sicht wirkungsvoll entgegenzuwirken. Um das Reich und seine Bevölkerung nicht von vornherein fremden Einflüssen auszusetzen, mußte das Bildungsmonopol des Staates gestärkt werden. Auch Suraiya Faroqui sieht den Sultan in ihrer umfangreichen Studie zur Kultur- und Alltagsgeschichte des Osmanischen Reiches als eher säkularen neoabsolutistischen Herrscher, der die Religion ganz bewußt und sehr geschickt als ein legitimierendes Instrument seiner Herrschaft nutzte. Sie schreibt dazu: »Nach 1826 wurden die [religiösen] Stiftungen schließlich einem besonderen Ministerium unterstellt und damit praktisch verstaatlicht. Dies bedeutete für die Rechts- und Religionsgelehrten [...] einen großen Verlust an politischem Einfluß, da sie bislang aus der Verwaltung von Stiftungen bedeutende Einkommen bezogen hatten.« Die bis dahin nur unter der Aufsicht des Klerus stehenden Medresen (religiöse Schulen) wurden in diesem Zusammenhang staatlicher Kontrolle unterstellt. Gegenüber den nun eingeführten staatlichen Schulen wurden sie in den folgenden Jahrzehnten ganz bewußt vernachlässigt. Faroqhi fährt in ihrer Analyse fort: »Auf den ersten Blick könnte man denken, daß unter Abdülhamid II. diese Entwicklung weitgehend rückgängig gemacht worden wäre, denn in dieser Zeit stand die religiöse Legitimation des Herrschers im Vordergrund. Besonders gegenüber ausländischen Muslimen, meist Untertanen europäischer Kolonialreiche, wurde der osmanische Sultan als Kalif der Muslime herausgestellt. [...] Aber die Einrichtung weltlicher Schulen, die auf technische und administrative Aufgaben im Staatsdienst vorbereiten sollten, wurde [...] weiterhin betrieben. Besonders die Militärschulen leisteten einen wichtigen Beitrag zur Ausbildung einer säkularisierten Intelligenz.«[324] Daß eben dieses staatliche Bildungsmonopol dennoch nicht vollständig durchgesetzt wurde, sondern, abgesehen von ausländischen Instituten, neben den laizistischen Schulen die Koranschulen weiterhin bestehen blieben, beruhte sicherlich auch auf dem Staatsverständnis des Sultan-Kalifen Abdül Hamid II., der während seiner Regierungszeit stets die Absicht verfolgte, den Islam den Erfordernissen seiner Zeit anzupassen und den modernen osmanischen Staat mit der traditionellen Religion zusammenzuführen. Dagegen schreibt Elçin Kürşat-Ahlers in ihrer eingehenden Untersuchung der Verwestlichungstendenzen des Osmanischen Reiches von einer ganz bewußten Desäkularisierungs- und Reislamisierungspolitik[325] Abdül Hamids II. Angesichts der zahlreichen Reformen des Monarchen, besonders auf dem Gebiet der Bildung und Erziehung sowie in der Rechtssprechung, die darauf ausgerichtet waren, den Einfluß des Staates zu stärken und damit den Einfluß der Religion zumindest einzuschränken, erscheint diese Sichtweise jedoch zu einseitig. Es erhebt sich generell die Frage, ob der Sultan, bezogen auf die von ihm betriebenen oder wenigstens angestrebten Reformen der vorhandenen Strukturen und Gepflogenheiten in weiten Teilen seines Reiches überhaupt an einer tatsächlichen Reislamisierung in konservativem Sinn interessiert sein konnte. Viel eher verfolgte Abdül Hamid II. mit seiner Politik wohl das Ziel, aus dem Osmanischen Reich einen modernen islamische Traditionen jedoch integrierenden Staat zu formen.

Auch der jüngst verstorbene Hans Küng vertrat die in Kreisen der historischen Forschung allerdings keineswegs unumstrittene Auffassung, die vermeintliche Reislamisierung sei daher im Licht der Reformen zu sehen und im Ergebnis eigentlich eine »schleichende Säkularisierung«, denn: »So instrumentalisieren die Reformsultane den Islam für eigene politische Zwecke und tun zugleich alles, um den Kritikern ihrer Reformen den Wind aus den Segeln zu nehmen.«[326]

In diesen Kontext stellt Küng die »öffentliche Bekräftigung der islamischen Ideale bei jeder Gelegenheit und der Herkunft des Imperiums nicht nur von Osman I., sondern vom Propheten Muhammad und der Gemeinde von Medina« ebenso wie den Islamunterricht auch in der modernisierten Armee durch spezielle Armee-Imame. Aber auch die Restaurierung oder den Neubau »von zahllosen Moscheen, heiligen Gräbern oder Derwischklöstern« sieht er so motiviert, ebenso »die regelmäßige Teilnahme [des Sultans] an religiösen Veranstaltungen«. Viele Gegner der Reformpolitik sowie einer Modernisierung des Islams fanden sich in den Reihen der niederen Geistlichkeit, so daß Küng auch die »Anhebung der Gehälter der niedrigen Ulema und auch sonst zahlreiche Gunsterweise« ihnen gegenüber in diese Bestrebungen einordnet.[327] Abdül Hamid II. wollte sich auf diese Weise die Ulema gewogen machen und hoffte offenbar, die Bereitschaft zu Veränderungen auf diese Weise auch in die Kreise der niederen Geistlichkeit zu tragen.

Für den Theologen Hans Küng stellen die Reformsultane letztlich gelungene Beispiele der Vereinigung von weltlicher und religiöser Gesinnung dar: In ihrem politischen Handeln einerseits säkular und fortschrittlich, propagierten oder förderten die Sultan-Kalifen andererseits die Religion. Küng postuliert dabei anhand seiner Beispiele einen deutlichen Gegensatz zwischen ›religiöser‹ und ›säkularer‹ Sphäre im Osmanischen Reich. Die Sultane ›instrumentalisierten‹ ihre Religion, eine ›schleichende Säkularisierung‹ griff um sich, während der Islam nur noch wie ein Firmenschild über dem Ganzen hing und lediglich dazu diente, allzu konservative Kritiker zu beruhigen. Küngs polarisierender Ansatz greift indes zu kurz und berücksichtigt, damit sehr europäisch, zu wenig die ganz anders geartete osmanische Mentalitätsgeschichte. Die Alternative: Religion oder Nichtreligion, dieser perzipierte prinzipielle Gegensatz war den Osmanlıs in ihrem erprobten Pragmatismus eher fremd. Für Abdül Hamid II. bestand damit kein unmittelbarer Gegensatz zwischen seinem Amt als Sultan und dem als Kalif, es ergab sich keine zwangsläufige Trennung zwischen politischen und religiösen Maßnahmen.

Der Padischah erwies sich in der existenziellen Frage der Erhaltung des Osmanischen Reiches wieder einmal als außerordentlich pragmatisch. Mochte er auch islamisch denken, wie es sein Tagebuch[328] an verschiedenen Stellen nahelegt, so nahm der kluge Taktierer aus Gründen der Staatsraison diese islamischen Akzente zurück, um die europäischen Mächte nicht zu erneuten Ein- und Übergriffen zu provotieren. Es mußte ihm völlig klar sein, daß er den Fortbestand des Landes nur mit tiefgreifenden Reformen, die nicht von außen oktroyiert wurden, sichern konnte. Dazu gehörte es auch, den Islam, der die wichtigste Stütze des Reiches und der Dynastie darstellte, nicht nur zu instrumentalisieren, wie Küng meint, sondern ihn den Forderungen der Zeit anzupassen und ihm den gebührenden Platz in einem sich wandelnden Staat und seinem gesellschaftlichen Gefüge zuzuweisen, so daß aus der tief verankerten Religion keine Bedrohung für die Reformen und somit letztlich für die Existenz des Osmanischen Reiches erwachsen konnte. Suraiya Faroqhi kommt zu dem Schluß, daß Abdül Hamid II. sein neoabsolutistisches Regime auch deshalb durch einen religiösen Diskurs legitimiert habe, um eine Opposition aus den Kreisen der teilweise entmachteten hohen Geistlichkeit zu neutralisieren. Sie verweist in diesem Zusammenhang darauf, daß die politischen Einflußmöglichkeiten der Ulema allein schon dadurch beschnitten wurden, daß seit dem Ende des 19. Jahrhunderts den religiösen Gerichten, denen ein Kadi vorstand, immer mehr Fälle entzogen wurden, um sie den staatlichen Gerichten zuzuweisen.

Mochte der Sultan-Kalif seine Herrschaft auch scheinbar nach religiös ausrichten, so hinderte ihn der damit verbundene Konservatismus keineswegs daran, sich den technischen Neuerungen seiner Zeit gegenüber aufgeschlossen zu zeigen (wie das übrigens auch bei seinem Freund Wilhelm II. der Fall war), »besonders wenn sie zur Durchsetzung und Legitimierung seiner Herrschaft brauchbar erschienen. Eisenbahnen und Telegraphenleitungen fielen in diese Kategorie, aber auch die Photographie.«[329] Zu diesem Modernisierungsprozeß paßt es, daß sich nach 1890 Dschamal ad-Din al-Afghani,[330] der Wegbereiter eines modernen Islams, für einige Zeit auf Einladung Sultan Abdül Hamids II. an dessen Hof aufhielt (er sprach öffentlich in der Hagia Sophia sowie in der Sultan Ahmed-Moschee über seine politisch-religiösen Vorstellungen) und den Monarchen offenbar intensiv im Sinn der von ihm vertretenen Auffassungen beeinflußte. Dschamal ad-Din al-Afghani, der auf einer mehrjährigen Flucht vor seinen muslimischen Widersachern Frankreich, Großbritannien und Rußland kennengelernt hatte, betonte unter anderem nachdrücklich die Vereinbarkeit des Islams mit der modernen Technik sowie mit den Wissenschaften, womit er im Gegensatz zu vielen vor allem niederen Geistlichen stand, die allein einem traditionellen Islam verhaftet waren und jeglichen Einfluß der Moderne auf die Religion und weite Bereiche des Lebens strikt ablehnten. In diesem Antimodernismus sah Dschamal ad-Din al-Afghani eine Ursache für die politische und wirtschaftliche Abhängigkeit der islamischen Welt von Europa. Er gilt daher auch als einer der geistigen Väter der panislamischen Bewegung, die er angesichts der zunehmenden europäischen Expansion als antikolonialistisch und besonders antibritisch verstand.

Auf jeden Fall mußte Abdül Hamid II., wollte er den weiteren Zerfall seines Reiches – des letzen souveränen islamischen Großreiches im Zeitalter des Kolonialismus – verhindern oder wenigstens aufhalten, neben der Einigung der verschiedenen muslimischen Völkerschaften unbedingt ein Zusammengehörigkeitsgefühl der zahlreichen Völker und Religionsgemeinschaften schaffen, das keinesfalls religiös geprägt sein konnte. So mußte neben den zweifellos wichtigen Panislamismus noch eine weitere, auch die nicht-muslimischen Untertanen einschließende Idee treten: »Des Sultans Staatsideologie war der Osmanismus, ein Gegenpol zum ethnischen Nationalismus. Das osmanische Selbstbewußtsein und der osmanische Patriotismus aller Bürger des Reiches sollte in den Vordergrund rücken, ohne Rücksicht auf ihre Herkunft und Sprache.«[331] Diese staatspolitische Haltung war der Versuch des Abdül Hamids II., dem im Verlauf des 19. Jahrhunderts immer virulenter werdenden Nationalismus mit seinen spalterischen Tendenzen und den europäischen wie auch den jungtürkischen Befürwortern dieser Idee nachhaltig etwas entgegenzusetzen, um somit den Fortbestand des Reiches zu sichern. Allerdings war der Sultan keineswegs der ›Erfinder‹ dieser inneren Klammer des Vielvölkerstaates.

Die sogenannte ›Reichsideologie‹ des Osmanismus war ab Mitte des 19. Jahrhunderts im Ergebnis der verschiedenen separatistischen Bewegungen und Autonomiebestrebungen auf dem Balkan entstanden.[332] In der Folge blieb diese supranationale Ideologie keineswegs ohne Widerhall in Teilen der (jüngeren) osmanischen Bevölkerung, wie das Entstehen einer reformorientierten, auf den Erhalt des multiethnischen und multireligiösen Staatswesens ausgerichteten ›Jungosmanischen Bewegung‹ parallel zu der ganz andere, nämlich stark nationalistische Ziele verfolgenden ›Jungtürkischen Bewegung‹ zeigt. Die Jungtürken hatten zwar 1909 den Sieg davongetragen, sie führten das Reich jedoch nur neun Jahre später in den Abgrund. Die Geschichte des Osmanismus und der jungosmanischen Reformer ist, obschon hochinteressant, bislang von der europäischen Geschichtsschreibung trotz vielfältiger Bezüge zu Europa leider nur wenig behandelt worden.[333]

In diesem Zusammenhang erstaunen Abdül Hamids II. vermeintlich nationalistische Töne an verschiedenen Stellen seiner ›Gedanken und Erinnerungen‹ um so mehr, zum Beispiel, wenn er schreibt, es sei ein Irrtum gewesen, die christlichen Armenier anstelle der muslimischen Kurden zu fördern, oder es sei ein Fehler gewesen, so viele Juden in das Land kommen zu lassen. Hierbei ging es dem Sultan und Kalifen ganz offenbar darum, als Reaktion auf den Bestand des Osmanischen Reiches massiv gefährdenden, immer virulenter werdenden Nationalismus eine integrative, panislamische Einheit herzustellen, und weniger darum, einen Nationalitätenkonflikt zu schüren, der keinesfalls im Sinn des multiethnischen Osmanismus war. Gleichzeitig bediente er sich moderner Schlagworte und zeigte sich dabei nicht ganz unbeeinflußt von nationalen Strömungen seiner Zeit, etwa wenn er von sich selbst sagte: »Paşa, ich bin ein Türke und werde ein Türke bleiben.« Damit offenbart sich eine erhebliche Schwierigkeit im Nebeneinander der beiden ›ismen‹ und der beiden Rollen des Sultan-Kalifen, denn der Panislamismus, vertreten durch den Kalifen, grenzte ganz selbstverständlich alle Nichtmuslime im Reich und darüber hinaus aus und stellte sich damit in gewisser Weise gegen sie. Der Osmanismus, vertreten durch den Monarchen, hatte, auf das heterogene Reich bezogen, eine größere integrative Kraft, denn er bezog alle ein, die im Osmanischen Reich ihre Heimat sahen. Somit stand diese Reichsideologie auch für die modernen, ganz klar säkularen Bestrebungen des Sultans. Gleichzeitig konnte Abdül Hamid II. mit seinen bereits erwähnten Bemerkungen auch darauf hinweisen, daß die Existenz oder die Zuwanderung von nicht-muslimischen Gemeinschaften zunehmend auch deswegen problematisch war, weil sich den europäischen Mächten über diese nicht-muslimischen Bewohner immer wieder die Möglichkeit bot, massiv in innere Belange des Reiches einzugreifen und Schutz- oder Sonderrechte für diese Bevölkerungsteile zu reklamieren. Auch um jene äußeren Einflußmöglichkeiten wenigstens zu beschränken, schien es geraten, aus Türken, Arabern, Armeniern, Griechen, Bulgaren, Syrern, Kurden oder Juden schließlich ›Osmanlıs‹ zu formen.

Franz Carl Endres, der seit 1909 im Rahmen der deutsch-osmanischen Kooperation in militärischen Belangen als Dozent an der Generalstabsschule in Constantinopel tätig war, schrieb lobend, der armenischstämmige osmanische Außenminister Gabriel Noradungian[334] habe in bezug auf den Osmanismus geäußert: »Unter Osmanisierung verstehe ich die Proklamierung und erweiterte Anwendung des Prinzips, daß zwischen den verschiedenen Rassen des Reiches ein gemeinsames natürliches Band besteht, ein Band der vollständigen Gleichheit und Einheit in allen Fragen des osmanischen Interesses. In diesen Fragen müssen Türken, Araber, Griechen und Armenier als osmanische Patrioten handeln, was aber unter keinen Umständen etwa bedeuten soll, daß Griechen, Araber oder Armenier zu Türken gemacht werden sollen. Auf Grund ihres dynastischen und militärischen Wertes ist die türkische Rasse gleichzeitig Basis und Gipfel des

Reiches. Alle anderen Rassen haben jedoch ihren Sitz im Reiche und das absolute Recht ihrer freien Entwickelung gemäß ihren nationalen Traditionen.«[335] Noradungians Äußerung entstand vor dem Hintergrund der zunehmend rassistischen Bestrebungen des Komitees für Einheit und Fortschritt, das einen türkischen Nationalstaat propagierte, der eine Zerstörung des Osmanischen Reiches in dessen bisheriger Form bedeuten mußte. Die Schaffung einer osmanischen ›Nation‹ als Triebfeder jener Politik Sultan Abdül Hamids II. stand dabei nicht allein: »Nachdem die europäische Peripherie des Reiches dennoch immer weiter zerbröckelte, bestand die zweite reaktive Integrationsideologie im Panislamismus Abdülhamids II., um wenigstens die arabischen Provinzen und Albanien nicht zu verlieren.«[336]

Elçin Kürşat konstatiert, abermals stark zuspitzend, daß der Sultan-Kalif »sich zur Stabilisierung seiner Herrschaft außen- und innenpolitisch die panislamische Doktrin zu eigen machte und auch danach handelte«,[337] wobei das gesamte Reich im Inneren gleichzeitig doch auch von einem Klima des Osmanismus ›durchweht‹ war, wie Georgeon es deutlich anders als Kürşat, detailreich beschreibt. »Das Reich war niemals zuvor so mannigfaltig wie in jener Epoche, die ›den Höhepunkt konfessioneller Pluralität‹ markierte. [...] Im Zeitalter der Nationalismen und in dem Augenblick, in dem Abdül Hamid versuchte, sich auf die muslimische Gemeinschaft zu stützen, bekräftigte das Osmanische Reich mehr als jemals zuvor seine multinationale Anlage.«[338]

Doch nicht nur politische Ideen trugen zu diesem multinationalen Klima bei, es war schlicht auch die Tatsache, daß das Bevölkerungswachstum unter Griechen und Armeniern deutlich größer war als das unter den muslimischen Bewohnern des Reiches.[339] Der Panislamismus, entstanden wohl auch als Antwort auf den Anstieg der nichtmuslimischen Bevölkerung, schließt naturgemäß von vornherein alle Nicht-Muslime aus, somit stand er – wie bereits gesagt – im Widerspruch zu der herrschenden Doktrin des Omanismus. Kürşat benennt deutlich das Janusköpfige, das den beiden supranationalen Doktrinen in der politischen Realität des Reiches anhaftete, konnten sie doch häufig dazu herangezogen werden, die Herrschaft der eigentlichem Türken, die im Reich mit Abstand die Mehrheit stellten, weiterhin abzusichern.

Ahmed Rıza, der im Sommer 1908 als einer der Führer der jungtürkischen Revolution hervortreten sollte, beschrieb wenige Jahre zuvor den zu Beginn des 20. Jahrhunderts offiziell praktizierten Osmanismus so: Er »ist ein osmanischer Nationalismus, der darauf aus ist, ein türkischer zu sein.«[340] Dabei sollte freilich nicht in Vergessenheit geraten, daß es sich bei Rıza selbst um einen Nationalisten handelte, der den Osmanismus in letzter Konsequenz ablehnte. Erich Feigl zog folgendes Fazit: »Abdül Hamid II. setzte in seiner Regierungszeit auf zwei Karten: Islam und Technik. Er belebte das so gut wie vergessen gewesene Kalifat mit neuen religiösen und politischen Inhalten und brachte ganz bewußt und planmäßig panislamische Gefühle ins Spiel, um mit dem aufkeimenden Nationalismus fertig zu werden. Er erkannte aber auch ganz klar, daß sein Reich zum Untergang verurteilt sein mußte, wenn es nicht so rasch wie möglich den Anschluß an die europäische Technik fand, und zwar sowohl auf wirtschaftlichem als auch auf technischem Gebiet. [...] Abdül Hamid wollte daher vor allem zunächst die Verkehrs- und Militärtechnik wieder internationalem Stand anpassen.« Der konservative Publizist Feigl, der restriktiven Innenpolitik Sultan Abdül Hamids II. zumeist unkritisch gegenüberstehend, charakterisierte das Osmanische Reich in dessen Spätzeit bildhaft als eine »merkwürdige Welt aus Tradition, Religion, verwehender Expansionskraft und versuchter Erneuerung«, in der »zwei unüberbrückbare Gegensätze von ›Reichstheorie‹ aufeinander [prallten]. Während der Sultan auf die übernationale Idee und den Islam (selbstverständlich unter traditioneller Respektierung der Andersgläubigen) setzte, schienen einigen [nationalistischen] Offizieren der Armee alle Reformbestrebungen ›von oben‹ zu langsam voranzugehen.«[341]

In seinen Aufzeichnungen berührt Sultan Abdül Hamid II. verschiedentlich auch das Thema des Panislamismus, wenn er etwa ausführt, er als Kalif sei der oberste aller weltweit lebenden Muslime.[342] Die Bedeutung dieser Bemerkungen ist in der Forschungsliteratur allerdings sehr kontrovers bewertet worden. So wurde aus diesen Worten mehrfach die Hoffnung des Sultans herausgelesen, durch sein bloßes Wort zu einem geeigneten Zeitpunkt eine Erhebung von Millionen Muslimen etwa in Rußland, Britisch-Indien, dem französischen Nordafrika und Niederländisch-Indien provozieren zu können. Zu den Verfechtern dieser Annahme gehört die Soziologin Elşin Kürşat. Sie erblickt im Sultan-Kalifen einen Utopisten, der »von der Rückkehr zur ehemaligen Machtstellung des Reiches durch die ›islamische Vereinigung‹« phantasierte.[343] Gegen eine derartige Hypothese spricht zunächst, daß Abdül Hamid II. in diesem Fall ein erhebliches Maß an Realitätsverlust unterstellt werden müßte. Sollte der Sultan-Kalif tatsächlich an die Möglichkeit eines globalen Dschihads gedacht haben, dann hätte er sich und seine Macht deutlich überschätzt. Dies paßt jedoch schlecht zu dem ansonsten in den Quellen gezeichneten Bild des meisterlichen Strategen und Taktierers, des ›genialen Diplomaten‹, der die komplizierte Mischung von Macht und Ohnmacht, von Einflußnahmen und Drohungen so skrupellos einzusetzen wußte wie nur wenige. Doch Kürşats Deutung weist noch einen weiteren Schwachpunkt auf. Ihr zufolge war die angeblich aus seinen Äußerungen sprechende Selbstüberhöhung und Mystifizierung des Kalifen Abdül Hamid II. eine Reaktion auf den Niedergang des Osmanischen Reiches, der sich im Verlust von Ansehen, dem Ausgeliefertsein gegenüber den ständigen Eingriffen fremder, nicht-muslimischer Mächte und nicht zuletzt in anhaltenden Gebietsverlusten ausdrückte. Diese Sicht der Dinge ist jedoch mitnichten unbezweifelhaft. Ihr widerspricht der namhafte Abdül Hamid II.-Biograph

François Georgeon. Für den Franzosen ist der Panislamismus des Padischahs kein Symptom der Schwäche des Osmanischen Reiches und mithin nicht Ausdruck einer reagierenden, passiven Haltung. Georgeon sieht im Panislamismus Abdül Hamids II. vielmehr ein von diesem ganz bewußt eingesetztes Instrument in dem traditionellen Bestreben der Osmanen, im Konzert der (christlich-)europäischen Mächte endlich ein gleichberechtigtes Mitglied zu werden. Das, was diese Mächte durch schiere Macht und Gewalt weltweit erreichen konnten, versuchte der Sultan-Kalif mit dem ideologisch-religiösen Drohpotential des Dschihadismus zu erreichen: »Die Politik des Kalifats war gewissermaßen die ›Weltpolitik‹ [Georgeon benutzt in seinem Text dieses deutsche Wort] des Osmanischen Reiches.«[344] In seiner Analyse der Politik des Kalifats kommt François Georgeon dann zu dem Schluß, daß für Abdül Hamid II. das Mittel des Dschihad gegenüber den europäischen Mächten letzten Endes nur ein Bluff gewesen sei. Als Beleg führt er folgende Äußerung des Padischahs gegenüber dessen Tochter Ayşe Sultan an: »Der ›Dschihad‹ war an sich nichts, und doch war er eine Waffe, die wir zur Verfügung hatten. Wenn ich den Botschaftern manchmal drohen wollte, sagte ich zu ihnen: ›Der islamische Kalif hat ein Wort auf den Lippen, von dem Gott gebe, daß er es nicht ausspreche.‹ Der ›Dschihad‹ war eine Kraft, die nur in unserer Einbildung existierte.«[345] Für Sultan Abdül Hamid II. war demzufolge der Dschihad-Gedanke nur ein Element in seinem komplizierten Spiel aus nur gespielter Drohung, Macht und Ohnmacht, das die europäischen Mächte nur schwer einzuschätzen vermochten, dessen beunruhigende Undurchschaubarkeit aber gerade deshalb eine der Waffen des Sultan-Kalifen war.

Georgeons Deutung zufolge müssen die Worte Sultan Abdül Hamids II. in dessen eigenen Aufzeichnungen, die inhaltlich den von seiner Tochter überlieferten Äußerungen stark ähneln, als Verschleierung seiner tatsächlichen Haltung gegenüber dem Dschihad angesehen werden. Der Großherr schreibt dort überaus hintersinnig: »Die Bande der uns einigenden Religion müssen von Jahr zu Jahr immer noch enger geknüpft werden; darauf beruht unsere Hoffnung für die Zukunft! Großbritannien, Frankreich, Rußland und die Niederlande – habe ich sie nicht alle in der Hand? Ein Wort des Kalifen reichte aus, um den Dschihad (den Heiligen Krieg) zu entfesseln! Wahrlich, welch Unglück für die christlichen Mächte! [...] Rufen nicht täglich 250 Millionen Muslime Allah an und richten ihre Blicke auf den Kalifen, den Nachfolger des Propheten? Läßt sich infolgedessen wirklich behaupten, daß wir ein schwaches Instrument inmitten des Konzertes der Mächte sind?«[346]

Der Dschihad ließ sich im Rahmen der osmanischen Diplomatie der Einschüchterung und Abschreckung zwar geschickt instrumentalisieren, doch Abdül Hamid II. wußte offensichtlich, daß im Zweifelsfall seine Dschihad-Propaganda nicht ausreichen würde, um Muslime außerhalb seines Reiches zu

Erhebungen gegen die christlichen Machthaber zu bewegen. Im Gegenteil: Das politische Instrument des Dschihad blieb nur solange effektvoll, wie es nicht für einen wirklichen Glaubenskrieg eingesetzt wurde. Solange er den Dschihad als Drohung in der Hinterhand hatte, diese Karte aber nicht offen ausspielte, konnte Sultan Abdül Hamid II. sich – eine wohlüberlegte Maßnahme zur Absicherung seiner Herrschaft – den europäischen Mächten wie den Muslimen gleichermaßen als Vermittler und Garant von Frieden und Stabilität anbieten. Beiden gegenüber präsentierte er sich als eine unverzichtbare Autorität, die man nicht ohne Gefahr absetzen konnte. Für diese Interpretation sprechen die Ereignisse in den Jahren 1881/82, als sich die Muslime in Bosnien, der Herzegowina und dem Sandschak von Novi Pazar gegen die österreichische Verwaltung dieser nominell noch zum Osmanischen Reich gehörigen Provinzen auflehnten. Damals erging der eindeutige Befehl Abdül Hamids II., daß die Aufständischen von den Osmanen keinerlei Hilfe erhalten sollten, womit er erheblich zur Beruhigung der Lage beitrug. Er spielte also in dieser für das Osmanische Reich bedrohlichen Lage gerade <u>nicht</u> den Trumpf des Dschihad aus. Ebenfalls zu dieser Deutung paßt, daß der Kalif 1898 auf dringende Bitten der Vereinigten Staaten im Krieg mit Spanien zwischen den Muslimen auf den Philippinen und den Amerikanern vermittelte. Sein ›Freund‹ der deutsche Kaiser ließ Sultan Abdül Hamid II. schließlich Anfang April 1900 über Botschafter Marschall von Bieberstein bitten, die muslimischen Chinesen, die im sogenannten ›Boxeraufstand‹ gewaltsam den Kolonialismus der Europäer bekämpften, aufzufordern, die Waffen niederzulegen. Tatsächlich entsandte der Kalif eine Delegation nach China, allerdings erreichte sie Peking erst, als die Revolte bereits niedergeschlagen war.

Die den offenen Dschihad scheuende Politik des Sultan-Kalifen reichte sogar bis in das britisch beherrschte Südafrika, wo indische Muslime um Unterstützung durch den Kalifen baten. Aber auch hier stachelte Abdül Hamid II. die Unzufriedenen nicht weiter auf.[347] Letzten Endes zeigen all diese Beispiele, daß Sultan Abdül Hamid II. keinesfalls ein religiös verblendeter Utopist oder Phantast war, sondern viel eher ein nüchterner Machtpolitiker, der realistisch genug war, um den Mythos des Dschihad seinen politischen Interessen unterzuordnen, und nicht umgekehrt. In der panislamischen Politik Abdül Hamids II. war der Dschihad indes nur ein Teilaspekt. Dieser umfaßte im Inneren insbesondere auch die Bekämpfung der um 1900 entstehenden arabischen Nationalbewegung, um die Einheit des Osmanischen Reiches zu wahren. Hierdurch machte sich der Padischah die Araber zunehmend zu Feinden, obwohl sie ansonsten von seinem oben geschilderten pragmatischen Panislamismus durchaus profitierten. Die Geschichte der Arabischen Halbinsel in den ersten Jahrzehnten des 20. Jahrhunderts legt von diesen komplizierten Verbindungen ein beredtes Zeugnis ab. Ferner müssen auch die von Sultan Abdül Hamid II. in seinen ›Gedanken und Erinnerungen‹ beschriebenen Bestrebungen, das Schisma mit den Schiiten zu überwinden oder wenigstens eine Annäherung zwischen Sunniten und Schiiten herbeizuführen, vor dem Hintergrund der panislamischen Bestrebungen des Kalifen gesehen werden.[348]

Was die Wirkung dieser Politik Abdül Hamids II. auf die Europäer betrifft, so hat die Möglichkeit des Entstehens einer panislamischen Bewegung Europa – und hier neben Rußland vor allem die Kolonialmächte mit einer großen Zahl muslimischer Untertanen – immer wieder in erhebliche Unruhe versetzt, ungeachtet dessen, ob der Sultan nun an deren Realität glaubte oder nicht. Eine solche panislamische Welle erschien den Kabinetten in London, Paris, Wien und Sankt Petersburg unkalkulierbar und als immanente Bedrohung des Friedens in den von ihnen beherrschten Gebieten, auch wenn es kaum jemals konkrete Zeichen für ihr Aufkommen gab. Ein zeitgenössischer Historiker beschrieb die überzogene Furcht sarkastisch so: »Wenn sich zwei Muslime in einem Café treffen, so ist das schon Panislamismus.«[349] Die im Kern gegen Großbritannien gerichtete Welt- und Orientpolitik Kaiser Wilhelms II. griff das Gespenst dieser panislamischen Bewegung schließlich begierig und zeitweilig nicht ohne Wirkung auf und machte sich das Paradigma zu eigen. Es erschien den Deutschen in ihrem globalen Konkurrenzkampf mit den Briten als ein verlockendes Mittel, um diese in die Schranken zu weisen. Die deutsche Adaption des Dschihad-Gedankens kam bereits in der bereits erwähnten Damaszener Rede Wilhelms II. im November 1898 zum Tragen. Ihren deutlichen Ausdruck fand sie allerdings erst in der tatsächlichen Dschihad-Proklamation durch den Sultan-Kalifen im November 1914. Ferner offenbarte sie sich im engagierten Wirken des Freiherrn Max von Oppenheim[350] und seiner Nachrichtenstelle für den Orient sowie in der Mission Werner von Hentichs in Afghanistan.[351] Oppenheim entstammte einer getauften und geadelten rheinischen Bankiersfamilie und gehört zu den schillerndsten deutschen Figuren im Orient. Der Eintritt in den diplomatischen Dienst wurde ihm wegen seiner jüdischen Abkunft zunächst verwehrt. Nach dem Ende der Ära Bismarck gelang es ihm allerdings, wohl protegiertt durch Wilhelm II., 1896 zum Attaché des deutschen Generalkonsulates in Kairo berufen zu werden. Bis 1910 war er dann Ministerresident in der ägyptischen Hauptstadt. Während des Ersten Weltkrieges war Oppenheim bestrebt, die islamische Bevölkerung des Nahen Ostens zu einem Heiligen Krieg gegen die Briten zu mobilisieren. Auf seine Initiative hin entstand daher Ende 1914 die in der deutschen Politik sehr umstrittene ›Nachrichtenstelle für den Orient‹ unter dem Dach des Auswärtigen Amtes, der allerdings letztlich wenig Erfolg beschieden war. Oppenheim war in dieser Zeit in Berlin sowie in der deutschen Botschaft in Constantinopel tätig.

Hinsichtlich seiner nach innen gerichteten Familien- und Personalpolitik zumindest in der engeren Umgebung Sultan Abdül Hamids II. muß die genannte Aussage Kürşats, daß es vornehmlich der Panislamismus gewesen sei, welcher die osmanische Herrschaft gestützt habe, allerdings differenziert betrachtet werden. Es entsprach sowohl der panislamischen als auch der osmanischen Einstellung des Sultans (beide Strömungen konnten also zuweilen auch zusammen wirken), durch die Berufung von Arabern auf hohe Posten oder sogar das Einheiraten von Arabern in die kaiserliche Familie die traditionell der osmanischen Oberherrschaft wie auch dem osmanischen Kalifat eher ablehnend gegenüberstehenden arabischen Bevölkerungsteile für sich zu gewinnen, was dann zu einer Verbreiterung der Herrschaftsbasis nicht-türkischer Eliten führte. So verlobte sich Abdül Hamids II. 1887 geborene Tochter Ayşe Sultan noch im Frühjahr 1909 unmittelbar vor dem Sturz Ihres Vaters, auf Anregung von dessen Erstem Sekretär Ali Cevat Bey[352] mit Damad Achmed Nâmi Bey, den sie im darauffolgenden Jahr in Constantinopel heiratete. Der Syrer Ahmed Nami Bey[353] entstammte einer Beiruter Familie, deren männliche Angehörige in der Verwaltung Syriens, Palästinas und Ägyptens hohe Posten bekleidet hatten. Die Ehe wurde 1919 geschieden. Ahmed Nami Bey kehrte nach dem Zerfall des Reiches nach Beirut zurück und war von 1926 bis 1928 Staatspräsident Syriens, wobei es de facto die französischen Mandatsherren waren, die seit 1920 den Gang der Ereignisse bestimmten. Die Tatsache, daß verschiedene Persönlichkeiten aus der Umgebung des Sultans – oder deren Söhne – nach dem Zerfall des Reiches in den nahöstlichen Nachfolgestaaten wichtige Ämter bekleideten, zeugt von der Kontinuität des Einflusses verschiedener Familien, die mit den Geschicken des Osmanischen Reiches ebenso verbunden waren wie mit denen Syriens oder Transjordaniens. Es sei in diesem Zusammenhang noch auf einen weiteren Syrer am Hof, Scheich Abu al-Huda,[354] hingewiesen, der zwischen 1880 und 1901 ein einflußreicher, bis heute jedoch in seiner Beurteilung sehr umstrittener Berater des Sultans war. Sein Sohn Hasan Khalid Abu al-Huda[355] war von 1923 bis 1924 und dann nochmals von 1926 bis 1931 Premierminister in dem damals britisch verwalteten Transjordanien und nahm auch danach wichtige politische Posten ein.[356] Auch Abdül Hamids II. langjähriger Zweiter Sekretär Achmad İzzet al-'Abid war Syrer und entstammte einer einflußreichen Damaszener Familie. Er stieg seit 1896 zu einem der mächtigsten Männer am osmanischen Hof auf. Durch seine Verwandten knüpfte er – vermutlich auch ganz im Sinn des Padischahs – ein beachtliches syrisch-arabisches Netzwerk, das in verschiedenen Punkten – es sei hier nur an die Hedschasbahn erinnert – eine weitreichende Wirkung entfaltete.[357] Verschiedene Scheichs, die mit den Muslimen in Südarabien, Tripolitanien oder Syrien in engen Beziehungen standen, hielten sich ebenfalls dauerhaft am Hof des Sultans auf und wurden von ihm protegiert.

In seinen Erinnerungen erwähnt Abdül Hamid II. auch die schillernden Brüder Najib und Selim Melhame, die, ebenfalls aus einer syrisch-libanesischen Familie stammend, als Diplomat und heimlicher Chef der gefürchteten Geheimpolizei beziehungsweise als Minister ebenfalls zu den arabischen

Repräsentanten im Umfeld des Padischahs gehörten. Najib und Selim Melhame entstammten einer syrisch-libanesischen Familie und gehörten zu den schillerndstenen Figuren, die, zumindest in den Augen der ausländischen Diplomaten, den Hof Sultans Abdül Hamids II. prägten. Najib Melhame bekleidete verschiedene politische Ämter, unter anderem zwischen 1897 und 1902 das des Kaiserlichen Kommissars in Bulgarien. Wegen angeblich erheblicher Unterschlagungen mußte er Bulgarien verlassen und war dann offiziell Untersekretär im Ministerium für öffentliche Arbeiten. Tatsächlich galt er als heimlicher Kopf der Geheimpolizei des Sultans. Im Sommer 1908 wurde er schließlich aller Ämter enthoben und verhaftet. Sein Bruder Selim Melhame war Minister des Sultans gewesen und 1908 bereits ins Ausland geflohen, um seiner Verhaftung zu entgehen.[358]

Dennoch fällt auf, daß der Sultan in seinen ›Gedanken und Erinnerungen‹ immer wieder von ›Türken‹ und nicht von Osmanen spricht. Im osmanischen Sprachgebrauch war die Bezeichnung ›Türke‹ noch im 19. Jahrhundert pejorativ und bezeichnete einen ungebildeten Bauern. Abdül Hamid II. war der erste osmanische Sultan, der sich selbst als ›Türke‹ bezeichnete. Elçin Kürşat sieht darin einen Identitätswandel zunächst innerhalb einer Gruppe von Intellektuellen, die im späten 19. und im frühen 20. Jahrhundert eben zur Ausprägung einer türkischen Identität führte, der sich dann auch der Sultan verpflichtet sah: »In einer Diskussion mit dem Großwesir Hayreddin Paşa sagte 1879 Abdülhamid, ›Paşa, ich bin ein Türke und werde ein Türke bleiben.‹ «. An anderer Stelle äußerte der Padischah zu einem albanischen Soldaten, der einen türkischen Soldaten beleidigt hatte: »Vergiß nicht, auch ich bin ein Türke«.[359] Nachdem die historische Forschung sich eingehend mit den Unterschieden und den Unvereinbarkeiten der beiden ideologischen Strömungen befaßt hat, sollte auch einmal untersucht werden, in welchen Hinsichten die panislamische Idee als supranationale Ideologie mit dem Osmanismus zusammenwirkte und ob sie in gewisser Weise innerhalb der Grenzen des Reiches auf dem steinigen Weg zur Schaffung einer osmanischen Nation die gleichen Ziele verfolgte.

Auch in wirtschaftlich-technischer Hinsicht zeigte sich Sultan Abdül Hamid II. auf der Höhe seiner Zeit. Er hatte bei seinem Europabesuch 1867 die Bedeutung der Eisenbahnen, von deren Schnelligkeit er so beeindruckt gewesen war, sehr wohl erkannt und zeigte sich nun bestrebt, auch in seinem Land solche Schienenstränge bauen zu lassen, um entlegene Gebiete zu erschließen und wirtschaftliche Zentren miteinander zu verbinden. Dazu äußert er sich auch eingehend in seinen ›Gedanken und Erinnerungen‹. Seit dem preußischen Sieg über die Hannoveraner nach der Schlacht bei Langensalza 1866, der hauptsächlich deshalb gelungen war, weil die preußische Armeeführung mit dem noch relativ neuen Transportmittel Eisenbahn schnell frische Truppen in großer Zahl in den Kampf hatte führen können, war es offensichtlich, daß die Eisenbahn auch in militärischer Hinsicht ein bedeutender Faktor war. So verfolgte Abdül Hamid II. neben wirtschaftlichen und entwicklungspolitischen Aspekten zusätzlich die Absicht, in die unruhigen Gebiete seines riesigen Reiches mittels der Eisenbahn in kurzer Zeit Soldaten transportieren zu können, um äußeren Feinden und Insurgenten wirkungsvoll zu begegnen. Über den Bau der – alle europäischen Großmächte in heftige Rivalitäten verwickelnden – Eisenbahnlinien im Osmanischen Reich ist so viel geschrieben worden, daß hier ein kurzer Überblick genügen mag. 1888 erhielt die Deutsche Bank mit Georg von Siemens[360] an der Spitze nach langwierigen Verhandlungen die Konzession für den Bau der Anatolischen Eisenbahn von Constantinopel (Haydarpascha) nach Konia (Konya) sowie Angora (Ankara). Schon 1899 und endgültig 1903 folgte dann im Ergebnis eines heftigen internationalen Tauziehens die Vergabe für die legendäre Bagdadbahn an ein Konsortium unter Führung der Deutschen Bank und zunächst noch Georg von Siemens', der allerdings 1901 verstarb. Wie der Sultan in seinen Aufzeichnungen erwähnt, verpflichtete sich die osmanische Regierung, die Finanzierung der Anatolischen Eisenbahn durch die Gewährung einer Kilometergarantie abzusichern, nachdem Bismarck bereits 1888 deutsche Garantien gegenüber der Deutschen Bank ausgeschlossen hatte. Auf der Strecke von Haydarpascha nach İzmit garantierte der Staat den deutschen Betreibern pro Kilometer jährlich 10.200 Francs Gewinn, für die Strecke von İzmit nach Angora belief sich die Garantie sogar auf 15.000 Francs pro Jahr. Zur Bezahlung dieser Garantien verpfändete die osmanische Regierung die Einnahmen aus der Getreidesteuer der Provinzen İzmit und Angora. Damit wurde der Bank ein Gesamtgewinn von mehr als acht Millionen Francs zugesichert, ungeachtet von der tatsächlichen Auslastung der Strecke.[361]

Wie deutsche Kolonial- und Wirtschaftspolitiker das Osmanische Reich und die Stoßrichtung deutschen Engagements dort tatsächlich einschätzten, enthüllt in geradezu grotesker Weise der überhebliche Ausspruch des Publizisten und Orientreisenden Friedrich Dernburg aus dem Jahr 1892: »Wenn einmal am Bahnhof zu Angora der klassische Ruf erschallt: Warme Würstchen, Glas Bier gefällig! dann wird Deutschland in Kleinasien den Fuß im Steigbügel haben.«[362] Ein kurzer Aufsatz des Journalisten Siegmund Feldmann bietet ein weiteres Beispiel für die auch in Deutschland in dieser Epoche eines hemmungslosen Eurozentrismus und Fortschrittsglaubens überaus weit verbreiteten Überlegenheitsphantasien nicht nur der Industrienationen: In der Zeitschrift ›Die Woche‹ erschien im April 1914 Feldmanns mit ›Orientalische Pracht‹ überschriebener Reisebericht, in dem er in bezug auf die Schönheit orientalischer Städte von »Plunder« statt »Wunder« sprach und in unerhörter Arroganz feststellte, Constantinopels »überwältigende Schönheit« sei nichts als ein »nachgeschwatztes Klischee«, das einzig und allein darauf beruhe, daß von der Metropole am Goldenen Horn so faszinierte Orientreisende wie Chateaubriand,

Byron oder Gautier[363] nicht auf der ›Cleveland‹ (dem modernen Schiff, mit dem Feldmann um 1900 nach Constantinopel gereist war), »sondern auf einem kleinen, wackligen, übelriechenden Segler fuhren und begeistert waren, nach mehrwöchiger Seekrankheit endlich wieder festen Grund unter den Füßen zu fühlen. Unter den gleichen Umständen hätte sie Dingskirchen ebenso begeistert.« Feldmann nannte die Hauptstadt des Osmanischen Reiches herablassend lediglich »eine gelungene, nur auf Distanz genießbare Theaterdekoration«.[364]

Ein stetig zunehmender Verlust von Prestige und Macht gegenüber den europäischen Großmächten, aber auch der Ansehensverlust im eigenen, mehr und mehr auseinanderstrebenden Reich lenkte die Aufmerksamkeit des Sultan-Kalifen auf neue Politikfelder, die sich mit der Religion äußerst vorteilhaft verbinden ließen. Daher entstand dann in Zusammenhang mit dem silbernen Regierungsjubiläum Sultan Abdül Hamids II., das bereits am 31. August 1900 begangen wurde, das ambitionierte Projekt der Hedschasbahn, die über Damaskus zu den heiligsten Städten des Islams, nach Mekka und Medina, führen sollte, um die sich damals vermindernden Pilgerströme sicherer und bequemer nach Mekka zu leiten und gleichzeitig einer nachhaltigen Erschließung der westlichen Küstenregion der Arabischen Halbinsel und ihrer engeren Anbindung an die Zentralgewalt in Constantinopel zu dienen. »Der Hedschasbahn-Bau war das mit Abstand ehrgeizigste, originellste, ausgedehnteste, personalintensivste, kostspieligste und neuerungsreichste Modernisierungsprojekt in der fast 400jährigen Geschichte der türkischen Oberhoheit über ausgedehnte Gebiete Arabiens.«[365] Seitens des Sultans war der Plan zum Bau dieser Bahn unter Beteiligung deutscher Ingenieure, neben politisch-strategischen – eine festere Bindung der Arabischen Halbinsel an den Kern des Reiches, rasche Truppentransporte in Richtung Sinai und der englischen Machtbereiche in Nordafrika – vor allem eben religiösen Erwägungen entsprungen. Sultan Abdül Hamid II. »betonte die Wichtigkeit des Kalifen-Titels als des Fürsten aller Gläubigen und belebte die frühere Pracht des Kalifats wieder. In allen Epochen war die Betreuung und der Schutz der heiligen Städte eine wesentliche Aufgabe der Kalifen. [...] Dies war einer der Gründe für den Bau der Hedschasbahn nach Medina und Mekka«.[366] Einen wichtigen Anstoß zu diesem ambitionierten Projekt im Geist des Panislamismus könnte İzzet Bey, der Vertraute und Sekretär des Sultans, geliefert haben. Die europäischen Zeitgenossen sahen in ihm jedenfalls einen eifrigen Befürworter dieser Angelegenheit, und auch Abdül Hamid II. selbst äußert sich so in seinen Erinnerungen.[367] Ein Verwandter von İzzet Bey war der Syrer Abd al-Rahman al-Jusuf, der Führer der alljährlich von der Sultanahmet-Moschee in Constantinopel ihren Ausgang nehmenden Pilgerfahrt zu den heiligen Städten Mekka und Medina. Die Schwierigkeiten und Strapazen dieser bedeutenden, langwierigen Unternehmung kannte er genauestens, wobei ihm und auch der Geistlichkeit keineswegs entgangen sein dürfte, daß Ende des 19.

Jahrhunderts das Interesse der innerhalb und außerhalb des Reiches lebenden Muslime, eine Wallfahrt zu der heiligsten Stadt des Islams zu unternehmen, deutlich zurückgegangen war. Eigentlich eine Pflicht für alle Muslime, begaben sich jedoch zunehmend weniger Menschen auf diese gefahrvolle, entbehrungsreiche Pilgerfahrt. Eine Eisenbahntrasse über die Arabische Halbinsel sollte dies ändern und besonders Pilger aus Rumelien, Westanatolien und dem Russischen Reich verstärkt nach Mekka bringen. Jedenfalls wurde İzzet Bey, vermutlich auch angeregt von Abd al-Rahman al-Jusuf, zu einer treibenden Kraft dieses Projektes.

Erich Feigl, ein profunder Kenner des Lebens Alois Musils, der als Orientalist zwischen 1895 und 1920 eine wahrlich schillernde Figur im Dienst Österreich-Ungarns auf der Arabischen Halbinsel war[368], schrieb über das Eisenbahnprojekt: »Im Jahre 1900 ging Abdül Hamid an den epochalen Bau der Hedschasbahn, [...] teils um im Sinne seines Re-Islamisierungsprogramms die Hadsch, die Pilgerfahrt nach Mekka, zu erleichtern und den Bedingungen und Möglichkeiten des 20. Jahrhunderts anzupassen, teils um die stets aufstands- und raublustigen Beduinen besser in den Griff zu kriegen. Abdül Hamids Regierungsprogramm, die Würde des Kalifats wiederherzustellen und den Kalifen wieder zum ›Schatten Allahs auf Erden‹ zu machen, brauchte diese Bahn, so wie sie die Herrschaft über Mekka und Medina brauchte. Mit Hilfe so fähiger Leute wie İzzet Pascha [...] zog der Sultan dieses gewaltige Bauprogramm durch, mit dem er gleichzeitig die für das Reich lebensnotwendige islamische Idee stärkte: denn im osmanischen ›Reich‹ zählte aus dem Selbstverständnis der Sultane heraus weniger die nationale Zugehörigkeit als vielmehr die Loyalität zum Hause Osmans.«[369] Die Finanzierung verlief bei diesem Bahnbau allerdings anders als bei den bisherigen Projekten, denn bereits im zweiten Halbjahr 1900 ergingen in der gesamten muslimischen Welt Aufrufe zu Spenden für diese ›fromme‹ Eisenbahn. Der Sultan zeichnete in seiner Funktion als Kalif eine große Summe aus seinem Privatbesitz. Christlich-europäische Finanziers waren daran ebensowenig beteiligt wie europäische Unternehmen. Die Bahn war schuldenfrei. Die Bauleitung übernahm allerdings der deutsche Ingenieur Heinrich August Meißner,[370] der später auch an der Errichtung der Bagdadbahn erheblichen Anteil hatte. Der Sultan verlieh ihm aufgrund seiner Verdienste – und um ihn als privilegierten Beamten zu kennzeichnen – den Titel Pascha (Meißner Pascha). Kalif Abdül Hamid II. hegte wohl sogar zeitweilig die Absicht, ganz entgegen seinen sonstigen Gepflogenheiten, am 31. August 1904, seinem 29. Regierungsjubiläum (nach osmanischer Zählung), an der feierlichen Jungfernfahrt auf dem zweiten Streckenabschnitt zwischen Derra und Maan teilzunehmen.[371] Im September 1908 war die heilige Stadt Medina bereits an die Pilgerbahn angeschlossen. Die Streckenlänge der offiziell zu Ehren des Sultan-Kalifen ›Chemin de fer Hamidié du Hedjaz‹ genannten Linie, von den Beduinen im Hedschas jedoch verächtlich ›die

Mauleselin des Sultans‹[372] tituliert, betrug stolze 1465 Kilometer. Es wurde schon davon geträumt, 1910 endlich Mekka zu erreichen – und die Eisenbahn dann rasch bis in das jemenitische Sanaa fortzuführen. Doch es sollte ganz anders kommen. Die Revolution von 1909 und die unumgängliche Konsolidierung der Staatskasse brachten das Projekt zunächst zum Erliegen.

Erst 1914 war die Regierung in Constantinopel, offenbar auch gedrängt von den deutschen ›Freunden‹, zu einem Weiterbau entschlossen, doch der Ausbruch des Ersten Weltkriegs vereitelte endgültig alle dahingehenden Pläne. 1914 und 1915 wurden noch Pilger bis Medina transportiert, danach beherrschte das Militär die Szenerie. Spätestens der Zusammenbruch des Osmanischen Reiches Ende 1918 bedeutete auch das Ende für die Hedschasbahn, das neue Arabische Königreich hatte andere Sorgen. Reste dieser ›Sultan Abdül Hamid Hedschas-Eisenbahn‹[373] haben sich bis heute als schrottreife Kuriosa und Souvenirs an eine längst untergegangene Epoche an verschiedenen Stellen in der arabischen Wüste erhalten.

Die Deutschen wie auch die Briten, Franzosen, Italiener, Österreicher oder Russen waren von dem festen Willen beseelt, das weite Osmanische Reich zum Absatzmarkt ihrer Industrieprodukte zu machen, was auch hieß, daß sie an der Entwicklung einer selbständigen osmanischen Industrie kein unbedingtes Interesse haben konnten. Dennoch entging manchen unter ihnen keineswegs das Zwiespältige dieses rücksichtslosen, bis heute immer wieder erprobten, Vorgehens: »Leider hat das 19. Jahrhundert, welches der Welt die Ausbreitung der europäischen Zivilisation über die Welt beschert, hat das schöne Bild der orientalischen Kultur arg angefressen mit seinen Dampf- und Eisenbazillen, gegen die keinerlei Kulturkraut gewachsen ist. Die europäische Industrie hat den orientalischen Markt überschwemmt und die Erzeugnisse seiner eigenen uralten und schönen Handarbeit größtenteils fortgewischt. Mit Ausnahme der Teppiche, des Einzigen, was Europa nicht nachmachen kann, mit Ausnahme von Leder- und Ton-, Messing- und Kupferarbeiten, Wollstoffen und Seidengeweben (von anderen Kleinigkeiten abgesehen), hat der fremde Import den handwerklichen Ausdruck der orientalischen

Deutsche Orientbank in Constantinopel, um 1900

Kultur schon vernichtet [...]. Kaum ein Basar [...] ohne schamlose Webwaren und Emailgeschirr aus dem Westen. [...] Dazu das verrostete Blech der Tenaken, jener Kästen, in denen das amerikanische und russische Petroleum in den Handel kommt und die als Eimer und Kannen ebenso gern verwendet werden wie zur Verzierung der Häuser und zur Herstellung von Hütten oder Schornsteinen [...]«, klagte 1915 Ewald Banse wortreich.[374]

Noch etwas anderes offenbart sich hier: Das Reich sollte sich dem Westen öffnen, sich entwickeln, modernisieren, doch wenn es das tat, natürlich mit den nicht seltn als negativ empfundenen Begleiterscheinungen, dann war es den Europäern wiederum auch nicht genehm – und sie beklagten durchaus zutreffend den Verlust dessen, was sie, nicht zuletzt nach ihrer ureigenen Definition, als den Orient empfanden. Mit der Gründung der ›Großherrlichen Teppich- und Stoffabrik‹ in Hereke, der Schaffung einer Kunstakademie oder auch der Einrichtung der ›Großherrlichen Porzellanmanufaktur‹ beabsichtigte Sultan Abdül Hamid II., beeinflußt von kunstsinnigen Ratgebern wie Osman Hamdi Bey,[375] den negativen Auswirkungen der europäischen Massenimporte auf das heimische (Kunst-) Handwerk entgegenzuwirken und neben der Wirtschaft auch das heimische Kunsthandwerk zu fördern. Dem heutigen Leser kommt das durchaus bekannt vor. In einigen Regionen Afrikas und Asiens wird jetzt mancherorts mit ähnlichen Projekten auf die aggressive Export- und Entwicklungspolitik der

Die stählerne Galatabrücke wurde von der deutschen Firma MAN-Werk Gustavsburg errichtet

Industriestaaten, die Arbeitsplätze, traditionelles Handwerk und regionale Absatzmärkte zerstört hat, reagiert. Die kaiserliche Teppichfabrik in Hereke wurde im Jahr 1893 gegründet. Die dortige kaiserliche Textilfabrik, ›Hereke Fabrika-i Hümâyûn‹, bestand bereits seit 1843. Dank europäischer Technik aus Lyon war sie so leistungsfähig, daß ihre Produktion den Bedarf an Bezugs-, Dekorationsstoffen und Teppichen für sämtliche der kaiserlichen Schlösser in der Spätphase des Reiches befriedigen konnte.[376]

Wie auch die Porzellanfabrik im Park von Yıldız, so unterstand die Fabrik von Hereke der Verwaltung der sogenannten ›Civilliste‹. Mit den ›kaiserlichen Teppichen‹ gelang es anatolischen Knüpfmeistern, in Zusammenarbeit mit einheimischen sowie europäischen Künstlern, rasch eine neue Stilrichtung zu schaffen. Das Zelt, das Kaiser Wilhelm II. im Herbst 1898 während seiner Palästina-Reise benutzte, war ebenfalls aus in Hereke gefertigten Stoffen hergestellt werden. Im Militärmuseum in Istanbul befinden sich heute Teile davon.[377] Viele ausländische Gäste des Sultans besuchten die Manufaktur unweit von Constantinopel bei ihren Aufenthalten am Bosporus, so daß schließlich sogar ein ›Kaiserlicher Pavillon‹ für die fürstlichen Besucher errichtet wurde. Die in Hereke hergestellten Teppiche waren von solch ausgezeichneter Qualität, daß sie alsbald zu begehrten Präsenten bei europäischen Fürstenbesuchen wurden. Großherzogin Elisabeth von Oldenburg vermerkte am 7. April 1902 in ihrem Reisetagebuch: »Als wir uns gerade zu Tisch setzen wollten, erschien plötzlich ein Kammerherr des Sultans, İzzet Bey, mit großen Körben u. Paketen, lauter Geschenke des Sultans für uns. Auf Deck packte er alles aus, das war wieder wie in 1000 u. 1 Nacht. Aug. bekam 2 große Teppiche, der Größte davon soll 5.000 M. kosten ... u. eine wunderschöne Vase. Ich erhielt 2 Teppiche und 5 schöne Seidenstoffe zu Kleidern, Lotta ebenso. Jede Dame erhielt 3 Kleiderseidenstoffe, jeder Herr 1 Teppich.«[378]

Jenes bereits erwähnte, hochinteressante Instrument der hamidischen Finanz- und Wirtschaftspolitik, in dessen Händen die Verwaltung nicht nur der Fabrik in Hereke lag, war der bereits 1855 in Anlehnung an europäische Einrichtungen solcher Art gegründete Sonderfiskus ›Hazine-i Hassa‹. Dabei handelte es sich um die seitens des osmanischen Staats dem Herrscher zur Verfügung gestellten Geldmittel, um den Lebensunterhalt der kaiserlichen Familie sowie dem des kaiserlichen Hofes abzusichern. Im europäischen Sprachgebrauch wurden diese Einkünfte ebenso wie die sie verwaltende Behörde ›Civilliste‹ genannt. In der Regierungszeit Abdül Hamids II. bestand die Civilliste allerdings aus einem selbständigen Ministerium mit umfangreicher Tätigkeit, das unter besonderer Kontrolle des Herrschers selbst stand und sich dadurch zu einem machtvollen Instrument der autokratischen Herrschaft entrichtete, die im Yıldız-Palast konzentriert war. Erst die Revolution im Sommer 1908 beendete diesen Zustand. In seinen Erinnerungen erwähnt der Sultan seinen äußerst fähigen Minister der

Civilliste, den Armenier Agop oder Hagop[379] (dessen beide Nachfolger trotz der bestehenden Ressentiments wiederum Armenier waren). Im Auftrag des Großherrn formte Hagop Pascha aus der bis dahin nachgeordneten Verwaltung der Geldmittel des Sultans ein äußerst wichtiges Ministerium im Zentrum der Macht. Das Ministerium der Civilliste bestand aus zwei Teilbereichen, einer Abteilung für die Verwaltung der im Besitz der Krone befindlichen Fabriken, Immobilien, Güter und Liegenschaften (vergleichbar etwa dem unveräußerlichen Kronfideikommißgut europäischer Herrscherhäuser, das ›der Krone‹ als rechtlicher Institution gehörte und von einzelnen Mitgliedern des Hauses lediglich genutzt werden konnte, ohne in deren Besitz überzugehen) sowie einer Abteilung für die unmittelbaren Bedürfnisse des Sultans und der apanagierten Mitglieder der Herrscherfamilie selbst.

Die Civilliste verwaltete einen sich ständig vergrößernden kaiserlichen Domanialbesitz im gesamten Land, wobei sich auch hier panislamische Leitlinien erkennen lassen, denn große Teile dieser mehrere Millionen Hektar umfassenden kaiserlichen Domänen befanden sich in den arabischen Teilen des Reiches. Allein in den syrischen Gebieten um Aleppo und Homs besaß der Sultan rund eineinviertel Millionen Hektar Land, das von arabischen Bauern bewirtschaftet wurde. Doch auch im Norden des heutigen Libanons und im Jemen wurde Land angekauft. Zu dem ausgedehnten großherrlichen Domanialbesitz zählten außerdem die Kaffeeplantagen um das jemenitische Lohadscha, die Kaffee in ausgezeichneter Qualität lieferten, und im Wilajet Basra große Dattelanpflanzungen, die an die örtlichen Stammesführer verpachtet waren. Seit 1879 wurde auf diesem sich ständig erweiternden Besitz, der bestehenden Ressentiments auch unter bisweilen recht fragwürdigen Umständen in das Eigentum des Sultans geriet, eine systematische Ansiedlung betrieben. Auf diese Weise wurden zahlreiche Muslime, die beispielsweise aus den infolge des Berliner Kongresses verlorengegangenen europäischen Besitzungen auf dem Balkan oder aus dem nun russischen Kaukasien in das Osmanische Reich zurückfluteten, im Zweistromland als Landwirte mit weitreichenden Vergünstigungen auf regelrechten Musterbauernhöfen, die nach den modernsten europäischen Gesichtspunkten angelegt waren, angesiedelt.[380]

Die kaiserliche Civilliste sorgte darüber hinaus für die Anlage neuer Bewässerungssysteme, für den Bau von Kanälen und Brücken. Im fruchtbaren Zweistromland zwischen Euphrat und Tigris zählten bei Kerbela, Amra und Hilla ausgedehnte Gemüse-, Tabak-, Reis- und Weizenfelder, Dattelplantagen, Obstkulturen und viel Weideland zu den Domänen des Sultans. Allein im Wilajet Bagdad gehörten bereits zu Beginn der 1890er Jahre mehr als dreißig Prozent der landwirtschaftlichen Fläche zum Domanialbesitz der Civilliste. Die an Ort und Stelle stationierten Regimenter wurden oftmals zur Verwaltung und zum Erhalt dieses Besitzes herangezogen. Der Leiter des Büros der kaiserlichen Domänen in

Bagdad war zum Beispiel der örtliche Armeechef. Doch die Tätigkeit der Civilliste umfaßte noch andere Bereiche: Der Tigris wurde reguliert, um eine Handelsschiffahrt zu ermöglichen, die irakische Wüste wurde teilweise bewässert, um effektive Landwirtschaft betreiben zu können. Dörfer und Musterhöfe entstanden. Am Großen Sab (Sab el-Ala) und am Kleinen Sab (Sab el-Asfal) wurde die Salzgewinnung etabliert.[381] Mit einem modernen Begriff läßt sich ein wichtiger Tätigkeitsbereich der Civilliste als gezielte Entwicklungshilfe im eigenen Land beschreiben, natürlich mit dem Ziel, letztlich die Einkünfte zu mehren, aber auch, um Menschen eine Heimat und Arbeit zu geben, die zuvor von Haus und Hof vertrieben worden waren – und außerdem auch dazu, um das Feld der Modernisierung weiter Teile des Landes nicht den Ausländern zu überlassen.

Mesopotamien bildete einen Schwerpunkt der landwirtschaftlichen Projekte Sultan Abdül Hamids II. Hier wurden denn auch beachtliche Erfolge erzielt. Die Landwirtschaft, der bedeutendste Wirtschaftszweig des Osmanischen Reiches, wurde somit in allerhöchstem Auftrag modernisiert, auf den Musterbauernhöfen wurden neben neuen Techniken auch neue Anbau- und Zuchtmethoden angewandt. Weitere Impulse gab außerdem die 1888 begründete Landwirtschaftsbank, die den chronischen Kapitalmangel bei der Landbevölkerung deutlich verringerte und auf diese Weise schrittweise dazu beitrug, die Rückständigkeit der Landwirtschaft zu beseitigen. Außerdem diente der umfangreiche Grunderwerb durch die Civilliste Abdül Hamid II. dazu, den Bodenerwerb großen Ausmaßes durch ausländische Investoren, der seit 1867 gestattet war, zu unterbinden, fürchtete man doch die landwirtschaftliche Kolonisation durch Ausländer als ersten Schritt auf dem Weg zu einer tatsächlichen Kolonisierung des Landes durch die Europäer. In Palästina verhinderte der Sultan durch den Kauf großer Landflächen für den kaiserlichen Domanialbesitz, daß dieses Land in den Besitz jüdischer Einwanderer aus Europa gelangte, weil er das Entstehen eines neuerlichen Konfliktherdes fürchtete, sollte es dort zu einer jüdischen Einwanderung von Bedeutung kommen.

Spätestens das Treffen mit Theodor Herzl 1901 hatte dem Sultan-Kalifen sehr deutlich vor Augen geführt, daß die in Europa aus oftmals antisemitischen Beweggründen (worüber sich Abdül Hamid II. völlig im klaren war, wie er in seinen Erinnerungen schreibt[382]) wohlwollend protegierte jüdische Auswanderung in den Nahen Osten den Charakter einer modernen Nationalbewegung tragen würde. Im Interesse der inneren Einheit des Reiches wollte er eine solche separatistische Bewegung nicht in das Land holen, wenngleich ihm nach eigenem Bekunden an tüchtigen Landwirten – aber eben an muslimischen – gelegen sein mußte. Außerdem gehörten Kohlengruben, Ölquellen bei Mossul, die Hafenanlagen von Selanik, Zolleinnahmen und viele weitere Einrichtungen der Civilliste, die auf diese Weise dem Sultan beträchtliche Einkünfte sicherte, zumal der landesherrliche Besitz, wie übrigens auch in Deutschland,[383] nicht besteuert wurde.

François Georgeon spricht von einem regelrechten Parallelbudget neben dem regulären Staatshaushalt, mit dem der Großherr außer den Ausgaben für sich selbst die Apanagen für die Mitglieder des kaiserlichen Hauses oder sein ausgedehntes Spionagenetz ebenso finanzierte wie Bestechungsgelder, lobende Presseartikel in verschiedenen europäischen Zeitungen – und größere Anleihen für den eigentlichen Staatshaushalt.[384] Die reichen Mittel aus den Einnahmen der Civilliste erlaubten es dem Sultan auch, sich als tätigen Bauherr und gepriesenen Wohltäter darzustellen. Die weitreichende Wohltätigkeit und Fürsorge des Kalifen drückte sich dabei eher in den landesweiten, kleineren Projekten aus. Zahlreiche Schulen, Krankenhäuser oder öffentliche Einrichtungen wurden aus diesen Mitteln ebenso finanziert wie der Bau von Brücken und Straßen. Doch der Kalif bediente sich der Civilliste auch, um überall im Reich kleine Moscheen errichten oder ausbessern zu lassen, Friedhöfe instand zu halten und Heiligengräber oder Brunnen zu restaurieren. Nicht nur das schwere Erdbeben, das Constantinopel 1894 traf, bot hierfür reichlichen Anlaß. Von 1300 genannten Wohltätigkeitsakten des Sultans für das Jahr 1900 betrafen allein 422 den Neubau oder die Rekonstruktion von Moscheen.[385] Eine bedeutende Moschee ließ Abdül Hamid II., wie bereits erwähnt, im Gegensatz zu vielen seiner Vorgänger allerdings nicht errichten. Seine reizvolle Palastmoschee vor dem Yıldız-Palast wird erst neuerdings von Bau- und Kunsthistorikern gewürdigt und auch als in gewisser Weise innovativ angesehen, aber weder hinsichtlich ihrer Größe noch in bezug auf die stilistische Ausprägung kann sie bedeutend genannt werden.

Im jährlichen Kalender des Reiches waren zwei Tage von herausragender Bedeutung und wurden entsprechend feierlich zelebriert – der Geburtstag des Sultans und der Tag seiner Thronbesteigung. Seinen Geburtstag feierte der Padischah stets nach dem osmanischen Mondkalender am 15. Şaban eines jeden Jahres, sein Regierungsantritt wurde dagegen immer nach dem gregorianischen Kalender am 31. August begangen. Stets wurden diese arbeitsfreien Feiertage im gesamten Reich mit festlichen Illuminationen, Empfängen (auch in den osmanischen Botschaften im Ausland) und anderen Lustbarkeiten begangen. Der Vertreter des deutschen Botschafters am osmanischen Hof Alfred von Kiderlen-Wächter beschrieb die herrschende Feststimmung – es war das letzte Thronjubiläum des ancien régime vor der Revolution 1908 – in einem Brief vom 2. September 1907 recht anschaulich: »Die gestern mit dem Dampfer angekommenen Briefe erhielt ich noch nicht. Der Grund ist echt türkisch, [...]. Der gestrige Festtag der Thronbesteigung des Sultans fiel auf einen Sonntag; da nun die christlichen Untertanen des Sultans dadurch um einen freien Tag gekommen wären, so haben heute alle Geschäfte geschlossen, um den Tag wieder einzubringen. Die Beleuchtung gestern war feenhaft, viele Paläste erglänzten wie ein Feuermeer; namentlich schön waren die Beleuchtungen auf den Höhen; wir haben uns sehr ausgezeichnet [gemeint ist vermutlich die Sommerresidenz des Botschafters am Bosporus]: nicht nur unsere Front war illuminiert, sondern auch ein großer Teil der alten Mauern im Park. Wir fuhren von 1/2 8 bis 11 Uhr in der mouche [eine Barkasse] spazieren. Den Festartikel des ›Levant Herald‹ bitte ich zu lesen: es ist rührend, daß als besondere Freude für den Sultan in diesem Jahre mein Besuch erwähnt wird und auch noch als ›Freund von seiner Majestät‹!«[386]

Sultan Abdül Hamid II. wie das gesamte Reich beging bereits den Auftakt seines fünfundzwanzigsten Regierungsjahres am 31. August 1900 mit einer Folge großartiger Festlichkeiten. Daß der Sultan nicht erst 1901 den Tag seines silbernen Thronjubiläums feiern ließ, mag unter anderem damit zusammengehangen haben, daß auch nach muslimischer Vorstellung der Beginn eines neuen Jahrhunderts besonders wichtig und glückverheißend war.[387] In seiner Regierungszeit hatten die Jahrestage seiner Thronbesteigung – ganz im Sinn des Osmanismus – den Charakter eines identitätsstiftenden Nationalfeiertages angenommen. Öffentliche und private Gebäude waren festlich illuminiert, Flammenschriften aus kleinen Öllämpchen, die ›Padischahim tschok jaschassun!‹ (›Mein Sultan möge lange leben!‹) verkündeten, schmückten die Konaks und die hölzernen Sommerhäuser, Yalıs genannt, entlang des Bosporus. Kanonen schossen Salut, Musikkapellen spielten auf öffentlichen Plätzen; die Zeitungen, darunter auch die in englischer beziehungsweise in französischer Sprache erscheinenden offiziösen Blätter[388] ›Levant Herald‹ und ›Stamboul‹, ergingen sich in Lobeshymnen auf den Sultan und dessen begnadete Herrschaft. Orientiert an den Jubiläen der übrigen europäischen Herrscher, zu denen sich Abdül Hamid II. unbedingt zugehörig betrachtete und auch so wahrgenommen werden wollte, zelebrierte der Sultan den Tag seiner Thronbesteigung am 31. August als würdigen Anlaß, eine eindrucksvolle Bilanz der vergangenen fünfundzwanzig Jahre zu ziehen. Ausländische Herrscher waren allerdings dazu nicht gebeten worden. Am Morgen des Thronjubiläums empfing der Sultan im repräsentativen Festsaal des Şale Kasrı in Yıldız die Mitglieder der Regierung, die Armeechefs, den Scheich ül-Islam sowie die christlichen Patriarchen. Am Nachmittag folgte dann der glanzvolle Empfang der ausländischen Delegationen sowie der Angehörigen des diplomatischen Corps (der griechische Vertreter am osmanischen Hof, Fürst Mavrocordatos, war als einziger der akkreditierten Botschafter und Gesandten ›zufällig‹ verreist, so daß ein rangniederer Diplomat die Glückwünsche König Georgs überbrachte; dagegen war aus Bulgarien fast das gesamte Ministerium erschienen), während der Sultan den Abend in privatem Kreis im Harem verbrachte. In den Hauptstädten der Wilajets veranstalteten die Provinzgouverneure die damals im Osmanischen Reich in Mode gekommenen ›Gardenparties‹, die von den Briten übernommen würden – und für die die modernen Osmanlıs die ›osmanische‹ Bezeichnung ›gardenparti‹ kreiert hatten.

Gemäß den praktizierten, alle Untertanen – egal, welchen Bekenntnisses oder welcher Abstammung – einschließenden Osmanismus wurde dieser Tag des Reiches und der Dynastie mit Fest- und Dankgottesdiensten in allen Kirchen feierlich begangen. In den Moscheen wurde des erhabenen Herrschers in besonderen Predigten und Gebeten ebenso gedacht wie in den Synagogen.[389]

Das silberne Regierungsjubiläum des Padischahs war zudem Anlaß für zwei wichtige Grundsteinlegungen: In Damaskus wurde 1900 an diesem Tag der Bahnhofsbau für die Hedschasbahn begonnen, und in Constantinopel wurde durch den Sultan eine Universität gestiftet. Diese beiden großen richtungsweisenden Projekte sollten das Symbol seiner durch Reform und Modernisierung geprägten Regierung sein. Auch die Einrichtung der Telegraphenstrecke, die Damaskus mit Mekka verbinden sollte, begann an diesem Tag. Ein silbernes Modell der bis heute erhaltenen Damaszener Telegraphensäule befindet sich gegenwärtig im Museum des Yıldız-Palastes – sie ist bekrönt mit einer Nachbildung der Istanbuler Hamidiye-Moschee, in der Abdül Hamid II. sein Freitagsgebet zu verrichten pflegte. Somit ist die Säule ein bemerkenswertes Symbol der Verbindung zwischen säkularem und religiösem Engagement dieses Herrschers, ein Sinnbild des Verschmelzens der Tradition mit der Moderne. Doch kann diese Symbolik auch so verstanden werden, daß der Islam stets über allem, eben auch über den Errungenschaften der Moderne, steht. Ansonsten war dieses Jubiläum ein willkommener Anlaß für die Einweihung zahlreicher öffentlicher Gebäude in den Verwaltungszentren zwischen Üsküb, Basra und Erzerum (Erzurum) – oder für deren öffentlichkeitswirksame Grundsteinlegung.

Für den bereits erwähnten Uhrturm in İzmir stiftete Großwesir Küçük Said Pascha einen namhaften Betrag, Kaiser Wilhelm II. schenkte das dazu notwendige Uhrwerk – Turm und Uhr existieren bis heute. Küçük Said Pascha schenkte denn auch seinem Herrn Abdül Hamid II. zu dessen silbernem Regierungsjubiläum ein aus massivem Silber gefertigtes 90 Zentimeter hohes Modell des Turmes mit seinem malerischen Unterbau. Die Zifferblätter sind farbig emailliert, die Tuğra des Sultans, das osmanische Staatswappen sowie einige Zieraten sind in Gold, Smaragden, Rubinen und Brillanten ausgeführt.[390]

Neben zahlreichen Neubauten von Bahnlinien, Brücken, Bahnhöfen, Schulen, Hochschulen, Rathäusern und öffentlichen Trinkwasserbrunnen symbolisieren eben diese Uhrtürme in besonderem Maß die durchgreifende Modernisierung des in weiten Teilen heterogenen Osmanischen Reiches. Weiheinschriften preisen bis heute die Großmut des Padischahs und dessen stete Sorge um das Wohlergehen seiner Untertanen. Diese Uhrtürme zeigten die Stunden auch ›alla franca‹ (also in der bis heute gebräuchlichen Weise) an – und nicht mehr nur in der ansonsten im Osmanischen Reich ›alla turca‹ üblichen Weise, nach der es null Uhr ist, wenn die Sonne untergeht. Georgeon zieht daraus folgenden Schluß: Abdül Hamid II. wollte damit seinen Osmanlıs eine neue Zeiteinteilung einprägen, »der Sultan wollte das Reich der neuen Zeit anpassen, eben der Zeit der ›Zivilisation‹. Indem er dies tat, führte er den Muslimen vor Augen, daß neben der Zeit der Moschee noch eine andere Zeit existierte, die des Staates, und daß diese beiden Zeitrechnungen, die religiöse sowie die säkulare, nebeneinander bestehen können«.[391] Die über das Reich verstreuten Uhrtürme symbolisierten auf diese Weise die säkulare, an den Bedürfnissen der Gegenwart orientierte Innenpolitik Abdül Hamids II. Von einer ausschließlichen Reislamisierung während seiner Herrschaft kann also keine Rede sein.

Zusätzlich zu diesen gleichermaßen nach innen wie nach außen gerichteten Signalen einer Modernisierung des Reiches bot das Thronjubiläum dem Sultan ausreichend Anlaß, sich als Wohltäter und fürsorgenden Landesvater zu präsentieren: Amnestien für Gefangene, die aufgrund der prekären Finanzlage selten gewordene pünktliche Auszahlung der Löhne für die Bediensteten des Staates, umfangreiche Geldgeschenke für die Ärmsten der Armen. Abdül Hamid II. beschränkte sich also keineswegs mehr nur darauf, die frommen Stiftungen zu unterstützen, sondern modernisierte auch hier mit Hilfe der Civilliste gezielt die Fürsorge für diejenigen seiner Untertanen, die aller Mittel entblößt waren – und konzentrierte dabei wiederum wesentliche Teile dieser Maßnahmen in seiner Hand.

Schon durch das Suspendieren der gerade erst eingeführten Verfassung und das damit einhergehende Ausschalten der bisherigen politischen Reformkräfte um Midhat Pascha zeigte Sultan Abdül Hamid II. zu Beginn seiner Regierungszeit 1878, daß er eine autokratische Herrschaft anstrebte. Zügig ging er in den folgenden Jahren dabei zu Werk und machte den Yıldız-Palast – unter Ausschaltung oder Umgehung der Hohen Pforte, der eigentlichen Regierung – mehr oder minder zum alleinigen Zentrum der Entscheidungen und der Führung. Es sei daran erinnert, daß Abdül Hamid II. in seinen ›Gedanken und Erinnerungen‹ sich selbst als den eigentlichen Großwesir bezeichnet.

Wenn auch der Sultan autokratisch herrschte, konnte er dennoch über einen so langen Zeitraum von mehr als dreißig Jahren nur zusammen mit einem kleinen Apparat von ihm zumeist treu ergebenen, aber keineswegs nur unfähigen oder willenlosen (wie es die Europäer zumeist behaupteten) Ratgebern diese zentralistische Herrschaft ausüben und festigen. Bislang läßt sich in der deutschsprachigen Fachliteratur nur wenig über die Personen seiner Umgebung, deren Bedeutung und Wirkung finden. Hier eröffnet sich ein reiches Betätigungsfeld für kritische biographische Untersuchungen, die in einzelnen Fällen Beachtliches zutage fördern dürften, zumal die oftmals abwertenden und pauschalen Urteile zahlreicher europäischer Zeitgenossen über die Umgebung des Sultans häufig nicht verläßlich erscheinen. Sie sahen in den einheimischen Politikern und Beratern des Herrschers oftmals ihre Gegenspieler, die es deshalb auszustechen und in den diplomatischen Berichten an ihre jeweiligen Regierungen herabzusetzen galt. So konstatierte Werner Ende bereits 1975 in einem Aufsatz zum Stand der Forschung sehr zutreffend: »Zu den Folgen der Durchsetzung eines bestimmten Urteils über Abdülhamid gehört auch die Tatsache, daß die Rolle der [...] Beamten und Berater am Hofe des Sultans bisher nicht genauer untersucht worden ist. [...]. In der historischen Literatur über das Zeitalter Abdülhamid's – die im arabischen wie im türkischen Bereich seit Jahrzehnten überwiegend von der Sichtweise des Nationalismus geprägt ist – fehlt es daher an biographischen Studien über Personen, die nach der übereinstimmenden Aussage vieler ihrer Zeitgenossen erhebliches Gewicht am Hofe hatten, und die in der türkischen, arabischen und westlichen Quellenliteratur entsprechend häufig genannt werden.«[392] Wenigstens in der deutschsprachigen Forschung hat sich seitdem an diesem Desiderat leider nicht allzu viel geändert.

Stellvertretend für eine ganze Reihe von negativen Charakterisierungen der Umgebung Abdül Hamids II. sei hier Theodor Herzl zitiert, der seit Mitte der 1890er Jahre verschiedenen Würdenträgern des osmanischen Hofes und 1901 dem Sultan selbst begegnet war: »Alles ist Geschäft u. jeder Beamte oder Functionär ist ein Gauner. [...] Ich kann diese anonyme Bande von Strolchen nur mit einem giftigen Schlangenbündel vergleichen. Die schwächste, kränkste u. unschädlichste Schlange hat ein Krönlein auf. Aber die Heeresschlange hat eine so merkwürdige Struktur, dass es aussieht, als wäre das gekrönte Haupt dasjenige was Alles beisst u. vergiftet.«[393] Herzl beging ganz offensichtlich den Fehler, Abdül Hamid II. zu unterschätzen, wie dies auch an einigen anderen Stellen seines Tagebuches offenbar wird. Weder war der Sultan halb irrsinnig, noch war er beschränkt, dumm oder feige, wie Herzl schreibt. Auch war sein Hof nicht bloß eine Ansammlung verworfener Charaktere, die lediglich ihren eigenen kriminellen Interessen nachgingen und deren Handeln kaum ehrenwerte Motive unterstellt werden durften. Um die Würdenträger des Padischahs wirkungsvoll zu ›beschreiben‹, man muß wohl sagen zu diffamieren, bemühte Herzl gerne das Tierreich: Abdül Hamid II. war eine kleine, schwache, willenlose und kranke gekrönte Giftschlange, die nichts ausrichten konnte, alle übrigen, sie beherrschenden, Höflinge waren ein Schlangenbündel. İzzet, der bereits erwähnte Vertraute des Sultans, hatte »böse Raubthieraugen«, trug stets ein »Raubthiergrinsen« zur Schau und war ansonsten eine »magere böse Pantherkatze« oder ein sprungbereiter Tiger, den Theodor Herzl natürlich derart zu bändigen wußte, daß er »mit feig eingezogenem Schweif davonschleichen«[394] mußte. Der osmanische Botschafter am Wiener Hof, Mahmud Nedim Bey,[395] konnte dann natürlich nur ein Rindvieh und ein Esel sein.[396] Herzl faßte seine Beobachtungen schließlich in folgendem hinablassenden Resümé zusammen: »Mein Eindruck vom Sultan war, dass er ein schwacher, feiger, aber durch und durch gutmüthiger Mensch ist. Ich halte ihn weder für tückisch, noch für grausam, sondern für einen tief unglücklichen Gefangenen, in dessen Namen eine räuberische, infame, verlumpte Camarilla die äussersten Schändlichkeiten begeht.«[397]

Auch Freiherr von Calice,[398] der Botschafter Österreich-Ungarns, verglich den zuweilen skrupellos agierenden Abdül Hamid II. mit einem Tier, wobei der Baron allerdings in seiner Metaphorik etwas fehlgriff, denn Raubtiere sind sicherlich eins nicht, nämlich feige: »Auch der ruhig denkende Baron Calice teilt dieses allgemein abfällige Urteil und glaubt, daß der Sultan seit den Tagen, wo ihn so bedeutende Männer wie Graf Hatzfeld und Fürst Lobanow schätzten, seine bösen Instinkte entwickelt habe, und die feige Raubtiernatur in ihm hervorgetreten sei.« So berichtete der deutsche Generalkonsul und Gesandte in Kairo Graf von Wolff-Metternich zur Gracht am 26. November 1896 an den Reichskanzler nach Berlin. Der Gesandte hatte sich mehrere Tage in Constantinopel aufgehalten und beschrieb eingehend die Gespräche mit den ausländischen Diplomaten sowie seine Eindrücke von der Stadt, die noch immer unter dem Eindruck der Massaker an der armenischen Bevölkerung stand. Der britische Botschafter Sir Philip Currie[399] äußerte sich ihm gegenüber dahingehend, daß angesichts der dramatischen Lage nicht Reformen notwendig seien, sondern eine neue Personalpolitik betrieben werden müsse: »Was erforderlich wäre, seien men not measures. Die richtigen Leute, an denen es in der Türkei auch nicht fehle, an die richtigen Stellen zu bringen, sei aber bei dem jetzigen Sultan nicht möglich, dessen Person er für alles Unheil verantwortlich machen müsse, welches die Türkei befallen habe. Unter den Ausdrücken, mit welchen Sir Philip den Sultan belegte, war ›bloodthirsty monster‹ nicht der heftigste.« Was der Botschafter tatsächlich damit meinte, ließ er dann ziemlich unverhüllt durchblicken: Da sich Abdül Hamid II. durch niemanden beeinflussen lasse und seine Ratgeber an den Entscheidungen nicht beteilige, müsse er abgesetzt werden. »Bei einem anderen Sultan [...] werde man darauf dringen können, daß derselbe auf seine verantwortlichen Ratgeber, d. h. die Pforte, hören müsse, während diese jetzt eine politische Null sei, und nur die Palastintriganten etwas zu sagen hätten.«

Damit stieß Sir Philip, in dieser Frage ganz und gar auf einer Linie mit seinem Premierminister Lord Salisbury, zum eigentlichen Kern der britischen Pläne vor, einer Absetzung des gegenwärtigen Sultans und der Installatierung einer weitgehend von den Mächten gesteuerten Regierung, und zeigte erneut, wie sehr die europäischen Mächte bestrebt waren, um jeden Preis Einfluß zu nehmen – und wie stark sie Abdül Hamid II. ablehnten, weil er sich ihrem Einfluß häufig zu verweigern wußte: »Auf die Mitglieder der Pforte würden dann auch die Vertreter der Mächte Druck ausüben und auf diese Weise ihren Einfluß geltend machen können.«[400] Daß damit gegebenenfalls die Palastintriganten lediglich gegen neue Intriganten unter dem Einfluß der sich notorisch uneinigen Mächte ausgetauscht würden, schien dem Botschafter allerdings entgangen zu sein.

Doch es gab auch eine Reihe von differenzierten und sicherlich eher zutreffenden oder zumindest doch wohlwollenden europäischen Meinungen. Joseph Maria von Radowitz, der langjährig deutsche Botschafter am osmanischen Hof, beschrieb Abdül Hamids II. siebenmaligen Großwesir Küçük Said Pascha, den mit dem Padischah eine mehr als dreißig Jahre währende, zuweilen sehr gespannte, dennoch weitgehend loyale Beziehung verband, folgendermaßen: »Hervorgegangen aus kleinem Beamtenkreis, hatte er es schnell zu hohem Verwaltungsposten, dann zur einflußreichen Stellung als erster Sekretär des Sultans und zum Minister des kaiserlichen Hauses gebracht. Er galt als der eigentliche Vertrauensmann des Herrschers, der ihn schließlich zum Premierminister erwählte. Said war aber keineswegs ein willenloses Instrument in den Händen des Sultans, hatte vielmehr seine eigenen, mit großer Zähigkeit festgehaltenen Ansichten über Staatsgeschäfte und über Personen, Ansichten, denen er später oft seine hohe Stellung geopfert hat. Der Sultan hat ihn immer wieder, nach längeren oder kürzeren Pausen, zurückgerufen und stets mit besonderer Rücksicht behandelt, im ganzen wohl mehr, weil er ihn fürchtete, als aus persönlicher Sympathie. Mir erschien die kleine, langbärtige Gnomenfigur mit den blitzenden Augen als die interessanteste unter den neuen türkischen Bekanntschaften, und ich habe immer gern mit ihm zu tun gehabt.«[401] Der Journalist Bernhard Stern beschrieb Küçük Said geradezu überschwänglich: »Dieser Kleine war Jahrzehnte hindurch einer der größten Staatsmänner im Osmanenreiche; der Größte unter den Klügsten und Gebildetsten; der Größte unter den Energischen und Zielbewußten. Dreimal war er Großwesir, und noch jetzt, nachdem er dreimal gestürzt worden, wird der an Fähigkeiten reiche Greis immer in kritischen Zeiten zu Hilfe gerufen.«[402] Freiherr Marschall von Bieberstein urteilte in seinem Bericht vom 14. September 1899 dagegen, Küçük Said sei »vollkommen im englischen Fahrwasser« und habe sich deshalb auch zum Werkzeug einer britischen Intrige hergegeben.[403] Vermutlich hätte der Botschafter anders geurteilt, hätte Küçük Said sich ›vollkommen im deutschen Fahrwasser‹ befunden.

Als Sadrazam versuchte er wiederholt, sicherlich zum äußersten Mißfallen Abdül Hamids II., dem Amt zu dessen alter Bedeutung zu verhelfen und tatsächlich als Regierungschef wahrgenommen zu werden. So bestand er beispielsweise darauf, daß selbst hohe Beamte ihm und nicht direkt dem Sultan Bericht erstatteten, oder er weigerte sich, Aktenstücke des Großwesirats an die Palastkanzlei abzugeben. 1895 flüchtete Küçük Said dann mit einem seiner Söhne in die britische Botschaft, weil er vermutlich nach Intrigen gegen die Politik des Sultans, in die er verstrickt war, um sein Leben fürchtete. Nach schriftlichen Garantien Abdül Hamids II. verließ er die Botschaft schließlich und zog sich für einige Jahre in die Stille seines Hauses am Bosporus zurück. Doch beide Männer wußten offenbar, was sie aneinander hatten, so daß die Ungnade des Padischahs selten von langer Dauer war. Daß Küçük Said durchaus eine eigene Vorstellung von der Wichtigkeit des Amtes als Sadrazam hatte und sich nicht scheute, sie zu äußern, belegte auch sein Sekretär, der berichtete, Küçük Said habe im Jahr 1901 seine erneute Ernennung zum Großwesir dahingehend kommentiert, daß er dieses Mal nur der Vollstreckungsbeamte des Sultans und das Amt des Sadrazam auf die Stufe einer Vogelscheuche herabgesunken sei. Während der Revolution von 1908 wurde er abermals zum Großwesir ernannt, gab das Amt jedoch bereits zwei Wochen später mit dem Hinweis auf, der Sultan habe sich zu sehr in die Kabinettsbildung eingemischt.[404] Seine Rolle bei den Vorgängen um die Absetzung Abdül Hamids II. im Frühjahr 1909 bedarf noch einer eingehenden Untersuchung.

Sultan Abdül Hamid II., Karikatur, Paris um 1900

Auch der Botschafter, Außenminister und Großwesir Tewfik Pascha muß ganz sicherlich zu den politischen Schwergewichten im Regierungsapparat Abdül Hamids II. gerechnet werden. Nach verschiedenen Stationen in europäischen Hauptstädten war der bereits erfahrene Diplomat 1885 zum Botschafter am Berliner Hof ernannt worden. Dieses Amt bekleidete er zehn Jahre lang, dann berief ihn der Sultan zu seinem Außenminister. Der weltgewandte Tewfik Pascha blieb vierzehn Jahre lang der oberste Diplomat des Reiches. Sein ältester Sohn İsmail Hakkı wies darauf hin, daß Kaiser Wilhelm II. ihn sehr geschätzt und von ihm gesagt habe, er sei einer der Architekten der deutsch-osmanischen Freundschaft, zu deren Entwicklung er erheblich beigetragen habe.[405]

Auch die Rolle Tewfik Paschas in der osmanischen Diplomatie und Politik ist in Deutschland bislang weitgehend unbeachtet geblieben. In seinem 1991 veröffentlichten Werk ›Der letzte Großwesir und seine preußischen Söhne‹ erinnerte Tewfik Paschas Enkel Şefik Okday daran, daß sein Großvater als einziger der am Berliner Hof akkreditierten Diplomaten Bismarck zu dessen 80. Geburtstag 1895 auf Befehl seines Souveräns persönlich einen Orden und Glückwünsche überbrachte. Graf Philipp zu Eulenburg sondierte auf Bitten des Botschafters zunächst bei Wilhelm II., wie der Monarch den osmanischen Besuch in Friedrichsruh aufnehmen würde, denn sollte Tewfik Pascha trotz der Ablehnung des Kaisers reisen, hätte das als Affront und unfreundlicher Akt des osmanischen Vertreters gegenüber dem Kaiser aufgefaßt werden können. Wilhelm II. mochte im Hinblick auf seine generell guten Beziehungen zu Sultan Abdül Hamid II. nichts dagegen einwenden. Es war die Zeit der Armenier-Massaker. Eine solche Geste des Monarchen sollte eventuell das politische Klima zwischen Berlin und Constantinopel verbessern und der osmanischen Diplomatie einen kleinen außenpolitischen Triumph bescheren. Tewfik erschien also bei Bismarck, der ihn gerührt an der Festtafel rechts neben sich sitzen ließ und in seinem in französischer Sprache ausgebrachten Trinkspruch betonte: »Ich trinke auf das Wohl ihres erhabenen Souverains, des einzigen, der mich in meiner Ungnade nicht vergessen hat.«[406] Die Entsendung Tewfik Paschas zu Bismarcks Ehrentag konnte sicherlich auch so verstanden werden, daß der Sultan dem einstigen Reichskanzler dessen demütigendes Betragen gegenüber den Osmanen während des Berliner Kongresses nicht nachtrug. Beide Männer schätzten sich offenbar als einander ebenbürtige Diplomaten von außerordentlichem Geschick. In der türkischen Geschichtsschreibung kursierte lange ein Bismarck in den Mund gelegtes Bonmot, wonach von einhundert Gramm politischen Verstandes neunzig Gramm auf Sultan Abdül Hamid II. entfielen, fünf Gramm auf Bismarck selbst und fünf Gramm auf alle übrigen Diplomaten.

Wilhelm II. und Abdül Hamid II., Karikatur, London 1908

Abdül Hamid II. erkannte nach 1876 sehr schnell, daß er nicht nur die Verwaltung, das Militar sowie die Geistlichkeit kontrollieren und überwachen mußte, wollte er unangefochten regieren, sondern auch die Bevölkerung. Mit der öffentlichen Meinung war Ende des 19. Jahrhunderts eine weitere Macht herangewachsen, die von außerordentlicher Bedeutung war. Die braven oder auch unzufriedenen, aber eben zunehmend in Schulen gebildeten Osmanlıs politisierten bei der Wasserpfeife in den traditionellen Kaffeehäusern ebenso wie auf der Straße beim Schattentheater, wenn der Possenreißer Karagöz auf der Bühne zum kritischen Sprachrohr wurde. Die sich langsam entwickelnde Zeitungslandschaft tat ein übriges. War das Volk auch schwieriger zu überwachen, die inländische Presse wenigstens konnte der Sultan mit ergebenen Journalisten oder Publizisten teilweise lenken, auf jeden Fall mußte er sie kontrollieren. Satirische Zeitungen waren selbstverständlich ebenso verboten wie Karikaturen des Padischahs. Im Lauf der langen Regierung Abdül Hamids II. verschärfte sich die Zensur der Presse und Literatur zunehmend. Zunächst vergleichsweise liberal, wurden nun ab 1880 immer mehr Wörter durch die Zensoren aus Zeitungen, Romanen oder Nachschlagewerken verbannt. Es war verboten, Begriffe wie ›Revolution‹, ›Republik‹, ›Mazedonien‹ oder ›Armenien‹ zu verwenden. Auch der 1876 abgesetzte Sultan Murad V. durfte nicht namentlich genannt werden. Die Situation im britisch verwalteten Ägypten zu erörtern, war ebenfalls untersagt. Auch über Mordanschläge auf Monarchen durfte nicht berichtet werden. Stets waren die Opfer solcher Attentate ›unerwartet‹ und eines ›natürlichen‹ Todes gestorben. Das alles entbehrte nicht einer gewissen Lächerlichkeit, konnten die Osmanlıs doch den ausländischen Zeitungen, die in Constantinopel kursierten, die tatsächlichen Gegebenheiten entnehmen. Dennoch gab es Abstufungen: War die Zensur in Constantinopel auch sehr streng, so konnten zum Beispiel in etwas freieren Zeitungen in dem weltoffenen Selanik Gedichte erscheinen, die in der Hauptstadt unter keinen Umständen gedruckt worden wären.[407] »Einzelne Zensurvorschriften waren von lächerlicher Absonderlichkeit«[408] (so war es auch verboten, die auffallend große Nase des Padischahs zu erwähnen), charakterisiert Klaus Kreiser prägnant nicht nur das hamidische Presseregime.

Der Padischah mußte, eingedenk der stürmischen Ereignisse seit 1876, überhaupt ein sehr effektives Netz von Zensoren und Informanten schaffen, um stehts gut unterrichtet zu sein. Abdül Hamid II. hatte allen Grund zur Sorge: Die durchaus unter fragwürdigen Umständen erfolgten Entthronungen seiner beiden Vorgänger, das Problem des bis zu seinem Tod 1904 im Çırağan-Palast internierten Bruders Murad V., der offenbar im Lauf der Jahre wieder an geistiger Kraft gewonnen hatte, Intrigen in Armee und Verwaltung, Kämpfe in seiner engeren Umgebung, die vielfältigen Umtriebe verschiedener Nationalisten – Sultan Abdül Hamid II. fürchtete stets und ständig um seine Freiheit und sein Leben. Die Überwachung erfaßte offenbar recht effektiv sowohl fast alle Bereiche des Lebens in der Hauptstadt als auch im gesamten Reich. Selbst kaiserliche Prinzen, speziell der Thronfolger Prinz Mohammed Reşad, der jüngere Bruder des Großherrn, der mit seiner Familie in weitgehender Abgeschiedenheit leben mußte (und nur gelegentlich am Hof des Sultans oder in der Öffentlichkeit erschien), Minister, Bürger, Ausländer, Journalisten, Medresen, militärische Einrichtungen, Derwischklöster – alle und alles geriet in den Blick des Palastes. Die absurde Informationsgier des Padischahs war nahezu unersättlich. Die Abdül Hamid II. täglich vorgelegten Berichte der Spione und Spitzel wurden ›jurnal‹ genannt. Interessant ist die Tatsache, daß diese Spionageberichte nach der Revolution von 1909 zwar verbrannt wurden, aber erst, nachdem sie die neuen Machthaber im Innenministerium ausgewertet hatten.[409] Doch auch in weite Bereiche des osmanischen Alltagslebens wirkte die Überwachungsmanie hinein und nahm damit lächerliche Züge an. So war es den Fahrgästen auf dem

Oberdeck der Straßenbahn entlang des Bosporus streng verboten, zu den kaiserlichen Schlössern von Dolmabahçe oder Çırağan zu blicken. Den Passagieren war befohlen, entweder die Augen zu schließen oder den Kopf von den Schlössern abzuwenden.[410] Die Bevölkerung argwöhnte, daß schon ein zu intensiver Blick in Richtung Yıldız-Palast das Mißfallen der allgegenwärtigen Geheimpolizei erregen könnte und vermied es, den Namen des Herrschers in der Öffentlichkeit allzu freimütig auszusprechen. Der württembergische Pastor Johannes Ziegler,[411] der im Januar 1903 Constantinopel besucht hatte, schilderte eine Begebenheit während eines Spazierganges mit seinem einheimischen Führer, die zeigt, wie die Bevölkerung mit dieser grotesken Bespitzelung umging – und welche kleinen Freiräume sich die Menschen schufen, um die bedrückende Situation zu ertragen: »Es ist der Jildiz Kiosk, der Sternenpalast. Dort wohnt und thront Sultan Abdul Hamid II. [...]. ›Bitte, nicht soviel hinaufzuschauen und hinaufzuzeigen. Die Geheimpolizisten, welche uns umgeben, könnten es übel vermerken. Wir wollen auch nicht Sultan sagen, sondern, wie wir es immer unter uns tun, wir heißen ihn Simon‹, sagte Lambert leise.«[412]

Wenngleich das Spionagesystem erfolgreich mit speziellen Informanten und einer verzweigten Geheimpolizei arbeitete, so waren die Schattenseiten doch unübersehbar. Im Lauf der Zeit entwickelte sich ein alles lähmendes Klima der Angst. Von den höchsten Hofbeamten bis hinunter zum einfachsten Mann der Straße konnte jeder jeden bei Abdül Hamid II. denunzieren, stets in der Hoffnung, für seine als ›jurnalcı‹ geleisteten Dienste, einerlei, ob auf Wahrheit oder Unwahrheit beruhend, reichlich entlohnt zu werden. Doch auch auf diesem Gebiet war der Sultan auf eine effektive Modernisierung bedacht: Seit 1901 hielt sich ein deutscher Experte zur Unterstützung der politischen Polizei und des Geheimdienstes in Constantinopel auf, und im September 1905 erbat Abdül Hamid II. die Entsendung weiterer deutscher Experten für die Reform des Polizei- und Spionageapparates. Als die erste Welle der jungtürkischen Revolution das Osmanische Reich Ende Juli 1908 in unerwarteter Heftigkeit erfaßte und der Sultan teilweise entmachtet wurde, berichtete Alfred von Kiderlen-Wächter, zeitweilig der deutsche Geschäftsträger in Constantinopel, dem Reichskanzler: »Das Spionagesystem, die fortwährenden, meist unwahren Meldungen von Umtrieben und Verschwörungen wurden ins Unermeßliche ausgedehnt. Vor allem litt Konstantinopel unter diesem Druck, der sich im täglichen Leben, im geselligen Umgang immer fühlbarer machte. Die angesehensten und bestbeleumundeten Leute wagten es nicht mehr, miteinander zu verkehren, aus Scheu, des Komplottierens verdächtigt zu werden.«[413]

Anna Grosser-Rilke, die nach dem frühen Tod ihres Gatten die Nachrichtenagentur ›Agence de Constantinople‹ leitete, nannte das Stadtviertel, in dem die ausländischen Botschafter residierten und auch viele Europäer wohnten, »das große Klatschnest Pera«.[414] Dazu dürfte, neben dem verbreiteten Spitzelunwesen der Geheimpolizei des Sultans, zu einem erheblichen Teil beigetragen haben, daß die meisten Europäer die osmanische beziehungsweise die türkische Sprache nicht oder nur unzureichend beherrschten und daher stets auf Dolmetscher und Informanten aller Art angewiesen waren. Verlässliche Informationen aus erster Hand wurden zwar überall versprochen, waren aber angesichts der herrschenden Umstände tatsächlich nur recht selten zu bekommen. Von der ›Grande Rue de Péra‹,[415] an der die meisten Palais der europäischen Vertretungen lagen, sagte Hugo Grothe, sie sei »so eng wie der Horizont ihrer Bewohner und so lang wie der Bandwurm ihrer Intriguen«. Grothe, der das Osmanische Reich im Jahr 1900 ausgiebig bereist hatte, schrieb über die ausländischen Korrespondenten in Pera Folgendes: »Wer die Lage der Konstantinopeler Korrespondenten kennt, wird sich nicht verwundern, daß [...] Entstellungen Umlauf zu gewinnen vermögen. Von den türkischen Behörden mit äußerstem Mißtrauen beobachtet, ohne Möglichkeiten, mit offiziellen türkischen Kreisen Fühlung zu gewinnen, ist er meist auf die Zuträgereien einer von ihm mit einigen Pfund monatlich besoldeten Person angewiesen. Wie zweifelhaft oft die Quelle sein muß, aus welcher der Berichterstatter zu schöpfen genötigt ist, um seiner nach Nachrichten stets sehnsüchtigen Zeitung regelmäßig zu dienen, liegt auf der Hand. Nur die Vertreter einiger weniger, offizieller Blätter genießen den Vorzug, vom Tisch der Neuigkeiten, die auf Gesandtschaften und Konsulaten zusammenlaufen, gelegentlich zu zehren.«[416] In Constantinopel wucherten die Gerüchte rasch ins Unermeßliche: Es wurde behauptet, der blutrünstige Sultan lasse seine Feinde nachts heimlich im Bosporus ertränken und unterhalte im Yıldız-Palast ausgedehnte unterirdische Gefängnisse und Folterkeller.[417] Abdül Hamid II. verabscheute nach eigener Aussage solcherlei Geschichten, die selbstverständlich besonders begierig von den Europäern aufgegriffen und geglaubt wurden (und bis heute kolportiert werden). Deshalb versuchte er einerseits, durch gezielt aus dem Palast in die ausländische Presse lancierte Artikel derartige Spekulationen zu entkräften, andererseits benutzte er dieses erstickende Klima einer steten diffusen Angst und Überwachung, um sein Bild als allwissender und allmächtiger Herrscher, der trotz seiner Unsichtbarkeit für das gemeine Volk über alle Geschehnisse in seinem weiten Reich gut informiert ist, gegenüber dem In- und Ausland zu festigen. Daß Abdül Hamid II. bei so umfänglicher Bespitzelung seiner Osmanlıs, wie auch der zahlreichen Ausländer, des öfteren Falschmeldungen besonders eifriger oder geldgieriger ›jurnalcıs‹ aufsaß, versteht sich von selbst. Doch er wußte um diesen Mißstand. Auch in seinen Erinnerungen geht er darauf ein, wobei der Sultan sein ausgedehntes Spitzelsystem, das ihm trotz erheblicher Mängel unabdingbar erschien, mit lakonischen Worten rechtfertigt.[418] Der bayerische Militär Franz Carl Endres, der durch seine Tätigkeit im Generalstab in Constantinopel das Osmanische Reich und die osmanisch-türkische Kultur noch vor dem Umsturz von 1908 kennengelernt hatte – und beidem ein ganzes Leben in tiefer Liebe verbunden blieb, schrieb sicherlich zutreffend: »Abdül Hamid hörte nie Kritik, sie erstarb an der Schwelle des Serails, sie war verdächtig, denn sie roch nach Freiheit. Abdül Hamid ist, wie auch mancher europäische Herrscher, daran zugrunde gegangen, daß er nie Leute um sich hatte, die offen, frei, ja selbst ein bißchen grob, das sagten, was sie meinten. Ein grenzenloser Byzantinismus hatte sich im neuen Byzanz breitgemacht.«[419]

François Georgeon fügt den Mitteln, mit denen sich der Sultan zu informieren trachtete, einen interessanten Aspekt hinzu – das starke Interesse Abdül Hamids II. an der damals hochmodernen Photographie. »Hinter einem Bild verbirgt sich stets eine Nachricht«,[420] bemerkte der scharfsinnige Padischah, der über eine Sammlung von mehr als 30.000 Photographien aller Gegenden seines Reiches verfügte. So verschaffte er sich einen eingehenden Überblick über Zustände und Entwicklungsprozesse, ohne seinen Palast verlassen zu müssen. Er bereiste nicht das Land, das Land kam gleichermaßen zu ihm. Dennoch blieben diese Bilder zweifellos nur ein fragwürdiger Ersatz für persönliche Besuche von Städten oder Provinzen des Reiches und waren somit wohl insgeheim auch ein Ausdruck der Sehnsucht des Sultans, aus seiner selbstgewählten Isolation wenigstens zeitweilig auszubrechen. Auf Anordnung des Großherrn wurde 1893 aus etwa 35.000 Aufnahmen eine Auswahl getroffen, um daraus einundfünfzig Alben zusammenzustellen. Diese repräsentativ gestalteten Bildbände wurden daraufhin an verschiedene Staatsoberhäupter in aller Welt verschenkt.

Sultan Abdül Hamid II. verfügte überdies auch über eine umfangreiche Sammlung von Photographien aus ganz Europa. Gebäude, Städte, Landschaften – und sogar Bilder einer Inszenierung von Carl Maria von Webers ›Oberon‹ am Königlichen Theater in Wiesbaden, für die der Padischah dem deutschen Kaiser Hinweise für eine authentische muslimische Gebetsszene gegeben hatte[421] – orientierten ihn auch über die dortigen Zustände. So waren auch diese Photographien ein schwacher und vielleicht bittersüßer Ausgleich für fehlende Reisen. Insofern unterschied sich der Sultan von seinem Freund, dem deutschen Kaiser in erheblichem Maß: Abdül Hamid II. verließ seine Hauptstadt Constantinopel niemals und suchte in zahllosen Photographien einen Ersatz für kleine und große Reisen, während Wilhelm II. geradezu rastlos von einem Ort zum anderen, von einem Ereignis zum anderen reiste.[422] Die Zeitgenossen verspotteten beides gleichermaßen.

Es bleibt trotz aller wahren und erfundenen Repressalien des hamidischen Regimes im allgemeinen und des Sultans im besonderen festzustellen, daß Abdül Hamid II. nur wenige Todesurteile unterzeichnet hat. Er bevorzugte die Strafe einer kürzeren oder auch längeren Verbannung – in besonders schweren Fällen außerhalb des Reiches, aber oftmals innerhalb des Landes. Entlegene Gebiete gab es ausreichend in Anatolien, Arabien oder Nordafrika, wobei die Verbannten häufig weiterhin Ämter in der Verwaltung behielten.[423] Tripolitanien, ein Teil des heutigen Libyens, war einer dieser gern benutzten Verbannungsorte, man sprach auch vom ›osmanischen Sibirien‹. Für Abdül Hamid II. erwies sich die Praxis der Verbannung schließlich als nicht vorteilhaft. Im Ausland entfalteten verbannte und geflohene Osmanen (zu denen auch Mitglieder der Dynastie gehörten) häufig eine erhebliche antihamidische Propaganda und sammelten in verschiedenen Zentren – London, Paris sowie Genf – eine große Zahl gleichgesinnter Exilanten um sich. Im Reich selbst entwickelten sich viele Verbannungsorte zunehmend zu gärenden Sammelpunkten unzufriedener Intellektueller, Beamter oder Militärs, die sich dort zusammenfanden und nicht nur hitzig überfällige politische Reformen diskutierten, sondern auch Strukturen schufen, um ihre Ideen umzusetzen. Schließlich vereinten sie sich zu einer weitverzweigten Bewegung, um das Osmanische Reich in ihrem Sinn umzugestalten und Sultan Abdül Hamid II. abzusetzen. So erstarkten die Jungtürken erneut nach 1900 besonders in den Verbannungsorten, wo sie sehr erfolgreich unter den dort zahlreich versammelten desillusionierten, verbitterten und ausgeschalteten Beamten, Offizieren oder Politikern ihre Anhänger rekrutierten.

Trotz seines alle Bereiche des Alltags durchdringenden Spionageapparates und seines konsequenten Vorgehens gegen die zahlreichen vermeintlichen oder tatsächlichen Gegner des hamidischen Systems entglitten nach der Jahrhundertwende dem alternden Abdül Hamid II. zunehmend einige Felder der Politik, was wohl weniger mit der Tatsache seines Alters zu tun haben mochte als mit der Tatsache, daß sich die zahlreichen Konflikte in den Jahren vor 1908 erheblich verschärften und durch innere wie äußere Einflüsse deutlich an Dynamik gewannen. Mitte Dezember 1899 setzte sich der Schwager des Sultans Damad Mahmud Celaleddin Pascha, der Gatte seiner Schwester Seniha,[424] gemeinsam mit seinen beiden Söhnen, den Prinzen Sabahattin[425] und Lütfullah, in einer aus der Sicht des Padischahs skandalösen spektakulären Flucht nach Europa ab und erreichte im Frühjahr 1900 das schweizerische Genf, das zu einem wichtigen Sammelpunkt der verschiedensten Gegner Abdül Hamids II. geworden war. Damad Mahmud Celaleddin Pascha, zuerst Botschafter in Paris, dann Justizminister und Mitglied des Staatsrates, vertrat bekanntermaßen britische Interessen in der osmanischen Politik und war keineswegs damit einverstanden, daß die Konzession zum Bau der Bagdadbahn im November 1899 an ein deutsches Konsortium vergeben wurde. In Constantinopel wurde dann kolportiert, aus Wut darüber habe er sich entschlossen, Jungtürke zu werden. Viel eher war er wohl, wie Bieberstein dem Auswärtigen Amt berichtete, in eine gut bezahlte britisch-osmanische Intrige gegen die Konzessionsvergabe an deutsche Investoren verwickelt, die Ende November 1899 aufgedeckt wurde.[426] Als diese – gegen Abdül Hamid II. und dessen, das Deutsche Reich begünstigende Politik gerichtete – Initiative entdeckt wurde, in die ebenfalls der probritische, mehrfach als Großwesir amtierende Küçük Said maßgeblich verwickelt war,[427] floh der kaiserliche Schwager mit seinen Söhnen nach Europa.

Abdül Hamid II. ließ daraufhin nichts unversucht, um Damad Mahmud Celaleddin Pascha wieder zur Rückkehr in die Heimat zu bewegen. Während sich der aus Genf stammende Privatsekretär Damad Mahmuds noch um einen Empfang der Exilanten durch den britischen Premierminister bemühte, vermutlich um eine Weiterreise nach Großbritannien vorzubereiten, schickte der Padischah seinen Pariser Botschafter Salih Münir Pascha[428] zu vertraulichen Gesprächen mit seinem Schwager und den beiden Neffen nach Genf, ebenso den Geheimdienstchef Ahmed Celaleddin Pascha. Doch kein Mittel half, und die Europäer versagten dem Padischah, wenigstens offiziell, in diesem Fall ihre Hilfe. Oppositionelle, Spione, Emissäre und Diplomaten aller Seiten gaben sich nun ein Stelldichein bei den Geflohenen. Über Bieberstein – der am Bosporus die Schweizer Interessen vertrat – und das Berliner Außenministerium ließ der Sultan zudem Druck auf die Regierung in Bern ausüben, um sie zu einem entschiedeneren Vorgehen gegen die Kreise seiner Gegner zu drängen. Abdül Hamid II. drohte kurzerhand mit der Einschränkung von schweizerischen Unternehmenstätigkeiten im Osmanischen Reich. Um dies abzuwenden, schlug der deutsche Botschafter vor, der Bundesrat in Bern möge dem Sultan versichern, daß die Jungtürken und die Armenier in der Schweiz streng überwacht würden.

Eingedenk dieses Druckes drohte der Bundesrat Damad Mahmud und seiner Söhnen im Mai 1900 bei weiterer politischer Betätigung die sofortige Ausweisung an. Doch der Schwager des Padischahs und die beiden Prinzen verließen die Schweiz freiwillig.[429] Damad Mahmud, der ahnte, was ihm bei einer Rückkehr an den Bosporus bevorstehen mochte, irrte nun durch Westeuropa und starb schließlich 1903 in Brüssel. Sein Begräbnis geriet zu einer eindrucksvollen Demonstration der osmanischen Regimegegner im europäischen Exil. Auch die beiden Neffen des Sultans schlossen sich den Jungtürken an. Es gelang ihnen, im Februar 1902 siebenundvierzig Delegierte zu einem Kongreß der Jungtürken nach Paris einzuberufen, wo diese unter dem Vorsitz des Prinzen Sabahattin tagten. Für Abdül Hamid II. waren diese Ereignisse äußerst brisant, zumal sein Neffe einige Jahre hindurch eine Führungsrolle in der Opposition außerhalb des Reiches einnahm, so daß er erneut alles versuchte, um diese Zusammenkunft zu verhindern und sie zu diffamieren.

Sehr bald schon wurde indes deutlich, dass die reformorientierten Jungtürken weder in ihren Zielen noch in dem für deren Erreichen einzuschlagenden Weg einig waren. Eine probritisch orientierte Gruppe um die Prinzen Sabahattin und Lütfullah wollte die während der Tanzimat-Ära angeknüpften engen Verbindungen des Osmanischen Reiches zu Großbritannien wieder beleben, um so das Reich Westeuropa anzunähern. Eine Gruppe um Ahmed Rıza hingegen sah in Großbritannien eine gefährliche Kolonialmacht, die die Muslime in Indien und in Ägypten massiv unterdrücke und kaum ein uneigennütziges Interesse an der Konsolidierung des Reiches habe. Die ›Liberalen‹ um Prinz Sabahattin traten für eine föderative Dezentralisierung des Reiches ein, während die ›Unionisten‹ um Ahmed Rıza darin die Gefahr des Zerfalls des Landes sahen und für einen starken Zentralismus mit deutlich nationalen Zügen eintraten. Darüber noch hinausgehend begeisterten sich die Unionisten zunehmend für den Panturkismus, eine aggressive und im Kern rassistische Ideologie, deren zentrales Anliegen eine Vereinigung aller Turkvölker von Ungarn bis nach Turkestan unter türkischer Herrschaft war und die dazu eine schonungslose Turkisierung nationaler Minderheiten vorsah.

War es dem Sultan offenbar auch gelungen, diese Strömungen durch rigorose Maßnahmen zunächst von Constantinopel fernzuhalten, so fielen die Ideen von Freiheit und Reformen bei Intellektuellen, jungen Beamten oder Offizieren zunehmend auf fruchtbaren Boden. Die Aufenthaltsorte der zahlreichen in inländischer Verbannung lebenden Regimegegner wurden zu Sammelbecken der jungtürkischen Revolutionäre. »Das ganze Reich war so zur Revolution bereit«,[430] stellte ein zeitgenössischer Beobachter fest. Der Sultan hatte bald nach seinem Regierungsjubiläum die Kontrolle über die dynamische jungtürkische Bewegung im Reich verloren. Noch einen weiteren Konfliktherd vermochte er zu Beginn des neuen Jahrhunderts immer weniger zu beherrschen, nicht zuletzt auf Grund einer erheblichen Einflußnahme aus dem Ausland, dem aus verschiedenen Gründen seit langem an einer Schwächung der osmanischen Position auf dem Balkan gelegen war – die Situation in Mazedonien.

Angesichts der verwirrenden Gemengelage in den europäischen Wilajets, wo Serben erbittert gegen Bulgaren, Mazedonier und Albaner gegen Griechen, Griechen gegen Bulgaren kämpften, hatten die Osmanen lange eine Art von labilem Gleichgewicht dadurch aufrechterhalten können, daß sie alle Beteiligten gegeneinander ausspielten. »[So] entstand mit jedem Frühling der ›Kampf aller gegen alle‹, den einzuhalten keine türkische Autorität und keine europäische Philanthropie imstande war.«[431] schrieb 1908 der rumänische Historiker Nicolae Jorga nicht ganz zutreffend, da die Osmanen diesen Aufständen und Bandenkämpfen einerseits zwar machtlos gegenüberstanden, sie aber andererseits im Interesse der Aufrechterhaltung ihrer Herrschaft über weite Strecken erfolgreich instrumentalisierten. Philanthropische Neigungen der Europäer waren in Mazedonien, abgesehen von tatsächlichen Werken der Nächstenliebe, wohl kaum die Triebfeder, die sie veranlaßte, in die dortigen verworrenen Verhältnisse einzugreifen und dadurch immer wieder Öl in das Feuer zu gießen. Von Interesse sind in diesem Zusammenhang die Ausführungen des Orientalisten Hugo Grothe, der 1903 einen ausführlichen Bericht über seine mehrmonatige Reise durch das Osmanische Reich veröffentlichte. Über die verworrene Situation der zahlreichen Völkerschaften auf engstem Raum in Mazedonien schrieb er: »Von jeher war Makedonien die Verzweiflung der Ethnologen.«[432] Im Hinblick auf die verworrene politische Lage schrieb Grothe: »Wie bei kaum einem anderen Gebiet des türkischen Reiches stehen auch dem schärfsten und gewissenhaftesten Beobachter, selbst dem, der durch eigenen Augenschein einen Blick in das Land gewonnen hat, nicht zu unterschätzende Schwierigkeiten entgegen, ein klares zuverlässiges Bild der Umstände [...] zu entwerfen, welche die sogenannte makedonische Frage begründen, sie beeinflussen, und ihr stets aufs neue Nahrung geben, nämlich die ethnographischen, religiösen und kulturellen Verhältnisse.«[433]

Seine stark proosmanische Einstellung verhehlte Grothe keineswegs. Dennoch ist sein Hinweis auf die in den europäischen Zeitungen oftmals einseitigen Berichte über osmanische Greueltaten, verübt an den christlichen Bevölkerungsteilen in Mazedonien, trotz der darin mitschwingenden Verharmlosung zutreffend, denn die Europäer blendeten nur allzu oft aus, daß es bei diesen Kämpfen eben auch zahlreiche Opfer unter der muslimischen Bevölkerung Mazedoniens gab. Grothe erklärte: »Wer die Lage des Konstantinopeler Korrespondenten kennt, wird sich nicht verwundern, daß ähnliche Entstellungen Umlauf zu gewinnen vermögen.«[434]

Schon allein wegen mangelner Sprachkenntnisse auf nicht selten zweifelhafte Gewährsmänner – an Ort und Stelle angewiesen, oftmals ohne eigene Kenntnisse der Vorgänge in Mazedonien, schrieben die Journalisten für ihre Blätter, ohne Constantinopel überhaupt jemals verlassen zu haben. Auf diesen verbreiteten Mißstand wiesen unter anderem auch Anna Grosser-Rilke und Bernhard Stern in ihren Erinnerungen hin.

Nicht zuletzt, um einen Keil zwischen Griechen und Bulgaren zu treiben und die Bulgaren gleichzeitig ruhig zu halten (was nur kurzzeitig gelang), hatte Sultan Abdül Aziz 1870 der bereits seit längerem erwogenen Bildung eines bulgarischen Exarchats zugestimmt. Die äußerst konfliktreiche Entstehung und Geschichte des bulgarischen Exarchats kann an dieser Stelle nur in aller Kürze gestreift werden. Die Gründung des bulgarischen Exarchats am 28. Februar 1870 durch einen großherrlichen Ferman des Sultans geht auf die seit dem 18. Jahrhundert bestehende Emanzipationsbewegung der Bulgaren im Osmanischen Reich zurück. Der Exarch stand zunächst noch in einer gewissen Abhängigkeit zum (griechischen) Ökumenischen Patriarchen, bis das Exarchat 1872 seine völlige Unabhängigkeit erklärte. Nachdem 1878 das Fürstentum Bulgarien entstanden war, wurden die Zuständigkeiten neu geregelt – der bulgarische Exarch war für die im Osmanischen Reich gelegenen Territorien zuständig, der Heilige Synod hingegen für das Fürstentum Bulgarien. Die Errichtung eines bulgarischen Schul- und Bildungswesens führte ab 1870 zu schweren Auseinandersetzungen sowohl mit dem griechischen Patriarchat als auch mit den osmanischen Behörden. Zahlreiche Priester beteiligten sich aktiv am Kampf um die Wiederherstellung eines bulgarischen Staates, wobei es dabei noch sich befehdende prorussische und antirussische Gruppierungen gab. Auch das 20. Jahrhundert war an dramatischen Wendungen reich – erst 1953 gelang es, den Exarchen in den Rang eines Patriarchen zu erheben.

Durften also die Serben in Mazedonien Schulen eröffnen, so wurde den mit allen erbittert verfeindeten Bulgaren gestattet, drei Bischöfe zu ernennen. 1897 konnte die serbische Orthodoxie daraufhin ihr Bistum von Üsküb errichten, was die sowohl in ethnischer als auch in religiöser Hinsicht explosive Situation noch eindeutig verschärfte.[435] Der nach dem Ersten Weltkrieg gleichermaßen populäre wie umstrittene Kulturhistoriker Oswald Spengler[436] schrieb in dem 1922 erschienenen zweiten Band seines äußerst kontrovers aufgenommenen Werkes ›Der Untergang des Abendlandes‹ zu diesem spannungsgeladenen Schul- und Kirchenkampf beziehungsweise dessen Wirkung auf die Bevölkerung: »In Mazedonien haben Serben, Bulgaren und Griechen im 19. Jahrhundert christliche Schulen für die türkenfeindliche Bevölkerung gegründet. Wenn in einem Dorfe zufällig serbisch unterrichtet wurde, so bestand schon die folgende Generation aus fanatischen Serben. Die heutige Stärke der ›Nationen‹ ist also lediglich eine Folge der früheren Schulpolitik.«[437]

Auf den ersten Blick erscheint diese Feststellung sehr plausibel, doch zeugt sie in Wahrheit von dem weit verbreiteten Unverständnis und Desinteresse vieler Europäer an der tatsächlichen Situation in Mazedonien. Spengler ignorierte den wichtigen Punkt, daß wohl in keinem mazedonischen Dorf ›zufällig‹ eine serbische, griechische oder bulgarische Schule gegründet wurde. Allerdings trugen diese streng national ausgerichteten Schulen zweifellos zu einer massiven Fanatisierung der Bevölkerung bei. Berichte von Zeitgenossen belegen das immer wieder anschaulich. Dennoch war es falsch von Spengler – und stark vereinfachend – den starken Nationalismus der Balkanvölker einzig auf die Schulpolitik zurückzuführen und andere prägende Faktoren wie die Religion, gemeinsame Geschichte, Tradition, Kultur und Sprache, die zur Entwicklung eines Nationalgefühls erheblich beitragen, nicht zu erwähnen.

Auch in bezug auf die zahlreichen mazedonischen Erhebungen und Bandenkämpfe manipulierte Sultan Abdül Hamid II. die verschiedenen Seiten, wobei sich im Kampf gegen die bulgarischen Insurgenten, die oftmals erhebliche Unterstützung aus Sofia erfuhren, bisweilen eine griechisch-osmanische Zusammenarbeit ergab. Hinzu kam, daß sich immer wieder Österreich-Ungarn, Rußland sowie Großbritannien hinter den Kulissen in diese schier undurchdringlichen Wirren auf dem Balkan einschalteten, was keineswegs zu einer Beruhigung der Lage beitrug.

1902 ergriffen abermals schwere Aufstände der verschiedenen Völkerschaften – Griechen, Bulgaren, Mazedonier, Albaner, Pomaken und Aromunen sowie weiterer walachischer Minderheiten – schnell ganz Mazedonien. Die europäischen Territorien des Reiches drohten vollends in Anarchie zu versinken. Die an dieser

Situation keineswegs ganz schuldlosen Großmächte forderten erneut Reformen auf den Gebieten der Verwaltung und der Finanzen, der Justiz sowie der Polizei. Sultan Abdül Hamid II. stimmte überraschend schnell zu und ernannte Ende 1902 zunächst einen neuen Gouverneur – Hüseyn Hilmi Pascha,[438] der bereits im Jemen erfolgreich diesen Posten bekleidet hatte. Diese Wahl erwies sich insofern als glücklich, da es ihm durch rigoroses Eingreifen gelang, eine gewisse Beruhigung der Lage zu erreichen. Er trat daneben als eine Art Vermittler zwischen den beteiligten Balkanstaaten, den einzelnen Nationalitäten und den verschiedenen Gruppierungen von Aufständischen auf – eine Tätigkeit, die er als »den Irrenwärter geben« bezeichnete.[439] Eine dauerhafte Konsolidierung der osmanischen Territorien auf dem Balkan erreichte jedoch auch Hüseyn Hilmi Pascha nicht mehr.

Im April 1903 erschütterte schließlich eine Serie schwerer Sprengstoffanschläge Selanik, unter anderem wurden die Ottomanische Bank, der Bahnhof sowie ein französisches Kriegsschiff in die Luft gesprengt. Bürgerkriegsähnliche Unruhen erfaßten daraufhin im Sommer 1903, von Monastir ausgehend, ganz Mazedonien und Ost-Thrakien, wobei die Insurgenten auf ein offizielles Eingreifen Bulgariens hofften. Doch der kühl kalkulierende Fürst Ferdinand in Sofia, der bislang den Konflikt durch verschiedene Maßnahmen immer wieder anzuheizen wußte, unternahm dieses Mal nichts derartiges, sondern verhielt sich in jener aufgeladenen Situation vergleichsweise ruhig.

Am 30. September 1903 trafen sich im österreichischen Jagdschloß Mürzsteg in der Steiermark Kaiser Franz Joseph und Zar Nikolaus II., um die Lage auf dem Balkan zu erörtern und Vorschläge zur Lösung der Krise zu entwickeln. Ende Oktober wurden dem Sultan dann die in Mürzsteg gefaßten Beschlüsse unterbreitet: Mazedonien sollte demnach de facto unter die Verwaltung der Großmächte gestellt werden. Abdül Hamid II. sah hierdurch seine schlimmsten Befürchtungen bestätigt. Da jedoch auch Deutschland in dieser Situation eine offizielle Intervention zugunsten des Osmanischen Reiches ablehnte und stattdessen nachdrücklich riet, das sogenannte ›Mürzsteger Programm‹ anzunehmen, blieb dem Padischah schließlich nichts anderes übrig, als den Vorschlägen zur Lösung der mazedonischen Frage ›unter freundschaftlichem Druck der Mächte‹ weitgehend zuzustimmen, obwohl sie schwerwiegende Eingriffe in die Souveränität und Integrität des Reiches darstellten und dennoch dem osmanischen Militär das zweifelhafte Recht überließen, die mazedonischen Insurgenten (Aufständischen) zu bekämpfen, da die perfide agierenden Mächte sich selbstverständlich nicht in solche Kämpfe verwickeln lassen wollten. Kaiser Wilhelm II. schrieb nach einem kurzen persönlichen Zusammentreffen am 19. November 1903 seinem Vetter Nikolaus II. über die diplomatischen Vorstöße des deutschen Botschafters in gewohnt impulsiver Art: »Du entsinnst Dich unserer

Unterhaltung über den Balkan und die Türkei, und meines späteren Telegramms mit meinen Anweisungen an meinen Gesandten, dem Sultan eine energische Vorlesung darüber zu halten, daß es höchste Zeit für ihn sei, sich endlich dem Mürzsteger Programm anzuschließen? Nun, diese Anweisungen haben vor einigen Tagen zwischen meinem Gesandten und dem Sultan zu einer Unterredung geführt, die eine und drei Viertel Stunden dauerte. Der Sultan war sehr zähe und entschieden der Vorstellung, eine Weigerung, sich den russisch-österreichischen, von mir unterstützten Wünschen zu fügen, brächte ihm nicht großen Schaden! Der Gesandte hatte jede denkbare Überredungskraft, die einem Monarchen gegenüber nur angebracht war, aufzubieten, um Seiner Majestät den Ernst der Situation beizubringen, und er verließ ihn als ›kränkeren, aber klügeren Mann‹, nachdem er ihm völlig klargemacht hatte, daß ich unter gar keiner Bedingung eine Hand zu seiner Unterstützung erheben oder ein Wort für ihn reden würde, wenn er sich und sein Land durch die Weigerung, [...] [nämlich dem Mürzsteger Programm beizustimmen] in Schwierigkeiten brächte.«[440] Dieses Mal hatte Abdül Hamid II. also von seinem kaiserlichen Freund keine Rückendeckung zu erwarten. Wilhelm II. konnte kein Interesse daran haben, Deutschland in dieser Situation zu isolieren und das verbündete Österreich-Ungarn durch eine offene Ablehnung der Mürzsteger Beschlüsse zu desavouieren und nachhaltig zu schwächen. Eine Unterstützung der Position des Sultans durch die deutsche Politik hätte in diesem Fall die Beziehungen zwischen Berlin und Wien erheblich belastet, zumal die Gefahr bestand, daß sich Rußland dann, durch ein Veto des deutschen Kaisers ebenfalls brüskiert, zu einer weiteren Annäherung an Großbritannien und Frankreich veranlaßt sehen könnte. Diese Konstellation war stets der Albtraum der Berliner Diplomatie, fürchtete die Regierung in der Wilhelmstraße doch, das Deutsche Reich würde im Kriegsfall von seinen Feinden eingekreist sein und an zwei Fronten kämpfen müssen.

Die Spannungen der europäischen Großmächte untereinander wirkten sich in den Jahren nach 1900 stetig zunehmend auch auf die Balkanwirren aus: Großbritannien unterstützte Rußland, um eine Stärkung Österreich-Ungarns zu verhindern, und ermunterte gleichzeitig Frankreich, gegen Deutschland vorzugehen und sich Rußland anzunähern, während die Regierung in Berlin bestrebt war, die Interventionspolitik der übrigen Mächte zu neutralisieren und somit wiederum die osmanische Position zu stärken.

Sultan Abdül Hamid II. versuchte währenddessen mit den altbewährten Mitteln wie Pression und wechselseitiger Unterstützung der Konfliktparteien sowie der sich bekämpfenden Banden, die europäischen Wilajets einigermaßen unter Kontrolle zu halten. Doch gerieten die dortigen Finanzen zunehmend außer Kontrolle, Soldaten und Beamte konnten immer seltener bezahlt werden. Die Großmächte drängten darauf, völlig die Aufsicht über die mazedonischen Finanzen zu übernehmen, konnten sich aber selbst nur in schwierigen

Verhandlungen auf ein gemeinsames Vorgehen verständigen, das auch durch den Sultan, der abermals seine souveränen Rechte mißachtet sah, akzeptiert wurde. Im Frühjahr 1907 einigten sich schließlich alle Beteiligten auf eine Erhöhung der Zölle,[441] um die mazedonischen Reformen, besonders die der Justiz und der Polizei, zu finanzieren. Unterdessen entfalteten die jungtürkischen Reformanhänger immer größere Aktivitäten. 1902 entstand um Prinz Sabahattin in Paris ein Komitee für Privatinitiative und Dezentralisation, in Selanik gründete sich um Talat Bey die ›Osmanische Gesellschaft für Freiheit‹. Im Dezember 1907 kam es auf dem zweiten Kongreß der Jungtürken in Paris zu einer Vereinigung der ›Gesellschaft für Freiheit‹ mit dem bereits 1895 von Ahmed Rıza begründeten ›Komitee für Einheit und Fortschritt‹. Die Zielrichtung der Reformer war klar – der verhaßte Sultan Abdül Hamid II. sollte abgesetzt und durch seinen liberaleren Bruder Prinz Mohammed Reşad ersetzt werden. Die Bildung einer reformorientierten Regierung sollte folgen. In den europäischen Hauptstädten beobachteten die Regierungen die Entwicklung argwöhnisch, ohne sie indessen ganz ernst zu nehmen.

An eine Änderung der Verhältnisse im Osmanischen Reich mochte hinter vorgehaltener Hand in Berlin, Wien oder London niemand gerne denken, denn was von den Jungtürken zu erwarten war, entzog sich einer genaueren Einschätzung, und an einer tatsächlichen Stärkung des Reiches von innen heraus war den europäischen Mächten kaum gelegen. So wurden von den sich schließlich überstürzenden Ereignissen selbst ›Kenner‹ der osmanischen Verhältnisse überrascht. Freiherr von der Goltz hatte noch im Herbst 1906, knapp zwei Jahre vor dem ersten Umsturz durch die Jungtürken, in einer bezeichnenden Mischung aus zutreffenden und trügerischen Einschätzungen geschrieben: »Überdies ist die Sorge, daß die Gewährung freierer Bewegung zu Umwälzungen führen würde, nicht begründet. Es gibt kein revolutionsunfähigeres Volk als die Türken. Auch der fortgeschrittenste Türke ist immer noch weit davon entfernt, antimonarchisch zu denken. Die ›jungtürkische Partei‹, die umstürzlerisch sein soll, existiert überhaupt nur in den Köpfen europäischer Journalisten, nicht aber in Wirklichkeit.«[442] Was allein die Frage der Haltung weiter Bevölkerungskreise zur Monarchie betraf, so hatte der konservative Monarchist von der Goltz Pascha wohl recht. Vielen Osmanlıs war es sicherlich unvorstellbar, in einem Staat, der keine Monarchie war, zu leben, kannten sie doch nur diese Staatsform mit einem Sultan-Kalifen an der Spitze. Doch das mußte keineswegs heißen, daß nicht auch die Monarchie verändert werden konnte. Der konservativen Einstellung der Bevölkerung trugen auch die Jungtürken Rechnung. Sie behielten nach der Revolution von 1909 die Monarchie bei – allerdings mit einem in seinen Befugnissen nunmehr stark eingeschränkten Herrscher an der Spitze. Hinsichtlich der ›jungtürkischen Partei‹ irrte Freiherr von der Goltz allerdings, wie die nun zu beschreibenden Ereignisse zeigen werden.

Zu Beginn des Jahres 1908 spitzte sich die Lage weiter zu. Der Druck der Großmächte auf das Osmanische Reich in bezug auf Mazedonien war so stark geworden wie kaum jemals zuvor. Im Februar gewährte Sultan Abdül Hamid II. nolens volens Österreich-Ungarn die Konzession für den Bau einer Eisenbahnlinie durch den Sandschak von Novi Pazar – was eine schwere diplomatische Krise mit hektischem Notenwechsel zwischen den mittlerweile mehr und mehr verfeindeten Großmächten auslöste – und gab damit dem Drang der Donaumonarchie in Richtung Selanik und Ägäis nach. Im Gegenzug unterstützte Rußland dann die britischen Vorschläge für eine weitgehende Autonomie Mazedoniens. Im Juni 1908 trafen sich der britische König Edward VII.[443] und Zar Nikolaus II. in der baltischen Hafenstadt Reval (Tallin), um unter anderem ihr gemeinsames Vorgehen hinsichtlich Mazedoniens abzustimmen. In Constantinopel fürchtete der Sultan allerdings eine viel weitergehende Einigung der beiden Großmächte über eine generelle Aufteilung des Osmanischen Reiches. Die immer nationalistischer auftretenden Jungtürken mochten diese Befürchtung auch fühlen. Sie sahen die einzige Lösung in einem Umsturz, der sie an die Macht bringen und die in ihren Augen längst fälligen Reformen einleiten würde, um das Reich vor dem endgültigen Untergang und den massiven Eingriffen der Europäer zu bewahren.

Die innenpolitische Lage gewann in diesen Wochen erheblich an Sprengkraft, doch am Hof von Yıldız wie auch am Bosporus ging das politische Leben scheinbar seinen gewohnten Lauf. Man rüstete sogar zu einem erneuten deutschen Fürstenbesuch: Der junge Herzog Carl Eduard von Sachsen-Coburg und Gotha wollte im Juni zusammen mit seiner Gemahlin die Metropole am Goldenen Horn besuchen und dabei dem Großherrn seine Aufwartung machen – für Abdül Hamid II. eine willkommene Gelegenheit, die Kontakte zu seinen deutschen Partnern erneut zu vertiefen und neue Bande der Freundschaft auch zu der jüngeren Generation deutscher Bundesfürsten zu knüpfen.

Anfang Juni 1908 besuchte auch Goltz Constantinopel und wurde von Abdül Hamid II. in altgewohnter Freundlichkeit im Yıldız-Palast empfangen. Er bemerkte über sein Zusammentreffen mit dem Großherrn: »Ich hatte Sultan Abdul Hamid viel weniger gealtert vorgefunden, als ich annahm; sein Gesicht war sogar etwas voller geworden. Es zeigte keine Spur von Kränklichkeit, über welche die europäischen Zeitungen so viel zu erzählen wußten. Nur des Großherrn Haltung war ein wenig gebückter als früher geworden; doch wem bliebe das unter der Last der Jahre erspart, die durch Regierungssorgen nicht vermindert wird.«[444] Bald danach sollten sich die Ereignisse überschlagen: Den im Komitee für Einheit und Fortschritt zusammengeschlossenen Jungtürken war es gelungen, die zweite und die dritte Armee in Mazedonien zu infiltrieren, es war ihnen auch möglich gewesen, an der Militärakademie zahlreiche junge unzufriedene Offiziere für ihre Pläne zu gewinnen.[445] Nach einem unvorhergesehenen Übergriff auf einen

Armeegeistlichen in Monastir wurde eine Entdeckung der Umsturzpläne durch das hamidische Regime gefürchtet, daher gaben die Jungtürken Anfang Juli unter dem Motto »Für uns, durch uns« das Zeichen zum Losschlagen. In Mazedonien tauchten erste Plakate auf, die die Wiedereinsetzung der Verfassung von 1876 forderten. Offiziere der mazedonischen Truppen schlossen sich überall dieser Forderung an, ebenso immer mehr Beamte und Ulema. Die in Mazedonien stationierten Truppen drohten schließlich, auf Constantinopel zu marschieren, um den Sultan und sein autokratisches Regime zu beseitigen, sollte die Konstitution nicht restauriert werden.

Doch der krisenerprobte Abdül Hamid II. wich keineswegs vor der drohenden Gefahr zurück. Er erklärte vielmehr gegenüber seinen Vertrauten am 23. Juli 1908: »Ich werde mit dem Strom schwimmen.« Er sei es schließlich gewesen, der in seiner Regierungszeit die Verfassung verkündet und sie, als es sich notwendig erwies, suspendiert habe. Nun verlange er, daß seine Minister eine İrade vorbereiteten.[446] Eilig wurden Telegramme in alle Teile des Reiches geschickt, um unverzüglich die Spitzen der Verwaltung davon in Kenntnis zu setzten, daß die Verfassung von 1876 wieder in Kraft treten werde und Parlamentswahlen folgen sollten. Die Zeitungen verkündeten am folgenden Tag diese überraschende Neuigkeit – und der Sultan begab sich, da es ein Freitag war, wie gewohnt zum Selamlık in seine Hamidiye-Moschee. War aus dem bislang autokratisch herrschenden Sultan plötzlich ein konstitutioneller Monarch geworden?

Am nächsten Tag zeigten sich daraufhin nicht nur in Constantinopel erste Veränderungen im Geist der neuen Freiheit. Osmanlıs aller Nationalitäten lagen einander beglückwünschend in den Armen, auf Druck der Bevölkerung sowie des Komitees für Einheit und Fortschritt wurde die Zensur gelockert, und erste Verbannte bereiteten sich eilends zur Rückkehr in die Hauptstadt vor. Banderolen (als Hutband oder auf der Brust zu tragen) mit Losungen wie »Es lebe die Verfassung!«; »Es lebe die Nation!« oder »Freiheit, Gleichheit, Brüderlichkeit, Gerechtigkeit!«, »Padischahim tschok jassasun!«[447] waren nun überall in der Stadt zu sehen. »Beschränkte Amnestie, Aufhebung von Zensur und geheimer Palastpolizei haben guten Eindruck gemacht«,[448] berichtete Alfred von Kiderlen-Wächter dem Auswärtigen Amt. Darüber hinaus mußten die verunsicherten Jungtürken erleben, daß vielerorts sogar »Ein Hoch unserem Sultan« oder »Lang lebe unser Herrscher!« gerufen wurde. Constantinopel zeigte sich von einer Welle des Aufbruchs und der Begeisterung ergriffen.

Das eben noch Gültige war mit einem Mal erledigt, es ereignete sich nun vor kurzem noch Undenkbares, wie Kiderlen-Wächter zu berichten wußte: »Aufzüge nach der Pforte, Reden an das Volk (selbst eine türkische Frau sprach öffentlich!), [...] sogar auf den Stufen der Moscheen saßen die Mollahs mit Zeitungen – der reine Hexensabbat!«[449] Bei der Frau, die er reden hörte, handelte es sich vielleicht um Halide Edip Hanım Efendi,[450] die im Sommer 1908 als eine der ersten Frauen öffentliche Reden auf dem Hippodrom (At Meydanı) hielt und in ihnen zur Emanzipation der Frauen aufrief. Das wurde als so unerhört empfunden, daß sie später nach Ägypten ausweichen mußte und erst im Herbst 1909 zurückkehren konnte.

»Die Ereignisse der letzten Tage können zur Festigung und Stärkung des Ottomanenreiches, sie können wie in anderen Ländern zu schweren Erschütterungen führen«, hieß es in einem Bericht Kiderlen-Wächters an Reichskanzler Bülow aus der botschafterlichen Sommerresidenz in Therapia am 27. Juli 1908.[451] Er fuhr dann fort: »Die Unzufriedenheit war eine recht verbreitete, seit langer Zeit. Die Konzentrierung jeglicher Regierungsgewalt im Palais mußte diese Unzufriedenheit stetig steigern, je mehr Seine Majestät der Sultan schlechten und gewissenlosen Ratgebern sein Ohr lieh.«[452]Der bislang zumeist unsichtbare und vielen verhaßte Sultan Abdül Hamid II. erlebte innerhalb nur einer Woche einen bis dahin nicht für möglich gehaltenen Rückgewinn an Popularität – er setzte sich scheinbar an die Spitze der Reformbewegung und ließ sich als der weise Herrscher feiern, der ›seine‹ Verfassung von 1876 nach mehr als dreißig Jahren wieder in Kraft setze.

Außer in Mazedonien und in Constantinopel war das Komitee für Einheit und Fortschritt als treibende Kraft vielerorts im Reich noch nicht bekannt. Der Sultan stellte sich nun als Opfer seiner machtgierigen und korrupten Entourage dar, die ihn planmäßig von seinem Volk ferngehalten habe. Geschickt verstand er es, den Volkszorn auf seinen bereits entflohenen, lange Jahre als Ratgeber tätig gewesenen zweiten Sekretär İzzet Bey und andere, teils bereits verhaftete, teils geflohene Repräsentanten seines bisherigen Regimes zu lenken. Interessant erscheint es in diesem Zusammenhang, daß die ›friedlichen Imperialisten‹ mit İzzet Bey einen treuen Sachwalter deutscher Wirtschaftsinteressen verloren, hatten doch die entsprechenden Firmen dessen engagierten Einsatz für sie bei der Anlage der Bagdadbahn mit nicht unerheblichen finanziellen Zuwendungen belohnt. Der Botschaft war dies wohlbekannt, und Botschaftsrat von Wangenheim verwies denn auch darauf, daß die deutsche Regierung keinerlei Interesse daran habe, daß diese Bakschischzahlungen an

Karte anläßlich der Wiedereinsetzung der Verfassung von 1908

Freudenfeier aus Anlaß der Wiedereinsetzung der Verfassung von 1908

Würdenträger in der Umgebung des Padischahs bekannt würden, denn: »Er sei der einzige am Hofe des Sultans, der die Wichtigkeit der Bagdadbahn kenne und im deutschen Interesse auf den Sultan einwirke. Falls die Namen dieser Personen in einem offiziellen Bericht als Bahşiş-Empfänger genannt würden, wäre der Sultan gezwungen sie zu entlassen; [...]. Deutschland würde viel Zeit verlieren, bis an das nützliche intime Verhältnis zum Palais wieder angeknüpft werden könnte.«[453]

Am 26. Juli zog eine enthusiasmierte Volksmenge, Kiderlen-Wächter schätzte sie auf zunächst 30.000 bis 40.000 Menschen, unter Führung einiger Studenten mit Fahnen und Trommeln zum Yıldız-Palast und verlangte, den Sultan zu sehen. Dieser zögerte eine Weile, zeigte sich dann aber an einem Fenster des sogenannten Diplomatenkiosks – und wurde von den begeisterten Hochrufen der Menge, die auf dem großen Platz zwischen dem Tor zum Palast und der Hamidiye-Moschee wartete, empfangen. An Reichskanzler Bülow berichtete Kiderlen-Wächter in aller Ausführlichkeit telegraphisch über die bis vor kurzem unvorstellbaren Vorgänge und fügte der Schilderung eine kleine Anekdote bei: »Der Sohn von Kâmil Pascha, der mir den ganzen Vorgang schilderte, schloß seinen Bericht mit einer echt türkischen Wendung: ›Als Seine Majestät erkannten, daß diese Leute etwas ermüdet waren, ließ er ihnen ein kleines Bakschisch überreichen.‹ Als sie das Geld hatten, zogen sie ab. Es bleibt dahingestellt, ob sie und andere nicht wiederkommen, wenn das Geld alle ist.«[454]

Doch all das war noch nichts gegen die Ereignisse anläßlich des folgenden Selamlıks am 31. Juli 1908: Bis zu 150.000 Menschen strömten in Beşiktaş zusammen, um dem Moscheebesuch des Sultan-Kalifen beizuwohnen und ihm zuzujubeln. Der als Nationalhymne fungierende Hamidiye-Marsch erklang entlang der steilen Straße, die von Truppen der umliegenden Kasernen gesäumt war. Der Wagen des Herrschers konnte sich kaum einen Weg durch die begeisterte Menge bahnen. Als er nach kurzer Fahrt vor der Moschee ankam, ereignete sich vor kurzem noch völlig unvorstellbares: Sultan Abdül Hamid II., der seinem Volk zweiunddreißig Jahre ängstlich auszuweichen schien und abgeschlossen im Yıldız-Palast als der unheimliche, unbekannte Padischah versucht hatte, das Reich zusammenzuhalten – dieser Sultan erhob sich nun in der Kutsche und grüßte die ihm stürmisch zujubelnde Menge. Abdül Hamid II. war nicht länger unsichtbar, er war inmitten seiner ihm neuerlich ergebenen Untertanen, getragen von einer unvorstellbaren Woge der Begeisterung – und ließ sich, allerdings etwas skeptisch, wie seine Tochter schrieb, in dieser beiden Seiten noch ungewohnten Rolle von seinen Osmanlıs feiern![455]

Photographien des Herrschers waren stets verboten gewesen, nun fiel dieses Verbot – innerhalb weniger Tage wurden mehr als 56.000 Postkarten mit dem Portrait Abdül Hamids II. verkauft. Sie zeigten ihn bei diesem denkwürdigen Selamlık im Wagen vor der Moschee. Der Sultan, der eben noch abgesetzt werden sollten, dessen überall Verrat und Mißtrauen witternde und begünstigende Herrschaft das Volk nicht mehr hinnehmen wollte, dieser Sultan war plötzlich zu einem Idol des Volkes und der neuen Freiheit geworden – ein nicht nur für seine Gegner im Komitee für Einheit und Fortschritt höchst verstörender Vorgang. Der den lange Jahre als deutscher Botschafter tätigen Freiherrn Marschall von Bieberstein im Sommer 1908 erneut am Bosporus vertretende Alfred von Kiderlen-Wächter berichtete über diesen historischen Selamlık: »Als wir nun heute vollzählig zum Selamlik kamen – mit Ausnahme der Vertreter Rußlands und der Balkanstaaten, (Rumänien, Griechenland und Bulgarien) – war es ein ganz verändertes Bild. Alles offen für das Volk. Tausende drängten sich, es war kaum durchzukommen. Aber musterhafte Ordnung trotz Abwesenheit jeder Polizei. Wir Diplomaten waren auf ein kleines Zimmerchen beschränkt, die Terrasse neben unserm Zimmer und die Terrasse, wo sonst die Fremden sind, waren vom ›souverainen Volk‹ besetzt. Unzählige sonst so verpönte Photographen, selbst Kinematographen. Der Sultan kam stehend im Wagen an, in

Begleitung des Großwesirs und seines Lieblingssohns. Das ›Padischahim tscho schock jascha‹ (Lang lebe der Padischah!) übertönte völlig die Musik und wollte kein Ende nehmen. Alle Bäume sogar waren zum Brechen voll mit Menschen! Das gleiche bei der Rückfahrt, und als sich der Sultan nachher dreimal am Fenster zeigte, war des Jubels kein Ende! Möge es nicht sein: Heute Hosianna, morgen kreuzige ihn. Ich habe Angst, wenn die heutigen gemäßigten Führer die Leitung an die agitatorischen Elemente verlieren!«[456]

Bei dem erwähnten Empfang des diplomatischen Corps nach dem Moscheebesuch konnte Kiderlen-Wächter dann die besten Wünsche Kaiser Wilhelms II. für den Sultan und den nun von ihm eingeschlagenen Weg der Reformen überbringen. Der ungefähre Wortlaut war von ihm selbst formuliert und dann durch den Reichskanzler (der den Kaiser darüber unterrichtet hatte) via Auswärtiges Amt bestätigt worden. Es sollte von »staatsmännischer Weisheit« des Padischahs die Rede sein, »die der Türkei zum Segen gereichen werde«. Anschließend berichtete Kiderlen-Wächter zufrieden nach Berlin, er sei der einzige Diplomat mit einem solchen Auftrag gewesen. Drei Tage zuvor, am 28. Juli, hatte er das Auswärtige Amt bereits um folgende Vorgehensweise ersucht: »Nützlich wäre, in deutsche Presse telegraphisch zu verbreitende Artikel zu bringen mit Sympathieäußerungen für ottomanisches Volk und seinen

Abdül Hamid II. kehrt nach dem Freitagsgebet am Tag der Wiedereinsetzung der Verfassung am 24. Juli 1908 in den Yildiz-Palast zurück

aufgeklärten Herrscher, der im richtigen Moment, als er sein Volk dafür reif hielt, Verfassung gab. Bisher einzig dastehendes friedliches Verhalten beweist diese Reife. [...] Mit Spitze gegen die englische und französische Presse könnte noch bemerkt werden, daß eine konstitutionelle Türkei stärkeres Rückgrat gegen diejenigen besitzen werde, die sich bisher [...] in ihre inneren Angelegenheiten mischten. Presse beginnt hier Bedeutung zu gewinnen.«[457]

Eine Woche später, zum abermaligen Selamlik, waren die erwähnten Bäume, es handelte sich um Magnolien, bereits gefällt worden, wie Alfred von Kiderlen-Wächter berichtete. Die Unfallgefahr schien wohl zu groß, da Schaulustige in großer Zahl die Bäume erklommen. Abdül Hamid II. begab sich erneut unter dem Jubel der Bevölkerung und des Militärs zu seiner Moschee, dieses Mal angetan mit der rot-weißen ›Freiheitsschleife‹, die, an der Schulter befestigt, das tausendfach getragene Symbol der neuen Zeit war. »Der Sultan beim Selamlik mit der ›Freiheitsschleife‹! Ludwig XVI. mit der phrygischen Mütze der Revolution!«[458] vermeldete der doch etwas mitleidige Kiderlen-Wächter bildhaft. Ansonsten konstatierte er entscheidende Änderungen. Die Audienzen der Botschafter bei Sultan Abdül Hamid II. konnten nun nicht mehr wie vor den Umwälzungen einfach über den Oberzeremonienmeister arrangiert werden, mittlerweile mußten sie ganz offiziell über den eben berufenen Außenminister erbeten werden.

Über die anläßlich des Selamlıks am 6. August 1908 beobachteten, neuen Gepflogenheiten berichtete Kiderlen-Wächter: »Bezeichnend war, daß ein Mitglied des ›Unionskomitees‹ im Diplomatenkiosk alles überwachte. Der Oberzeremonienmeister hatte wiederholt lange Unterredungen mit ihm, und bei der Audienz ging er bis ins Vorzimmer mit!«[459] Doch die Reformen waren damit keineswegs zu Ende: Am 1. August verkündete ein ›Hatt-i hümayun‹ (kaiserliches Sendschreiben) die Auflösung der Geheimpolizei, das Verbot willkürlicher Festnahmen, die Abschaffung der Genehmigungspflicht für Reisen ins Ausland und schrieb, ganz im Sinn des Osmanismus, die Gleichheit der Rassen und der Religionen im Reich fest.

Die ›friedlichen Imperialisten‹ in Deutschland begrüßten unterdessen nach kurzem Zögern den auch für sie unerwarteten Umschwung und rüsteten sich unverdrossen, um mit den Repräsentanten der neuen Ära am Bosporus im Interesse ihres vielfältigen Engagements schnell bestes Einvernehmen herzustellen, was allerdings durch die Annexionskrise im Herbst zunächst massiv behindert wurde. Wie die Spitzen der Politik in Berlin die Entwicklung in Constantinopel größtenteils beurteilten, zeigen neben den eingehenden Analysen und Berichten der Diplomaten beispielhaft die Bemerkungen, die der Kaiser an die ihm vorgelegten Berichte schrieb.

Wenige Tage nach den revolutionären Ereignissen, am 27. Juli, legte der Reichskanzler Bülow Wilhelm II. einen ausführlichen Kommentar des deutschen

Botschafters am russischen Hof Graf Friedrich von Pourtalès[460] vor, unter den der Monarch folgende aufschlußreiche Endbemerkung notierte: »Die Türkei gehört sich selbst! Das ist stets der Grundgedanke meiner Politik gewesen! Und der erfüllt sich jetzt endlich, durch die Berufung eines Türkischen Parlamentes, dessen Abgeordnete die Ordnung der Türkischen Verhältniße hoffentlich selbst in die Hand nehmen und selbst ›Reformen‹ machen werden, so daß ein für alle mal den Einmischungsgelüsten intriguanter Europ[äischer] Großmächte ein Keil vorgetrieben wird. Das ist gut für die Türkischen Christen wie Muselmänner, und daher gerade das was ich stets erstrebt habe. Ich bin mit der Lösung sehr zufrieden.« [461] Als weitere Randbemerkung an einem ausführlichen Bericht Biebersteins vom 3. September 1908 über die politischen Ereignisse, die dieser als Ergebnis einer »nationaltürkisch-islamitischen {sic] Bewegung« bezeichnete und weitgehend positiv einschätzte, schrieb der Kaiser geradezu triumphierend: »richtig! Ich habe jahrelang davor gewarnt den Islamismus so mit Füßen zu treten und herauszufordern, und bin in ganz Europa verlacht und als Türkenbold verhöhnt worden.«[462] Auch wenn die deutsche Außenpolitik und der deutsche Kaiser lange gebraucht hatten, um zu einer eigenen Orientpolitik zu stehen, so hatte Kaiser Wilhelm II. mit dieser Einschätzung seiner Politik und ihrer Wirkung auf die übrigen Großmächte zumindest im Hinblick auf die Jahre seit 1895 weitgehend recht. Die Zeiten, da er selbst seinen Freund Sultan Abdül Hamid II. in die Hölle wünschte oder abgesetzt wissen wollte, waren zu diesem Zeitpunkt längst vergessen. Das persönliche Interesse des deutschen Kaisers am weiteren Gang der Ereignisse im Osmanischen Reich nahm indes in den kommenden Jahren ab, ohne freilich zu erlöschen. Ihm fehlte mit der Entmachtung Abdül Hamids II. die persönliche Verbindung nach Constantinopel. Die Kontakte zu Sultan Mohammed V., der Austausch von Höflichkeiten und Geschenken, all das beschränkte sich nunmehr auf die unter Monarchen üblichen Gepflogenheiten.

Die führenden Männer im Komitee für Einheit und Fortschritt, die lange Jahre davon geträumt hatten, Abdül Hamid II. zu eliminieren, mußten nun, Ende Juli 1908, erkennen, daß sie behutsam vorgehen mußten, denn nicht zuletzt die einfachen Soldaten sowie weite Teile der ärmeren Bevölkerung zeigten große Anhänglichkeit gegenüber der durch die wieder eingesetzte Verfassung nun ausdrücklich geheiligten Person des Herrschers. [463] Zudem wurde jetzt sehr deutlich, daß das Komitee für Einheit und Fortschritt weder über genügend viele politikerfahrene Männer, noch über ein tatsächliches politisches Programm verfügte, das über die Absetzung Abdül Hamids II. hinausging. Das verdutzte Komitee mußte nach stürmischen Anfangserfolgen der Revolution zunächst dem Sultan und seinen Getreuen das Moment des Handelns wieder teilweise überlassen – zu seinem Entsetzen stand damit das ancien régime scheinbar an der Spitze der Reformen. Der kaltblütige Machtpolitiker Abdül Hamid II. erkannte schnell die sich daraus für ihn ergebenden Möglichkeiten und war bereit, die Gunst der Stunde zu nutzen.

Goltz, der von 1883 bis 1895 als Reorganisator der osmanischen Armee in den Diensten Abdül Hamids II. gestanden und dem osmanischen Generalstab angehört hatte, wurde im Sommer 1908 durch den ihm verbundenen Mahmud Şevket Pascha, den Generalgouverneur von Mazedonien, von den revolutionären Ereignissen unterrichtet. Da viele der nun gegen das Regime des Sultans vorgehenden Offiziere Goltz' Schüler waren (auf den durch ihn reformierten Militärschulen), verfolgte dieser die Ereignisse in der Hauptstadt, die er erst kurz vor dem Ausbruch der revolutionären Ereignisse besucht hatte, mit reger Anteilnahme. Er warnte die jungtürkischen Offiziere in einem Brief nachdrücklich davor, »... die Autorität des Sultans völlig zu zerstören, weil im Augenblick nichts vorhanden sei, sie im Volksbewußtsein zu ersetzen. Man solle sie, riet er, vielmehr für die Reformbewegung ausnutzen, sich im übrigen aber mit der Beseitigung der alten Kabinettsregierung begnügen und ein mit den erforderlichen Machtvollkommenheiten ausgerüstetes verantwortliches Ministerium schaffen.«[464] Goltz sah deutlich eine große Gefahr für das Reich »in überstürzten Neuerungen, die die alten Formen zerbrächen, ohne gleich neue und bessere an ihre Stelle zu setzten.«[465] Ganz in diesem Sinn schrieb einer seiner osmanischen Freunde (Mahmud Şevket Pascha?) zu den Motiven der Militärs bei dieser ersten Revolution: »Wir haben ihn und das Land, wenn auch gegen seinen Willen, gerettet, wir haben nur das Beste für Kaiser und Vaterland gewollt, und jetzt haben wir dreißigjähriges unendliches Leiden vergessen und ehren und beschützen unseren Souverain, wie wenn nichts geschehen wäre. Ich glaube, daß wir richtig gehandelt und daß wir unsere Pflicht getan haben ... .«[466]

Indessen verblüffte der scheinbar unerschütterliche Sultan seine Anhänger wie seine Gegner gleichermaßen – und zeigte sich keineswegs gesonnen, die Initiative abzugeben, womit er erneut bewies, der aufgeladenen Situation durchaus gewachsen zu sein. Als eine große Delegation von Jungtürken aus Selanik, wo sich noch immer das Hauptquartier des Komitees für Einheit und Fortschritt befand, nach Constantinopel kam, um den Sultan zu sehen, verblüffte Abdül Hamid II. sie mit folgender Ansprache: »Die gesamte Nation gehört dem Komitee ›Einheit und Fortschritt‹ an, und ich bin dessen Präsident; arbeiten wir künftig zusammen, um das Vaterland zu stärken!«[467] Das seit der Mitte des 19. Jahrhunderts zunehmend gebrauchte osmanische Wort vatan für Vaterland (Namık Kemal hatte es nach 1873 mit einem dann verbotenen Theaterstück popularisiert) aus dem Mund des Padischahs zu hören, war ebenfalls eine unerhörte Neuerung, hatte dieses Wort bis dahin doch als ein Begriff aus dem Wortschatz der jungtürkischen Umstürzler gegolten.

Wie es schien, hatte sich Abdül Hamid II. entsprechend seinem Vorsatz, daß er mit dem Strom schwimmen werde, mit seiner Rede an die Spitze der Bewegung gestellt. Die Zukunft sollte weisen, ob er tatsächlich erstmals ein dem Volk zugewandter, konstitutioneller Monarch bleiben würde. Mochte der Sultan auch insgeheim damit beschäftigt sein, von den neuen Machthabern politisch nicht völlig auf das Abstellgleis geschoben zu werden, und noch immer seine Fäden ziehen, so hatte sich dennoch allein schon im äußeren Bild Entscheidendes gewandelt.

Als Bieberstein Ende August nach knapp drei Monaten wieder auf seinen Posten am Bosporus zurückkehrte, fand er das politische Constantinopel völlig verändert vor: »Über Nacht – im eigentlichen Sinne des Wortes – ist das System des Sultans zusammengebrochen. Kein Finger hat sich gerührt, es zu halten. Heute hat der Sultan nichts mehr zu sagen. [...] Wohl werden noch einige Iradées von dem hohen Herrn erlassen. Aber das sind Formalitäten. [...] Das Sekretariat des Palais, die eigentliche Werkstätte des alten Systems, ist verödet. Alle Akten sind aus dem Palais nach der Pforte geschafft worden. Das Telegraphenbureau des Palais, das Tag und Nacht in Tätigkeit war, ist beseitigt. [...] Selbst der äußere Glanz des Hofes ist verschwunden. [...] Die Kapelle und das Theater des Sultans sind aufgelöst, der größere Teil der Pferde des Marstalls ist der Armee zur Verfügung gestellt worden. [...] Von dem alten Glanz ist nur noch der Selamlik geblieben. [...] Der rasche Zusammenbruch der Sultansmacht, die noch vor wenigen Wochen als ›rocher de bronze‹ galt, bildet ein seltsames Blatt in der Geschichte des türkischen Reiches.«[468] Im Verlauf seines ausführlichen Berichtes kam dann der Botschafter nochmals auf den nach seiner mehrmonatigen Abwesenheit erfolgten Antrittsbesuch Ende August bei Abdül Hamid II. zurück: »Als ich vergangenen Freitag in das Audienzzimmer trat und den Sultan als machtlosen Mann wiedersah, der mir vor kaum drei Monaten beim Abschied die Hand gedrückt hatte, als unbeschränkter Herrscher über 24-30 Millionen Menschen, habe ich mich einer gewissen Erregung nicht erwehren können. Auch der Sultan war sehr ernst. Er mochte sich an die vielen Unterredungen erinnern, in denen ich ihn bezüglich seines Verhältnisses zur Armee gewarnt und die Schäden des Spionagesystems schonungslos aufgedeckt habe. Aber Abdul Hamid ist bei allen Schwächen ein seelenstarker Mann. Als wir einige Worte gewechselt hatten, war der hohe Herr, wie er früher gewesen! [...] Und von diesen Leuten [der Botschafter hatte zuvor die in seinen Augen völlig diskreditierte Umgebung Abdül Hamids II.] beschrieben, die allein dem Sultan ihre Stellung und ihren Reichtum verdankten, ist in entscheidender Stunde keiner für ihn eingetreten.«[469] Angesichts seiner eigenen, zehn Jahre später 1918 folgenden Entmachtung liest sich die Randbemerkung Kaiser Wilhelms II. zu diesem Satz des Botschafters geradezu prophetisch: »Das machen Hofcreaturen immer so! Auch außerhalb der Türkei, bei uns Christen!«[470]

Der Großwesir empfängt in der Hohen Pforte, in der die Wahlurnen aufbewahrt werden, eine Abordnung von Wählern

Im Herbst 1908 begannen sich die Verhältnisse scheinbar zu normalisieren. Anna Grosser-Rilke, die in Constantinopel zunächst mit ihrem Mann, wie erwähnt, seit 1888 die erste moderne Presseagentur im Auftrag von ›Wolffs Telegraphenbureau‹ aus Wien aufgebaut hatte und sie nach seinem Tod allein weiter betrieb, war im Lauf von zwanzig Jahren zu einer guten Kennerin des Lebens am Bosporus geworden. Sie schrieb: »Die Verhältnisse fingen dann an, sich allmählich zu beruhigen, und der Winter auf 1909 verlief ganz ungestört. Man ahnte damals noch nicht, was der Sultan wirklich in seinem Inneren langsam heranreifen ließ und planmäßig vorbereitete.«[471]

Zunächst aber fanden der Verfassung gemäß Wahlen statt. Das aus ihnen hervorgegangene Parlament wurde am 17. Dezember 1908 in Anwesenheit Sultan Abdül Hamids II. feierlich eröffnet und bestand in der ersten Kammer aus 107 Türken, 45 Arabern, 27 Griechen, 22 Albanern, 10 Armeniern, 5 Bulgaren, 4 Serben, 3 Juden, 2 Kurden sowie jeweils einem Abgeordneten der Rumänen, der Drusen der und Maroniten.[472] Angesichts dieser ersten Wahlen seit zweiunddreißig Jahren geriet die Bevölkerung (viele Osmanlıs waren so jung, daß es für sie die erste Abstimmung überhaupt ware) in einen Taumel der Begeisterung. Diese euphorische Aufbruchsstimmung voller ungewisser Hoffnungen, die sich vielen Zeitgenossen unauslöschlich einprägte, beschrieb Halide Edip (Adıvar) in ihren Memoiren, wobei ihr eine gefühlvolle Momentaufnahme des auseinanderstrebenden Vielvölkerstaates gelang: »Vor meinem Fenster in Nuruosmaniye

Abdül Hamid II. eröffnet nach den Wahlen von 1908 das osmanische Parlament. Der Sultan steht allein in der mittleren Loge

zogen die Massen vorbei und sangen: ›O Vaterland, o zärtliche Mutter, sei heute glücklich und froh!‹ Niemand, der diese aufrichtige Begeisterung miterlebte, konnte seine Tränen zurückhalten. Die Menschen folgten den Wagen mit den unter Blumen und Fahnen begrabenen Wahlurnen. In den anderen Gefährten saßen Imame und Priester in friedlicher Eintracht nebeneinander. Ganze Horden von griechischen und türkischen Kindern folgten der Prozession und stimmten lauthals in den patriotischen Gesang mit ein. Die Erinnerung an dieses Bild rührt mich auch heute noch tief. Es kommt mir wie eine letzte liebevolle Umarmung vor, mit der die einfachen Menschen der verschiedenen Volksgruppen der Türkei voneinander Abschied nahmen, bevor ihre eigenen Anführer und fremde Mächte sie gegeneinander aufhetzen und zu gegenseitiger Vernichtung anstiften sollten.«[473]

Am 31. Dezember kam es dann zu einem denkwürdigen Auftritt im Yıldız-Palast, bei dem der mit allen politischen Finessen vertraute Sultan Abdül Hamid, der von einem französischen Diplomaten als die perfekte Verkörperung des Fürsten aus Machiavellis berühmtem politischen Werk beschrieben wurde,[474] noch einmal sein in drei Jahrzehnten erprobtes politisch-diplomatisches Können unter Beweis stellte: Die Abgeordneten des neuen Parlamentes wurden allesamt zu einem Empfang mit anschließendem Galabankett in den Palast gebeten – und zum letzten Mal präsentierte sich der kaiserliche Hof in seinem gewohnten Glanz, entrollte sich das feierliche Zeremoniell. Der Sultan höchstselbst kümmerte sich um die Einzelheiten in dem prunkvoll ausgestatteten Şale Kasrı, bestimmte das Protokoll, die Tafelordnung und das Menu. Die Musiker des Palastes waren durch ihn angewiesen worden, während des Festessens klassische osmanische Musik, die bislang am Hof nicht bevorzugt worden war, zu spielen. Die Gäste versammelten sich zunächst im Empfangssalon des Schlosses, und der Sultan erschien in großer Uniform an der Seite des Großwesirs, der sich nun »Präsident des konstitutionellen Ministeriums«[475] nannte. Auf charmante Art sprach der Padischah ausführlich mit seinem alten Widersacher Ahmed Rıza,[476] der eben nach langen Jahren im französischen Exil zum Präsidenten des Parlamentes gewählt worden war. Anschließend betonte der Sultan-Kalif in seiner Rede gegenüber den beeindruckten Abgeordneten, von denen viele alte Gegner aus dem Lager der Jungtürken kaum zu glauben vermochten, plötzlich durch den bislang bekämpften Despoten in so zuvorkommender Art und Weise empfangen zu werden, daß er die Verfassung achten und schützen werde. Mit Applaus und begeisterten Hochrufen auf Abdül Hamid wurde dieses Bekenntnis beantwortet. Für die anschließende Rede Ahmed Rızas erhob sich der Sultan sogar und lauschte ihr stehend. Rıza pries die Bedeutung der historischen Ereignisse für alle Osmanlıs und sagte, es sei der glücklichste Moment seines Lebens, da der so lange Zeit seinem Volk entfremdete Herrscher nun endlich mit eben den gewählten Vertretern dieses Volkes an einem Tisch sitze. Bei der folgenden Vorstellung verschiedener Deputierter küßten einige von ihnen dem Sultan – überwältigt von dem Eindruck, den der Padischah hinterließ – die Hände, ein Abgeordneter warf sich sogar zu Boden, um die Füße des nun konstitutionellen Großherrn zu küssen.[477] Der Sultan hatte an diesem Abend im Ringen um die Macht einen äußerst bemerkenswerten Sieg errungen – es war allerdings nur ein Sieg auf Zeit.

Das Osmanische Reich war zu diesem Zeitpunkt schwer erschüttert, Katastrophe folgte auf Katastrophe. Mitte Oktober 1908 marschierten russische Truppen wegen angeblicher ›revolutionärer Unruhen‹ in die überwiegend von sunnitischen Muslimen bewohnten aserbeidschanischen Teile Nordpersiens ein, mit unabsehbaren Folgen für das Reich wurde dieser osmanische Nachbar nun ganz unverhohlen in eine russische und eine britische Einflußsphäre aufgeteilt, der Druck auf die osmanischen Grenzen im Osten und am Persischen Golf nahm damit zu. Die progriechische Regierung Kretas hatte bereits am 3. Oktober 1908 die bis dahin offiziell noch unter osmanischer Suzeränität stehende Insel dem griechischen Königreich einverleibt, Kreta war nach mehr als zweihundertfünfzig Jahren für die Osmanen nun endgültig verloren. Damit war der Tiefpunkt jedoch noch keineswegs erreicht: Im Gefolge der revolutionären Zustände während des Sommers 1908 erklärte sich das seit mehr als fünfhundert Jahren dem Reich angehörende Bulgarien einseitig für nun mehr völlig unabhängig, und Fürst

Ferdinand aus dem Haus Sachsen-Coburg und Gotha konnte sich endlich am 5. Oktober zum König der Bulgaren proklamieren. Daß er sich nun ›Zar Ferdinand‹ nannte war ein weiterer Affront, der sich diesmal gegen Rußland richtete. Währenddessen gab Österreich-Ungarn seine Zurückhaltung auf und annektierte – unter anderem wohl aus Furcht vor dem Ergebnis eventuell auch in Bosnien und der Herzegowina durchzuführender Wahlen zum osmanischen Parlament – ohne zuvor seine Bündnispartner informiert zu haben, die seit 1876 offiziell in osmanischem Namen verwalteten Provinzen nun endgültig – lediglich der schwer zu regierende Sandschak von Novi Pazar kehrte wieder gänzlich unter osmanische Verwaltung zurück. Dieses eigenmächtige Vorgehen der Wiener Regierung löste eine schwere, Europa an den Rand eines Krieges führende politische Krise aus. Vor allem Rußland, das angeblich völlig überrascht wordem war (in Wirklichkeit gab es seit längerem Geheimverhandlungen betreffs der Annexion – das Buchlauer Abkommen vom 16. September 1908 – und sogar eine geheime Zusicherung schon aus den Tagen der Konferenz von 1876), sah sich nun als Schutzmacht der slawischen Völker des Balkans von Österreich-Ungarn düpiert. Nach heftigen Protesten der osmanischen Regierung erfolgte im Februar 1909 immerhin die Zahlung einer Entschädigung von 54.250.000 Kronen, offiziell für die säkularisierten Wakufgüter.[478] All das stellte einen schweren Schlag für Abdül Hamid II. dar, der seine Politik seit dem Berliner Kongreß immer wieder darauf ausgerichtet hatte, sowohl die territoriale Integrität als auch die Souveränität des Osmanischen Reiches zu wahren und solche drastischen Übergriffe der europäischen Großmächte sowie Territorialverluste in diesem Ausmaß zu verhindern. Einen weiteren Schlag für den Sultan bedeutete die bereits im September 1908 durch das Komitee für Einheit und Fortschritt erzwungene Reform der dem Herrscher zur Verfügung stehenden Civilliste und die Rückführung eines Teiles ihrer Einkünfte in den regulären Staatshaushalt.

Die bislang recht deutschfreundliche Stimmung am Bosporus (das Komitee für Einheit und Fortschritt galt in seiner Mehrheit jedoch als weitgehend probritisch) schlug infolge der Krise um Bosnien und die Herzegowina jäh um. Verschiedene politische Kreise in der osmanischen Hauptstadt wähnten fälschlich Deutschland dabei als treibende Kraft im Hintergrund, ohne dessen Einvernehmen und Billigung Österreich-Ungarn in ihren Augen weder die Unabhängigkeit Bulgariens noch die Annexion der beiden Provinzen so offensichtlich hätte betreiben können. Dieses Vorgehen bedeutete zweifellos eine massive Verletzung des Berliner Vertrages von 1878 und wurde als gegen das neue Regime gerichteter Schlag aufgefaßt. Der Kaiser schrieb dazu in gewohnt drastischer Art, jedoch eigentlich zutreffend, an einen Bericht des Reichskanzlers, der ihn im ostpreußischen Jagdrevier Rominten erreicht hatte: »Der lügnerische Heuchler Ferdinand und der würdige alte Kaiser [Franz Joseph], die gemeinsam als Spoliatoren der Türkei in Bengalischer Beleuchtung auf der Bühne erscheinen!

[...] Vom türkischen Standpunkt aus betrachtet ergiebt sich die Lage, daß nach 20 Jahren Freundespolitik von mir, mein bester Verbündeter der erste ist, der das Signal zum Auftheilen der Europ[äischen] Türkei gegeben hat! Eine angenehme Situation für uns in Stambul.«[479] Bieberstein sowie die Berliner Diplomatie mußten in den folgenden Wochen ihren ganzen Einfluß aufbieten, um diesen negativen Eindruck, der das deutsche Engagement im Osmanischen Reich nun massiv zu schädigen drohte, wieder zu verwischen. Der deutsche Kaiser befürchtete außerdem nicht ohne Grund, die Annexion Bosniens und der Herzegowina werde »sehr wahrscheinlich das Signal zum Beplündern des Türkischen Reiches, und seines Untergangs in Europa werden.«[480] Auch Sultan Abdül Hamid II. mochte dies – besonders seit dem britisch-russischen Treffen von Reval – ebenfalls geargwöhnt haben. Die engen freundschaftlichen Beziehungen zwischen dem Kaiser und dem Sultan waren denn auch der tiefere Grund dafür, daß Österreich-Ungarn seinen deutschen Verbündeten nicht vorab über seine Annexionspläne in Kenntnis gesetzt hatte.[481]

Wilhelm II. schrieb am 8. Oktober 1908 in einer Schlußbemerkung unter einen Bericht des Reichskanzlers sehr deutlich, warum er über das Vorgehen der Wiener Regierung dermaßen empört war: »Ich bedaure nur durch die furchtbare Dummheit Aehrenthals in das Dilemma gebracht worden zu sein, die Türken, unsere Freunde nicht beschützen und ihnen nicht beistehen zu dürfen, da mein Verbündeter sie beleidigt hat. Und statt dessen England an meiner Stelle die Türken berathen und beschützen sehen zu müssen, noch dazu mit Ausführungen völkerrechtlicher Natur, die formell unanfechtbar und mir aus der Seele gesprochen sind. Auf diese Weise geht meine 20jährige mühsam aufgebaute türkische Politik in die Binsen! Ein großer Triumpf [sic] E[duards] VII. über uns!«[482] Die deutsche Regierung, der Kaiser an der Spitze, war demnach in Wien[483] mit der richtungsweisenden Empfehlung vorstellig geworden, es sei klüger, wenn sich die Donaumonarchie auf dem Balkan weder auf Serbien noch auf Bulgarien, sondern auf das Osmanische Reich stützte, hatte mit diesem Ratschlag aber zunächst kein Gehör gefunden. Daß das eigenmächtige Vorgehen Österreich-Ungarns auf dem Balkan im Herbst 1908 auch fast ein Jahr später keineswegs vergessen war und die Beziehungen zum Deutschen Reich, trotz gegenteiliger Beteuerungen, noch immer belastete, enthüllte im Juni 1909 der Bericht des deutschen Botschafters in Paris, Fürst von Radolin: Als Kaiser Wilhelm II. den Außenminister der Donaumonarchie Graf Lexa von Aehrenthal anläßlich seines Besuches in Wien im Mai 1909 frug, warum er von den Wiener Plänen nicht im voraus informiert worden sei, räumte der Außenminister ganz unumwunden ein, er »hätte es deshalb nicht getan, weil er von der Annahme ausgegangen wäre, der Kaiser würde in Anbetracht seiner alten, freundschaftlichen Beziehungen zum [türkischen] Sultan ihm, dem Minister, von dem Vorgehen abgeraten haben«.[484]

Als 1911 der deutsche Dreibundpartner Italien sein Kolonialreich erweiterte und ihm im Ergebnis eines kurzen Feldzuges die verbliebenen osmanischen Besitzungen in Nordafrika einverleibte, sah sich Wilhelm II. erneut in dem Dilemma, dem befreundeten Osmanischen Reich nicht gegen diesen Feind beistehen zu können, da seine Bündnispflichten gegenüber Italien ihn daran hinderten.

Die Situation am Bosporus schien sich für viele Beobachter unterdessen zu Beginn des Jahres 1909 beruhigt zu haben. Doch es handelte sich um eine trügerische Ruhe. Schon bald traten aufgrund der komplizierten Machtteilung zwischen Palast, Hoher Pforte und Komitee für Einheit und Fortschritt ernste innenpolitische Spannungen auf. Ein Mann vom Format Abdül Hamids II. konnte sich zudem nur schwer mit seinem weitgehenden Machtverlust und der daraus resultierenden dekorativen Rolle an der Spitze des Reiches abfinden. Die Lage geriet vollends außer Kontrolle, als in Constantinopel im März konservative Teile der Bevölkerung, bei denen es sich vor allem um Theologiestudenten, niedere Ulema sowie einfache Soldaten handelte, erhoben und – aufgestachelt durch religiöskonservative Propagandisten, Journalisten und Geistliche – sich gegen die Mitglieder des Komitees für Einheit und Fortschritt vorgingen. Die Aufständischen verlangten sowohl die Absetzung der Regierung als auch die Auflösung des Parlaments.

Sultan Abdül Hamid II. zeigte sich durch die Gewalt der Straße auf das Äußerste beunruhigt und schien einen Bürgerkrieg für möglich zu halten. Dem Komitee für Einheit und Fortschritt ergebene Truppenteile gingen bald gewaltsam gegen die ebenfalls gewalttätigen Demonstranten vor, in der Stadt wurde bereits geschossen. In dieser explosiven Situation übernahm Tewfik Pascha, der in den politischen Auseinandersetzungen bislang eher neutral war, im Auftrag des Sultans das Amt des Großwesirs von Hüseyn Hilmi Pascha, der dem Komitee nahestand. Die Lage beruhigte sich indes keineswegs. Am 14. April 1909 (Julianischer Kalender) befand sich die Hauptstadt des Reiches in der Hand der Insurgenten; der Aufstand erfaßte nach und nach das gesamte Land. In Anatolien kam es erneut zu grausigen Massakern an der armenischen Bevölkerung.

Bis heute geht die europäische Geschichtsschreibung zumeist ganz selbstverständlich davon aus, daß der Sultan selbst diese Erhebung inszeniert habe, um somit das Komitee zu entmachten und wieder die alleinige Macht zu übernehmen. Türkischen Quellen zufolge äußerte allerdings unter anderem Talat Pascha, einer der Führer der Jungtürken, daß Abdül Hamid II. für die umstürzlerischen Ereignisse Mitte April 1909 keine Verantwortung trage. Vielmehr habe der Padischah sogar noch eine Kommission zur Klärung der Vorkommnisse berufen wollen.[485] Ohne detaillierte Auswertung des Palastarchivs erscheint eine exakte Einschätzung dieser Aussagen, die nicht nur für die türkische, sondern ebenso für die Geschichte der im Osmanischen Reich involvierten europäischen Großmächte interessant ist, jedoch kaum möglich. Bislang wenig berücksichtigt wurde dabei die innere Struktur der jungtürkischen Bewegung. Im Frühjahr 1909 kam es zu einem Versuch der liberalen Jungtürken, die Vorherrschaft in der Reformbewegung zu gewinnen – und damit zu einer Konfrontation zwischen den Liberalen und den Unionisten (den Anhängern des Komitees). Eventuell war der Aufstand, der den Sultan Abdül Hamid II. letztlich den Thron kosten sollte, von den liberalen Jungtürken um den Sultansneffen Prinz Sabahattin und beunruhigten Albanern, die die zentralistischen Bestrebungen des Komitees für Einheit und Fortschritt ablehnten, angezettelt worden. Vielleicht handelte es sich aber auch um eine inszenierte Erhebung der Reformkräfte, um den Sultan abzusetzen. Schnell erwies sich der Aufstand allerdings als unkontrollierbar und entwickelte sich durch die Beteiligung religiöser Studenten und Geistlicher in eine konservativ-verfassungsfeindliche Richtung. Die Situation drohte schließlich allen beteiligten Protagonisten, die daraus Vorteile zu ziehen gedachten, zu entgleiten.

In dieser chaotischen Lage sah der keineswegs tatenlose Abdül Hamid die Möglichkeit einer zumindest teilweisen Restauration seiner alten Machtfülle. Er nutzte dazu das durch die bürgerkriegsähnlichen Wirren entstandene Machtvakuum sowie die momentane Konfusion im Lager der Jungtürken und ernannte kurzerhand selbst wieder einen Großwesir seines Vertrauens, wobei er allerdings seine Verfassungstreue betonte und geschickt versuchte, dem Komitee für Einheit und Fortschritt sowohl die Verantwortung für die Unruhen als auch die Verpflichtung zu deren Lösung zuzuweisen. Der Selamlık am 16. April 1909 fand denn auch noch ein letztes Mal unter den Hochrufen der Soldaten statt. Für kurze Zeit war der Padischah wieder in seinem Element – er erteilte erneut Audienzen in großer Uniform, erschien seinen erstaunten Besuchern angesichts der bedrohlichen Lage körperlich und geistig seltsam verjüngt, ließ sich von Repräsentanten seines Ancien Régime Treue versichern und zum Handeln ermuntern. Als die religiös-konservativen Kräfte den Sultan Abdül Hamid in einem Zeitungsartikel aufforderten, die Verfassung erneut zu suspendieren und auf diese Weise die Uhr um dreißig Jahre zurückzustellen, verharrte er, gemäß seinem Wahlspruch, daß man stets mit dem Strom schwimmen solle, abwartend neutral und forderte in dieser Situation die Beachtung der religiösen Gesetze. Seitens des Padischahs war dies wahrscheinlich ein kaltblütig kalkulierter Schachzug, für die Jungtürken dagegen stellte dieses Zögern eine gefährliche, absolut nicht hinnehmbare Provokation dar. Dieses Mal allerdings hatte sich der machiavellistische Großherr verkalkuliert. Der politisch erfahrene Großwesir Tewfik Pascha verweigerte sich in diesen dramatischen Stunden den Wünschen Abdül Hamids, der seine Macht erneut zu erweitern gedachte und wieder den Kriegs- sowie den Marineminister ernennen wollte, womit er das Komitee für Einheit und Fortschritt massiv herausgefordert hätte. Tewfik Pascha drohte für

Die Interventionsarmee rückt, von der Bevölkerung begeistert begrüßt, im März 1909 in die Stadt ein. Wenig später wird Sultan Abdül Hamid II. abgesetzt

den Fall, daß der Sultan an seinen Wünschen fest halten sollte, mit seinem Rücktritt, der in dieser aufgeladenen Situation unweigerlich auch die Abdankung des Monarchen zur Folge gehabt hätte.

Constantinopel versank unterdessen im Aufruhr. In der Hauptstadt schien sich das Komitee für Einheit und Fortschritt wie ein Spuk verflüchtigt zu haben, doch das war nur eine Täuschung. Überall im Land verfügte es mittlerweile über eine große Anhängerschaft. Vor allem in Mazedonien und in Selanik, wo sich die Zentrale des Komitees befand, organisierte sich schnell Widerstand gegen die Geschehnisse in Constantinopel. Die größtenteils im Sinn der jungtürkischen Reformer politisierten Offiziere gaben sich in dieser verworrenen Situation keineswegs geschlagen. Es gelang ihnen vielmehr, aus Mazedonien Truppen in die Hauptstadt zu führen, um den Aufstand niederzuschlagen und die Herrschaft Abdül Hamids II. dadurch endgültig zu beenden. Am 19. April erreichten die Soldaten die ersten Vororte Constantinopels. Die Stimmung, die den Sultan bislang getragen hatte, schlug nun um – aus dem gesamten Reich gingen Forderungen nach dessen Absetzung ein, das Komitee für Einheit und Fortschritt gewann seine Handlungsfähigkeit vollständig zurück. Der Sultan glaubte zunächst nicht an die Interventionsarmee aus Mazedonien und deren Schlagkraft, doch am 21. April mußte er erkennen, daß er sein Spiel wohl verloren hatte. Die konservative Rebellion erlosch, ihre Protagonisten tauchten unter oder wurden verhaftet. Aussagen von Zeitgenossen zufolge war der Großherr in den Tagen danach durchaus bestrebt, ein weiteres Blutvergießen zu verhindern. Er forderte die ihm noch treuen Regimentsteile auf, ihre Meuterei gegen die jungtürkischen Offiziere zu beenden, und auch die Palastwachen sollten die Waffen niederlegen.

Am 24. April erreichten dem Komitee ergebene Soldaten den Yıldız-Palast, der fast völlig verwaist war, da in einem allgemeinen ›Rette sich, wer kann‹ der größte Teil der Bewohner der Palaststadt geflohen war. Das von Talat Pascha geleitete Komitee beschloß, beide Kammern des bisherigen Parlamentes unter der Führung von Ahmed Rıza in Yeşilköy zu einer Nationalversammlung zu vereinen und sofort über die Absetzung Abdül Hamids II. zu beraten. Sein zwei Jahre jüngerer Bruder, der als liberal und kooperativ geltende Thronfolger Prinz Mohammed Reşad, sollte als Sultan Mohammed V. den Thron der Osmanen besteigen.

Die Parlamentarier beider Kammern votierten schließlich für eine Absetzung mittels einer Fatwa des Scheich ül-Islams, [486] denn nur so konnte die verfassungsmäßig garantierte Sonderstellung des Herrschers außer Kraft gesetzt werden. Diese Fatwa besagte, der Sultan-Kalif habe heilige Bücher verbrannt. Abdül Hamid II. wies dieses bestellte Gutachten entsetzt zurück.[487] Am 27. April 1909 teilten dann vier Parlamentarier, die in einem Salon der kleinen Kanzlei des Palastes empfangen wurden, dem Sultan dessen Absetzung mit.[488] Er reagierte gefaßt, betonte seine Unschuld in bezug auf die vorangegangenen Ereignisse und verwies resigniert darauf, daß er nun als Sündenbock gebraucht werde. Seine Bitte, mit seiner Familie künftig im Çırağan-Palast leben zu dürfen, lehnte das Komitee für Einheit und Fortschritt ab. Als er davon erfuhr, äußerte der Sultan der Delegation gegenüber: »Alle meine Vorfahren sind hier begraben, ich möchte hier sterben. Der Entschluß, mich ins Exil zu schicken, entspricht nicht der Verfassung.«[489] Noch am selben Tag verließ Sultan Abül Hamid II. mit einigen Mitgliedern seiner Familie Constantinopel. Am Bahnhof von Sirkeci bestieg der entthronte Herrscher zum ersten und einzigen Mal seinen Sonderzug, der ihn in sein Exil nach Selanik bringen sollte.[490] Die Hamidische Epoche war nach fast dreiunddreißig Jahren endgültig beendet.

Sultan Abdül Hamid II. in selbstgewählter Einsamkeit
Ein Leben im Yıldız-Palast

»Einen klugen Menschen erkennt man an seinen Antworten,
einen weisen an seinen Fragen.«

Nagib Mahfuz[491]

»Drei verschlossene und bewachte Portale wurden vor uns geöffnet, bevor wir in das Allerheiligste kamen. Jildiz war während der 33jährigen Regierungszeit Abd ul Hamids sein ständiger Wohnsitz, den er nur verließ, um an den Freitagen in die Moschee zu fahren. Er hatte aus einem einfachen Landhaus ein ganzes Stadtviertel geschaffen, Haremspaläste, Kasernen und Kioske für die Prinzen befanden sich hinter den hohen Mauern, die kein Sterblicher unbewacht betreten durfte. So groß die Furcht vor ihm war, die er sehr geschickt aufrechtzuerhalten verstand, so sehr fürchtete er sich wiederum vor der Rache seiner Opfer. Kein Wunder, daß ich ein leichtes Gruseln empfand, als sich die Pforten hinter uns schlossen.« [492] So beschrieb die bereits erwähnte Anna Grosser-Rilke den Auftakt zu ihrem ersten Empfang durch den Padischah im geheimnisvollen Yıldız Sarayı, das seit dem April 1877 unter der offiziellen Bezeichnung ›Yıldız Saray-ı Hümayunu‹ (Kaiserlicher Yıldız-Palast) die ständige Residenz Sultan Abdül Hamids II. war.

In der Tat mag – bis zu jenen denkwürdigen Tagen im Sommer 1908 – nicht nur in den Augen der Osmanlıs die vorherrschende Eigenschaft dieses Sultans dessen weitgehende Unsichtbarkeit und Unbekanntheit gewesen sein. Bei all seiner tatsächlichen oder von Untertanen wie Europäern mit heimlicher Genugtuung vermuteten Angst um sein Leben, seiner Furcht vor fremden Menschen und unberechenbaren Situationen war die Unsichtbarkeit des Sultans doch auch ein geschickt und sehr absichtsvoll eingesetztes Machtmittel, um die traditionelle Unnahbarkeit und Distanz des allmächtigen Herrschers zu betonen. War ein solch zurückgezogen lebender Herrscher dann scheinbar noch so gut unterrichtet wie Abdül Hamid, so steigerte dies seine unheimliche Macht noch.

Das leichte Unbehagen, das Anna Grosser-Rilke bei ihrem Besuch und angesichts der vermutlich zahllosen Ondits, die sie gehört hatte, beschlich, spiegelt wohl recht gut das Gefühl wider, das viele Menschen am Bosporus verspüren mochten, wenn sie an Sultan Abdül Hamid II. dachten. Da über den isolierten Herrscher und dessen Leben in den Palastmauern von Yıldız nur wenig nach außen drang, schossen die Gerüchte ins Kraut. Noch zu Lebzeiten des Sultans erschienen in Europa verschiedene Bücher, die vorgaben, völlig seriöse Schilderungen seiner Person und seines Lebens zu bieten. Genauerer Prüfung halten diese kruden Werke allerdings kaum stand. Großenteils handelt es sich dabei um Kolportageberichte mit zumeist sensationslüsternen, verleumderischen Halbwahrheiten und kruden Erfindungen in Bezug auf die Person Sultan Abdül Hamids II.

Zwei besonders krasse Beispiele sind das 1902 erschienene Buch ›Abdul Hamids Privatleben‹ des Franzosen Georges Dorys und das 1907 erschienene Buch ›Constantinople aux derniers jours d'Abdul Hamid‹ (›Constantinopel während der letzten Tage Sultan Abdül Hamids‹) seines Landsmannes Paul Fesch. Beide Werke portraitieren den Padischah sowie dessen Hof als eine Clique mordlüsterner, wahnsinniger Krimineller, von der sich absolut gar nichts Gutes sagen lasse. Ganz ähnlich zu bewerten ist das Buch ›Der erlöschende Halbmond‹ des deutsch-italienischen Autorenduos Alexander Ular und Enrico Insabato aus dem Jahr 1909, das in Gestalt eines angeblich faktengestützten Enthüllungsberichtes Erfundenes mit Halbwahrem höchst publikumswirksam mischt. Ein gewisser Ali Nouri wartete 1905 mit weiteren ›wahren‹ Sensationsberichten aus dem Privatleben Abdül Hamids II. auf und brachte seine Behauptungen, angereichert mit politischem Klatsch, unter dem Titel ›Unter dem Szepter des Sultans‹

Blick auf das Ensemble des Yildiz-Palastes mit Büyük Mabeyn Köşkü und Hamidiye Camii, Constantinopel um 1900

in die Öffentlichkeit. Noch 1938 erschien mit ›Männer und Mächte am Bosporus‹ von Joachim Barckhausen ein weiteres Machwerk dieser Art, das den Padischah als ein wahnsinniges Ungeheuer darstellte und ihn sogar zum Hauptschuldigen an der Katastrophe des Ersten Weltkrieges erklärte.

Dabei bleibt festzustellen, daß diese Skandalberichte das in Europa vorherrschende Bild Abdül Hamids II. teilweise bis in die jüngste Gegenwart erheblich beeinflußt haben. Nur allzu gern glaubten die Leser all die grellen Schilderungen – je blutrünstiger und absurder, desto besser – eines geisteskranken, lasterhaften Sultans voller Niedertracht, dessen einzige Triebfeder für all seine verbrecherischen oder perversen Handlungen seine charakterliche Verworfenheit sei. Genüßlich zitierte der bereits erwähnte Historiker Albrecht Wirth in seiner verzerrenden ›Geschichte der Türken‹ neben einem Vetter des Großherrn jenen ungenannten deutschen General, der angeblich von einem Sultan zu berichten wußte, der bereits »in den ›gesunden Tagen‹ seiner autokratischen Machtstellung« bei plötzlich auftretenden Wutanfällen seine Beamten mit Geschirr bewarf oder sie mit Fußtritten traktierte. Abdül Hamid sei bei solchen Anfällen dermaßen außer sich gewesen, daß der General sich dabei an die in der Bibel geschilderte »periodischgeistige Umnachtung Sauls« erinnert gefühlt habe. »Geradezu blutgierige Tobsuchtsanfälle«, denen »mancher Massaker-Befehl« folgte, löste es bei dem Sultan aus, wenn sein zweiter Sekretär İzzet Bey »neben ihm hinter einer spanischen Wand liegend« dem Sultan »Greuelszenen aus der französischen Revolution vorlas«. Das Mißtrauen des Padischahs habe sich »bis

Die Bevölkerung strömt zum Freitagsgebet des Sultans und feiert ihn, Constantionopel 1908

zum Wahnwitz und bis zum Verfolgungswahn« gesteigert. Wirth ließ seinen angeblichen Gewährsmann weiter berichten: »So oft ich seinem lauernden Blick und seinem zerrütteten Gesicht mich gegenüber befand, bekam ich Mitleid mit diesem Mann, der durch seine Charakteranlage dazu verurteilt war, sich und sein Land – trotz allem guten Willen – zu gefährden.«[493]

Marie von Hobe,[494] die sich seit 1883 über zehn Jahre lang mit ihrem Gatten General von Hobe am Hof Abdül Hamids II. aufhielt, weil Hobe einer der Adjutanten des Sultans war, gewann für eine Europäerin seltene Einblicke in das gewöhnlich stark abgeschirmte Privatleben der obersten osmanischen Hofgesellschaft und begegnete wiederholt auch dem Padischah, der sie verschiedentlich mit seinem besonderen Vertrauen auszeichnete. Über die als Malerin – ihre Gemälde wurden mehrfach ausgestellt – und Schriftstellerin tätige Marie von Hobe ist in einem zeitgenössischen Literaturlexikon Folgendes zu lesen: » ...ein Jahr nach ihrer Verheiratung, im Frühjahr 1883, gingen sie nach Konstantinopel, wo ihr Gatte sehr bald Pascha und Oberstall-Meister und General-Adjutant des Sultans wurde. M. v. H. selbst erlernte bald die türkische Sprache und erfreute sich gleich ihrem Gatten der Gunst des Sultans sowie der Sultanin. Da ihr Gatte der Einzige der deutschen Mission war, der eine Hofstellung hatte, so ward auch M. v. H. den Herrschaften, die den Orient und den Sultan besuchten, stets attachirt – wie der Königin von Schweden,[495] Erzherzogin Stephanie, Großherzogin von Mecklenburg,[496] der deutschen Kaiserin – führte die Herrschaften in den Harem des Sultans und machte daselbst, da sie der türkischen Sprache mächtig war, die Honneurs. [...] In der Türkei war sie stets bemüht, in ihrer Stellung ihren Landsleuten so viel als möglich zu nützen und sie hat vielen deutschen Erzieherinnen in Konstantinopel zu Stellungen verholfen. Dann wurde ihr Gatte 1894 vom Kaiser zurückberufen [...], und aus Dankbarkeit gegen die Türkinnen schrieb sie die kleinen ›Harems-Geschichten‹. Sie erschienen erst in ›Deutschen Monatsheften‹, ›Nord und Süd‹ und dann gesammelt – 1. Band betitelt: ›Harems-Bilder‹ von Kerimée Hanoum.«[497]

Mit ihren lebendigen Erzählungen aus dem Haremsleben, die weder ohne Humor noch ohne Kritik an den bestehenden Zuständen waren, versuchte Marie von Hobe auch, die in Europa kursierenden falschen Vorstellungen über diese sagenumwobene Einrichtung zu korrigieren. Über den Sultan und sein ebenso von Legenden umranktes Privatleben schrieb sie unter Verweis auf etliche falsche Behauptungen: »Heute möchte ich vorerst mein Augenmerk auf einen Artikel richten, der mir jüngst in die Hände fiel [...], und der eine solche Menge unrichtiger Schilderungen enthält, über den Sultan, dessen Hof, dessen Harem und so weiter, daß es zur Pflicht wird, solche märchenhaften Erzählungen dahin zu verweisen, woraus sie hervorgegangen sind – in das Reich der Erfindungen.«[498]

Doch es gab auch Publikationen, deren Entstehen letztlich auf Abdül Hamid selbst zurückgehen mochten. Mit solchen hagiographischen Werken, deren

Urheber in den dem Herrscher ergebenen Kreisen von Beamten oder Diplomaten zu vermuten sind, trachtete der Padischah danach, sein in den Augen der Europäer zuweilen docg erheblich ramponiertes Bild aufzubessern. 1895 erschien in Paris das Werk ›Comment on sauve un empire‹ (›Wie ein Reich gerettet wird‹), das die zu diesem Zeitpunkt knapp zwanzig Jahre umfassende Regierungszeit des Sultans als eine einzige Abfolge glorioser Taten und Ereignisse darstellte und Abdül Hamid II. einen »Wohltäter der Menschheit« nannte. Interessant sind dabei allein zahlreiche statistische Angaben für viele Bereiche, etwa zu Bildung und Unterricht, Staatsfinanzen, Staatsschulden oder dem Militär. Ein angeblicher Baron Edouard Le Jeune, einst belgischer Konsul im Osmanischen Reich, gab für die Publikation wenn überhaupt nur seinen Namen, um sie somit für den europäischen Markt glaubwürdiger zu machen. Bei dem wahren Autor handelte es sich wohl um den Armenier Diran Bey Dadyan,[499] der im Hauptberuf zweiter Sekretär an der osmanischen Botschaft in Brüssel war.

Den meisten Osmanlıs und Europäern (auch vielen Journalisten), die nicht das Privileg genossen, von Abdül Hamid II. in Audienz empfangen zu werden, war es lediglich möglich, bei dem jeden Freitag glanzvoll in Szene gesetzten Moscheebesuch des Herrschers einen Blick auf den Sultan-Kalifen zu werfen, der auch ›Schatten Allahs auf Erden‹ genannt wurde.[500] Diese osmanisch ›Cuma Selamlığı‹, von den Europäern aber zumeist einfach ›Selamlik‹ genannte Zeremonie des freitäglichen Moscheebesuches des Sultan-Kalifen mit seinem zahlreichen Gefolge, Militärs, der Walide Sultan, seinen Gemahlinnen, Prinzessinnen und Prinzen, durch ein schier unendliches Spalier von malerisch uniformierten Truppen der nahen Garnisonen, war ein großartiges, farbenprächtiges Schauspiel, das sich kaum ein Europäer entgehen ließ, wenn er sich am Bosporus aufhielt. Herrmann Romberg, der Direktor der Deutschen Metallpatronenfabrik (Deutsche Waffen- und Munitions-Fabriken Aktiengesellschaft in Karlsruhe), berichtete im Frühsommer 1897 in seinem Reisetagebuch über das Prozedere, das nötig war, um dem Cuma Selamlığı beizuwohnen. »Der Europäer, der dabei sein möchte, geht auf ein Consulat und empfängt nach Vorzeigung seines Passes und Zahlung von 1 Medjidie (4,25 Francs) [in damaliger deutscher Währung etwa 3,60 Mark] eine Einlaßbescheinigung, die, dort angekommen, im Palais kräftig geprüft wird. Man wird in einen Pavillon geführt, von wo aus man alles übersehen kann. Während des Wartens kommt ein Diener und serviert einem eine Tasse türkischen Kaffee und später eine Tasse Tee.«[501]

Der lange Zeit in Jerusalem tätig gewesene Pastor Ludwig Schneller gab in seinen Lebenserinnerungen eine eingehende Schilderung des glanzvollen Ereignisses: »Früher pflegten die Sultane dazu in die schönste Moschee drüben in Stambul zu gehen. Aber das ist ein langer und gefährlicher Weg [...]. Daher ließ sich Abdul Hamid eine eigene Hofmoschee ganz nahe vor der Umfassungsmauer seines Palastbezirkes bauen, wo er jeden Freitag zwischen elf und zwölf seinen

Selamlik hielt. [...] Es war ein glänzendes militärisches Schauspiel. Immer neue Abteilungen der hauptstädtischen Regimenter zogen in ihren [...] Paradeuniformen auf. Die seidenen Fahnen mit eingestickten goldenen Koransprüchen erhöhten den farbenreichen Glanz des Aufmarsches. [...] Hinter der zwölf Mann tiefen Absperrungskette der Truppen harrte eine große Menge schweigend des [...] Schauspieles. Die vom Sultan zu befahrende Straße war mit frischem roten Sand bestreut, der von Zeit zu Zeit besprengt wurde, um jede Staubentwicklung zu verhüten. [...] Im Wagen saß Abdul Hamid II. Kein Abzeichen seiner Herrscherwürde war zu sehen. Nur der Kriegsminister auf dem Rücksitz war in seiner Galauniform ganz in Gold gehüllt. Auf beiden Seiten schritten, die Hände in ersterbender Ehrfurcht kreuzweise über die Brust gelegt, je drei Saa'is (Läufer) in prächtiger goldgestickter Tracht. Er selbst strahlte durch eigene Größe. Er war in einen schwarzen Gehrock gekleidet, der etwas weit schien, weil er darunter immer ein [...] Kettenhemd trug. Auf dem Kopf trug er den roten Fez der Türken. Schweigend saß der kleine Mann [...] auf seinem Sitz, während seine Regimenter ihn mit dem tausendstimmigen Rufe begrüßten: Padischahim tschok jascha! Lang lebe der Padischah! Der laute Zuruf des Heeres [...] pflanzte sich [...] von Truppe zu Truppe fort, bis der kaiserliche Wagen vor der Moschee hielt. In diesem Augenblick verstummte plötzlich alle Musik. Der Herrscher verließ seinen Sitz und stieg auf einer Freitreppe, allem Volke sichtbar, zur Moschee hinauf, um seinen Selamlik zu verrichten.«[502]

Einen objektiven Blick auf die Privatperson Abdül Hamid zu werfen ist schwierig, denn es gibt insgesamt nur wenige verläßliche Schilderungen. Seine Tochter Ayşe Sultan beschrieb in ihrer Biographie den Vater aus der Sicht einer liebenden Tochter. Diese Quelle ist also alles andere als neutral. Dennoch ist allein schon ihre sehr detaillierte äußere Beschreibung des Vaters interessant: »Papa war von mittlerer Größe, seine Haare und sein Bart waren von dunkler Kastanienfarbe. Sein Kopf war oben kahl, aber von einem dichten Haarkranz umgeben. Er besaß die für die osmanische Dynastie charakteristische Adlernase. Die Farbe seiner Augen war ein Azur, zwischen grün und blau [...]. Seine hohe, freie Stirn verriet eine starke Intelligenz. [...] Seine Stimme war weich, dunkel und tief. Es war ein Vergnügen, ihn sprechen zu hören. Er wußte seine Wünsche und Absichten mit besonderem Ausdruck und Takt zu äußern. In seinen Gesten vereinigten sich Anmut und Würde eines Souverains.«[503] Die Prinzessin berichtete weiter, ihr Vater habe sich betont schlicht nach europäischer Art gekleidet und als einzigen Schmuck eine Krawattennadel aus Platin getragen, die mit einer gefaßten Perle geschmückt war.

Von seiner Tochter erfahren wir auch Genaueres über den Tagesablauf Sultan Abdül Hamids II. Wie auch viele seiner europäischen Kollegen, begann er seinen Tag früh am Morgen und arbeitete nicht selten bis tief in die Nacht. Freiherr von der Goltz beschrieb aus eigenem Erleben in sowohl anerkennender als auch in sehr kritischer Weise die Arbeitsweise des Großherrn: »Dieser ist vielleicht einer der arbeitsamsten Herrscher, die es gibt. Er steht früh auf und bleibt bis in die Nacht hinein tätig. Gar oft wurde in Yildiz auch dann noch weiter gearbeitet, wurden Generale, Beamte und Berater gerufen, wurde beratschlagt, geschrieben und befördert. Aber zu der einzigen Kraftquelle führte auch nur ein einziger enger Kanal, der durch des Sultans ersten Sekretär. Wenn man die Fülle von Schriftsachen, die sich auf dessen Tische häuften, gesehen hat, so mußte man überzeugt sein, daß auch der stärkste Wille eines Mannes diese Arbeitslast unmöglich bewältigen konnte. [...] Orientalischer Brauch ist es ferner, nicht bei geschlossenen Türen zu arbeiten. So drängten sich in das kleine Kabinett des ›Baschkiatib‹[504] auch noch Bitt- und Antragsteller jeder Art hinein; [...]. In jedem Augenblick wurde die eben angefangene Arbeit unterbrochen, um nach kurzem wiederholt zu werden. So verschloß sich auch dieser eine Eingang zum Willen des Padischah durch die Macht einfacher, elementarer Umstände. [...] Da die Geschäfte nicht vorwärts gingen, so wurden sie vermehrt und vermehrt, aber die Anstauung von Kräften hemmte nur, anstatt zu nützen.«[505] Die Lebensführung Abdül Hamids II. war fast in allem mäßig – leichte, einfache Mahlzeiten, danach stets Mokka aus dem Jemen, trotz des Alkoholverbotes für Muslime ab und an ein Glas Cognac und stets viele Zigaretten. Seine Tochter Prinzessin Şadiye berichtete in ihren »Die bitteren und die süßen Tages meines Lebens« überschriebenen Erinnerungen über das alltägliche Leben ihres Vaters: »Er liebte Zigaretten und Kaffee, ja, ich kann sogar sagen, er rauchte sehr viele Zigaretten. Ein Mann von guter Gesundheit, hatte er einen soliden Körperbau und einen sportlichen Körper; ich erinnere mich, daß er nur einmal krank war. Mein Vater schlief sehr wenig. Er stand stets vor dem Morgengrauen auf, verrichtete dann seine fünf Gebete und las immer den Edlen Koran sowie den Vornehmen Buhari [eine Hadith-Sammlung].[506] Er war ein frommer, seinem Gott verbundener, großer Muslim. Ohne rituelle Waschung ging er nirgendwohin. Papa war sehr fleißig und verstand sehr viel von Staatsgeschäften und den Angelegenheiten der Nation. Sich damit zu befassen, liebte er so sehr wie sein eigenes Leben. Er arbeitete gemeinsam mit seinen Sekretären und Mabeyncis, den größten Teil des Tages verbrachte er immer mit ihnen. [...] Seine Mahlzeiten waren ausgesprochen einfach. Joghurt und Cılbır (Ei mit Joghurt) mochte er am liebsten. Er hatte zwei französische Chefköche, der eine bereitete seine Mahlzeiten zu, der andere buk seine Kuchen und Kekse. Sobald die tägliche Arbeitszeit beendet war, kam er in den Harem. Die von ihm favorisierten Vergnügungen waren Musik zu hören und Bühnenstücke im Palasttheater anzuschauen.«[507] Am Abend folgten außerdem Spaziergänge in den weitläufigen Yıldız-Gärten, leichte Lektüre, wobei Abdül Hamid II., der sich stets vorlesen ließ, nach eigenem Bekenntnis europäische Detektivgeschichten bevorzugte, oder, wie erwähnt, der Besuch einer Opernaufführung (Şadiye Sultan erwähnte, ihr Vater habe zudem auch Dramen

Salon des Sultans im Haremlik (Harem) des Yildiz-Palastes, Photographie im Frühjahr 1909

geschätzt, in denen Sarah Bernard[508] brillierte) im kleinen Hoftheater des Palastensembles, das an festgelegten Tagen bespielt wurde. Eine anschauliche Schilderung eines Abends im Yıldız-Theater stammt aus der Feder Prinzessin Şadiyes: »Die Freitagabende waren im Palast für Vergnügungen und Darbietungen reserviert. In die Vorstellungen im Theater gingen wir immer auf Einladung der Hazinedar Usta. Ihre Kalfas liefen in unseren Häusern herum und händigten die Einladung der Oberhofmeisterin aus. Sie ließ private Compagnien aus Europa kommen. Réjane,[509] eine berühmte Schauspielerin jener Zeit, kam zahlreiche Male aus Paris und gab Vorstellungen. [...] Sooft die Walide Pascha,[510] die Mutter von Abbas Hilmi[511], dem Khediven von Ägypten, im Sommer nach Istanbul kam, beehrte sie das Palasttheater alle vierzehn Tage einmal mit ihrem Besuch. Die Oberhofmeisterin und ihr Gefolge begrüßten dann die Walide Pascha immer im Şale Köşkü. Eigenhändig nahm sie ihr den Gesichtsschleier und den Mantel ab. Ich besuchte sie gemeinsam mit meiner Schwester Naile Sultan, wir nahmen das Abendessen zusammen ein, und auch wenn sie in das Theater kam, begleiteten wir sie. Mein Vater kam immer früher, empfing die Walide Pascha in seiner Loge und bot ihr einen Platz an. Meine Schwester und ich saßen dann jeweils in der angrenzenden Loge. Die engsten Bediensteten meines Vaters, die ›Musahip Ağas‹, brachten während der Vorstellung auf Tabletts Tee, Kekse oder Eis, stellten es lautlos in unserer Loge ab und entfernten sich dann wieder. Wir boten dies alles

Salon mit Treppenzugang im Haremlik (Harem) des Yildiz-Palastes. Nach dem Sturz Abdül Hamids II. wurden viele Photographien aus den Privaträmen im Frühjahr 1909 veröffentlicht

dann zwischen den Akten eigenhändig meinem Vater und der Walide Pascha an. Die Walide Pascha war eine köstliche Frau, ihre Konversationen waren angenehm. Nach der Absetzung meines Vaters hat sie uns alle sehr gut behandelt und außerordentliche Zuneigung gezeigt.«[512]

Der islamische Fastenmonat Ramadan (Ramazan) war für den Hof des Sultan-Kalifen und dessen Familie selbstverständlich von herausragender Bedeutung. Das abendliche Fastenbrechen sofort nach Sonnenuntergang, ein Kanonenschuß von einem speziellen Pavillon im Topkapı-Palast verkündete den ersehnten Augenblick, war Anlaß für üppige Festessen im Kreis der Familie. Zum Abschluß des Fastenbrechens überreichte der Sultan den Teilnehmern traditionell Geschenke oder mit Goldmünzen gefüllte Beutel zum Dank dafür, daß sie bei ihm gegessen hatten. Die Gäste hatten dem Gastgeber ›ihre Zähne geliehen‹, um das reichhaltige Essen zu vertilgen. Daher wurden diese reichhaltigen Geschenke ›Zahnmiete‹ genannt. Prinzessin Şadiye erinnerte sich: »Immer im Ramazan wurden in jeder Wohnung des Harems die Tarawih-Gebete verrichtet, und zwar jeweils getrennt begleitet von einem Imam, zwei Gebetsrufern und zwei Harem-Ağas. Nach dem Tarawih wurde dem Imam und den Gebetsrufern Scherbet angeboten. Mein Vater verrichtete sein Tarawih-Gebet im Pavillon neben seiner

Privatwohnung in Begleitung von Ulema und Gebetsrufern. Seine Söhne und manchmal auch unsere Onkel väterlicherseits schlossen sich der Gebetsgemeinschaft an, und nach dem Ritualgebet unterhielt man sich noch. Die Damads und meine Brüder lud mein Vater oft zum Fastenbrechen ein, wobei er nach dem Essen immer die reichgefüllten Beutel, die den Namen ›Zahnmiete‹ trugen, verteilte.«[513] Von großer Bedeutung für den Kalifen und die gesamte Dynastie war stets der gegen Ende der Fastenzeit stattfindende Besuch der Reliquien des Propheten im Topkapı-Palast. Şadiye Sultan verdanken wir die anschauliche Beschreibung der Zeremonie – offenbar im letzten Regierungsjahr ihres Vaters: »Einmal im Jahr, ebenfalls im Ramadan, gab es einen Tag, an dem die Dynastie den ›Mantel der Glückseligkeit‹ [den Mantel des Propheten Mohammed] besuchte. Die geheiligten Reliquien, welche die persönlichen Dinge unseres Herren, des Propheten, enthielten, wurden im Topkapı-Palast in einem speziellen Raum mit großer Sorgfalt aufbewahrt. Dieser Besuch gehörte zu unseren wichtigen religiösen Traditionen. An jenem Tag standen wir immer früh auf und fuhren in unserem Wagen zum Topkapı-Palast. In ihren besonderen Gemächern im Palast trafen wir die in die Jahre gekommenen und außer Dienst stehenden Palastdamen, die noch aus der Zeit unseres sultanischen Onkels [gemeint ist entweder Sultan Abdül Aziz oder Sultan Murad V.] übriggeblieben waren. An diesem Ort, wo der Mantel der Glückseligkeit aufbewahrt wurde, verbrachten sie die letzten Tage ihres Lebens mit Gottesdienst und Gebet. [...] Im Raum des Mantels der Glückseligkeit gab es eine besondere Stelle, die meinem Vater vorbehalten war. Dort befand sich auf einem Tisch, eingewickelt in Lagen von golddurchwirktem Einschlagtuch, die wichtigste unserem Herrn, dem Propheten, gehörende Reliquie. Eine Decke, in die in großer Schrift geschriebene Verse aus dem Edlen Koran eingearbeitet waren, war halboffen auf diesem Tisch ausgebreitet. Zuerst stand mein Vater mit religiöser Ehrfurcht vor dem Tisch, dann wartete er neben ihm. Ihm folgten dann zuerst die Prinzen, dann die Ulema, die Abgeordneten [nach den Wahlen von 1908], meine verheirateten Schwestern, die Gatten meiner Tanten väterlicherseits, die Paschas, die Vornehmen des Mabeyn [Sultanspalastes], die Diener des Sultans, die Gehilfen und die Soldaten. Vor der geheiligten Reliquie und in Gegenwart meines Vaters standen sie dann zur Ehrenbezeigung da. Sobald die Zeremonien im Selamlık beendet waren, wurde die Tür des Haremssaals geöffnet, in dem wir uns befanden. Wir bewegten uns in unseren eigens für diesen Tag bestimmten schweren Toiletten, den Kopfbedeckungen und unseren Orden an unserer Brust, gemäß unserer Rangfolge, neben unserer Mutter, und dann absolvierten auch wir voller Demut diesen Besuch. Nach uns folgten dann die Frauen der Abgeordneten, die Palastangestellten, unsere pensionierten Damen und die jungen Mädchen aus dem Palast. Das İftar-Mahl [Fastenbrechen-Essen] nahm jeder von uns an Tafeln ein, die in getrennten Räumen gedeckt worden waren. Wir konversierten mit den

Damen, die wir kennengelernt hatten, [...]. Von der İftartafel dieses glücklichen Tages aufstehend, bestiegen wir wieder unsere Wagen und kehrten [...] in unsere Wohnungen in Yıldız zurück. Unterwegs entzündeten wir die Kerzenlichter unserer Wagen und wurden auf diese Weise dank dee Besuches des Mantels der Glückseligkeit einmal im Jahr des Glückes und Genusses teilhaftig, voller Neugier in diesem Licht das Nachtleben in der Stadt zu betrachten.

Auch die Zucker- und die Opferfeste brachten stets eine außergewöhnliche geistliche Stimmung in den Harem des Palastes. Die wechselseitig dargebrachten Segenswünsche besaßen einen wichtigen Stellenwert. Die Segenswunschzeremonie am ersten Tag des Festes begann im Thronsaal des Dolmabahçe-Palastes und ging dann auch noch bei uns zu Hause weiter. Im Palasttheater wurde die Festtagsvorstellung gegeben. Bei dieser Darbietung saß mein Vater immer in seiner eigenen Loge zusammen mit seinen beiden Schwestern, und die Ehre, sie bedienen zu dürfen, wurde meiner Schwester Naile Sultan und mir übertragen. Die Verwandten der Haremsangehörigen, welche sich in weit entfernten Gegenden aufhielten, kamen jeweils an den zweiten Tagen der Feste zu Besuch. An einem Abend wurden sie stets von der Oberhofmeisterin im Palast empfangen. Entsprechend dem Grad ihrer Nähe zu meinem Vater wurden bei ihrer Abreise von den Başmusahip Ağalar Geschenke auf Silbertabletts placiert und in das Empfangspalais gebracht, wo man sie verteilte. Abgesehen von jenen mit Gold gefüllten Beuteln wurden in den Wagen, welche sie fortbringen würden, auch in Bonbonièren verpackte Süßigkeiten aus der Produktion Hacı Bekirs[514] deponiert.«[515]

Alljährlich wurde im gesamten Osmanischen Reich am ersten September des Regierungsantritts Abdül Hamids II. gedacht. Auch im großherrlichen Harem war dieser Tag natürlich ein Festtag: »Bei der jährlichen Wiederkehr der Thronbesteigung meines Vaters wurden Zeremonien und Feiern veranstaltet. Bei diesen Festen, denen man den Namen ›Inthronisation‹ (Cülus) gegeben hatte, wurden Spielmänner vor unsere Wohnungen gebracht, und wir sahen uns ihre Kunststückchen an. Die Inthronisations-Feierlichkeiten wurden auf eine äußerst reizende Weise durch nächtliche ›Feuerspiele‹ (das heißt durch das Abschießen von Feuerwerkskörpern in die Luft) außerhalb des Palastes begangen, es wurden auch Fackelzüge zusammengestellt. Bei uns allen zu Hause wurde, bei jedem separat, der Marsch meines Vaters (der Hamidiye-Marsch) gespielt. Die Mädchen in unseren Häusern schlüpften bei diesen Feiern in verschiedene Maskeraden. Insbesondere klebten sich die Mädchen der Oberhofmeisterin Backen- und Oberlippenbärte an und verwandelten sich so in fliegende Händler, und wir hatten unseren Spaß, indem wir mit ihnen herumalberten.«[516] Soweit die Erinnerungen der Prinzessin Şadiye, die bis zu ihrer Verheiratung 1910 am Hof ihres Vaters in Constantinopel und in dessen Exil in Selanik lebte.

Ein besonderes Freizeitvergnügen Abdül Hamids II. stellte die Kunsttischlerei dar, die er talentiert ausübte. Noch heute kann seine gut eingerichtete Werkstatt im Verwaltungsgebäude des weitläufigen Yıldız-Palastes besichtigt werden. Möbelstücke sowie Einbauten in einigen der großherrlichen Schlösser zeugen auch heute noch von der Kunstfertigkeit des Sultans. Zudem bemalte Abdül Hamid II. verschiedene seiner Möbel mit Landschaften oder süßlichen Blumen- und Vogeldarstellungen. Auch hier zeigte er sich als talentierter Freizeitkünstler. Neben der Tischlerei und dem Theater galt das persönliche Interesse des Herrschers zwei damals sehr modernen Gebieten – der Photographie sowie dem gerade erst erfundenen Film. Der Sultan ließ sich in Yıldız im Januar 1894 ein eigenes Photoatelier sowie später ein eigenes Kino einrichten.[517] Da sich der Padischah offenbar nur äußerst ungern portraitieren oder photographieren ließ – ganz im Gegensatz zu seinem ebenfalls sehr an diesem damals modernen Medium interessierten Freund Kaiser Wilhelm II. – existieren nur wenige Bilder von ihm. Die wohl bekannteste Photographie Abdül Hamids II. zeigt einen gut aussehenden jungen Mann mit schwarzem Oberlippenbart, der in einer goldstrotzenden Uniform mit einem breiten Ordensband über der Brust, auf dem Kopf einen Fez, auf einem Armlehnensessel sitzt und den Photographen ernst und eindringlich anblickt. Diese Aufnahme des knapp fünfundzwanzig Jahre alten Prinzen entstand während der Europareise von Sultan Abdül Aziz im Juli 1867 im Buckingham-Palast in London. In Ermangelung weiterer repräsentativer Photographien wurde sie im Lauf der folgenden Jahrzehnte auch im Ausland immer wieder veröffentlicht, wobei das Gesicht des Sultans teilweise seinem Alter entsprechend leicht angeglichen wurde.

Als der persische Schah Muzzaffer Eddin[518] im Oktober 1900 zu einem glanzvoll inszenierten offiziellen Besuch am osmanischen Hof eintraf, ließ Abdül Hamid II. wieder einmal eine jener seltenen Aufnahmen von sich anfertigen. Der armenische Hofphotograph Boğos Tarkulyan[519] bat dabei den Monarchen: »Würden Euer Majestät ein wenig lächeln?« Offenbar der Meinung, ein Monarch müsse auf Bildern würdevoll erscheinen, um Autorität auszustrahlen, erwiderte Abdül Hamid II. darauf: »Nein, ich habe ernst auszusehen.«[520] Nach der ersten Revolution der Jungtürken im Sommer 1908 wurde dann eine Vielzahl von Abbildungen des Sultans veröffentlicht, eine Tatsache, die ein Ausdruck seiner überraschenden Popularität war und gleichzeitig für weitere Popularität des Monarchen sorgte, zumal wenn er mit der Kokarde der jungtürkischen Bewegung photographiert wurde. Bemerkenswert ist, daß die Schwestern Abdül Hamids II., so wie auch die übrigen europäischen Prinzessinnen, schon in den 1870er Jahren unverschleiert und in eleganter europäischer Garderobe photographiert wurden.

Sultan Abdül Hamid II. hatte sieben angetraute GemahlInnen und insgesamt einundzwanzig Kinder, darunter dreizehn Töchter, von denen nur sieben das Erwachsenenalter erreichten, und acht Söhne. Er selbst sagte von sich, er sei ein

Fünf Söhne des Sultans Abdül Hamid II. um 1902

Mensch, der sehr an einem Familienleben interessiert gewesen sei, um dort Geborgenheit und Zärtlichkeit zu finden, und seine Kinder und einige andere Zeitgenossen bestätigten das in ihren Berichten. Anderen Äußerungen zufolge war Abdül Hamid II. alles andere als ein zärtlicher Mann und aufmerksames Familienoberhaupt. Şadiye Sultan erinnerte sich fast sechzig Jahre nach dem Sturz des Sultans an die strengen Regeln des Harems: »Die rechtmäßigen Frauen meines Vaters durften nicht in seiner Gegenwart erscheinen, ohne daß sie eine Einladung erhielten. Allein uns war dies freigestellt, und wir konnten jederzeit, wenn wir dies wünschten, zu unserem Vater gehen, um ihn zu sehen. Wenn in diesem Augenblick eine seiner rechtmäßigen Gattinnen bei ihm weilte, gingen auch wir hin und setzten uns neben sie. Mein Vater sprach dann mit uns, ab und an ging er auch in das Selamlık und erledigte dort seine Arbeiten.«[521] Großherzogin Elisabeth von Oldenburg erlebte im Frühjahr 1902 den Sultan während ihres Aufenthaltes am Bosporus als charmanten Mann und durchaus kinderlieben Vater. In ihrem Reisetagebuch schilderte sie eine Begegnung, bei der die Söhne des Sultans der sehr musikliebenden Großherzogin auf dem Klavier vorspielten: »Während er nun ein Stück nach dem anderen spielte, ließ der Sultan sein 6jähriges Söhnchen holen. Er kam wie ein kleiner Herr an, in schwarzem tadellos sitzendem Civil und einem Fez auf dem Kopf, ein blasses Kerlchen mit klugen, beobachtenden Augen. Nachdem er uns die Hand gegeben, saß er steif u. regungslos mit zusammengekniffenen Lippen da, nur seine Augen wanderten umher. – Dann kam er an die Reihe, er wurde auf den Stuhl gehoben und hoch hingen seine kleinen Füße über dem Boden. Der Sultan sagte, er sei sehr eitel u. zöge sich sehr gern gut an. Das Kerlchen spielte wie ein Alter, alles auswendig, sich umsehend und mit einer Kraft u. Fingerfertigkeit, die mir auch in der ›glänzendsten‹ Zeit meines Spiels nie zu Gebote gestanden hat!! Der stolze Vater lachte laut u. strahlend u. vergaß vollkommen seine Sultanswürde.«[522] Der Sultan schenkte zudem dem fünf Jahre alten Erbgroßherzog Nikolaus zum Abschied eine große Menge Spielzeug, wie Großherzogin Elisabeth in ihren Aufzeichnungen erwähnte.[523]

1868 heiratete Abdül Hamid II. zum erstenmal. Diese erste Gemahlin, Bedrifelek Baş Kadın Efendi,[524] war eine Georgierin aus Poti. 1904 erfolgte die letzte Eheschließung mit Saliha Naciye Hanım Efendi,[525] die um fünfundvierzig Jahre jünger war als ihr kaiserlicher Gemahl. Der Sohn aus dieser Verbindung, der 1905 geborene Prinz Mehmed Abid, heiratete 1936 Prinzessin Senije Zogu, die Schwester des albanischen Königs. Die Arnauten blieben also der Dynastie in gewisser Weise treu. Über das nicht immer einfache Verhältnis vor allem der Söhne zu ihrem Vater berichtet Prinzessin Ayşe in ihren Erinnerungen eingehend. Ihre Schwester Prinzessin Şadiye erinnerte sich an ihre Kindheit in der abgeschlossenen Welt des großherrlichen Harems: »Das Palastleben ist ganz allgemein [...] eine Lebensweise, die keinen Kontakt mit der Außenwelt kennt und die in den liebevollen Armen unseres Vaters und unter seinen Blicken stattfand. Sie hatte ihren eigenen, besonderen Fluß. In diesen schönen Gärten hatte auch ich eine eigene Wohnung, in der ich zusammen mit meiner Mutter wohnte. Ich hatte eine kleine Schule, die ich mit meinen Schwestern besuchte. Die meiner Brüder war separat. Die ihrige befand sich im Selamlık-Teil des Palastes, unsere hingegen im Harem-Teil (Küçük Mabeyn).«[526] Waren die Schwiegersöhne des Padischahs gewöhnlich Militärs oder Inhaber hoher Ämter in der Verwaltung, so verdient doch einer von ihnen, Fahir Bey, besondere Erwähnung, denn er war unter anderem als Karikaturist der zwischen September 1908 und Juni 1911 erscheinenden satirischen Zeitschrift ›Kalem‹ (›Die Feder‹) tätig. Während der autokratischen Regierungszeit seines kaiserlichen Schwiegervaters bis zum Sommer 1908 waren solche Blätter selbstverständlich verboten, nach der ersten jungtürkischen Revolution lockerten sich die Zensurbestimmungen – und eine Vielzahl, meist kurzlebiger, satirischer Zeitschriften erschien. Dazu gehörte auch ›Die Feder‹, für die Fahir Bey tätig war. 1910 heiratete er Şadiye Sultan, eine 1886 geborene Tochter Abdül Hamids II., die ihren Vater in dessen Exil nach Selanik begleitet hatte. Celal Esad,[527] der Herausgeber der Zeitung, war der Sohn eines Großwesirs, diente als Offizier in der Armee und war zeitweilig sogar auf Wunsch Abdül Hamids II. Adjutant des Monarchen. Dem Umfeld der kunstinteressierten

Freunde Esads im Offizierskorps dürfte auch Damad Fahir Bey angehört haben.[528]

Zwei Gattinnen Abdül Hamids II. starben bereits 1903 sowie 1909, die übrigen aber überlebten den Großherrn. Die letzte Gemahlin des Sultans starb erst 1969 in Istanbul. Es war Behice Hanım Efendi,[529] eine Georgierin aus Batum, über deren angebliche lasterhafte Verschwendungssucht immer wieder abenteuerliche Gerüchte verbreitet wurden, die in Europa wie an den Ufern des Bosporus um so lieber geglaubt wurden, je höher die Summen waren, um die es ging, oder je dekadenter ihre vermeintlichen Laster waren. So soll Behice Hanım Efendi zum Beispiel stets mit Brillantsplittern bestreute Zigaretten geraucht haben.

Eine besondere Beziehung verband Abdül Hamid II. allerdings mit seiner Gemahlin Müşfika Kadın Efendi,[530] der Mutter seiner Tochter Ayşe Sultan. Er erhob sie 1886 zunächst zur ersten ›İkbal‹. Prinzessin Ayşe entwarf in ihrer Biographie des Vaters das Bild eines fast bürgerlichen Zusammenlebens der Eltern. Immerhin begleitete ›Ihre Kaiserliche Hoheit‹, so der offizielle Titel, ihren Mann in dessen Exil nach Selanik – gemeinsam mit weiteren vier Gemahlinnen und den jüngeren Kindern. Der Sultan, der selbst lange über einen großen Harem gebot, sprach sich in seinen Erinnerungen recht deutlich gegen die Polygamie der Muslime[531] aus und regte an, in der Ehe doch eher den europäischen Vorstellungen zu folgen. Müşfika Kadın Efendi lebte wie auch andere Gemahlinnen des Sultans von 1912 bis zu ihrem Tod 1961 wieder in Constantinopel, da sie 1924 nicht gezwungen wurde, die Türkei zu verlassen. Sie war zwar Gemahlin eines Sultans gewesen und trug den Titel ›Kaiserliche Hoheit‹, aber durch Geburt war sie eben kein Mitglied der osmanischen Herrscherfamilie. Ein freiwilliges Exil kam für diese Gemahlin des Padischahs nicht in Betracht, sie bezeichnete sich als »die Bewahrerin der Erinnerung an unseren Herren«.[532] Hatte Sultan Abdül Hamid II. einst gefordert, die Mitglieder des Herrscherhauses dürften Constantinopel niemals verlassen, so erfüllte Müşfika Kadın Efendi nahezu vier Jahrzehnte lang getreulich sein Vermächtnis.

Prinzessin Ayşe beschrieb in ihren Erinnerungen detailliert den Aufbau des Hofes und die Funktionsweise des kaiserlichen Harems.[533] An der Spitze des Harems stand im Rang eines Ministers die Oberhofmeisterin (Hazinedar Usta),[534] zu deren Gefolge die ›kaiserlichen Kalfas‹ gehörten, die Hofdamen, die spezielle Aufgabenbereiche wahrzunehmen hatten. Şadiye Sultan schrieb über die eindrucksvolle Erscheinung der Oberhofmeisterin: »Die Hazinedar Usta trug in der Hand einen elfenbeinernen Stock, der mit Diamanten, Smaragden und Rubinen verziert war. Als ihre Helferinnen fungierten drei Kalfas. Auch sie trugen dieselbe Art von Stock, jedoch waren deren Diamanten kleiner und die Verzierungen einfacher. Die Kleider der Usta und ihrer Kalfas waren aus rosa und weißem Atlas. Sie trugen immer weite Jacken, deren Ränder mit breiter Goldstickerei verziert waren und die ›Salta‹ genannt wurden. Ihre mit Häkelspitzen besetzte Haube, die Reichhaltigkeit ihrer Juwelen, Broschen und Nadeln, die Langsamkeit und Ernsthaftigkeit ihrer Bewegungen, die Haltungen der sie Umgebenden, all dies half uns, die Hazinedar Usta schon aus großer Entfernung mit Leichtigkeit auszumachen. [...] Die Oberhofmeisterin sah sich die Mädchen, welche von ihren Eltern in den Palast gebracht worden waren, persönlich an und überprüfte die adelige Abstammung ihrer Familien sehr sorgfältig. Diejenigen, die ihren Gefallen fanden, stellte sie meinem Vater vor. Im allgemeinen bildeten diejenigen Frauen, die tscherkessischer Abstammung waren, im Harem die Mehrheit.« [535] Gleich hinter der Oberhofmeisterin rangierten einige weitere Damen,[536] von denen die erste die Befehle des Sultans zu übermitteln hatte. Dann folgten zwanzig Damen zur persönlichen Bedienung des Herrschers, die im Rang noch über den kaiserlichen Kalfas standen. Die sechs Inhaberinnen der althergebrachten Hofämter für die Aufsicht über die kaiserliche Wäsche, die nacheinander in sieben silbernen Waschschüsseln gereinigt wurde, die kaiserliche Tafel, die Haarpflege, die rituellen Waschungen vor den Mahlzeiten (ursprünglich hatte diese Dame die Wasserkannen verwaltet. Dieses altertümliche Amt bestand allerdings zur Zeit Abdül Hamids II. nicht mehr, nur der Titel war geblieben, das galt auch für das Amt der Aufsicht über die zur Bart- und Haarpflege nötigen Gerätschaften), für das Vorkosten und Auftragen der Mahlzeiten sowie für die Kaffeezeremonie standen dann an nächster Stelle in der Hierarchie des Hofes. Prinzessin Şadiye erinnerte sich an die spezielle Kleidung der Kalfas: »Sie trugen Kleider mit Schleppen, deren Säume bis auf den Boden herunterreichten und die an den Hüften plissiert waren. Auf dem Kopf trugen sie turbanartige Chiffonhauben in allen denkbaren Farben. Die Schleppenpartie wurde nach oben geschürzt, indem sie in ihren seitlich ausgefransten Gürtel, der die Plissees formte, hineingesteckt wurde.«[537] Gemäß der althergebrachten Tradition versahen fünfzehn bis zwanzig Hofdamen auch nachts ihren Dienst und überwachten die Ruhe des Sultans, gingen in kleinen Gruppen durch den Palast sowie den Park. An ihrer Spitze stand die ›Erste Wächterin‹. Um wach zu bleiben, spielten einige Damen verschiedene Spiele wie Mühle oder Mikado und aßen, während andere umherwandelten. Prinzessin Şadiye erläuterte diese nächtliche Wache in ihren Erinnerungen: »Die Mädchen im Gefolge der Hazinedar Usta machten in Gruppen von jeweils vier oder fünf Personen im Garten und um unsere Pavillons herum ihre Runden. Um ein drohendes Feuer bereits früh zu bemerken und eingreifen zu können, wurde auf diese Patrouillentätigkeit, die stattfand, während alle Palastbewohner im Schlaf lagen, nach bitteren Erfahrungen großer Wert gelegt. Diesen Patrouillengängerinnen, denen wir den Namen ›Wärter des Herrschers‹ (Hünkâr Bekçisi) gaben, wurden bei Tag und bei Nacht sehr reichliche Bewirtungen gemacht. Wann immer auch wir unsere Früchte mit ihnen teilten – im Sommer unser Obst, im Winter unseren Puffmais – brachten wir sie ihnen auf kleinen Silbertabletts.«[538] Die im Hofdienst stehenden Frauen mußten unverheiratet sein, schieden sie aus dem Dienst aus, erhielten sie eine Pension und zogen sich in den Dolmabahçe-Palast oder das Topkapı Sarayı zurück.

Als Beispiel für das äußerst ausgeklügelte und glanzvolle Zeremoniell des osmanischen Hofes auch in dessen Spätzeit sei hier das Servieren des Kaffees für den Sultan beschrieben. Die Schilderung stammt von Leyla Saz, einer bedeutenden türkischen Musikerin und Dichterin, die, der osmanischen Hofgesellschaft angehörend, Kindheit und Jugend Mitte des 19. Jahrhunderts im Çırağan-Palast verbracht hatte: »Wie wurde dem padischah serviert? – Der saz-Vortrag setzt mit einer Tonart ein, deren Auswahl huldreichst den Instrumentalisten überlassen wird. Nach dem Vorspiel und der Überleitung beginnt die ›kemençe‹, eine dreisaitige Fiedel, zu improvisieren. In diesem Augenblick betritt der ›kahveci usta‹, der Kaffeemeister, gefolgt von schön gekleideten jungen Leuten, den Raum. Der Meister hat den um seinen großflächigen ›tarbusch‹ [eine andere Benennung für den Fez] gewundenen Schal mit dem ihm als Zeichen seiner Meisterwürde verliehenen kürbiskernförmigen Diamanten geschmückt. Nach hinten trägt er zwei Haarzöpfe und über seinem langen Gewand einen ›salta‹. Dieser ›salta‹ ist eine weite seidene, an den Rändern gekettelte Jacke, [...]. Der ›salta‹ bedeckt den gesamten Rumpf und die Schenkel. Die sieben Meister des padischah, die Beschließerin und die beiden Schreiber erhielten stets bei ihrer Indienststellung aus dem ausschließlich dem Herrscher zur Verfügung stehenden Fundus eine dieser Jacken zugeteilt. Ohne ›salta‹ durften sie vor dem padischah nicht erscheinen und hatten ihn auch bei sonstigen amtlichen Anlässen zu tragen. [...] Die nach dem Kaffeemeister eintretenden jungen Leute trugen keine großflächigen ›tarbusche‹, sondern hatten den Kopf mit einem Schal aus leichtem Gewebe umwunden, an welchem auf der rechten Seite ein flacher, kleiner ›fez‹ befestigt war, von dessen Mitte eine Troddel herabhing. Der Kaffeemeister schlägt das mit Litze, Perlen und in der Mitte mit einem Diamanten bestickte, mit Posamenten eingefasste runde Kaffeetuch an der einen Seite um und drückt es zwischen die Handflächen von zwei Mädchen. Sodann nimmt er von dem goldenen Tablett, das diese an einem Gehänge an ihrer Seite tragen, eine mit Edelsteinen besetzte Tassenfassung und setzt das Täßchen ein. Einer der Kaffeediener trägt in der Hand ein Becken. Dieses Becken besteht aus einer an drei goldenen Ketten hängenden Wanne mit Füßen. In diesem Becken befindet sich eine Kanne, die in heißer Asche warmgehalten wird. Mit Hilfe eines runden, mit Watte gepolsterten seidenen Tuches nimmt er die Kanne an ihrem Griff heraus, gibt den Kaffee in die Tasse und kredenzt sie dem padischah. Wenn dann die großherrliche Anweisung kommt: ›Gebt auch den Frauen!‹, so wird auch den älteren Haremsdamen serviert. Auch deren Tassenfassungen sind mit Edelsteinen besetzt. Den Fuß der Fassung zierlich mit zwei Fingern ergreifend, genießt man den Trank. Werden die Tassen zurückgegeben [die Tassenfassungen lassen sich zumeist nicht abstellen], dann kommt die ›kemençe‹ mit dem Improvisieren zum Ende und geht zur Melodie über.«[539]

Doch der Harem wurde nicht nur von Frauen geleitet: Auch die Eunuchen spielten eine wichtige Rolle. Der oberste der Eunuchen und Prinzenerzieher war traditionell ein Nubier, der den Titel ›Kızlar Ağası‹ (›Erzieher der Mädchen‹) trug. In der Hierarchie des osmanischen Reiches stand er an vierter Stelle nach Sultan, Großwesir sowie Scheich ül-Islam und trug den Titel Hoheit. Während der Revolution der Jungtürken im April 1909 wurde der Harem des Sultans aufgelöst und der oberste der Eunuchen an einer Laterne der Galata-Brücke erhängt. Der Kızlar Ağası hatte eine Anzahl weiterer Aufgaben wahrzunehmen, unter anderem war er für die Präsentation der heiligen Reliquien des Propheten bei bestimmten Zeremonien an den entsprechenden Feiertagen verantwortlich und führte die Prinzessinnen bei deren Vermählung. Die von den Eunuchen versehenen Hofämter zur persönlichen Bedienung des Sultans waren folgende: Obergarderobier, Bewahrer des großherrlichen Gebetsteppichs, Obertabakbewahrer, Oberkaffeemeister, Mundschenk und Vorkoster, Oberbibliothekar. Zudem standen dem Sultan neun Eunuchen für den persönlichen Dienst zur Verfügung, wobei sie hauptsächlich vor dem Appartement des Herrschers Wache halten mußten und ihn bedienten.

Der ›offizielle‹ Hof des Sultans war zu Zeiten Abdül Hamids II. ähnlich wie die übrigen europäischen Höfe organisiert – an der Spitze stand der Palastmarschall, gefolgt durch den Kızlar Ağası, dem die oben genannten Hofämter unterstellt waren, und die Kammerherren. Danach rangierten die Sekretäre, der Stallmeister, der Schatzmeister und der Leibarzt, gefolgt von den osmanischen sowie den ausländischen Generaldjutanten. In seinem Aufsatz zum Thema des Hofzeremoniells der wilhelminischen Monarchie[540] geht Martin Kohlrausch der interessanten Frage nach, wie das Zeremoniell am Berliner Hof auf die sich wandelnden gesellschaftlichen Anforderungen in der Regierungszeit Kaiser Wilhelms II. reagierte. Davon ausgehend, erscheint es ebenfalls sehr lohnend, sich mit der Frage zu beschäftigen, inwieweit das Zeremoniell am kaiserlich-osmanischen Hof in der Regierungszeit Sultan Abdül Hamids II. den stark veränderten Anforderungen, die sich nicht nur aus einer Öffnung des Reiches und des Hofes nach Westen ergaben, Rechnung trug und sich anpaßte.

Wer hatte traditionell Zugang zum Padischah und seiner unmittelbarer Umgebung? War es möglich, wie im Fall fürstlicher Besuche, nicht nur hochadlige Ausländer an den Hof zu ziehen, sondern auch osmanische Politiker oder bürgerliche Repräsentanten der Wirtschaft, die zunehmend an Bedeutung gewannen und zumindest in Europa die jahrhundertelang unangefochtenen feudalen Eliten zu ersetzen begannen? Wurden Repräsentation und Zeremoniell des Hofes zu neuem Glanz geführt, um auf diese Weise einen eventuell zunehmenden Bedeutungsverlust zu kaschieren und die Exklusivität dieser

Institution zu betonen? Die auch auf spezielle Einladung beruhende Teilnahme von ausländischen Gästen als privilegierte Zuschauer des stets glanzvoll inszenierten freitäglichen Moscheebesuches des Padischahs und seines Hofes, wie sie von verschiedenen Gästen Abdül Hamids II. und anderen Europäern geschildert wird, kann auch in diesen Zusammenhängen gesehen werden.

»... die inneren Gemächer, behagliche, mit würdigem Luxus ausgestattete Räume, keine offiziellen hochgewölbten Empfangshallen«[541] – so beschrieb der bei aller Kritik dem Padischah dennoch über weit mehr als zwei Jahrzehnte in freundlicher Achtung verbundene Freiherr von der Goltz den Wohnsitz Abdül Hamids II. hoch über dem Bosporus.

Das Yıldız Sarayı[542] war etwas ganz Besonderes: Für den Sultan war es während mehr als dreißig Jahre ständiger Wohnsitz, den er so gut wie nie verließ, für Osmanlıs wie für Fremde war es dagegen ein sagenumwobener, teils berüchtigter Ort. Die Europäer, die über den Sultan schrieben, hatten allerdings auch an dieser schon durch ihre Lage auf einem Hügel über dem Bosporus und ihre Ausdehnung imposanten Schöpfung etwas auszusetzen. Mit den ganz anders gearteten Traditionen der osmanischen Palastanlagen unvertraut – und in den

Kutsche aus dem Marstall Abdül Hamids II. im Yildiz-Palast

heimischen Vorstellungen gefangen, schien den meisten Europäern das Yıldız-Ensemble wenig mit einer kaiserlichen Schloßanlage gemein zu haben. Repräsentative mehrflügelige Paläste mit endlosen Raumfluchten, überall herrschende Symmetrie – und zur Auflockerung der eine oder andere Pavillon im Park, so sahen die den Europäern vertrauten Schloßanlagen aus. Der Palast von Dolmabahçe erfüllte das ebenso wie jene im 19. Jahrhundert entstandenen kleineren Schloßanlagen Beylerbeyi, Küçüksu oder Ihlamur, die von europäischen Formen inspiriert und in geradezu verschwenderischer Fülle ausgestattet waren. Doch Sultan Abdül Hamid II. bevorzugte für seine Person eher zurückhaltendere, allerdings nicht weniger repräsentative Palastanlagen und griff dafür auf die osmanische Palastarchitektur der Vergangenheit zurück.

Daß osmanische Paläste, Schlösser der islamischen Welt überhaupt, ursprünglich auf ganz anderen – und dennoch gleichwertigen – Traditionen beruhen könnten, kam nur wenigen Besuchern aus dem Abendland in den Sinn. Zahlreiche freistehende ein- oder zweistöckige Bauten, um Höfe gruppiert oder freistehend, innerhalb einer größeren ummauerten Gartenanlage gelegen, das waren die Hauptbestandteile der traditionellen Sultansresidenzen. Gab es in den traditionellen Palastanlagen in Edirne oder Constantinopel für viele Funktionen des Hofes separate Pavillons und Gebäude, so versammelten im Gegensatz dazu die europäischen Schlösser mit ihrem geschlossenen Baukörper alle für die Repräsentation (und teilweise sogar für die Verwaltung) notwendigen Räume wie Thronsaal, Audienzzimmer, Speisesaal, Bibliothek, Musikzimmer und Kanzleien neben den fürstlichen Appartements unter einem Dach. Regelrechte Palaststädte wie das Topkapı-Serail oder das Yıldız-Ensemble waren den Europäern schlicht fremd und stießen schon daher auf Mißfallen. Beispielhaft für eine Reihe ähnlicher Äußerungen über den Yıldız-Palast soll hier der bereits erwähnte George Dorys zitiert werden: »Von einem eigentlichen Palast konnte man nicht sprechen; nirgendwo ein dominierender Gedanke, nirgendwo eine vernünftige Idee in diesem Chaos von Gebäuden, welche die kaiserliche Residenz bildeten. Überall im Yildiz fühlt man die unruhigen und widersprechenden Launen eines phantastischen Geistes.« An anderer Stelle nannte Dorys die Palastanlage lakonisch »ein barbarisches Durcheinander getrennter Wohnungen«. Doch liegt der eigentliche Kern für solch wirres Bauen tiefer, der geschätzte Leser ahnt es bereits: »Abdul-Hamid hat den Wahn zu bauen, einen [diesmal allerdings] unschuldigen Wahn, ...«[543]

Sultan Abdül Medschid gab 1853 den traditionsreichen Topkapı-Palast als dauerhafte Residenz auf. Er und sein Nachfolger Abdül Aziz ließen sich stattdessen prunkvolle ausgedehnte Schloßanlagen neben kleinen, erlesen ausgestatteten Schlössern nach europäischem Vorbild entlang des Bosporus errichten, um damit die Orientierung des Reiches nach Westen und seine Öffnung auszudrücken.

Es erscheint bedenkenswert, ob die bewußte Abkehr Sultan Abdül Hamids II. von diesen ›westlichen‹ Schlössern seines Vaters sowie des Onkels und seine Hinwendung zu seiner eigenen, speziell für ihn errichteten und an traditionellen osmanischen Herrschersitzen orientierten Palaststadt, eben dem Yıldız-Ensemble, als ein äußeres Zeichen für das Ende der Tanzimat-Ära verstanden werden kann. Auf jeden Fall ist das Yıldız-Ensemble ein Symbol für die Herrschaft Sultan Abdül Hamids II. – traditionell in der Idee sowie der teilweise hölzernen Bauweise, in den Formen allerdings modern und europäisch. Wie in der Politik, so verband der Padischah auch hier das historische Erbe mit aktuellen Formen seiner Zeit. Das Innere der verschiedenen Bauten[544] präsentiert sich bis heute durchweg würdig und elegant, aber keineswegs so überdimensioniert und nicht so verschwenderisch ausgestattet wie die Schloßanlagen direkt am Bosporus. Stoffe und Teppiche aus der Kaiserlichen Fabrik in Hereke gehören ebenso zur Ausstattung wie einzelne Möbelstücke, die der Sultan selbst angertigt hatte. Eine reizvolle Besonderheit stellt das kleine Palast-Theater mit seiner an einen Himmel erinnernden blau bemalten und – als Anspielung auf den Namen der Palastanlage – mit goldenen Sternen geschmückten Decke dar. Gestaltet in einer Stilmischung aus Rokoko und Klassizismus, ist das Theater über Korridore mit den Privaträumen des Sultans verbunden. Eindrucksvoll ist das an die Wohnbereiche des Sultans[545] grenzende und dennoch durch eine hohe Mauer abgetrennte, elegante Gästeschloß, das Şale Kasrı. Gestaltet im entfernt an Schweizer Chalets[546] erinnernden typischen Holzstil der Sommervillen am Bosporus, wurde es vor allem für die Besuche des deutschen Kaiserpaares eingerichtet und erweitert. Der großartige Festsaal des Şale Kasrıs mit seiner reichen Ausstattung, zu der bis heute ein vierhundert Quadratmeter großer Teppich aus der Kaiserlichen Fabrik in Hereke gehört, war auch nach den glanzvollen Besuchen Kaiser Wilhelms II. wiederholt Schauplatz illustrer Festlichkeiten des Hofes. So empfing der Sultan am Sylvestertag des Jahres 1908 hier die Abgeordneten des Parlamentes zu jenem denkwürdigen Festabend, der allen Anwesenden letztmals Glanz und Macht des Reiches sowie seines Herrschers in der Doppelrolle des Sultan-Kalifen vorführen sollte.

Mehrere Tausend Menschen bewohnten ständig den Yıldız-Bezirk. François Georgeon nennt ausführlich die Zahlen – 350 Kammerherren, Adjutanten, Sekretäre, hohe Hofbeamte und Würdenträger, die für einen kaiserlichen Hof unerläßlich waren (Zeremonienmeister, Hofmarschälle), 60 Ärzte, 30 Apotheker, 80 Jäger, 60 für die Beleuchtung zuständige Arbeiter, 20 Personen für die Zeremonie des Kaffeetrinkens; 1.000 Diener, 400 Köche und Mitarbeiter der Küchen, 400 Musiker, Sänger und andere Künstler, 50 Friseure, 400 Gärtner, 150 Handwerker in den Palastwerkstätten, 50 Mullahs. Den kaiserlichen Harem bevölkerten etwa 300 Frauen. Hinzu kamen noch zahlreiche Hofbedienstete mit speziellen Aufgaben – beispielsweise Bibliothekare, Übersetzer, die Ruderer der

Kaiserlichen Barkassen, Wächter oder die Beamten der Civilliste sowie etwa 7.000 Soldaten, die zum Schutz des Sultans in zum Palastbezirk gehörigen Kasernen stationiert waren.[547] Vielen Behauptungen von Zeitgenossen entgegen wurde der Yıldız-Palast während des Umsturzes im April 1909 nicht geplündert. Sorgsam wurden Juwelen, Wertgegenstände und Kunstwerke erfaßt. Vieles davon wird heute im Topkapı-Palast aufbewahrt, so etwa zahlreiche Gegenstände aus Silber, die dem Sultan zu seinem silbernen Regierungsjubiläum 1900 überreicht worden waren – unter anderem auch eine in der Werkstatt von Fabergé angefertigte martialisch wirkende Tischuhr aus Nephrit, mit Brillanten und Rubinen reich verziert, die Kaiser Nikolaus II. von Rußland Abdül Hamid II. anläßlich des Regierungsjubiläums geschenkt hatte, weiterhin eine große Anzahl sowohl asiatischer als auch europäischer Porzellane und vieles mehr. Große Summen Geldes wurden gefunden und der Armee überwiesen, die Akten wurden archiviert. Lediglich die Spionageberichte wurden nach ihrer Auswertung(!) im Kriegsministerium unter Aufsicht verbrannt. 1911 wurden in Paris zahlreiche wertvolle Schmuckstücke aus dem Besitz Abdül Hamids II. zugunsten der osmanischen Marine versteigert. Bis 1918 diente das ausgedehnte Yıldız-Ensemble nun während der Sommermonate Sultan Mohammed V. als Residenz. Der Berliner Urologe James Israel, der den Padischah dort im Sommer 1915 operierte, hat darüber ausführlich berichtet.[548] Auch der letzte Sultan Mohammed VI. lebte, mehr oder weniger entmachtet, zeitweilig im Yıldız-Palast, bis er 1922 mit Hilfe der Briten nach Europa floh.

Ein Sultan ohne Land
Die Jahre des Exils

»Sei's nun, oder nicht, gelungen,
Hab' ich doch mit Lust gerungen, (...)«

Friedrich Rückert, aus den Ghaselen

Am 27. April 1909 war es mit dieser glänzenden Hofhaltung vorbei. Sultan Abdül Hamid II. mußte nach seiner Absetzung Constantinopel verlassen und wurde mit fünf seiner Gemahlinnen, den jüngsten Kindern sowie seinen fast erwachsenen Töchtern, den Prinzessinnen Ayşe und Şadiye, in sein Exil in die jungtürkische Hochburg Selanik gebracht. Die neuen Machthaber hatten als Wohnsitz für den entthronten Sultan die über der Stadt gelegene Villa Allatini ausersehen. Knapp neun Jahre verblieben dem Sultan noch bis zu seinem Tod am 10. Februar 1918 – neun Jahre in weitgehender Isolation. Von nun an ging die Geschichte an Abdül Hamid II. vorbei. Den endgültigen Untergang des Reiches mitzuerleben, blieb ihm ebenso erspart wie seinem Bruder Mohammed V., der am 3. Juli 1918 in Constantinopel starb. Dem jüngsten Bruder Prinz Vahideddin, nun Sultan Mohammed VI.,[549] war es dagegen vorbehalten, weitgehend macht- und tatenlos als ein Sultan von Gnaden der Siegermächte des Weltkrieges das Ende des Osmanischen Reiches zu erleben.

Wie lebte der Padischah in dem in seinen Augen provinziellen Selanik? Die in einem eleganten Stadtviertel gelegene Villa Allatini [550] war eine große Besitzung – ein 1896 errichteter drei Stockwerke hoher Bau im Stil der Neorenaissance, umgeben von einem großen Park, der zur Sicherheit 1909 mit einer hohen Mauer umgeben wurde. Die jüdische Bankiers- und Industriellenfamilie Allatini hatte die elegante Villa errichten lassen. Bis zur Ankunft des Sultans und seiner Familie bewohnte das Haus der italienische Kommandeur[551] der internationalen mazedonischen Gendarmerie. Der Sultan, seine Gemahlinnen, drei seiner Töchter, zwei Söhne und knapp vierzig Angehörige des Hofstaates bildeten nun eine streng durch das Militär bewachte und von der Außenwelt weitgehend isolierte Gemeinschaft, die trotz aller Umwälzungen und der damit verbundenen Einschränkungen den Anspruch, ein kaiserlicher Hof – wenngleich im Exil – zu

Sultan Abdül Hamid II. an einem Freitag im Sommer 1908 auf dem Weg zum Moscheebesuch

sein, aufrechterhielt, was angesichts der Herkunft aller Beteiligten nicht erstaunlich ist. Es sei in diesem Zusammenhang nur an den Exilhof des entthronten deutschen Kaisers Wilhelm II. im niederländischen Huis Doorn erinnert. Abdül Hamid II. ließ sich auch in der Villa Allatini ein Atelier einrichten, um sich dort seinen Steckenpferden, der Kunsttischlerei und der Uhrmacherei, hinzugeben, denn es war ihm verboten, im Park zu spazieren. »Selbst Verbrecher haben das Recht, im Gefängnis Zeitungen zu lesen«,[552] so raisonierte bitter der von allen Informationen abgeschnittene einstige Herrscher über ein Reich, das sich immer noch über drei Kontinente erstreckte. Seine Gesprächspartner, die ihn über die Lage des Landes und die Politik unterrichteten, waren nun nicht mehr Diplomaten und Würdenträger, sondern die Soldaten seiner Bewachung.

Trotz dieser mißlichen Umstände war Abdül Hamid II. noch immer ein reicher Mann, der über große Guthaben bei ausländischen Banken verfügte. Die Regierung des Komitees für Einheit und Fortschritt in Constantinopel fürchtete, daß dieses immense Vermögen dazu benutzt werden könnte, eine Gegenrevolution anzuzetteln – denn im In- und im Ausland verfügte der Sultan noch immer über eine nicht unerhebliche Anhängerschaft. Die Offiziere in Selanik ›überzeugten‹ Abdül Hamid II. im Frühsommer 1909 schließlich, daß er sich bereit fand, einen Teil seines im Ausland angelegten Millionenvermögens dem osmanischen Staat zu überweisen. Sein diplomatisches Verhandlungsgeschick allerdings hatte er sich auch in dieser Notlage bewahrt: Der Sultan verlangte als Gegenleistung, daß durch die Armee die Villa Allatini für ihn gekauft werde und daß seine Töchter Selanik in Richtung Constantinopel verlassen dürften, um sich zu verheiraten. Seine Söhne sollten ebenfalls in die Hauptstadt zurückkehren dürfen, um dort ihrer Ausbildung nachzugehen. Zudem verlangte er einen angemessenen Lebensunterhalt für sich und größere Bewegungsfreiheit für seine Getreuen.

Die neuen Machthaber akzeptierten diese Forderungen, und so wurde ihnen im Gegenzug unter Aufsicht des deutschen Konsuls in Selanik sowie einiger Bankiers ein Teil des kaiserlichen Vermögens in Geld und Aktien übereignet. Die

Der neue Sultan Mohammed V. auf seinem Weg zur Schwertgürtung in der Eyüp Sultan Camii, Constantinopel 1909

Herausgabe eines weiteren Wertpapierdepots in Berlin wußte der Sultan zunächst zu verhindern. Die jungtürkische Regierung erstritt seine Herausgabe dann in einem längeren Prozeß bis zum Frühjahr 1910 vor dem Königlichen Kammergericht in Berlin.[553]

Im Juni 1911 bereiste der neue Sultan Mohammed V. seine europäischen Besitzungen. Es war ein verzweifelter Versuch, das auseinanderstrebende Reich zusammenzuhalten – die Anwesenheit des Herrschers sollte das osmanische Nationalgefühl erneut wecken. Mohammed V. besuchte dabei auch Selanik, sein Bruder Abdül Hamid beobachtete die Ankunft des kaiserlichen Schiffes aus dem Obergeschoß der Villa Allatini gemeinsam mit einigen Offizieren. Über die wahren Machtverhältnisse angesichts der nur mehr dekorativen Position seines Bruders machte sich Abdül Hamid keine Illusionen. Er äußerte: »Man spielt mit diesem armen Mann wie mit einem Kind. [...] Diese Reise wird leider nicht von Nutzen sein.«[554] Wiedergesehen haben beide Männer einander nicht mehr.

Unterdessen zerfiel das Reich weiter: 1911 eroberten die Italiener mit den Küstenstreifen Tripolitaniens und der Cyrenaika die letzten nordafrikanischen

Besitzungen des Reiches sowie den Dodekanes im östlichen Mittelmeer. 1912 kam es zum ersten Balkankrieg, der für das Osmanische Reich mit einer völligen Niederlage endete. Die europäischen Besitzungen gingen bis auf das Umland der Hauptstadt Constantinopel verloren, selbst die erste osmanische Hauptstadt auf europäischem Boden, die Stadt Edirne (Adrianopel), war den Bulgaren in die Hände gefallen. 1913 gewannen sie die Osmanen im Ergebnis des zweiten Balkankrieges allerdings zurück. Angesichts der Allianz aus Griechen, Serben, Bulgaren und Montenegrinern gegen das Reich erkannte Abdül Hamid die dramatische Lage deutlich und war fassungslos. Seine Balkanpolitik hatte über Jahrzehnte hinweg darin bestanden, alle regionalen Mächte gegeneinander auszuspielen und so ein über die Maßen fragiles Gleichgewicht auf dem Balkan zu erhalten. Diese Politik war durch die neuen Machthaber mißachtet worden. Er kommentierte lakonisch: »Der Krieg gegen vier Länder? Ich glaube es nicht. Das heißt doch, daß die Balkanstaaten sich gegen uns vereinigt haben, nicht wahr? Wie ist es möglich, daß sich die Griechen mit den Bulgaren verbündet haben? Konnten die Regierenden diese Allianz nicht verhindern?«[555] Im Oktober 1912 marschierten griechische Truppen auf Selanik und drohten die Stadt zu erobern. Das Komitee für Einheit und Fortschritt mußte den exilierten Sultan sofort fortbringen, sollte er nicht in die Hände der Griechen fallen, was den neuen Machthabern am Bosporus von der Bevölkerung sicherlich nicht verziehen worden wäre. Aber wie sollte das geschehen? Der Schienenweg nach Constantinopel wurde bereits von der bulgarischen Armee kontrolliert, die griechische Kriegsmarine beherrschte das Ägäische Meer. In dieser Situation bot Kaiser Wilhelm II. das in Constantinopel stationierte deutsche Kriegsschiff ›Loreley‹[556] an, um seinen alten Freund aus besseren Tagen in Sicherheit bringen zu lassen. Abdül Hamid II. zögerte zunächst, Selanik, das er als den Schlüssel zu Constantinopel ansah und dessen Preisgabe ihm daher unmöglich erschien, zu verlassen. Schließlich willigte er ein, sein Exil am 30. Oktober 1912 aufzugeben. Neun Tage später eroberten griechische Truppen das nun wieder Thessaloniki genannte Selanik. Mit Abdül Hamid fuhren dessen Gemahlinnen, die Söhne und zwei Schwiegersöhne. Der deutsche Kommandant der ›Loreley‹ überbrachte die Grüße des deutschen Kaisers und ließ den entthronten Sultan wissen, daß er befugt sei, ihn dorthin zu bringen, wohin dieser es wünsche. Abdül Hamid dankte Kaiser Wilhelm II. für die ihm in dieser Stunde erwiesene Freundschaft und wünschte, in sein Heimatland gebracht zu werden. Das Kriegsschiff stach in Richtung Constantinopel in See. Am 2. November 1912 erreichte Abdül Hamid das am asiatischen Ufer Constantinopels gelegene eigentliche Sommerschloß Beylerbeyi. An dem Ort, wo sechzig Jahre zuvor seine Mutter ihrer Tuberkulose erlegen war,[557] erreichte er nun die zweite Station seines Exils – und die letzte seines ereignisreichen Lebens. Müşfika Kadın Efendi sowie die Mutter seines jüngsten Sohnes teilten seine Einsamkeit. Das mit erlesenem Mobiliar ausgestattete Schloß war zwar standesgemäßer als die vergleichsweise einfache Villa Allatini, jedoch fand Abdül Hamid den unmittelbar am Bosporus gelegenen Bau zu feucht und nicht gut heizbar. Eine angenehme Neuerung für den noch immer wissensdurstigen und politisch interessierten Sultan war die Tatsache, daß ihm die Zeitungslektüre wieder gestattet wurde. Einen großen Teil des Tages verbrachte er nun mit dem Studium der Presse, und schrieb kurze Anmerkungen zu den aktuellen Geschehnissen. Die politische Entwicklung des Reiches erschütterte ihn tief. Die zunächst an der Verfassung orientierte Herrschaft des Komitees für Einheit und Fortschritt hatte seit dem Staatsstreich von 1913 die Züge einer Diktatur angenommen. In den Händen der Jungtürken war sein Bruder Sultan Mohammed V. nurmehr eine Marionette.

Angesichts der dramatischen Ereignisse der Gegenwart hielt der nun über siebzig Jahre alte Exmonarch Rückschau auf sein an Wechselfällen reiches Leben. Noch in Selanik hatte er damit begonnen, seinem Privatsekretär seine Memoiren zu diktieren. Seine Bewacher hatten allerdings das Manuskript konfisziert und es wahrscheinlich vernichtet. Nun diktierte er seinem Leibarzt im Frühjahr 1917 erneut einige subjektive Erklärungen zu Ereignissen und Personen, rechnete mit seinen Gegnern und vermeintlichen Verleumdern ab. Obschon regelmäßig vorkommend waren Besuche seiner Kinder und Enkelkinder doch nur selten gestattet. Die Jungtürken hielten an der Isolation des Sultans fest. Sein erst im Oktober 2009 während einer Reise in Istanbul verstorbener Enkel Prinz Ertuğrul Osman bewahrte sich bis in sein höchstes Alter viele lebhafte Erinnerungen an die gemeinsamen Besuche mit seinem Vater Prinz Mehmed Burhaneddin[558] und an den stets liebevollen Großvater, der die Enkelkinder mit Süßigkeiten verwöhnte.

Als das Osmanische Reich am 14. November 1914 an der Seite der Mittelmächte in den Ersten Weltkrieg eintrat und Sultan Mohammed V. in der Hoffnung, es könnte zu einer allgemeinen Erhebung der Muslime gegen die britischen und die französischen Kolonialmächte kommen, auf Druck der Jungtürken (und zur Freude der deutschen Bündnispartner) den ›Heiligen Krieg‹ verkündete, stürzte dies Abdül Hamid in tiefes Entsetzen. Hellsichtig erkannte er, daß es ein Fehler der Machthaber in Constantinopel war, sich den kontinentalen Mächten anzuschließen und somit gegen die Seemacht Großbritannien zu kämpfen, anstatt strikte Neutralität zu wahren.[559] Es sei an dieser Stelle angemerkt, daß diese für das Reich sicherlich vorteilhaftere Neutralität schon aus geostrategischen Gründen weder von den Mächten der Entente noch von den Mittelmächten akzeptiert worden wäre. Ein letztes Mal weckte das Osmanische Reich in dieser schwierigen Situation die Begehrlichkeiten der europäischen Großmächte, die nun hofften, aus seinem Erhalt oder seinem Untergang ein für alle Mal Profit zu schlagen. Die osmanischen Militärs mochten ihrerseits darauf hoffen, sich mit einem siegreichen Krieg ihrer äußeren Gegner zu entledigen und

Rache für die beiden verlorenen Balkankriege zu nehmen. Die Jungtürken sahen die Zeit für die von ihnen angestrebten ethnischen Säuberungen im Schatten eines solchen Krieges gekommen. So war das taumelnde Reich, das endlich einer Friedensphase zu seiner weiteren Konsolidierung bedurfte, Objekt und Subjekt zugleich, als es »das grüne Banner des Propheten entrollte«, wie Kaiser Wilhelm II. den Kriegseintritt der Osmanen bezeichnete. Als Sultan Mohammed V. dann 1915 angesichts der massiven Bedrohung Constantinopels durch britische und französische Kriegsschiffe erwog, Hofhaltung und Regierung nach Brussa (Bursa)[560] zu verlegen, und seinen Bruder Abdül Hamid II. aufforderte, sich nach Konya zu begeben, weigerte sich der ganz energisch: »Was tut mein Bruder? Niemand von uns darf die Hauptstadt verlassen. Wir müssen vor allem anderen hier bleiben, wenn es auch das Leben kostet. Die gesamte Dynastie, bis hinab zum kleinsten ihrer Mitglieder, muß sterben, um das Vaterland zu verteidigen. Müssen wir nicht ebenso handeln wie der letzte byzantinische Kaiser? Ich verlasse Istanbul keinesfalls. Ich bin bereit, hier zu sterben.«[561] Die siegreiche Verteidigung der Dardanellen durch Osmanen und Deutsche, die in der Türkei bis heute nicht vergessen ist, machte solchen Gedanken noch 1915 ein Ende.

Die Zeit glanzvoller Siege war jedoch bereits vorbei, als Kaiser Wilhelm II. zwei Jahre nach dem Kampf um die Dardanellen im Oktober 1917 zum dritten

Villa Allatini, Exilsitz Abdül Hamids in Saloniki, Postkarte 1909

Mal Constantinopel besuchte. Die Mittelmächte befanden sich an allen Fronten unübersehbar in der Defensive. Die Briten hatten Arabien bereits fest in der Hand und stießen über Mesopotamien nach Palästina vor, die Verluste waren unermeßlich. Sultan Mohammed V. gestatte es Wilhelm II., seinem alten Freund aus besseren Tagen am asiatischen Ufer des Bosporus Grüße zu übermitteln. Gerührt dankte Abdül Hamid II. dem deutschen Kaiser nebst seinem Bruder für diese Geste. Er schickte seinen jüngsten Sohn, den damals zwölf Jahre alten Prinzen Mehmed Abid, um an seiner Stelle dem Kaiser für diese Grüße zu danken. Überbringer der kaiserlichen Grußbotschaft an den einstigen Sultan war der schillernde Enver Pascha.[562] Er war seit seiner Tätigkeit als Militärattaché in Berlin ausgesprochen deutschfreundlich, einer der drei jungtürkischen Diktatoren sowie Kriegsminister und zugleich Mitglied der osmanischen Herrscherfamilie, denn er war seit 1914 mit einer Nichte Abdül Hamids II. vermählt.

Enver Pascha kam danach nochmals zu einer längeren Unterredung in den Beylerbeyi-Palast, um dem abgesetzten Herrscher die schwierige Kriegslage darzustellen und dessen Meinung dazu einzuholen. Abdül Hamid II. wich einer deutlichen Antwort mit einem Hinweis auf sein zurückgezogenes Leben sowie die daraus resultierende Unkenntnis der gegenwärtigen Situation klug aus. Er verwies

Im Beylerbeyi-Palast verbrachte Abdül Hamid II. die letzten sechs Jahre seines Lebens. Hier verstarb er im Februar 1918, Postkarte um 1910

lediglich auf die Waffenstärke der verbündeten Deutschen und Österreicher, der es im übrigen zu vertrauen gelte.

Als Enver Pascha das Schloß verlassen hatte, äußerte er sich allerdings eindeutig: »Es besteht kein Zweifel daran, daß eines Tages ein allgemeiner Krieg ausgebrochen wäre. Daß wir uns aber in diesen Krieg stürzten, zeugt von großer Ignoranz und Kurzsichtigkeit. Unser Heil hätte darin bestanden, neutral zu bleiben. Wir sind jetzt an einem Punkt angelangt, an dem es kein anderes Mittel gibt, als den eingeschlagenen Weg bis zu Ende zu gehen. [...] Gott möge die verfluchen, die unser Land hierher geführt haben.«[563]

Während das Osmanische Reich unaufhaltsam seinem Untergang zustrebte, vollendete sich das Leben des fast sechsundsiebzig Jahre alten Sultans. Abdül Hamid nahm im Winter von 1917 auf 1918 noch immer mit Interesse an den politischen und den kriegerischen Ereignissen teil, sein Geist war regsam wie eh und je. Seit Anfang Februar jedoch klagte er über Appetitlosigkeit und häufig auftretende Ermüdung. Die Ärzte diagnostizierten schließlich eine Lungenentzündung. Abdül Hamid II. starb keineswegs unvorbereitet. In tiefer Frömmigkeit hatte der einstige Sultan-Kalif genau festgelegt, was nach seinem Ableben geschehen sollte: Ein Gebetstext sollte nebst dem Tuch, mit dem einmal pro Jahr der Heilige Mantel feierlich gereinigt wurde, und einem Stück des schwarzen Stoffes, der die Kaaba in Mekka bedeckt, auf seine Brust gelegt werden.[564]

Am Nachmittag des 10. Februars 1918 entschlief Sultan Abdül Hamid II. ruhig in seinem Schlafzimmer in der oberen Etage des Beylerbeyi-Palastes. Seine Gemahlin Müşfika Kadın Efendi war in diesen letzten Augenblicken bei ihm. Der letzte bedeutende osmanische Sultan erhielt ein traditionelles Staatsbegräbnis, organisiert von – Enver Pascha. Eine eigene Türbe allerdings wurde ihm verwehrt, Abdül Hamid II., der 34. Sultan aus dem Haus Osman, wurde in dem von Formen des europäischen Klassizismus beeinflußten Mausoleum seines Großvaters Sultan Mahmud II.[565] an der Divan Yolu Caddesi beigesetzt. Abdül Hamid II. starb zu einem Zeitpunkt, da das Osmanische Reich in dem dramatischsten Ringen seiner über sechshundertjährigen Geschichte stand. Es ging um das Fortbestehen des Reiches: Feindliche Armeen standen auf der Arabischen Halbinsel, die heiligen Stätten Mekka und Medina waren seit 1917 bereits verloren, bis zum Herbst 1918 befanden sich Jerusalem und Damaskus sowie ganz Mesopotamien in den Händen der Briten, die bereits an einer Nachkriegsordnung für diese Territorien arbeiteten.

Der Tod des einstigen Sultans, der neun Jahre zuvor in einer enthusiastisch begrüßten Revolution seinen Thron verloren hatte, und die düstere Feierlichkeit des Staatsbegräbnisses mit seinem langen Trauerkondukt, in den sich zahlreiche deutsche Offiziere eingereiht hatten, markierten für die Osmanlıs 1918 das Ende eines Zeitalters, ähnlich wie der Tod Kaiser Franz Josephs[566] in Wien nur vierzehn Monate zuvor. Aus der Feder der tscherkessischen Prinzessin Leyla Achba-Anchabadze stammt eine wenn auch sentimentale, so doch anschauliche Schilderung von den Geschehnissen im Beylerbeyi-Palast unmittelbar nach dem Tod des einstigen auch im Sterben noch bewachten Herrschers. Ihre Tante, Prinzessin Peyveste Emukhvari, war eine Gemahlin Abdül Hamids. Sie trug den Titel der zweiten Ikbal. Der Sultan hatte sich allerdings nach der Geburt eines Sohnes von ihr abgewandt und 1896 die Cousine Prinzessin Leylas, Prinzessin Fatma Pesend Achba-Anchabadze, geheiratet.[567] Beide Gattinnen wurden selbstverständlich, gemeinsam mit anderen Familienmitgliedern, zu dem Sterbenden beziehungsweise Verstorbenen gerufen. »Der nunmehr im Paradies weilende Sultan Abdül Hamid II., der einer der unglücklichsten Padischahs des Osmanischen Reiches gewesen ist, war ein Mensch, der sich jedermann gegenüber gut verhielt, der niemanden verletzte. [...] Als er starb war auch ich im Beylerbeyi-Palast. Ich möchte diese historisch bedeutsame, schmerzvolle Episode erzählen: Der Kalender zeigte Sonntag, den 10. Februar 1918. Meine Großtante Nurhayat kam in großer Aufregung in unseren Pavillon. Sie sagte zu meiner Mutter: ›Oh weh, Peyveste hat mich angerufen, der Zustand unseres Herrn [Efendimiz] soll kritisch geworden sein. Er läßt Dich und mich zu sich rufen. Er sagt, wir sollten gemeinsam nach Beylerbeyi kommen.‹ Sobald meine Mutter dies vernommen hatte, warf sie sich sofort, schon im Laufen, ihren Mantel über und sagte mir, daß ich mich auch bereitmachen solle. Zusammen gingen wir zu meiner Tante Peyveste Hanım. Als wir die Villa meiner Tante erreichten, war sie schon längst fertig und erwartete uns im Garten. Wir stiegen sofort aus unserem Wagen aus und umarmten unsere Tante. Meine Tante sagte zu meiner Mutter: ›Ach, meine teure Schwester, wir müssen uns beeilen. Selim Efendi[568] hat angerufen, der Zustand unseres Herrn soll schlecht sein, er sagte, ich solle sofort nach Beylerbeyi kommen.‹ Wir stiegen wieder in die Wagen ein und fuhren hinab zum Meeresufer, wo wir mit einem kleinen Boot auf die asiatische Seite übersetzten. Dort empfing uns Abdürrahim Efendi, er wirkte außerordentlich betrübt.

Ohne viel zu sprechen, stiegen wir in einen anderen Wagen um. Nach zwanzig Minuten erreichten wir endlich Beylerbeyi. Beim Einfahren in den Palastbereich ließen uns die Soldaten allesamt aus dem Wagen aussteigen. Sie fragten Abdürrahim Efendi:[569] ›Wer sind diese Frauen?‹ Der Efendi gab zur Antwort: ›Meine Mutter und meine Tanten.‹ Der Mann an ihrer Spitze rief mit lauter Stimme: ›Das geht nicht. Sie können nicht alle hineingehen.‹ Dann wandte er sich an Abdürrahim Efendi: ›Nehmen Sie ihre Mutter, und gehen Sie mit ihr hinein! Die übrigen Damen bleiben hier.‹ Notgedrungen waren wir gezwungen, im Garten zu warten. Meine Tante und Abdürrahim Efendi gingen sogleich hinein.

Es waren kaum fünfzehn Minuten vergangen, als sich ihr Geschrei und ihre Klagerufe erhoben. Während wir uns fassungslos anstarrten, traten aus dem Palast Offiziere eilig nach draußen. Sie riefen: ›Der ehemalige Herrscher ist gestorben!‹

In jenem Augenblick war es, als ob über unseren Köpfen die Welt zusammenbrach. Wir wollten sofort hineineilen, doch die Soldaten hinderten uns erneut daran: ›Sie können nicht hineingehen!‹ sagten sie. Wir befanden uns in einem Zustand der Erschütterung und wußten nicht, was wir ihnen antworten oder was wir tun sollten. Der Kommandant der Soldaten, die uns aufhielten, Allah möge ihn segnen, war im Garten. Er kam zu uns heran und sagte zu den anderen Männern: ›Laßt sie hineingehen, der Mann ist tot, jetzt kann jeder hinein.‹ Auf dieses Wort hin begaben wir uns sofort in den Palast. In dem Augenblick, als wir die Haremswohnung erreichten, weinten alle lauthals und die Frauen warfen sich verzweifelt auf den Boden. Wir versuchten, Haltung zu bewahren und begannen, meine Tante zu suchen. Schließlich fanden wir sie. Meine arme Tante Peyveste Hanım war am Fuße einer Treppe zusammengesackt und saß in einem halb ohnmächtigen Zustand auf dem Boden. Die Kalfas waren um sie, doch wer befand sich in diesem Augenblick schon in einer Verfassung, daß er ihr hätte helfen können? Meine Mutter und meine Tante Nurhayat liefen zu ihr und versuchten, ihrer jüngeren Schwester zu helfen. Ich schaute weinend um mich, und mit meinen Augen suchte ich das Zimmer, in dem der erhabene Padischah lag. Nachdem einige Stunden vergangen waren, waren auch die anderen rechtmäßigen Gattinnen Sultan Abdül Hamid Hans II. sowie seine Kinder nach Beylerbeyi gekommen. Wir alle gingen in das Zimmer, in welchem unserer in Allahs Erbarmen hineingestorbene Hakan [Großkhan, einer der Titel der osmanischen Sultane] lag. Naciye Hanım,[570] die in einer Ecke des Zimmers Klagschreie ausstieß, eilte zu ihm und warf sich auf unseren Herrn. Sie schafften es nur unter unzähligen Schwierigkeiten, ihre Arme von dem in Allahs Erbarmen Hineingestorbenen zu trennen. Während wir alle in dem Zimmer weinten, kamen drei Soldaten und geleiteten uns aus der Wohnung unseres Herrn. Dabei sagten sie auch noch: ›Nein, meine Damen, stören Sie hier nicht, es ist eine Sünde!‹ Weil die arme Bedrifelek Kadın Efendi bereits sehr betagt war, war sie vollkommen zusammengebrochen. Sie legten die Kadın Efendi in ein Zimmer, wo einer der Ärzte sie untersuchte. Auch der arme Selim Efendi war in einem hilflosen Zustand. Er hatte Angst, nach seinem Vater nun auch seine Mutter zu verlieren, und weinte. Wir alle saßen auf dem Boden und warteten, daß es Morgen würde.

Endlich erlaubte ein Offizier, daß wir in Gruppen zu jeweils zwei in das Zimmer unseres Herrn hineingingen. Zuerst gingen die Prinzen, dann die Kadın Efendis, dann die Prinzessinnen hinein und hielten die Totenwache. Ich ging mit meiner Cousine Fatma Pesend Hanım zusammen hinein. Sobald wir das Zimmer betraten, fingen wir an, zu weinen. Wir setzten uns auf die Erde und sagten eine halbe Stunde Gebete neben dem erhabenen Verstorbenen auf. Dann verließen wir, noch immer weinend, das Zimmer wieder. Nachdem wir am nächsten Tag unseren Herrn ein letztes Mal gesehen hatten, brachten die Offiziere den Leichnam aus dem Palast heraus. Draußen standen die Soldaten stramm. Wir

Damen blieben im Palast, die Herren gingen. In Beylerbeyi erhob sich sofort, nachdem unser Herr fortgebracht worden war, erneutes Wehgeschrei. Dann zerstreuten sich die Trauernden nach und nach, und jeder ging nach Hause zurück. Meine Tante Peyveste Hanım und Abdürrahim Efendi kamen zu uns. Wir nahmen sie für einige Tage in unserem Pavillon als Gäste auf. Meine Cousine Fatma Pesend Hanım dagegen zog sich in die in Vaniköy liegende Villa ihres Vaters, das heißt meines Großonkels Sami Bey, zurück. So war dies letzte Mal, daß ich den im Paradies weilenden Sultan Abdülhamid Han II. gesehen hatte, unter solch schmerzvollen Bedingungen verlaufen. Möge sich Allah seiner erbarmen!«[571] Bleibt noch nachzutragen, daß der Leichnam des verstorbenen Sultans am Abend seines Todestages nochmals von einer hochrangigen Ärztekommission begutachtet wurde. Ihr gehörte auch der damalige Chefarzt des deutschen Krankenhauses in Pera Doktor Karl Schleip an. Wie uns der langjährige Leibarzt Atif Hüseyin Bey, der seine zwischen 1909 und 1918 mit dem entthronten Herrscher geführten Gespräche niederschrieb, übermittelt, bestand der Hof Abdül Hamids II. zum Zeitpunkt seines Todes aus etwa 33 Personen – von seinen Gemahlinnen Müşfika und Naciye über den Kaffeemeister Ali Bey, bis hin zu den Verantwortlichen für die Kühe Mehmed Ağa und den beiden für das Geflügel zuständigen Abdi und Arslan Ağa.[572]

Die gleichsam an Erfolgen wie an Niederlagen reiche Regierungszeit Sultan Abdül Hamids II. war während dreier Jahrzehnte geprägt von sich auf den ersten Blick widersprechenden Handlungsmotiven: dem Dualismus zwischen Reformieren und Bewahren, dem diplomatischen Spagat zwischen einer teils gewollten Anbindung an die europäischen Großmächte und dem ständigen Versuch, sie gleichzeitig auf Distanz zu halten, um sich selbst notwendige Handlungsspielräume gegenüber den stets zu Übergriffen geneigten Mächten zu bewahren – und nicht zuletzt von dem Gegensatz zwischen Staat und Religion. »Die europäische Politik gegenüber dem Osmanischen Reich [hat] darin bestanden, [...] Reformen, die die europäische Vorherrschaft bedrohten, zu behindern.« schreibt, wie erwähnt, Maurus Reinkowski. Angesichts solch vehementer Gegnerschaft von außen und auch erheblicher Widerstände im Inneren war die Regierung Abdül Hamids II. über dreißig Jahre der schwierige, zugleich aber engagierte und selbstbewußte Versuch, das Reich zu modernisieren, ohne dafür die Wurzeln, die dieses schillernde Gebilde mit seiner jahrhundertealten Tradition verbanden, rigoros zu kappen. Seine Regierungszeit kennzeichnet jedoch auch das letztlich gescheiterte Bestreben des Sultans, seine autokratische Herrschaft im Zeitalter der Konstitutionen, der Parlamente und der zunehmend selbstbewußt werdenden Untertanen ohne eine Verfassung und eine Volksvertretung in das beginnende 20. Jahrhundert zu führen. Aus heutiger Sicht gleicht die dreißig Jahre umfassende Regierung dieses Padischahs oftmals einem Wettlauf gegen die Zeit. Abdül Hamid wollte nicht erkennen, daß es schon lange nicht mehr nur einzelne Männer waren, die allein den Gang der Dinge bestimmen konnten. Längst gab es auch in seinem Reich neben dem Herrscher andere Kräfte, die bereits im stillen Einfluß ausübten und um Mitbestimmung und Macht kämpften. Auch diese Kräfte verstanden es, ebenso wie der Sultan, die einfache Bevölkerung im entscheidenden Augenblick in ihrem Sinn zu instrumentalisieren, um dieses Ringen um Macht und Einfluß auf die Straßen zu tragen. Der in der Einleitung zitierte Fürst von Metternich wäre mit Sultan Abdül Hamid II. wohl in vielerlei Hinsicht zufrieden gewesen: »Wir rathen der Pforte, sich sorgfältig zu vertheidigen gegen den Import solcher Reformen, welche auf die moslemischen Länder nur auflösend wirken können ...« hatte der skrupellose Architekt der Macht einst geschrieben und eigentlich damit gemeint, daß das autokratisch vertretene Gottesgnadentum des monarchischen Prinzips sich stets vor bedrohlichen Demokratisierungsversuchen in Acht nehmen müsse, um sich ungeschmälert zu erhalten. In dieser Hinsicht war Abdül Hamid II. ein gelehriger Schüler des Staatskanzlers.

»Marschiren Sie mit der Zeit und consultiren Sie die Bedürfnisse derselben. Machen Sie Ordnung in Ihrer Administration, reformiren Sie da! Aber stürzen Sie die Administration nicht, um ihr andere Formen zu substituieren, welche Ihnen nicht passen und die den Menschen dem Vorwurf aussetzen, daß er weder den Werth dessen kennt, was er zerstört, noch den Werth dessen, was er an der Stelle des Zerstörten aufrichtet. Bleibet Türken! Aber dann consultirt den Islam.« So hatte Metternich gefordert, und es scheint, als habe Abdül Hamid nach Kräften versucht, sich an dieser Leitlinie zu orientieren.

An zahlreichen Stellen seiner ›Gedanken und Erinnerungen‹ nahm der Sultan auf derartige Überlegungen Bezug, etwa, wenn er auf die Souveränität des Reiches pochte und immer wieder das Recht beanspruchte, bei den anstehenden Reformen eigene Wege zu gehen. Indem der Sultan die Kalifenwürde wieder stärker als seine Vorgänger in den Fokus der Politik rückte und ihr neuen Glanz beilegte, betonte er auch, zumindest äußerlich, den Islam und folgte auch hierin dem österreichischen Staatskanzler. Wie Metternich und dessen reaktionäre Politik scheiterte allerdings auch das autokratische Regime Sultan Abdül Hamids nicht zuletzt an den allgemeinen Zeitläuften und an dem bei Diktatoren bis heute bestehenden Irrglauben, daß jene Mechanismen der Unterdrückung, Verhinderung und Manipulation, die zur Aufrechterhaltung einer Alleinherrschaft stets gebraucht werden, grenzenlos angewandt werden könnte. Besonders angesichts der jahrzehntelang betriebenen massiven Einmischungen der europäischen Mächte in die inneren Angelegenheiten des Osmanischen Reiches spielte Abdül Hamid über drei Jahrzehnte virtuos auf der Klaviatur der großen Diplomatie und Politik mit all ihren Winkelzügen und war dabei bemerkenswert erfolgreich. »Es hat wohl nur wenige diplomatische Genies wie Abdul Hamid gegeben. [...] Unsagbar viel Geschicklichkeit war dazu nötig, nur ›der kranke Mann‹ und nicht

ABDUL HAMID LE "SULTAN ROUGE" EST MORT SAMEDI

ABDUL HAMID

LE SULTAN ROUGE SORTANT DE SELAMLIK

10. Februar 1918: Abdül Hamid II. verstirbt; Bericht der französischen Zeitung Excelsior

›der tote Mann‹ am Bosporus zu sein«, schrieb dann anerkennend Franz Carl Endres.

Die über lange Zeit repressive Politik des Sultans ist verurteilenswürdig und darf keineswegs übersehen werden, wenn es darum geht, die Hamidische Epoche zu bewerten. Mit den dann folgenden dramatischen Geschehnissen während der autoritären, brutalen Herrschaft des jungtürkischen Triumvirats ist die widersprüchliche Regierungszeit Abdül Hamids II. jedoch keineswegs gleichzusetzen. Wenn er auch ein skrupelloser Machtpolitiker war, so war der Sultan doch ein entschiedener Gegner des in jener Zeit mehr als populären Nationalismus, der sein heterogenes Reich unweigerlich zerstören mußte, sollte er einmal zu einem bevorzugten Instrument der Herrschaft werden. In entscheidender Weise trat in dieser Frage schon infolge der jungtürkischen Revolution von 1909 und mehr noch nach dem Staatsstreich im Juni 1913 eine Änderung ein: An die Stelle des in den Augen der Jungtürken überholten multiethnischen Reiches sollte ein türkischer Staat treten, in dem für andere Völker kaum Platz sein würde. Das untergehende Osmanische Reich ist auf diese Weise bis heute mit einem der blutigsten Kapitel des beginnenden 20. Jahrhunderts verknüpft: dem systematisch inszenierten Massenmord an weiten Teilen der armenischen Bevölkerung, der mit Willen und Wissen der damaligen

Machthaber (und unter stillschweigender Duldung der deutschen Verbündeten) ab 1915 ein grausiges Fanal auf dem Weg zu einem neuen Nationalstaat sein sollte.

Doch zurück zu dem Verstorbenen. Aus der Feder Ahmed Refiks[573] stammt ein stimmungsvoller Bericht des Leichenbegängnisses für Sultan Abdül Hamid II. mit seinen traditionsreichen Zeremonien, aus dem das Bewußtsein spricht, das Ende einer Epoche zu erleben: »Der ehemalige Herrscher war in die Ewigkeit eingegangen. [...] Der Bosporus lachte unter den glänzenden Strahlen der Sonne. Man konnte den entfernten Palast von Beylerbeyi in dieser Bläue erkennen. Sultan Abdülhamîd II., der über 30 Jahre auf dem osmanischen Thron gesessen hatte, sollte wenige Stunden später im schönen Istanbul beerdigt werden. Es war vorgesehen, Sultan Abdülhamîds Leichnam vom Schloß Beylerbeyi in das Topkapı Sarayı zu bringen. Dort sollte die Waschung vorgenommen werden, um ihn gegen 9 Uhr in der Türbe von Sultan Mahmûd (II.) beizusetzen. Ich ging zum Topkapı Sarayı. Dort wartete am mittleren Tor ein einziger Posten unter dem Tuchhelm mit einem Gewehr in der Hand. Die weißen Agas (Eunuchen) vor dem (genannten mittleren) ›Tor der Glückseligkeit‹ empfingen die Ankommenden mit ausgesuchter Höflichkeit. Das Kubbealtı[574] wirkte zerstört und verlassen, erfüllt von Erinnerungen an glanzvolle Epochen, schien es bitter über die Ereignisse der Jahrhunderte zu lachen ... Ich passierte die Bibliothek Sultan Ahmeds III. Ein schwarz gekleideter Diener eilte von der Seite des Tulpengartens herbei. Der Leichenzug näherte sich. Ich ging weiter Richtung Serailspitze. Eine kleine Prozession stieg langsam den sandbedeckten Weg des Parks hinauf. Am Quai hatte ein großes Dampfboot festgemacht, das aus seinem gelben Schornstein Rauch ausstieß. Dieser Anblick stimmte sehr melancholisch: das Marmarameer mit seinen Küsten und Hügeln lag unter der Sonne. Ganz in der Ferne der zarte, weiße Bau der Hamidiye-Moschee (beim Yıldız-Palast). Man sah jetzt eine neue Bahre über den Köpfen einer Prozession von ganz in schwarz gekleideten Männern, auf dem Traggestell lag ein weißes Tuch, ein dicker Schal. Auf dem hölzernen Gestell lag Sultan Abdülhamîd leblos in seinem Bett. Der steife, gelb eingefaßte Bettüberzug hing über den Rand der Bahre. Darüber war ein wertvoller fester Stoff mit gelbroten und grünen Stickereien. Bei jedem Windstoß wurde der Stoff angehoben, unter ihm wurden die Umrisse eines zerbrechlichen Körpers und eines kleinen Haupts erkennbar. Vor dem Sarg marschierten die Palastwachen von Beylerbeyi, auf jeder Seite zwei Reihen Soldaten, die Bahre war von den Agas des kaiserlichen Enderûn[575] umgeben. Die Höflinge gingen mit ruhigen, gemessenen Schritten voran. Sie trugen die Bahre auf ihren Händen. Ihnen folgte[n] Prinz Selîm Efendi, die Schwiegersöhne des Sultans (Damad Paschas) mit einem traurigen und bewegten Ausdruck. Ringsum eine schwer zu beschreibende Stille. Einer der Diener trug einen Fes, der mit einem weißen Tuch bedeckt war ... Der Leichenzug hatte den Tulpengarten passiert und das grüngoldene Tor des Reliquiengebäudes erreicht. Man öffnete die Tür und betrat es mit erhobenen Händen. Die Prinzen und Damad-Paschas blieben im Mecidiye-Pavillon, die übrigen Begleiter des Leichnams im Freien. Die Tür wurde wieder geschlossen. Niemand außer den Offiziellen, denen die Reliquien anvertraut waren, durfte eintreten. Der kleine, nur sechs Ellen lange Sarg lag auf zwei grünen Holzböcken aus Platanenholz, ein kleiner Tisch für die Totenwaschung wurde auf dem Steinboden sichtbar, von dem man die Schilfmatten entfernt hatte. Sultan Abdülhamîd, nackt und tot, wurde auf den Waschungstisch gebettet. Tief beeindruckt stand ich vor den vergoldeten Gittern des Hâcet penceresi (das Fenster für die Fürbitte an Heiligtümern). Vor dem Sarg standen die Würdenträger des Inneren Palastes, sie hatten ihre Hände ineinandergelegt und warteten [...] Um den Waschungstisch standen die vier Religionslehrer, zwei mit weißen, zwei mit grünen Turbanen, sie wuschen den Leichnam mit gelben Schwämmen und wohlriechenden Seifen, erfüllt von tiefgläubiger Ehrerbietung. Sultan Abdülhamîd war bis zur Leibesmitte mit einem neuen, weißen Totentuch bedeckt. Seine Brust war frei bis zum Unterkiefer. Sein Körper ließ nicht die Erschöpfung nach einem längeren Siechtum erkennen. Die Farbe war das Gelb des Todes, kein furchteinflößendes Gelb, wie von Elfenbein, wie von einem anorganischen Körper. Sein Körper war unbeträchtlich, Bart und Haar waren ergraut. Die Nase im Verhältnis zum Gesicht verhältnismäßig lang. Die Augen waren geschlossen und in ihren Höhlen eingesunken ... Sultan Abdülhamîd hatte bis zu seinen letzten Minuten das Bewußtsein behalten und das folgende Vermächtnis geschlossen: Auf seine Brust sollte ein Gebetstext gelegt werden, das Tüchlein, mit dem der Prophetenmantel gesäubert wurde, und ein Stück des schwarzen Überzugs der Ka'ba. Nachdem der Sarg geschlossen wurde, erschien der Oberprediger der Hamidiye-Moschee und blickte in die Runde der vor dem Gebäude Wartenden und stellte die rituelle Frage: ›Wie habt ihr den Toten gekannt?‹ und erhielt zur Antwort ›Nur Gutes wissen wir‹. Nach dem Rezitieren der Fâtiha (erste Koransure) bewegte sich ein großer, von den Derwischen der Şâzelî-Bruderschaft angeführter Zug durch das Serail. Im ersten Serailhof fielen zahlreiche deutsche Offiziere auf. Die Straße war gesäumt von Soldaten. Die Straßenbahnen hatten angehalten.«[576]

Der damalige deutsche Botschafter am osmanischen Hof, Graf Johann Heinrich von Bernstorff, erinnerte sich ebenfalls des Staatsbegräbnisses, das »unabsehbare Menschenmengen in die altertümlichen Straßen Stambuls gelockt« hatte. Der erfahrene Diplomat, der als junger Mann 1890 schon einmal in Constantinopel tätig gewesen war, hob die politische Tragweite hervor: »28 Jahre später geleitete ich [...] den gestürzten Abdul Hamid zu seiner letzten Ruhestätte. Die erste Frühlingssonne schien warm aus dunkelblauem, wolkenlosem Himmel auf das prächtige Schauspiel eines orientalischen kaiserlichen Leichenbegängnisses, das die jungtürkische Regierung ihrem schärfsten Gegner bereitete aus dem menschlich schönen und politisch klugen Gefühle heraus, eine Versöhnung der neuen und der alten Zeit herbeizuführen. Alle Führer der Jungtürken, die Abdul Hamid des Thrones beraubt und ihn bis zu seinem Tode in einem der herrlichsten Paläste des Bosporus gefangengehalten hatten, erwiesen ihm nun die letzte Ehre. [...] Auch die Ironie der Weltgeschichte kam zu ihrem Rechte. Als der Imam die Gebete der islamischen Totenfeier verlas, stellte er an die Anwesenden die übliche Frage: ›War der Verstorbene ein guter Mann?‹ und ›die großen Drei‹: Talaat, Enver und Djemal Pascha, sowie die übrigen jungtürkischen Führer antworteten einstimmig: ›Ja, er war ein guter Mann‹.«[577]

Das Reich taumelte unterdessen unaufhaltsam auf den Abgrund zu: Die Armee mußte an allen Fronten zurückweichen. Am 10. Februar 1918 war Abdül Hamid II. gestorben, nur knapp fünf Monate später folgte am 3. Juli 1918 Sultan Mohammed V. Reşad seinem Bruder in den Tod nach. Neun Monate nach dem Ableben Abdül Hamids verließ mit deutscher Hilfe das jungtürkische Triumvirat – Talat Pascha,[578] Enver Pascha und Cemal Pascha[579] – Anfang November fluchtartig das nicht zuletzt von den Jungtürken und ihrer diktatorischen Regierung zugrunde gerichtete Land, erfolgte der völlige militärische Zusammenbruch, besetzten die Siegermächte des Ersten Weltkrieges die Hauptstadt des Osmanischen Reiches und zwangen sofort sowohl Deutsche als auch Österreicher, die Stadt (sowie das gesamte Land) zu verlassen. Der dem Reich aufgezwungene, unerbittliche Friedensvertrag von Sèvres brachte im Sommer 1920 mit der Zerschlagung des Osmanischen Reiches einen triumphalen Sieg britischer und französischer Interessen und markierte noch einmal den gewalttätigen europäischen Kolonialismus, der sich dennoch langsam seinem keineswegs friedlichen Ende zuneigen sollte. Ahmed Tewfik Pascha erlebte dabei als osmanischer Delegationsleiter in Sèvres die bittersten Stunden seines langen politischen Lebens. Der schwache Großwesir Damad Ferid Pascha[580] unterschrieb das Friedensabkommen, Sultan Mohammed VI. verweigerte immerhin die Gegenzeichnung und löste das Parlament auf, bevor es den Vertrag ratifizieren mußte – ein hilfloser Akt der Verzweiflung, der das bittere Ende nicht mehr aufzuhalten vermochte. Während sich die politische Lage in den kommenden Jahren dramatisch verschärfte – der grausame Krieg mit Griechenland um Gebiete in Kleinasien erschütterte das ausgeblutete Reich und ließ den siegreichen Mustafa Kemal Pascha zum alles überstrahlenden Helden des Vaterlandes werden – bat der letzte Padischah aus Angst um sein Leben die britischen Besatzer, aus der Hauptstadt seines in Agonie liegenden Reiches fliehen zu dürfen – und mußte selbst dafür noch auf die Zustimmung aus London warten. Das Ende der fast fünfhundertjährigen Sultansherrschaft am Bosporus hatte nichts von tragischer Größe an sich, vielmehr hob sich der Vorhang zu einem ruhmlosen letzten Akt. Sultan Mohammed VI. Vachideddin, der 36. Sultan aus dem Haus Osman, entfloh schließlich am 18. November 1922, versteckt in einem Krankenwagen, höchst würdelos aus dem Yıldız-Palast auf ein britisches Kriegsschiff und begab sich in sein Exil nach San Remo.

Ein mit allen Winkelzügen und politischen Ränken vertrauter Sultan wie Abdül Hamid II. hätte vermutlich versucht, sich von den geflohenen jungtürkischen Diktatoren und deren Regime deutlich zu distanzieren, um sich Handlungsspielräume zu erkämpfen und dann womöglich eine die Sieger zermürbende Politik der passiven Verweigerung betrieben (İsmet İnönu tat dies und trieb die Briten damit erfolgreich zur Verzweiflung), um in der Bevölkerung nicht als Handlanger der Siegermächte zu gelten. Ein mit schwerem politischen Fahrwasser und mit ausweglosen Situationen vertrauter Machtpolitiker wie Abdül Hamid II. hätte die Hauptstadt vielleicht rechtzeitig verlassen, um sich in Anatolien an die Spitze der türkischen Truppen zu stellen und in der Doppelrolle des Sultan-Kalifen einen Befreiungskampf gegen die europäischen Sieger zu führen, als dessen Held er in der gesamten islamischen Welt gegolten hätte.[581] Doch die Geschichte verlief, wie so oft, in anderen Bahnen – Mohammed VI. und sein Großwesir Damad Ferid Pascha verfügten weder über das entsprechende Format noch über den nötigen Wagemut. Ängstlich, ohne Vertrauen in das Volk und das Militär, ohne Weitblick, arbeiteten sie engstens mit den Hohen Kommissaren der Siegermächte zusammen, zogen sich zurück und verloren somit den letzten Rückhalt in der Bevölkerung. Şadiye Sultan schrieb über ihren angeheirateten Onkel bezeichnenderweise: »Mein Vater [Abdül Hamid II.] konnte [seinen Schwager] Damad Ferid Pascha überhaupt nicht ausstehen und nahm ihn nicht in die Dynastie auf.«[582]

Die Demontage des Osmanischen Reiches vollzog sich schließlich schrittweise von innen. An seine Stelle trat die Türkische Republik, die mit verbissenem Reformeifer zu Werk ging und lange Zeit unter der Last des osmanischen Erbes litt. Das nationaltürkische Parlament in Ankara setzte nach der Flucht des Sultans in einem banalen Verwaltungsakt lediglich einen neuen Kalifen ein – und somit war der Staat faktisch nicht länger eine Monarchie. Anfang Oktober 1923 verlor das für die Geschichte des Byzantinischen und des Osmanischen Reiches so bedeutungsvolle Constantinopel nach nahezu 1600 Jahren seinen Status als Reichshauptstadt, der Regierungssitz war fortan Ankara. Am 29. Oktober 1923 wurde die Monarchie dann auch offiziell abgeschafft, das Kalifat ereilte am 3. März 1924 das gleiche Schicksal. Der eigentlich unpolitische Schöngeist und Maler Kalif Abdül Medschid II., ein Sohn von Sultan Abdül Aziz, und mit ihm alle übrigen Mitglieder der kaiserlichen Familie wurden gezwungen, das Land überstürzt zu verlassen.[583] Die Dynastie, das einst so machtvolle Haus Osman, das auf drei Kontinenten geherrscht hatte, war in alle Winde verstreut. Das Osmanische Reich war der Geschichte verfallen, es hatte nach mehr als sechshundert Jahren aufgehört zu existieren.

Ein kranker Mann am Bosporus
Sultan Abdül Hamid II., Deutschland und die Deutschen

»Gottes ist der Orient!
Gottes ist der Occident!
Nord und südliches Gelände
Ruht im Frieden seiner Hände!«

Johann Wolfgang von Goethe, aus dem West-Östlichen Divan

1912 bildete sich in Berlin ein Ausschuß, dessen Ziel die Gründung einer deutsch-türkischen Hochschule war (erst 2010, also knapp einhundert Jahre später, wurde ein ähnliches Projekt endlich realisiert!), am 2. Februar 1914 wurde unter dem Protektorat des Auswärtigen Amtes in Berlin die ›Deutsch-Türkische Vereinigung‹ gegründet, der der damalige deutsche Botschafter in Constantinopel, Freiherr Hans von Wangenheim[584] ebenso angehörte wie der Reorganisator der osmanischen Armee Freiherr Colmar von der Goltz, der osmanische Kriegsminister Enver Pascha sowie der einstige Großwesir und nunmehrige osmanische Botschafter in Berlin Hakkı Pascha.[585] Den Vorsitz hatte Arthur von Gwinner,[586] der Direktor der Deutschen Bank, inne (er war maßgeblich am Eisenbahnbau im Osmanischen Reich beteiligt). 1917 hatte die Vereinigung bereits mehr als 5.000 Mitglieder im gesamten Deutschen Reich und unterhielt ein verzweigtes Netz von Landes- und Ortsgruppen. Der in dieser Hinsicht stets pragmatische Kaiser Wilhelm II. legte allen Bankiers, Politikern sowie Großunternehmern, die ein Interesse an Kontakten nach Kleinasien hatten, den Eintritt in diese Vereinigung ausdrücklich nahe, wollten sie Einfluß nehmen oder ihre Erzeugnisse im Osmanischen Reich absetzen.

Bereits 1845 war in Leipzig die noch heute existierende ›Deutsche Morgenländische Gesellschaft‹ ins Leben gerufen worden, hauptsächlich um die Sprachen und Kulturen des Orients zu erforschen. In den Jahren nach 1895, als sich die Öffentlichkeit verstärkt dem Thema ›Deutschland und der Orient‹ zuwandte, folgten ihr dann verschiedene wissenschaftliche und politische Gesellschaften, die allesamt Ausdruck dieses zunehmenden Interesses sowie der bekennenden Orientpolitik der Nach-Bismarck-Ära waren. So wurde schon 1896 die ›Vorderasiatische Gesellschaft‹ begründet, die bis heute bestehende ›Deutsche Orient-Gesellschaft‹ folgte 1898, und im Oktober 1901 war es dann die ›Münchner Orientalische Gesellschaft‹, die unter Mitwirkung des bereits erwähnten Orientalisten Hugo Grothe aus der Taufe gehoben wurde. 1904 folgte dann die ›Gesellschaft für die wissenschaftliche Erforschung Anatoliens‹. Das ›Vorderasien-Komitee‹ wurde 1908 gegründet, 1912 entstand zudem die ›Gesellschaft für Islamkunde‹.[587] Noch im Frühjahr 1917 gründete sich in München der ›Deutsch-Türkische Verein e. V.‹. Zu dessen Mitgliedern zählten ebenfalls – so wie auch in der Deutsch-Türkischen Vereinigung – Repräsentanten der Finanz- und der Wirtschaftswelt sowie der Politik. Die genannten Gesellschaften entfalteten zumeist eine erhebliche publizistische Tätigkeit, um einem interessierten (Fach-)Publikum ihre Themen und Forschungen zugänglich zu machen. Außdem rüsteten deutsche Indologen und Turkologen zwischen 1902 und 1914 insgesamt vier bedeutende Orientexpeditionen aus. Sie führten über die Grenzen des Osmanischen Reiches weit hinaus – nach Zentralasien, in die sagenumwobene Heimat aller Turkvölker. Die zweite dieser Forschungsreisen finanzierte der archäologisch äußerst interessierte Kaiser Wilhelm II. und übernahm deren Schirmherrschaft. Die Expeditionsziele lagen in dem noch heute zu China gehörigen ostturkestanischen Turfan. Die Ausbeute der deutschen Forscher war beträchtlich: Hunderte von Kisten, gefüllt mit Kunstobjekten, gelangten in die Reichshauptstadt, ebenso zahlreiche Fresken und Zehntausende von Schriften in verschiedenen Sprachen. Das alles zusammen bildet bis heute den Grundstock der bedeutenden Berliner Turfansammlungen.

Im Jahr 1910 betrug die Zahl der verschiedenen mit dem Osmanischen Reich befaßten Gesellschaften und Vereinigungen im gesamten Deutschen Reich immerhin 45, während des Ersten Weltkrieges lag sie sogar zeitweilig bei 178 Einrichtungen.[588] Viele Deutsche waren offenbar von einer wahren Begeisterung für den Verbündeten am Bosporus ergriffen – und wenn sie auch nicht an eine direkte Kolonialisierung dachten, so waren sie beseelt von der Idee der Durchdringung des Osmanischen Reiches im Sinn ›deutschen Geistes‹. Begünstigt durch die Isolierung der Mittelmächte während des Ersten Weltkrieges, erreichte der deutsche Kulturimperialismus bezogen auf das Osmanische Reich, nach 1914 seinen Höhepunkt. Gleichzeitig bremste aber das erstarkende türkische Nationalbewußtsein der Jahre nach 1909 den deutschen Einfluß auf einigen Gebieten. Die ›Deutsch-Türkische Vereinigung‹ übte durch ihre nicht wenigen prominenten Mitglieder und das ›Allerhöchste Wohlwollen Seiner Majestät‹ seit ihrer Gründung 1914 den größten Einfluß in diesem Bereich aus – eine Entwicklung, die durch den Ersten Weltkrieg und die mit der Waffenbrüderschaft verbundene Intensivierung der deutsch-osmanischen Beziehungen noch verstärkt wurde. Zu den eifrigen Geldgebern und Förderern der Vereinigung zählte unter anderen auch der Industrielle Robert Bosch.[589]

Constantinopel um 1900

Die Mitgliederzahl der ›Deutsch-Türkischen Vereinigung‹ nahm stetig zu. Waren es bei ihrer Gründung 180 gewesen, so zählte die Vereinigung Ende 1915, nach dem glänzenden Sieg der osmanisch-deutschen Militärs in der Schlacht um die Dardanellen, über 1500 Mitglieder, von denen 43 Prozent aus Verwaltung und Politik stammten, 57 Prozent gehörten dem Bankwesen sowie der Wirtschaft an.[590] Das lebhafte Interesse an der ›Deutsch-Türkischen Vereinigung‹ blieb auch in den folgenden Kriegsjahren ungebrochen – im Sommer 1918 umfaßte sie bereits rund 5500 Mitglieder in zahlreichen Ortsvereinen des gesamten Landes. Angesichts einer Einwohnerzahl von etwa 65 Millionen Menschen im Deutschen Reich kann allerdings nicht von einer ›Turkomanie‹ unter den Deutschen gesprochen werden, das Interesse an einer Vereinsmitgliedschaft blieb zumeist auf Angehörige von Politik, Verwaltung, Wirtschaft und Militär sowie einige Wissenschaftler beschränkt. Dennoch waren die Themen ›Osmanisches Reich‹ und ›deutsch-osmanische Freundschaft‹ durch zahlreiche Berichte in Zeitungen, Zeitschriften und Illustrierten in weite Kreise der Bevölkerung gedrungen. Allein die beiden Kaiserreisen 1889 und 1898 in der Presse waren auf ein breites Echo gestoßen und in verschiedenen Büchern behandelt worden. Ebenfalls in Berlin erschienen seit 1912 beziehungsweise 1913 zwei osmanische Zeitungen: ›Sanayi ve Tidjaret‹ – ›Türkische Zeitschrift für Handel und Industrie‹ sowie ›Garb‹ – ›Türkische Zeitung für Technik und Wissenschaft‹. Am 1. Februar 1917 kam die zweisprachige Wochenzeitung ›Die Neue Türkei‹ hinzu. Die ›Orient-Rundschau‹

wurde von der Deutsch-Türkischen Vereinigung herausgegeben. ›Die Islamische Welt‹ nannte sich eine seit Dezember 1916 erscheinende ›Illustrierte Monatsschrift für Politik, Wirtschaft und Kultur‹. Zudem entstand im Herbst 1916 die ›Vereinigung von Freunden der türkischen Literatur‹, deren Ziel die Einrichtung einer wissenschaftlichen Bibliothek in Constantinopel war. Die Königliche Bibliothek zu Berlin, die Königliche Hof- und Staatsbibliothek zu München und andere Institutionen unterstützen die Vereinigung.[591] Darüber hinaus erschien zwischen etwa 1890 und 1918 eine breitgefächerte seriöse Literatur über das Osmanische Reich, die nahezu alle Bereiche erfaßte: Abhandlungen zu Landeskunde, Wirtschaft, Verkehr, Kultur oder Volkskunde gehörten ebenso dazu wie zahlreiche Reiseberichte, Städtebeschreibungen, Memoiren, Romane, Wörterbücher und auch Übersetzungen osmanischer Werke.

Die durch Arthur von Gwinner geleitete und unter tätiger Mithilfe des umtriebigen schwäbischen Journalisten Ernst Jäckh gegründete ›Deutsch-Türkische Vereinigung‹ hatte ihren Sitz in Berlin am Schöneberger Ufer 36 a. Jäckh, unter dem Einfluß der jungtürkischen Ideen von einem modernen türkischen Nationalstaat stehend, vertrat die für die damalige Zeit eher untypische janusköpfige Meinung, daß Deutschland helfen müsse, die Türkei zu ›türkisieren‹ anstatt sie zu ›germanisieren‹.

Die deutsche Botschaft in Constantinopel, Postkarte von 1911

Jäckh hatte allen Grund zu dieser kritischen Bemerkung. In der nationalliberalen Wochenzeitung ›Die Welt am Montag‹ erschien in jenen Jahren, in denen viele Deutsche angesichts der internationalen Erfolge ihres Landes auf zahlreichen Gebieten geradezu von der Überzeugung durchseelt waren, daß an deutschem Wesen die Welt genesen müsse, ein aufschlußreicher Artikel über die deutschen Ambitionen in bezug auf das Osmanische Reich, in dem es unter anderem hieß: »Der ›kranke Mann‹ wird gesund gemacht, so gründlich kuriert, daß er, wenn er aus dem Genesungsschlaf aufwacht, nicht mehr zum Wiedererkennen ist. Man möchte meinen, er sehe ordentlich blond, blauäugig, germanisch aus. Durch unsere liebende Umarmung haben wir ihm soviel deutsche Säfte einfiltriert, daß er kaum noch von einem Deutschen zu unterscheiden ist. So können und wollen wir die Erben der Türkei werden, von ihr selbst dazu eingesetzt. Wir pflegen den Erblasser getreulichst bis zu seinem Tode. Ja, selbst nach seinem tatsächlichen Verscheiden wollen wir ihn noch als einen scheinbar Lebenden behandeln. Die äußeren Formen sollen dieselben bleiben. Die Sultane sollen genau so regieren, wie der Bey von Tunis unter französischem oder der Khedive von Ägypten unter englischem Schutz regiert. Den Schein der Macht lassen wir ruhig den anderen, wenn wir die Macht selbst haben.«[592]

Das Osmanische Reich als Protektorat unter deutschem Schutz, war dies das Ziel der ›friedlichen Imperialisten‹? Daß zumindest etliche von ihnen zu einer Zeit, in der die Aufteilung der Welt mehr oder weniger abgeschlossen war, lebhaft davon phantasierten, liegt auf der Hand. Doch Ernst Jäckhs enthusiastische stark jungtürkisch-nationalistische Haltung blieb auch in Deutschland keineswegs unwidersprochen: Der ktitische Journalist Friedrich Schrader, der bis Ende 1918 in Constantinopel gelebt und gearbeitet hatte, schrieb rückblickend 1919: »Wir dürfen auch im Ausland nicht, wie wir bisher getan haben, stets zu der Partei halten, die es auf Vergewaltigung wichtiger Kulturelemente zugunsten der eigenen nationalen Vorherrschaft abgesehen hat. Das wird sich stets rächen, wie es sich in der Türkei gerächt hat. Wir hätten nicht türkischer sein dürfen als der Türke.«[593]

Die Aktivitäten der Deutsch-Türkischen Vereinigung mit dem engagierten Jäckh als Ideengeber waren vielfältig und sehr zielgerichtet. Gemeinsam mit dem Deutschen Werkbund wurde, ungeachtet des Krieges, im Jahr 1916 ein Architekturwettbewerb für ein in Constantinopel zu errichtendes ›Dostluk Yurdu‹ – ›Haus der Freundschaft‹ – ausgeschrieben; die Gelder dafür hatte die Vereinigung in Deutschland gesammelt. Namhafte Architekten – unter ihnen Peter Behrens, Bruno Taut, Paul Bonatz, Walter Gropius, Hans Pölzig sowie Richard Riemerschmid – reichten Entwürfe ein, der renommierte Architekt German Bestelmeyer trug den Sieg davon. Der ein ganzes Stadtquartier umfassende Bau sollte an prominenter Stelle errichtet werden – nämlich genau gegenüber der Türbe Sultan Mahmuds II. an der Divan Yolu Caddesi. Das mehr als 5.000 Quadratmeter große Grundstück stellte die osmanische Regierung zur

Verfügung. Am 27. April 1917 legte Sultan Mohammed V. den Grundstein für das Dostluk Yurdu, es war der achte Jahrestag seiner Thronbesteigung. Eben deshalb hatte Wilhelm II. diesen Tag für die Zeremonie ausgewählt. Im Oktober desselben Jahres besichtigte der Kaiser dann während seines dritten Besuches am Bosporus die Baustelle. Ein Beleg dafür, welch hohen Stellenwert Wilhelm II. diesem Projekt beimaß, das als sichtbares Zeichen der Freundschaft beider Reiche weit in das 20. Jahrhundert wirken sollte, ist die Tatsache, daß er die Besichtigung des Bauplatzes überraschend an den Anfang des Besichtigungsprogramms in Constantinopel stellte und sich von Ernst Jäckh vor Ort persönlich unterrichten ließ. Sowohl von der Grundsteinlegung als auch von der Visite des deutschen Kaisers auf der Baustelle wurden Filme hergestellt, die über längere Zeit in zumindest einem Kino in der osmanischen Hauptstadt gezeigt wurden.[594] Das Haus der Freundschaft wurde indes nicht vollendet. Nach dem Ende des Ersten Weltkrieges und dem Zusammenbruch des Reiches stellte man die Bauarbeiten ein, das dafür gesammelte Kapital sollte nun für in Deutschland verbliebene türkische Lehrlinge – immerhin mehr als 5.000 (gegenüber mehr als 12.000 im Jahr 1907 allein in Deutschland) in Deutschland und Österreich-Ungarn – Verwendung finden.[595] Die Fundamente des Hauses der Freundschaft wurden erst vor wenigen Jahren bei der Bebauung des Grundstückes an der Divan Yolu Caddesi beseitigt. Ein Straßenname in der Nähe – Dostluk Yurdu Sokağı – erinnert jedoch an das im Bewußtsein beider Nationen heute kaum mehr präsente Projekt. Es mag als eine eigentümliche Fügung oder Zufälligkeit erscheinen, daß Abdül Hamid II., der Sultan, dem so viel an der osmanisch-deutschen Freundschaft gelegen war, im Februar 1918 genau gegenüber diesem – nie realisierten – Haus der Freundschaft beigesetzt wurde. Eine eigene Türbe wurde ihm allerdings – wie bereits erwähnt – verweigert.

Was war seit der Reichstagsrede Bismarcks, in der er am 5. Dezember 1876 erklärt hatte, daß ein deutsches politisches Engagement in den orientalischen Angelegenheiten keinesfalls »die gesunden Knochen eines einzigen pommerschen Musketiers werth wäre«,[596]geschehen? Was hatte diese so nachhaltigen politischen Änderungen bewirkt? Auf den ersten Blick war es der geänderte Kurs der Politik, der mit der Regierungsübernahme des jungen Kaisers Wilhelm II. im Sommer 1888 eingeleitet wurde. Knapp zwei Jahre später folgte die Entlassung des mächtigen Reichskanzlers. Schon zum Auftakt seiner Regierung hatte der Kaiser mit einer besonderen Geste sein Augenmerk auf Constantinopel gerichtet und dem Sultan zum Zeichen seiner Verehrung erstmals den Thronwechsel durch einen außerordentlichen Gesandten anzeigen lassen. Dennoch kann wohl kaum davon gesprochen werden, daß Wilhelm II. ein konkretes »orientpolitisches Programm« im Kopf gehabt habe, das er weder zu Beginn seiner Regierungszeit noch später konsequent verfolgt hat. Christopher Clark nennt die oftmals sprunghafte außenpolitische Einflußnahme des deutschen Kaisers eine

»Bereitschaft, eigenständig diplomatische Signale auszusenden«, die mit den Intentionen des Auswärtigen Amtes nicht immer übereinstimmten.[597] Immerhin bleibt festzustellen, daß das Interesse Wilhelms II. am Osmanischen Reich und an einer deutsch-osmanischen Zusammenarbeit über rund dreißig Jahre anhielt und somit so zu den wenigen Konstanten in der ansonsten häufig widersprüchlichen außenpolitischen Haltung des Monarchen zählte. Doch all dieses allein hätte wohl kaum zu einem solch bemerkenswerten Umschwung führen können, der erst durch die Niederlage beider Staaten 1918 und die nachfolgenden wechselvollen Zeitläufte sein Ende fand. Die zunehmend erstarkende deutsche Wirtschaft, dabei vor allem die Groß- und die Schwerindustrie, suchte seit etwa 1880 verstärkt neue Absatzmärkte. Der Kolonialismus barg in diesem Zusammenhang nicht die erhofften Chancen, denn das junge Deutsche Reich vermochte keinen so bedeutenden Kolonialbesitz zu erwerben, wie es Großbritannien und Frankreich möglich gewesen war.

Deutschlands politisches Streben nach Weltgeltung und die expansive deutsche Wirtschaft führten letztlich zu dem bemerkenswerten deutschen Engagement im Osmanischen Reich zwischen 1890 und 1918. Keineswegs verhielt es sich dabei nur so, daß die Politik im Windschatten der Wirtschaft und der Banken segelte – anfänglich war es oftmals umgekehrt, mußten die Banken von der Regierung zu einem Engagement am Bosporus gedrängt werden. So betrieb der mit allen Wassern der diplomatischen Verstellungskunst gewaschene Bismarck schon wenige Jahre nach dem Berliner Kongreß eine auf den Bosporus ausgerichtete (Orient-)Politik, die er aber vor den Augen Europas geschickt zu verbergen wußte.

Das fragile Gleichgewicht des alten Kontinents war nicht nur durch das Erscheinen des Deutschen Reiches auf der politischen Bühne erheblich gestört worden. Die zentrale Lage Deutschlands ließ es dem Reichskanzler geraten erscheinen, es sich mit keinem der großen Nachbarstaaten zu verderben, wobei er gleichzeitig deren Interessen von Deutschland abzulenken und die aufstrebende junge Großmacht in ein stabiles Bündnis- und Vertragssystem einzubinden trachtete. Dieses Bestreben mochte der Quadratur des Kreises gleichkommen, galt es doch, dabei auf kleinste Veränderungen zu reagieren. Hajo Holborn wies bereits 1926 darauf hin, daß Sultan Abdül Hamid II. im politischen Kalkül Bismarcks in dem Augenblick zu einer interessanten Figur wurde, als sich nach der Ermordung des russischen Kaisers Alexander II. 1881 das gute Verhältnis Deutschlands zu Rußland langsam zu wandeln begann. Dann nämlich konnte der deutschen Politik die Wehrhaftigkeit des Osmanischen Reiches keinesfalls gleichgültig sein, erschien also eine Modernisierung der osmanischen Armee auch in deutschem Interesse. Der Bismarck in Fragen der Staatskunst sowie der Ränke zweifellos ebenbürtige Abdül Hamid II. schrieb recht treffend in seinen Erinnerungen bezogen auf politischen Ambitionen Bismarcks: »Es wird stets behauptet, daß Bismarck im Gegensatz zu anderen Diplomaten die Sprache nicht dazu benutzt habe, um seine Ideen zu verschleiern, sondern immer das sagte, was er dachte. Es mag sein, daß das zutreffend ist. Sein Satz über ›den pommerschen Grenadier, der zu wertvoll ist, um im Orient geopfert zu werden‹, kann aber kaum als Ausdruck seiner wahren Meinung gelten, denn das würde ansonsten von einem Staatsmann mit sehr beschränkten Ansichten zeugen. Es könnte jedoch sein, daß er es zu diesem Zeitpunkt für verfrüht hielt, seine Blicke ganz offen auf den Orient zu richten.«[598] Ob der Reichskanzler Bismarck seine politischen Absichten gewöhnlich mittels der Sprache verschleierte oder nicht, soll hier nicht untersucht werden. Im Fall seiner Orientpolitik seit etwa 1876 ist allerdings davon auszugehen, daß er genau dies tat. In seiner Amtszeit verging kaum längere Zeit, in der der Reichskanzler nicht Ausarbeitungen der am osmanischen Hof akkreditierten deutschen Diplomaten las oder entsprechende Instruktionen für sie verfaßte.[599] Bismarck selbst beteuerte stets deutlich, für den Orient keinerlei Interesse zu hegen, und ließ diese Haltung durch seine Staatssekretäre und die Diplomaten immer wieder betonen. Insgeheim betrieb er jedoch längst eine zweckorientierte, allerdings zurückhaltende deutsche Orientpolitik, wobei er bestrebt war, dies den anderen, sich ständig belauernden Großmächten nicht deutlich zu offenbaren, um das von stetem Mißtrauen geprägte fragile Gleichgewicht in Europa keinesfalls zu gefährden. Bismarcks Interesse am Orient war dabei nicht so gering, wie er gerne glauben machen wollte. Er war sich durchaus der Tatsache bewußt, daß, auch wenn das Osmanische Reich längst nicht mehr über die politischen oder wirtschaftlichen Kräfte einer tatsächlichen Großmacht verfügte, Constantinopel noch immer ein Brennpunkt internationaler Politik war. Immerhin befand sich in der Stadt am Bosporus seit 1874 die sechste der zu Bismarcks Zeit existierenden sechs deutschen Botschaften, was allein schon die erhebliche Bedeutung des Politikschauplatzes Constantinopel in den Augen des Kanzlers zeigt.[600] Friedrich Scherer weist darauf hin, daß der »diplomatische Schriftverkehr zwischen dem Auswärtigen Amt und seiner dortigen Vertretung [...] so stark [war] wie sonst nur zu den deutschen Missionen bei den Großmächten, oft sogar noch umfangreicher.«[601] In Bismarcks Augen, der das Osmanische Reich mit gewissem Wohlwollen zwar als Mittel zum Zweck, nicht aber als ernstzunehmenden Partner ansah, mochte es daher angesichts seines hochkomplizierten Beziehungsgeflechtes und der europäischen Konfliktlage für verfrüht gelten, seine Blicke schon jetzt offen auf den Orient zu richten. Doch wie verhielt es sich mit dem Sultan und der Hohen Pforte? Wirkte die zwiespältige Rolle, die Bismarck und die deutsche Diplomatie gegenüber dem Osmanischen Reich während des Berliner Kongresses gespielt hatten, bei den Osmanlıs nicht noch nach, als sich ab etwa 1880 die politische Lage in Europa aus der Sicht Constantinopels grundlegend zu ändern begann? Immerhin verweigerte der Sultan nach dem Berliner Kongreß dem neuen deutschen

Der Türke, der ein geborener Magdeburger war. Der türkische Feldherr Mehmet Ali Pascha, eigentlich Karl Detroit aus Magdeburg (1827-1878).

Der Deutsch-Türke Mehmet Ali Pascha

Botschafter Graf Paul von Hatzfeld zu Trachenberg zunächst die Antrittsaudienz, verzichtete, als sie schließlich doch erfolgte, auf das übliche Gespräch unter vier Augen und verzögerte dann noch mehrere Wochen lang das auf die Antrittsaudienz üblicherweise folgende Festbankett.[602] Außerdem hatte der Reichskanzler seinen neuen Repräsentanten am Bosporus zunächst strikt angewiesen, völlige Zurückhaltung zu üben, um dadurch jene durch die Umsetzung des Berliner Vertrages aufgekommenen allseitigen Spannungen abzubauen.[603]

In welchem Maß das Osmanische Reich für Bismarck zuweilen eine bloße Karte im Poker um Macht und Einfluß in Europa darstellte, wird angesichts der das Jahr 1880 weitgehend bestimmenden Krise[604] um die an der osmanischen Adriaküste gelegenen Hafenstadt Dulcigno deutlich: In Großbritannien führte seit dem Frühjahr Premierminister Gladstone[605] eine neue Regierung und zeigte sich entschlossen, die ›osmanenfreundliche‹ Politik seines Vorgängers Disraeli nicht weiter zu verfolgen. Der deutsche Reichskanzler hegte allerdings massive

Vorbehalte gegen Gladstone, dessen unberechenbare Politik für die fragile Machtbalance und die Bündnispolitik Bismarcks eine erhebliche Gefährdung bedeuten konnte. Daher war ihm an einem raschen Sturz Gladstones durchaus gelegen. Eine Gelegenheit bot sich, als sich die Krise um die Hafenstadt Dulcigno im Frühsommer 1880 rasant zuspitzte. Im Rahmen einer bereits während des Berliner Kongresses zwei Jahre zuvor vereinbarten, damals aber nicht durchgeführten Korrektur der osmanisch-montenegrinischen Grenzen sollten von Albanern bewohnte Gebiete an das mehrheitlich christliche Montenegro abgetreten werden. Die muslimischen Albaner wehrten sich erbittert dagegen. Im Herbst 1878 war bereits Mehmed Ali Pascha (der zuvor am Berliner Kongreß teilgenommen hatte) dem bewaffneten Widerstand der militanten albanischen Liga zum Opfer gefallen, als er Einzelheiten der Grenzziehung durchsetzen sollte. Abdül Hamid wollte um jeden Preis einen albanischen Aufstand gegen die osmanische Herrschaft verhindern und lehnte deshalb ein gewaltsames Vorgehen ab. Stattdessen versuchte er, die sich hartnäckig widersetzenden Albaner mit Verhandlungen zum Einlenken zu bewegen, und berief einen albanischen Außenminister, der angesehene Abidin Pascha[606] galt als Gegner einer Abtretung albanischer Siedlungsgebiete an Montenegro. In der Folge eskalierte die Situation allerdings, bis schließlich die Mächte im Frühjahr und Sommer 1880 ankündigten, eine Lösung zu erzwingen und dem Osmanischen Reich mit einer Flotten-

Albanische Soldaten der Interventionsarmee, Constantinopel im April 1909

demonstration vor der adriatischen Küste drohten, um so die Aufgabe Dulcignos durchzusetzen. Premierminister Gladstone favorisierte zwischenzeitlich noch die Bildung eines autonomen albanischen Wilajets, was weder die Osmanen noch Österreich-Ungarn oder Deutschland akzeptieren wollten. Eine solche autonome albanische Provinz (die den Mächten, Großbritannien und vermutlich auch Italien zuvörderst, ungeahnte Eingriffsmöglichkeiten in die ohnehin schon dramatischen Angelegenheiten auf dem Balkan geboten hätte, weshalb Gladstone diese Variante überhaupt zur Diskussion stellte) innerhalb seiner europäischen Territorien, die ohnehin schon einem Pulverfaß mit brennender Lunte glichen, mußte Abdül Hamid II. wie ein unkontrollierbarer Albtraum erscheinen. Auch die Donaumonarchie konnte kein Interesse an einem neuen Unruheherd mit internationaler Einmischung an ihrer auch so schon unsicheren Südflanke (Bosnien-Herzegovina) haben. Bismarck schloß sich nachdrücklich den Vorbehalten der Wiener Regierung an, woraufhin die Briten diesen Vorschlag nicht weiter verfolgten. Ansonsten unternahm der deutsche Reichskanzler – wenigstens nach außen – nichts, um die drohende Eskalation zu verhindern. Im Gegenteil, Bismarck erhoffte eine weitere Zuspitzung, die womöglich den ersehnten Sturz Gladstones mit sich bringen würde. Bismarck vermied unterdessen alles, was dazu angetan war, das Deutsche Reich als Parteigänger der Osmanen und als Gegner eines einmütigen europäischen Vorgehens gegen den Sultan anzusehen. Wenn auch widerwillig, so stimmte er zuletzt doch einer deutschen Teilnahme an der Flottenpräsenz in der Adria zu.

In seiner Bedrängnis suchte der Padischah Unterstützung bei der deutschen Regierung und schickte am 22. September 1880 an Kaiser Wilhelm I. ein von allen verantwortlichen Politikern gemeinsam unterschriebenes, eindringliches Telegramm mit der Bitte um Vermittlung in den übrigen europäischen Hauptstädten. Der Entwurf des Telegramms soll hier wiedergegeben werden: »Dies ist die Abschrift des Großherrlichen Telegrammschreibens, welches man von der Edelsten Seite Seiner Kaiserlichen Majestät an den Kaiser Deutschlands zu schicken geruht hat: ›Es ist Seiner Majestät dem Kaiser bekannt, bis zu welchem Grade angesichts der aufeinanderfolgenden verschiedenen Wendungen, welche das Crna-Gora[607]-Problem angenommen hat, die gegenwärtigen Zustände für unseren Hohen Staat schwierig und bis zu welcher Stufe sie beschwerdevoll geworden sind: Einerseits die mit Nachdruck vorgebrachten Wünsche eines treuen Volkes, welches sich nicht von seiner Gehorsam empfangenden Regierung, unter dessen beschützenden Schwingen es seit so vielen Jahrhunderten lebt, trennen möchte. Auf der anderen Seite die Verführungen und Aufstachelungen einer Handvoll Interessengesteuerter, die (während die Flotten befreundeter in ein Bündnis eingetretener Staaten unser Reich aus allen Richtungen in materieller und geistiger Hinsicht an einen schwierigen Punkt bringen, in der Absicht auf irgendeine Weise eine gewisse Menge Boden zu gewinnen, dessen Übergabe an Crna Gora vertraglich festgelegt worden war) diesen Umstand auszunutzen oder sich die Erträge ihrer auf die Zukunft bezogenen Hoffnungen bereits jetzt sichern wollen, sowie schließlich die Notwendigkeit, im Angesicht all dessen das Problem so schnell wie möglich einer Lösung und Bereinigung zuzuführen – alles dies erregt wahrhaft Betrüben und Kümmernis. Je länger dieser Zustand andauert, desto weiter wird sich das Problem von dem Wege hin zu einer Lösung, ohne ein unheilvolles Ende zu zeitigen, elongieren.

Die von Schmerz und Betrübnis geprägte Erinnerung derjenigen, die mit Gewissen und Sinn für das Rechte ausgestattet sind, ist ein weiteres schreckenerregendes Vorzeichen dieses unheilvollen Endes. Dieses in Schmerz gehüllten Zustandes eingedenk, und mich verlassend auf jene die Gerechtigkeit liebenden Gedanken Eurer Kaiserlichen Majestät, fordere ich Eure prachtbeherbergende Majestät zur kraftvollen Hilfe und zum liebenden Eingreifen auf, damit das Problem auf eine gerechte und freundschaftliche Art und Weise einer Lösung und Bereinigung zugeführt werde, und ich bitte Sie diesbezüglich, Seiner Exzellenz dem erlauchten Fürsten Bismarck gnädigerweise den Befehl zu erteilen, er möge sich zum Zwecke der Erleichterungen der gegenwärtigen Besprechungen an die europäischen Kabinette wenden. Da es meine entschiedene Überzeugung ist, daß die gerechtigkeitsliebenden Gewohnheiten, die Eurer Majestät zu eigen sind, neben dem enormen Geschick Seiner Exzellenz des oben erwähnten Fürsten das vollkommene und definitive Mittel sein werden, um die oben genannten Schwierigkeiten, in denen sich mein Reich so häufig befindet, und insbesondere das Erscheinen der Flotte, welches eigentlich betrachtet auf Rechtlosigkeit gründet, vollständig zu beseitigen, sowie um dafür zu sorgen, daß die hilflose muslimische[608] Bevölkerung in keiner Weise zum Opfer von Ungerechtigkeiten wird, daß vergleichbare Ausübung von Druck unterbunden bleibt, so wie es vorher auch gewesen ist, und daß infolgedessen derartige Schwierigkeiten aufhören, sich zu manifestieren, wende ich mich in dieser Angelegenheit an Eure prachtbeherbergende Person, und ich bin schon im voraus sicher, daß Sie als Zeichen ihrer erlauchten Liebe und schützenden Zuneigung, von der ich in jeder Hinsicht überzeugt und deren ich sicher bin, in dieser Angelegenheit ihr Bemühen gnädigerweise nicht verweigern werden.‹ [...]«[609]

Bismarck und Kaiser Wilhelm I. waren sich darin einig, auf das Hilfeersuchen des Sultans nicht einzugehen, da Deutschland offiziell in keiner Weise als Störfaktor bei einem gemeinsamen Vorgehen gegen die Osmanen erscheinen wollte. Um bei den europäischen Regierungen keinerlei Zweifel aufkommen zu lassen, ließ der Reichskanzler dem Sultan und den deutschen Botschaften ein nicht chiffriertes Antworttelegramm übermitteln. Doch Abdül Hamid II. zeigte keine Bereitschaft einzulenken und erklärte, Dulcigno nur räumen zu wollen, wenn gewisse Bedingungen erfüllt würden. Die Briten waren nun entschlossen, den Widerstand des Sultans um jeden Preis zu brechen. Außenminister Earl Granville[610] schlug ernstlich vor, entweder mit einer internationalen Flotte vor Constantinopel zu erscheinen oder İzmir, den bedeutendsten Hafen des Landes, zu besetzten.[611] Daß beide Maßnahmen unter Umständen das Ende des Osmanischen Reiches heraufbeschwören könnten, war der britischen Regierung wohl bewußt. Bismarck sah unterdessen zu, wie sich die Lage zuspitzte, und hielt die Briten mit vagen Antworten hin, während er die deutsche Diplomatie und Politik darauf festlegte, sich an weiteren Maßnahmen gegen das Osmanische Reich nicht zu beteiligen, und auch mit der Regierung in Wien entsprechende Verhandlungen führte. Die europäische Koalition begann angesichts einer beabsichtigten Besetzung İzmirs zu bröckeln, doch Großbritannien und Rußland zeigten sich zu einem Alleingang entschlossen. Der deutsche Reichskanzler wartete die weitere Entwicklung mit Interesse ab, erhoffte er sich doch von einem Scheitern der britisch-russischen Allianz den Sturz seines Gegenspielers Gladstone. Da Bismarck und Sultan Abdül Hamid II. beide Gegner des britischen Premierministers waren, hätte es in dieser Situation nahegelegen, sich über ein gemeinsames Vorgehen gegen diesen zu verständigen. Doch der machiavellistische Bismarck unternahm nichts dergleichen. Um sein Ziel, den Sturz der Regierung Gladstone, zu erreichen, war er bewußt dazu bereit, das mögliche Ende des Osmanischen Reiches in Kauf zu nehmen. Doch weder das eine noch das andere trat ein. Anfang Oktober erfuhr der Sultan durch eine Indiskretion der britischen Presse in tatsächlich letzter Minute von den Plänen zu einer Besetzung İzmirs und lenkte unverzüglich ein. Abdül Hamid ließ sofort eine Erklärung verbreiten, nach der das Osmanische Reich die Hafenstadt Dulcigno unverzüglich und ohne weitere Bedingungen an Montenegro abtreten werde. In den Hauptstädten Europas und am Bosporus konnte man aufatmen. Abdül Hamid hatte in doppelter Hinsicht Glück, denn er konnte ganz offiziell verkünden, nicht die Drohung der Briten und der Russen, İzmir unter ihre Kontrolle zu bringen, habe ihn zum Einlenken bewogen, sondern er sei dem besonnenen Rat des Fürsten von Bismarck sowie des deutschen Botschafters Graf von Hatzfeld gefolgt und habe deswegen nachgegeben. Tatsächlich hatte der Graf infolge eines gravierenden Mißverständnisses zwischen ihm und Bismarck am Tag vor der offiziellen Erklärung Abdül Hamids mit dem Sultan gesprochen und ihn aufgefordert, seinen Widerstand in der Dulcigno-Frage aufzugeben. Der Reichskanzler, bis zu diesem Zeitpunkt eher an einer weiteren Eskalation interessiert, reagierte nun ohne Verärgerung auf diese unerwartete Wendung. Gladstones Sturz war keineswegs garantiert, und der aus dem Vorgehen der Briten und der Russen möglicherweise erwachsende Orientkonflikt – Bismarck nannte die Dulcigno-Krise eine »unkluge Demonstration«[612] – hätte unabsehbare Folgen haben können. So zögerte er nicht, den Vorstoß Hatzfelds in die

Öffentlichkeit zu bringen und die Angelegenheit so darzustellen, als wäre es letztlich der deutsche Reichskanzler gewesen, der allen durch sein Einwirken auf den Sultan den Frieden bewahrt habe. In den europäischen Hauptstädten und nicht zuletzt auch am Bosporus, griff man diese Darstellung gern auf. Was Abdül Hamid letztlich zum Einlenken bewogen hatte, ob es der drohende Verlust İzmirs gewesen war oder das Gespräch mit dem deutschen Botschafter, sei dahingestellt. Doch sicherlich war es auch Bismarcks kluge Instrumentalisierung des Hatzfeldschen Vorstoßes, die das Band zwischen Deutschland und dem Osmanischen Reich festigte und dem Sultan auf der Suche nach politischen Partnern den Weg wies. Scherer bezeichnet Sultan Abdül Hamid II. von 1880 bis etwa zu Bismarcks Entlassung 1890 als »den Hauptmotor der deutsch-türkischen Annäherung«, ohne den es die osmanisch-deutsche Freundschaft »jedenfalls in dieser Form und Intensität nicht gegeben hätte.«[613] Interessant ist zudem der Hinweis Friedrich Scherers, der Padischah habe seit der osmanisch-deutschen Annäherung 1880 seine wichtigen Geschäfte mit der deutschen Regierung nie über die osmanische Botschaft in Berlin, sondern stets mit Hilfe des deutschen Botschafters in Constantinopel abgewickelt, womit jener das wichtigste Verbindungsglied zwischen den beiden Hauptstädten wurde und gegenüber den übrigen Vertretern zusätzlich eine Aufwertung erfuhr.[614] Die Position des osmanischen Vertreters am Berliner Hof dürfte dieses Vorgehen des Padischahs keinesfalls erleichtert haben, konnte dieser doch von Fall zu Fall nicht sicher sein, über alle Unternehmungen seines Souveräns hinreichend informiert zu werden. Da Abdül Hamid auch private Finanzgeschäfte auf diese Weise abwickelte, blieben den osmanischen Diplomaten jene Transaktionen ebenfalls verborgen.

Daß das Interesse Abdül Hamids II. an engeren Kontakten zu den deutschen Fürsten, speziell natürlich zum Kaiserhaus, keineswegs erst schlagartig mit dem Regierungsantritt Wilhelms II. begann, belegt unter anderem die Schilderung des Grafen Bogdan von Hutten-Czapski, der im Herbst 1887 Constantinopel besuchte und über Botschafter von Radowitz um eine Audienz bei Abdül Hamid II. nachgesucht hatte: »Der Padischah sprach mit großer Wärme vom Kronprinzen und sagte mir, daß er sich sämtliche auf sein Befinden bezüglichen Telegramme unmittelbar ins Palais befördern lasse und auch täglich von seinem Botschafter Bericht erhalte. Wenn ich die Majestäten sähe, möchte ich ihnen sagen, daß seine Gedanken oft in Berlin und San Remo seien, daß er mit schwerem Kummer die schlechten und in letzter Zeit mit hoffnungsvoller Freude die besseren Nachrichten erhalten hätte.«[615] Hier handelte es sich nicht um harte politische Fakten, sondern um persönliche Anteilnahme, um das also, was wir heute als ›weiche Faktoren‹ bezeichnen, wobei eben diese vermeintlichen Nebensächlichkeiten außerordentlich bedeutsam für die große Politik sein konnten und noch heute sein können. Sultan Abdül Hamid II. versuchte politische Nähe immer auch über die persönliche Ebene herzustellen – ein Feld, das er nach Aussage seiner Zeitgenossen ebenso hervorragend beherrschte wie das der großen Politik. In seiner langjährigen ›Freundschaft‹ zu Kaiser Wilhelm II. fand dieses Bestreben ab 1889 dann endlich einen besonderen Ausdruck. Doch auch schon gegenüber Kaiser Wilhelm I., der durch seinen religiösen Konservatismus und seine konventionelle Einstellung davon allerdings nicht übermäßig begeistert war, hat es der Sultan nicht an besonderen Beweisen seiner Gunst fehlen lassen. So ließ er ihm als einzigem der europäischen Herrscher 1884 und 1885 jeweils die Geburt eines Kindes anzeigen (1885 sogar mit einem persönlichen Telegramm an den Kaiser), nachdem er ihn schon 1881 mit dem neuen İmtiyaz-Orden dekoriert hatte. Übrigens hatte Prinz Abdül Hamid den damaligen preußischen König Wilhelm I. und auch die Königin Augusta bereits während der ausgedehnten Europareise mit seinem Burder Prinz Murad und Sultan Abdül Aziz in Koblenz kennengelernt. Statuetten Kaiser Wilhelms I., Kaiserin Augustas und Bismarcks, die sich wahrscheinlich ursprünglich im Yıldız-Palast befanden, sind heute in den Räumen des Dolmabahçe-Palastes ausgestellt. Den Audienzsalon des Sultans schmückten Portraits des Kaisers sowie der Kaiserin Augusta, und 1886 taufte der Padischah zu Bismarcks nicht geringem Mißfallen (er befürchtete wieder einmal Verwicklungen mit Großbritannien und Rußland) ein in Deutschland gekauftes Kriegsschiff auf den Namen ›Wilhelm‹. Die Verleihung eines osmanischen Regiments wußte Kaiser Wilhelm I. unter dem Vorwand zu verhindern, dies sei nur unter deutschen Verwandten und Herrschern der einstigen Heiligen Allianz üblich. Auch wurde Abdül Hamid II. niemals zum Inhaber eines preußischen Regiments ernannt. Als der hochbetagte Monarch im März 1888 schließlich gestorben war, legte der Sultan, ganz entgegen seinen sonstigen Gepflogenheiten, zum Empfang des Botschafters von Radowitz Trauerkleidung an, wie dieser sogleich dem Reichskanzler telegraphierte.[616]

Die politische Lage in Europa hatte sich aus der Sicht des Osmanischen Reiches bereits zu Beginn der 1880er Jahre erheblich geändert, führte doch mit dem liberalen Premierminister Gladstone ein rücksichtsloser Verfechter des Kolonialismus und ausgesprochener Feind des Osmanischen Reiches seit 1880 die britische Regierung. Bereits 1876 hatte Gladstone seine Schrift ›The Bulgarian Horrors and the Question of the East‹ veröffentlicht. Darin forderte er nachdrücklich, daß die Osmanen aus Europa verdrängt werden müßten. Spätestens damit zählte er zu den geschworenen Feinden des Sultans unter den europäischen Staatsmännern, die eine osmanische Präsenz in Europa strikt ablehnten. Auch Bismarck beurteilte den britischen Premierminister und dessen Orientpolitik sehr kritisch, wie sich den süffisanten Bemerkungen in seinen Lebenserinnerungen deutlich entnehmen läßt.[617] Ali Merad spricht im Zusammenhang mit Gladstone sogar von »Turkophobie«. Wohl auch deshalb bezeichnete der Sultan, als Gladstone 1894 sein Amt verloren hatte, diesen ironisch als »den großen alten Mann« und nannte ihn ansonsten abfällig einen

»alten Schwätzer«. Der politische Wind, der von der Themse an den Bosporus hinüberwehte, nahm seit 1880 in bedrohlicher Weise an Schärfe zu. Was lag da näher für den Padischah, als sich nach einem geeigneten Verbündeten unter den europäischen Großmächten umzusehen, zumal die europäischen Allianzen zum Teil nicht mehr so festgefügt schienen wie bislang? So war das Dreikaiserbündnis zwischen Deutschland, Österreich-Ungarn und Rußland zu Beginn der 1880er Jahre zerfallen, und stattdessen schloß sich nun das Deutsche Reich mit der Donaumonarchie zum sogenannten ›Zweibund‹ zusammen. Die osmanische Armee bedurfte nach dem verheerenden Krieg gegen Rußland dringend einer Modernisierung. Daher bot sich die stärkste Macht des Kontinents, das Deutsche Reich, als zuverlässiger militärischer sowie politischer Partner an – und auch Bismarck verfolgte seine Interessen bei dieser Annäherung. Zwar war der Reichskanzler wegen seiner zwiespältigen Rolle als ›ehrlicher Makler‹ während des Berliner Kongresses den Osmanen nicht unbedingt in guter Erinnerung, aber seine weder auf Großbritannien noch auf Frankreich (die beide schon wegen ihrer massiven kolonialen Interessen kaum als Partner für Constantinopel in Betracht kamen) oder Rußland, sondern auf Österreich-Ungarn sowie Italien ausgerichtete (Bündnis-)Politik bot die Gewähr, einem allzu aggressiven britischen oder russischen Vorgehen nicht schutzlos ausgeliefert zu sein.

Der faktische Verlust Tunesiens an Frankreich im Jahr 1881 führte dem Monarchen abermals deutlich die Schwäche des Reiches vor Augen. Daher kann es keinesfalls verwundern, daß Sultan Abdül Hamid II. und die Hohe Pforte sehr daran interessiert waren, dem 1879 zwischen dem Deutschen Reich sowie Österreich-Ungarn geschlossenen Zweibund, der dann 1882 mit Italien zum Dreibund (Tripelallianz) erweitert wurde, beizutreten und zeitweilig nichts unversucht ließen, um über verschiedene Kanäle in den jeweiligen Hauptstädten zu sondieren, ob ein Beitritt möglich sei.[618] Für Bismarck hätte dies allerdings bedeutet, sein offiziell zur Schau getragenes Desinteresse am Orient aufzugeben und sich zu einer aktiven deutschen Orientpolitik zu bekennen. Dies aber erschien ihm angesichts seiner eigenen, komplexen Europapolitik, die Großbritannien und Rußland fest im Blick hatte, völlig unmöglich. Ohne den Sultan öffentlich zu brüskieren, sprach sich Reichskanzler Bismarck 1883 dezidiert gegen eine Erweiterung der Tripelallianz um das Osmanische Reich aus, weil er letztlich nicht nur eine Verschlechterung des ohnehin angespannten deutsch-russischen Verhältnisses fürchtete, sollte es dann künftig zu kriegerischen Auseinandersetzungen im Orient kommen. Auch das schwierige Verhältnis des Deutschen Reiches zu Großbritannien hätte durch eine Ausdehnung des Dreibundes eine zusätzliche Belastung erfahren, und Wien wäre ebenfalls nicht erbaut gewesen, hegte die dortige Regierung doch noch immer den Wunsch, die europäischen Besitzungen des Reiches gemeinsam mit Rußland aufzuteilen.

Wie ernst es dem Sultan mit einer Annäherung an Deutschland und Österreich-Ungarn war, zeigt ein von ihm zu Beginn des Jahres 1882 verfaßtes Memoire, in dem er seine Gründe für dieses wohlerwogene Bestreben darlegte und die damalige Situation des Osmanischen Reiches analysierte. Weiteren Territorialverlusten sollte durch ein Bündnis mit den Zweibundstaaten ebenso vorgebeugt werden wie auch einer möglichen Besetzung Constantinopels durch feindliche Truppen im Fall eines erneuten Krieges mit Rußland oder den kleinen Balkanstaaten. Abdül Hamid befürchtete nach dem verheerenden Krieg zu Beginn seiner Herrschaft, daß die osmanischen Truppen kaum in der Lage sein würden, die Hauptstadt zwei Monate lang zu verteidigen.[619] Da die Regierung in Berlin der osmanischen Delegation bei den politischen Sondierungen 1881 zwar keine Zusage gemacht hatte, die Wünsche des Sultans nach einem Bündnis aber auch nicht klar abgelehnt hatte, wiegte dieser sich in dem Glauben, der »Grundstein für die Annäherung an Deutschland und Österreich-Ungarn sei durch die Mission von Ali Nizami Pascha und Reşid Bey [Privatsekretär Abdül Hamids] bereits gelegt worden.«[620] Mehmed Cebeci verweist auf einen in diesem Zusammenhang bedeutsamen Aspekt in Bismarcks Orient- und Außenpolitik: »Die Türkei erhielt aus Deutschland nur dann Unterstützung, wenn die deutsch-englischen Beziehungen angespannt waren.«[621] Nach dem Regierungsantritt Kaiser Wilhelms II. und dessen freundschaftlichem Besuch in Constantinopel sondierte der Sultan 1890 abermals in Berlin, ob eine Ausweitung des Bündnisses auf das Osmanische Reich denkbar sei. Obwohl sich die gegenseitigen Beziehungen bereits deutlich zu intensivieren begannen, war auch dieses Mal dem Wunsch kein Erfolg beschieden. Mit einem solchen Schritt hätten allerdings nicht nur Großbritannien und Rußland von Übergriffen auf das Osmanische Reich abgehalten werden sollen, ganz sicherlich hatte der raffinierte Machtpolitiker Abdül Hamid II. dabei auch im Sinn, daß mit dem Anschluß Constantinopels an dieses Bündnis sowohl Italien als auch Österreich-Ungarn als Verbündete keine weiteren Ansprüche auf osmanische Territorien erheben könnten. Die Regierungen in Rom und Wien, die ihre expansive Orient- und Balkanpolitik nicht aufzugeben bereit waren, hatten jedoch an einer solchen Erweiterung der Tripelallianz kein Interesse, und auch Berlin war in der Nach-Bismarck-Ära nicht daran interessiert, weil Deutschland dadurch Verwicklungen nach allen Seiten fürchtete. Es gelang der Regierung des Sultans ebenfalls nicht, separate Allianzen mit einzelnen Mitgliedern des Dreibundes einzugehen. So wurde das den Osmanen gegenüber zumeist wohlwollende Deutsche Reich schließlich auch ohne Bündnisverträge ein immer wichtigerer Partner bei der Modernisierung des Reiches und in der (Außen-)Politik, wobei es dem Sultan und der osmanischen Regierung zumeist darum zu tun war, die rivalisierenden Großmächte mit zeitweilig gewährter Rückendeckung durch das Deutsche Reich gegeneinander auszuspielen, um von ihnen nicht völlig beherrscht zu werden. Der Sultan selbst charakterisierte die um 1900 bestehende Situation in seinen Erinnerungen sehr scharf beobachtend so: »Die Franzosen fürchten unsere Freundschaft zu Deutschland sehr, und wenn man die Sache nüchtern betrachtet, scheint es sich bei all dem um eine Art Duell zwischen Monsieur Constans und Monsieur Marschall von Bieberstein zu handeln. Einer will den diplomatischen Einfluß des anderen übertreffen. Ich bin neugierig auf die Folgen dieses Duells beider Diplomaten. Der Übereifer, mit dem die Mächte um unsere Freundschaft buhlen, ist sehr bequem für uns; dies erleichtert uns beträchtlich die Aufgabe, das Staatsschiff durch das stürmische Meer unserer Politik zu lavieren.«[622]

Dennoch gab es auch in der deutschen Politik zu bestimmten Zeiten immer wieder Gedankenspiele, mit dem Osmanischen Reich unter bestimmten Umständen doch ein Bündnis einzugehen, falls es mit Großbritannien oder mit Frankreich zu einem Krieg kommen sollte. So erwähnte Bülow einen Brief, den ihm Kaiser Wilhelm II. am Silvestertag 1905 geschrieben und in dem es vielsagend geheißen habe, eine »Allianz mit dem Sultan müsse coûte que coûte erreicht werden, ebenso mit ›allen arabischen und maurischen Herrschern‹. Bevor ein solches Bündnis mit dem Islam nicht perfekt wäre, dürften wir nicht losgehen.« [623] Etwa zur selben Zeit lancierte der deutsche Botschafter am italienischen Hof, Graf Anton von Monts de Mazin, ebenfalls die Idee eines deutsch-(österreich-ungarisch)-osmanischen Bündnisses – das allerdings nicht einer gewissen Pikanterie entbehrte, denn Graf von Monts schlug ernstlich vor, das »erbärmliche Italien« im Dreibund durch das (militärisch) viel wichtigere Osmanische Reich zu ersetzen. Der Graf versuchte in einem ausführlichen Briefwechsel den erst im Januar 1906 ernannten Staatssekretär des Auswärtigen Amtes Heinrich von Tschirschky und Bögendorf für dieses Vorgehen zu gewinnen. Da der Italien sehr gewogene Reichskanzler Bülow sich diesem interessanten Vorstoß widersetzte – es schien ihm wenig ratsam, den noch aus der Bismarck-Ära stammenden Dreibund zu sprengen – blieb das Osmanische Reich auch weiterhin ohne offizielle Verbündete.[624] Erst der im Jahr 1914 entfesselte Weltkrieg sollte dies ändern.

Die offizielle deutsche Politik unter Führung nicht nur Kaiser Wilhelms II. verfuhr im Hinblick auf das Osmanische Reich nicht in der bisher gewohnten Manier des europäischen Kolonialismus, der nach besonders vielversprechenden kolonialen Erwerbungen trachtete, die man ausbeuten und gleichzeitig als Absatzmarkt für die Produkte der heimischen Industrie nutzen konnte. Die Deutschen sahen vielmehr ihre Chance darin, als scheinbar ›friedliche Imperialisten‹, wie Jürgen Kloosterhuis sie in seinem Buch[625] über die deutschen Kulturvereine im Ausland bezeichnete, das Osmanische Reich zu erhalten, um es desto nachhaltiger zu durchdringen und langsam den französischen und den britischen Einfluß auszuschalten. Seit 1915 war dieses Streben dann besonders intensiv. Den Deutschen gelang es während des Ersten Weltkrieges, den bis-

Die bulgarische Kirche und das griechische Gymnasium am Goldenen Horn, Constantinopel 1907

herigen Einfluß vor allem der Franzosen in Schul- und Bildungsangelegenheiten sowie in der Wirtschaft auszuschalten. Daß das Osmanische Reich, dieser ›Vielvölker- und Vielkulturenstaat‹, bei all jenen Unternehmungen nach dem Dafürhalten der meisten Deutschen keineswegs als gleichberechtigter Partner wahrgenommen wurde, steht außer Zweifel. Die deutschen Exporte in das Osmanische Reich stiegen von 8.029.000 französischen Francs im Jahr 1880 auf 32.000.000 Francs im Jahr 1897. Das Deutsche Reich lag damit an vierter Stelle der Exportnationen, hinter Großbritannien, Österreich-Ungarn und Frankreich. Die osmanischen Einfuhren nach Deutschland stiegen im selben Zeitraum ebenfalls rasant an – von 2.420.000 Francs im Jahr 1880 auf 32.339 000 Francs 1897. Oder anders ausgedrückt: Zwischen 1888, dem Jahr, in dem Kaiser Wilhelm II. die Regierung antrat, und 1893, dem Jahr vor dem Beginn der Armeniermorde, stieg die Ausfuhr deutscher Waren in das Osmanische Reich um 350 Prozent, während die Einfuhr von Waren aus dem Osmanischen Reich in diesem Zeitraum sogar um 700 Prozent anstieg![626] Auch die deutschen Banken engagierten sich im selben Zeitraum durchaus erfolgreich am Bosporus. 12,2 Prozent aller osmanischen Obligationen befanden sich 1898 in deutschem Besitz, was einer Zunahme von 8 Prozent gegenüber 1880 entsprach, während die britischen Anteile sich im selben Zeitraum auf 11 Prozent erheblich verringerten.[627]

Die deutsche Post im Stadtteil Galata, Constantinopel um 1910

Dennoch darf aus diesen eindrucksvollen Zahlen keineswegs geschlossen werden, daß das Deutsche Reich bis zum Ausbruch des Ersten Weltkrieges Exporte und Importe in bezug auf das Osmanische Reich dominiert habe. Großbritannien, Frankreich und Österreich-Ungarn, die im Handel mit der Levante und Constantinopel seit Jahrzehnten führend waren, hatten eine weitaus größere Handelsbilanz mit dem Osmanischen Reich aufzuweisen. Deutsche Industrieprodukte waren oftmals zu teuer für den osmanischen Markt und richteten sich nicht an den Bedürfnissen der dortigen Kundschaft aus. Allein die Waffengeschäfte wurden über viele Jahre ausschließlich mit deutschen Firmen abgewickelt. Goltz, Bieberstein und nicht zuletzt Kaiser Wilhelm II. machten bei Abdül Hamid II. ihren ganzen Einfluß geltend, wenn es darum ging, solch umfangreiche Rüstungsgeschäfte für deutsche Firmen wie Krupp oder Mauser-Löwe und Werften wie Vulkan oder Schichau einzufädeln. Die Erfolge waren beachtlich.

Besondere Verdienste um die Ausgestaltung der deutsch-osmanischen Beziehungen erwarb sich der von 1897 bis 1912 in Constantinopel akkreditierte Botschafter Freiherr Marschall von Bieberstein. Er verstand es innerhalb kürzester Zeit, die Stelle des deutschen Vertreters am Hof des Sultan-Kalifen wieder zu einem der wichtigsten Posten der deutschen Diplomatie auszugestalten.

Der osmanischen Seite gegenüber ehrlich aufgeschlossen, avancierte der erfahrene Politiker bald nach seiner Berufung auch zu einem der einflußreichsten ausländischen Gesprächspartner Sultan Abdül Hamids II. und verfolgte dabei eine pragmatische, wirtschaftsorientierte Politik: »Wir können uns heutzutage im Orient wirtschaftlich nur dann entwickeln, wenn die Türken überzeugt sind, daß wir an der Existenz ihres Landes ein politisches Interesse haben.« [628] Die ›friedlichen Imperialisten‹, deren Weltbild und Fortschrittsgläubigkeit von einem gehörigen Schuß des in Europa damals überall beheimateten Kulturchauvinismus geprägt war, dachten jedoch noch weiter. Im Hinblick auf die deutsch-osmanischen Beziehungen vertrat der nationalliberale Paul Rohrbach[629] begeistert einen deutschen Kulturimperialismus: »Nicht die politische, ökonomische oder kolonisatorische Germanisierung der Türkei oder dieses oder jenes Stückes von ihr ist es, was wir wollen, sondern die Hineinleitung deutschen Geistes in den großen nationalen Erneuerungsprozeß, der dasjenige Volk des Orients erfaßt hat, dem die Zukunft und die politische Herrschaft zwischen dem Persischen Golf und dem Mittelmeer gehört und gehören wird.«[630]

Der Politiker Friedrich Naumann, ebenso wie Rohrbach Theologe und Vertreter einer nationalliberalen Geisteshaltung, nahm nach seiner Orientreise 1898 einen im Fall des Falles auch auf Gebietserwerb ausgerichteten Standpunkt ein: »Allseitig wird anerkannt, daß die Türkenherrschaft trotz unleugbarer persönlicher Vorzüge, die der Türke neben seiner Bummelei hat, nicht für alle Zeiten haltbar ist. Der Fremdkörper im Leibe Europas wird einmal ausgestoßen werden. [...] Bis aber einmal die Welt am Bosporus neu geteilt wird, soll unsere Botschaft in Konstantinopel wie bisher den deutschen Einfluß festigen. Selbst wenn wir Konstantinopel nicht für uns brauchen können, wollen wir an der Konkursmasse des osmanischen [sic] Reiches beteiligt sein.« [631] Der Naturwissenschaftler Ernst Haeckel phantasierte gar angesichts der von Deutschen zu Beginn der 1870er Jahre entdeckten »pergamenischen Alterthümer«, diese seien eine Art Unterpfand, »welches uns einen Anspruch auf dauernden Colonialbesitz in jenen herrenlosen Gebieten sicherte.« Die westanatolische Küstenregion als ›herrenloses Gebiet‹ zu bezeichnen, offenbart abermals die im Deutschen Reich verbeitete Geringschätzung des Osmanischen Reiches – und diente Ernst Haeckel dazu, seine kruden Siedlungspläne für den »Ueberschuß unserer stetig zunehmenden Bevölkerung«, der an den »gesegneten Küsten des Mittelmeeres fruchtbare Ackerbaucolonien« gründen sollte, zu rechtfertigen.[632] Salopp ausgedrückt, sollten warme Würstchen und ein Glas Bier am Anfang deutschen Engagements im Osmanischen Reich stehen, dem sollte dann eine allumfassende Durchdringung im Sinn germanischen Geistes folgen. Gemäß den nationalliberalen Vorstellungen einiger deutscher Politiker war dies eine wesentlich erfolgversprechendere Beeinflussung (und Bindung) als die bislang übliche Kolonialisierung, die doch zumeist vor den Köpfen der

Kolonialvölker Halt machte. Darum kann es kaum verwundern, daß auch deutsche Firmen den Entscheidungsträgern auf osmanischer Seite erhebliche Zuwendungen zukommen ließen, um ihre Ziele zu erreichen. Die deutsche Botschaft in Constantinopel billigte dieses Vorgehen und war teilweise involviert.[633]

Zu Beginn des Ersten Weltkrieges erschien in der von Ernst Jäckh herausgegebenen Reihe ›Der Deutsche Krieg. Politische Flugschriften‹ ein Heft ›Deutschland und der Islam‹, in dem der Autor kühl-berechnend eben jene nationalliberal geprägte Wirtschaftspolitik zum selbstverständlichen Kern der deutschen Orientpolitik der vorangegangenen Jahrzehnte erklärte: »Es wurde schon gesagt, daß unsere geographische Lage eine territoriale Orientpolitik für uns unmöglich machte. Wir brauchten Absatzgebiete für die Produkte unserer Industrie. Die Welt aber war vergeben. So blieben für unsere Betätigung auf der Basis der Gleichberechtigung mit anderen Staaten nur die noch selbständigen orientalischen Staaten.«[634]

Doch hatte – wie bereits gezeigt – auch die osmanische Seite unter weitgehender Führung Sultan Abdül Hamids, umgeben von einem kleinen Kreis aufgeschlossener Ratgeber, ein Interesse an einer engen Anbindung an das Deutsche Reich (Kaiser Wilhelm II. sah, wie gesagt, Tewfik Pascha hierbei als Mitbegründer und eifrigen Förderer der deutsch-osmanischen Freundschaft an) – war Deutschland doch der einzige Staat unter den europäischen Großmächten, der stets betont hatte, keinerlei Interesse an Territorialbesitz auf Kosten des Osmanischen Reiches zu haben. »Es vermied damit eine wesentliche Irritationsquelle, die das Verhältnis der Pforte zu den übrigen Großmächten vergiftete.«[635] Zudem boten aus osmanischer Sicht gute Beziehungen zu der stärksten Kontinentalmacht die Möglichkeit, der oftmals als bedrohlich empfundenen Orientpolitik der übrigen europäischen Mächte einen starken Partner entgegenzustellen. »Abdulhamid lehnte sich natürlich nicht nur aus ideologischen oder persönlichen Gründen an Deutschland an, sondern auch, um das Gleichgewicht zu halten und gegen England und Rußland eine bessere Position zu haben. Auch Deutschland spielte diese Rolle nicht umsonst. Es bezweckte dabei, politische und wirtschaftliche Interessen zu verwirklichen«,[636] bemerkt dazu Turki Mugheid lakonisch. Die zurückhaltende Orientpolitik Bismarcks nach dem Berliner Kongreß hatte für diese Beziehungen die Grundlage gelegt – und wurde auch nach dessen Ablösung 1890, allen Änderungen in der Zeit Kaiser Wilhelms II. zum Trotz, in wichtigen Teilen mehr oder minder beibehalten: Das Deutsche Reich war nicht an einem Erwerb osmanischer Provinzen interessiert, die deutsche Politik nahm kaum Einfluß auf die Innenpolitik des Osmanischen Reiches, obwohl sie auch Reformen forderte, und versuchte auch nicht, die christlichen Minderheiten zu manipulieren oder sich zu einer Schutzmacht einer solchen Minderheit zu erheben. Friedrich Scherer kommt daher zu folgendem Schluß: »Nicht das, was man tat, sondern das, was man unterließ, hat die Annäherung beider Länder vielleicht am stärksten begünstigt und stabilisiert.«[637]

Spätestens mit den Massakern an der armenischen Bevölkerung ab 1894 war das osmanische Staatsschiff in noch schwereres Fahrwasser geraten. Die europäischen Mächte beunruhigten sich lediglich vordergründig um die bedrohten christlichen Minderheiten im Osmanischen Reich, tatsächlich aber schacherten die Regierungen in London und St. Petersburg, Wien und Rom bereits in atemberaubender Weise um die zu verteilenden Territorien, sollte es zu einem Zusammenbruch des Reiches kommen, immer ängstlich darauf bedacht, dem jeweiligen Gegenüber nicht zuviel zu überlassen. Graf Paul von Hatzfeld zu Trachenberg, der am Londoner Hof auf eine deutsch-britische Verständigung bedachte erfahrene Botschafter[638], berichtete in einem Privatbrief an seinen Unterstützer im Auswärtigen Amt, den lange als graue Eminenz geltenden Baron Friedrich von Holstein,[639] am 31. Juli 1895: »In zweiter Linie geht aus den Äußerungen des Ministers [Lord Salisbury] unzweifelhaft hervor, daß seine Anschauungen in bezug auf die Erhaltung der Türkei eine ernstliche Wandlung erlitten haben, und daß er heute von der Überzeugung durchdrungen ist, daß England, um nicht zu kurz zu kommen, mit der Möglichkeit des Zerfalls rechnen und den Fall der Teilung ins Auge fassen muß.«[640] Auch Hatzfeld kannte, wie bereits erwähnt, das Osmanische Reich aus eigener Anschauung, da er von 1878 bis 1881 (offiziell bis 1882) deutscher Botschafter am osmanischen Hof gewesen war und infolge der sich seit 1880 intensivierenden deutsch-osmanischen Kontakte rasch zur persona grata bei Abdül Hamid II., der für ihn wohl persönliche Sympathien hegte, aufstieg. Dabei wurde er zu einem wichtigen Verbindungsmann Abdül Hamids sowohl nach Berlin als auch zwischen dem Padischah und den Diplomaten in Constantinopel, denn als Doyen sprach Hatzfeld für die am Hof akkreditierten europäischen Botschafter. Er hatte einerseits ihre Beschlüsse (aus der ständigen Botschafterkonferenz hervorgehend) gegenüber dem Sultan zu vertreten, andererseits mußte er zwischen beiden Parteien vermitteln. In Briefen an Wilhelm I. lobte der Sultan Hatzfeld überschwänglich und betonte – natürlich keineswegs absichtslos – dessen bedeutende diplomatische Fähigkeiten.[641] Der so gnädig ausgezeichnete Graf sollte sich später auf allen anderen Posten wohlwollend daran erinnern.

Doch wie dachte sich die britische Regierung die neue Landkarte auf dem Balkan, im Nahen Osten und in Nordafrika? An dieser Stelle soll nur ein Teil dieser kolonialpolitisch skrupellosen und abenteuerlichen Pläne skizziert werden: Albanien würde an Italien fallen, Selanik müßte dann als Kriegshafen mit großen Teilen Mazedoniens an Österreich-Ungarn gehen. Die Donaumonarchie könnte auch eventuell Montenegro und Serbien annektieren. Frankreich sollte Syrien sowie Gebiete in Nordafrika erhalten, Italien eventuell auch Gebiete an der Küste des Roten Meeres, Tunesien oder Marokko (nach einem schon in Betracht gezogenen Krieg um die Beute und Frankreichs dabei erhoffter Niederlage), dann aber müßte es zugunsten der Donaumonarchie auf Albanien[642] verzichten. Rußland erhielte nach diesen Ideen Konstantinopel und die Dardanellen sowie die im Osten an Rußland grenzenden Provinzen – und auch Griechenland sollte nicht vergessen werden, es würde sämtliche Inseln mit Kreta und einige Landstriche in den Rhodopen erhalten.[643] Großbritannien hingegen gedachte sich dann ungestört auf die Festigung seiner Position in Ägypten (und wohl auch auf der Arabischen Halbinsel) zu konzentrieren. Zugespitzt läßt sich feststellen, daß das Osmanische Reich in jenen Vorstellungen spätestens nach 1878 zu einem bloßen Selbstbedienungsladen für die interessierten europäischen Staaten herabgesunken war. Vor dem Hintergrund der Forderung nach einer expansiven deutschen Weltpolitik bereiteten unter anderem die Alldeutschen und die Nationalliberalen im Deutschen Reich ein Klima, in dem beständig von kolonialen Erwerbungen, der Suche nach neuen deutschen Siedlungsgebieten und dem ständig zu erwartenden Zusammenbruch der verkommenen Sultansherrschaft (über reiche vielversprechende Territorien) die Rede war. In ihren Vorträgen und Publikationen schreckten diese chauvinistischen Propagandisten selbst vor abenteuerlichsten Verteilungs- und Besiedlungsplänen nicht zurück. Ein gewisser Höhepunkt dieser Umtriebe war erreicht, als der Alldeutsche Verband zu Beginn des Jahres 1896 Abgeordneten des Reichstags und verschiedenen Politikern überall in Deutschland eine Flugschrift mit dem bezeichnenden Titel »Deutschlands Ansprüche an das türkische Erbe« zugehen ließ. In den wöchentlich in einer Auflage von 10.000 Exemplaren erscheinenden ›Alldeutschen Blättern‹ wurde am 5. Oktober 1896 schließlich die atemberaubende Feststellung erhoben: »Die ganze asiatische Türkei, mit Ausnahme von Armenien, wird an Deutschland überlassen. Dieses hat allein darüber zu befinden, in welcher Weise und in welcher Einschränkung es dort etwa die Herrschaft des Sultans, die Verwaltungstätigkeit der Türken [...], und bis zu welchem Grade es etwa in den Tälern des Euphrat und Tigris die unmittelbare Verwaltung übernehmen will.«[644] Wenn auch auf diese Weise die aggressiven Ideen von der Kolonialisierung des Nahen Ostens in die Bevölkerung getragen und lebendig erhalten wurden, so gerieten Kaiser Wilhelm II. und die deutsche Regierung letztlich aus ganz pragmatischen politischen Erwägungen nicht in dieses Fahrwasser. Die ›Norddeutsche Allgemeine Zeitung‹ sowie die ›Kölnische Zeitung‹, beide als offiziöse Sprachrohre der Regierung bekannt, wiesen die alldeutschen Forderungen in deutlichen Worten zurück. Dennoch bleibt festzustellen, daß in jenen Jahren in Deutschland ebenso wie in den übrigen europäischen Staaten ein Klima herrschte, in dem Großmachtsphantasien, Kolonialismus, Verteilung von vermeintlich ›herrenlosen Territorien‹, Rassismus und ähnliche Gedanken ganz selbstverständlich waren und die Regierungen oft eben danach handelten.

So schrieb Holstein am 3. August 1895 in einem Brief an den damaligen Gesandten von Kiderlen-Wächter, der den Kaiser soeben nach dem britischen Cowes begleitete, beinahe zynisch: »Deutschland seinerseits hat aber das größte Interesse daran, daß der Zusammenbruch der Türkei erst eintritt, nachdem vorgesorgt ist, daß unsere beiden Freunde, Österreich und Italien, sich bei der curée nicht in die Haare geraten.«[645] Holstein sprach in diesem Zusammenhang lakonisch von der »Erbschaftsquote«, die es zu regeln gelte, und er war durchaus bereit, an dieser Regelung unter bestimmten Umständen im Hintergrund mitzuwirken. In der ersten Hälfte der 1890er Jahre stand die deutsche Politik einer möglichen Aufteilung des Osmanischen Reiches also keineswegs nur ablehnend gegenüber, wie die ausführlichen Aufzeichnungen des Barons von Holstein vom 18. Oktober 1890 bereits belegen. In Berlin rechneten die Verantwortlichen zunächst anläßlich des Staatsbesuches von König Umberto I. von Italien[646] mit einem Vorstoß der italienischen Regierung bezüglich einer Teilung des Reiches, der aber zu diesem Zeitpunkt unterblieb. Holstein sah Deutschland bei diesen italienischen Wünschen angesichts der schwierigen Beziehungen der europäischen Mächte untereinander lediglich in der Rolle des Vermittlers zwischen Italien, Großbritannien sowie Österreich-Ungarn und schlug zunächst eine Einigung über die Territorialansprüche zwischen der römischen Regierung und der Regierung in London vor, die das Deutsche Reich dann gegebenenfalls in Wien befürworten würde. Daß Holstein es sich dabei mit Großbritannien keinesfalls verderben wollte, zeigt folgende Überlegung: »Wir können aber nicht, Italien zuliebe, unsere selbst nur platonische Zustimmung zu einem Teilungsplane geben, dem noch keiner der beiden anderen uns befreundeten Hauptinteressenten zugestimmt hat.«[647]

Vor einer Zusammenkunft des Reichskanzlers von Caprivi[648] mit dem italienischen Ministerpräsidenten schrieb Alfred von Kiderlen-Wächter, damals Vortragender Rat im Außenministerium und zögerlicher als Friedrich von Holstein, Anfang November 1890, daß Deutschland sich allein schon deshalb mit Italien nicht über eine Aufteilung des Osmanischen Reiches verständigen könne, weil eben dieses Reich in einem zu erwartenden »großen Orientkrieg« zwischen Rußland und Großbritannien unbedingt an der Seite der Briten (und Deutschlands) stehen müsse und »man aber ehrlicherweise um eine solche Bundesgenossenschaft doch nicht werben könne, wenn man sich mit einem dritten, d. h. Italien, verständigt haben würde, den Bundesgenossen nachher aufzuteilen.«[649]

Die Berliner Regierung hielt es Mitte der 1890er Jahre für durchaus denkbar, daß Großbritannien unter Führung seines neuen Premierministers die Zerschlagung des Osmanischen Reiches deshalb forcieren könnte, um Ägypten auf diese Weise unangefochten dauerhaft seinem Kolonialreich einzuverleiben und zu diesem Zweck Rußland und Frankreich mit Gebieten aus ›osmanischen Konkursmasse‹ zu befriedigen, während ein osmanischer Rumpfstaat dann kaum noch in der Lage sein würde, den Briten Ägypten streitig zu machen. So wären einerseits drei Gegner mit einem Schlag ausgeschaltet – und Großbritannien ginge als Sieger aus dem Ringen um Ägypten und die Herrschaft im östlichen Mittelmeerraum hervor. Andererseits stellte die britische Angst vor einer dauerhaften Inbesitznahme der strategisch so wichtigen Dardanellen durch Rußland ein gewichtiges Argument zur Erhaltung des Osmanischen Reiches dar. Als Wilhelm II. Anfang August 1895 am Rand der Regatta in Cowes zu einem Gespräch mit Lord Salisbury zusammentraf und sich ihm gegenüber, um den europäischen Frieden zu wahren, deutlich gegen eine Teilung des Osmanischen Reiches aussprach, ließ dieser, über die unmißverständliche Ablehnung seiner Pläne durch den Monarchen offenbar nachhaltig verstimmt, seine Idee von einer einvernehmlichen Teilung des – in seinen Augen von akutem Zusammenbruch bedrohten[650] – Reiches fallen. Daß jedoch der deutsche Kaiser insgeheim selbst zu diesem Zeitpunkt (vermutlich unter dem Eindruck der anhaltenden Massaker an der armenischen Bevölkerung) unter bestimmten Bedingungen noch nicht völlig gegen eine Zerschlagung des Osmanischen Reiches war, enthüllt seine Randbemerkung[651] unter einem Schreiben des deutschen Botschafters am Wiener Hof und engen Kaiserfreundes Graf zu Eulenburg-Hertefeld an den Reichskanzler vom 18. August 1895. Dennoch muß zumindest allen wichtigen Akteuren auf der politischen Bühne Europas spätestens zu diesem Zeitpunkt klar gewesen sein, daß eine territoriale Aufteilung des Osmanischen Reiches ungeahnte Risiken hinsichtlich des Verhältnisses der Teilungsmächte und eventuellen Nachfolgestaaten zueinander bergen würde. Im Licht dieser Erkenntnis erschien es dann doch vorteilhafter und risikoloser, daß Reich so nachhaltig zu schwächen, daß das Gespenst eines möglichen Zusammenbruchs oder einer drohenden Teilung stets beschworen werden konnte und diesen Zustand dann zu erhalten. Konnte den europäischen Mächten im Interesse des Friedens und angesichts ihrer eigenen vielfältigen Begehrlichkeiten im Orient sowie auf dem Balkan an einer Aufteilung des osmanischen Staates nicht wirklich gelegen sein, so konnten eben diese Mächte ebensowenig an erfolgreichen Reformen im Osmanischen Reich und einem daraus resultierenden dauerhaften Erstarken des Landes überhaupt interessiert sein, wäre das Durchsetzen ihrer eigenen Interessen dann doch wesentlich erschwert gewesen.[652]

Angesichts seiner eigenen weltpolitischen Ambitionen sowie der darin wurzelnden Rivalität zu Großbritannien – und in eingeschränktem Maß auch zu Frankreich (jedenfalls in bezug auf dessen starke Stellung in der Levante, die die deutsche Politik zu schwächen suchte) – war das wilhelminische Kaiserreich wegen des erstarkenden wirtschaftlich Engagements in Kleinasien zumindest nach

1896 wohl noch am ehesten an Konsolidierung und Erhalt des Osmanischen Reiches interessiert. Neben den bereits aufgezeigten immer stärker werdenden wirtschaftlichen Verflechtungen gründete sich dieses zunehmende deutsche Interesse auch auf politisch-militärische Aspekte, zum einen, um einen Verbündeten an der südlichen Flanke Rußlands zu haben, zum anderen – und das war in den Augen der Berliner Politiker noch bedeutsamer, um den umtriebigen Expansionsgelüsten Großbritanniens im Nahen und im Mittleren Osten entgegenzutreten. Vor dem zweiten Constantinopel-Besuch Kaiser Wilhelms II. wies der Staatssekretär des Äußeren Bernhard von Bülow daher folgerichtig auf die große Bedeutung der in Planung befindlichen Eisenbahnverbindung über Constantinopel nach Bagdad hin. Er berichtete am 30. September 1898, daß es »im Interesse der politischen Stellung Deutschlands in der Türkei und insbesondere des deutschen Einflusses in Kleinasien« unbedingt erforderlich sei, daß die in Planung befindliche Eisenbahnlinie »unter deutschen Einfluß« gelange.[653] Diese Bemerkung ist ein deutlicher Hinweis auf eine eigenständige Orientpolitik des Deutschen Reiches, wenngleich die offiziellen Stellen nach außen noch immer das deutsche Desinteresse an einem besonderen Einfluß in Constantinopel und dem Osmanischen Reich betonten. So schrieb beispielsweise Reichskanzler Fürst zu Hohenlohe-Schillingsfürst in einem Telegramm vom 14. Februar 1897 an den Botschafter Fürst von Radolin in Sankt Petersburg im Zusammenhang mit dem Konflikt um Kreta: »Mit dieser Eröffnung [eventuell ein Kriegsschiff zu entsenden] hat Deutschland entgegen seiner Gewohnheit in orientalischen Dingen eine Initiative ergriffen, ...«[654] Doch das Deutsche Reich hatte längst, wenn auch behutsam, die Initiative ergriffen und vertrat eigene Interessen im Orient, allerdings darauf bedacht, nicht in Isolation zu geraten. Am Beispiel des Kreta-Krieges zeigte sich das sehr deutlich: Der osmanisch-griechische Krieg um den Besitz der Insel Kreta, der für das Osmanische Reich zwar siegreich verlief, dessen Hoffnungen auf nicht unerhebliche Gebietsabtretungen Griechenlands in Thessalien allerdings enttäuschte, hatte 1897 alle europäischen Mächte auf den Plan gerufen. Sultan Abdül Hamid ließ über die diplomatischen Kanäle in beiden Hauptstädten den deutschen Kaiser wissen, daß er in der Frage der Durchsetzung seiner Ansprüche auf ihn hoffe. Doch Wilhelm II. lehnte eine offene Intervention zugunsten seines ›Freundes‹ am Bosporus in dieser Angelegenheit ab, fürchtete er offenbar einen Konflikt mit den übrigen europäischen Mächten, falls er dafür eintreten sollte, dem Osmanischen Reich bislang griechische Gebiete mit christlichen Bevölkerungsanteilen zuzuerkennen. Bülow hatte am 19. Juni die stellvertretende Leitung des Auswärtigen Amtes übernommen (seine offizielle Ernennung zum Staatssekretär erfolgte erst im August). Sein Telegramm an das Amt in der Wilhelmstraße vom 8. Juli 1897 wirft ein bezeichnendes Licht auf die deutsche Außenpolitik jener Jahre, die es sich, wie erwähnt, mit keiner Seite verderben wollte und sich stattdessen als vertrauenswürdiger Partner in orientalischen Angelegenheiten zu empfehlen gedachte, ohne dabei eine wünschenswerte Annäherung an Rußland aus den Augen zu verlieren: »Ich teile vollkommen die Ansicht, daß orientalisches Problem für uns nicht Selbstzweck, sondern Mittel zum Zweck ist und unter gegenwärtigen europäischen Verhältnissen vor allem dazu dienen soll, den Russen zu zeigen, daß wir in orientalibus größere Bewegungsfreiheit haben als die Franzosen und in dieser oder jener Richtung weiter mit ihnen gehen können als andere. Schon deshalb dürfen wir meines Erachtens unsere Orientpolitik nicht gegen Rußland festlegen, auch nicht im türkenfreundlichen Sinne. Es würde dies nicht nur Herrn Hanotaux,[655] sondern auch dem englischen Hofe und der Kaiserin-Mutter von Rußland[656] die Möglichkeit bieten, Kaiser Nikolaus mißtrauisch gegen uns zu machen, und könnte bei den selbst in Rom und Wien vorhandenen antitürkischen Velleitäten [Andeutungen], und wo die europäische öffentliche Meinung überwiegend die Unterwerfung christlicher Bevölkerungen unter mohammedanische Herrschaft perhorresziert, die Keime einer künftigen europäischen Koalition gegen uns legen.«[657]

Auch mehr als sechs Jahre nach dem der Lotse Bismarck von Bord der deutschen Politik gegangen war, folgten seine Erben, denen zumeist sein Format fehlte, scheinbar noch immer seinem Grundsatz, eine aktive deutsche Orientpolitik abzuleugnen – und sie gleichwohl in aller Stille zu verfolgen. Die politische Realität war freilich längst eine andere. Niemand in Berlin konnte ernsthaft glauben, den übrigen europäischen Regierungen sei es auf die Dauer entgangen, daß das Deutsche Reich seit langem eine eigenständige Orientpolitik betrieb. Allein das persönliche Interesse, das Wilhelm II. den osmanisch-orientalischen Angelegenheiten entgegenbrachte, sorgte dafür, daß die deutsche Nahostpolitik keineswegs unbemerkt blieb. Ein deutliches Bekenntnis zu einer deutschen Orientpolitik lieferte Bülow in seiner Funktion als Staatssekretär des Auswärtigen Amtes in Zusammenhang mit dem griechisch-osmanischen Krieg um Kreta und dem dabei erwarteten deutschen Eintreten für die Osmanen. Am 15. März 1898 hatte er Bieberstein – den neuen Botschafter am osmanischen Hof – gebeten, Abdül Hamid II. streng vertraulich mitzuteilen, daß »Deutschland keineswegs die Absicht [hat], der ihm als Großmacht von Rechts wegen gebührenden Beteiligung an Orientfragen zu entsagen. Die Regierung Seiner Majestät des Kaisers ist insbesondere darauf vorbereitet, bei der demnächst zu gewärtigenden Wiederanregung der türkischen Reformfrage ihren Einfluß zugunsten der Türkei geltend zu machen.«[658] Bismarcks abschätziges Wort vom Orient, der nicht die Knochen eines pommerschen Grenadiers wert sei, gehörte seit Mitte der 1890er Jahre de facto der Vergangenheit an. Dagegen stellte Bülow selbst noch nach der triumphalen Orientreise des deutschen Kaisers im Dezember desselben Jahres in einer Rede vor dem Reichstag eine spezielle deutsche Orientpolitik in Abrede.

Die ›deutsche‹ Bagdadbahn mit einer durchgehenden Verbindung von Berlin bis nach Basra oder eine deutsche Präsenz am Persischen Golf[659] war ein Albtraum für die Briten, die doch die gesamte Arabische Halbinsel nebst dem Persischen Golf ihren weltweiten Besitzungen einzuverleiben bestrebt waren, um auf diese Weise ihr indisches Kolonialreich, das ›Juwel in der Krone des Empires‹, sowie den dafür uneverzichtbaren Suezkanal abzusichern. Gleiches galt für die Hedschasbahn, mit der – zum Schrecken der Briten – nicht nur fromme Pilger, sondern im Kriegs- und Krisenfall auch Soldaten rasch auf die Arabische Halbinsel und in die Nähe des Suezkanales transportiert werden konnten. In seinem 1913 erschienen Buch über die künftige Rolle Deutschlands im Osmanischen Reich nach dem Ende des (ersten) Balkankrieges stellte Ernst Jäckh die These auf, die insgesamt nicht weit gediehenen transarabischen Eisenbahnprojekte der Briten hätten stets »Arabien von der Türkei ab- und ausschneiden« und es stattdessen als Bindeglied zwischen Ägypten und Persien in das britische Territorialsystem zur Absicherung Indiens einbinden wollen. Die geplanten Eisenbahnlinien von Suez über Akaba nach Kuweit – das zwischen 1899 und 1911 als britisches Protektorat unter osmanischer Suzeränität galt, bevor es ganz offiziell Teil des britischen Kolonialreiches wurde – oder von Suez über Maan (nördlich von Akaba) und Bagdad seien als jene wichtigen strategischen Verbindungen zwischen Britisch-Ägypten und Britisch-Indien anzusehen, die aber gleichzeitig eine »politische [und wirtschaftliche] Lösung Arabiens vom türkischen Kreislauf« bedeuteten.

Schon Reichskanzler Fürst zu Hohenlohe-Schillingsfürst hatte dies knapp zwanzig Jahre zuvor, am 22. November 1895, Kaiser Wilhelm II. in einer ausführlichen Analyse der britischen Orientpolitik dargelegt: »England ist entschlossen, nicht nur Ägypten zu behalten, sondern auch [...] durch Anlegung einer strategischen Bahn von Port Said nach dem Persischen Meerbusen die zwischen diesen beiden Endpunkten gelegenen weiten Gebiete in seine Interessensphäre allmählich hineinzuziehen.«[660] Jäckh fügte seinen Überlegungen 1913 eine weitere These hinzu: Mit wichtigen Stützpunkten entlang der Küsten wolle sich Großbritannien Einfallstore in die arabischen Teile des Reiches sichern und von dort aus mit britischen Eisenbahnen in das Landesinnere vorstoßen, wobei vergleichbare osmanische Projekte nach Kräften behindert würden. »Die Türkei soll nicht an ihre Grenze herausreichen [sic] dürfen, aber England will in die türkischen Grenzen hineingreifen können«, formulierte Jäckh etwas unbeholfen, aber zutreffend. »Der Schlüssel und die Klinke zur ›offenen Tür‹ der Türkei soll [sic] nicht bei der Türkei selbst, sondern bei England aufgehoben sein.«[661] Daß auch das Deutsche Reich mit seinem über Jahre so hartnäckig verfolgten Eisenbahnprojekt von Constantinopel zum Persischen Golf auf dem Höhepunkt des imperialistischen Strebens der europäischen Mächte handfeste politische Ziele verfolgte, verschwieg Jäckh allerdings oder schwächte diese

Kaiser Wilhelm II. und die deutsche Bagdadbahn,
Karikatur, London 1911

Absichten stark ab. Geradezu schönfärberisch geriet ihm die Passage, mit der er den vorgeblich osmanischen Charakter der ›Kaiserlich Osmanischen Bagdadbahngesellschaft‹ betonen wollte. Den lediglich vier osmanischen Mitgliedern standen allerdings im Direktorium der Bahn zweiundzwanzig Europäer (elf Deutsche, acht Franzosen, zwei Schweizer sowie ein Vertreter Österreich-Ungarns) gegenüber. Das Kapital der offiziell immerhin ›Kaiserlich Osmanisch‹ genannten Unternehmung war zu vierzig Prozent deutsch sowie zu je dreißig Prozent französisch beziehungsweise österreichisch-ungarisch.[662] Also brachten es die sich stetig entwickelnden wirtschaftlichen Kontakte und politischen Verflechtungen zwischen Berlin und Constantinopel mit sich, daß Deutschland daran interessiert sein mußte, zumindest den status quo in bezug auf das instabile Osmanische Reich zu erhalten. »Englands prinzipielle politische Stellung gegenüber der Türkei ist naturgemäß durch ein doppeltes Ziel bestimmt: 1. die Loslösung des Kalifats, der religiös-politischen Nachfolgerschaft des Propheten, von dem türkischen

Sultanat, und 2. durch den Wunsch, das Euphrat- und Tigrisland mindestens am Unterlauf beider Ströme, womöglich aber das ganze alte Babylonien und Mesopotamien, zur Herstellung einer Verbindung zwischen dem ägyptisch-afrikanischen und dem indisch-südasiatischen Teil des britischen Weltreiches zu erwerben. [...] Es ist schwer zu sagen, welcher Gewinn für die englische Politik der größere wäre: der Erwerb des Bagdadgebietes unter Zusammenschluß des Imperiums rund um den Indischen Ozean oder die Loslösung des Kalifats von Konstantinopel«,[663] schrieb der bereits erwähnte Paul Rohrbach kurz nach der Jahrhundertwende. Rohrbach wies weiter – wie auch Jäckh – auf die große Bedeutung der Hedschas- sowie der Bagdadbahn für den Erhalt der osmanischen Herrschaft auf der Arabischen Halbinsel hin. Er betonte äußerst pragmatisch, »daß Deutschland diejenige Macht ist, deren Interessen die Vernichtung und Aufteilung der Türkei am bestimmtesten zuwiderlaufen würde. [...] jeder asiatische Territorialverlust, den die Türkei jetzt noch erleidet und erst recht natürlich ihre Zerteilung unter England (Mesopotamien), Rußland (Armenien und Kleinasien), Frankreich (Syrien), Italien (Tripolis), würde diese Gebiete vor der deutschen Arbeit und dem deutschen wirtschaftlichen Erfolg teils überhaupt verschließen, teils unsere Betätigung auf das empfindlichste einengen.«[664] Die knappen Ausführungen Rohrbachs spiegeln eindringlich die um 1900 in Deutschland vorherrschende Meinung wider, die eindeutig davon ausging, Großbritannien wolle Deutschland in den osmanischen Angelegenheiten übervorteilen. Doch auch das argwöhnische russische Kaiserreich war von einer Erschließung des Osmanischen Reiches durch ›deutsche‹ Eisenbahnen keineswegs angetan, wie das Protokoll einer Sitzung des russischen Ministerrates am 1. Februar 1907 im Hinblick auf die Bagdadbahn aufschlußreich vermerkte: »Als wichtige Transitlinie zwischen Westeuropa und Indien, welche teilweise die Seeverbindungen ersetzen soll, umgeht diese Bahn unser Gebiet und läßt uns folglich an den Vorteilen des Transitverkehrs nicht teilnehmen. Außerdem wird die Bagdadbahn die Fruchtbarkeit der von ihr durchschnittenen Gebiete Kleinasiens und Mesopotamiens unbedingt erhöhen und auf diese Weise eine neue Konkurrenz für den russischen Getreideexport bedeuten. Eine besondere Gefahr für unsere Herrschaft in Nordpersien bedeuten die Zweiglinien in Richtung der persischen Grenze, welche deutschen und englischen Industrieprodukten den Zugang zu unserer Interessensphäre ermöglichen werden.«[665]

Das vielleicht schwerwiegendste Problem der europäischen Politik in jenen krisengeschüttelten Jahrzehnten vor 1914 war jene geradezu phobische Atmosphäre steten Mißtrauens, gespeist aus oft persönlichen Vorbehalten, unausgesprochenen Beschuldigungen und geheimen Unterstellungen. Die europäischen Mächte erwarteten stets, bei nächster Gelegenheit von vermeintlichen Freunden oder Gegnern übervorteilt zu werden, die Regierungen lebten in der ständigen Furcht, von Freund und Feind hintergangenen zu werden. Man spekulierte, kalkulierte, belauerte einander und traute sich gegenseitig alles zu – besonders dann, wenn es dazu angetan war, dem Gegenüber zu schaden. Mangelnde Offenheit der Regierungen untereinander war die Normalität. Wenn es dennoch zuweilen erforderlich schien, bestimmte Probleme offen zu benennen und sich zu einigen, handelte es sich in der Regel um Nebenkriegsschauplätze von untergeordneter Bedeutung – oder darum, einen Gegner durch bestimmte Zugeständnisse besser kontrollieren zu können und ihn, wenigstens zeitweilig, zu beruhigen. Ein gutes Beispiel hierfür bietet die ständige Botschafterkonferenz in Constantinopel, die wegen der oftmals widerstreitenden Eigeninteressen ›der Mächte‹ in wichtigen Fragen kaum zu einheitlichen Ergebnissen gelangte und sich dadurch in ihrer Durchsetzungskraft erheblich lähmte – eine Tatsache, die die Position Sultan Abdül Hamids II. gegenüber den Europäern immer wieder stärkte, ihm neue Handlungsräume eröffnete und somit für das Osmanische Reich nicht nur nachteilig war. Ein anschauliches Bild jener elektrisierten Stimmung, in der sich Europa befand, vermittelt die Politik der Mächte gegenüber dem Osmanischen Reich in den Jahren 1895 und 1896. Die Position Abdül Hamids war durch die Massaker an den Armeniern erschüttert, die Botschafter am Bosporus spekulierten heftig über das bevorstehende Ende seiner Herrschaft. Großbritannien war nach Auffassung der Regierungen in Berlin, Wien, Sankt Petersburg und Rom mehr denn je daran interessiert, das Osmanische Reich zu zerschlagen. Die vermuteten Gründe waren vielfältig – den Briten ging es in den Augen der übrigen Mächte darum, Ägypten dauerhaft zu behaupten, sich weiteren Kolonialbesitzes zu bemächtigen und Unfrieden in Europa zu stiften. Zumindest zeitweilig betrieb die Regierung Salisbury aber nach außen eher eine die übrigen europäischen Mächte verwirrende Schaukelpolitik, die zwischen Zerschlagung und Erhalt des Osmanischen Reiches schwankte und die übrigen Regierungen über die wahren britischen Absichten ganz bewußt im Unklaren ließ.

So sondierte die britische Regierung an den europäischen Höfen und versuchte Bündnispartner für das eine oder das andere Vorgehen zu finden. Das löste in den Hauptstädten hektische Diplomatie aus. Österreich-Ungarn und Deutschland argwöhnten, Italien könnte in das britische Lager wechseln, um sich bei einer bevorstehenden Teilung ein Stück des osmanischen Kuchens zu sichern, Deutschland fürchtete, die verbündete Donaumonarchie könnte sich wegen antirussicher Vorbehalte London anschließen. Wien unterstellte Rußland, es wolle im Teilungsfall den gesamtem Balkan bis zur Adriaküste okkupieren und sah sich schon um den sicher geglaubten Besitz von Saloniki betrogen. Frankreich wurde bezichtigt, als Republik generell Zwietracht unter den europäischen Monarchien säen zu wollen. Die italienische Regierung sah die Donaumonarchie als Hindernis in bezug auf eine Inbesitznahme Albaniens an. Deutschland hingegen fürchtete die Verschlechterung seiner Beziehungen zu Großbritannien wie zu Rußland gleichermaßen, gab sich offiziell desinteressiert und betonte insgeheim immer wieder, daß es ganz natürlich sei, wenn Constantinopel und die Dardanellen in russischen Besitz übergingen, während es Wien gleichzeitig damit beruhigte, daß sich Rußland niemals zu einer so weitgehenden Ausdehnung nach Süden entschließen würde, um nicht sein inneres Kräfteverhältnis zu verschieben – und wenn es doch dazu kommen sollte, dann nur, wenn die übrigen Beteiligten großzügige Kompensationen erhielten. Die Briten wieder fürchteten eine russisch-französische Verständigung, weil sie in einer Ausdehnung Rußlands in Richtung der Dardanellen das Bestreben sahen, Rußland wolle das östliche Mittelmeer beherrschen und gemeinsam mit Frankreich Großbritannien den Besitz Ägyptens streitig machen. Rußland wurde unterstellt, die übrigen Mächte mit einem zur Schau getragenen Interesse am Erhalt des Osmanischen Reiches täuschen zu wollen, insgeheim jedoch nur auf den Zusammenbruch des Staates zu warten, um aus Constantinopel endlich Zargrad machen zu können. Rußland dagegen fürchte eine Vormachtstellung Österreich-Ungarns auf dem Balkan und suchte zeitweilig eine Verständigung mit Briten und Franzosen, um aus den Armenierunruhen Kapital zu schlagen, wobei die übrigen Mächte in der Einschätzung der russischen Absichten und Ziele durchaus uneins waren.

Die deutsche Regierung saß, wie bereits gesagt, zwischen allen Stühlen und fürchtete, es sich durch allzu deutliche Parteinahme für die eine oder andere Seite, mit allen Beteiligten zu verderben. Die Regierung des Fürsten von Hohenlohe-Schillingsfürst vermied es ebenso wie Wilhelm II., einen eindeutigen Standpunkt einzunehmen, das Deutsche Reich wollte für alle auftretenden Eventualitäten gerüstet sein. In Großbritannien plädierte der Kaiser für den Erhalt des Osmanischen Reiches, gleichzeitig verlieh der Monarch in seinen Randbemerkungen an den Berichten der Diplomaten immer wieder seiner Auffassung Ausdruck, die Briten würden letztlich doch eine Zerschlagung des Osmanischen Reiches durchsetzen (eine Meinung die Kaiser Franz Joseph ebenso vertrat), und Rußland müsse dann Constantinopel sowie die Dardanellen übernehmen. Die neuere Geschichtsschreibung verweist jedoch wiederholt daraufhin, daß die europäischen Mächte, zuvörderst Großbritannien, nach 1895 wohl kaum ernstlich an einer vollständigen Zerschlagung des Staates interessiert sein konnten, da eine wie auch immer geartete Aufteilung des Osmanischen Reiches angesichts der gänzlich unterschiedlichen Interessen der Europäer wohl schwerlich auf friedlichem Weg durchsetzbar gewesen wäre. Eine Aktennotiz des damaligen deutschen Staatssekretärs des Äußeren Marschall von Bieberstein vom 25. November 1895 belegt diese Einschätzung, wonach Lord Salisbury zwar die Absetzung Abdül Hamids II. wollte, jedoch nicht mehr die Aufteilung des Reiches anstrebte.[666] Viel eher war den Großmächten nun an einem Erhalt und einer gleichzeitigen weiteren Schwächung des Osmanischen Reiches gelegen, um ihren Einfluß erfolgreich auszuüben.

Schöllgen fügt seinen Darlegungen zu diesem Thema jedoch noch einen überaus interessanten Aspekt hinzu: Deutschland ignorierte im Sommer 1895 offenbar die tatsächliche Ernsthaftigkeit der durch den britischen Premierminister Lord Salisbury zu diesem Zeitpunkt verfolgten Idee, einen »Verteilungsplan im Orient« (so Botschafter Hatzfeldt am 16. August 1895 in einem Bericht an Holstein) anzustreben, der sich maßgeblich an deutschen Wünschen orientieren sollte – »ob und welcher Verteilung wir zustimmen würden«. Demnach sollte Deutschland nach einer Einigung mit Großbritannien zunächst seine Bündnispartner Österreich-Ungarn und Italien für diesen Teilungsplan gewinnen und daraufhin Rußland einbeziehen.[667] Hatzfeld sowie Holstein dürften von den Verlockungen dieser pikanten Idee wenigstens teilweise recht angetan gewesen sein, paßte sie doch einerseits zu ihrer wenig überzeugenden konfusen Orientpolitik im Schatten der Briten, die vorsah, London stets zu entschiedenem Handeln in osmanischen Fragen zu ermuntern, es also aus der Reserve zu locken und dabei selbst im Hintergrund zu bleiben. Andererseits widersprach die der deutschen Diplomatie zugedachte Rolle, zwischen Großbritannien und den übrigen genannten Mächten einen Interessenausgleich zu vermitteln, der zur Schau getragenen deutschen Zurückhaltung in Orientfragen. »Diese Verständigung [zwischen Österreich-Ungarn sowie Italien] herbeizuführen, ist nicht unsere Aufgabe, denn nicht wir wollen der Türkei den Garaus machen, sondern Lord Salisbury möchte es«, ließ Baron von Holstein demzufolge den Gesandten von Kiderlen-Wächter am 3. August 1895 wissen.[668] Die deutsche Regierung zögerte angesichts der komplizierten Verhältnisse, der stets mißtrauische Holstein hatte sich glücklicherweise dieses Mal womöglich selbst in den Fallstricken seiner eigenen, von tiefem Mißtrauen geprägten, außenpolitischen Intrigen zwischen London, Paris, Rom und Sankt Petersburg verstrickt. Die in jenen Jahren sehr sprunghafte deutsche Außenpolitik war gerade dabei, wenn auch langsam, einen erneuten Schwenk zu vollziehen – hin zu einer selbstbewußten deutschen Orientpolitik, die dann von Wilhelm II. maßgeblich vertreten werden sollte. Während einer eingehenden Erörterung der politischen Situation im November 1895 am Rand eines Familientreffens versicherte allerdings Kaiser Wilhelm II. seiner keineswegs nur in orientalischen Fragen probritisch eingestellten Mutter nicht ganz aufrichtig: »... außerdem hat Deutschland das nicht geringste Interesse am Orient, ...«[669] Zum Zeichen eines deutschen Interesses am Osmanischen Reich und demzufolge zu einem entsprechenden Signal an die übrigen in dieser Hinsicht engagierten Mächte Europas, geriet die Einweihung des Kaiser-Wilhelm-Kanals: Als im Juni 1895 der Kanal zwischen Nord- und Ostsee eingeweiht wurde, erging auch an die osmanische Kriegsmarine eine Einladung Kaiser Wilhelms II., ein Schiff zu entsenden. Zu einer Zeit, da die britische Regierung sich vernehmbar für eine Teilung des krisengeschüttelten Osmanischen Reiches aussprach und ganz

Europa über die blutigen Unruhen zwischen Bosporus und Kaukasus entrüstet war, richtete sich diese demonstrative Einbeziehung der Osmanen wohl hauptsächlich an die Adresse der britischen Regierung. Kaiser Wilhelm II. signalisierte damit den europäischen Mächten, die allesamt hochrangige Vertreter zu diesen Festlichkeiten entsandten, daß das Osmanische Reich und Abdül Hamid II. trotz des Andauerns der Armenier-Massaker nicht länger von Deutschland ignoriert oder mißachtet wurden. Gleichzeitig zeigte Wilhelm II. damit auch dem Sultan, daß das Deutsche Reich und er selbst, aller Irritationen ungeachtet, gegenüber dem Osmanischen Reich ein gewisses Wohlwollen bewahrt hatten. Der für diese internationale Aufwertung in solch schwieriger Lage sicherlich dankbare Abdül Hamid entsandte schließlich den Aviso ›Fuad‹ nach Deutschland. Kommandiert wurde das Schiff von Vizeadmiral Arif Hikmet Pascha,[670] der dann zwischen 1908 und 1910 Marineminister werden und bei der Entthronung Abdül Hamids II. eine gewisse Rolle spielen sollte, da er zu der Delegation gehörte, die den Sultan von dessen Absetzung unterrichtete. Daß während der Passage der Schleuse in Rendsburg anstelle der osmanischen Hymne das melancholische Abendlied ›Guter Mond, du gehst so stille‹ (wegen des Halbmondes in der osmanischen Fahne) in Ermangelung der richtigen Noten intoniert wurde, während das Schiff sich näherte, gehört zu den tatsächlich verbürgten politischen Anekdoten des alten Europas vor 1914. Weniger bekannt ist dagegen, daß während der Feierlichkeiten in Kiel ein osmanischer Offizier des ›Fuad‹ verstarb und in der Festung Friedrichsort auf dem Friedhof der Garnison unter Beteiligung der christlichen Offiziere nach islamischem Ritus beigesetzt wurde. An der sogenannten Fürstentafel, die im Hamburger Rathaus zum Auftakt der Feierlichkeiten stattfand, nahm als Vertreter des Sultans der osmanische Botschafter Tewfik Pascha teil. Der spätere Großherzog Friedrich August von Oldenburg, der Constantinopel bereits 1874 besucht hatte (und von Sultan Abdül Aziz empfangen worden war), war ebenfalls zugegen.

Zumindest seit dem Herbst 1895, nach dem Zusammentreffen Wilhelms II. mit dem britischen Premierminister und der Absage des Kaisers gegenüber britischen Teilungsgelüsten, war die deutsche Orientpolitik angesichts der zunehmend engeren wirtschaftlichen Verflechtungen beider Staaten immer deutlicher auf den Erhalt des Osmanischen Reiches gerichtet und gewann dabei zunehmend eigene Konturen. In Berlin erkannte die Regierung immer deutlicher, daß ambitionierte Projekte wie dasjenige der durchgehenden Eisenbahnverbindung von Constantinopel bis zum Persischen Golf oder bis tief auf die Arabische Halbinsel und eine generelle Durchdringung des lohnenden osmanischen Marktes mit deutschen Erzeugnissen von den deutschen Banken und Industrieunternehmen sich nur mit einem Sultan als Partner verwirklichen ließen, der weitgehend Herr im eigenen Haus ist. Sollten Arabien oder gar das Zweistromland in absehbarer Zeit nur noch nominell zum Reich gehören – wie

Ägypten oder Zypern – und anstelle osmanischer Beamter tatsächlich die Briten dort als Kolonialherren regieren, dann wäre ein massives deutsches Engagement in diesen Breiten und darüber hinaus nahezu unmöglich. Allein schon, um dies zu verhindern, war eine aktive deutsche Orientpolitik nunmehr unumgänglich. Hinzu kam die Befürchtung, daß Großbritannien angesichts der lohnenden Beute nach einem Zerfall des Osmanischen Reiches einen Krieg unter den europäischen Mächten um das Fell des Bären entfesseln oder wenigstens begünstigen könnte, um dabei in aller Ruhe abzuwarten und die Ernte seiner Politik einzufahren. Daher unterrichtete der Staatssekretär des Äußeren Bieberstein Kaiser Wilhelm II. am 15. Dezember 1895 folgendermaßen: »Andererseits stimmen alle aus London hierher gelangten Nachrichten darin überein, daß die englische Regierung bisher durchaus nicht die Absicht durchblicken läßt, in dem Falle, wo ihr fortgesetztes Rütteln zum Zusammenbruch der Türkei wirklich führen sollte, selber mit bewaffneter Hand für die Verteidigung etwa bedrohter Interessen einzutreten. Vielmehr geht augenscheinlich Englands Bestreben dahin, bei diesem Anlasse einen Krieg der Kontinentalmächte untereinander anzuregen, bei welchem Englands Betätigung in dessen Belieben gestellt wäre.« Der Staatssekretär erbat weiter die Genehmigung des Kaisers, Botschafter Freiherr Saurma von der Jeltsch dahingehend zu instruieren, »daß er sich gegenüber den englischen Anträgen, welche alle den Zweck verfolgen, an dem morschen türkischen Staatsbau zu rütteln, ablehnend verhalte«, was ohnehin »den bisherigen Grundsätzen der deutschen Politik« entspreche.[671] Der deutsche Kurs im Orient bestand Mitte der 1890er Jahre bisweilen noch immer in einer konfusen Schaukelpolitik mit und gegen Großbritannien, Rußland und Österreich-Ungarn sowie Italien. Daß die Donaumonarchie und Italien mit dem Deutschen Reich im Dreibund vereint waren, vereinfachte die Situation keinesfalls. In diesem Sinn beschied Staatssekretär von Bieberstein am 21. Dezember 1895 den angesichts dieser Nachricht alarmierten britischen Botschafter, daß Deutschland nicht akzeptieren könne, wie die Londoner Regierung den Sultan behandle, und daß es angesichts des britischen Vorgehens in Constantinopel nicht verwunderlich sei, daß das Deutsche Reich sich zunehmend wieder Rußland annähere.[672] Bereits Anfang November hatte Bieberstein gegenüber dem österreichisch-ungarischen Botschafter am Berliner Hof[673] nicht ganz wahrheitsgemäß erklärt, Berlin habe keinerlei direkte Interessen hinsichtlich des Osmanischen Reiches, Deutschland gehe es nur allgemein um die Friedenserhaltung. Daher sei es ihm gleichgültig, ob nun die Russen oder eben die Osmanen Constantinopel besäßen; und auch, ob Bulgarien mehr oder minder unter dem Einfluß Rußlands stehe, interessiere die deutsche Regierung nur in geringem Maß.[674] Ein unüberhörbares Signal in Richtung Sankt Petersburg.

Bereits am 20. Juli 1895 hatte die britische Königin einen Brief ihrer Tochter erhalten, der ihr den Standpunkt der deutschen Kaiserin-Witwe im Hinblick auf

Victoria Königin von Großbritannien, Mutter der deutschen Kaiserin Victoria

den Orient deutlich machte. Victoria schrieb von einem angeblichen Plan des russischen Außenministers Fürst Lobanow-Rostowskij,[675] »um Bulgarien wieder in Ordnung zu bringen (im russischen Sinne), d. h. es für Rußland wiederzugewinnen«, was sie, die in diesen Dingen stets einen eher britischen Standpunkt einnahm, selbstverständlich ablehnte. Weiter schrieb sie von einer möglichen Erhebung der slawischen Balkanvölker sowie der dort lebenden Griechen, um endlich die Unabhängigkeit von Constantinopel zu erlangen: »Dann würde der Osten in Flammen stehen, und die europäischen Großmächte, die nicht einer Meinung sind, könnten gegeneinander aufgestachelt oder würden es wahrscheinlich werden; [...] Es ist so schlimm, daß die türkische Regierung und ihre innere Politik immer schlechter werden; alle diejenigen, welche die Türkei unterstützen [die Kaiserin-Witwe vermied hier einen deutlicheren Hinweis auf die deutsche Politik], sollten, wenn möglich, darauf bestehen, daß einige der schlimmsten Mißbräuche abgestellt werden, was aber sehr schwierig ist.«[676] Die zumindest seit dem Herbst 1895 gegensätzlichen britischen und deutschen Haltungen gegenüber einer möglichen Aufteilung des Osmanischen Reiches verdeutlichte sehr anschaulich das bereits erwähnte Gespräch, das Kaiser Wilhelm II. mit seiner Mutter anläßlich einer Zusammenkunft bei seiner jüngsten Schwester im landgräflich-hessischen Schloß Rumpenheim am Main am 21. November 1895 führte, wobei Kaiserin Victoria, ganz im Fahrwasser der imperialistischen Kolonialpolitik Großbritanniens, sich prononciert für eine Aufteilung des Landes aussprach. Ihr Sohn, der in dieser Frage jedoch entschieden anderer Ansicht war, berichtete über die »politische Konversation« telegraphisch ausführlich an den Reichskanzler Hohenlohe-Schillingsfürst. Er schloß mit der Bemerkung: »Der Standpunkt Ihrer Majestät der Kaiserin wird wohl ziemlich dem Ihrer Majestät der Königin und Lord Salisburys entsprechen, ...«[677] Der deutsche Botschafter in London wurde umgehend angewiesen, in dieser Angelegenheit bei dem britischen Premierminister zu sondieren. Anschließend sollten dann die Botschafter in Wien, Rom, Constantinopel sowie Sankt Petersburg von den britischen Absichten und dem Gespräch zwischen Wilhelm II. und seiner Mutter vertraulich unterrichtet werden. Unter diesen Gesichtspunkten muß denn auch die bereits teilweise zitierte

Damaszener Rede Kaiser Wilhelms II. im November 1898 als eine nachdrückliche Unterstützung Sultan Abdül Hamids II. und als unmißverständliche Warnung des Deutschen Reiches an die Adresse Großbritanniens hinsichtlich künftiger Teilungsgedanken verstanden werden. Besonders deshalb dürfte dem Außenstaatssekretär von Bülow daran gelegen gewesen sein, den Text der Rede keinesfalls ungefiltert nach Großbritannien gelangen zu lassen, was Wilhelm II. allerdings – wie oben erwähnt – ganz absichtsvoll vereitelte. Offiziell leugnete die deutsche Regierung noch immer, daß Berlin unverkennbar eigene Interessen im Osmanischen Reich verfolge. Auch deshalb mußte Bülow die emphatische Rede des Kaisers und ihre Publikation äußerst ungelegen kommen.

Victoria, deutsche Kaiserin, Mutter des deutschen Kaisers Wilhelm II.

Abschließend läßt sich feststellen, daß die erste Constantinopelreise des jungen Herrscherpaares 1889 die sichtbare deutsche Orientpolitik einleitete, wobei deren Ausgestaltung sich in der Folge als schwierig erwies und es ihr noch länger an Konsequenz sowie Gradlinigkeit mangelte. Die zweite Reise des Kaisers in das Osmanische Reich, neun Jahre später, markierte dann einen wichtigen Höhepunkt dieser aktiven Orientpolitik. Unmißverständlich positionierte sich Deutschland damit als ›einziger Freund‹ an der Seite Abdül Hamids II. und wertete den Sultan gegenüber den anderen Mächten ganz erheblich auf.

Der Staatssekretär des Äußeren und spätere Reichskanzler Bülow umriß die deutschen Interessen in einem Brief vom 24. März 1899 an den Oberhofmeister der Kaiserin Auguste Victoria, Freiherrn von Mirbach, in deutlicher Überheblichkeit sehr prägnant: »In seinen Beziehungen zum Sultan und zum türkischen Reich verfolgt Deutschland keinerlei territoriale Zwecke. [...] [Wir] betrachten es aber, [...] als eine wichtige Aufgabe Deutschlands, soviel [wie] möglich dem braven türkischen Volke mit den Ergebnissen der westeuropäischen christlichen Kultur aufzuhelfen und es dabei in Treue gegen seinen angestammten Herrscher zu erhalten. [...] Unsere weiteren Ziele werden darauf gerichtet sein, die erlangten ökonomischen Vorteile für das wirtschaftliche Wohl des deutschen Volkes und die materielle und kulturelle Hebung des türkischen Reiches nutzbar zu machen [...].«[678] Ein ausführlicher Bericht Biebersteins aus dem November

1899 (es handelte sich um die Konzessionserteilung für den Bau der Bagdadbahn) illustriert in diesem Zusammenhang sowohl das deutsch-osmanische Verhältnis als auch das Verhältnis der beiden Monarchen zueinander: »Als Chef seiner Dynastie und Beherrscher des Türkischen Reiches sei der Sultan stets bestrebt, bei seiner Politik die Eigenschaften zu bestätigen, die man im allgemeinen den Türken nachrühme, nämlich Beharrlichkeit, Aufrichtigkeit und Treue, ganz besonders sei dies Deutschland gegenüber der Fall. Mit Seiner Majestät dem Kaiser verbünde ihn politische und persönliche Freundschaft, und er bitte Seine Majestät versichert zu sein, daß er unwandelbar an seiner Politik festhält [...] er bitte Seine Majestät, ihm auch fernerhin, wie dies bisher geschehen, seine mächtige Unterstützung zuteil werden zu lassen.«[679] Der Botschafter wurde nicht müde, in seinen Berichten von der Wertschätzung zu schreiben, die der Sultan Kaiser Wilhelm II. entgegenbringe. So hatte er bereits am 5. März 1898 an den Reichskanzler Hohenlohe-Schillingsfürst berichtet: »Vor allem ist die Freundschaft und das Vertrauen des Sultans zu Seiner Majestät dem Kaiser ein so fest begründetes, daß Versuche, Mißtrauen nach dieser Richtung hin zu wecken, a priori aussichtslos sind.« Seine Randnotizen zeigen, daß Wilhelm II. diesen ausführlichen Bericht, der sich ganz deutlich für eine selbstbewußte deutsche Politik gegenüber dem Osmanischen Reich und dem Orient überhaupt aussprach, gelesen hat. Es läßt sich wohl sagen, daß diese klugen zielgerichteten Schreiben Biebersteins auch die Absicht verfolgten, die zeitweilig negative Haltung des Kaisers gegenüber Sultan Abdül Hamid II. – hervorgerufen durch dessen undurchsichtige Rolle bei den Massakern an der armenischen Bevölkerung – behutsam zu wandeln und Wilhelm II. in dessen ansonsten wohlwollender Politik gegenüber dem Osmanischen Reich zu bestärken, ohne daß jenem der Einfluß Biebersteins allzu spürbar wurde. Genauestens kalkulierend, fuhr der Botschafter fort: »Der Sultan, wie jeder verständige Türke, weiß zudem genau, daß, wenn erst ernste Komplikationen eintreten, die Türkei unter allen Umständen stets der verlierende Teil ist, daß also derjenige der beste und wertvollste Freund ist, der dahin wirkt, solche Komplikationen von der Türkei fernzuhalten. Und dieses Verdienst vindiziert[680] man in Deutschland, welches in allen schwerwiegenden Fragen der letzten 20 Jahre [...] das Schwergewicht seines Einflusses erfolgreich zugunsten der Integrität der Türkei und des vertragsmäßig geschaffenen status quo in die Waagschale geworfen hat.«

Bieberstein gab dann seiner Überzeugung Ausdruck, daß die Berliner Regierung dieser Politik weiter folgen müsse, da Deutschland am Bosporus andernfalls als einer der Staaten gelte, der lediglich seinen eigenen Vorteil verfolge, »und das wäre gleichbedeutend mit dem Verluste der Sonderstellung, die wir heute hier einnehmen.«[681] Über jene verschiedenen Aspekte der deutsch-osmanischen Politik, die immer auch europäisch-orientalische Politik war, gibt es eine Fülle an moderner und zeitgenössischer Literatur. Auf eine ausführlichere

Darstellung muß an dieser Stelle verzichtet werden. Wie sich die gemeinsamen Beziehungen in der Regierungszeit Kaiser Wilhelms II. gestalteten, soll dann im folgenden Kapitel anhand der beiden Besuche des deutschen Kaisers am Bosporus – 1889 und 1898 – sowie des Besuches des oldenburgischen Großherzogs im Jahr 1902 dargestellt werden. Dabei kommen außerdem verschiedene deutsche Zeitgenossen zu Wort, deren Schilderungen Abdül Hamids II. oder der osmanischen Verhältnisse bei allem Interesse und Wohlwollen doch immer wieder offenbaren, daß auch die Deutschen die Osmanen keineswegs als gleichberechtigte Partner wahrnahmen. Friedrich Naumann bezeichnete sie, wie bereits erwähnt, in einer Mischung aus Turkophobie und europäisch-christlichem Sendungsbewußtsein als einen Fremdkörper im Leibe Europas, der einmal ausgestoßen werden müsse. Die wenigsten unter ihnen waren wohl tatsächlich bemüht, das so überaus komplizierte und fragile Gefüge des Osmanischen Reiches tatsächlich verstehen zu lernen. Der bereits erwähnte markige Ausspruch Friedrich Dernburgs von Bier und warmen Würstchen auf dem Bahnhof von Angora als Sinnbild deutscher Zivilisation wies dagegen wenig einfühlsam den ›friedlichen Imperialisten‹ den Weg.

In seiner Untersuchung zu deutschen und zu britischen Positionen in der orientalischen Frage weist Gregor Schöllgen darauf hin, daß sich aus dem wirtschaftlichen Engagement Deutschlands zunehmend eine wechselseitige Abhängigkeit ergab, die Sultan Abdül Hamid II. durchaus für sich zu nutzen wußte, so daß das Osmanische Reich im Rahmen der Politik der sogenannten Mächte nicht nur Objekt war, sondern selbst Handlungsfreiheit erhielt. Gegenüber den europäischen Vertretern am Bosporus bestand die Politik des Sultans seit 1876 in einem steten Ausloten von Möglichkeiten und Grenzen. Da das Deutsche Reich, seine Banken und Industrieunternehmen auf das Wohlwollen des Sultans angewiesen waren, waren die Diplomaten einerseits sehr behutsam in der Anwendung von Kritik oder von Reformvorschlägen, die dazu angetan waren, die Souveränität des Herrschers einzuschränken. Aus der insgesamt aber privilegierten Stellung Deutschlands Abdül Hamid II. gegenüber ergab sich aber andererseits ein subtiles Druckmittel, wenn es sich etwa darum handelte, die Zustimmung des Sultans zu einzelnen Vorschlägen der Botschafterkonferenz zu erlangen oder andere Punkte durchzusetzen.[682] Die Botschafter Bieberstein sowie Kiderlen-Wächter wandten denn auch immer wieder diese ›sanften Druckmittel‹ an. Allerdings wußten beide Diplomaten sehr wohl auch die ›Allerhöchsten Be- und Empfindlichkeiten‹ entsprechend zu berücksichtigen. Das kluge Credo Biebersteins – der sich wieder einmal als vollendeter Diplomat erwies – in bezug auf den Umgang mit dem Osmanischen Reich (und dem Padischah) war folgendes: »Gerade einem schwächeren Staate gegenüber wird man seine einflußreiche Stellung nur dann bewahren, wenn man sie maßvoll und vorsichtig benutzt und die eigene Superiorität wenig fühlbar macht.«[683]

Die meisten Schilderungen heben hervor, daß Abdül Hamid II. und Wilhelm II. bereits bei ihrem ersten Zusammentreffen 1889 schnell zu einem betont herzlichen Verhältnis gefunden hätten. Beide Monarchen verstanden es nach Aussage der Zeitgenossen, den Menschen in äußerst gewinnender, charmanter Art zu begegnen und sie für sich einzunehmen. Zudem stellten beide Männer in für sie maßgeblichen Fragen einen Gleichklang der Meinungen fest. Beide waren zutiefst vom monarchischen Prinzip überzeugt und wurzelten zudem fest in ihrer Religion. Wilhelm II. mochte eine weitere Parallele erkennen: Abdül Hamid II. war Sultan und Kalif (also geistliches Oberhaupt der Muslime), während Wilhelm II. Kaiser und oberster Bischof (summus episcopus) der evangelischen Christen im Deutschen Reich war. Daß der Sultan in autokratischer Machtfülle über sein Reich gebot, während Kaiser Wilhelm II. mit einer Verfassung, einem Parlament und einem zuweilen störrischen mächtigen Kanzler regieren mußte, machte den Sultan in seinen Augen zu einem sicherlich beneidenswerten Vorbild. Sultan Abdül Hamid II. seinerseits brachte dem jungen Kaiser, mittels dessen Freundschaft er in die festgefügte Gemeinschaft der europäischen (christlichen) Monarchen eingeführt zu werden hoffte, ein solch warmes Interesse entgegen, daß er Wilhelm II. 1889 und 1898 durch besondere Gunst auszeichnete, indem er den Besuchen stets einen betont freundschaftlichen Charakter verlieh und den Kaiser im Oktober 1889 sogar bat, den Besuch am Bosporus noch um einen Tag zu verlängern – eine kluge Schmeichelei, die bei Kaiser Wilhelm II. ihre Wirkung keineswegs verfehlte. Einen beträchtlichen Anteil daran hatte sicherlich auch die uns heute, in Zeiten zahlreicher zumeist routiniert und glanzlos abgespulter Arbeits- und Staatsbesuche, bei solchen Gelegenheiten schier unglaublich anmutende Prachtentfaltung des osmanischen Hofes. Der für solche Äußerlichkeiten sein Leben lang empfängliche Monarch telegraphierte noch von Bord seiner Jacht überschwänglich am 7. November 1889 an ›seinen‹ Reichskanzler Bismarck, der der neuen, durch den eigensinnigen Kaiser angebahnten aktiven deutschen Orientpolitik betont ablehnend gegenüberstand: »Nach einem Aufenthalt, der einem Traume gleicht, und welcher durch die freigiebigste Gastfreundschaft des Großherrn zu einem paradiesischen gemacht wurde, passiere Ich soeben bei schönem Wetter die Dardanellen.«[684] Mit dieser wohlüberlegten Reise erreichte Wilhelm II. geschickt zweierlei: Zum einen trat er gut ein Jahr nach seiner Thronbesteigung auch außenpolitisch aus dem Schatten Bismarcks, indem er sich früh (allerdings – typisch für ihn – zunächst durchaus nicht konsequent) zu einer aktiven deutschen Orientpolitik bekannte und ihr somit ein neues Feld eröffnete, und zum anderen griff der Kaiser die zunehmend deutlicheren Forderungen der deutschen Wirtschafts- und Finanzkreise nach staatlicher Unterstützung im Zusammenhang mit dem sich abzeichnenden deutschen Engagement für den Eisenbahnbau in Anatolien auf. Ironisch wurde in den folgenden Jahren dann davon gesprochen, Wilhelm II. sei der erste Handlungsreisende des Deutschen Reiches.[685]

Neun Jahre später besuchte das Kaiserpaar auf dem Weg nach Palästina Constantinopel abermals; die beiderseitigen Beziehungen hatten sich bereits sehr entwickelt. Der Kaiser Wilhelm II. begleitende Staatssekretär des Äußeren Bernhard von Bülow faßte seinen Aufenthalt in Constantinopel 1898 in folgenden Worten zusammen, mit denen er deutlich auf die deutschen Interessen verwies: »Ich verließ die Türkei mit der Überzeugung, daß wir hier ein weites Gebiet für wirtschaftliche Tätigkeit und für den Ernstfall auch einen tapferen Freund besäßen, über dessen innere Schwäche wir uns aber keine Illusionen machen dürften [...]. Die Türkei war vielleicht nicht so sehr der ›kranke Mann‹ [...], aber sie war ein alter Mann, der schon viel durchgemacht hatte und der keine Gewaltkuren [...] mehr vertrug.«[686] Dem außerordentlichen Gesandten in Kairo telegraphierte der stets geschmeidige Bülow gegen Ende der Reise am 15. November 1898: »Die Orientreise Seiner Majestät charakterisiert sich als ein großer Erfolg. Während durch den Besuch in Konstantinopel die Beziehungen zwischen Seiner Majestät und dem Sultan noch freundschaftlichere geworden sind, hat unser allergnädigster Herr die durch seine loyale und gerechte Politik uns bereits günstig gestimmte mahomedanische Welt durch allerhöchstsein Auftreten im Orient wie insbesondere durch den Trinkspruch von Damaskus endgültig für den Deutschen Kaiser und das Deutsche Reich gewonnen. [...] Der deutschen Industrie und dem deutschen Handel eröffnen sich große Horizonte.«[687]

Der in Fragen der Technik oder Wirtschaft pragmatische Kaiser mochte einen Zweck der Reise, abgesehen von seinen theatralisch inszenierten Auftritten im Heiligen Land, wohl selbst so sehen – erwiderte er doch bei seiner Rückkehr nach Berlin am 1. Dezember 1898 auf die Begrüßungsansprache des Berliner Oberbürgermeisters am Brandenburger Tor: »Ich hoffe, [...] daß Meine Reise dazu beigetragen hat, der deutschen Energie und der deutschen Thatkraft neue Absatzgebiete zu eröffnen, und daß es Mir gelungen ist, mitzuwirken, die Beziehungen zwischen unseren beiden Völkern, dem türkischen und dem deutschen, zu befestigen. ...«[688] Bülow schrieb in seinen Memoiren ansonsten eher abfällig von »seiner [des Kaisers] Vorliebe für den Sultan und alles Türkische«,[689] auch dem Botschafter Bieberstein sowie dessen Nachfolger Freiherrn Hans von Wangenheim beschied der einstige Reichskanzler abschätzig, beide seien sehr »türkenfreundlich« gewesen und hätten »durch Schönfärberei in ihrer Berichterstattung viel gesündigt«.[690] Angesichts des erfolgreichen Wirkens beider Diplomaten am Bosporus auf verschiedenen Gebieten erscheint dieses Urteil wenig gerechtfertigt. Mit einer bezeichnenden Mischung aus Zynismus und Pragmatismus umriß Bülow seine eigene Sichtweise auf die deutsch-osmanischen Beziehungen: »Aber ich habe unsere Freundschaft mit der Türkei nur als Mittel zum Zweck betrachtet, und zwar mehr für wirtschaftliche als für politische

Zwecke. Ich habe mir auch keine Illusionen über die Grenzen türkischer Leistungsfähigkeit gemacht.«[691]

Dem offenbar sehr von sich eingenommenen Bülow, von dem der spätere Oberhofmarschall Wilhelms II. Hugo von Reischach sagte, ein Aal sei gegen ihn ein Igel, war in seinen Erinnerungen daran gelegen darzustellen, daß das Interesse Kaiser Wilhelms II. am Orient wenig rationalen, sondern zuvörderst übersteigerten idealistischen Vorstellungen entsprungen sei, während Bülow als Außenstaatssekretär und Reichskanzler die Beziehungen stets nur vernunftmäßig beurteilt habe und sich immer wieder habe bemühen müssen, »den zu weit gehenden Enthusiasmus des Kaisers und seinen übertriebenen Eifer für alles Türkische und Mohammedanische zu mäßigen und zu zügeln.«[692] Daß Bülow bei aller Kritik an dieser Darstellung eventuell auch nicht ganz unrecht hatte, zeigt sich unter anderem in der von verschiedenen Zeitgenossen beschriebenen, allerdings nur vorübergehenden Abkühlung der Freundschaft zwischen beiden Monarchen, als Wilhelm II. 1894 von den Morden an den armenischen Christen erfuhr und in gewohnt emphatischer Weise reagierte, wie seine Randbemerkungen aus dieser Zeit zeigen. Des deutschen Kaisers Sympathie für den Herrscher am Bosporus mochte vermutlich auch eine Ursache darin haben, daß Sultan Abdül Hamid II. sein Reich so regierte, wie es Wilhelm II. gerne in Deutschland getan hätte – in erheblicher Machtfülle, autokratisch, ohne Parlament, letztlich allein entscheidend, mit einer Regierung, die kaum selbstbestimmt zu handeln vermochte. Doch läßt sich das komplexe Verhältnis beider Herrscher und Reiche zueinander kaum darauf reduzieren.

In seinem Dankestelegramm an den deutschen Kaiser nach dessen bereits erwähnter sehr emotionaler Damaszener Rede erklärte der Sultan geschmeichelt, diese Worte seien der Beweis für die »unveränderliche Freundschaft beider Monarchen«.[693] Gegenüber dem Vertreter des deutschen Botschafters zeigte sich Abdül Hamid II. in einer von ihm befohlenen Privataudienz am 11. November 1898 ebenfalls sehr befriedigt: »Aus diesen Worten ersehe ich von neuem, daß die Gefühle, welche mich für Seine Majestät den Kaiser und für das Deutsche Reich beseelen und von der gesamten ottomanischen Nation geteilt werden, auch auf deutscher Seite vollste Erwiderung finden. Dieser Gedanke ist für mich um so wertvoller und tröstlicher, als die von fremder Seite manchmal gemachten Versuche, diese Freundschaft zu erschüttern, durch die Kundgebung Seiner Majestät des Kaisers zunichte gemacht worden sind.«[694] Über sein Verhältnis gegenüber den Deutschen im allgemeinen und Kaiser Wilhelm II. im besonderen schrieb Sultan Abdül Hamid II. dann in seinen Erinnerungen: »Die Franzosen zeigen sich verärgert darüber, daß ich ihnen die Deutschen vorziehe. Ich habe gute Gründe, dies zu tun. Der Kaiser allein hätte schon genügt, um meine gesamte Sympathie für die Deutschen zu erlangen. Voilà, ein Mann, den man unbedingt lieben sollte – und dem man vertrauen kann. Er ist ein Mann, der Bewunderung verdient; auf welche Höhen wußte er sein Land zu führen!«[695]

Dem russischen Kaiser Nikolaus II. teilte Wilhelm II. am 9. November 1898, von seinem Empfang in Damaskus noch ganz überwältigt, mit: »Das geschieht, weil ich ein Freund ihres Sultans und Kalifen bin [...]«[696] Wilhelm van Kampen meinte siebzig Jahre später, der deutsche Kaiser sei ab Mitte der 1890er Jahre zu Sultan Abdül Hamids einzigem Freund und Beschützer in Europa geworden.[697]

Als Kuriosum sei nebenbei auch vermerkt, daß Sultan Abdül Hamid II. selbst Eingang in eine operettenhafte Revue[698] des in Deutschland damals sehr populären Komponisten Paul Lincke fand. Im Herbst 1909, nach seinem Sturz also, brachte das für seine opulenten Ausstattungsrevuen bekannte Berliner Metropol-Theater die musikalische Komödie ›Halloh! Die große Revue!‹ zur Aufführung. Die Musik dazu stammte aus der Feder von Paul Lincke, den Text steuerte Julius Freund bei. Eine anspielungsreiche Szene voller Witz und ein für damalige Begriffe mehr als frivoles Couplet unter dem Titel ›Abdul Hamid‹ widmete das Duo dem entthronten Herrscher. Es heißt dort, daß der Padischah nun »pensioniert« sei und seine Günstlinge in alle Winde zerstoben seien, denn »das macht die neue Ära in Galata und Pera« und weder die prekäre finanzielle Situation des einstigen Herrschers noch sein Exil in Selanik wurden dabei vergessen. Das Couplet ist in ein Zwiegespräch zwischen Abdül Hamid II. und einem Berliner Commis eingebettet, dem der Sultan, zunächst seinen Fez unter einem Zylinder verborgen haltend, erläutert: »Ich bin in strengstem Inkognito in Berlin, nur um nachzusehen, ob auf der Deutschen Bank von meinen Kapitalien nichts mehr zu retten ist.« Auf die Frage, wie es denn um seine Befindlichkeit bestellt sei, antwortet der entthronte Padischah, »Brille, Shawl und Tuch abwerfend«: »Unter uns gesagt, ich mime bloß noch den kranken Mann, um das Mitleid der Mächte zu erregen. Eigentlich fühle ich mich ganz wohl, seitdem ich nicht mehr Beherrscher der Gläubiger [sic] bin. Alle Tage frischer, fideler, schon der reine Jungtürke. Bin überhaupt niemals der bleiche Tyrann gewesen, für den mich die Zeitungen immer ausgegeben haben.« Er beklagt seine Lage im Exil: »Vor kurzen erst mußte ich das Schloß meiner Ahnen mit einem ziemlich primitiven Landaufenthalt vertauschen ...« und beginnt dann zu singen:

»Ganz verarmt an barem
Mußt ich aus dem Harem
Wo ich oft geweilt als Padischah!
›Süßer Abdul Hamid!
Ich möcht' mit Papa mit!‹
Rief so manche heiße Schöne da.
Und es baten alle Odalisken:
›Bleib doch noch'n bißchen,
Gib doch noch'n Küssken!‹

Aber barsch rief ein General, ein dicker:
›Vorwärts zu die Saloniker!‹
Ei, ei, ei, ei!

Ah! Ah! Ah!
Mit mir ist es Schluß
An dem Bosporus.
Ah! Ah! Ah!
O, ich armer Padischah!
Wär' nicht das Schwein verboten
Bei uns in der Türkei,
Ich möchte beinah' sagen:
Es ist 'ne Schweinerei!
Ah! Ah! Ah!
Mit mir ist es Schluß
An dem Bosporus.
Ah! Ah! Ah!
O, ich armer Padischah!

Angstvoll und sehr eilig,
Floh aus dem Serail ich,
Als sich die Revolte etabliert;
Paschas, Beys und Muftis,
Da sieht man gleich, was Schuft is
Taten so, als hätt' ich nie regiert!
Pensioniert bin ich wie die dell' Era,
Das mach die neue Aera
In Galata und Pera.
Und jetzt dürfen zu Kaffee und Kuchen
mich nicht mehr besuchen – die Eunuchen!

Ah! Ah! Ah!
Diese armen Leut'
Tun besonders leid
Ah! Ah! Ah!
Mir armem Padischah.
Schwer trennt von dem Berufe
So ein Eunuch sich ja,
Eunuch war schon der Vater,
Ja, selbst der Großpapa.
Ah! Ah! Ah! [...]«

Abschließend stellt der Commis dann über den abgehenden Ex-Sultan maliziös-ironisch fest: »Da tanzt er hin und herrscht nicht mehr!«[699]

Der ›Thronwechsel‹ an der Spitze des Osmanischen Reiches beschäftigte auch die berühmte Münchner Zeitschrift ›Jugend‹ in Wort und Bild. Auf der letzten Seite des Anfang Mai 1909 erschienenen Heftes ist eine dem Sultan gewidmete ganzseitige Karikatur zu sehen. Sie zeigt Abdül Hamid II. in düsterer Gestalt, umgeben von acht zumeist nackten Frauen, die, auf Kissen liegend, lesen, Wasserpfeife rauchen und musizieren oder sich anderweitig zerstreuen. Darunter ist zu lesen: »Exsultan Abdul Hamid: ›Jetzt hab‘ ich nur noch acht Frauen – ich komm‘ mir vor wie ein Witwer!‹ «[700] Aus der Feder Fritz von Ostinis stammt ein Gedicht in derselben Nummer. Es ist mit »Zum türkischen Thronwechsel« überschrieben und beschäftigt sich mit der Revolte der Jungtürken und den deutschen Militärreformern, wobei der sprichwörtliche preußische Offizierston in satirischer Weise nachgeahmt wird:

»Bischen jewaltsam ja janzer Streich,
Nich janz exakt zu nennen – – –
Aber versöhnt uns mit Kerls doch jleich,
Daß Situation erkennen:
Jungtürken niemals – sag‘ es mit Stolz –
So schnell zu Stuhl jekommen,
Wenn sie nich Unsereins (von der Joltz!)
Fest in die Lehre jenommen!

Schule der Schulen! Anerkannt!
Is so und wird so bleiben!
Sollten sich Jallier und Britenland
Hinter die Ohren schreiben!«[701]

Doch zurück zu den befreundeten Herrschern. Wie bereits bekannt, war das Verhältnis beider ›Freunde‹ zueinander zeitweilig nicht ungetrübt, so etwa, als sich zwischen 1894 und 1896 die erwähnten Pogrome gegen die Armenier ereigneten. Diese Verstimmung war allerdings nicht nachhaltig. Schon wenig später schien der deutsche Kaiser seine Entrüstung – 1895 hatte er geschrieben, der Sultan sei »Ein ekelhafter Mensch!« – überwunden zu haben. Dem britischen Premierminister Lord Robert Salisbury[702] gegenüber »verteidigte Wilhelm II. seinen Freund Abdul Hamid in kräftigsten Worten, so daß die Unterredung schließlich äußerst erregte Formen annahm.«[703] In diesem angeblich am 8. August 1895 während der Regatta in Cowes geführten Gespräch ging es zum einen um die von den Briten wegen der Morde an den Armeniern und der vornehmlich aus britischer Sicht mangelnden Kooperationsbereitschaft Abdül Hamids II. in armenischen Fragen (Besetzung von Verwaltungs- und Militärposten) favorisierte

Absetzung des Sultans und zum anderen angeblich um eine mögliche Aufteilung des Osmanischen Reiches.[704] Die interessante Frage, ob die Briten tatsächlich erwogen, Abdül Hamid II. abzusetzen,[705] um dann die Kalifenwürde einem anderen muslimischen Herrscher – dem Khediven von Ägypten etwa – oder einem anderen willfährigen Vertreter zuzuerkennen, der ihren kolonialpolitischen Interessen in der islamischen Welt als ›Werkzeug‹ dienen sollte, und sie die Kalifenwürde auf diese Weise eng mit dem britischen Kolonialsystem in Indien und Ägypten verknüpfen wollten, wird in der einschlägigen Geschichtsschreibung kontrovers diskutiert. Das starke britische Engagement auf der Arabischen Halbinsel seit Mitte des 19. Jahrhunderts muß jedoch auch in diesem Zusammenhang gesehen werden.

In seinen ›Pensées et Souvenirs‹ – es fällt auf, daß sie den gleichen Titel tragen, wie die bereits 1898 veröffentlichten Memoiren Otto von Bismarcks – verglich der Sultan in einem eigenen Kapitel die Türken mit den Deutschen: »Die Türken werden zuweilen ›die Deutschen des Orients‹ genannt [...]. Das stimmt ziemlich genau, denn es besteht tatsächlich eine gewisse charakterliche Übereinstimmung zwischen uns und den Deutschen, und dies ist zweifellos einer der Gründe, warum wir uns zu ihnen hingezogen fühlen. Die Ruhe wie die Zurückhaltung, die Langmut sowie die Geduld sind charakteristisch für beide Völker, zudem sind beide etwas langsam und schwerfällig. Wir brauchen lange Zeit, um uns aufzuregen, wir lassen uns lange quälen, ohne die Geduld zu verlieren; aber dann schlagen wir um so stärker zu. [...] Die Geschichte beider Völker selbst weist viele Übereinstimmungen auf. Die alten deutschen Kaiser wollten ihre Herrschaft über die Alpen ausdehnen und träumten von einem römischen Imperium, meine Vorfahren trachteten danach, ein Weltreich zu gründen, das sich von Indien bis nach Wien erstrecken sollte. Die Deutschen haben ihre Kräfte oftmals vergeudet, ebenso wie wir Osmanlıs.«[706] Diese Gedanken liefern eine interessante Einschätzung hinsichtlich der ausgedehnten Expansion beider Reiche und zeugen von einem tieferen Interesse sowie einer persönlichen Hinwendung des Sultans zu Deutschland, in der sich, neben allem Kalkül, seine freundschaftliche Einstellung widerspiegelt, die sich nicht nur bei den beiden Besuchen des deutschen Kaiserpaares in Constantinopel in den Jahren 1889 sowie 1898 zeigte.

Daß das Osmanische Reich ungeachtet aller Beteuerungen der ›friedlichen Imperialisten‹ in den Augen der deutschen Politik dennoch ein Objekt auch kolonialpolitischer Begierde war, zeigen neben den bereits zitierten Äußerungen Paul Rohrbachs oder Ernst Jäckhs verschiedene Bemerkungen Wilhelms II. – wenn er etwa von einem »deutschen Kleinasien«[707] träumte oder das Osmanische Reich als deutsches Einflußgebiet ansah.[708] Der Deutschland und der deutschen Politik gegenüber zumeist wohlwollende, politisch jedoch illusionslose Sultan machte an etlichen Stellen seiner Aufzeichnungen denn auch deutlich, daß er dies genau erkannt hatte. So schrieb er beispielsweise 1899 in seinen Erinnerungen:

»Es ist wirklich höchste Zeit, den deutschen Einfluß etwas einzugrenzen. Wir müssen dem ›Großherrn‹ (Botschafter Frhr. M. v. Bieberstein) zeigen, daß wir ihm und seiner Politik mißtrauen. Mein Botschafter in Berlin informiert mich, daß der Kaiser beabsichtigt, eine deutsche Einflußzone in Kleinasien zu schaffen. [...] Bilden sie sich ein, wir werden den deutschen Kolonisten diese Erde Anatoliens, die unsere Väter unter so vielen Opfern erwarben, überlassen?«[709] Wie Abdül Hamid II. den deutschen Kaiser, seinen ›einzigen Freund‹ unter den europäischen Monarchen, tatsächlich einschätzte, offenbarte er seiner Tochter Prinzessin Ayşe: »Während meiner Regierung kam er zweimal nach Istanbul. Ich habe ihn aus der Nähe gekannt. Er war ein junger Mann, liebenswürdig und sympathisch. Nach dem Sturz von Bismarck übernahm er selbst die Rolle des letztgenannten. Aber er war überdies nicht so intelligent und erfahren wie Bismarck. Sein Anliegen, das er verfolgte, war die militärische Macht Deutschlands.«[710] Einen aufschlußreichen Aspekt zur Bewertung dieser offenbar auch persönlichen Freundschaft beider Herrscher fügt John Röhl hinzu, wenn er schreibt, Kaiser Wilhelms II. Absicht sei es stets gewesen, das Osmanische Reich zu stabilisieren, wobei er sein intensives Interesse an der Türkei verloren habe, nachdem Sultan Abdül Hamid II. 1909 entthront worden war.[711] In diesem Zusammenhang verdienen des weiteren eine Schilderung von İsmail Hakkı, dem ältesten Sohn des Großwesirs Tewfik Pascha, Beachtung. İsmail Hakkı und sein Bruder Ali Nuri besuchten seit 1909 die

Freitagsgebet in der Yeni Sultan Valide Camii in Eminönü, Constantinopel 1906

preußische Kriegsakademie und standen als Gardeoffiziere bei der Armee: »Dann meldeten wir [dem Kaiser] unsere Ankunft beim Zweiten Gardedragonerregiment, und der Kaiser sagte: ›Wie konnte es denn nur passieren, daß ihr meinen guten Freund und euren Oberbefehlshaber, den großen Herrscher Sultan Abdül Hamid gestürzt habt?‹ «[712] Wie es um die persönlichen Beziehungen der beiden Monarchen zueinander bestellt war, erhellt außerdem noch eine amüsante Anekdote: Wilhelm II. hatte 1898 bei seinem Besuch der deutschen Botschaft im Stadtteil Ayaspascha (Ayazpaşa) von den dortigen Birnen gegessen und sie offensichtlich gegenüber dem Sultan gelobt. Fortan ließ Sultan Abdül Hamid II. im Sommer und im Herbst stets einige Kisten jener Birnen über die deutsche Botschaft nach Berlin schicken.

Alfred von Kiderlen-Wächter berichtete über diese, in einer Zeit ohne Kühlschrank und Flugzeug wahrlich delikate Mission am 11. Juli 1907: »Meine momentane politische Aufgabe ist die möglichst rasche Beförderung einer Kiste mit Birnen, die der Sultan dem Kaiser schickt. Eine nicht ganz leichte Aufgabe – da wir keinen Kurier haben!«[713] Ein Jahr später vertrat Kiderlen-Wächter nochmals den eigentlichen Botschafter und wurde wiederum mit der Birnensendung betraut: »Der Sultan war heute auch wieder äußerst gnädig [...]. Er annoncierte heute abermals die Birnensendung für Seine Majestät! Die soll nun Montag gehen. Wie die Birnen ankommen, ist fraglich – oder auch nicht!«[714] Die bei der Arbeit an dieser Publikation durchgesehenen Akten geben leider keine Auskunft darüber, in welchem Zustand die Früchte in Berlin eintrafen.

Die schillernde, gewinnende Persönlichkeit des Sultans und der Glanz des osmanischen Hofes hatten selbst den erfahrenen Diplomaten Kiderlen-Wächter nachhaltig in ihren Bann gezogen, ohne daß er deshalb seine klarsichtige Kritikfähigkeit eingebüßt hatte. Nach seinem ersten Empfang im Juni 1907 berichtete er: »... ich habe schon manches Großartige in meinem Leben gesehen, aber ich stehe noch ganz unter dem Eindruck des Abends im Yildiz. Der Sultan war ganz ungewöhnlich gnädig, um seiner Verehrung für unseren Kaiser Ausdruck zu geben.«[715]

Als dann Kiderlen-Wächters mehrmonatige erfolgreiche Vertretungstätigkeit in Constantinopel im Dezember 1907 zu Ende ging, zeichnete ihn Sultan Abdül Hamid II. in besonderer Weise aus. Der Padischah verlieh ihm anstelle des in solchen Fällen üblichen Großkreuzes des Osmaniye-Ordens – »eventuell mit Brillanten« – den Iftihar-Orden.[716]

Geschmeichelt schrieb Kiderlen-Wächter, diese Auszeichnung sei »eigentlich nur eine Medaille mit Brillanten, aber besonders hochgeschätzt. [...] Wenn dann Botschafter einige Jahre hier sind, erhalten sie den Iftihar und schätzen ihn so hoch, daß sie ihn bei Audienzen selbst auf dem Überrock tragen.«[717] Diese von Abdül Hamid II. wohlerwogene Dekoration (er sah wahrscheinlich in Kiderlen-Wächter den kommenden deutschen Botschafter, sollte Bieberstein einmal abgelöst werden[718]) und die erwähnten glanzvollen Empfänge im Yıldız-Palast illustrieren zugleich die Ausführungen Johannes Graf von Moys in bezug auf die besonders heute unglaublich anmutende Prachtentfaltung des osmanischen Hofes selbst in dessen Spätzeit: »Dem Großherrn, zugleich Kaiser und Kalif, sowie abgestuft den höchsten Würdenträgern, darunter den Abgesandten der Großmächte, wurden für den heutigen Menschen fast unvorstellbare Ehrungen zuteil. Bekannt ist Bismarcks scherzhafte Bemerkung, er könne einen Botschafter, der in Konstantinopel auf Posten war, nirgends anders mehr gebrauchen.«[719] Die jeweils mehrmonatige Vertretung Kiderlen-Wächters auf dem Botschafterposten in Constantinopel 1907 und 1908 war in wirtschaftlicher wie auch in politischer Hinsicht recht erfolgreich. Es war ihm, sehr zur Freude Kaiser Wilhelms II. und der Berliner Regierung, unter anderem gelungen, das Bagdadbahnprojekt wesentlich voranzutreiben und in der Frage der mazedonischen Justizreform die Position des Sultans zu stärken. Kiderlen-Wächter konnte daher mit einiger Berechtigung darauf hoffen, tatsächlich der Nachfolger Biebersteins am Bosporus zu werden. [720] Es sollte indes ganz anders kommen. Als der langjährige Botschafter in Constantinopel 1912 abgelöst wurde, um als deutscher Vertreter an den britischen Hof zu wechseln, war Alfred von Kiderlen-Wächter bereits Staatssekretär des Auswärtigen Amtes. Eine bittere Ironie des Schicksals wollte es, daß beide Männer noch im Jahr 1912 im Abstand von nur drei Monaten überraschend starben.

Europäischer Herrscher oder orientalischer Despot
Deutsche Fürstenbesuche am Hof Abdül Hamids II.

»Ich bin der Mast, das Steuer, der Steuermann, das Schiff: (...)«

Friedrich Rückert, aus den Ghaselen

Im Lauf seiner knapp dreiunddreißigjährigen Regierungszeit empfing Sultan Abdül Hamid II. eine Vielzahl von Angehörigen des deutschen Hochadels. Auf die Bedeutung solcher Visiten für beide Seiten wurde oben bereits verwiesen. Herausragend waren dabei natürlich die glanzvollen Staatsbesuche des deutschen Kaiserpaares in den Jahren 1889 und 1898. Doch auch die Aufenthalte regierender deutscher Bundesfürsten – wie der allerdings private Besuch des oldenburgischen Großherzogspaares im Jahr 1902 – oder Visiten der Thronfolger stellten Glanzpunkte der beiderseitigen Beziehungen dar und dienten sowohl der Festigung der deutsch-osmanischen Freundschaft als auch dem weiteren Ausbau der wirtschaftlichen Beziehungen.

Interessant ist in diesem Zusammenhang der Hinweis der Herausgeber der Akten des Auswärtigen Amtes, daß genau diese Akten in politischer Hinsicht kaum etwas über die zweite Orientreise Wilhelms II. enthalten. Über die Gespräche des Kaisers sowie des Staatssekretärs von Bülow mit dem Sultan oder dem Außenminister und anderen Politikern liegen demzufolge nur geringe offizielle Aufzeichnungen vor.[721] Deshalb läßt sich auch bis jetzt zum Beispiel nichts Genaues darüber feststellen, wann und in welcher Weise Kaiser Wilhelm II. mit dem Sultan über die Frage der Ansiedlung von europäischen Juden in Palästina und einen möglichen Empfang des Zionistenführers Theodor Herzl am Hof in Constantinopel sprach. Seit langem verfolgte Herzl die Idee eines Treffens mit Abdül Hamid II., um mit ihm über die Frage einer Einwanderung von Juden in größerer Zahl nach Palästina zu verhandeln. Herzl verfügte über etliche Fürsprecher in den höchsten Gesellschaftskreisen – allein in Deutschland trat, neben verschiedenen Politikern, Großherzog Friedrich von Baden nachhaltig für dieses Projekt ein. Unter anderem war er es auch, der seinen Neffen Wilhelm II. letztlich veranlaßte, Herzl am 2. November 1898 in Jerusalem zu empfangen.[722] Der deutsche Kaiser hatte Theodor Herzl bereits zuvor zugesichert, sich höchstpersönlich bei Abdül Hamid II. für einen Empfang des Zionistenführers zu verwenden. Doch ging der Sultan nicht in der Weise darauf ein, wie der Kaiser es erwartet haben mochte. Jedenfalls kam es erst am 19. Mai 1901 zu jener denkwürdigen Unterredung zwischen dem Sultan-Kalifen und dem Wortführer der Zionisten. Abdül Hamid II. blieb aus sehr verständlichen Gründen bei seiner ablehnenden Haltung gegenüber einem Protektorat oder einer ähnlichen Einrichtung für jüdische Bewohner innerhalb seines Reiches und äußerte sich mehrfach in folgender Weise: »Ich kann keinen Fußbreit Landes veräußern, denn es gehört nicht mir, sondern dem türkischen Volke. Mein Volk hat dieses Reich mit seinem Blut erkämpft und gedüngt. Wir müssen es wieder mit unserem Blut bedecken, bevor man es uns entreißt. [...] Ich kann davon nichts hergeben. Die Juden sollen sich ihre Millionen aufsparen. Wenn mein Reich zerteilt wird, bekommen sie vielleicht Palästina umsonst. Aber teilen wird man erst unseren Kadaver. Eine Vivisektion gebe ich nicht zu.«[723] Aus dieser prophetischen Haltung Abdül Hamids II. spricht sicherlich kein Antisemitismus. Die Juden hatten sich, im Gegensatz zu den Christen, dem Osmanischen Reich gegenüber stets loyal erwiesen und waren daher wohlwollend behandelt worden. Der von Theodor Herzl so vehement propagierte Zionismus war jedoch eine weitere nationalistische Bewegung mit erheblicher Sprengkraft, weshalb der Sultan ihn im Sinn seiner osmanistischen Reichsideologie, die das in allen Fugen ächzende Reich nur mühsam zusammenzuhalten vermochte, vehement ablehnen mußte, wollte er nicht einen weiteren Konfliktherd im Inneren eröffnen. Bereits 1895 hatte er sich dahingehend auch in seinen Aufzeichnungen geäußert, wobei der mit den europäischen Denkschemata und Ressentiments sehr wohl vertraute Sultan kühl feststellte, daß es keineswegs nur die Philosemiten unter den Europäern seien, die sich für die Juden einsetzten, sondern besonders auch Antisemiten, die eine Möglichkeit sähen, auf diese Weise die Juden aus Europa zu entfernen, und sich allein deshalb für Herzls palästinensische Ansiedlungsideen erwärmten.[724]

Sind also die politischen Aspekte während des Kaiserbesuches am Bosporus nicht recht faßbar, so waren – wie beabsichtigt – die greifbaren wirtschaftlichen Erfolge der Reise außerordentlich zufriedenstellend, wie Staatssekretär von Bülow dem Oberhofmeister der Kaiserin in einem Schreiben vom 26. März 1899 mitteilte. Neben einem allgemeinen Ausbau der Kontakte zwischen osmanischen Regierungsstellen und deutschen Unternehmen wurde den Deutschen eine Konzession zum Bau eines Hafens in Haydarpascha, dem Ausgangspunkt der Bagdadbahn, erteilt. Ferner sollte mit einem ›Kabel‹ zwischen dem rumänischen Constanza und der osmanischen Hauptstadt eine direkte telegraphische Verbindung zwischen Berlin und Constantinopel geschaffen werden – das gewichtigste Ergebnis war jedoch die Zusage für den Bau der Eisenbahnverbindung an den Persischen Golf.[725] Doch auch der Sultan profitierte, abgesehen von der Intensivierung der wirtschaftlichen Verbindungen, auch in

Abdül Hamid II. und das deutsche Kaiserpaar, Postkarte 1898

politischer Hinsicht von diesem glanzvollen Staatsbesuch, der für ihn einem außen- wie innenpolitischen Triumph gleichkam. Gut zwei Jahre nach der blutigen Niederschlagung der armenischen Aufstände in Constantinopel und weiten Teilen des Reiches, die Abdül Hamid II. auf Druck vor allem der Briten fast den Thron gekostet hatte, und angesichts der im Herbst 1898 sich erneut verschärfenden Krise um Kreta sowie heftiger britisch-französischer Kolonialkonflikte demonstrierte der glanzvoll in Szene gesetzte Besuch des Herrschers der stärksten europäischen Kontinentalmacht den übrigen Mächten, daß Abdül Hamid II. wieder fest im Sattel saß, daß die armenischen Massaker in den Hintergrund geraten waren – und daß der Sultan über einen mächtigen Verbündeten verfügte, der bei verschiedenen Wirtschaftsvorhaben eben gerade deshalb darauf rechnen durfte, gegenüber den übrigen Mächten begünstigt zu werden.

Es lohnt sich, an dieser Stelle einen kurzen Blick auf den sich wandelnden osmanischen Hof zu werfen: Seit der Tanzimatepoche orientierte sich der osmanische Hof, angesichts der immer zahlreicher werdenden Besuche europäischer Fürstlichkeiten, zunehmend an abendländischen Gepflogenheiten. Noch während der Regierung Sultan Abdül Medschids erfolgte daher 1846 die Einrichtung eines dem Übersetzungsamt des Außenministeriums angegliederten

Speisesaal im Şale Kiosk. Die Möbel entstanden in der Tischlerei des Sultans, Constantinopel um 1890

›Amtes für ausländisches Protokoll‹ (›Teşrifat-ı Hariciye Memurluğu‹). Die zunehmende ›Verwestlichung‹ des osmanischen Hofes schlug sich seit der Mitte des 19. Jahrhunderts auch in der Benutzung europäischer Eßbestecke und von Porzellan aus bedeutenden europäischen Manufakturen nieder. Sultan Abdül Hamid II. besaß für große Festbankette beispielsweise einen Besteckssatz en vermeil – also aus vergoldetem Silber – für weit mehr als 120 Personen. Empfing der Sultan muslimische Gäste an seinem Hof, wurde allerdings nach hergebrachter Sitte verfahren: Herren und Damen speisten getrennt, war man en famille, dann bisweilen auch irgendwo in den Wohnräumen – spezielle Speisezimmer waren in den traditionellen osmanischen Palästen unbekannt – auf bequemen Kissen auf dem Fußboden sitzend, die Speisen von großen Tabletts nehmend. Daß der Padischah bei großen Banketten mit auswärtigen Herrschern, Diplomaten sowie Damen zugegen war, gehörte ebenfalls zu den Neuerungen, denn traditionell speiste der Sultan allein. An solchen Galatafeln, für die zumindest in den neuen Sultansresidenzen prunkvolle Speisesäle eingerichtet wurden, nahmen die Gemahlinnen des Sultans oder andere osmanische

Prinzessinnen und Damen jedoch auch weiterhin nicht teil. In verschiedenen neueren Publikationen ist noch immer zu lesen, daß es für europäische Schlösser – im Gegensatz zu den osmanischen – sehr ungewöhnlich sei, daß es keine Speisezimmer gebe. Jedoch sei in diesem Zusammenhang besonders auf die Erinnerungen der herzoglich-bayerischen Hofdame Freiin Marie von Redwitz hingewiesen, die im Jahr 1888 über ein Essen in der österreichischen Kaiservilla in Bad Ischl notierte: »Es berührte mich sonderbar, daß kein eigentliches Speisezimmer da war, und in einem Salon gegessen wurde, wo man auf seidenen Fauteuils saß. Man begegnete dieser Sitte sehr häufig an den Höfen älteren Stils, wo der fertig gedeckte Tisch hereingeschoben wurde.«[726] Ebenso berichtete die Hofdame über den Münchner Hof der Herzogin Ludowika in Bayern: »Auch hier im Palais existierte kein eigentliches Speisezimmer, und zur Essenszeit wurden der gedeckte Tisch und die Stühle hereingebracht.«[727]

Doch zurück zum Besuch des deutschen Herrscherpaares: Zur Vorbereitung des ersten Staatsbesuchs Wilhelms II. und der Kaiserin Auguste Victoria 1889 berief Sultan Abdül Hamid II. eine spezielle Kommission des Hofes, die sich um die Planung sowie den Ablauf des Besuches akribisch und in enger Abstimmung mit dem deutschen Botschafter von Radowitz zu kümmern hatte. Der Sultan sparte für seine kaiserlichen Gäste an nichts – Porzellane aus Meissen wurden für den Besuch ebenso beschafft wie vergoldete Porzellanteller, Schildpattlöffel, deren Stiele aus Korallen gefertigt waren, verschiedenste Kristallgläser, darunter sogar solche für das damalige Modegetränk Punsch, wobei bei den Banketts alkoholische Getränke nicht an die Muslime unter den Gästen ausgeschenkt wurden, Karaffen, 24 silberne Teetassen, die vergoldet waren, und 199 weitere Besteckteile ›en vermeil‹. Auch eine neue Tafel von zweiundzwanzig Metern Länge wurde bestellt, ebenso ein weiterer Eßtisch aus Walnußholz für vierundzwanzig Personen, außerdem noch kleinere Frühstückstische und ein Buffet zur Präsentation der Speisen. Die Leibpagen hatten anläßlich des Kaiserbesuches allesamt neue Uniformen erhalten. Allerdings erschienen sie Heinrich von Eckardt doch reichlich theatralisch und erinnerten ihn an Jacques Offenbachs Operette ›Die Großherzogin von Gerolstein‹. Er vermerkte offenbar beeindruckt: »Die ganze Dienerschaft hatte neue Livreen mit Goldstickerei erhalten, ein Anzug kostet 40 £ = 720 M.«[728]

Am Morgen sollten dem Kaiser und der Kaiserin auf Wunsch Abdül Hamids II. Tee, Milchkaffee sowie Schokolade, Butter, Eier und kaltes Fleisch serviert werden. Stets vier Diener hatten im Speisezimmer anwesend zu sein. Die Mahlzeiten, die das Herrscherpaar mit seiner Entourage allein – ohne den Sultan – im Şale Kasrı einnahm, sollten alla franca[729] zubereitet werden, auf Wunsch wurden jedoch auch alla turca bereitete Speisen serviert. Abends sollten sich Musiker des Hoforchesters neben einem Saz-Ensemble zur Unterhaltung der Gäste zur Verfügung halten. Drei Butler standen stets bereit, um die Wünsche des

Herrscherpaares entgegen zu nehmen. Außerdem waren täglich die Zeiten, zu denen gespeist werden sollte, zu erfragen.[730] Weiterhin hatte Abdül Hamid II. angeordnet, daß bei den Ausfahrten des Kaiserpaares an bestimmten Punkten Diener mit diversen Erfrischungen und Zigaretten bereitstehen sollten. Auch Großherzogin Elisabeth von Oldenburg berichtete bei ihrem Besuch 1902 davon, daß sie und ihre Mitreisenden auf diese zuvorkommende Art und Weise bewirtet wurden.

Der erste Besuch des deutschen Herrscherpaares fand zwischen dem 2. und dem 6. November 1889 statt. Am 30. Oktober hatte Prinzessin Sophie von Preußen, eine der Schwestern Wilhelms II., sich in Athen mit dem griechischen Kronprinzen Konstantin[731] vermählt. Das deutsche Kaiserpaar reiste von dort am 31. Oktober mit seiner Jacht ›Hohenzollern‹ und den begleitenden Kriegsschiffen ›Preußen‹, ›Sophie‹, ›Kaiser‹ und ›Leipzig‹ sowie dem Dampfer ›Danzig‹ nach Constantinopel weiter. Prinz Heinrich von Preußen,[732] der Bruder des Kaisers, begleitete zusammen mit Graf Herbert von Bismarck,[733] dem Staatssekretär des Äußeren und Sohn des Reichskanzlers, auf einem der Schiffe das Kaiserpaar. Daß Wilhelm II. und Kaiserin Auguste Victoria den Aufenthalt in Constantinopel damals – und auch rückblickend – so überaus angenehm und in gewisser Weise auch entspannend erlebten, war unter anderem der vom Kaiserpaar bisweilen als unerfreulich empfundenen Atmosphäre am Athener Hof geschuldet. Wilhelm II. schrieb später darüber 1927 in Huis Doorn: »Aus Anlaß der Hochzeitsfeierlichkeiten in Athen war außer meiner Mutter ein Kreis von Verwandten aus Cophenhagen und London zusammengekommen, in dem meine Frau Mutter der Mittelpunkt war. Meine heimgegangene Frau – eine gute Kennerin der Dänen und ihrer Mentalität – merkte sofort die eigenthümlich moquante ›Familienatmosphäre‹, die uns als unwillkommene Fremdkörper in ihrem ›Familienkreis‹ empfing, und bezeichnete sie als ›anglo-dänisch‹ [...] Als bei Tisch die dänische Sprache vorherrschend wurde, in der unliebenswürdige Bemerkungen über mich und Deutschland ungenirt vor mir – der ich ahnungslos war – seitens des Königs Georg und besonders des sehr moquanten Prinzen Waldemar ausgetauscht wurden, riß I.M. der Kaiserin – die fließend Dänisch sprach – die Geduld, und sie machte dem neben ihr sitzenden alten König Christian[734] eine kurze Bemerkung auf dänisch, woraus er merkte, daß I.M. alles verstanden hatte. Der ritterliche alte Herr fuhr sofort – auf dänisch – dazwischen, und man griff wieder auf das Englische zurück. Dank der prachtvollen, vornehmen Haltung und festem, selbstbewußtem Auftreten der tief verletzten Kaiserin gelang es, den ›Familienkreis‹ zu wenigstens äußerlichem verwandschaftlich-höflichem Verhalten zu veranlassen, wobei der König Christian in reizendster Weise secundirte. Aber der Zustand blieb unbehaglich u. unerfreulich.«[735] Immerhin schrieb Kaiserin Auguste Victoria am 31. Oktober 1889 erleichtert in ihr Reisetagebuch: »Familienleben in

Athen sehr hübsch. Königin reizend [...]. Dänische Majestäten liebenswürdig bis auf ewiges Dänischspr[echen].«[736]

Von Constantinopel war am 30. Oktober abends bereits des Kriegsschiff ›İzzeddin‹ zusammen mit der kaiserlichen Jacht ›Sultaniye‹ und anderen osmanischen Schiffen in Richtung der Dardanellen aufgebrochen, um die kaiserlichen Gäste feierlich einzuholen. An Bord befand sich auch der deutsche Botschafter von Radowitz, der ausführlich über den für ihn äußerst strapaziösen Besuch seines Souveräns berichtete. Das Kaiserpaar reiste mit großem Gefolge, das Herr von Radowitz akribisch verzeichnete: »Die beiden Majestäten; Prinz Heinrich von Preußen; Herzog Friedrich Wilhelm zu Mecklenburg-Schwerin; Oberhofmeisterin Gräfin von Brockdorff; Hofdame Gräfin von Keller; Hofdame Fräulein von Gersdorff; Staatssekretär Graf Herbert v. Bismarck; Chef des Militärkabinetts General v. Hahnke; Chef des Zivilkabinetts v. Lucanus; Oberhofmarschall v. Liebenau; Generaladjutant v. Wittich; Oberhofmeister Freiherr v. Mirbach; Hofmarschall Graf v. Pückler; Chef des Marinekabinetts Freiherr v. Senden; Generalarzt Dr. v. Leuthold; Oberhofprediger Dr. Kögel; Flügeladjutanten v. Zitzewitz, v. Scholl, v. Lippe; Kammerherr Freiherr v. d. Reck; Hofmarschall des Prinzen Heinrich: v. Seckendorff; Adjutant des Prinzen Heinrich: v. Usedom; Adjutant des Herzogs zu Mecklenburg: v. Dambrowski, Legationssekretär v. Below.«[737] Außerdem gehörte der damals bekannte Berliner Marinemaler Carl Saltzmann, der seit 1884 den späteren Kaiser Wilhelm II. in der Ölmalerei unterwies und ihn auch später auf viele seiner Nordlandfahrten begleitete, der Reisegesellschaft an. Am Eingang der Dardanellen begrüßten am 1. November einhundert Kanonenschüsse und die deutsche Hymne ›Heil Dir im Siegerkranz‹ sowie der als Hymne dienende Hamidiye-Marsch die Reisenden. Eine hochrangige osmanische Delegation erwartete sie an Bord der ›İzzeddin‹: Außenminister Said Pascha, Marschall Edhem Pascha, Tewfik Pascha, der osmanische Botschafter am Berliner Hof, und der Zeremonienmeister im Amt für ausländisches Protokoll İbrahim Bey bildeten die Spitze des Komitees. Der greise Marschall Ali Nizami Pascha[738] sowie Ahmed Ali Pascha[739] und Freiherr Colmar von der Goltz fungierten als ›Mihman-darlar‹ (offizielle Reisebegleiter) Kaiser Wilhelms II., der älteste Generaladjutant des Sultans Muzurus Pascha[740] und Ferik Raşid Pascha nahmen diese Funktion bei der Kaiserin wahr,[741] für den Prinzen Heinrich speziell war Hakkı Pascha[742] abgeordnet. Wie erwähnt, war auch der deutsche Botschafter an Bord des Empfangsschiffes. Der den Botschafter von Radowitz begleitende angehende Diplomat Heinrich von Eckardt charakterisierte in seinem privaten Bericht über den Kaiserbesuch die anwesenden Herren recht anschaulich. Über Ali Nizami Pascha sagte er, daß er Deutsch sprach, ansonsten aber so hinfällig war, daß er an den offiziellen Essen nicht teilnahm, weil er wegen seiner zitternden Hände von seinem Diener gefüttert werden mußte. Muzurus Pascha habe dagegen wie Ajax aus der Operette ›Orpheus in der Unterwelt‹

ausgesehen.[743] Die Anfahrt der Herren von Constantinopel verlief sehr förmlich: Bei dem abendlichen Diner brachte der Botschafter einen Toast auf Sultan Abdül Hamid II. aus, woraufhin Edhem Pascha während des Frühstücks dann einen Toast auf den deutschen Kaiser aussprach. Die osmanischen Matrosen des Aviso ›İzzeddin‹ begrüßten Wilhelm II. mit einem siebenfachen ›tschok jascha!‹ als ›SMS Kaiser‹ das osmanische Schiff erreicht hatte. Die Hymnen wurden gespielt, und der Botschafter begab sich an Bord, um sich bei Wilhelm II. zu melden. Der Kaiser empfing daraufhin die Herren des osmanischen Ehrendienstes mit Mokka und Zigaretten, Kaiserin Auguste Victoria erschien in einem weißen Kleid mit grauem Jackett, wozu sie einen weißen Hut mit Feder trug.

Das Geschwader wurde bis auf die Schiffe ›Hohenzollern‹, ›Kaiser‹ (auf der die Kaiserstandarte aufgezogen war, während über der ›Hohenzollern‹ die Kaiserinnenstandarte wehte) und ›Danzig‹ am Eingang zu den Dardanellen zurückgeschickt. So erreichten das Herrscherpaar und seine Begleitung am 2. November schließlich Constantinopel. Im Bosporus näherten sich der deutschen Flotte drei Schiffe des österreichischen Lloyd, die viele Mitglieder der deutschen Kolonie an Bord trugen. Heinrich von Eckardt schrieb: »Man hörte von allen Seiten ›Deutschland über Alles‹, ›Heil Dir im Siegerkranz‹, ›Die Wacht am Rhein‹ und ›Hurrah‹ rufen. Der Kaiser stand in roter Husarenuniform auf der Kommandobrücke des ›Kaiser‹ «.[744] Nicht nur bei der deutschen Gemeinde stieß der Besuch ›ihres Kaisers‹ auf großes Interesse, die Briten in Constantinopel begrüßten in Wilhelm II. den ältesten Enkel der britischen Königin, und die Griechen sahen ihn als den Bruder ihrer gerade gewonnenen Kronprinzessin Sophie. Über die Ankunft der erlauchten Gäste berichtete die Zeitung ›Sabah‹ am selben Tag in deutscher und türkischer Sprache in einem Artikel, der Portraits der Kaiserin Auguste Victoria sowie Kaiser Wilhelms II. zeigte und die deutsch-osmanische Verbundenheit in blumigen Worten betonte. Auch die Zeitung ›Tercüman-i Hakikat‹[745] berichtete in beiden Sprachen über das Eintreffen des deutschen Kaiserpaares.[746] Am Palast von Dolmabahçe ging das deutsche Herrscherpaar, von dem offenbar freudig erregten Sultan Abdül Hamid II. auf der wasserseitigen Terrasse erwartet, an Land.[747] »In dem Augenblick, als die Kaiserin in die Barkasse stieg, wurde [auf den deutschen Schiffen] die türkische Flagge gehißt, und vom ›Kaiser‹ aus donnerten 33 Salutschüsse über dem Meeresspiegel dahin.«[748] Die osmanische Militärkapelle intonierte ›Heil dir im Siegerkranz‹, beide Monarchen »schüttelten einander wiederholt die Hände, wobei dieselben gegenseitig ihrer hohen Befriedigung über die heutige Begegnung Ausdruck gaben«.[749] Der Padischah – in großer Uniform, über der er das Band des Schwarzen Adlerordens trug – bot Kaiserin Auguste Victoria den Arm und führte sie in den monumentalen Thronsaal des Dolmabahçe-Palastes. Ihre Hofdame Gräfin Mathilde von Keller überlieferte einen anschaulichen Bericht von diesem ersten Zusammentreffen im Zeichen einer deutsch-osmanischen Annäherung:

»Der Sultan [...] erwartete uns hier und führte die Majestäten in den Palast, Ihrer Majestät den Arm gebend. Er ist ein kleiner, sehr elend aussehender Mann mit dunklen, klugen Augen und großer Nase. Ich hätte ihn für Ende 50 oder Anfang 60 geschätzt, er soll aber erst 46 Jahre alt sein. Durch kolossale, mit orientalischer Pracht ausgestattete Vorräume wurden wir in einen ebenfalls sehr reichen Saal geführt. Die Alabasterwände und Decken mit viel Ornamentik in Gold und helleuchtenden Farben verziert, der Fußboden mit prächtigen orientalischen Teppichen belegt, Möbel nur in geringer Anzahl, Taburetts, kleine Tische mit Perlmutter ausgelegt und niedrige Divans.«[750]

Prinzessin Naile,[751] eine der Töchter Abdül Hamids II., überreichte der Kaiserin dort im Schloß einen Blumenstrauß. Nach einer kurzen Ruhepause fuhren die Gäste mit zwei Vierspännern, der Sultan mit der Kaiserin und Küçük Said im ersten Wagen, im zweiten der Kaiser neben dem Großwesir Kâmil Pascha sowie Prinz Heinrich, eskortiert von zahlreichen Reitern des Ertoğrul-Regiments, durch ein Spalier von Soldaten unter Hochrufen und Militärmusik zum Yıldız-Palast hinauf. Sie waren dort im Şale Kasrı untergebracht. Ihrer Schwester Herzogin Caroline Mathilde zu Schleswig-Holstein-Sonderburg-Glücksburg schrieb Kaiserin Auguste Victoria, daß der Anblick der auf den Hügeln gelegenen Stadt »fabelhaft schön« sei und berichtete von dem eindrucksvollen Gewirr der »Moscheen, Minarette [und] Paläste aller Art«.[752] Die für das Kaiserpaar im Şale Kasrı vorgesehen Zimmer, so ließ sie ihre Schwester wissen, seien »wunderschön eingerichtet« und erinnerten sie in ihrer Pracht an die Schilderungen in den

Ankunft der kaiserlichen Jacht »Hohenzollern« im Hafen von Constantinopel 1898

Märchen aus tausendundeiner Nacht.[753] Besonders ein »Gartenzimmer mit wunderschönen Pflanzen, leichten Bambusmöbeln etc.« erweckte in der Kaiserin diesen Eindruck. Auguste Victoria fuhr fort: »Die Toilettenzimmer u. Schlafzimmer höchst elegant. Jeder fand auf s[einem] Wasch- u. Toilettentisch alle nur denkbaren Parfums, wohlriechendes Wasser, Puder, Nadeln [sicherlich Haarnadeln] etc, etc.«[754]

Den Hofphotographen aus dem Atelier Abdullah Frères war es gestattet worden, das Appartement des Kaiserpaares zu photographieren, und deutsche Zeitschriften benutzten diese Bilder sowie auch andere Zeichnungen (unter anderem auch von Fausto Zonaro, dem osmanischen Hofmaler), um ihre Leser genauestens über die geschmackvollen Interieurs im Şale Kasrı zu unterrichten. Auf Veranlassung des Sultans war, wie erwähnt, eine Kommission eingesetzt worden, um den als historisch eingestuften Besuch Wilhelms II. und seiner Gemahlin akribisch vorzubereiten. Botschafter von Radowitz schrieb: »Die Türken zeigten bei dieser Tätigkeit ihre Begabung für glänzende Dekorierung. Mit erlesener Pracht wurden alle Räume in Jildiz hergerichtet und umgeschaffen [...]. Am großen Kiosk [dem Şale Kasrı] wurde ein neuer Speisesaal angebaut, um das Galadiner dort geben zu können und nicht in den Dolma-Bagtsche Palast ausweichen zu müssen.«[755] Im Vorfeld dieses Besuches der ›Allerhöchsten Herrschaften‹ hatte Radowitz allerdings ein anderes Domizil für seinen Kaiser favorisiert – den Dolmabahçe-Palast. Dieser allein schien ihm würdig, das

Die kaiserliche Jacht »Hohenzollern« mit der das Kaiserpaar 1898 von Venedig nach Constantinopel reiste

deutsche Kaiserpaar zu beherbergen, aber »der Sultan in seiner bekannten nervösen Art« sei nicht zu bewegen, »den Majestäten das prachtvolle, große Palais von Dolma Bagtsche am Bosporus einzuräumen.« Nur dort sei genug Platz für das Kaiserpaar mit seinem zahlreichen Gefolge, schrieb Radowitz an Herbert von Bismarck am 12. Oktober 1889. Weiter konnte der Botschafter dem Staatssekretär des Äußeren nur mitteilen, »daß Er [der Sultan] darauf besteht, wenigstens die Allerhöchsten Herrschaften und eventuell S.K.H. Prinz Heinrich, oben, innerhalb der Mauern von Yildiz, in kleinen, durchaus unzulänglichen Kiosken zu logiren.«[756]

Den ›Allerhöchsten Herrschaften‹ gefiel jedoch das für sie bestimmte Schloß sehr gut, wie alle Äußerungen zeigen. Daß Sultan Abdül Hamid II. den deutschen Kaiser und dessen Gemahlin sicherlich auch dadurch besonders auszeichnete, daß er diese Gäste in seiner unmittelbaren Nähe logierte, anstatt sie in einem zwar prunkvollen, aber vom Yıldız-Palast relativ weit entfernten Schloß unterzubringen, bezog Botschafter von Radowitz offensichtlich in seine Überlegungen nicht mit ein. Für Prinz Heinrich von Preußen war der Çadır Köşkü als Logis vorbereitet. Für die wichtigsten Begleiter waren der Çağlayan Köşkü (Caskade-Kiosk), der Talimhane Köşkü, der Ferhan Köşkü (zum Ensemble des Marstalls gehörig) sowie der Malta Köşkü, alle im Park von Yıldız gelegen, bestimmt worden. Diese zumeist heiteren Lustschlösser mit ihrer eleganten Ausstattung dürften kaum Anlaß zu Beschwerden geliefert haben.[757]

Das Zeremoniell entfaltete sich mit allem am osmanischen Hof üblichen Glanz. Der Sultan führte das Kaiserpaar zunächst in dessen Räume im Şale Kasrı, begab sich jedoch gleich darauf zurück in sein Appartement, um den ›Gegenbesuch‹ Kaiser Wilhelms II. und der Kaiserin zu empfangen. Es folgte das gegenseitige Vorstellen der Höfe, zunächst machte Wilhelm II. den Sultan mit seiner Begleitung bekannt, danach stellte Abdül Hamid II. seinen Hof vor. Anschließend wohnten alle einer fast zweistündigen Militärparade bei. An dem um drei Uhr nachmittags folgenden Mittagsimbiß, den damals ›internationalen‹ Gepflogenheiten entsprechend ›Frühstück‹ genannt, in den Zimmern des Kaiserpaares nahm der Sultan, der traditionell zumeist allein speiste, nicht teil. Das Kaiserpaar sah 48 Gäste – Deutsche und Osmanen – an seiner Tafel, die Tischordnung war zuvor genauestens festgelegt worden, sogar offizielle Einladungen an die übrigen Angehörigen der Hofstaaten waren ergangen.[758] Für die verbleibende Zeit bis zum Galadiner am Abend war für die Gäste eine Besichtigungsfahrt, die Kaiserin nannte diese touristischen Unternehmungen ihrer Schwester Caroline Mathilde gegenüber »sightseeing«, in die Altstadt vorgesehen: Hagia Sophia, Sultanahmed-Moschee und Nurosmaniye-Moschee, des weiteren die Stadtviertel Tophane sowie Galata standen auf dem Programm. Der Herzogin Caroline Mathilde berichtete die Kaiserin, daß die mächtige Hagia Sophia bei Wilhelm II. offenbar »einen großartigeren Eindruck als St. Peter« in Rom

Einer der Salons im Selamlik des Yildiz-Palastes, Constantinopel 1889

hinterlassen habe.[759] Die tiefreligiöse Auguste Victoria selbst hielt sich mit einer Beschreibung ihrer Empfindungen zurück. Gräfin von Keller zeigte sich von allem begeistert und lieferte eine farbenprächtige Schilderung dieser Fahrt. Als das Kaiserpaar mit seinem Gefolge wieder am Yıldız-Palast eintraf, war es bereits dunkel: »... die Illumination hatte begonnen – eine Illumination, wie ich nie eine ähnlich schöne gesehen habe! Millionen von kleinen Glaslaternen mit Lichtern waren nicht nur an den Gebäuden, sondern auch in den Gärten, in den Bäumen und Sträuchern angebracht. Von der Höhe hinter Yildiz aus sah man von allen Seiten in das Lichtermeer hinunter. Auch die Schiffe auf dem Bosporus hatten illuminiert. Es war zauberhaft!«[760]

Gleich nach der Rückkehr wurden die drei Hofdamen der Kaiserin mit dem von Sultan Abdül Hamid II. 1878 gestifteten ›Orden der Barmherzigkeit‹[761] dekoriert. Ihrem Rang als Oberhofmeisterin entsprechend, erhielt Gräfin von Brockdorff[762] die erste Klasse, die beiden Hofdamen die zweite Klasse. Zu dem anschließenden Festbankett waren 120 Personen geladen, unter ihnen die ausländischen Gesandten mit ihren Gattinnen. Unter den Klängen beider Hymnen betraten der die Kaiserin führende Sultan sowie die anderen Gäste den Speisesaal. Vor dem Essen erfolgte zunächst die Vorstellung der Botschafter der Großmächte. Hatte der Kaiser bei seiner Ankunft am Morgen die rote Uniform der Leibgardehusaren mit dem İmtiyaz-Orden getragen, so erschien er nun abends im roten Galarock des Gardedukorps-Regiments, die Kaiserin hatte den Nişanü'l-şefkat samt dem Ordensband angelegt. Abdül Hamid II. trug zu Ehren seiner Gäste den Hohen Orden vom Schwarzen Adler[763] mit dem zugehörigen Band in Orange. Da es die osmanische Hofetikette nicht gestattete, daß die Damen in ausgeschnittenen Kleidern vor dem Sultan-Kalifen erschienen, trugen die Kaiserin und ihre Begleiterinnen sogenannte ›hohe Kleider‹. Das Galadiner beeindruckte durch die reich geschmückte Tafel, denn Tafelaufsätze, Terrinen, Schüsseln und Bestecke waren alle en vermeil ausgeführt. Folgendes Menu wurde serviert: Geflügelconsommé à l'Allemande, Börek, Barsch Impérial, Rinderfilet Royal, getrüffelte Schnepfenfilets mit Scheiben von Straßburger Gänseleber und Spargel, Punsch à la Romaine, gebratene Fasane und Wachteln, Pilaw, Ananas à la Victoria, Timbale Suisse. Ein mit verschiedenen Eissorten gefülltes Körbchen bildete den Schluß des Diners. Die Tafelmusik war ganz europäisch – mit deutlich französischem Einschlag: Kompositionen aus Werken von Auber (Fra Diavolo), Meyerbeer (Fantasien über ›Die Afrikanerin‹ sowie ›Robert der Teufel‹ und der erste seiner vier Fackeltänze[764]), Wagner (Fantasien über ›Tannhäuser‹ sowie ›Lohengrin‹), Verdi (Fantasie über ›Aida‹), Mendelssohn Bartholdy (Marsch aus der Schauspielmusik zu ›Athalie‹), Gounod (Fantasie über ›Faust‹), Unrath (Marsch), Donizetti (Cavatine der Lucrezia Borgia), Fahrbach (Marsch), Bellini (Vorspiel aus ›Die Puritaner‹), Chopin (Polonaise) und Delibes (Finale aus ›Sylvia‹) wurden durch die von Fernando d'Aranda Pascha geleitete Hofkapelle aufgeführt.[765] Der Galatafel folgte ein Cercle in einem angrenzenden Salon, und nach einem das Fest abrundenden Feuerwerk, das von der Selimiye-Kaserne abgeschossen wurde, waren die kaiserlichen Gäste um elf Uhr abends in ihren Zimmern und beschlossen diesen ersten Tag ihres Besuches. Gräfin von Keller berichtete ein kleines Detail, das den am osmanischen Hof damals herrschenden Luxus anschaulich macht: »Mein Zimmer war in echt orientalischer Weise mit einer Menge Flaschen Parfüms, mit unzähligen Elfenbeinbürsten, Bergen von Süßigkeiten und Zigaretten ausgestattet. Die Behältnisse wurden täglich frisch gefüllt, auch wenn nicht ein Stück davon genommen war, das übrige entfernt.«[766]

Der folgende Tag war mit zahlreichen Programmpunkten angefüllt – das Kaiserpaar besuchte zunächst mit seiner Entourage den Gottesdienst in der evangelischen Kirche in Pera (Beyoğlu, dem in den Augen der Zeitgenossen zumeist ›europäisch‹ geprägten Stadtteil, in dem sich traditionell auch die ausländischen Vertretungen befanden). Vor und hinter dem Wagen ritt jeweils eine Schwadron Kavallerie. Der übergroße Andrang der Schaulustigen brachte den Verkehr in Pera teilweise zum Erliegen. Zweihundert Gendarmen und ebenso viele Polizisten in Zivil sowie zahlreiche Beamte der örtlichen Verwaltung sorgten vorbildlich für die Sicherheit des Kaiserpaares und dessen Begleitung. Das Generalkonsulat hatte Einlaßkarten ausgegeben, denn die Kirche war viel zu klein, um die gesamte deutsche Gemeinde zu fassen. Rosa von Förster, die sich

1889 als Hauslehrerin mehrere Monate lang am Bosporus aufhielt, schilderte in ihren Reiseerinnerungen diesen Kirchgang und erinnerte an das Gedicht einer »Patriotin am Bosporus« (wenn es nicht Frau von Hobe war, so war vielleicht Rosa von Förster selbst diese dichtende Patriotin gewesen?), das, zusammen mit einigen anderen Poemen, in deutscher Sprache im ›Levant Herald‹ veröffentlicht wurde. Das Gedicht, voll von nationalem Pathos, sei hier wiedergegeben:

Edler Bosporus, du Perle aller Schöpfung.
Heute schmueckt dich hoher Festesglanz;
Nationen strömen zu Dir voll Begeisterung,
Deutschlands Kaiser zu begrüssen in Byzanz.
Heil'ger Stolz durchstroemet alle Herzen
Seiner Landeskinder, die in treuer Schaar,
Schiffen nach San Steffano mit Blumenkränzen,
Liebevoll gewidmet ihrem Kaiserpaar.

»Heil dir, Kaiser Wilhelm, Dein Erscheinen
In der viel besungenen Halbmondstadt,
Bleibt ein Weltereigniß [sic] allen Nationen,
Wie die Chronik noch keins vor sich hat.«
»Heil Augusta dir, auf tuerk'schem Boden
Erstes Vorbild deutscher Weiblichkeit,
Heil Victoria! dein Siegesodem
Dringt durch die Herzen weit und breit!«

»Yyldiz, du Sternenkiosk, aus leichten Höhen
Strahlst nieder auf die Türkenstadt.
Auf die goldig schimmernden Moscheen
Wenn vom Minaret ertönt das Nachtgebet!
Yyldiz, so wie heute wunderbares Leuchten,
Dich verjuengt in feenhafter Pracht,
Zeigst du auf den hohen Stern der Deutschen,
Der als Gast verklaert dein freundschaftliches Dach.«

»Heil dir Padischah! Beherrscher aller Glaeubigen!
Deutschlands Kinder wissen treu dir Dank.
Dass Du gastfrei Völkern aller Zonen
Schutz und Schirm gewaehrst in deinem Land.«
»Heil dir Dolmabaghtché, wo zwei Kaiserhände
Fest besiegelten den Freundschaftsbund,
Dieser Tag bleibt wichtig ohne Ende
Allen Voelkern auf dem Erdenrund.«/6/

Interessant ist an diesem pathetischen Werk lediglich der in der letzten Strophe enthaltene Hinweis auf die pragmatische Einwanderungspolitik der Osmanen, die zu bestimmten Zeiten immer wieder Zuwanderern aus Europa eine neue Heimat boten. Geschickt verflocht die Dichterin diesen Sachverhalt mit einem (indirekten) Lob Sultan Abdül Hamids II. und betonte so neben der deutsch-osmanischen Freundschaft besonders die persönliche Beziehung zwischen dem Padischah und Kaiser Wilhelm II. Ein weiteres Werk, ebenso anonym, pries in feierlichen Hexametern den Besuch des deutschen Kaisers als ein völkerverständigendes Zeichen des Friedens:

»[...] Kaiser des einigen Reichs, im Willkommen rauschender Wimpel
Lenke Dein friedliches Schiff ein in das gastliche Horn.
Keines Liedes bedarf noch südlichen Weihrauchs der Herrscher,
Welcher die Faust am Schwert, gerne dem Herzen gehorcht.
Der ist ein Held der Zeit und gesegnet von jeglichem Volke,
Der ihm die Ernte verbürgt, welche die Toten gesäet.
[...] und über zerschelltem Gemäuer
Hisste des Halbmonds Macht herrschende Banner empor.
Heute grüßen sie Dich, o Kaiser des mächtigsten Reiches,
Der in des Friedens Dienst stellte die schneidende Wehr.
Lieblich strahlet der Glanz des Oelblatts Dir in der Krone,
Wahrlich dem Lorbeer gleich, welchen das Schwert ihr erfocht.«[768]

Im Anschluß an den Kirchenbesuch – es hatte Oberhofprediger Kögel gepredigt[769] – fuhren die Majestäten, der Kaiser in Generalsuniform, die Kaiserin in einer ›rehbraunen Toilette‹, an diesem zweiten Besuchstag dann durch die Grande rue de Péra zu einem ›Frühstück‹ in die deutsche Botschaft, von der Gräfin von Keller vermerkte, sie sei wenig schön und im »Kasernenstil« erbaut, aber geschmackvoll eingerichtet und malerisch gelegen. Unterwegs wurden den Majestäten an der Firüzağa Cami in Pera von Blumenfrauen (es wird sich vermutlich um Ehrenjungfrauen, die Blumen überreichten, gehandelt haben) noch zwei, mit den preußischen und den hohenzollernschen Wappen besticke Seidenkissen übergeben, wie der ›Levant Herald‹ zu vermelden wußte. Rosa von Förster war durch ihre Beziehungen zu General von Hobe und Frau von Radowitz zu dem Frühstück für dreißig Personen sowie dem folgenden Empfang eingeladen. Sie berichtete: »Ein wohlbekannter Künstler und Professor der Kunstschule, M[onsieu]r Valery,[770] hatte für den Kaiser, die Kaiserin und den Prinzen Heinrich Tischkarten [Menukarten] in Wasserfarben gemalt. Die für den Kaiser bestimmte stellte ein maurisches Portal dar mit einem Türken zu Pferde und Ansichten von Constantinopel. Die Tischkarte der Kaiserin war mit charakteristischen Aufnahmen des Bosporus geziert, in der Mitte war ein Kiosk mit einem offenen Fenster, vor welchem zwei Türkinnen zur Guitarre sangen.

Die Karte des Prinzen Heinrich zeigte ein großes Segelschiff mit türkischen Fischern bemannt, in der Ferne sah man die Ufer des Marmarameeres. [...] Die übrigen Gäste hatten lithographierte Karten mit einem Bildchen von der Serailspitze.«[771] Auch Botschafter von Radowitz schrieb über diese künstlerischen Beigaben: »Auf den Menüs waren Ansichten der Serailspitze und der Botschaft; für die Majestäten und Prinz Heinrich hatte ich besondere Aquarelle machen lassen, schöne Blätter von Valery (Kostenpunkt 1.000 Franken!) ...«[772] Die auf so künstlerische Weise gestalteten Menukarten verzeichneten folgende Speisen: »Bouillon mit Perlgraupen, Gänseleberpastete mit Sauerkraut auf deutsche Art; gedämpfter Ochsenrücken mit Gemüsen; Seeschwalbe in Mayonnaise; gebratene Haselhühner mit Salat und Johannisbeer-Eingemachtem; Grüne Erbsen mit Spargelspitzen, Gefrorenes von Ananas in Schaumwein; Käsestängchen; Früchte und Nachtisch.«[773]

Die Chöre des Handwerker-Vereins und der Deutschen Schule sangen unterdessen im großen Saal der Botschaft Volks- und vaterländische Lieder, unter anderem einen speziell für diesen Anlaß geschaffenen ›Gruß an die Kaiserin‹, der Ihrer Majestät so gut gefiel, daß er wiederholt werden mußte. Es folgte die separate Vorstellung der ›Spitzen der Kolonie‹ – der Kaiserin wurden die deutschen Damen vorgestellt, der Kaiser empfing gemeinsam mit seinem Bruder die Herren. In der ihnen überreichten Grußadresse hieß es unter anderem: »Die deutsche Arbeit hat hier an den entlegenen Grenzen europäischer Kultur Erfolg und Ansehen gewonnen. Das Erscheinen Eurer Kaiserlichen Majestät, indem es die vor mehr als hundert Jahren von dem grossen Preussenkönig zuerst angebahnten und seit damals nie gestörten Freundschaftsbande mit dem osmanischen Reiche und seinen Herrschern noch enger knüpft, wird für die in diesen Landen wirkenden Deutschen und ihre Arbeit künftiger Tage von segensvollster Wirkung sein. Unter den machtvollen Schwingen des deutschen Aars, die, über die Welt reichend, jeden Deutschen schirmend decken, fühlen wir [...] für jetzt und immer uns wohlgeborgen.«[774] Nach dem Besuch der Botschaft wurden teilweise getrennte Programme absolviert Kaiserin Auguste Victoria und ihre Damen besuchten gemeinsam mit Frau von Radowitz das deutsche Krankenhaus, der Kaiser blieb zunächst zu Gesprächen in der Botschaft. Alle zusammen besichtigten dann das prunkvolle Schloß Dolmabahçe: »Eine Badestube mit Vorzimmer – Wände und Wanne von Alabaster mit reichen Verzierungen – war köstlich wie im Märchen!«[775] schwärmte die von Berliner oder Potsdamer ›Luxus‹ in dieser Hinsicht keineswegs verwöhnte Gräfin Mathilde von Keller begeistert. Die ersten wirklich komfortablen und eleganten Badezimmer in den preußischen Königsschlössern entstanden erst zweieinhalb Jahrzehnte später in dem für das deutsche Kronprinzenpaar ab 1914 erbauten Potsdamer Schloß Cecilienhof; und auch diese reichten keineswegs an die Hamams der kaiserlichen Schlösser am Bosporus heran. Anschließend begaben sich die Majestaten zum Topkapı-Palast,

Tewfik Pascha war der letzte Großwesir des Osmanischen Reichs, Constantinopel um 1890

um das dortige Kaiserliche Museum zu besichtigen. Bereits in der Botschaft hatte sich Kaiserin Auguste Victoria an Herrn von Eckardt gewandt: »Ich habe gehört, daß Sie gut im Bazar Bescheid wissen – ich möchte einiges kaufen, würden Sie so liebenswürdig sein, mir dabei zu helfen? – Ich erwiderte, daß ich einige Leute mit den schönsten Sachen in die Botschaft bestellen würde. Die Kaiserin war damit einverstanden und bestimmte dazu den nächsten Morgen 9 Uhr.«[776] Ab sieben Uhr abends empfing das Kaiserpaar die wichtigsten osmanischen Würdenträger, unter ihnen den amtierenden Großwesir, den Außenminister und weitere Wesire, den Botschafter am Berliner Hof, Tewfik Pascha, und den deutschen Botschafter samt Familie zu einem festlichen Bankett im Şale Kasrı. Der vor dem großen Braten in Europa damals übliche Punsch war übrigens mit Rücksicht auf die muslimischen Teilnehmer gestrichen worden. Die zweispaltig in Französisch und Osmanisch verfaßte Menukarte hat sich erhalten: Frühlingssuppe, Geflügelcroquettes, Fischfilets, Lammrücken à la mode de Richelieu, getrüffeltes Ragout (Salmis) von Bekassinen, Hummer à l'Italienne, Buttererbsen, gebratener Rehrücken, Pilaw, Timbale Toscana mit Himbeersauce, Fruchtgelee, Eis.[777] Nach dem

Bankett und dem sich wie üblich anschließenden Cercle traf Wilhelm II. mit Abdül Hamid II. zu einem weiteren Gespräch zusammen und begrüßte daraufhin die Herren der Botschaft in einem Wintergarten des Yıldız-Palastes, dessen Palmen mit elektrischem Licht illuminiert waren. Der Kaiser schien nach seinem abendlichen Gespräch mit dem Sultan – eine seiner Töchter hatte die Gäste mit Klavierspiel unterhalten – entspannt und gelöst, denn er »rauchte aus dem Tschibuk, der langen türkischen Pfeife und trank Bier mit uns.«[778]

Dem Abendessen im Şale Kasrı folgte für Kaiserin Auguste Victoria ein Besuch des Harems, zu dem Abdül Hamid II. sie begleitete. Offenbar voller Neugier auf die Begegnung mit der den meisten Europäerinnen unbekannten Welt des Harems, schrieb die Kaiserin an ihre Schwester Herzogin Caroline Mathilde: »Heute gehe ich in den Harem! Was sagst Du dazu! Es wird höchst interessant. Wilhelm darf natürlich nicht mit.«[779] Zum Ehrendienst bei Kaiserin Auguste Victoria hatte der Sultan für diesen Besuch die bereits erwähnte Marie von Hobe, Gattin seines deutschen Oberststallmeisters und Generaladjutanten, befohlen. Die gebürtige Westfälin gehörte in jenen Jahren zu den interessantesten und von allen Diplomaten stets geschätzten Erscheinungen unter den europäischen Damen am Bosporus. Die Kaiserin schrieb in ihrem Tagebuch über den offenbar mit Spannung erwarteten Haremsbesuch: »Am Arm des Sultans, gefolgt v. Gr[äfin] Keller, Cl[aire]. Gersdorff [...] u. Fr. v. Hobe gingen wir los. Wie ich glaubte, durch den Garten in den Harem; wer beschreibt mein Erstaunen, als plötzlich, nachdem wir einen Corridor passiert hatten, eine Thür aufging u. wir uns in einem kl. Salon befanden. Gegenüber stand uns eine scheußliche alte, dicke, kl. Frau – ein gelbes Costume, das mehr wie ein Plumeau aussah [...], mit enormem Smaragd-Diadem, gelbem Haar u. fürchterlich gewöhnlich aussehend. Die war die Aja Sultane oder Mutter d. Sultans [...]. Hinter ihr stand eine gr. blasse Dame, vornehm aussehend, gebogene Nase, sehr ängstlich, verlegen aussehend – die dritte Gemahlin des Sultans. Am Klavier saßen 2 Kinder (Töchter d. S[ultans], Töchter d. blassen Frau) [...], vierhändig ›Heil Dir im Siegerkranz‹ spielend. Eine dicke, sehr häßliche, 20jährige Tochter, verheirathet, war auch zugegen. Man ging in das anstoßende Zimmer [...]. Neben mir auf dem Sofa nahm die Alte Platz. An der Wand stand eine Menge anderer Frauen – Tresorièren u. Secretairinnen, eigentl. alle häßlich, aber mit reichen Diademen geschmückt. Die Tresorièren sahen wie verkleidete Männer aus. Stillschweigend reichten dieselben kleine, mit Brillanten geschmückte Becher, mit Kaffee gefüllt, umher. – Nachdem etwa 1/4 Stunde Conversation gemacht worden war, holte mich der Sultan wieder ab. Die Tänze waren nicht aufgeführt worden, wie man sagte, da eine kl. Empörung im Harem gewesen wäre.«[780] Soweit der erste Haremsbesuch einer deutschen Kaiserin. In ihren Erinnerungen an die in Constantinopel verbrachten Monate schrieb Rosa von Förster: »Frau von H[obe] hat im Harem die Honneurs gemacht und ist entzückt von der Liebenswürdigkeit der Kaiserin. Sie hat von derselben ein Armband mit Brillanten zum Andenken erhalten, [...].«[781] Von diesem Brillantarmband wird im Kapitel über die Geschenke der beiden befreundeten Herrscher noch die Rede sein.

Am nächsten Tag, dem 4. November, besichtigte Kaiser Wilhelm II. mit großem Interesse und erheblichem Wohlgefallen militärische Einrichtungen, unter anderem die nördlich des Taksim-Platzes in Pancaldi befindliche Militärakademie, während Kaiserin Auguste Victoria morgens in der deutschen Botschaft ihre Einkäufe tätigte – Herr von Eckardt hatte Teppiche, Stickereien und Stoffe nebst anderen Dingen anliefern lassen. Für ihre »Jungens« wählte sie kleine Dolche als Mitbringsel aus, denn »ich habe ihnen Waffen versprochen«.[782] Die Kaiserin ließ sich nicht nur osmanische Waren in die Botschaft liefern, sie besuchte – wie der Kaiser auch – den Kapalıçarşı (großen Basar), der damals mit seinem ungeheuren Getümmel und viel traditionellerem Angebot noch erheblich malerischer gewesen sein dürfte als heute, zu Beginn des 21. Jahrhunderts. Im Reisetagebuch hielt Kaiserin Auguste Victoria fest: »Ein orientalischer Bazar ist etwas so Eigenes, daß man es kaum beschreiben kann. Ein gewölbtes Gebäude mit unzähligen Gängen, lauter kleine Läden, ein Drängen, Laufen von Menschen, Pferden u. Hunden – ganz fabelhaft. Dabei all die bunten Costume, aber nie ein lautes unfreundliches Wort wie bei uns in solchen Localen.«[783]

Auguste Victoria begab sich anschließend nochmals zum Topkapı-Palast, allerdings lediglich der atemberaubenden Aussicht auf den Bosporus wegen, wie sie in ihrem Tagebuch vermerkte. Am Nachmittag, nach einem gemeinsamen ›Frühstück‹ im Şale Kasrı, unternahm die kaiserliche Reisegesellschaft eine fast fünfstündige Bosporusfahrt mit der Jacht ›Sultaniye‹, die bis zum Eingang des Schwarzen Meeres führte. Als das Kaiserpaar am Dolmabahçe-Palast die großherrliche Jacht bestieg, schossen die Kanonen Salut. Auf der Hinfahrt wurde in Therapia eine kurze Pause eingelegt, damit das Kaiserpaar die Sommerresidenz des Botschafters und das im Bau befindliche Moltkedenkmal im Park besuchen konnte. Die Gelder für dieses bis heute existierende Denkmal hatte die deutsche Gemeinde in Constantinopel gesammelt, das Portraitmedaillon des legendären Feldmarschalls ist in der Eisengießerei der 1890 gefürsteten Grafen zu Stolberg-Wernigerode in Ilsenburg am Harz entstanden. Während der Rückfahrt erlebten die Gäste dann eine sie begeisternde Illumination der Bosporusufer. Allein das Palais und die Gärten des einstigen Khediven Ismail von Ägypten[784] in Emirgan waren von etwa 6.000 Lampions erleuchtet, aber auch zahlreiche Palais von Prinzen und Prinzessinnen der kaiserlichen Familie, Villen der Minister, Großwesire und hohen Beamten, die Sommerresidenzen der Botschafter, öffentliche Gebäude, Cafés, Restaurants und Privathäuser entlang der Wasserstraße waren durch zahllose kleine Öllämpchen illuminiert. Auch die Altstadt (Stambul) zeigte sich im Lichterglanz – der Bahnhof von Sirkeci war ebenso erleuchtet wie das Waffenarsenal am Park von Gülhane. In Galata, Pera

Kaiserin Auguste Victoria besucht mit ihren Hofdamen den Basar, Constantinopel 1889

und Beşiktaş erstrahlten fast alle Wohnhäuser und Geschäfte im Licht der Lampions. Der berüchtigte Marineminister Hasan Pascha[785] hatte vor seinem Yalı in Ortaköy ein mit zahlreichen Lampions geschmücktes Gerüst in Form eines Panzerkreuzers aufstellen lassen. Während des anschließenden Diners im Yıldız-Palast drückten die von solch origineller Illumination bezauberten Majestäten dem Minister ihr Wohlgefallen darüber aus. Die im Hafen ankernden Kriegsschiffe und großherrlichen Jachten waren sogar elektrisch beleuchtet. Für ›SMS Kaiser‹ hatten sich die deutschen Gäste eine besondere Überraschung ausgedacht: Dort war in leuchtender arabischer Schrift »Es lebe der Sultan!« zu lesen[786] – eine Geste, die Abdül Hamid II. sicherlich zu schätzen wußte. Der Kaiser verlieh dem Sultan an diesem Tag zudem Kreuz und Kette zum Königlichen Hausorden von Hohenzollern.[787] Am Abend um halb neun Uhr war im Yıldız-Palast für das Kaiserpaar ein festliches Diner mit sechzig Personen vorgesehen. Die mangelnde Vertrautheit der sittenstrengen Kaiserin Auguste Victoria mit orientalischen Gepflogenheiten und wohl auch deren innerliche Ablehnung hätte zuvor allerdings fast zu einem diplomatischen Eklat geführt, den

Botschafter von Radowitz nur mühselig zu schlichten vermocht hatte: »Dort [im Şale Kasrı] angelangt, wurde ich zunächst eilig zur Kaiserin berufen, die ich, von ihren Damen und dem Oberhofmeister Baron Mirbach umgeben, in Tränen fand. Es war ihr eben als Geschenk des Sultans ein riesiges Diamantkollier überbracht worden, das sie durchaus nicht annehmen wollte – worin sie Baron Mirbach bestärkte. Ich setzte der Kaiserin auseinander, daß die Überreichung eines würdigen Gastgeschenkes durch das orientalische Herkommen geboten und ohne schwere Beleidigung des Sultans nicht zurückzuweisen sei. [...] Es gelang mir auch, Ihre Majestät zu überzeugen und zu veranlassen, das Kollier gleich zum Diner anzulegen.«[788] Auguste Victoria berichtete in ihrem Tagebuch nur knapp: »Abends Diner beim Sultan, vorher [hatte] er mir Schmuck geschenkt, Wilhelm Schreibzeug mit Brillanten. Ich ganz außer mir.«[789] Nach dem Bankett war Kaiserin Auguste Victoria mit ihren Damen erneut in den Harem eingeladen, Frau von Hobe begleitete sie nochmals auf Bitten des Padischahs. Gräfin Mathilde von Kellers Schilderung der Damentoiletten liest sich amüsant, offenbart aber erneut, wie wenig Einfühlungsvermögen und Verständnis europäische Besucher der ihnen fremden Kultur entgegenbrachten: »Der Sultan hatte allen Teilnehmerinnen gestattet, sich ihre Toiletten[790] nach Pariser Proben selbst auszusuchen; da war denn viel Spaßhaftes – für unsere Begriffe! – herausgekommen. So hatte sich die alte häßliche Sultan Walidé zu ihrer brandroten Perücke, auf der ein Smaragddiadem funkelte, ein rosa Atlaskleid in einem unglaublich komischen Schnitt ausgesucht: ein weiter glatter Rock und darüber eine lose lange Jacke [einen Salta, den die Gräfin von Keller nicht kannte] in derselben Farbe, dazu das breite Ordensband der 1. Klasse des Chefakats und unzähligen Schmuck – dabei dies welke, ausdruckslose, alte Gesicht!« Die Tanzdarbietungen von tscherkessischen Tänzerinnen fanden immerhin teilweise Gnade vor den Augen der Gräfin: »Wenn nur die schreckliche Musik nicht gewesen wäre!«[791] Kaiserin Auguste Victoria mochte es ähnlich empfunden haben. In ihrem Tagebuch schrieb sie: »Sultan saß für sich, ließ sich Cigaretten u. Kaffee von den Frauen bringen [...]. Nationaltänze wurden aufgeführt, von etwa 20 Mädchen, hübsch mit rothen Röcken, langen, schwarzen, herabhängenden Haaren; Zerkessinnen. Dann 3 Egypterinnen, die auf Guitarren mit einer Adlerfeder ein melancholisch, wenig melodiöses Stück spielten. [...] Wenn ich mich auch vor dem Besuch des Harems gegraut hatte, so interessirte es mich doch auf der anderen Seite, es gesehen zu haben. – Das Loos [sic] der armen Frauen ist ja ganz entsetzlich; und wie ein Türke selber sagte: Ehe die Frau bei ihnen nicht eine andere Stellung hätte, würde die Türkei keinen Aufschwung nehmen können. – Es war unterdessen 1 Uhr nachts geworden, W. schlief, wie ich zurück kam.«[792]

Der 5. November begann für Kaiserin Auguste Victoria mit der Besichtigung bedeutender Moscheen. Zunächst nochmals die Hagia Sophia, dann die sie sehr beeindruckende Süleymaniye-Moschee: »Der Eindruck dieser Moschee ist ein großartiger.«[793] Zuvor hatte Auguste Victoria noch die elegante Türbe Sultan Mahmuds II. mit dem Sarkophag von Sultan Abdül Aziz gesehen. »Die riesigen mit Sammet überzogenen Katafalke sind mit Koransprüchen bedeckt; auf den Särgen der Sultane ist ein Fez aufgepflanzt mit Brillantagraffen; um die Katafalke herum stehen Lesepulte mit Koranschriften [...]. Die Särge, über die kostbare Schals ausgebreitet sind, sind alle nach Mekka gerichtet.«, erinnerte sich Gräfin von Keller. Außerdem besuchte sie die byzantinische Chora-Kirche, die 1889 noch eine Moschee war [1949 wurde sie in ein Museum umgewandelt und ist seit dem Sommer 2020 wieder eine Moschee], und den malerisch am Goldenen Horn gelegenen Stadtteil Eyüp mit seinem hochbedeutenden Moscheekomplex. An einem Aussichtspunkt auf den Hügeln über diesem Pilgerort hatte die unnachahmlich effektvolle Regie Abdül Hamids II. »eine Ehrenpforte von Lorbeerblättern mit den Bildern des Sultans und der Majestäten«[794] errichten lassen. In einem an die Türbe von Damad Mehmed Ali Pascha[795] angrenzenden Raum ruhte sich Auguste Victoria etwas aus, sicherlich wurden Erfrischungen gereicht. Von dort fuhren die Kaiserin und ihre Entourage in Kaiks zum Dolmabahçe-Palast und zum Şale Kasrı. Kaiser Wilhelm II. unternahm unterdessen eine Fahrt an das asiatische Ufer des Bosporus, besuchte den Beylerbeyi-Palast, den 1869 sein Vater bewohnt hatte, und Kasernen. Zurück auf der europäischen Seite folgte eine ausgiebige Besichtigung der Landmauern. In Eyüp bestieg der Monarch schließlich einen Kaik, um durch das Goldene Horn und den Bosporus zum Dolmabahçe-Palast zu fahren. In Kasimpaşa erwiesen am Sitz der Kaiserlichen Marine Minister Hasan Pascha und die Offiziere dem vorbeifahrenden deutschen Staatsoberhaupt militärische Ehren. Die Kriegsschiffe waren geflaggt, die Matrosen ließen ein vielstimmiges ›Hurrah‹ ertönen, während das Marineorchester die deutsche Hymne intonierte. Truppen hatten entlang den Quais Aufstellung genommen. Während der ›Mittagspause‹ trafen die von der Kaiserin in der Botschaft ausgewählten Dinge ein. Herr von Eckardt übergab Freiherrn von Mirbach die zugehörige Liste der Preise, die er selbst »in mehrstündigem Kampf mit Armeniern, Juden und Christen festgestellt« hatte. Kaiserin Auguste Victoria besah sich nochmals alles und ließ sich daraufhin von Heinrich von Eckardt über den richtigen Umgang mit Basarhändlern unterrichten. Sie trug übrigens an diesem Tag ein violettes Seidenkleid mit Puffärmeln – Violett war die Lieblingsfarbe der Kaiserin. Abends lud der Sultan das Kaiserpaar zu einem Diner in kleinem Kreis und in sein Palasttheater in Yıldız ein. Ein politischer Meinungsaustausch, bei dem beide Herrscher nach Aussagen des Botschafters von Radowitz sowie von Prinzessin Ayşe über die allgemeine Zusicherung der gegenseitigen Freundschaft nicht hinausgingen, beschloß den Abend.[796]

Auf Wunsch Abdül Hamids II. hatten die deutschen Gäste die Abreise um einen Tag verschoben, so daß sie Constantinopel erst am Nachmittag des 6.

November verließen. Für den Morgen des Reisetages war der Besuch jener speziell für die Kaiserin im Waffensaal des Yıldız-Palastes arrangierten Ausstellung vorgesehen. Gräfin von Keller erwähnte: »... prachtvolle alte und neue Teppiche, Stoffe in einfachen und kostbaren Geweben, Stickereien, Schmuck, Porzellan usw. usw. Sie war sehr interessant, und doch war uns die Besichtigung höchst peinlich, da der Sultan uns hatte mitteilen lassen, wir möchten uns von den Sachen auswählen, was wir wollten, es würde dann alles verpackt und nach Deutschland geschickt werden.«[797] Die mit dem Besuch dieser Ausstellung beziehungsweise mit der Annahme von Präsenten verbundenen Schwierigkeiten für die Kaiserin werden im Kapitel über Sultan Abdül Hamid II. und dessen Geschenke noch ausführlicher dargestellt. Gegen Mittag begab sich der Sultan dann in das Şale Kasrı, um sich zu verabschieden. Er überreichte Kaiser Wilhelm II. ein Prunkschwert. »Der Kaiser war sichtlich davon gerührt; überhaupt war die Abschiedsstimmung eine überaus befriedigte und herzliche.«[798] Durch das Spalier der Soldaten fuhr Abdül Hamid II. dann mit seinen Gästen en grand cortège hinunter zum Dolmabahçe-Palast, wo eine opulente Frühstückstafel für 50 Personen arrangiert worden war. Der Sultan sprach dabei noch lange mit dem Kaiserpaar und dankte auch Botschafter von Radowitz für dessen Mühen in bezug auf den reibungslosen Ablauf dieses glanzvollen Fürstenbesuches. Die kunstvoll mit der arabischen Namenschiffre des Sultans geschmückte Menukarte gibt Auskunft über die zu diesem Frühstück servierten Speisen: Omelette mit Trüffeln, Börek pur und mit sauce tatare, Rindfleisch mit Madeirasauce, Galantine à la gelée (Süßspeise), getrüffeltes Ragout (Salmis) von Bekassinen, Hummer à l'italienne, gebratene junge Truthähne, Pilaw, Savarin mit Früchten, Charlotte, Eis.[799] Kaiserin Auguste Victoria trug übrigens an diesem Tag ein strohgelbes Kleid mit passendem Hut. Die von zahlreichen Schaulustigen beobachtete Einschiffung – der Sultan reichte der Kaiserin galant seine Hand, um ihr beim Einsteigen in den Kaik, das sie zur Jacht Hohenzollern bringen sollte, behilflich zu sein – erfolgte dann von der Terrasse des Schlosses aus; Kanonenschüsse verabschiedeten die Gäste. Osmanische Kriegsschiffe gaben dem deutschen Geschwader wieder das Geleit bis an den Ausgang der Dardanellen. Besondere Erinnerungsstücke an die ›Kaisertage‹ in Constantinopel stellten die 500 bronzierten Kupfermedaillen dar, die Sultan Abdül Hamid II. prägen ließ. Sie wurden an osmanische und deutsche Teilnehmer verschenkt und waren mit den Namen der Monarchen und mit dem deutschen Wappen geschmückt.[800]

Die Freude über den gelungenen Besuch war beiderseits – und auch nachhaltig. Botschafter von Radowitz besuchte Ende November 1889 Berlin und traf mit dem Kaiserpaar in dessen Wohnung im Berliner Schloß zusammen: »Im übrigen war nur von der Orientreise und dem Aufenthalt am Bosporus die Rede, den die hohen Herrschaften nicht genug preisen konnten.«[801] Ein gewisses Sentiment Wilhelms II. für die Osmanen belegen auch die Erinnerungen des

Arztes Hüseyn Hulki, der Ende 1890 mit einer Delegation osmanischer Mediziner in Berlin weilte. Er beschrieb eine flüchtige Begegnung mit dem deutschen Kaiser während einer Kutschfahrt Unter den Linden: »Als nun der Kaiser nur noch etwa zwanzig Meter von uns entfernt war, wandte er sich, zweifellos als Respektsbezeugung unserem Sultan gegenüber, uns Dreien auf eine besondere Art zu. [...] Kaum hatte er uns bemerkt, da wandte er uns sein kaiserliches Antlitz zu und grüßte [...] in soldatischer Manier.«[802]

Neun Jahre nach seiner ersten Visite besuchte das deutsche Kaiserpaar Sultan Abdül Hamid II. im Oktober 1898 erneut. Constantinopel war dieses Mal allerdings nicht Endpunkt, sondern Auftakt einer spektakulären Reise – der Fahrt Kaiser Wilhelms II. durch Palästina. Seit dem ersten Besuch des Herrscherpaares am Bosporus im Herbst 1889 hatten sich die deutsch-osmanischen Beziehungen im Schatten einer deutschen Orientpolitik, die auf internationaler Bühne noch immer vorgab, keine Orientpolitik zu sein, für beide Seiten durchaus erfreulich entwickelt. Daß die wirtschaftlichen Interessen Deutschlands im Osmanischen Reich mehr und mehr auch mit politischen Interessen, also einer Orientpolitik verbunden waren, zeigen exemplarisch die 1892 sowie 1893 abgefaßten Berichte des deutschen Botschafters in Constantinopel Fürst von Radolin,[803] beziehungsweise des damaligen Außenministers Marschall von Biebersteins.[804] Die 1898 erst wenige Jahre zurückliegenden Massaker an der armenischen Bevölkerung hatten die Freundschaft beider Länder und Monarchen nicht nachhaltig zu trüben vermocht, die wirtschaftlichen Beziehungen hatten sich, ganz im Gegenteil, weiter intensiviert, Deutschland war zu einem wichtigen Handelspartner des Reiches geworden (auf den rasanten Anstieg der Ein- und Ausfuhren wurde bereits hingewiesen), deutsche Banken engagierten sich in vielfältiger Weise im Osmanischen Reich, investierten in die Entwicklung dessen, was heute Infrastruktur genannt wird, deutsche Firmen elektrifizierten Constantinopel, deutsche Beamte und Militärs halfen mit, das schwerfällige Staatsschiff und dessen Einrichtungen zu modernisieren. Der Journalist Paul Lindenberg führte seinen Lesern voller Stolz – und reichlich unkritisch – 1902 die ganze Breite des deutschen Engagements im Osmanischen Reich vor Augen: »Viel ist gethan worden, viel bleibt noch zu thun übrig. Aber wer, wie Schreiber dieses, seit fünfzehn Jahren in größeren Zwischenräumen die Türkei besucht, sieht die merklichen Fortschritte, die langsam, jedoch sicher gemacht werden und die weit größer sind, als man im Ausland vermutet.«[805] Er fuhr fort: »Fast in allen Berufszweigen des türkischen Staatslebens findet man Deutsche ... [Militärs verschiedener Gattungen werden nun genannt, später dann deutsche Waffentechniker und einige Mechaniker im Dienst der Armee]. Deutsche haben das Justiz- und Bauwesen neu eingerichtet, und an der Spitze des Zollwesens steht ein Deutscher, wie auch der Vertreter des General-Postdirektors und der zweite Direktor der Ottomanischen Bank Deutsche sind. Von dem Beamtenpersonal der Anatolischen Eisenbahn ist der größte Prozentsatz deutsch, ferner befindet sich die Leitung der Orientalischen Eisenbahn in deutschen Händen, auch der Direktor der starkbenutzten Untergrundbahn in Konstantinopel zählt zu unseren Landsleuten. Die Gasanstalt in Konstantinopel und die Wasserwerke sind mit deutschem Geld erbaut worden und werden von Deutschen verwaltet [...]. In allen wichtigen Unternehmungen der neueren Zeit stecken deutsche Kapitalien, wie man auch in den größeren Geschäften deutsches Personal findet, das als fleißig und zuverlässig gilt.«[806] Die wichtigsten gemeinsamen Projekte waren allerdings die Planung sowie der Bau der bereits erwähnten Eisenbahnlinien von Constantinopel durch Anatolien und deren Verlängerung nach Bagdad. Dabei lag die Finanzierung bei deutschen Konsortien, denen Sultan Abdül Hamid II. in den Jahren seit 1888 verschiedene Konzessionen erteilt hatte. Ging es dem Osmanischen Reich dabei um die wirtschaftliche Erschließung weiter Gebiete und auch um militärische Belange, so ging es dem Deutschen Reich, wie bereits erläutert, sowohl um die wirtschaftliche Durchdringung Kleinasiens als auch in der Folge der Arabischen Halbinsel und gegebenenfalls weiterer Gebiete in dieser Region. So gab es wenigstens zeitweilig Überlegungen über eine deutsche Einflußnahme in Persien, worauf auch der Sultan in seinen Erinnerungen verwies.

Sowohl Großbritannien als auch Frankreich und Rußland betrachteten diese Entwicklung argwöhnisch und versuchten, das deutsche Engagement nach Kräften zu behindern[807] beziehungsweise im Osmanischen Reich selbst Konzessionen zum Bau von Eisenbahnen zu erwerben. Den Franzosen gelang das teilweise im Nahen Osten, wogegen die Briten ihren Traum von einer britischen Eisenbahnlinie auf der Arabischen Halbinsel nicht verwirklichen konnten. Die deutsche Regierung, die Botschafter in Constantinopel und insbesondere Kaiser Wilhelm II. hatten sich persönlich nachdrücklich für den Bau deutscher Eisenbahnen bei deutschen Banken und Wirtschaftsunternehmen eingesetzt und auf diese Weise aus einem wirtschaftlichen Engagement nach und nach auch ein politisches werden lassen. Dieser neuen politischen Strömung fiel 1892 der langjährige Botschafter von Radowitz zum Opfer, der – gelegentlich nicht ganz glücklich und bisweilen eigenmächtig nicht im Sinn der Berliner Regierung agierend – von seinem Botschafterposten auch deshalb abberufen wurde, weil er im Auswärtigen Amt immer noch als ein Mann Bismarcks galt und zudem er wegen seiner russischen Gattin sowie seiner guten Kontakte zu Botschafter von Nelidow als zu rußlandfreundlich[808] eingeschätzt wurde. Abdül Hamid II. begegnete ihm stets mit der gebotenen Hochachtung und zeichnete von Radowitz, wie dieser in seinen Memoiren immer wieder zu berichten wußte, aufgrund seiner Vorliebe für die Deutschen vor den anderen Diplomaten am Bosporus besonders aus, ohne ihm damit jedoch die gleiche Vertrauensstellung wie den Botschaftern Hatzfeld zu Trachenberg und später Marschall von

Bieberstein einzuräumen. Der deutsche Einfluß am osmanischen Hof drohte zu schwinden.

Doch die neue deutsche Politik im Orient war zunächst, wie bereits gesagt, keineswegs durchdacht und einheitlich. War auch die Regierung in der Wilhelmstraße seit 1895 mehr und mehr an einem Erhalt des Osmanischen Reiches interessiert, so schwankten Kaiser, Reichskanzler und Staatssekretär des Auswärtigen, bestärkt nicht nur durch die wechselhaften Berichte des Botschafters Frhr. Saurma von der Jeltsch, anfänglich immer wieder in der Frage, ob durch die Mächte eine Absetzung Abdül Hamids II. betrieben werden sollte oder ob eine solche Absetzung überhaupt wünschenswert war, bis sich auch hier ab spätestens 1896 die Waagschale der Berliner Politik endgültig zugunsten des Sultans neigte. Holstein und Hatzfeldt, der damalige Botschafter in London, die beiden wichtigen Initiatoren der neuen Ausrichtung, versuchten den Bismarckschen Kurs nachhaltig zu korrigieren und eine Abwendung von Rußland bei gleichzeitiger Annäherung an Großbritannien zu erreichen. Daher hofften beide, sozusagen eine neue Orientpolitik im Windschatten der Briten zu installieren. »Darin ist [...] der entscheidende Grund dafür zu erblicken, daß man immer wieder die Engländer zu einem entschiedeneren Vorgehen in Constantinopel zu bewegen suchte, ohne freilich zu einem entsprechenden Auftreten bereit zu sein.«[809] Schöllgen bezeichnet diese unentschiedene Orientpolitik als konzeptionslos, denn einerseits wollte das Außenministerium an der Bismarckschen Politik der Nichteinmischung im Orient festhalten, andererseits sollte die deutsche Position in Constantinopel gestärkt werden, was eine Abkehr von der Politik Bismarcks notwendig zur Folge haben mußte. Hatte die Bismarcksche Orientpolitik lange Zeit im wesentlichen darin bestanden, durch ein zur Schau getragenes deutsches Desinteresse vorzugeben, keine eigentliche Orientpolitik zu sein, und somit vor allem Großbritannien (doch auch Frankreich, Italien und Rußland) immerhin beruhigt, so änderte sich dies nach 1890 zunächst zögerlich und nach 1895 dann deutlich. Botschafter Saurma von der Jeltsch, der am Bosporus etwas glücklos agierende Bedenkenträger, unterrichtete noch Ende 1895 den Reichskanzler, daß er im Sinn der deutschen Politik dem osmanischen Außenminister Tewfik Pascha empfohlen habe, ihn nicht länger zum Mittelsmann zu wählen, wenn es sich um direkte Kontakte zwischen der Hohen Pforte und den Mächte handele. Stattdessen solle er sich an den Doyen der Botschafterkonferenz, Baron von Calice, wenden. Auf diese Weise, so schrieb Saurma, könne an den übrigen europäischen Höfen kein Mißverständnis hinsichtlich eines speziell-vertraulichen Freundschaftsverhältnisses zwischen Berlin und Constantinopel und den beiden Monarchen entstehen.

Ganz zweifellos gehörte der Ende 1897 an den osmanischen Hof entsandte Nachfolger Saurmas Marschall von Bieberstein – befreit von den Zwängen und Rücksichtnahmen seines bisherigen Amtes als Staatssekretär des Äußeren –

dagegen zu den entschiedenen Verfechtern einer selbstbewußten deutschen Politik im Orient. Durch das ihm in jeder Hinsicht eigene diplomatische Geschick und seine damit verbundene Tatkraft trug er bis zu der Abberufung von seinem Posten in Constantinopel im Frühjahr 1912 maßgeblich zu deren Ausprägung bei und verstand es, dem Posten des Botschafters am Bosporus erhebliches Gewicht nach innen wie nach außen zu verschaffen. Am 5. März 1898 schrieb er dem Reichskanzler: »Wenn also unsere Gegner bei unserer ›Interesselosigkeit‹ einsetzen, um uns zu verdächtigen, so bekunden sie nur, wie lästig ihnen dieselbe ist, und sie mahnen uns, den Satz zu befolgen, ›find out what enemy dislikes and do it‹ «.[810] Diese neue eigenständige Orientpolitik des Deutschen Reiches erschütterte in der Folge das seit langem labile Gleichgewicht der europäischen Mächte in dieser Region. Großbritannien sah unter anderem stets seine Vorherrschaft über Ägypten bedroht,[811] Frankreich glaubte seine traditionelle Rolle als Schutzmacht der (katholischen) Christen in Palästina und Syrien durch den Palästina-Besuch des deutschen Kaisers in Frage gestellt, Rußland hingegen argwöhnte eine mögliche Durchdringung zumindest Nordpersiens durch die deutsche Wirtschaft. Wie aufmerksam die europäischen Großmächte solche wirtschaftlichen Expansionsbestrebungen registrierten, illustriert das Protokoll der Sitzung des russischen Ministerrates am 1. Februar 1907: »Zwar haben sich einige deutsche Großbanken zu einem neuen Institut, der ›Orientalischen Bank‹, zusammengeschlossen und beabsichtigen, eine Filiale in Teheran zu eröffnen, aber soweit bekannt, hat die Tätigkeit dieses Institutes in Persien eher informatorischen Charakter, um festzustellen, welche persischen Märkte in Zukunft für Deutschland in Betracht kommen könnten. Immerhin kann die Tatsache deutscher Interessen in Persien nicht geleugnet werden, [...].«[812] Im Fall Persiens, das bereits eindeutig Gegenstand eines britisch-russischen Interessenkonfliktes und in Einflußzonen aufgeteilt war, entschlossen sich die deutschen Regierungsstellen allerdings, von einer Einmischung abzusehen.

Hatte der erste Besuch des deutschen Kaisers in Constantinopel 1889 den Auftakt der deutschen Orientpolitik in der wilhelminischen Ära markiert, so stand der zweite Besuch 1898 bereits ganz im Zeichen dieser neuen Politik, die eigentlich eine Weltpolitik geworden war – und so zwangsläufig zumindest zu einem Konflikt mit Großbritannien führen mußte. Im Oktober 1898 also rüsteten sich Sultan Abdül Hamid II. und mit ihm ganz Constantinopel abermals zum Empfang des deutschen Herrscherpaares. Kaiser Wilhelm II. und Kaiserin Auguste Victoria kamen dieses Mal per Schiff von Venedig. Die offizielle Reisegesellschaft[813] bestand bei diesem Besuch allerdings aus deutlich mehr Personen als neun Jahre zuvor, weil sich viele kirchliche Vertreter der Reise in das Heilige Land angeschlossen hatten. Mit dem engeren Kreis des Kaiserpaares reisten wie bereits von 1889 die Herren von Lucanus, Freiherr von Mirbach, der Oberhofmeister der Kaiserin sowie Generalarzt von Leuthold. Erstmals dabei waren der Staatssekretär des Äußeren von Bülow, Hofprediger Dryander, Oberhofmarschall Graf August zu Eulenburg, General von Plessen, General von Kessel, [814] Hauptmann von Mackensen, und der Kunstmaler Hermann Knackfuß. [815] Kaiserin Auguste Victoria wurde wie auch bei ihrem ersten Aufenthalt am Bosporus von ihrer Oberhofmeisterin Gräfin von Brockdorff sowie den Hofdamen Gräfin von Keller und Fräulein von Gersdorff[816] begleitet. Seit Monaten bereitete sich der Hof in Yıldız abermals mit einer speziellen Kommission auf diesen Besuch vor. Das Şale Kasrı war eigens für den Besuch der deutschen Gäste umgebaut und um einen Festsaal mit erlesener Ausstattung erweitert worden. Diese Arbeiten überwachte Sultan Abdül Hamid II. höchstselbst. Der während des ersten Aufenthaltes 1889 als Teesalon genutzte Raum war zu einem eleganten Schlafzimmer für das Kaiserpaar umgestaltet worden – mit einem Himmelbett für zwei Personen. Das dürfte in einem Schloß der Herrscherfamilie in Constantinopel durchaus ungewöhnlich gewesen sein, war es doch selbst in Europa zu dieser Zeit eher eine Ausnahme, daß Angehörige der obersten Gesellschaft ein gemeinsames Schlafzimmer benutzten. Mit diesem speziellen Arrangement richtete sich der Hof in Yıldız jedoch nach den Gewohnheiten des deutschen Kaiserpaares – wieder einmal war es also ein Zeichen besonderer Wertschätzung.

Der aus Italien stammende Hofmaler Fausto Zonaro[817] beschrieb in seinen Memoiren die Vorbereitungen zu diesem Besuch recht amüsant und anschaulich. Zonaro wurde beauftragt, die Gemälde für die von Kaiser Wilhelm II. und Kaiserin Auguste Victoria bewohnten Räume im Şale Kasrı auszuwählen und gegebenenfalls vorher zu restaurieren: »Das Löwenbild von Gérôme auf pechschwarzem Hintergrund; unmöglich könnte es im Empfangssalon der Kaiserin hängen – selbst wenn es sich um einen Gérôme handele: In all der Seide und glitzernden Vergoldung würde es sich wie ein tiefschwarzer Fleck ausnehmen. An seine Stelle hängte ich das von mir gemalte Bild ›Spaziergang des deutschen Kaisers und der Kaiserin am Bosporus‹ auf. [...] Eines Morgens sehe ich, daß einige Gemälde abgenommen und gegen die Wand gelehnt wurden. [...] Ich sehe nach meinen Männern und frage sie, was das zu bedeuten habe. Eine Antwort erhalte ich nicht; also lasse ich sie wieder an ihren Platz hängen. Als sie am nächsten Tag abermals abgehängt sind, kommen mir erste Zweifel. Der Oberzeremonienmeister Münir Bey erklärt mir, daß Seine Mäjestät des Nachts einige Gemälde hat abhängen lassen. Es war nicht so, daß die Bilder dem Sultan nicht gefallen hätten, aber da der Gast schließlich der deutsche Kaiser sei, mache es sich nicht gut, zu viele Gemälde Ayvazowskis aufzuhängen – kurz gesagt, er [Abdül Hamid II.] wolle nicht zu viele ›russiche‹ Arbeiten ringsum.«[818] Der Wunsch des Padischahs war Befehl – und so mußten die vorgesehenen Seestücke zurück auf den Dachboden, wie Zonaro schreibt, transportiert werden.

Ende Juli 1898 erging bereits von der vorbereitenden Kommission der Auftrag der Reparatur und Neuvergoldung des mittlerweile 5.000 Teile umfassenden silbernen Tafelservices en vermeil. 403 Stücke aus Kristallglas mußten ebenfalls zur Komplettierung der bestehenden Ausstattung beschafft werden. In Yenimahalle, einem Stambuler Stadtviertel am Marmarameer, wurde den aus Deutschland geholten Köchen für die Dauer ihres Aufenthaltes ein leerstehendes Haus angewiesen. Bei dem Schneider Monsieur Porté wurden eigens für den Besuch des Kaiserpaares fünf Dutzend mit Gold- und Silberstickerei verzierte Livrées in roter Farbe für die Bedienung bestellt.[819] Außenminister Tewfik Pascha, der bereits erwähnte einstige osmanische Botschafter am Berliner Hof, wurde im September 1898 mit einem besonderen Auftrag betraut – er mußte für Kaiser Wilhelm II. bei dessen Hoflieferanten exquisite Zigarren beschaffen, da die von ihm ansonsten bevorzugten kubanischen Sorten momentan in Europa nicht zu bekommen waren und ein zunächst erwogener Direktimport aus Havanna zu lange dauern würde.[820] Wie schon 1889 berichteten dieses Mal die in der Hauptstadt erscheinenden Zeitungen – in Reportagen und Gedichten – über den Kaiserbesuch am Bosporus. Das ursprünglich im Königlichen Hausarchiv in Berlin befindliche Reisetagebuch, das Kaiserin Auguste Victoria während der Reise von 1898 geschrieben hatte, ist seit einigen Jahren leider nicht mehr auffindbar.

Am 17. Oktober 1898 erreichten die kaiserliche Jacht ›Hohenzollern‹ und der gepanzerte Kreuzer ›Hertha‹ sowie der Aviso ›Hela‹ bei Çanakkale den Eingang der Dardanellen, wo sie, wie bereits neun Jahre zuvor, durch eine hochrangige osmanische Delegation, diesmal unter Führung von Kürd Said Pascha,[821] der einst Botschafter in Berlin gewesen war, begrüßt wurden. Erschienen war auch die ›Loreley‹ mit dem deutschen Botschafter an Bord. Die lange Fahrt durch die Dardanellen verlief unter Salutschüssen der fahnengeschmückten Garnisonen und Kriegsschiffe, die Truppen standen entlang den Ufern Spalier, die deutsche Hymne wurde von Militärkapellen intoniert, und Chöre der Militärschüler sangen preußische Marschlieder. Am folgenden Tag, dem Geburtstag Kaiser Friedrichs III., dessen Reisetagebuch von 1869 (der preußische Kronprinz hatte seinerzeit an der pompös inszenierten Einweihung des Suezkanals teilgenommen und bei dieser Gelegenheit auch Constantinopel und Sultan Abdül Aziz besucht) sein Sohn Wilhelm II. im Gepäck hatte, um die Mitreisenden mit Reiseeindrücken seines Vaters aus Constantinopel und dem Heiligen Land zu unterhalten, legte die ›Hohenzollern‹ zusammen mit den sie begleitenden vier Schiffen dann gegen neun Uhr morgens unter Kanonendonner sowie den Klängen der beiden Hymnen und – in respektvoller Entfernung – begleitet von zahlreichen Ruderbooten und Schiffen mit Schaulustigen vor dem Dolmabahçe-Palast an. Ein Kaïk des Sultans brachte das Kaiserpaar an Land, wo es bereits von Sultan Abdül Hamid II. erwartet wurde. »Das vornehme, strenge Zeremoniell, welches die Türken

Der zweite Staatsbesuch des deutschen Kaiserpaares wurde ebenfalls glanzvoll organisiert, Postkarte 1898

beobachten, giebt solchen Empfängen zwar ein steifes, aber imponierendes, ernstes Gepräge, um so mehr, als allen Osmanen Würde, Zurückhaltung und Ruhe angeboren sind.«[822] Der Sultan führte Kaiserin Auguste Victoria am Arm in den Palast. Nach kurzem Aufenthalt fuhren die Gäste und der Sultan en grande cortège zum Şale Kasrı im Yıldız-Park. Kaiserin Auguste Victoria, der Sultan und der Oberzeremonienmeister Münir Pascha im ersten Wagen; Wilhelm II., in der Uniform der 1. Leib-Husaren, mit einem Säbel, den ihm der Sultan einige Jahre zuvor als Geschenk übersandt hatte, der Großwesir sowie Fuad Pascha,[823] der Feldherr des Krieges von 1877, im zweiten Wagen.

Freiherr von Mirbach schrieb über die Einrichtung des Appartements, das das Kaiserpaar bewohnte: »Mit rührender Sorgfalt hatte sich der Sultan persönlich um alle Einzelheiten der Einrichtung der Zimmer für die Majestäten gekümmert. Überall hingen Bilder der Königlichen Familie, besonders mehrere des alten Kaisers und des Kaisers Friedrich, auch des Feldmarschalls Moltke. Auf den

Tischen standen zahlreiche gewöhnliche und farbige Photographien der Kaiserlichen Kinder umher; in den Räumen des Kaisers Büsten seines Kaiserlichen Großvaters und Vaters und Bilder der Kaiserin, in den Gemächern Ihrer Majestät Bilder und Büsten des Kaisers. [...] Überaus zahlreich sind die freundlichen, anständigen, einfach schwarz gekleideten Diener; zum erstenmale waren auch griechische Frauen und Mädchen zur Bedienung angenommen.« [824] Das Zeremoniell gestaltete sich wie bei dem ersten Besuch 1889: Nach kurzer Pause in seinem Appartement begab sich das deutsche Kaiserpaar in die Räume des Sultans. Es erfolgten die übliche Vorstellung der Höfe und ein längeres politisches Gespräch, an dem neben dem Padischah sowie dem Kaiser Außenstaatssekretär von Bülow und der Großwesir teilnahmen. Nach einer erneuten Pause fuhren Wilhelm II. und seine Gemahlin dann eilig zu einem Empfang in die deutsche Botschaft in Ayazpascha. Man hatte gehofft, auch der Padischah werde bei diesem Aufenthalt des Kaiserpaares der deutschen Botschaft einen Besuch abstatten. Für diesen Fall hatte der Botschafter bereits einen Thronsessel anfertigen lassen, der allerdings nicht benötigt wurde, denn Abdül Hamid II. zog es vor, den Yıldız-Palast wie üblich nicht zu verlassen. Die Vertreter der deutschen Kolonie überreichten dem Kaiser eine künstlerisch gestaltete Grußadresse, die zuvor verlesen worden war. Wilhelm II. antwortete darauf unter anderem in seiner kurzen Rede: »In der Adresse haben Sie auf die Politik meines verstorbenen Herrn Großvaters hingewiesen. Ich kann sagen, daß Ich die Wege für die Meinige durch ihn vorgezeichnet gefunden habe und nichts Besseres thun konnte, als ihr zu folgen. Dieselbe hat den Beweis dafür geliefert, daß zwei große Völker, welche verschiedener Abstammung und verschiedenen Glaubens sind, recht gute Freunde werden können und in friedlichem Wettbewerb sich gegenseitig zu nützen vermögen. Sie haben dies an sich selbst erfahren, indem es Ihnen gelungen ist, sich hier eine Stellung zu erwerben, welche auch von großem Wert für das Deutsche Reich ist, und Ich spreche Ihnen für Ihre Bestrebungen Meinen Dank und den des Reiches aus. Ich hoffe, daß es auch in Zukunft so bleiben wird, und Sie können jedenfalls Meiner steten Fürsorge und Meines Schutzes sicher sein.«[825] Das erst kurz zuvor vollendete Gebäude der Realschule und der Höheren Mädchenschule der deutschen und der schweizerischen Schulgemeinde war das nächste Ziel des deutschen Kaiserpaares. Alles war festlich geschmückt, Reden wurden gehalten, und nachdem die versammelten Schulkinder verschiedene deutsche Volks- und Marschlieder gesungen hatten, brachten sie auf Wunsch des Kaisers die osmanische Hymne in türkischer Sprache zu Gehör. Am späten Abend folgte dann in den Empfangsräumen des Sultans ein zweieinhalbstündiges Festbankett für 150 geladene Gäste – Politiker und europäische Diplomaten mit ihren Gattinnen. Das Menu umfaßte folgende Speisen: Bouillon mit Ei und Erbsen, zwei Sorten Börek, Seebarschfilet mit einer Sauce, Rinderkeule mit Gemüse, junger Stör mit einer Sauce, mit Trüffeln und anderen Pilzen gefüllter

Truthahn, Wildpastete, dann folgte als Zwischengang Punsch, Kebab aus Fasanen und Wachteln, Spargeln, Pilaw (dieses delikate traditionelle Reisgericht ließ der Sultan stets zuletzt servieren, damit sich die Gäste nicht daran satt essen sollten, wie er mehrfach betonte), eine Süßspeise mit Nüssen, Mandelcrème, Gefrorenes, Mokka.[826] Zu Beginn ertönte die deutsche Hymne, gefolgt von dem in der Regierungszeit Abdül Hamids II. als osmanische Hymne fungierenden Hamidiye-Marsch. Zur Rechten des Sultans saß Kaiserin Auguste Victoria, gefolgt von Gräfin von Brockdorff, Botschafter Freiherr Marschall von Bieberstein und dem Großwesir Kâmil Pascha. Zur Linken des Padischahs saßen neben Wilhelm II. der Zeremonienmeister für das ausländische Protokoll, Turhan Pascha, Staatssekretär von Bülow und weitere Würdenträger. Nach dem Bankett begab sich der Sultan mit seinem Gästen zum Merasim Kasrı, um von dort ein reichhaltiges Feuerwerk anzusehen. Die Schiffe auf dem Bosporus, das Topkapı-Saray sowie der Yıldız-Park waren an diesem Abend wieder einmal feenhaft, um ein damaliges Modewort zu gebrauchen, illuminiert. Überall in der Stadt war auf Transparenten der Wunsch zu lesen, daß der Kaiser und der Sultan lange leben sollten.

Am folgenden Vormittag besuchte Wilhelm II. die Altstadt mit den eindrucksvollen Landmauern aus dem 5. Jahrhundert, während die Kaiserin unter anderem dem Beylerbeyi-Palast am asiatischen Ufer einen Besuch abstattete. Kaiserin Auguste Victoria hatte in jenen Jahren, wie auch etliche Damen der Gesellschaft, das Photographieren für sich entdeckt und hielt auf dieser Reise zahlreiche sie beeindruckende oder entzückende Motive im Bild fest. Später wurden dann einige der Photographien veröffentlicht. Auf dem auf der asiatischen Seite gelegenen Çamlıca-Hügel mit seinem großartigen Panoramablick auf Constantinopel war für »Ihre Majestät ein Ruheplatz mit prachtvollen Teppichen, vergoldeten Sesseln und Stühlen hergerichtet. Diese Möbel waren aus einer naheliegenden, mit grünenden Gärten umgebenen, schönen Villa gebracht, welche ein türkischer Prinz mit seiner Familie bewohnt.«[827] Am Nachmittag empfing das Herrscherpaar die ausländischen Botschafter mit ihren Gattinnen und osmanische Würdenträger zu einer Audienz im Şale Kasrı. Bei dieser solennen Gelegenheit ließ der Stadtpräfekt Constantinopels Wilhelm II. eine mit dem deutschen Reichsadler sowie dem osmanischen kaiserlichen Wappen reich geschmückte silberne Vase überreichen, während Kaiserin Auguste Victoria einen silbernen Tafelaufsatz, der einem alttürkischen Speisenwärmer nachempfunden war, erhielt.

Oberhofmeister Freiherr von Mirbach, der treue, zuweilen etwas blumige Chronist der Reise, überlieferte auch die Ansprache des Stadtpräfekten, in der es unter anderem hieß: »Der wiederholte Besuch Eurer Majestät ist ein neuer Beweis für die Freundschaft, welche Eure Majestät unserem Padischah entgegenbringen, sowie für die freundschaftlichen Beziehungen zwischen der ottomanischen und der deutschen Regierung. Ihre Ankunft erfüllt die Bevölkerung der Hauptstadt mit großer Freude, und im Namen derselben spreche ich deren innigen Dank für diesen Besuch aus. Die Freundschaft, welche Eure Majestät unserem Padischah erweisen, ruft die Dankbarkeit aller Osmanen gegenüber Euer Majestät sowie gegenüber Ihrer Majestät der Kaiserin hervor [...]. Mit tiefer Ehrfurcht legt die Bevölkerung der Hauptstadt zu den Füßen Eurer Majestät hiermit ein Zeichen der Dankbarkeit nieder, und ich bitte im Namen derselben, Ihre Majestät die Kaiserin, ein Bouquet anzunehmen, das aus den berühmten Blumen des Orients gebunden ist.«[828] Der Abend sah ein besonderes Programm vor. Von Dolmabahçe fuhren die kaiserlichen Gäste zunächst mit dem deutschen Schiff ›Loreley‹, das in Constantinopel stationiert war, den Bosporus hinauf zur Sommerresidenz des deutschen Botschafters in Therapia,[829] wo ein Tee arrangiert war. In Therapia erwartete dann die kaiserliche Jacht ›Sultaniye‹ die Gäste; das Abendessen für 32 Personen wurde an Bord eingenommen. Abdül Hamid II. war allerdings, seinen Gewohnheiten entsprechend, nicht dabei. Zu den Gästen zählten unter anderem der Außenminister Tewfik Pascha, Freiherr Marschall von Bieberstein sowie neben deutschen und osmanischen Militärs zwei Adjutanten des Sultans. Eine kleine Kapelle (vermutlich von Kadetten) unterhielt die Gäste an Bord der ›Sultaniye‹ und brachte unter anderem auch eine Komposition Kaiser Wilhelms II. zu Gehör (dabei handelte es sich sicherlich um den ›Sang an Aegir‹ von dem im Zusammenhang mit dem Constantinopel-Besuch der Großherzogin Elisabeth von Oldenburg noch die Rede sein wird). Tischherr der Kaiserin Auguste Victoria war Tewfik Pascha, der Kaiser saß dieses Mal seiner Gemahlin gegenüber. Das Festessen umfaßte wieder zahlreiche Gänge: Suppe, Börek mit Sauce, Deutschen Börek, Lammfilet mit Artischocken, kalte Waldschnepfe mit Trüffeln, Spargeln mit Sauce, als Zwischengang wurde wiederum Punsch gereicht, Kebab von Fasan und Rebhuhn, Salat, der Pilaw wurde diesmal als Wachtelreis alla turca serviert. Es folgten die Desserts – eine Süßspeise aus Kaymak, einer dicken, cremigen Sahne, Fruchtgelee und Gefrorenes mit gerösteten Nüssen.[830] Kaiser Wilhelm II. trug zu diesem Anlaß die ihm verliehenen osmanischen Orden[831] – die erste Klasse mit Brillanten des 1895 durch den Sultan gestifteten Kaiserlich Osmanischen Hausordens ›Hanedan-ı Al-i Osman‹ sowie die erste Klasse mit Brillanten des von Abdül Hamid II. bereits im Dezember 1878 erneuerten Verdienstordens ›Murassa İmtiyaz‹. Kaiserin Auguste Victoria hatte schon 1889 die erste Klasse mit Brillanten des Damen vorbehaltenen ›Ordens der Barmherzigkeit‹ mit der Umschrift ›İnsaniyet, Mu'avene', Hamiyet‹ (›Menschenliebe, Hilfe, Wohltätigkeit‹) erhalten. In seiner Tischrede drückte Wilhelm II. seine Zufriedenheit mit dem Besuch am Bosporus aus und zeigte sich abermals beeindruckt von der Schönheit Constantinopels. Nach dem Bankett begab sich die Gesellschaft an Deck, um sich des prachtvollen Feuerwerks und der Illuminationen zu erfreuen. An den Ufern spielten Militärkapellen, die Bevölkerung ruderte in beleuchteten Booten der kaiserlichen Jacht entgegen. In Beykoz (einer Sommerfrische am asiatischen Ufer) vor den Yalıs genannten Holzvillen des ehemaligen osmanischen Botschafters in Berlin Galib Bey[832] und Sadullah Paschazade Nusret Beys waren jeweils ein durch Öllampen erleuchtetes ›W‹ beziehungsweise ein ›A‹ aufgestellt – die Anfangsbuchstaben der Vornamen des Kaiserpaares, die beide mit einer Kaiserkrone versehen waren. Oberhofmeister von Mirbach nannte die festliche Beleuchtung der Ufer des Bosporus »wohl die schönste, welche es auf Erden gibt«, und schrieb noch ganz unter dem Eindruck der Schiffahrt mit der ›Loreley‹ und des dabei zu bewundernden osmanischen Gespürs für glänzende Inszenierungen, von dem auch Botschafter von Radowitz schon 1889 gesprochen hatte: »Die Sonne ging unter. Weithin blickte man auf das Schwarze Meer. Schnell trat die Dunkelheit ein; aus den Forts am Eingange der Meerenge erdröhnten Kanonenschläge, und nach wenigen Minuten war der ganze Bosporus in ein Lichtermeer verwandelt.«

Wieder in Therapia angekommen, erfolgte die Weiterfahrt in Richtung Constantinopel ebenfalls an Bord der kaiserlichen Jacht ›Sultaniye‹: »An beiden Ufern blitzten Hunderttausende von Lichtern auf. Auf Strecken von mehreren tausend Schritten steht eine Laterne mit großen Kerzen neben der anderen. Die Mauern, Terrassen und Fenster aller Paläste und größeren Gebäude sind so dicht mit Lampen behängt, daß die Umrisse der einzelnen Bauteile leuchtend hervortreten. Man errichtet sogar mit Hülfe von Balken und Latten ganze Vorderseiten großer Gebäude und hängt an ihnen Laterne neben Laterne auf. Die Linien der Mauern und Türme an den alten Burgen bis hoch auf die Berge und die Schiffe mit ihren Masten heben sich leuchtend von dem dunklen Hintergrunde ab. Die Bewohner stellen Lichter in die Fenster. In den Gärten brennen lange Reihen bengalischer Flammen, auf den Bergkuppen sind weithin leuchtende Feuer angezündet. Raketen steigen in die Luft, und an den Ufern stehen die Truppen mit klingendem Spiel und die im Lichte der bengalischen Flammen doppelt bunt erscheinenden Menschenmassen. [...] Die herrlichen Marmorpaläste in ihrem blendenden Glanze, die von elektrischen Lichtern umflammten deutschen Kriegsschiffe und die feuerumgebenen, an den Hügeln hochaufsteigenden Häuser boten einen feenhaften Anblick. Mitternacht war vorüber, ehe zwischen brennenden Fackeln und bengalischen Flammen hindurch der Jildiz-Kiosk erreicht wurde.«[833]

Der Zauber dieses nächtlichen Schauspiels an den Ufern des Bosporus wurde durch ein unbekanntes Mitglied der Reisegruppe in einem stimmungsvollen Aquarell festgehalten, das sich heute im Besitz der Stiftung Preußische Schlösser und Gärten befindet.[834] Am folgenden Tag besuchten Wilhelm II. und Auguste Victoria das asiatische Festland und fuhren mit einem Sonderzug des Hofes von Haydarpascha nach İzmit und Hereke, wo die Großherrliche Teppichmanufaktur besichtigt wurde. Vor den Bahnhöfen in Haydarpascha und in Hereke waren aus Anlaß des kaiserlichen Besuches Triumphbögen mit reichem Blumen- und Fahnenschmuck errichtet worden, in Hereke war der Weg von der Bahnstation

Hereke Kiosk: Der Pavillon wurde anläßlich des Kaiserbesuchs 1898 errichtet

bis zur Fabrik zudem mit Teppichen aus der Manufaktur belegt. Das Kaiserpaar erhielt denn auch Teppiche und Seidenstoffe als Geschenke. Verschiedene dieser textilen Präsente befinden sich noch heute in Huis Doorn, dem niederländischen Exil Kaiser Wilhelms II. und seiner Gemahlin. Die Teppiche tragen auf der Rückseite ein aufgenähtes Etikett, das wie folgt beschriftet worden waren: »Eigenthum Ihrer Majestäten. Geschenk des Sultans 1898.«[835]

Für diesen Besuch war in Hereke unmittelbar am Golf von İzmit ein bis heute existierender eleganter ›Kaiserlicher Pavillon‹ mit einer reichen Ausstattung von Erzeugnissen der Manufaktur (Teppiche, die Seidenbezüge der Stühle sowie die Seidendraperien an den Fenstern) errichtet worden, um den Aufenthalt des Kaiserpaares mit einem opulenten Imbiß angenehm zu gestalten. Freiherr von Mirbach schrieb über das einstündige Essen, an dem vierzig Personen teilnahmen: »Unmittelbar am Strande war ein großer Saal mit mehreren Nebengemächern und ein glänzender Pavillon erbaut, alles mit Seidenstoffen behängt und mit schönen Teppichen belegt. Hier wurde das Frühstück eingenommen, und die prachtvollsten Erzeugnisse der Fabrik wurden als Geschenke überreicht. Eine neue Landungsbrücke führte in das stille Meer hinaus. Von hier aus fuhren wir am Nachmittag unter dem Jubel der Fabrikarbeiter und der Kinder und unter Zurufen der in Parade stehenden Truppen auf der ›Loreley‹ ab und kehrten bei glanzvoller Abendbeleuchtung nach Konstantinopel zurück.«[836] Da die Fabrik in Hereke zu den durch die Zivilliste des Sultans verwalteten Betrieben gehörte, wurden Kaiser und Kaiserin durch die beiden Schatzmeister und obersten Leiter der Zivilliste – Ohannes Efendi und Akif Bey – empfangen. Der Armenier

Ohannes Efendi,[837] den Abdül Hamid II. sehr schätzte, saß denn auch während des Essens dem Kaiserpaar gegenüber. Zur Unterhaltung spielte eine Kapelle der osmanischen Marine. Die Küche des Padischahs servierte in Hereke: Bouillon, Börek, Fisch, Kotelett mit Erbsen, Rinderfilet mit Gemüse, Huhn mit Sauce, Kebab aus jungem Truthahn. Zwei Sorten Tomatenreis bildeten den unvermeidlichen Pilaw, den die ausländischen Gäste abermals sehr lobten. Eine Süßspeise aus Brot, Sirup und Sahne sowie Fruchtgelee mit Nüssen folgten.[838] Mirbach berichtete fast sentimental von dem Fabrikbesuch und »diesen freundlichen, schüchternen und fleißigen Kindern«, die in der Teppichweberei arbeiteten. Kritik an der weitverbreiteten Kinderarbeit kam dem Oberhofmeister dabei freilich nicht in den Sinn: »Einige hundert Männer wirken auf großen, mit Dampfkraft getriebenen Webstühlen Seidenstoffe aller Art, und achthundert Mädchen von 6 bis 16 Jahren knüpfen mit ihren Händen herrliche seidene und wollene Teppiche nach berühmten alten Mustern.«[839]

Kaiserin Auguste Victoria ließ sich in Hereke eingehend über Art und Umfang der Arbeit in der Fabrikation unterrichten. Drei Knüpferinnen, die an den Teppichen für das Kaiserpaar gearbeitet hatten – Münevver, Emine und Binnaz – erhielten daraufhin, dem Wunsch Auguste Victorias entsprechend, ein besonderes Geschenk: Kaiser Wilhelm II. veranlaßte nach Rücksprache mit Sultan Abdül Hamid II.[840] eine langjährige Finanzierung der Aussteuer dieser jungen Fabrikarbeiterinnen. Auf dem Rückweg in die Hauptstadt, dieses Mal auf der ›Loreley‹, besuchten die deutschen Gäste dann die Prinzeninseln, die damals bereits den wohlhabenden Einwohnern Constantinopels als Sommerfrische dienten.

Mirbach erwähnt in seinem Reisebericht, daß Kaiser Wilhelm II. bei seinen Besichtigungen in der Altstadt Constantinopels an verschiedenen Stellen von der Bevölkerung mit der enthusiastischen Begrüßung: »Es lebe unser zweiter Sultan!«[841] empfangen wurde. Unwillkürlich erhebt sich die Frage, ob dies tatsächlich ein spontaner Ausdruck der Begeisterung der Osmanlıs war – oder geschickt-berechnende Regie des Sultans und des hamidischen Geheimdienstes? Ihre Wirkung auf den für solcherlei Schmeicheleien stets empfänglichen deutschen Kaiser haben diese Hochrufe ganz sicherlich nicht verfehlt und ihn in seiner Sympathie für das Osmanische Reich, dessen Sultan und die Osmanlıs bestärkt. Noch in seinem Exil erinnerte sich Wilhelm II. gerührt an die auf jeden Fall in seinen Augen warmherzig dargebrachten Huldigungen der Bevölkerung. Zu der in ihren Ursprüngen zumeist antikolonialen, antibritischen Einstellung der panislamischen Bewegung im Osmanischen Reich und in anderen Teilen des Nahen Ostens paßte es auch, daß der für die osmanische Politik allgemein und den Sultan selbst so überaus bedeutsame Besuch Kaiser Wilhelms II. im Herbst 1898, besonders angesichts seiner emphatischen Damaszener Freundschaftsbekundungen, in verschiedenen Dichtungen[842] in der islamisch-arabischen Welt aufgegriffen wurde. In Beirut erschien unter anderem noch 1898 eine längere

Dichtung von Halil Sarkis, die etwa mit ›Die Reise des deutschen Kaisers und preußischen Königs Wilhelm II. und der Kaiserin Auguste Victoria‹ übersetzt werden kann. Wadad Urfi verfaßte ein Drama unter dem Titel ›Kaiser Wilhelm‹, das zumindest in Kairo durch eine Theatertruppe auf die Bühne gebracht wurde. Salim Al-Aqqad betitelte sein Werk ›Der Herrscher der Deutschen‹. Daß er auf diese Weise Eingang in die orientalische Literatur gefunden hatte, war dem Kaiser vermutlich nicht bekannt, hätte ihm jedoch vermutlich sehr geschmeichelt, zumal die Reaktion auf seine Reise in Deutschland recht ambivalent ausfiel: Der Schriftsteller und Kabarettist Frank Wedekind verfaßte unter dem Titel »König David« für die satirische Zeitung ›Simplicissimus‹ ein spöttisches Couplet, in dem er die pompös inszenierte Reise als regelrechtes Spektakel ohne politischen Sinn persiflierte und Wilhelm II. sowie dessen oftmals theatralische Auftritte der Lächerlichkeit preisgab. Wegen Majestätsbeleidigung wurde Wedekind 1899 daraufhin zu einer mehrmonatigen Haft auf der sächsischen Festung Königstein verurteilt und schließlich im Februar 1900 durch König Albert von Sachsen begnadigt.[843]

Der nächste Tag war ein Freitag. Das Kaiserpaar wohnte zunächst dem stets glanzvoll inszenierten ›Cuma Selamlığı‹ bei, also der wöchentlichen Ausfahrt des Sultans zum Freitagsgebet in der nach ihm benannten Hamidiye-Moschee. Nach dem Ende des Gebets bestiegen Abdül Hamid II. und Kaiserin Auguste Victoria ohne jede weitere Begleitung einen kleinen, reich vergoldeten Wagen, den der Padischah selbst lenkte und der von zwei Schimmeln gezogen wurde. Wilhelm II. folgte in einer zweiten Kutsche zu dem sogenannten Paradeplatz unmittelbar an der Mauer der Yıldız-Gärten. Dort fand ein großes Defilée der Truppen statt, während die Gäste von dem bereits erwähnten Talimhane Köşkü aus zusahen. Ihrer Schwester Herzogin Caroline Mathilde berichtete die Kaiserin noch etwas unbehaglich: »Nach der Feier kutschierte der Sultan sich selbst mit 2 schönen weißen Hengsten; er holte mich nun ab u. mußte ich zu ihm in den Wagen steigen. Er sah so schwächlich und gewiß ängstlich aus, daß ich immer dachte, wie diese Fahrt wohl gehen wird. Ich nahm mir vor, wenn es nicht geht, nehme ich die Zügel. Aber das wäre etwas gewesen – eine Frau, die dem Sultan die Zügel nahm. Wunderbarer Weise ging es besser, als ich dachte durch die Haremsgärten [...] zum Kiosk der Parade. Wie ich die Treppe allein mit dem Sultan hinauf ging, überall nur Türken, Wilhelm kam auch erst nach u. all meine Damen [auch], da war es mir doch etwas ungemütlich. Ich dachte ›nur durch u. sich nichts merken lassen‹. «[844] Die Bevölkerung war unterdessen ebenfalls zu diesem kleinen Schloß unmittelbar in der Parkmauer gelangt » und brachte den am Fenster stehenden Herrschaften aus eigenem Antriebe eine großartige Huldigung dar.«[845] Louis von Kamphövener Pascha, der bereits erwähnte deutsche Generaladjutant Sultan Abdül Hamids II., erinnerte sich ebenfalls an die besondere Kutschfahrt der Kaiserin: »Zu dem Festprogramm, das sich nun Mitte Oktober abspielte, gehörte außer den üblichen Diners eine Parade der Truppen auf dem Exerzirplatz hinter Yıldız, die von einem kleinen Kiosk [...] abgenommen wurde. Zu diesem Kiosk fuhren der Sultan und die Majestäten durch den inneren Garten des Palais, während die Wagen mit dem Gefolge, zu dem auch die Damen des Hofes gehörten, wegen der Enge den Weg außen um die Mauern herum nehmen mußten. Vor der erreichten Außenpforte, die noch geschlossen war, spielte sich für mich ein kleines drolliges Rencontre ab. Eine der Damen der Kaiserin [Gräfin Mathilde von Keller] stellte mich in sehr aufgeregter Weise darüber zur Rede, daß sie ihrer Herrin ferngehalten wäre und auch jetzt noch nicht zu ihr gelangen könne. Ich begriff sofort die ganze Ungeheuerlichkeit ihrer Situation. Sie witterte vielleicht in ihrem Zart- und Pflichtgefühl, der Kaiserin stets zur Seite stehen zu müssen, Gefahren für diese, sobald ihr sorgendes Auge ausgeschaltet war. Ich konnte aber, wenn auch etwas sarkastisch, sie mit der Antwort beruhigen, daß ich, wenngleich der Kaiserin beigegeben, an der die Hofdame vernachlässigenden Fahrtdisposition gänzlich unschuldig sei, und daß das äußere Thor sich wohl gleich öffnen werde, sobald die Majestäten oben im Kiosk eingetroffen seien. Im Übrigen stände die Kaiserin unter meinem persönlichen Schutz. Die delicate Situation löste sich dann alsbald in Gemüthlichkeit auf, und ich führte die Damen zu ihrer Gebieterin, die keinerlei Beunruhigung zeigte. Der Verlauf der Anfahrt war nun der gewesen, daß der Sultan die Kaiserin ritterlich aufgefordert hatte, zu ihm in seinen kleinen, von ihm selbst gesteuerten Wagen zu steigen, in dem selbst für die wachsamste Hofdame kein Platz mehr gewesen wäre.«[846]

Anschließend wurde in den offiziellen Räumen des Sultans ein Imbiß alla turca arrangiert, wobei die Gäste dieses Mal von zwei Saz-Spielern mit orientalischer Musik unterhalten wurden. Nach dem Essen besuchte Kaiserin Auguste Victoria abermals die deutsche Botschaft, um aus einer eigens für sie arrangierten Auswahl an Kunsthandwerk, Teppichen und Stoffen Weihnachtsgeschenke auszusuchen. Es folgte die Besichtigung des deutschen Diakonissenhauses und seiner Krankensäle, dann ging es eilig in das Şale Kasrı zurück. Am Abend hatte Sultan Abdül Hamid II. seine Minister, die Botschafter mit ihren Gattinnen sowie die Repräsentanten des Hofes zu einem festlichen Bankett in den Yıldız-Palast geladen. Für einhundert Gäste wurde an drei Tafeln serviert: Kalbskopfsuppe, Börek, Fisch à la belle meunière mit Sauce, Rinderfilet mit Gemüse, Hühnerfilet mit Pilzen und Trüffeln, Gänseleberpastete; als Zwischengang folgte wieder, allerdings lediglich für die nicht-muslimischen Gäste, der unvermeidliche Punsch, Kebab aus Rebhühnern und jungem Truthahn, Spargeln, Pilaw, eine Süßspeise von Pfirsichen, Kaffeecrème, Gefrorenes, Mokka.[847]

Nach dem Ende dieses solennen Diners führte Abdül Hamid II. die Kaiserin mit ihren Damen zu einem späten Besuch in den bereits bekannten Harem, um der Walide Sultan und den Gemahlinnen des Padischahs die übliche Reverenz zu erweisen. Dabei wurde nochmals ein kleiner, aus Kaffee und Gebäck bestehender

Imbiß gereicht. Prinzessin Ayşe schilderte in ihren Erinnerungen den Besuch: »Die Sultanin-Mutter, Bidar Kadın Efendi,[848] die Prinzessinnen Seniha und Mediha, die Prinzessinnen Hatice und Fehime, Töchter Sultan Murads, und wir Schwestern hatten eine Unterhaltung mit der Kaiserin in dem größten der kaiserlichen Salons. Die Eunuchen in goldgestickten Uniformen, die Angehörigen des Hofes, in zwei Reihen aufgestellt, machten der Kaiserin ihre Aufwartung, als sie am Arm von Papa aus dem Şale Kasrı herüber kam. Die Hofdamen, die mit der alla turca gekleideten Oberhofmeisterin an der äußeren Tür des Salons [die Kaiserin erwarteten], die silbernen Leuchter und die strahlenden Laternen und Kronleuchter bereiteten der Kaiserin einen glänzenden Empfang. Die Sultanin-Mutter und die Prinzessinnen erwarteten sie an der Tür des Salons, die Tochter von Artine Pascha übernahm die Übersetzung. Nach der gegenseitigen Vorstellung ließ sich die Kaiserin in der Mitte eines großen Sofas nieder, zu ihrer Rechten nahm die Sultanin-Mutter Platz, Papa setzte sich zu ihrer Linken. Die Prinzessinnen setzten sich auf die durch das Protokoll bestimmten Plätze. Anläßlich dieses offiziellen Empfanges trugen die Prinzessinnen weiße Kleider nach europäischer Mode, zu denen sie ihre Orden angelegt hatten. Außerdem trugen die älteren Prinzessinnen Diademe. Die Kleider der Sultanin-Mutter, ebenso wie die der Oberhofmeisterin und der Hofdamen [die alle nach traditioneller türkischer Art gekleidet waren], erregten das besondere Interesse der Kaiserin, die ihre große Bewunderung äußerte. [...] Mit Erstaunen bemerkte die Kaiserin, daß die Kalfas, die den Kaffee servierten, neben Kopfbedeckungen aus Tüll lange Kleider mit einer Schleppe trugen und den Kaffee auf großen goldenen, an Ketten hängenden Tabletts mit perlenbestickten Tüchern anboten, bevor sie die Tassen in mit Diamanten besetzte Schalen einsetzten. Die Kaiserin äußerte ihren überaus großen Gefallen an dieser Zeremonie und unterrichtete sich über die Aufgaben und das Wesen der Kalfas, die sie erstmals gesehen hatte. [...] Die Unterhaltung mit der Kaiserin dauerte eineinhalb Stunden; sie kehrte dann in das Şale Kasrı zurück wie sie gekommen war – am Arm von Papa.«[849] In der gewohnt mokanten Beschreibung Bülows liest sich der Besuch allerdings anders. Von Interesse oder gar Gefallen ist nicht mehr die Rede: »Schließlich fügte sich die Kaiserin auch hier dem Gebot ihres Gemahls, der auf dem Besuch im Harem bestand. Als ich die Kaiserin hinterher frug, wie es nun eigentlich im Harem aussehe, meinte sie: ›Ach Gott! Eine Menge sehr dicker Frauen in Pariser Toiletten, die ihnen schlecht standen, die Konfitüren und Pralinés aßen und furchtbar gelangweilt aussahen.‹ «[850] Die erwähnten Kleider nach Pariser Mode wurden allerdings dem Geschmack der Damen im Harem und den Forderungen der Hofetikette angepaßt – tiefe Ausschnitte waren bei den Angehörigen der obersten Gesellschaft am Bosporus verpönt, so daß selbst üppigste Coliers auf den hochgeschlossenen Kleidern getragen wurden. Für die Europäerinnen, die bei offiziellen Hoffestlichkeiten zumeist tief dekolletiert erschienen, war das sicherlich ungewohnt. Prinzessin Leyla Achba Anchabadze, deren Mutter im Harem aufgewachsen war, schrieb zu Beginn der 1930er Jahre ihre Erinnerungen an die Zeit des Sultanats nieder und erwähnte auch den Besuch des deutschen Kaisers 1898: »Als meine Mutter davon hörte, daß der deutsche Kaiser nach Istanbul kommen und die Kaiserin den Harem besuchen werde, begab sie sich sofort in den Palast und hielt sich zur Verfügung. Am Ende machte die Kaiserin dann auch in Begleitung dreier ihrer Hofdamen zunächst die Bekanntschaft der Walide Sultan Perestu und später auch Bidar Kadın Efendis, welche es übernommen hatte, die Kadın Efendis vorzustellen. Bei dieser Gelegenheit war es Bidar Kadın Efendi [...], die es übernahm, einer ausländischen Kaiserin zu begegnen, und die als die Kaiserin des Osmanischen Reiches vorgestellt wurde. Dieser Empfang fand auf Wunsch Sultan Abdül Hamids II. im Kleinen Mabeyn-Kiosk statt. Die Damen, welche die Bekanntschaft mit Kaiserin Auguste Victoria machen sollten, wurden einige Tage zuvor ausgewählt und ihr dann vorgestellt. Schließlich wurden Auguste Victoria und ihre Hofdamen [...] abends um acht Uhr vom Padischah in den Harem gebracht und machten, wie ich bereits oben geschrieben habe, zuallererst die Bekanntschaft Ihrer Hoheit der Walide Sultan Perestu. Der detailgetreuen Erzählung meiner Mutter zufolge trug die Walide Sultan eine schöne Toilette, die aus hellblauem Seidenstoff gefertigt war, dazu ein rubinbesetztes Diadem und hatte ihre Orden an die Brust gesteckt. Kaum daß die Kaiserin den Salon betreten hatte, begrüßte die auf einem großen Kanapee sitzende Walide Sultan höflich von dort aus, wo sie war, die Kaiserin. Als die Hofdamen der Kaiserin die Juwelen der Walide Sultan erblickten, gingen ihnen die Augen über. Sie hatten ganz offensichtlich nicht damit gerechnet, so wertvolle Schmuckstücke zu sehen. Nach einer kurzen Unterredung wechselte man in das Nachbarzimmer hinüber und unterhielt sich dort mit Bidar Kadın Efendi, die auf die Kaiserin gewartet hatte. Bidar Kadın habe eine aus weißem Seidenstoff gefertigte Toilette mit langem Saum und Schleppe getragen, dazu ein diamantbesetztes Diadem, hatte ihre Orden an die Brust gesteckt und sei diesen fremdländischen Adligen wie eine richtige Herrscherin begegnet, in einer äußerst ruhigen und sicheren Haltung. Obwohl zwischendurch Jahre vergangen waren, sprach meine Mutter sehr oft voller Lob über diese Haltung Bidar Kadın Efendis. An einer Stelle habe Auguste Victoria Bidar Kadın einmal nach deren Gedanken über das Leben im Harem gefragt. Bidar habe geantwortet: ›Bei Allah, was soll ich denn da nur sagen! Ein Haufen Frauen, die vom süßen Essen recht füllig geworden sind und denen die Kleider nach Pariser Mode, welche sie tragen, überhaupt nicht stehen‹ und die Kaiserin so zum Lachen gebracht. Währenddessen machten auch Seniha Sultan und Mediha Sultan, zwei Schwestern Sultan Abdül Hamids II., die Bekanntschaft der Kaiserin.«[851] Es sei am Rand darauf hingewiesen, daß einer der Chronisten, Bülow oder Prinzessin Achba Anchabadze in seiner Erinnerung getäuscht ist: Denn beide bringen die Anekdote von den korpulenten Haremsdamen. Bernhard von Bülow, der den osmanischen Angelegenheiten auch rückblickend nichts Positives abzugewinnen vermochte, legte sie jedoch vielleicht nicht unabsichtlich der Kaiserin in den Mund, was deutlich pejorativ zu verstehen ist, während die Prinzessin sie der Sultansgemahlin zuschrieb, womit diese Äußerung ironisch wirkt und von einiger Selbstkritik zeugt. In einem Brief vom 25. Oktober berichtete Kaiserin Auguste Victoria ihrer Schwester Herzogin Caroline Mathilde von ihrem Besuch im Harem: »Die Diners dauerten bei großer Hitze fast immer über 2 Stunden. Nachher noch etwas Cercle u. dann zurück. Nun wartete ich bis etwa 11 Uhr, um meinen Besuch im Harem zu machen. Ich war schon halbtot vor Müdigkeit. Schließlich wurde mir gemeldet, der Sultan könne [aufbrechen]. Ich pilgerte an seinem Arm, gefolgt von meinen 3 Damen, von denen Mathilde K. [Gräfin Mathilde von Keller] fast heulte vor Verzweiflung, daß ich dahin mußte. Die alte, scheußlich aussehende Valide (sozusagen Mutter) Sultan empfing uns im Gang. In den Räumen selbst waren die erste Gemahlin, die ich auch vor 9 Jahren sah u. 5 Töchter, darunter 2 verheirathete, eine [...] Oberhofmeisterin, franz. Dolmetscher u. auch 2 Dienerinnen, auch mit Orden etc. Es machte aber einen schrecklich traurigen Eindruck. Um 3/4 12, kurz vor Anfang m[eines] Geburtstages, war ich zurück. Ich hätte doch nicht gerne das neue Jahr im Harem begonnen. [...]«[852] Die treue Hofdame Gräfin von Keller – sie begleitete ›ihre‹ Kaiserin 1918 in die Niederlande und umsorgte Auguste Victoria dort bis zu deren Tod 1921 – erwies sich wieder einmal als engstirnig und wenig souverän. In den Augen der moralinsauren Gräfin war der Harem vermutlich eine wahre Lasterhöhle, die die deutsche Kaiserin besser nicht betreten sollte.

Am Sonnabend, dem 22. Oktober 1898, dem 40. Geburtstag von Kaiserin Auguste Victoria, verließ das Kaiserpaar mit seiner Entourage Constantinopel in Richtung Haifa. Zuvor hatte das ›Geburtstagskind‹ noch eine besondere Überraschung erlebt: Das Innere des Şale Kasrıs war über Nacht auf Befehl des Sultans in ein üppiges Blumenmeer verwandelt worden. Am frühen Morgen überbrachte zunächst das deutsche Gefolge seine Glückwünsche, der Empfang des osmanischen Ehrendienstes und der hohen Hofbeamten folgte danach, Prinzessin Refia[853] überreichte der Kaiserin im Auftrag des Sultans ein Blumenbouquet und spielte auf dem Klavier. Die Flut der aus Deutschland und Europa eingehenden Glückwunschtelegramme brachte die osmanische Post an die Grenzen ihrer Leistungsfähigkeit, sie mußten teilweise nach Jerusalem nachgeschickt werden. Für eine letzte Fahrt nach Therapia, in die Sommerresidenz des deutschen Botschafters, stellte der Sultan seine Jacht zur Verfügung. Bieberstein empfing die Majestäten dann am Vormittag am Bosporus, wo ein Schülerchor der Kaiserin im Garten noch ein Geburtstagsständchen darbrachte. Zurück im Şale Kasrı erfolgten der Abschiedsbesuch des Sultans und danach die Fahrt en grand cortège durch ein Spalier von Militär sowie jubelnder Bevölkerung zum Bosporus, wo im Festsaal des Dolmabahçe-Palastes wiederum ein sogenanntes ›Frühstück‹

zum Ausklang des Besuches arrangiert worden war, an dem unter anderem Marschall Rauf Pascha teilnahm.[854] Er war schon 1869 von Sultan Abdül Aziz zur Begleitung des damaligen preußischen Kronprinzen in Constantinopel kommandiert gewesen. Sultan Abdül Hamid II. versammelte nochmals eine hochrangige Gesellschaft um seine Gäste und überreichte Kaiserin Auguste Victoria »einen kleinen Strauß von drei Rosen und drei Astern, welcher von einer kostbaren alten Spitze umschlossen und von einem Bouquethalter aus feinen goldenen, mit Brillanten besetzten Stäben getragen wurde«[855] als Geburtstagsangebinde. Die Speisenfolge bei diesem Abschiedsessen liest sich so: Bouillon, Börek, Forelle à la belle meunière mit Sauce, Rinderfilet mit Gemüse, Hühnerfilet mit Pilzen und Trüffeln, Hummer mit Mayonnaise; als Zwischengang wieder der unvermeidliche Punsch, dann folgten Truthahnkebab, Spargel, Pilaw, Süßspeise von Ananas, Vanillecrème, Gefrorenes. Im Empfangssalon von Dolmabahçe wurden den Majestäten dann Mokka und Şerbet (Sorbet) gereicht.[856] Sultan Abdül Hamid II. geleitete das Kaiserpaar auf die Terrasse des Schlosses, verabschiedete sich, von zahllosen jubelnden Osmanlıs in gemessener Entfernung umgeben, unter den Klängen der deutschen Hymne mit einem Handschlag von Wilhelm II. und verfolgte die weitere Einschiffung sowie die anschließende Abfahrt seiner Gäste dann von einem Fenster dieser prunkvollen Residenz am Bosporus, das Kaiserpaar nahm auf der Brücke winkend Abschied.

Beide Herrscher hatten allen Grund, zufrieden zu sein. Noch niemals zuvor hatte ein europäischer Monarch, noch dazu der Repräsentant einer Großmacht, Abdül Hamid II. solchermaßen politisch und diplomatisch aufgewertet wie der deutsche Kaiser, der immerhin mehrere Wochen lang durch das Osmanische Reich reiste. Doch auch Wilhelm II. konnte den Besuch im Hinblick auf das Entgegenkommen des Sultans in Wirtschafts- und Kirchenfragen für die Christen in Palästina und Syrien schon jetzt als Erfolg verbuchen.

Der gesamte osmanische Ehrendienst begleitete auf Befehl des Sultans den Kaiser und die Kaiserin nach Palästina und sollte den ›Allerhöchsten Herrschaften‹ per Schiff nach Jaffa folgen. Unterdessen erlebte Kaiserin Auguste Victoria eine weitere Überraschung: Ebenfalls auf Anordnung Abdül Hamids II. war die ›Hohenzollern‹ im Inneren reich mit Blumen geschmückt worden. Auch die Besatzung des deutschen Geschwaders, immerhin vier Schiffe, sollte an dem Geburtstag der Landesmutter teilhaben. Der Padischah hatte dem Bericht Mirbachs zufolge »Körbe mit Champagner und Wein, Fässer mit Bier, Hunderte von lebenden Hühnern, Tausende von Eiern, Fleisch, Gemüse, Brot in solchen Mengen geschickt [...], daß für über eine Woche ausreichende Lebensmittel vorhanden waren.«[857] Sicherlich spielte hierbei auch eine Rolle, daß eine mehrtägige Seereise bis Haifa bevorstand und der Sultan auf diese Weise für ausreichend Proviant sorgte. Die Mannschaft der vier Schiffe erhielt wahrscheinlich jeden Tag eine entsprechend reichhaltige Verköstigung durch die Hofbehörden. Jedenfalls berichtete dies Großherzogin Elisabeth von Oldenburg von der Besatzung der ›Lensahn‹ 1902: »Ich habe noch nicht gesagt, daß täglich solange wir da waren, mittags ein Boot mit großen Körben voll Backwerk, Butter, Milchspeisen, Käse u. Fleisch, Wein, Champagner u. Bier für die Mannschaft kam.«[858] Es erscheint kaum vorstellbar, daß die Besatzung der kaiserlichen Schiffe 1898 nicht so opulent versorgt worden sein sollte wie vier Jahre später die Mannschaft der Jacht des Großherzogs von Oldenburg.

Die im In- und im Ausland politisch vielbeachtete, glänzend inszenierte Reise führte Wilhelm II. und Kaiserin Auguste Victoria dann nach Haifa, Bethlehem, Jerusalem, Beirut und Damaskus. Diese Stationen, an denen auch der lange Arm des Padischahs stets für exzellente Abläufe sorgte, können hier aus Platzgründen nicht weiter abgehandelt werden. Die bleibenden Eindrücke dieses zweiten Besuches waren bei Kaiser Wilhelm II. außerordentlich positiv. Seine Freundschaft zu Abdül Hamid II. hatte ebenso wie die deutsch-osmanischen Beziehungen eine erneute Vertiefung erfahren. Der Kaiser wurde nicht müde, die bisherigen Erfolge seiner Politik und die großen Erwartungen, die sich für die Zukunft daran knüpfen ließen, überall zu betonen. Am 6. Dezember 1898 eröffnete Wilhelm II. im Weißen Saal des Berliner Schlosses mit einer Thronrede den Reichstag. Der Kaiser sagte dabei unter anderem über seine Reise in das Osmanische Reich: »So gebe ich Mich der Hoffnung hin, daß Mein Aufenthalt im türkischen Reiche, die ebenso gastfreundliche wie glänzende Aufnahme, die Ich bei Seiner Majestät dem Sultan, entsprechend den freundschaftlichen Beziehungen der beiden Reiche, gefunden, und der begeisterte Empfang, der Mir und der Kaiserin allenthalben von der osmanischen Bevölkerung bereitet wurde, dem deutschen Namen und den deutschen nationalen Interessen, zu bleibendem Vorteil und Segen gereichen mögen.«[859]

Daß es in Deutschland jedoch nicht nur Zustimmung zur Orientpolitik Wilhelms II. gab, illustriert ein Brief seiner Mutter, den diese Ende 1898 aus Windsor Castle an die Gattin Bernhard von Bülows schrieb. Die Kaiserin-Mutter verspottete ihren Sohn und dessen Interesse am Osmanischen Reich sowie am Sultan, wenn sie etwa schrieb, sie erwarte nun, den gesamten Berliner Hof mit einem Fez auf dem Kopf und einem Halbmond an der Brust zu sehen, da die Freundschaft zum Sultan jetzt so groß sei. Sultan Abdül Hamid II. verhöhnte die Kaiserin als »edlen Freund« und »modernen Nero, der sie mit nichts als Abscheu erfülle.«[860] Wenigstens der scheinbaren Unbefangenheit, mit der Kaiser Wilhelm II. dem Sultan begegnete, stand auch Friedrich Naumann ablehnend gegenüber. Er schrieb: »In Wahrheit störte uns das ungeklärte Gefühl, nicht genau zu wissen, ob man als Deutscher und als Christ ein Feind dieses Mannes zu sein habe oder nicht.«[861]

In seinem niederländischen Exil zeichnete Wilhelm II. im Frühjahr 1927 seine Erinnerungen an verschiedene europäische Höfe und Monarchen auf. Ab dem

24. Februar behandelte er seine Reisen an den Bosporus 1889 sowie 1898: Es ist den Schilderungen anzumerken, daß er sich gern an die beiden Besuche und seine Freundschaft zu Abdül Hamid II. erinnerte. Neben plauderhaften Anekdoten und stereotypen Feststellungen finden sich in dem Bericht des einstigen deutschen Kaisers etliche Informationen zu Person und Charakter Abdül Hamids II., die dazu beitragen, das Bild des Großherrn zu vervollständigen und gleichzeitig den teils eigenwilligen Stil, mit dem der Padischah Politik betrieb, in einigen Punkten zu beleuchten. Der Kaiser äußerte sich zunächst zu den Sprachkenntnissen Abdül Hamids II. und kam auch zu dem Ergebnis, daß jener die französische Sprache recht gut beherrschte. Die von Wilhelm II. angeführten eingehenden Gespräche mit dem Sultan über die schwierigen politischen Verhältnisse in Europa sowie die Beziehungen der Fürstenhöfe und Herrscherfamilien zueinander zeigen zudem, daß es sich bei Abdül Hamid II. kaum um einen nur halbgebildeten, degenerierten Wahnsinnigen gehandelt haben kann, wie es viele andere Zeitzeugen immer wieder kolportierten. Kaiser Wilhelm II., der das Anekdotische nach Aussagen vieler Zeitgenossen über die Maßen liebte, beschrieb natürlich sehr farbig die groteske Szene, die sich durch die Übergabe eines Gewehrs an den offenbar in steter Furcht vor Angriffen auf sein Leben schwebenden Sultan ergab. Insgesamt jedoch sind die Schilderungen Wilhelms II. auch im Abstand von mehreren Jahrzehnten noch von Verständnis und Sympathie für Sultan Abdül Hamid II.

Ankunft des deutschen Kaiserpaares in Haifa, Postkarte 1898

und dessen Politik geprägt. Der dritte Besuch des Kaisers im Herbst 1917 fand dagegen keinen Eingang in diese Erinnerungen. Das mag wohl ein Beweis für die Feststellung John Röhls sein, daß das tiefere Interesse Kaiser Wilhelms II. am Osmanischen Reich eigentlich mit der Absetzung seines ›Freundes‹ Abdül Hamid II. 1909 erloschen sei. Wilhelm II. erinnerte sich also 1927: »Nach Ablauf der Hochzeitsfeierlichkeiten in Athen wurde von I.M. und mir Stambul besucht. Es ist hier nicht der Ort die orientalischerseits mit Prunk und Pomp umgebenen Tage einer versunkenen Zeit Byzantinischer ›Herrlichkeit‹ zu schildern. Wohl dem Fremden, dem es vergönnt war, die ›alte Herrlichkeit‹ der Sultanzeit in Stambul erleben zu können, auch sie ist für immer wohl dahin! Ersetzt durch eine sog. ›Neue Zeit‹, deren äußerer Ausdruck die Abschaffung des Fez od. Turbans sowie die Entfernung des Koran aus den Schulen, endlich die Einführung des westl. Parlamentarischen Regimes sind! ›Buda getscher jahu!‹ (›Auch dieses geht vorüber!‹) sagt ein uraltes türkisches Sprichwort. – Der Verkehr mit Abdul Hamid erfolgte per Dolmetscher – Münir Pascha, ein gediegener Vertrauensmann – der das Französisch vortrefflich beherrschte. Der Sultan war von außerordentlicher Liebenswürdigkeit und sah man ihm die aufrechte Herzensfreude, die unser Besuch ihm bereitete, direct an. Gegen I[hre]. M[ajestät]. war er von ausgesuchter zarter Höflichkeit und ritterlichem Entgegenkommen, das in allerhand kleinen Zügen zum Ausdruck kam. So daß die Gesamtnote unserer Aufnahme sehr wesentlich und wohltätig von Athen abstach. Nach oriental. Sitte erhielten wir jeden Tag irgend ein kostbares Andenken per Kammerherren oder per Adjutanten zugeschickt, das von ›Effendimis‹ persönlich ausgesucht und bestimmt wurde. Als der Botschafter – auf Wunsch I.M. – die solche Gastfreundschaft etwas bedrückte, dagegen remonstriren wollte, antwortete ›Effendimis‹ (oberster Herr): ›Er sei ein orientalischer, kein europäischer Fürst, und da müßten seine europ. Gäste mit der Art und Weise des Empfanges, wie er seit alters her im Orient für Herrscher Brauch sei, nun einmal vorlieb nehmen. Die Geschenke kämen von Herzen, zumal für I.M., die die weite Reise nicht gescheut habe, um ihn zu besuchen, eine Ehre, die von ihm und seinem ganzen Volk nicht hoch genug angeschlagen werden könne.‹ – I.M. beanstandete dem Botschafter gegenüber ferner die Kostbarkeit der Geschenke, welche dem Sultan ungeheure Ausgaben verursachen müsse. Allein S. Ex[cellenz]. war in der Lage, I.M. darüber zu beruhigen, durch die Mittheilung, daß ihm privatim bekannt geworden sei, der Sultan lasse unseren Aufenthalt durch seine vielfachen Lieferanten bestreiten. Diese hätten S.M. bestohlen und betrogen. Über diese Betrügereien habe dann S.M. genau Buch führen lassen und jeden mit einer Summe ›eingeschätzt‹, die dem Betrüger zur Zahlung ›auferlegt‹ worden sei. Im Weigerungsfall stand dem Betreffenden ein unfreiwilliges Bad im Bosporus bevor. Sie haben restlos alle umgehend bezahlt; daher koste unser Besuch bezw. die Geschenke dem Sultan oder dem Lande keinen Maravedi![862] Ein sehr praktisches, nachahmenswertes

Verfahren bezüglich Hoflieferanten, Juwelieren und Bankiers! Die Palaisverwaltung – Hofmarschall – blieb sorgenfrei! – Der Sultan machte einen sehr klugen, ja wenn man sagen darf, gerissenen Eindruck, der durch den unzweifelhaft armenischen Gesichtsschnitt mit der scharf gebogenen Nase wesentlich erhöht wurde; es hieß, daß eine schöne Armenierin seine Mutter gewesen sei. Er verkehrte zwar per Dolmetscher mit mir – weil der Koran vorschreibt, daß ›Effendimis‹ sich mit Fremden nur in seiner Landessprache unterhalten darf – aber ich merkte bald an seinem Mienenspiel bei meinen Antworten an Munir Pascha, daß S.M. französisch verstand und daher seinen Gast und seinen Dolmetscher scharf controllieren konnte. Ganz sicher wurde ich bei meiner Vermuthung, als beim Diner S.M. – ein großer Liebhaber von Wortspielen und Anekdoten – auf eine von mir erzählte Anekdote loslachte, noch ehe Munir Pascha, der auch das Lachen bekommen hatte, in der Lage war, seinem ›höchsten Herrn‹ den Scherz ins Türkische zu übertragen! ›Effendimis‹ – ich war vom Botschafter orientiert worden – liebte es sehr, sich durch eifriges Fragen über die ›Lage in Europa‹, das Verhältnis der Staaten zueinander, Beziehungen der Fürstenhäuser zueinander p. p. bei seinem Gast zu informieren. Er benützte aber das Gehörte nicht nur für sich persönlich, sondern gab es an die verschiedenen Botschafter der anderen Länder – mit denen allen er ›unterirdische‹ Beziehungen pflegte – mehr oder minder ›verarbeitet‹ weiter. Man mußte also seine eigenen Antworten stets derart ›frisiren‹, daß sie mit oder ohne ›Verarbeitung‹ ohne Schaden zu stiften nach Paris, Rom, London, Petersburg weitergegeben werden konnten. Man mußte daher auch bei der scheinbar harmlosesten Unterhaltung stets auf dem qui vive sein, um irgend eine anscheinend belanglose Frage S.M. mit der gebotenen Vorsicht zu beantworten. Es gab dies dem Gespräch einen eigenen Reiz, indem es etwas von Florettiren an sich hatte. Einen ganz besonderen Reiz hatte für Effendimis alles, was sich auf Persien und den Schah bezog; denn er hatte seinen Spott mit diesem Land, das obendrein in Stambul durch eine fabelhaft dicke, sehr komisch wirkende Figur Mochsim Khan vertreten war. S.M. schätzte diesen alten dicken ›Kartoffelsack‹, aber hatte stets sein Späßchen mit ihm, wenn er eingeladen war. Daher bereiteten meine Berichte über den ersten Besuch Nasr-ed-din Schah Kadjar bei meinem Großvater [Kaiser Wilhelm I.] im Anfang der 70'er Jahre Effendimis ungetheilte Freude, brachten ihn oft zum stillen aber herzlichen Lachen. Es war dies die leichtere Seite der Unterhaltung, auf die ich mich stets gern zurückzog, nachdem ich einem intensiven Examen unterzogen worden war, bei dem ich hatte Stoff für Paris oder London liefern müssen. Dieses Verhalten des Sultans muß auf den ersten Blick befremden. Die Erklärung dafür ist folgende: Der Sultan hatte Sorge vor dem europäischen Mächtekonzert. Er wußte, daß man dort die Türkei als ›kranken Mann‹ ansah, und daß mindestens die spätere Ententegruppe plus Rußland Aufteilungsgedanken schon damals hegte, die in allerhand Schikanierungen mehr oder minder unverhüllt zum Ausdruck kamen. Deutschland war an diesem Treiben nicht betheiligt, da ich die altbewährte Politik Frdr[iedrichs]. d[es]. Gr[oßen][863] der Hohen Pforte gegenüber wieder aufnahm und consequent weiter verfolgte. Infolge dessen hatte sich S.M. innerlich an Deutschland angeschlossen und war mir persönlich zugethan. Allein er sah die allmähliche Einkreisung sich entwickeln und schloß daraus, daß materielle Hülfe gegen ein etwaiges gewaltsames Vorgehen der Feindmächte mit Aufteilung seines Landes im Hintergrund, trotz aller Freundschaft von Deutschland, nicht zu erwarten sei. Andererseits mußte mein Besuch diesen Mächten sehr unbequem sein [1898 mehr noch als 1889], und dieser Eindruck mußte paralysirt werden; durch gelegentliche ›Indiscretionen‹, die den Mächten beweisen sollten, daß er ihnen gegenüber loyal sei. Außerdem bereitete es Effendimis große Befriedigung, sich in dem holden Wahn zu wiegen, er könne in seinem Interesse die europ. Staaten gegeneinander ausspielen, durch gelegentliches Betonen seiner Sympathien bald mit dieser bald mit jener Macht, sobald er erkannte, daß dieselbe eine besondere Rolle in dieser oder jener Frage zu spielen schien. Er machte jedoch dabei den Trugschluß, daß es de facto nicht sein Spiel es war, was die Mächte zum Ruhehalten zwang, sondern die gegenseitige Eifersucht derselben untereinander auf ihre türkischen Beziehungen und heimlichen Aspirationen, sowie der Respekt vor dem möglichen Einschreiten des starken Deutschlands (Sasonows[864] od. Iswolsky's? Vortrag im Kronrath Febr. 1914). Diese complicirte Situation wurde etwas ausgeglichen durch das factum, daß jede Botschaft einen – ihren – bestochenen Kammerherrn beim Sultan hatte, durch den sie den Gedanken S.M. erfuhr und vor allem über die Intriguen der anderen Mächte bei S.M. in Kenntnis gesetzt wurde, um sofort ihre Gegenminen legen zu können. Ein Beispiel zur Erläuterung!

Auf unserer 2ten Reise 1898 brachte ich S.M. das neue preuß. Militärgewehr – damals noch geheim – zum Geschenk mit, in einem schön montirten mit dem Sultanswappen versehenen Kasten. Der Tag des Bankettes – vor dem die Übergabe festgesetzt war – ward unerklärlicherweise mehrfach verschoben, ebenso die Übergabe des Gewehres. Auf mein Bemerken, daß dies Verfahren doch I.M. der Kaiserin gegenüber nicht angebracht sei, erwiderte Exz. Frhr. v. Marschall, er werde den Grund schon ermitteln. Sein Kammerherr functionirte tadellos – die Aussicht auf einen höheren Orden hatte seine Sinne geschärft – und er brachte die Kunde, daß seitens der brit., russ. und französ. Botschafter, durch deren Kammerherren, S.M. die Nachricht zugesandt worden war: ich würde den Sultan bei der Übergabe mit dem Gewehr erschießen!! – Ich ließ durch den Botschafter – auf demselben Wege – dem Sultan sagen: ›Mir sei das Gastrecht heilig wie jedem Orientalen. Diese Lüge sei erdacht aus Angst vor der Möglichkeit, die türk. Armee werde, falls S.M. das Gewehr mit meiner Zustimmung einführen sollte, den Armeen der anderen Mächte weit überlegen und in der Lage sein, ihre bösen Absichten auf die Türkei zunichte zu machen.‹ Das wirkte. Am nächsten Tage wurden Bankett und Übergabe angesetzt. Jedoch waren nicht alle Zweifel behoben. Denn im Laufe dieses Tages erschienen mehrfach Kammerherren und Flügeladj. des Sultans, welche das Gewehr dem Sultan vor der Übergabe zu überbringen beauftragt waren: ›Damit Effendimis vorher dasselbe in Augenschein nehmen und meinen Erklärungen besser zu folgen im Stande sei.‹ Die Ablehnung erfolgte höflich, aber bestimmt. Nach unserem Eintreffen im Palais (Ildiz) wurde ich mit meinem unheilschwangeren Geschenk, das mein Flügeladj. Major v. Zitzewitz trug, in das Audienzzimmer des Sultans geführt, in welchem eine große Zahl Generale, Flügeladjutanten und Würdenträger aller Art versammelt waren und mich ehrfurchtsvoll, aber mit besorgten Mienen empfingen. Den Sultan sah ich zuerst nicht. Endlich entdeckte ich ihn hinter einem eisernen Ofenschirm, über den er nur mit den Augen herübersah, die unverkennbar den Ausdruck höchsten Mißtrauens erkennen ließen. Nach Verbeugung und kurzer Ansprache meinerseits wurde der ominöse Kasten unter atemloser Stille der Anwesenden geöffnet. Maj. v. Zitzewitz – von mir vorher genau instruirt – nahm das Gewehr heraus, schlug sofort die Kammer auf, nahm sie heraus, und ich überreichte Effendimis – von dem nur noch der Fez über dem Schirm sichtbar war – das leere Gewehr mit der Bitte, es durchsehen zu wollen. Das geschah, und zugleich erfolgte ein erleichtertes Aufathmen aller Anwesenden, das hörbar war! Effendimis tauchte hinter dem Ofenschirm hervor, nahm das Gewehr, ließ sich die Kammer geben, führte sie ein und manipulirte mit großem Geschick die Waffe – da er ein sehr guter Gewehrkenner war – sogar mit Exerzierpatronen den Auswerfer probierend, um schließlich schelmisch lächelnd Zielübungen auf seine ›Großen‹ zu machen, von denen jeder ›Angezielte‹ einen tiefen Salaam sich leistete. Aus Freude über die glücklich überstandene Stunde verlieh der Sultan H. v. Zitzewitz eine hohe Dekoration, und für den Rest des Abends war er brillanter Laune. Dieses eigenthümliche Benehmen des ›Herrschers aller Gläubigen‹ ist nur aus der Thatsache zu verstehen, daß effectiv S.M. an Verfolgungsangst litt. Sie veranlaßte ihn, keine Nacht im selben Gemach zu schlafen, das Lager wurde immer kurz vorher erst bestimmt. Er fuhr nie durch die Stadt Stambul, sondern zum Selamlik in eine kleine Moschee am Fuß von Ildiz, zum Fest der Schwertgürtung und Reverenz vorm Mantel des Propheten zu Wasser nach dem Alten Serail. Seine Speisen mußte ein Vertrauter, der ›Vorkoster‹, genießen. Wer diese Eigenschaft von S.M. kennend, sie für sich nutzbar zu machen entschlossen war, brauchte ihm nur andeutungsweise eine Verdächtigung, daß X oder Y nach des Sultans Leben zu trachten strebten, oder ein Complott gegen S.M. entdeckt sei, zu machen, und es regnete Absetzungen oder Verbannungen unter den Beamten. Daher war von Seiten S.M. das Spionagewesen in weitestem Maaße entwickelt. Er erfuhr Alles, er wußte Alles. Unnöthig zu erwähnen, daß natürlich viel Falsches, Erlogenes ihm berichtet wurde, durch Spione, welche des Sultans Sorgen auf das Weidlichste ausnutzten, wobei den schlimmsten Fabeln und

Intriguen Thor und Thür geöffnet waren. – Von der ›Familie‹ des Hauses sahen wir niemand. I.M. und ihre Damen wurden vom Sultan eines Abends zum Thee in den Harem geleitet, wo die erste Sultanin, dann die Walideh-Sultanin (Sultanin-Mutter) mit einigen anderen Damen I.M. mit allerhand Confect p.p. Sorbets etc. etc. bewirtheten, während cirkassische Sklavinnen orientalische reizvolle, rhythmische, graziöse Tänze vorführten. Da die hohen Damen leider statt in oriental. Gewändern in ihnen scheinbar recht unbequem ungewohnten Pariser modernen Abendtoiletten erschienen waren, war der Eindruck nicht entsprechend dem, was sich der Laie sonst unter dem mystischen Ausdruck ›Harem‹ vorzustellen liebt.

Der Besuch in Stambul 1889[865] gab mir die Gelegenheit, einen sehr interessanten Mann kennenzulernen. Durch den Botschafter in Wien Grf. Phil. Eulenburg,[866] hatte der Führer der Zionistenbewegung Dr. Herzl aus Wien, mit dem der Graf sehr befreundet war, um Audienz in Stambul gebeten, die ich ihm gewährte. Ein kluger, hochintelligenter Kopf mit ausdrucksvollen Augen, war Dr. Herzl entschieden ein begeisterter Idealist von vornehmer Denkungsart. Er entwickelte mir seine Ideen in fesselnder Darstellung, die darauf hinausliefen, seinen Landsleuten im großen Styl Ansiedlungsmöglichkeiten vornehmlich zunächst in Palästina, später evtl. in Syrien zu schaffen. Seine Vorschläge für die praktische Inszenierung gipfelten in dem Plan: nach Vorbild der ›British Chartered Company‹ in Südafrika eine gleiche ›Jüdische Chartered Company‹ für Palästina ins Leben zu rufen, der der Sultan den Charter ertheilen sollte. Er bat mich zum Schluß, den Sultan zu bewegen, ihn zu empfangen bezw. bei S.M. diesem Gedanken sympathische Unterstützung zutheil werden zu lassen. Ich habe bereitwilligst zugesagt und dementsprechend mich beim Sultan verwendet. Dieser versprach mir: ›Wenn auch ihm die Sache nicht gerade sehr sympathisch wäre, trotzdem sein Staatsministerium mit der Berathung und Ausarbeitung der Frage zu beauftragen, da eine Sache, die meine Fürsprache habe, für ihn und s. Volk nicht schädlich sein könne.‹ – In seinen jüngst erschienenen Memoiren hat Dr. Herzl seine Audienz bei mir in Stambul durchaus zutreffend und in sehr loyaler Weise beschrieben, die vollste Würdigung verdient. Ich habe ihn noch einmal in Palästina [1898] beim Passieren einer jüdischen Ansiedlung begrüßt. – Die Botschafter hatten 1898 um Audienz gebeten, Marschall sollte sie vorstellen. Nun ergab sich eine Schwierigkeit; da der Vertreter des Vaticans nicht Botschafterrang hatte, protestierten die anderen Botschafter gegen seinen gemeinsamen Empfang mit ihnen. Da aber Msgr. Boni einen Auftrag des Papstes an mich hatte, bestellte ich ihn eine viertel Stunde vor den anderen Herren zur ›Specialaudienz‹, um Reibereien und eine eventuelle Brüsquirung des Vaticans zu vermeiden. Durch Überlastung mit allerhand Geschäften verschob sich die Audienz um einige Minuten, was zur Folge hatte, daß einige Botschafter schon eintrafen und empört waren, Msgr. Boni vorzufinden. Frhr. v. Marschall erwiderte ihnen: ›Msgr. Boni sei unabhängig vom Botschafterempfang zu einer ›besonderen‹ Audienz zwecks Entgegennahme einer Mittheilung des Vatican befohlen!‹ Kurz darauf führte Marschall Msgr. Boni bei mir ein, sehr zum Ärger der anderen Herren. Die Mittheilung betrfd., die Boni mir zu machen hatte, so bezog sie sich auf folgendes: H. v. Marschall hatte einige Zeit vorher in Erfahrung gebracht, daß infolge besonders französischer Intriguen der sehr angesehene oberste Vertreter der Röm. Kathol. Kirche in Jerusalem (Patriarch) (Name mir entfallen),[867] ein Italiener – der sehr freundlich für die zahlreichen dortigen deutschen Katholiken war – abgelöst und durch einen, den Franzosen ›genehmeren‹ Geistlichen ersetzt werden sollte; und das kurz vor meinem Eintreffen! [Auf die hier von Wilhelm II. berührte konfliktträchtige Frage der deutsch-französischen Rivalität um die Vertretung oder den Schutz der (deutschen) katholischen Christen im Heiligen Land; kann hier nicht eingegangen werden.] [...] Später berichtete mir Marschall, wie niedlich es gewesen sei, als er Msgr. Boni durch die piquirten harrenden Botschafter hindurchgeleitet und der Msgre. mit herablassender Miene hindurchgeschritten sei, auf den recht nervösen Inculpanten einen ironischen Seitenblick werfend. Diesmal waren es Gesta Dei per Germanos gewesen!

Generell ist von den Besuchen 1889 und 1898, was die Aufnahme seitens des Volkes betraf, zu sagen, daß sie warm und herzlich war, in Verbindung mit der im Orient so sympathisch berührenden vollendet althergebrachten Form, regierenden Häuptern gegenüber Ehrfurcht und Devotion zu bezeugen. Man fühlte übrigens überall, auch in der Form, die starke Hand von ›Effendimis‹ durch, der auch der mohamedan. Geistlichkeit befohlen hatte, uns beim Besuch geheiligter moslemit. Stätten Dispense zu ertheilen, die selbst hochstehenden Gläubigen niemals zugebilligt wurden: ›Denn ich sei der Freund des Großherrn und der Freund der Muslims!‹ Dies Verhältnis fand in Damaskus am Grabe Salaheddins und beim Bankett im Rathaus seine offizielle Bestätigung. Als politisches Ergebnis des 1898'er Besuches ist die Conzession an Deutschland die Bagdadbahn zu bauen, die der Sultan mir als Ausdruck seines Dankes mittheilen ließ, zu buchen.«[868] Es sei noch angefügt, daß selbst noch an den Beisetzungsfeierlichkeiten für Kaiserin Auguste Victoria am 19. April 1921 in Potsdam, ungeachtet der schwierigen politischen Lage im untergehenden Osmanischen Reich und in dem nachrevolutionären Deutschland, eine osmanische Delegation teilnahm.

Die bemerkenswerten Visiten des deutschen Herrscherpaares waren jedoch keineswegs die einzigen Besuche regierender deutscher Bundesfürsten am osmanischen Hof. Eingedenk der Tatsache, daß Deutschland zumindest keine territorialen Begehrlichkeiten gegenüber dem Osmanischen Reich hegte und gleichzeitig durch seine wirtschaftlichen Interessen zur Entwicklung des Reiches beitragen konnte, war es ein kluger Schachzug Abdül Hamids II., die deutsch-osmanischen Fürstenkontakte zu verbreitern und nicht nur auf seine

Freundschaft zu Kaiser Wilhelm II. zu beschränken. So hatte er also auch ein eindeutiges Interesse an den Besuchen weiterer deutscher Fürsten,[869] die die einvernehmlichen Beziehungen zwischen dem Sultan und der deutschen Führungselite besonders den anderen Mächten gegenüber zur Schau trugen. Doch auch Deutschland mit seinen zahlreichen größeren und kleinen Thronen sollten die glanzvoll inszenierten Besuche des deutschen Hochadels schmeicheln und das stolze Bewußtsein nähren, für das Osmanische Reich ein besonderer Partner zu sein. Am Bosporus war Bismarcks zögerliche Orientpolitik, in der das Osmanische Reich eher ein unwillig umworbenes Objekt denn ein geschätzter Partner gewesen war, nicht in Vergessenheit geraten. Mit seinen persönlichen, engen Kontakten zu deutschen Fürsten und Fürstinnen beabsichtigte der Sultan auch einem Rückfall in die Politik Bismarcks vorzubeugen. Großzügige Einladungen, zuvorkommende Freundlichkeit des Padischahs, die erhebliche Prachtentfaltung des osmanischen Hofes oder für europäische Verhältnisse ungewohnt großzügige Geschenke mögen einerseits üblich gewesen sein, andererseits sollte all dies bei diesen Fürstenbesuchen sicherlich darüber hinweghelfen oder vergessen lassen, daß der Sultan, getrennt durch Religion sowie Tradition, keinerlei verwandtschaftliche Beziehungen zu den ansonsten familiär zumeist äußerst eng miteinander verbundenen deutsch-europäischen Dynastien anknüpfen konnte. Daß dabei zumindest sehr freundschaftliche Beziehungen entstehen konnten, zeigen unter anderem der langjährige Austausch von privaten Photographien zwischen der deutschen Kaiserfamilie und dem Sultan, der Abschiedswunsch Abdül Hamids II., das oldenburgische Großherzogspaar möge bald wiederkommen, die Sendung von Birnen an Wilhelm II. sowie auch der stets liebenswürdige Empfang der nächsten, jüngeren Fürstengeneration am Bosporus. Daß die deutsche Bevölkerung in der Zeit nach 1900 sich sogar vorstellen konnte, daß es zu einer Verbindung einer deutschen Prinzessin mit einem der osmanischen Prinzen kommen könnte, bezeugen die immer wieder kolportierten Gerüchte, eine bayerische Prinzessin sei für einen der Prinzen in Constantinopel ausersehen, sie dürfe katholisch bleiben und solle auch die einzige Gemahlin des Fürsten sein. Wenngleich es auch keine tatsächlichen Anhaltspunkte für solch ein Projekt gibt, belegen diese Spekulationen doch, wie nahe sich Deutsche und Osmanlıs gekommen waren.

Im Winter und Frühjahr 1902 unternahm Großherzog Friedrich August von Oldenburg gemeinsam mit seiner Gemahlin Elisabeth, wie bereits erwähnt, eine mehrmonatige Mittelmeerkreuzfahrt an Bord der großherzoglichen Dampfjacht ›Lensahn‹, deren Höhepunkt ein sechstägiger Besuch in Constantinopel und am Hof Sultan Abdül Hamids II. war. Großherzogin Elisabeth verfaßte ein detailliertes Reisetagebuch, das um so interessanter ist, weil es der einzige bislang publizierte Bericht einer regierenden deutschen Fürstin über den Aufenthalt am Hof von Yıldız ist. Wie Kaiser Wilhelm II. und schon Kaiserin Auguste Victoria wurden der Großherzog und die Großherzogin von Oldenburg an der Einfahrt der Dardanellen von einer hochrangigen osmanischen Delegation im Auftrag des Sultans begrüßt. Die ›Lensahn‹ lief am folgenden Tag in den Hafen von Constantinopel ein und ging dort vor Anker. Das Großherzogspaar wohnte auch am Bosporus mit seiner Begleitung an Bord der ›Lensahn‹ und war nicht etwa im Şale Kasrı untergebracht. Ansonsten wurden ihm aber vergleichbare Ehren wie dem Kaiserpaar bei dessen Aufenthalten erwiesen. Die Atmosphäre der Zusammenkünfte mit dem Sultan wird in den Reisebeschreibungen Großherzogin Elisabeths als durchweg freundschaftlich, ja zunehmend familiär dargestellt: Abdül Hamid II. bat, sicherlich nicht zufällig, um Verlängerung des Besuches (wie er dies auch bei der Visite Kaiser Wilhelms II. 1889 getan hatte). Die oldenburgischen Reisenden kamen dieser Bitte gerne nach und erlebten einen eigentlich privaten, mehr und mehr gelösten Sultan, der ihnen – neben allem Kalkül ganz offenbar auch menschlich angezogen – die Hände schüttelte sowie seine Söhne vorstellte. Er zeichnete seine Gäste solchermaßen mit Gunstbeweisen und Aufmerksamkeiten aus, daß sich Botschafter Bieberstein in nachhaltiges Erstaunen versetzt zeigte. Das erklärt sich eventuell auch damit, daß der Besuch in gewisser Weise einen privaten Charakter hatte, denn offizielle politische Gespräche waren selbstverständlich dem Kaiser und der Reichsregierung vorbehalten. Dennoch hatte dieser Besuch, wie oben bereits erläutert, natürlich eine politische Dimension und diente der Festigung der deutsch-osmanischen Beziehungen sowie der weiteren Ausbreitung der Kontakte auf allerhöchster Ebene.

Besonders nach den blutigen Ausschreitungen der Jahre 1895 und 1896 war Sultan Abdül Hamid II. daran gelegen, als ganz ›normaler‹ europäischer Monarch gesehen zu werden, so daß ein solcher Fürstenbesuch auch vor diesem Hintergrund zu sehen ist. An dieser Stelle sollen einige Auszüge aus dem Tagebuch der Großherzogin Elisabeth folgen, die den Charakter der Visite verdeutlichen. Am 3. April 1902 schrieb die Großherzogin, nachdem ein umfangreiches Besichtigungsprogramm absolviert worden war, in ihr Reisetagebuch: »Wir fuhren dann mit unseren 5 Herren des Ehrendienstes an Bord, zogen uns dann feierlich an, um zur Audienz zum Sultan zu gehen. – Wir fuhren mit [dem] Kaïk wie stets an Land und fuhren in dem selben Aufzuge wie morgens, aber dann noch vor u. hinter dem Wagen eine Abteilung Ulanen. Der Weg hinauf führte an dem Riesenschloß Dolma Bagtsche[870] vorbei, welches am Wasser liegend, geradezu feenhaft aussieht, [...]. Der Weg geht in Serpentinen den Berg hinauf, die Wagen des Sultans mit colossalen Pferden bespannt, gehen bergauf fast immer Trab. Wir waren alle in schönsten Sachen, die Officiere in Paradeuniform, die Türken in goldgestickten Röcken mit allen Orden ohne Mantel, da es sehr warm war. Schon bei Dolma Bagtsche standen Ehrenwachen, die Menschen saßen u. standen auf den Straßen u. Kaffees u. erhoben sich bei unserem Nahen – aber grüßen thun sie nur, wenn man sie zuerst grüßt, das ist Sitte [der Höherstehende muß zuerst grüßen, um so die Erlaubnis zu geben, daß er gegrüßt werden darf]. Das Schloß, in dem der Sultan wohnt, u. aus dem er nur 1 Mal im Jahre geht, liegt oberhalb der Stadt auf einem Berge, von dem aus man eine prachtvolle Aussicht hat; es heißt Yildiz-Kiosk, besteht aus einem größeren Schloß u. einer Menge kleinerer u. ganz kleiner Häuser, dann Ställe, Pavillons u. eine Porzellanfabrik,[871] alles dieses liegt zerstreut in einem ganz riesigen Park. Wir fuhren durch mehrere Ehrenwachen vor die Freitreppe des Empfangsschlosses; eine Menge Diener u. Herren, die im ersten Moment wegen ähnlicher Tracht schwer zu unterscheiden sind, empfingen uns; mit einem Mal hieß es, der Sultan steht selbst auf der Treppe, er ist ein alter kleiner Mann mit scharfer Hakennase, 60 Jahre alt. Er begrüßte uns mittelst Dolmetscher. Da er erstens sehr schlecht französisch spricht, zweitens aber auch nicht die Sitte erlaubt, daß er bei Ceremonien direkt anredet; dann bot er mir den Arm u. führte mich, ohne sich aufzuhalten, durch die Menge seiner Hofchargen, ich sah nur ein Meer von goldgestickten Uniformen und roten Fez. Der Sultan trägt auch Uniform, etwas der deutschen gleichend, u. einen Fez mit Troddel, wie alle. Diese Kopfbedeckung darf nie abgenommen werden. Wir gingen grüßend durch die Menge, die mit der rechten Hand die Erde anscheinend berührte, dann die eigene Brust, den Mund u. die Stirn, u. kamen in einen kleinen Salon, wo sich der Sultan setzte, zu seiner Rechten ich, zwischen uns ein Tisch mit Cigaretten, neben mir Aug. u. Lotta, zu seiner Linken die deutsche Botschafterin, der Botschafter, H. von Wangenheim, Dr. Giese [der Dolmetscher]; unmittelbar an der Thüre in devotester Stellung der Oberceremonienmeister des Sultans Ibrahim Bey u. direkt vor dem Sultan der Dolmetscher u. Finanzminister. Ich habe selten etwas derartig Peinliches erlebt, wie dieses Reden, was nun folgte. Lautlos saß alles aufpassend umher, u. wir sprachen umschichtig, Aug. u. ich, dem Minister in Französisch vor, was er Türkisch dem Sultan sagen sollte, dabei rauchten wir die uns vom Sultan gereichten Cigaretten. Es ging die Rede stets so an: »Voudriez-vous dire à sa Majesté.« Und er: »Sa Majesté Imperiale dit u. s. w«. Dies alles aber halblaut, weil jeder geniert ist. Aug. hatte mir vorher schon erzählt, daß er es vor 28 Jahren[872] gekannt, daß man sehr vornehm erschiene, wenn man sehr leise und undeutlich murmelte, u. um mich aus der Fassung zu bringen, that er dieses möglichst viel; dazu kam mir gegenüber das lächelnde, mokante Gesicht Wangenheims, so daß ich einen Augenblick das Lachen nicht mehr unterdrücken konnte. Endlich erhob sich der Sultan, u. herein traten Herren mit verdeckten Tabletts. Daraus entpuppten sich Orden für uns drei!! Erst band er selbst Aug. den Orden um u. steckte ihm den Stern an. Dann bekam ich das Band weiß mit rot u. grünem Rande des Cheffakat-Ordens um, und er steckte mir den Stern a. roter Emaille mit Diamanten an, ebenso Lotta. Ich kam mir vor, wie auf der Bühne, und als ich an des Sultans Arm weiterging und die Flügelthüren sich öffneten zu dem versammelten Hof, da schlug ich erst die Augen nieder, um über die erstaunten Gesichter der Unseren nicht die Fassung zu verlieren. Ich stellte dann ihm die drei Damen vor, Aug. stellte die Herren vor, dann stellte mir der Sultan seine Unmenge Herren vor, darunter war ein großer [...] Herr, der mir so bekannt aussah, u. als ich ihn fragend ansah, sagte er mir: ›Wir sprechen Deutsch‹. Doch ließ mir der Sultan keine Zeit zum Sprechen. [...] Nach dieser Ceremonie verabschiedeten wir uns und fuhren im bekannten Aufzuge durch Ehrenwachen nach einem im Park liegenden Palais [das Şale Kasrı], welches der Sultan seinerzeit in 2 Monaten für den Kaiserbesuch bauen ließ; dort standen wieder Ehrenwachen. Wir sollten dort den sofortigen Gegenbesuch des Sultans empfangen. In der Zwischenzeit, bis er kam, standen wir alle zusammen in dem Salon, u. unsere Damen u. Herren bekamen ihre Orden. Die Gräfin sogar auch das Band, die beiden Anderen Sterne. Dann wurde ich vom Botschafter instruiert, bis an die Thürschwelle dem Sultan entgegen zu gehen [sic], aber ja nicht weiter. Aug. empfing ihn an der Freitreppe, er fuhr sich selbst [also ohne Kutscher], u. die türkische Nationalhymne wurde gespielt. – Alle verließen den Salon bis auf beide Marschalls, unsere Damen u. Ibrahim Bey zum Dolmetschen. Die Conversation ging schon besser, da er lebhafter dolmetschte. – Dann erhob er [der Sultan] sich, verabschiedete sich, und fuhr sich wieder selbst zurück. Wir fuhren dann im Trab wieder herunter. Da wir noch Zeit hatten, beschlossen wir, schnell Dolma Bagtsche noch zu besuchen, und in unseren Prachtgewändern mit den Ordensbändern u. Sternen, wie wir von Yildiz kamen, gingen wir in das weiße Marmorschloß am Bosporus. Es war alles märchenhaft, die Riesenräume voll Gold, Krystall, Porzellan, silbernen Leuchtern u. Tischen, großen Terrassen u. Fenstern mit dem Blick auf den blauen, sonnigen Bosporus; die große doppelseitige Treppe hatte ein Geländer, dessen Säulchen aus Krystall waren. Wir gingen dann wie träumend umher, es war alles wie im Märchen aus tausend u. einer Nacht!«[873]

Am 4. April, einem Freitag, wohnten die oldenburgischen Gäste dann selbstverständlich auch dem feierlichen Cuma Selamlığı bei, über den Großherzogin Elisabeth, wie alle europäischen Zuschauer beeindruckt, in ihren Aufzeichnungen schrieb: »Um 11 Uhr fuhren wir in gleicher Weise wie gestern, ich meine wieder mit Ulanen, hinauf nach Yildiz zum ›Selamlik‹. Das ist der jeden Freitag stattfindende officielle Kirchgang des Sultans, wohl eines der größten Schauspiele, die man sehen kann. Wir stiegen aus an einem Kiosk (kleines Haus) und fanden uns dort mit allen Botschaften u. Gesandtschaften nebst Damen u. nicht militairischen Türken zusammen. [...] Während wir warteten, sahen wir die Vorbereitungen. Das Militair stellte sich auf zum Spalier, alle Officiere versammelten sich, Generäle bis zu den Leutnants aller Regimenter, Albanesen, Suaven,[874] Artillerie, Cavallerie, Infanterie, Marine; als sich [...] der Sultan zu nahte, gingen wir in die Stube u. stellten uns an das uns angewiesene Fenster; es dauerte nicht lange u. das Thor des Palastes öffnete sich, heraus kamen die Sultaninen gefahren in [drei]

Großherzogin Elisabeth von Oldenburg

geschlossenen Wagen, begleitet von den entsetzlich aussehenden schwarzen Haremswächtern. Die Mädchen u. Frauen waren alle leicht verschleiert und sahen neugierig aus den Fenstern. Dann kam in halbgeschlossenem 4. Wagen der Sultan auf dem Hauptsitz, auf dem Rücksitz ein Herr, der Sultan grüßte zu uns hinauf; hinterher gingen das Heer der Officiere u. Hofchargen. Wir beobachteten, während die Hymne gespielt wurde, das Aussteigen des Sultans vor der Moschée,[875] die tief unter uns lag. An der Thüre stand sein 6jähriger Lieblingssohn. Als alle in der Moschée waren, holte man uns zu einem Frühstück im Nebenzimmer unseres Salons. Dort war ein Büffet mit europäischen Sachen, aber auch mit türkischen süßen Speisen, zum Teil sehr süß, trotz Hammelfett!! Eigentlich ein bißchen gräßlich. [...] Endlich sahen wir den Sultan einsteigen, diesmal in einen Selbstfahrwagen [eine Kutsche, die der Sultan selbst lenken konnte], und nun gings fast Galopp herauf – und alle Hofherren schoben die Räder den steilen Berg hinauf u. liefen trab hinter dem Wagen her. Das war das Erniedrigendste, was ich noch gesehen. Dann folgten wieder die Sultaninen, der vorjüngste Sohn, 16 Jahre, berühmt wegen seines Clavierspiels, u. der Kleine. Der Sultan ließ uns nach oben in seine Gemächer rufen, wo wir 3 allein mit ihm u. Ibrahim Pascha blieben. Aug. u. er an einem Fenster, Lotta u. ich am anderen und nun marschierten zu Ehren von uns die sämmtlichen Regimenter vorbei, alle den steilen Berg hinunter. – Während ich nun alle diese Menschenmassen etwa 1 1/2 Stunden vorbeiziehen sah, überkam mich ein großer Ekel vor der ganzen Wirtschaft. Alle diese Tausende von Menschen zittern vor der Laune dieses kleinen alten Mannes, dem es vollständig freisteht, die Leute, die er heute noch ehrte, aus dem Lande zu weisen, ihnen die Existenz zu zerstören oder sie zu töten. Oh, diese grauenhafte Menschenfurcht, wie erniedrigt sie den Menschen! Wir wurden dann vom Sultan, der unsere Herren und Damen erst noch begrüßte, hinunterbegleitet an die Wagen, und [er] entließ uns mit der Mitteilung, daß uns nun die Porzellanfabrik gezeigt werden würde, ebenso die Ställe.«[876]

Am 5. April besuchten der Großherzog und die Großherzogin die Sommerresidenz des deutschen Botschafters in Therapia und die malerisch am Bosporus gelegenen Schlösser Küçüksu[877] sowie Beylerbeyi. Am Abend war dann ein

Festbankett im Palast des Sultans vorgesehen: »Wir ruhten ein wenig, dann gings ans Anziehen zu dem Galadiner beim Sultan. Wir thaten unsere Ordensbänder um u. fanden uns unglaublich schön damit. Dann gings wieder im Kaïk an Land und in großer Escorte mit Ulanen erst hinauf nach der deutschen Botschaft, wo wir dann unsere Hüte abnahmen, uns kämmten, und dann, uns mit der ganzen Botschaft versammelnd, warteten wir die Stunde ab, denn aus Furcht vor Unpünktlichkeit hatten uns die Herren zu früh fortgeschafft. Wir fuhren nun in geschlossenen Wagen nach Yildiz-Kiosk, wo es wieder durch Ehrenkompagnien ging u. wir vom ganzen Hof empfangen wurden. Ibrahim Bey führte uns die Treppe hinauf, wo oben der Sultan stand und uns begrüßte, und mir den Arm bietend, stellte er mir den Großwesir u. eine Horde alter Herren vor, die alle mit Händedruck nach der Sitte begrüßt wurden. Dann gingen wir in den Audienzsalon, wo einige Augenblicke stehend zugebracht wurden, während dem wurde die ganze übrige Gesellschaft an ihre Tischplätze befördert. Dann traten wir, der Sultan mich führend, in den Eßsaal. Der Sultan saß oben an allein, rechts an der Längsseite ich, dann Marschall u. Lotta, links Aug., dann Fr[au] v. Marschall, der Großwesir, Ada[878] u.s.w. – Hinter dem Stuhl des Sultans stand die ganze Zeit der Ceremonienmeister Ibrahim Bey u. dolmetschte bald mit Aug., bald mit mir. Bei jedem Wort, was der Sultan ihm sagte zum Weitersagen, grüßte er den schon beschriebenen türkischen Gruß Brust, Mund, Stirn, oft bis zu 3 Malen hintereinander [berührend], mir war oft ganz matt, wenn ich diese Anstrengung sah, was muß der Mann für Armmuskeln haben, das ist ja fürchterlich!! – Pfui, solche

Die Sommerresidenz des deutschen Botschafters in Therapia am Bosporus, Postkarte 1904

Devotion ist entsetzlich. Oh pfui, das Kriechen vor Menschen! [...] Die Unterhaltung ging ganz gut u. war lebhaft, mir sagte Marschall, so lebhaft habe er den Sultan noch nicht gesehen, seitdem er hier sei, etwa 6 Jahre. Ab u. zu erhob sich der Sultan etwas u. goß mir Wasser ein, welches ich pflichtschuldigst, aber widerwillig trank, da es lauwarm war. Das Essen war recht schlecht, die Deutschen meinten, es sei schon seit Tagen gekocht und heute aufgewärmt. Jeden Tag wird ein Diner für 30 Personen gekocht, falls dem Sultan plötzlich die Laune kommen sollte, ein Diner zu geben in letzter Stunde; es ist öfter passiert, daß Marschall plötzlich um 1/2 5 Uhr eingeladen ist zu einem Diner um 1/2 7 Uhr. Es geht eben nichts nach Vorschrift, nichts nach Ordnung und geregeltem Leben, sondern alles ist zugeschnitten u. zugerichtet für die eventuellen Launen des Sultans. Z. B. auch beim Selamlik werden seit Jahren 30 Reitpferde gesattelt mit bis an die Moschée geführt, falls dem Sultan die Laune kommen sollte, einmal statt zu fahren, hinaufreiten zu wollen. Das machte mir einen sehr unangenehmen Eindruck, diese Launenbedienung. – Wir kamen auf Musik zu sprechen u. als er hörte, daß ich sie liebe, erzählte er mir, daß sein 16jähriger Sohn[879] sehr schön spiele [auf dem Klavier] u. bat, daß wir Montagabend zu einer ganz kleinen Soirée zu ihm kämen, wo dann der 16jährige wie auch der 6jährige Sohn spielen sollten u. lud auch Niki dazu ein. Da sagte ich aber, jetzt spräche ich nur als Mutter, ich bäte ihn, Niki fortzulassen, denn der schliefe schon um 7 Uhr fest, er lachte u. sagte, ich solle ihn dann nicht in seiner Gewohnheit stören. Dann sagte er, daß er uns allen Teppiche schenken würde.« [...] Im Reisetagebuch folgt nun die Beschreibung der kurzen, Unterhaltung, in der Abdül Hamid II. Großherzogin Elisabeth bat, dem Kaiser zu übermitteln, wie sehr Freiherr Marschall von Bieberstein von ihm, dem Sultan, geschätzt werde. Sichtlich beeindruckt von der überreichen Tischdekoration, berichtet Großherzogin Elisabeth weiter: »Endlich endete das Mahl, auf dem Tisch stand eine goldene Vase neben der anderen, Riesendinger im Empirestyl, u. das ganze Geschirr war aus Gold, nicht ein Stück Silber oder Porzellan. – Der Sultan erhob sich u. wir mit. Er bot mir den Arm, und wir gingen, die ganze Gesellschaft hinter uns, durch endlose Coridore mit grüßenden Menschen, durch Stuben und Säle u. wieder Coridore, bis wir endlich in einem Miniaturtheater endeten. In der Mittelloge saß Aug. zwischen Fr. v. Marschall u. mir, in der Eckloge links von mir allein der Sultan, rechts von Fr. v. Marschall Lotta. Diese Logen waren nicht getrennt, sondern nur in Fenster abgeteilt mit einem salonartigen Foyer. Hinter dem Sultan u. mir saß der dolmetschende Finanzminister, dann Marschall, Wangenheim, der Grosswesir u. noch einige. Rechts und links waren die Ränge, in denen rechts alle türkischen Herren saßen, links die Damen, unsere Herren, von denen der Dr. mir glatt in's Gesicht lachte, als er mich in meiner Galatoilette mit Ordensband rauchend in der Hofloge erblickte, denn ich mußte rauchen, der Sultan gab mir selbst eine Cigarette nach der anderen, bis ich schließlich doch dankte. Das Orchester bestand aus dem Kapellmeister, der am Flügel saß u. spielte, u. einem kleinen Teil Bläsern u. Violinisten, die aber tadellos spielten, wirklich prachtvoll war die Flöte. Es wurde von Italienern ›Norma‹[880] aufgeführt, die Prima donna sehr hübsch, aber entsetzliche Stimme, Tenor ein Spanier, gut. Bass gut, dann aber kam die Altistin: August sagte ganz trocken: ›Da haben wir den Salat‹ u. Fr[eiherr]. v. Marschall antwortete ebenso: ›Und was für einen‹, so daß mir die Fassung verloren ging. Da hörte ich leise hinter mir sprechen, u. der Minister mit lächelnder Miene sagte: ›Seine kaiserliche Majestät läßt sagen, die ganze Truppe sei eine große Familie.‹ Ich lächelte auch u. antwortete: ›Ich weiß es, weiß auch weshalb S.M. mir das sagen läßt.‹ Und der Sultan sah mich lächelnd an u. nickte. Die Sache ist die: Der Sultan haßt Unmoralität, damit nun keine Liebesgeschichten unter den Sängern u. Sängerinnen entstehen können, müssen sie alle untereinander verheiratet sein; natürlich müssen die unglückseligen Frauen immer singen u. so kam es, daß diese hier in Erwartung eines Kindes ungefähr wohl am Ende der Zeit angelangt, noch singen mußte. Dieser Zustand soll bei den verschiedenen Sängerinnen so oft vorkommen, daß die hier wohnenden so ziemlich abgebrüht dagegen sind. Voriges Jahr führten sie Gounods[881] ›Faust‹ auf, da sang das Gretchen in solchem Zustand, das soll aber doch ziemlich gewirkt haben. Während die nun alle ihre Arien sangen, wechselten alle Augenblicke hinter ihnen die Coulissen, auf einmal stand mitten in der Stube ein vergessener Baum, der dann einfach von Türken mit Fez durch die Thüre herausgetragen wurde, während die beiden Sängerinnen vorne stehend sangen. Es war zum Schießen u. ich wagte nicht, die Unseren anzusehen, die schwer die Fassung behielten. Herr Fohr stand im Hintergrunde einer Loge an eine Säule gelehnt und lachte sich ganz elend. Von der ganzen Oper habe ich nichts verstanden, ob sie überhaupt bis zu Ende aufgeführt wurde, ahne ich nicht. Plötzlich aber war die Sache aus, u. stattdessen trat ein Männerchor in Uniform auf u. sang – – –: Den Sang an Aegir! vom Kaiser! – Dann war die Geschichte zu Ende. Wieder wie vorher ging die Reise durch die Gänge u. Säle bis an die Treppe. Dort verabschiedeten wir uns aber noch nicht, sondern gingen in einen Salon, wo alle Fremden am Sultan vorbei gingen u. er jedem die Hand gab. Dann begleitete er bis an die Thür des Hauses u. wartete bis wir im Wagen saßen.«[882] Beeinflußt von der nordischen Sagenwelt hatte Kaiser Wilhelm II. den ›Sang an Aegir‹ gedichtet, den er auch noch selbst vertonte (das Werk entstand tatsächlich wohl zumindest unter Mithilfe von Wilhelms II. Intimus Fürst Philipp zu Eulenburg und Hertefeld,[883] der unter anderem auch als Dichter und Komponist von Skaldenliedern hervortrat, sowie Graf Kuno von Moltke, der ebenso wie Eulenburg einem Freundeskreis um Kaiser Wilhelm II. angehörte). Das Lied, das Aegir, dem Seeriesen der germanischen Sage gewidmet ist, war vor 1918 durch Klavierauszüge weit verbreitet und wurde vor allem zu Feiern des Kaisergeburtstages am 27. Januar öffentlich aufgeführt. Die Großherzogin scheint von dem Werk nicht ganz überzeugt gewesen zu sein, wie ihre lakonische Eintragung nahelegt. Die berühmte orientalische Courtoisie war sicherlich der Grund für diese eigentümliche Darbietung, die allerdings mehrfach im Theater des Yıldız Palastes zu Gehör gebracht wurde.[884] Der für heutige Begriffe recht schwülstige Text, gesungen zu einer Marschmelodie, sei hier wiedergegeben:

O Aegir, Herr der Fluten,
Dem Nix und Neck sich beugt,
In Morgensonnengluten,
Die Heldenschar sich neigt.
In grimmer Fehd' wir fahren,
Hin an den fernen Strand,
Durch Sturm, durch Fels und Klippe
Führ' uns in Feindesland.
Will uns der Neck bedräuen,
Versagt uns unser Schild,
So wehr' dein flammend Auge
Dem Ansturm noch so wild!
Wie Fridjof auf Ellida
Getrost durchfuhr dein Meer,
So schirm' von diesem Drachen
Uns, deiner Söhne Heer!
Wenn in dem wilden Horste
Sich Brünn und Brünne drängt,
Den Feind, vom Stahl getroffen,
Die Schildesmaid umfängt,
Dann töne hin zum Meere
Mit Schwert und Schildesklang,
Dir, hoher Gott zur Ehre,
Wie Sturmwind unser Sang.

Am 6. April absolvierten die deutschen Gäste erneut ein reichhaltiges touristisches Programm, wobei unter anderem der Topkapı-Palast ausführlich besichtigt wurde. Auf Befehl Abdül Hamids II. war in einem der Pavillons eine Pause vorgesehen, Großherzogin Elisabeth berichtete darüber Folgendes: »Von da [der Schatzkammer] gingen wir in einen dazu gehörenden indisch gebauten Kiosk, es war ein größerer runder Raum, indisch-arabisch eingerichtet, mit einem Gang aus weißem Gestein u. großen Fenstern, die Erker bildeten, umgeben; draußen weite Terrassen. – Dann fuhren sie uns noch an einen anderen, reich eingerichteten Kiosk, wo sofort Diener mit Kaffee, Gelée [gemeint ist sicherlich Lokum, das an europäische Fruchtgeleewürfel erinnert] u. Cigaretten erschienen, nebst schönen Kohlenbecken zum Anstecken derselben. Wirklich wie ›Tischlein deck dich‹ im Märchen.«[885] Am Abend des 7. April war dann ein weiteres Zusammentreffen mit Abdül Hamid II. in intimem Kreis vorgesehen: »Um 6 Uhr fuhren wir in einfacherem Anzug ohne Orden mit der Barcasse bis Dolma Bagtsche, dort stiegen wir in die geschlossenen Wagen, u. mit Escorte fuhren wir nach Yildiz Kiosk. Der Sultan empfing uns unten u. führte uns nach oben in einen Salon, ich begrüßte den 16jährigen Sohn. Marschalls waren noch da u. Wangenheim, sonst niemand. Die Kammerherren, unter ihnen Izzet Bey, standen, bis auf die Erde grüßend, auf der Treppe, aber betraten nicht den Salon, auch von den türkischen Herren unserer Begleitung kam nur Turkhan herein und alle unsere deutschen Herren u. Damen, wir waren noch nicht 20 Menschen. – Erst setzten wir uns u. mußten rauchen, dann spielte der Sohn mit dem Kapellmeister, seinem Lehrer, auf einem Flügel von Erard mit Claviaturen auf beiden Enden den Einzug der Gäste auf der Wartburg. Wenn der Sultan nicht währenddessen Conversation gemacht hätte, wäre es besser gewesen, denn der Junge spielte erstaunlich schön u. mit großer Kraft. Nachher spielte er eine Chopinsche[886] Bacarole wirklich sehr schön und [mit] tadelloser Fingerfertigkeit. Ich versuchte einige Worte mit ihm zu reden, aber er ist so verlegen, daß er nicht antwortet.« [...] Großherzogin Elisabeth beschrieb nun die bereits geschilderte Begebenheit, wie Abdül Hamid II. anschließend noch seinen Sohn Prinz Abdurrahim für ein kleines Klavierkonzert hatte holen lassen. Noch immer beeindruckt von dem Besuch im Yıldız-Palast, fuhr sie fort: »Nachdem das kleine geniale Kerlchen länger gespielt, schlug der Sultan vor, in sein Privatmuseum zu gehen. Es ist eine besondere Auszeichnung, die nicht jedem wird. Mich am Arm führend, Ibrahim Bey voraus, alle anderen folgend, ging er nun den langen corridorartigen Saal entlang, an jedem Schrank oder Gegenstand von Wichtigkeit stehen bleibend; da waren sehr schöne alte Porzellane, Silber, Goldsachen, Glas, Möbel, es war sehr interessant; das kleine Kerlchen ging immer still hinter dem Vater her; ich erhielt eine kleine Vase geschenkt, auf der das Bild des 16jährigen gemalt ist. Nun gings durch Treppen, Gänge u. Zimmer zurück in das Esszimmer, wir setzten uns wieder in gleicher Ordnung wie vorgestern, nur saß jetzt Izzet Bey mir schräg gegenüber, neben Fr. v. Marschall. [...] – Der Sultan war sehr lebhaft, wir unterhielten uns fließend, trotz Dolmetsch. Der Kleine saß zwischen ihm u. mir, und ich schnitt ihm das Fleisch. Plötzlich fragte der Sultan Aug., ob Löhr ein guter Arzt sei, und nach einigem Hin u. Herreden sagte er, daß er möchte, daß Löhr seinen kleinen Sohn untersuche, der schwächlich sei. Nach Tisch in einem Nebensalon wurde direct mit dem Dr. conferiert, wir standen alle dabei; er erklärte, jetzt gleich, unvorbereitet nicht untersuchen zu können, so wurde die Sache auf morgen früh festgesetzt. Nun nahmen wir mit vielen Dankesworten, die herzlich gemeint waren, Abschied vom Sultan, der uns bis unten an den Wagen führte; er bat, wir sollten wiederkommen, ich sagte darauf, er dürfe uns nicht wieder so verwöhnen, sonst könnten wir nicht wiederkommen. Dann

Abschied von Ibrahim Bey u. den anderen u. zurück an Bord. Nun vergaß ich noch zu beschreiben, wie es bei Tisch zuging, nämlich der Sultan legte uns fünf, Aug., Lotta, beiden Marschalls u. mir, jedes Gericht selbst auf. Alles war starr, denn nie war derartiges bisher vorgekommen. Marschall sagte, er habe den Sultan noch nie so ungeniert gesehen u. so lustig wie heute, kein Fürst wäre bisher so behandelt worden, wie wir.«[887] Am folgenden Tag endete für die fürstlichen Besucher aus Oldenburg der Aufenthalt in Constantinopel. Die ›Lensahn‹ nahm zunächst erneut Kurs auf Athen und erreichte Oldenburg dann am 1. Juni 1902.

An dieser Stelle soll noch zweier weiterer fürstlicher Besuche am Hof Abdül Hamids II. gedacht werden: Ende des Jahres 1890 besuchte eine jüngere Schwester Kaiser Wilhelms II. im Verlauf ihrer Hochzeitsreise Constantinopel und den Sultan. In den Augen beider Monarchen bot ein herzlicher Empfang der Schwester des Kaisers einen willkommenen Anlaß, die ein Jahr zuvor angeknüpften gegenseitigen Beziehungen weiter zu vertiefen. Prinzessin Victoria von Preußen[888] hatte sich im November 1890 mit Prinz Adolf zu Schaumburg-Lippe vermählt. Die Hochzeitsreise führte das junge Paar über Ägypten und Athen, wo die Schwester der Prinzessin, die Kronprinzessin Sophie von Griechenland, lebte, nach Constantinopel. Fast vierzig Jahre später erinnerte sich Prinzessin Victoria:

»Natürlich machten wir dem alten Sultan Abdul Hamid einen Besuch, um ihm für die uns verliehenen Orden zu danken. Beim offiziellen Diner saß ich neben dem Sultan, mein Mann gegenüber; Munir Pascha diente als Dolmetscher [...]. Er [der Sultan] war sehr liebenswürdig und erfreute uns durch mehrere Geschenke, unter ihnen zwei prachtvolle arabische Pferde, den türkischen Orden und einen kleinen Hund mit Namen Hektor; außerdem wurden große Schachteln mit seinen eigenen, ausgezeichneten Zigaretten in unser Zimmer gesandt. Er zeigte mir einen Teil des Harems, wo einer seiner jüngeren Söhne auf dem Klavier unsere Nationalhymne spielte.« Dem Prinzenpaar zu Schaumburg-Lippe gegenüber zeigte sich Abdül Hamid II. ebenfalls als gelöster und zu Scherzen aufgelegter Gastgeber. Prinzessin Victoria schrieb: »Es war ein wahres Vergnügen, das Gesicht des Sultans mit seiner Hakennase, dem dunklen Haar und seinem belustigten Lächeln zu betrachten.«[889]

1897 besuchte dann Erbprinz Ernst von Sachsen-Altenburg[890] im Rahmen einer ausgedehnten Reise, die ihn durch zahlreiche europäische Länder, Nordafrika und Palästina geführt hatte, endlich auch Constantinopel. Sultan Abdül Hamid II. empfing den künftigen Herzog im Yıldız-Palast und ehrte auch ihn mit einem festlichen Bankett, dem eine Aufführung im Hoftheater folgte. Der Padischah schenkte dem Erbprinzen einen arabischen Hengst, der im Dezember 1897 in Altenburg eintraf, und erbat, wie die lokalen Chronisten stolz vermerkten, für sich eine Sendung des – damals wie heute weit über Altenburg hinaus berühmten – Ziegenkäses.[891] Wahrscheinlich sollte festgestellt werden, ob ein solcher Weichkäse auch im Osmanischen Reich produziert werden könnte, an Ziegenmilch herrschte jedenfalls kein Mangel.

Doch nicht nur die Besuche des deutschen Kaiserpaares oder anderer deutscher Fürsten und Angehöriger regierender deutscher Häuser wurden in Constantinopel mit großem Glanz begangen. Auch Fürsten aus anderen europäischen Staaten erlebten den osmanischen Hof in einer für europäische Verhältnisse eher ungewohnten Pracht. Als Beispiel sei hier der Besuch des österreichischen Kronprinzenpaares genannt. Die ehemalige Kronprinzessin Stephanie beschrieb ihn noch fünfzig Jahre später schwärmerisch in ihren Lebenserinnerungen. Die einzelnen Elemente dieser die fürstlichen Gäste oftmals mit all ihrem Glanz, der ungewohnten Exotik und dem Reichtum betörenden Besuche am Hof Abdül Hamids II. wiederholten sich, gleichgültig, ob nun 1884, 1889, 1897, 1898 oder 1908. Von der jeweiligen Länge des Aufenthaltes und den persönlichen Vorlieben hing es ab, ob der eine oder andere Programmpunkt noch hinzugefügt wurde – aber der Rahmen blieb sich stets gleich. Der Cuma Selamlığı mit anschließendem Defilée der Truppen, eine Vorstellung im Hoftheater des Yıldız-Palastes, die seit 1890 bestehende Kaiserliche Porzellanfabrik, die Stallungen mit ihren berühmten Araberpferden, die Teppichfabrik in Hereke oder der Besuch des Topkapı-Palastes gehörten zum festen Programm der fürstlichen Gäste aus Europa. Österreich-Ungarn unterhielt schon aufgrund der Tatsache, daß es tief in die politischen Geschehnisse auf dem Balkan verstrickt war und mit Bosnien, der Herzegowina und dem Sandschak von Novi Pazar seit 1878 Territorien verwaltete, die offiziell noch immer unter osmanischer Suzeränität standen, eine kaum jemals spannungsfreie, aber sehr intensive Beziehung zum Hof und zur Regierung in Constantinopel. Im April 1884 unternahm das Kronprinzenpaar der Donaumonarchie daher eine Reise zu Sultan Abdül Hamid II., denn, so schrieb Kronprinzessin Stephanie in ihren Memoiren sehr bezeichnend: »Der Sultan, welcher tiefer sah, als man zu glauben geneigt war, verhehlte seine Besorgnis nicht. Er fürchtete Osterreich und Rußland hätten sich in dem Plan der Aufteilung der Türkei gefunden. Unser Besuch war dazu bestimmt, dieses Mißtrauen zu zerstreuen.«[892]

Die Reise führte zunächst mit einem Hofzug über Rumänien nach Varna in Bulgarien. Dort ging das Thronfolgerpaar dann an Bord der ›Miramar‹, wo sich bereits Sever Pascha mit einer osmanischen Delegation eingefunden hatte, um die Gäste im Auftrag des Padischahs nach Constantinopel zu begleiten. Die ›Miramar‹ fuhr den Bosporus hinauf und ankerte vor dem Dolmabahçe-Palast, wo die Botschafter Österreich-Ungarns und Belgiens[893] nebst den osmanischen Würdenträgern die Gäste auf der Terrasse erwarteten. Nach kurzer Rast begab sich das Kronprinzenpaar in einer sechsspännigen Kutsche zum Yıldız-Palast, vor dem die Begrüßung durch den Sultan stattfand. Anders als das gleichrangige deutsche Herrscherpaar begrüßte Abdül Hamid II. den Thronfolger nicht schon am

Bosporus, sondern erst in seinem Schloß. Solche protokollarischen Feinheiten markierten den Rang der Gäste und waren damals allgemein üblich. Kronprinz Rudolf trug die österreichische Generalsuniform mit ihren kräftigen Farben – weißer Waffenrock, rote Hose mit Goldlampas und den mit grünen Federn geschmückten Helm. Kronprinzessin Stephanie trug ein helles Kleid aus dünnem Wollstoff, das mit goldenen Ähren bestickt war, einen weißen, mit Straußenfedern garnierten Strohhut und hatte, dem Zeitgeschmack entsprechend, wie sie schrieb, »ziemlich viel Schmuck« angelegt. Die einstige Kronprinzessin erinnerte sich: »Unser Botschafter hatte in seinen Berichten den Sultan als einen unberechenbaren Sonderling gekennzeichnet und sein krankhaftes Mißtrauen gegen jedermann betont. [...] Nach alledem waren wir nicht wenig gespannt, den Sultan kennenzulernen und uns aus eigener Anschauung ein Urteil über ihn zu bilden.«[894]

Das Kronprinzenpaar wohnte während seines Aufenthaltes, so wie später auch der deutsche Kaiser, im Yıldız-Ensemble und wurde mit dem üblichen orientalischen Luxus umgeben. Der Sultan empfing seine Gäste in der ordensübersäten Marschallsuniform, an der Seite einen gekrümmten Säbel in rotsamtener, goldverzierter Scheide, dazu trug er weiße Handschuhe. »Abdul Hamid war mittelgroß, eher mager, sein Bart war schwarz, die Nase lang und gebogen. Er hatte den echten Typus seiner Rasse, wie man ihn auf den alten Bildern der Osmanen sieht. Sein schwarzes Auge war durchdringend, sein Blick ernst und schwermütig. Abdul Hamid war 42 Jahre alt, doch schien er älter. Unser Gespräch wurde Französisch geführt, eine Sprache, welche der Monarch zwar verstand, aber nicht beherrschte. [...] Er führte das Gespräch mit sichtlichem Interesse. Nun standen wir also dem Manne gegenüber, von dem wir so viel Ungünstiges gehört hatten. Er überschüttete uns mit Zeichen seines Wohlwollens und seiner Gunst. Er überreichte dem Kronprinzen und mir die Großkreuze seiner Orden, in Brillanten von morgenländischer Pracht. All seine Angst und Furcht, von der man uns erzählt hatte, schien im Augenblick unseres Zusammentreffens von ihm gewichen.«[895]

Am folgenden Tag wohnte das Kronprinzenpaar dem stets prunkvoll inszenierten Cuma Selamlığı bei, am Abend folgte ein Festbankett im Yıldız-Palast mit ausländischen Diplomaten und osmanischen Würdenträgern der Politik und des Hofes. Anschließend wurde Kronprinzessin Stephanie gemeinsam mit Abdül Hamid II. durch die Walide Sultan im Harem empfangen. Die Baş Kadın Efendi begrüßte die Kronprinzessin bereits am Eingang des Harems mit sechs Hofdamen (typisch für die zumeist nur wenig mit den tatsächlichen Gegebenheiten der osmanischen Gesellschaft vertrauten Europäer, sprach auch die ansonsten unvoreingenommene Kronprinzessin von Sklavinnen). Kronprinzessin Stefanie erinnerte sich: »Junge schöne Eunuchen[896] standen mit brennenden Fackeln an den Wänden zu beiden Seiten der Treppe. Ich wurde in einen riesigen, grell erleuchteten, teppichbelegten, aber sonst leeren Saal geleitet, an dessen Wänden sich Divane entlangzogen. Hier wurde ich von der Mutter des Sultans, seinen Töchtern und der Oberhofmeisterin, die einen großen Stock hielt, begrüßt. Betäubend durchdrang der Duft des Rosenöls die Luft. Bei meinem Eintritt spielte eine Frauenkapelle die österreichische und die belgische Volkshymne.«[897] Abdül Hamid II. nahm auf einem Divan neben der Walide Sultan Platz, rings um beide setzte sich die erste Gemahlin, seine Töchter sowie die anderen Damen. Kronprinzessin Stephanie ließ sich mit ihrer Entourage, der Gattin des Botschafters und anderen Europäerinnen, auf einem weiteren Divan nieder: »Stühle gab es nicht. Es wurden kleine, zierliche elfenbeineingelegte Tischchen aufgestellt, auf denen wertvolle alte Porzellanschalen in goldenen, diamantenbesetzten Hüllen mit dem köstlich duftenden Kaffee standen; dann wurden die verzuckerten Erdbeer- und Aprikosenpastillen gereicht.«[898] Die Kronprinzessin erschien in großer Abendtoilette – sie trug angeblich ein hellblaues, schulterfreies Damastkleid, dazu abermals viel Schmuck und ein Diadem. Die osmanischen Damen erschienen ihr allesamt korpulent und wenig reizvoll, ihre Kleidung alla turca gefiel Kronprinzessin Stephanie hingegen sehr: »Eine Entschädigung [...] bildeten jedoch ihre herrlichen Kleider. Ihre türkischen Trachten aus schweren, glänzenden Seidenstoffen, in den grellsten Farben zusammengestellt, waren mit kostbaren Gold- und Silberstickereien geziert.« Allein die elegante Baş Kadın Efendi war alla franca gekleidet. »Sie trug ein Silberbrokatkleid mit langer, gestickter Schleppe; ihr Schmuck, der nur aus Diamanten bestand, war prachtvoll. Die Familie des Sultans und der übrige weibliche Hofstaat trug eine Menge Perlen, Diamanten und andere Edelsteine. Alles glitzerte und blitzte. Es war feenhaft und einzig in seiner Art. Den Anblick solcher Luxusentfaltung, solcher Farbenpracht kann nur der Orient bieten.«[899] Die folgenden Tage wurden durch das allfällige Besichtigungsprogramm bestimmt. Abdül Hamid II. erwies sich gegenüber der Kronprinzessin seines bedeutsamen Nachbarstaates, die es verstand, sich in vollendeter Eleganz und Hoheit zu präsentieren, von äußerster Courtoisie: »Am nächsten Abend, als ich eben im Begriff war, mich für ein großes Diner anzukleiden, sandte er mir ein prachtvolles Diadem in scharlachrotem Samtetui. [...] Nur ein orientalischer Fürst ist imstande, auf solche Weise zu geben.«[900] Kronprinzessin Stephanie verstand allerdings auch auf ebensolche, nämlich würdige Weise zu nehmen – von solch dramatischen Szenen wie fünf Jahre später, als Kaiserin Auguste Victoria unter ähnlichen Umständen ein Brillantkollier empfing, war in diesem Fall keine Rede.

Konkreten politischen Gesprächen mit Kronprinz Rudolf versuchte Abdül Hamid II. nach Möglichkeit ganz offenbar auszuweichen, die Frage nach dem möglichen Bau einer Orientbahn unter österreichisch-ungarischer Beteiligung ließ der Sultan unbeantwortet. In jenen Jahren vor den enger werdenden Beziehungen zum Deutschen Reich versuchte die osmanische Politik zwischen allen Großmächten zu lavieren. Der Besuch des österreichischen Kronprinzen fiel einerseits in die Zeit einer osmanischen Annäherung an Rußland, da schienen engere Kontakte zu dem Rivalen Rußlands in Balkanangelegenheiten wenig opportun. Andererseits war es die Zeit, da der Sultan an einen möglichen Beitritt zum Dreibund dachte und deswegen in Berlin, Rom und Wien sondieren ließ. Die damalige deutsche Kronprinzessin Victoria schrieb am 17. März 1887 an ihre Mutter, die britische Königin, über Gespräche mit dem Kronprinzen Rudolf: »Rudolf sagt, man könne nicht leugnen, daß Rußland gegenwärtig die erste Geige in Europa spiele [...]. Er behauptet endlich, daß der Sultan England und Österreich mißtraue und fürchte, während er sich an Rußland anzulehnen vermöge, da er eine große Vorliebe für die Russen und den Zaren habe. Rudolf hatte bei seinem Aufenthalt in Konstantinopel häufig genug Gelegenheit, dies zu bemerken.«[901] Politisch war diese Reise also eher unergiebig. Stattdessen ließ der Padischah höchst absichtsvoll den Besuch am Bosporus für das Kronprinzenpaar zu einem geradezu märchenhaften Erlebnis werden, an das Kronprinzessin Stephanie, die für solcherlei Äußerlichkeiten stets sehr empfänglich war, noch nach fünf Jahrzehnten voller Begeisterung und in Dankbarkeit zurückdachte: »Das ganze war ein Tausend-und-eine-Nacht für meine Jugend. Noch nie, auch später nicht, hatte ich so bunte, berauschende Tage verlebt.«[902] Nach einer mehr als freudlosen Jugend in ihrem Elternhaus und fernab der steifen, von Familienzwistigkeiten geprägten Atmosphäre des Wiener Hofes, an dem die von ihrem Gatten ungeliebte Kronprinzessin nicht nur unter der verletzenden, spöttischen Ablehnung ihrer exzentrischen Schwiegermutter Kaiserin Elisabeth[903] zu leiden hatte, genoß sie die charmanten großen und kleinen Aufmerksamkeiten, die ihr nun in vielerlei Weise an dem glanzvollen Hof Sultan Abdül Hamids II. zuteil wurden. »In diesem strahlenden, leuchtenden Konstantinopel war ich, die blonde nordische Prinzessin, selber verwandelt. Beglückt erlebte ich einen um den anderen dieser Märchentage. [...] Bis zur Stunde unserer Abreise überhäufte uns der Sultan mit Beweisen seiner Gunst und Freigiebigkeit. Ich erhielt zwei prachtvolle arabische Schimmel für meinen Stall; zwölf Ölgemälde, den Jildiz-Kiosk darstellend, viele Aquarelle mit Ansichten der Stadt, Gruppenbilder aus dem Harem; wertvolle Seidenteppiche, eingelegte türkische Waffen, ein Kaffeeservice in Silberfiligran, goldene Tabatièren, mit Edelsteinen besetzt. Dazu große Kisten mit Kaffee, Reis, Tabak, den Obstpastillen, die mir so gut geschmeckt hatten, und Rosenöl! [...] Der Abschied fiel mir schwer; der ganze wunderbare Charme des Orients hatte mein Herz mit Entzücken erfüllt.«[904] Hatte schon Kronprinzessin Stephanie über die zurückhaltende Aufnahme des Kronprinzen Rudolf durch den Sultan im Jahr 1884 geschrieben: »Abdul Hamids Liebenswürdigkeit für mich kannte keine Grenzen – ich gestehe, daß er mit dem Kronprinzen kühler umging«,[905] so erinnerte sich der deutsche Botschafter von Radowitz rückblickend in deutlicheren Worten an den in seinen Augen offenbar weitgehend mißlungenen Besuch der österreichischen Gäste: »Im April brachte der Besuch des österreichischen Kronprinzen mit seiner Gemahlin viel Aufregung. Der Sultan ließ für die Unterbringung der hohen Gäste Außerordentliches leisten, ganz Jildiz wurde neu aufgeputzt, es sollen 80.000 Pfund dafür ausgegeben worden sein. Das Kronprinzenpaar blieb acht Tage bei dem Sultan zu Gaste. Aber nur die Prinzessin hinterließ einen guten, sympathischen Eindruck, der Kronprinz zeichnete sich durch rücksichtsloses Auftreten und geringes Interesse für alle Orientpracht aus, die ihn umgab. Eigentlich lag ihm nur etwas an der Jagd, die ihm freilich nur in primitivem Umfange geliefert werden konnte. Allgemein war die Befriedigung über die Abreise des österreichischen Thronerben, am meisten wohl bei dem Sultan selbst.«[906]

Die Besuche des deutschen Kaiserpaares hinterließen wenige Jahre später einen deutlich günstigeren Eindruck. Es darf allerdings nicht übersehen werden, daß die Ausgangslage dabei eine ganz andere war. Deutschland war zwar mit Österreich-Ungarn verbündet, aber es betrieb keine Balkanpolitik[907] und hatte auch kein Stück osmanischen Territoriums (Bosnien-Herzegowina und den Sandschak von Novipazar) besetzt. Das ziemlich unverhohlene territoriale Streben der Wiener Politik nach dem bedeutenden Hafen Selanik – und damit verbunden vermutlich der gesamten westlichen Balkanregion – dürfte den Besuch des österreichisch-ungarischen Kronprinzen am Bosporus zudem keinesfalls erleichtert haben. Es kommt hinzu, daß mit Wilhelm II. das regierende deutsche Staatsoberhaupt den Sultan besuchte, Kronprinz Rudolf hingegen war ›nur‹ der Thronfolger Österreich-Ungarns, der über keinerlei politischen Gestaltungsspielraum verfügte.

Im Frühsommer 1908 besuchten der junge Herzog Carl Eduard von Sachsen-Coburg und Gotha[908] und seine Gemahlin Herzogin Victoria Adelheid mehr als eine Woche lang die faszinierende Hauptstadt am Bosporus. Von der wohl letzten Visite eines regierenden deutschen Bundesfürsten unmittelbar vor den revolutionären Ereignissen, berichtete der erprobte Vertreter Biebersteins auf dem Botschafterposten, Alfred von Kiderlen-Wächter, am 28. Juni: »Hier sind wir momentan ›ganz Koburger‹ [sic]. Es ist unglaublich, was so ein Fürstenbesuch für Mühe und Schererei macht. Am Samstag um 4 Uhr brachte sie die ›Loreley‹ mit. [...] Während Engländer und Türken mit ›mouchen‹ kamen, hatte ich den zehnrudrigen Kaik anspannen lassen – hochfein! Ich fand an Deck zwei sehr verlegene junge Leutchen; er ist dreiundzwanzig, sie zweiundzwanzig Jahre. Da sie nichts zu sagen fanden als einen stummen Händedruck, so ergriff ich das Wort und improvisierte eine kleine Begrüßungsrede, indem ich sie als Vertreter des Kaisers auf deutschem Boden an dem schönen Bosporus willkommen hieß usw. Dann stellte ich mein Personal vor, sowie die zwei Türken, die der Sultan zum Ehrendienst kommandiert und zwei, die er zur Begrüßung geschickt hatte. [...] Als ich den englischen Geschäftsträger vorstellte, war der Herzog so verlegen, daß er

Victoria Prinzessin zu Schaumburg-Lippe, Schwester Kaiser Wilhelms II.

gar nichts sagte, und dem Engländer fiel auch nichts ein, so daß eine höchst verlegene Pause entstand. [...] Morgen abend gebe ich ihnen ein Diner von vierundzwanzig Personen auf der Botschaft – natürlich alles vom Hotel geliefert [...]! Aber da beide nett sind, tue ich es gern; nur sind sie wie die Kinder und wollen mich immer bei sich haben. [...] Als ich mit dem Herzogspaar zusammentraf [zu einem Frühstück im eleganten Hotel Pera Palace], war die erste ängstliche Frage, ob ich ja auch bei ihrer ersten Audienz beim Sultan dabei wäre! Das war auch so, und ich konnte in Notfällen eingreifen.«[909]

Auch für das seit 1905 regierende Coburger Fürstenpaar, das auf Einladung des Sultans nicht in einem der großherrlichen Schlösser, sondern stattdessen in einem luxuriösen Hotel im europäisch geprägten Pera mit seinen eleganten Jugendstilbauten logierte, entrollte sich trotz der politisch aufgeladenen Stimmung in Constantinopel wieder das erprobte Zeremoniell des osmanischen Hofes, das solchen Besuchen stets den entsprechenden Glanz verlieh. Am 1. Juli nahmen Herzog Carl Eduard und Herzogin Victoria Adelheid an dem feierlichen Cuma Selamlığı vor der Hamidiye-Moschee teil: »Erst wohnten wir dem Selamlik bei, dann ließ der Sultan als ›Extrabene‹ für die Koburger die ganze Garnison vorbeidefilieren, dann war Audienz, bei der die Leutchen wieder schrecklich schüchtern waren. Danach wurden noch die Porzellanfabrik und der Stall besichtigt. Alles [...] in großer Uniform!«[910] Am Abend des 2. Juli um einhalb acht Uhr hatte der Sultan seine Gäste sowie Botschafter von Kiderlen-Wächter in den Yıldız-Palast zu einem Festbankett mit anschließender Opernaufführung im Hoftheater gebeten. Zuvor hatte das Herzogspaar die großherrliche Teppichmanufaktur in Hereke besucht. »Der Sultan war heute auch wieder äußerst gnädig für die Koburger wie für mich,[911] berichtete Kiderlen-Wächter, der den Herzog und die Herzogin als »äußerst nett und herzlich« empfand. An diesem Festbankett nahm auch der seit vier Wochen in Constantinopel weilende Freiherr von der Goltz teil, der folgende Beobachtung machte: »Am Abend, als ich Abschied nahm, bei dem Festmahl für den Herzog von Koburg, mußte, wer den Großherrn kannte, merken, so sehr sich dieser auch zu beherrschen weiß, so sehr er auch mit gewohnter Meisterschaft die Pflichten gegen seine hohen Gäste erfüllte, daß ernste Dinge ihn beschäftigten. [...] In bunter glänzender Versammlung waren die Männer des alten Regimes noch um ihn versammelt. Niemand ahnte, so will mich bedünken, daß dessen letzte Tage gekommen seien.«[912] Am 6. Juli erfolgte nach den üblichen Abschiedsbesuchen die ebenfalls mit dem erforderlichen Zeremoniell umgebene Abreise der Gäste – »sie waren charmant, liebenswürdig, von Attention« – vom Bahnhof in Sirkeci.[913] Herzog Carl Eduard und Herzogin Victoria Adelheid waren Vertreter der jüngeren deutschen Fürstengeneration, die nach der Vorstellung Kaiser Wilhelms II. die deutsch-osmanische Freundschaft unter anderem zusammen mit seinen vier älteren Söhnen, die alle zwischen 1904 und 1906 den Sultan besucht hatten, bis weit in das zwanzigste Jahrhundert fortführen und entwickeln sollte. Beide verfügten außerdem über weitreichende verwandtschaftliche Beziehungen – der Herzog war ein Enkel der britischen Königin Victoria, die Abdül Hamid II. über vierzig Jahre zuvor in Schloß Windsor kennengelernt hatte – und ein Cousin Kaiser Wilhelms II., die Herzogin war die Nichte der Kaiserin Auguste Victoria und Urgroßnichte der 1901 verstorbenen britischen Monarchin.

Das Herzogspaar von Sachsen-Coburg und Gotha besuchte im Frühsommer 1908 Constantinopel

Die wenige Tage nach dem Besuch des Coburger Herzogspaares Mitte Juli 1908 beginnende Revolution der Jungtürken leitete für das fragile Machtgefüge in der unruhigen Balkanregion und das Osmanische Reich eine Zeit schwerster politischer und militärischer Krisen ein, die weitere deutsche Fürstenbesuche am osmanischen Hof zunächst nicht geraten erscheinen ließ, und auch Kaiser Wilhelm II. besuchte erst Mitte Oktober 1917 (aufgrund des Todes der Zarin Eleonore[914] von Bulgarien mußte der Besuch um vier Wochen verschoben werden) letztmals den jetzt kriegsverbündeten Sultan in Constantinopel. Allerdings war es nun nicht mehr sein Freund Abdül Hamid II., sondern dessen Bruder Sultan Mohammed V. Reşad. Die eigentliche Macht lag jedoch in den Händen der jungtürkischen Diktatoren und konzentrierte sich nicht länger im Yıldız-Palast. Im vierten Kriegsjahr war die Zeit glänzender Fürstenbesuche längst vorbei. Das offizielle Programm des viertägigen Staatsbesuches zwischen dem 15. und dem 18. Oktober paßte sich der schwierigen Lage der Bündnispartner jedoch nur teilweise an, wobei der Kaiser allerdings persönlich gegenüber dem deutschen Botschafter darauf bestanden hatte, man möge keinen unnötigen Aufwand anläßlich seiner Visite betreiben. Tiefgreifende politische Gespräche führte er kaum – wie Sultan Mohammed V., so war auch Wilhelm II., wenn auch aus anderen Gründen, an den Rand gedrängt worden und übte auf die Politik kaum noch Einfluß aus. Das Zentrum der Macht lag während des Krieges bei der Obersten Heeresleitung, der Kaiser beschränkte sich bereitwillig auf gelegentliche Frontbesuche sowie Ordensverleihungen und beklagte ansonsten seine fortschreitende Isolation. Botschafter Graf von Bernstorff schrieb in diesem Zusammenhang vielsagend: »Der Vorliebe des Kaisers entsprechend wurde ihm viel Zeit gelassen, die Moscheen, das alte Serail und die übrigen Wunderbauten Stambuls zu besuchen.«[915] Doch auch der für das deutsche Engagement im Osmanischen Reich überaus symbolträchtige Bahnhof Haydarpascha, der europäische Anfangs- und Endpunkt der Bagdadbahn, stand auf dem Besichtigungsprogramm. Außerdem besuchte der Monarch am 16. Oktober ›seinen‹ Brunnen auf dem Hippodrom und an der Divan Yolu Caddesi die Baustelle des künftigen ›Hauses der Freundschaft‹, das ein mächtiges Zeichen der sich stetig verfestigenden deutsch-osmanischen Freundschaft zu werden versprach. Tags zuvor hatte Kaiser Wilhelm II. im Garten der Botschafterresidenz von Therapia bereits an den Gräbern des Feldmarschalls Freiherr von der Goltz und des Botschafters von Wangenheim Kränze niedergelegt. Im heiteren Ihlamur Kasrı mit seiner überreichen Dekoration traf der Kaiser mit dem Thronfolger Prinz Mohammed Vahideddin zusammen, die Besichtigung des Museums für Türkische und Islamische Kunst war dem vorausgegangen. Ein Besuch des weitläufigen Haremskomplexes des Topkapı-Palastes mit seinen kunstvollen Kiosken und Palästen beschloß das touristische Programm. Am folgenden Tag begab sich Wilhelm II. zu einem Frontbesuch an die Dardanellen. Am 18. Oktober wurden noch einmal die Hagia Sophia sowie das Militärmuseum aufgesucht, abends folgte ein Festbankett im Palast von Dolmabahçe und dann die Abreise, kriegsbedingt nicht mit dem Schiff, da das Mittelmeer feindliches Operationsgebiet war, sondern mit dem Hofzug aus dem Bahnhof Sirkeci. Dreizehn Monate später war der Krieg für beide Mächte verloren, lag die so suggestiv beschworene deutsch-osmanische Freundschaft in Trümmern, mußte der deutsche Kaiser in den Niederlanden um Exil bitten, während Constantinopel von den Siegermächten besetzt war.

Im Hinblick auf die persönliche Einstellung des deutschen Kaisers zu den Osmanlıs sowie dem Osmanischen Reich sind die Erinnerungen des Botschafters Graf von Bernstorff an diesen letzten Aufenthalt Wilhelms II. am Bosporus im Herbst 1917 von besonderem Interesse: »Der Kaiser hatte eine sehr ausgesprochene Vorliebe für die Türken und ihre herrliche Hauptstadt. Er kam dorthin stets in der allerbesten Stimmung. Niemals habe ich ihn in so guter Laune gesehen wie anläßlich der beiden Besuche [1889 und 1917] in Konstantinopel. Diese Sympathie teilte sich den Türken mit, die ein sehr feines Gefühl dafür haben, ob man ihnen gewogen ist oder nicht. Infolgedessen standen die Kaisertage unter dem Zeichen einer wahren Herzlichkeit. Die Türken betrachteten den Kaiser als den Träger der deutschen türkophilen Politik, und er selbst nahm auch gern diese Rolle auf sich.«[916] Der erst wenige Wochen zuvor berufene Botschafter erinnerte Wilhelm II. an die angesichts der ausgezeichneten Ergebnisse der deutsch-osmanischen Beziehungen unzutreffende Kritik Bismarcks an seinem ersten Besuch im Jahr 1889. Der Kaiser stimmte ihm bei und meinte, »er habe nach seiner Rückkehr in die Heimat dem Reichskanzler geweissagt, daß der Tag kommen werde, an dem die Türken als unsere Verbündeten in den Krieg ziehen würden, wovon Bismarck nichts habe hören wollen. Mit großer Lebhaftigkeit sagte der Monarch, er werde den Türken niemals vergessen, daß sie zu ihm gehalten hätten, als alle seine Verwandten ihm den Krieg erklärten.«[917] Bernstorff zeigte sich von dem durch die osmanischen Behörden sowie den Hof des Sultans glanzvoll und routiniert organisierten Staatsbesuch beeindruckt und bemerkte, »daß sich auffallend viele Frauen auf den Straßen befanden, damit der kulturelle Fortschritt unter dem jungtürkischen Regimente ad oculos demonstriert würde. Nirgends versteht man es so gut wie in

Kaiser Wilhem II. begrüßt im Herbst 1917 den Sultan und osmanische Würdenträger auf dem Bahnhof Sirkeci. Rechts hinter Sultan Mohammed V. steht Damad Enver Pascha. Ganz links ist der spätere Staatsgründer der Türkei, Mustafa Kemal (Atatürk), zu erkennen

der Türkei, die Gunst eines flüchtigen Gastes durch Errichtung Potemkinscher Dörfer zu gewinnen.«[918] Dennoch schienen der Glanz des Sultanshofes und der stolz inszenierte Fortschritt des Osmanischen Reiches den deutschen Kaiser persönlich nicht mehr so nachhaltig zu berühren wie einst zu Zeiten Sultan Abdül Hamids II. In seinen bereits erwähnten 1927 entstandenen Doorner Aufzeichnungen gedachte Wilhelm II. seines dritten Besuches in Constantinopel mit keinem Wort, obwohl dieser zu diesem Zeitpunkt erst knapp zehn Jahre zurücklag.

Das letzte ›friedliche‹ Jahr vor den großen Umwälzungen innerhalb des Osmanischen Reiches brachte noch etwas ganz anderes mit sich: Im Frühjahr 1907 erwarb Wilhelm II. im Ergebnis mehrjähriger Verhandlungen aus der Hinterlassenschaft der von ihm sehr verehrten Kaiserin Elisabeth von Österreich deren auf der griechischen Insel Korfu gelegene Sommervilla, das ›Achilleion‹. Bis 1914 verbrachte der Monarch von nun an fast jedes Jahr dort einige Wochen im Frühjahr. Für den Erwerb der repräsentativen Besitzung mögen vor allem seine Verehrung für die 1898 ermordete Kaiserin, sein Interesse an der griechischen Antike (Wilhelm II. beteiligte sich rege an einigen Ausgrabungen auf Korfu) und die Tatsache ausschlaggebend gewesen sein, daß die griechische Kronprinzessin Sophie auch seine Schwester war. Zudem erscheint es angesichts der persönlichen und der politischen Beziehungen Wilhelms II. nach Constantinopel (die immer noch weiter ausgebaut werden sollten, ging es nach dem Willen der beiden befreundeten Herrscher) eine Überlegung wert zu sein, ob der deutsche Kaiser auch daran dachte, mit den jährlichen Aufenthalten im Achilleion seinem Freund Abdül Hamid II. und dem Osmanischen Reich ein gutes Stück näher zu kommen. Im Frühjahr 1909 entsandte der Padischah jedenfalls eine hochrangige fünfköpfige Delegation unter Führung des Ministers Turhan Pascha,[919] die dem auf Korfu weilenden deutschen Kaiser offenbar nicht nur die Grüße des Padischahs überbrachte, sondern die brisante politische Lage mit dem Monarchen erörterte. Wilhelm II. empfing die osmanischen Herren denn auch in Gegenwart eines Vertreters des Auswärtigen Amtes am 21. April im Achilleion.[920]

Sollte der griechische Sommersitz des deutschen Kaisers, der doch die führende Kontinentalmacht repräsentierte, dem befreundeten Osmanischen Reich sowie dem übrigen Europa, vor allem aber auch dem steten Rivalen Großbritannien, signalisieren, daß in dieser wirtschaftlich und geostrategisch hochbedeutenden Gegend der Welt ohne das Deutsche Reich nichts mehr entschieden werden würde? Sollte es von Korfu aus künftig regelmäßige kaiserliche Abstecher nach Constantinopel, zu wichtigen Punkten entlang der Bagdadbahn oder nach Palästina geben? Gleichwie, es kam nicht dazu, denn drei Monate nachdem der deutsche Kaiser in seinem griechischen Feriendomizil die osmanische Delegation empfangen hatte, sah sich sein Freund Abdül Hamid II. zunächst einmal teilweise entmachtet. Während der revolutionären Umtriebe im

Kaiser Wilhelm II. in der Uniform eines osmanischen Marschalls, Ölbild von Max Fleck 1917

April 1909, die zur endgültigen Absetzung und Exilierung des Sultans führten, hielt sich Kaiser Wilhelm II. abermals in seiner Villa auf Korfu auf und ließ sich über die Vorgänge in Constantinopel genauestens unterrichten. Mit ihrem Tagebucheintrag vom 18. April 1909 überlieferte Gräfin von Keller ein Stimmungsbild jener Tage im Achilleion: »Wären die beunruhigenden Nachrichten aus der Türkei nicht gewesen, so hätte man alles noch mehr genossen, aber so! Bei diesen ernsten Ereignissen liegt der Gedanke nahe, daß der hiesige Aufenthalt schnell zu Ende gehen kann und wir weit früher in die Heimat zurückkehren müssen, als man gedacht hat. Ein klares Bild von den dort herrschenden Zuständen kann man sich ja nicht machen, trotz der Stöße von Telegrammen, die täglich einlaufen und stets in größerem Kreise vorgelesen werden. Nur so viel steht fest, daß es ernst genug aussieht.«[921] Am 27. April notierte die Hofdame der Kaiserin Auguste Victoria lakonisch: »Nachricht aus Constantinopel: endgültige Absetzung des Sultans Abdul Hamid und Thronbesteigung seines rechtmäßigen Nachfolgers und Bruders als Sultan Muhammed V.«[922] Mit diesem Thronwechsel war das seit 1889 bestehende, intensive persönliche Interesse Wilhelms II. an den osmanischen Angelegenheiten weitgehend erloschen. Der Monarch konnte sich bei seinen

Frühjahrsauftenthalten im Achilleion nun auf die Ausgrabungen und die nicht immer spannungsfreien familiären Beziehungen zu seinen griechischen Verwandten konzentrieren.

Das offizielle Ende der Beziehungen Kaiser Wilhelms II. zum Osmanischen Reich und dem Haus Osman soll an dieser Stelle nicht unerwähnt bleiben: Als der militärische Zusammenbruch der sogenannten Mittelmächte bereits unmittelbar bevorstand, traf Ende August 1918 eine hochrangige Delegation aus Constantinopel im Hauptquartier der Obersten Heeresleitung in Spa ein, um Kaiser Wilhelm II. gemäß den höfischen Gepflogenheiten offiziell von der Thronbesteigung Sultan Mohammeds VI. Kenntnis zu geben. Ein letztes Mal konnte der Monarch so durch persönliche Begegnungen Erinnerungen an seinen verstorbenen Freund Abdül Hamid II. aufleben lassen und sich besserer Tage besinnen, denn ein Sohn Abdül Hamids, Prinz Abdürrahim Hayri, stand als Vertreter der Dynastie an der Spitze der Delegation. Dem jungen Prinzen zur Seite stand der allseits geachtete Tewfik Pascha, den Wilhelm II. seit den 1880er Jahren kannte. Als Botschafter in Berlin und als Außenminister war Tewfik Pascha zwei Jahrzehnte hindurch maßgeblicher Befürworter und Förderer der engen deutsch-osmanischen Beziehungen gewesen. Beide Monarchen schätzen ihn als aufrichtigen und loyalen Politiker. Mit diesem Zusammentreffen schloß sich gewissermaßen der Kreis, der genau dreißig Jahre zuvor – aus Anlaß der Thronbesteigung des Kaisers – mit der Übersendung einer Marmorbüste an Abdül Hamid II. begonnen hatte.

Pinti Hamid oder Hamid der Großzügige
Zwei befreundete Herrscher und ihre Geschenke

»Wer sich selbst und andere kennt,
wird auch hier erkennen:
Orient und Okzident
sind nicht mehr zu trennen.«

Johann Wolfgang von Goethe, aus dem West-Östlichen Divan

Welch hohen Stellenwert das Schenken sowie das Beschenktwerden im Orient allgemein einnahm und bis heute einnimmt – und wie schwer sich Europäer damit taten und bisweilen auch noch tun, zeigen die bereits erwähnten Episoden während des Kaiserbesuches von 1889 in den Schilderungen des Botschafters von Radowitz und der Gräfin von Keller.[923] Kaiserin Auguste Victoria konnte nur mit allergrößter Überredung dazu bewogen werden, ein Diamantcollier des Sultans anzunehmen und es dann auch zu einem Diner im Palast anzulegen, um Abdül Hamid II. einerseits ihre Freude über den Schmuck zu bekunden und ihn andererseits somit auch auszuzeichnen. Daß mit Geschenken des Herrschers nicht nur eine persönliche Beziehung ausgedrückt werden konnte, sondern sie nach osmanischem Verständnis auch oder in erster Linie als ›Ehrengeschenk‹ sogar Ausdruck der sozialen Stellung des Beschenkten waren, dem eben dieser Position wegen entsprechende Geschenke zustanden,[924] kam offenbar keinem in den Sinn. Ebenfalls große Schwierigkeiten bereitete der Besuch einer Ausstellung mit Erzeugnissen osmanischen Kunsthandwerks, aus denen die Kaiserin mitsamt ihren Damen nach Belieben wählen sollte. Für den Morgen des Abreisetages war der Besuch jener speziell für das Kaiserpaar im Waffensaal des Yıldız-Palastes arrangierten Ausstellung vorgesehen. Gräfin von Keller berichtete, daß die Kaiserin und ihre Damen aus den ausgestellten Waren nach Herzenslust auswählen sollten, woraufhin diese Dinge dann als Geschenke des Sultans nach Deutschland geschickt werden sollten. Wie schon erwähnt, wurde sogar erwogen, eben deshalb der Ausstellung fern zu bleiben. Botschafter von Radowitz gelang es schließlich, der mit den orientalischen Gepflogenheiten offenbar absolut unvertrauten Kaiserin[925] und ihrem in diesen Dingen ebenfalls wenig weltgewandten bornierten Hofstaat deutlich zu machen, welche Kränkung, Zurückweisung und Mißachtung darin gesehen würde, wenn sie die Ausstellung nicht besuchte und nicht etwas auswählte. Handelte es sich doch nicht nur um ein Zeichen besonderer Wertschätzung, solchermaßen durch den Sultan beschenkt zu werden, wobei die Annahme der Präsente zugleich auch ihn wieder ehrte. Nach dem osmanischen Verständnis machte der hohe Rang der deutschen Kaiserin eine solche Vielzahl kostbarer Geschenke erforderlich, in deren so brüsker Zurückweisung der Sultan eine erhebliche Kränkung erblicken mußte. Wie verschieden Orient und Okzident in puncto Schenken waren, enthüllen die Bemerkungen des anwesenden osmanischen Zeremonienmeisters, als Kaiserin Auguste Victoria während des Rundganges durch die Ausstellung zunehmend verstummte, denn sie konnte keinen der dargebotenen Gegenstände bewundern, ohne daß er sogleich als Geschenk für die Kaiserin zurückgestellt wurde. Der Zeremonienmeister wandte sich an Gräfin von Keller: » ›Ihrer Majestät hat die Ausstellung ja gar nicht gefallen!‹ Meine Entgegnung, die Kaiserin wäre entzückt von allem, ihre Zurückhaltung aber aus erwähntem Grunde doch sehr verständlich gewesen, ließ er nicht gelten und meinte kopfschüttelnd: ›Nein, das kann ich nicht verstehen, es ist doch S.M. der Sultan, der die Geschenke hatte geben wollen!‹ «[926] Am Tag ihrer Abreise schrieb Auguste Victoria ihrer Schwester Caroline Mathilde noch immer voller Unverstand der orientalischen Kultur des Schenkens gegenüber: »Das einzig Schlimme war, daß man so vielerlei geschenkt bekam: Stoffe, Teppiche, Tische, Brillanten; wirkl. ein ganzes Lager von Sachen; u. wenn man protestirte, wurde es einem übel genommen.«[927] In ihrer Biographie der Kaiserin Auguste Victoria hat Herzogin Victoria Luise von Braunschweig im Abstand von achtzig Jahren dem Constantinopel-Besuch ihrer Eltern breiten Raum gewährt. Die ablehnende, wenig weltläufige Haltung ihrer Mutter in bezug auf die Geschenke des Sultans versuchte die Herzogin, offenbar ebenso wie ihre Mutter in Unkenntnis osmanischer Tradition, so zu erklären: »Ich meine, wir haben alle Veranlassung, die Haltung einer Frau anzuerkennen, die sich dagegen wehrte, durch Geschenke Fremder bereichert zu werden.«[928] Hier offenbart sich abermals ein grundlegendes Mißverständnis. In ihrem Aufsatz, der sich mit dem Geschenkwesen im Osmanischen Reich beschäftigt, schreibt Hedda Reindl-Kiel: »Ein Würdenträger betrachtete Präsente oftmals nicht so sehr als liebenswürdige Gaben, denn vielmehr als ihm und seiner Stellung gebührenden Tribut, der nichts anderes als ein greifbarer Ausdruck der Ehre war, auf die er qua Amt Anspruch hatte. Ein zu gering ausgefallenes Geschenk bedeutete infolgedessen eine sichtbare Verletzung der Ehre und wurde mit entsprechenden Mißfallensbekundungen honoriert.«[929] Ein Zurückweisen der Juwelen Abdül Hamids II. durch Kaiserin Auguste Victoria hätte demzufolge also signalisiert, daß dieses Geschenk zu gering sei und daher die solchermaßen Beschenkte in ihrer Ehre und Würde verletze. Ebenso verhielt es sich mit den anderen Gaben. Wählte die Kaiserin auf der bereits erwähnten Ausstellung nichts aus den dargebotenen Waren aus, so hieß dies, daß die Dinge in den Augen der Kaiserin ›wertlosem Plunder‹ entsprachen, der keineswegs ihrer hohen Stellung gerecht werde, und sie also Anspruch auf wertvollere Gaben erheben könne.

Anläßlich der Abreise überreichte der Sultan dem Kaiserpaar als besonderes Souvenir ein Album mit Photographien verschiedener Veranstaltungen, denen Wilhelm II. und Auguste Victoria während ihres Aufenthaltes beigewohnt hatten. Ausgeführt hatte sie der ›Photograph Seiner Kaiserlichen Majestät‹, der Armenier Vichen Abdullah.[930] Ein ähnliches Geschenk, nun jedoch ohne Auftrag des Sultans, sondern auf eigene Initiative der Hofphotographen, erhielt das Herrscherpaar auch 1898, als es Constantinopel verließ, was allerdings erst einmal wenig Freude auslöste, da das Oberhofmarschallamt sehr kleinlich argwöhnte, daß abermals auf eine Belohnung für solche Freundlichkeit spekuliert werde. Um diesen Sachverhalt zu klären, wurde schließlich das Auswärtige Amt eingeschaltet, das mit Hilfe der Botschaft das Oberhofmarschallamt schließlich beruhigen konnte. 1889 hatte Kaiser Wilhelm II. übrigens den Inhabern des Ateliers Sébah & Joaillier, die Aufnahmen des Kaisers angefertigt hatten, bereits den Titel ›Photographes de la cour royale de Prusse‹ verliehen.[931]

Im Besitz der Stiftung Preußische Schlösser und Gärten Berlin-Brandenburg befinden sich bis heute mehrere osmanische Kleinmöbel, die das 1895 erstellte Inventar des Neuen Palais, der Residenz des Kaiserpaares, für den Gelben Salon nennt. Solche Dinge, wie zum Beispiel zwei achteckige Tischchen mit Einlegearbeiten aus Elfenbein und Perlmutt, wurden Kaiserin Auguste Victoria sowie ihren Hofdamen im Rahmen der Ausstellung im Yıldız-Palast zur Auswahl gezeigt. Eines dieser dekorativen Tischchen trägt bis heute einen Klebezettel mit der Aufschrift »Andenken von Grf. Brockdorff für Prinz Fritze«.[932] Offenbar hatte die Oberhofmeisterin dieses Geschenk des Sultans an Prinz Eitel Friedrich von Preußen weitergegeben. Ebenfalls im Besitz der Stiftung Preußische Schlösser und Gärten befindet sich ein Ölgemälde von Ernst Koerner,[933] das ein Panorama Constantinopels mit der Süleymaniye-Moschee und dem Goldenen Horn zeigt. Das 1873 entstandene Gemälde gehörte zu den Geschenken Abdül Hamids II. an Kaiserin Auguste Victoria während der ersten Constantinopel-Reise im Herbst 1889.[934] Aufwendig bestickte Decken aus Halbseidenatlas in verschiedenen Größen befinden sich bis heute ebenfalls in Potsdam. Auch sie gehören zu den Geschenken, die der Padischah der Kaiserin übereichen ließ. Andere Dinge wurden nach der Revolution Ende 1918 in das niederländische Exil des Kaiserpaares mitgenommen. Sie zeugen in Huis Doorn bis heute von einem regen Interesse Kaiser Wilhelms II. am Osmanischen Reich sowie am Orient allgemein und dokumentieren die Freundschaft zu Abdül Hamid II. Mehrere Teppiche aus der kaiserlichen Fabrik in Hereke, die der Sultan 1898 den Majestäten geschenkt hat, befinden sich in Huis Doorn, ebenso eine silberne

Streichholzdose mit der Tuğra Sultan Abdül Hamids II., ein ebenfalls silbernes Zigarettenetui mit einer emaillierten Szene des Cuma Selamlığı vor der Sultansmoschee sowie eine lederne Reitpeitsche. Vier osmanische Säbel, allesamt Geschenke des Sultans an den Kaiser, nahm Wilhelm II. ebenfalls mit sich in sein Exil. An diese Stücke knüpfte er besondere Erinnerungen: Zwei der Säbel waren ihm laut der Inschrift im Jahr 1312 (also 1894 oder 1895) durch den osmanischen Botschafter überreicht worden. Einen dieser Säbel hatte Wilhelm II. dann zu seiner Husarenuniform bei der Ankunft in Constantinopel 1898 getragen.[935]

Großherzogin Elisabeth von Oldenburg und die österreichisch-ungarische Kronprinzessin Stephanie verhielten sich gegenüber der Großzügigkeit des Sultans durchaus unbefangener als Kaiserin Auguste Victoria bei ihrem ersten Besuch am Goldenen Horn. Bei seinen oldenburgischen Besuchern verfuhr der Sultan 1902 zudem anders als anläßlich des Kaiserbesuches 1889: Er ließ eine Vielzahl repräsentativer Geschenke kurzerhand an Bord der großherzoglichen Yacht ›Lensahn‹ senden. Großherzogin Elisabeth zeigte sich dabei weltgewandt genug, alles offenbar sehr erfreut anzunehmen, wie sie in ihrem Tagebuch bekundete. Auch die österreichisch-ungarische Kronprinzessin Stephanie umgab sich selbst noch Jahrzehnte später mit zahlreichen der wertvollen Erinnerungsstücke an den sie einst so faszinierenden Constantinopelbesuch. In ihrem Buch über die ausführlichen Gespräche, die sie zu Beginn der 1930er Jahre mit der vormaligen Kronprinzessin, nunmehrigen Fürstin Lónyay von Nagy-Lónya und Vásaros-Nameny, in deren ungarischem Schloß Oroszvár[936] bei Preßburg führte, erwähnte Gräfin Juliane von Gatterburg,[937] daß dort in der Halle des Schlosses noch einige der Teppiche lagen, die Sultan Abdül Hamid II. der Prinzessin 1884 geschenkt hatte. Verschiedene Möbelstücke waren gleichfalls Präsente des Sultans – und das großartige Brillantdiadem des Padischahs wurde noch immer in jenem roten ›Etui 51‹ aufbewahrt, in dem es der Kronprinzessin einst überreicht worden war.[938] Die hohe beiderseitige Bedeutung solcher Geschenke in der orientalischen Welt zeigt sich auch am Beispiel des Elefanten aus Rauchtopas, den Großherzog Friedrich August und Großherzogin Elisabeth von Oldenburg dem Sultan überreichten: Um seinen ideellen Wert für den Sultan in den Augen der Schenkenden noch zu erhöhen, ließ Abdül Hamid II. ihn auf eine goldene Platte stellen und liebkoste ihn im Gespräch mit seinen Oldenburger Gästen wiederholt, was Freude und Wertschätzung des Herrschers in bezug auf dieses Geschenk ausdrücken sollte, um auf diese Weise die Geber zu würdigen und zu erfreuen. Gemäß der am osmanischen Hof beobachteten Tradition betonte der Sultan somit, daß er einerseits aufgrund seiner überragenden Stellung Anspruch auf solch wertvolles Geschenk erheben konnte und der Respekt vor seiner Stellung eben genau ein solches Präsent erforderte. Andererseits zeigte Abdül Hamid II. seinen Gästen, daß ihr herausragendes Angebinde es würdig sei, auf einer so wertvollen Unterlage zu stehen.

Im Vergleich der erhaltenen Geschenklisten im Geheimen Preußischen Staatsarchiv sowie in Istanbul mit dem von Hedda Reindl-Kiel beschriebenen Geschenkwesen[939] in der osmanischen Oberschicht sowie dem Hof der Sultane zwischen dem 16. und dem 18. Jahrhundert läßt sich feststellen, daß sich Abdül Hamid II. in bezug auf die von ihm überreichten Gaben sehr traditionsbewußt und konservativ verhielt. Nach Reindl-Kiel bildeten unverarbeitete Stoffe verschiedenster Art, auch solche, die mit Fäden aus Edelmetallen durchwirkt waren, in den von ihr untersuchten Jahrhunderten – auch für Männer – den Hauptbestandteil der Geschenke. Oftmals wurden Kleiderstoffe verschenkt, Tücher zum Einschlagen und Bedecken von Gegenständen, ebenso Kissen aller Arten, dann edle Pferde, Sättel, wertvolle Zaumzeuge (teils edelsteingeschmückt), Prunkwaffen und immer wieder Teppiche. Als Geschenke für ausländische Herrscher kamen spätestens seit dem 17. Jahrhundert Juwelen in großer Zahl hinzu. All diese Dinge überreichte Sultan Abdül Hamid II. auch dem deutschen Kaiser und dessen Gemahlin in teils verschwenderischer Fülle. Die übrigen Institutionen, die das Herrscherpaar besuchte, taten es dem Padischah gleich und schenkten ebenfalls traditionsgemäß Textilien aller Art. Auch Prunkzelte gehörten seit je zum festen Bestandteil großherrlicher Präsente. Interessant ist in diesem Zusammenhang auch der Hinweis Reindl-Kiels, »daß Zelte besonders beliebte Objekte der Zuwendung waren, wenn der Schenkende intensives Interesse an friedlichen Beziehungen hatte. Auch scheint Prunkzelten eine gewisse Herrschersymbolik zu eigen gewesen zu sein [...].«[940] Wie bereits erwähnt, begleitete Wilhelm II. ein Prunkzelt aus der Fabrik von Hereke auf seiner Palästinareise 1898.

Die Geschenke des Großherrn für das deutsche Kaiserpaar wurden 1889 in insgesamt achtundzwanzig Kisten[941] – fünfzehn für Seine Majestät, dreizehn für Ihre Majestät – verpackt und über Triest nach Berlin befördert. Außerdem wurden vierundzwanzig Kisten mit Tabak und Zigaretten als Geschenke für das kaiserliche Gefolge nach Berlin gesandt, ebenso eine Kiste mit insgesamt zwanzig (je zwei in einem Karton) »photogr. Panoramen von Konstantinopel«.[942] Am 28. November traf auf dem Schlesischen Bahnhof in Berlin General von Hobe[943] zudem mit jenen Pferden ein, die der Padischah dem Kaiser und der Kaiserin, Prinz Heinrich, Herzog Friedrich Wilhelm zu Mecklenburg sowie dem Grafen von Bismarck geschenkt hatte. Die osmanischen Listen der Präsente, die Abdül Hamid II. für seine Gäste und deren Begleitung ausgewählt hatte, verzeichnen unter anderem folgende Präsente für Kaiserin Auguste Victoria: ein silbernes Weihrauchgefäß, einen silbernen Handspiegel, ein Tablett aus gewalztem Silber, eine Platte aus gewalztem Silber, Brokat aus einheimischer Produktion, eine Decke mit Kandilli-Dessin, einen ebensolchen Teppich und weitere Stoffe, eine Spule mit einem Silberfaden für besondere Stickereien, große Tücher mit Stickereien aus vergoldeten Kupferfäden, ein Handtuch mit feinster Silberfadenstickerei und ein weiteres besticktes Handtuch.[944] Ferner werden eine Kaffeedecke aus Atlas, mit Silberfäden bestickt (es handelte sich vermutlich um ein ähnliches Kaffeetuch, wie es von Leyla Hanım Efendi bei der Schilderung der Kaffeezeremonie erwähnt wird), eine Briefmappe sowie ein Lesepult (Rahle) mit Einlegearbeiten aus Perlmutt genannt. Kaiser Wilhelm II. erhielt unter anderem folgende Geschenke des Sultans: eine brillantgeschmückte Schreibgarnitur, eine lange Pfeife (Tschibuk), weitere Pfeifen mit sechs auswechselbaren Pfeifenköpfen, sodann eine mit Elfenbeinintarsien verzierte Pfeife aus Tamarindenholz sowie eine Pfeife aus Elfenbein und Einlegearbeiten in Neusilber, eine Gebetskette aus Elfenbein beziehungsweise zwei aus speziellem Holz sowie eine kleine Gebetskette aus grünem Elfenbein,[945] verschiedene Zigarettenspitzen aus Bernstein sowie aus Tamarindenholz, die teilweise mit Blumen verziert oder gedreht waren. Außerdem erhielt der Kaiser eine Brokatstickerei. Aus der kaiserlichen Textilfabrik in Hereke schenkte der Sultan dem Kaiserpaar drei Ballen(?) gewebter Stoffe. Aus den Erzeugnissen der Kunstschule für Mädchen wurden unter anderem folgende Geschenke ausgewählt: bestickte Stoffe aus weißem Atlas, verschiedene Kissenbezüge aus Atlas, teils mit blauen Applikationen versehen, Handtücher, kleine Tischdecken und Decken[946] aus rosa Atlas. Das Haus der Lehrerinnen hatte vor allem Stickereien als Geschenke geliefert: krappwurzelfarbigen[947] (türkischroten) Samt neben dunkelrotem Samt, jeweils mit Silberstickereien versehen, dazu Kissenbezüge und Decken aus besticktem rosa Atlas, bestickte Handtücher, Tischdecken aus feinem Taft,[948] schließlich mit Pailletten bestickte Borten und Kopftücher mit Metallfädenstickerei.

Doch auch das mitreisende Gefolge erhielt zum Abschied kostbare Präsente: goldverzierte Mokkatassen in Fassungen aus Ebenholz wurden überreicht, ebenso insgesamt ein Dutzend Blattgoldumschläge. Der Staatssekretär des Äußeren Herbert von Bismarck erhielt neben einem Pferd ein Mangal (Kohlenbecken) aus Messing, ein zehneckiges ›türkisches Tischchen‹ mit Perlmutt- und Schildpattintarsien sowie einen Teppich mit irakischer Silberstickerei.[949] Aus dem Jahr 1892 stammt eine von İlona Baytar veröffentlichte Auflistung von Schmuckgegenständen, die unter anderem dem deutschen Kaiserpaar zum Geschenk gemacht worden waren. In dieser Aufstellung wurde, wie auch bei vergleichbaren Listen am preußischen Hof, jeweils auch der Wert der Präsente verzeichnet. So wurde zum Preis von 695 osmanischen Pfund[950] eine juwelenbesetzte Vase für das Blumengebinde des Sultans für Kaiserin Auguste Victoria angefertigt. Kaiser Wilhelm II. erhielt unter anderem ein goldenes Zigarettenetui mit Brillantbesatz und der gemalten Darstellung einer Schlacht.[951] Um festzustellen, welche der zahlreichen ansonsten in diesen Auflistungen aufgeführten Schmuckstücke tatsächlich für die Kaiserin oder den Kaiser bestimmt waren, müßten die betreffenden Listen jedoch nochmals sogfältig durchgesehen werden.

Sultan Abdül Hamid II. schenkte seinen hochgeschätzten Gästen arabische Pferde, Postkarte um 1900

Auch bei seinem Besuch am Hof Abdül Hamids II. im Herbst 1898 wurde das deutsche Kaiserpaar reich beschenkt. Allein vier Blumenvasen aus der kaiserlichen Porzellanmanufaktur ließ der Sultan überreichen. Außerdem erhielt Wilhelm II. fünf Seidenteppiche aus der kaiserlichen Fabrik in Hereke (die 1898 mit einem Besuch des Herrscherpaares beehrt worden war) – die Maße wurden ebenfalls genau verzeichnet: 4,90 Meter mal 6,90 Meter; 5,50 Meter mal 6,70 Meter; 5,80 mal 7 Meter, 5,20 Meter mal 6 Meter sowie 1,80 Meter mal 3 Meter. Ferner wurde der Kaiser mit vier Gebetsteppichen, darunter waren zwei seidene, beschenkt. Für Kaiserin Auguste Victoria allein waren insgesamt einundzwanzig Ballen diversen geblümten Kleiderstoffes bestimmt (insgesamt 342,06 Meter), ein Ballen Musselin kam hinzu. Zudem erhielt sie zwei große Teppiche (5,70 Meter mal 9 Meter sowie 5,50 Meter mal 8 Meter. Etwa dreißig Ballen Kleiderstoff (313 Meter) waren wohl für den allgemeinen Gebrauch des preußischen Hofes bestimmt, ebenso sieben Ballen verschiedener dicker Samt-Bezugsstoffe (insgesamt 168,76 Meter). Die Liste umfaßt zudem ein Dutzend gestickte Kopftücher für Damen.[952] Viele der Präsente und mitgebrachten Gegenstände wurden – zumindest zeitweilig – nach der Rückkehr des Kaiserpaares unter anderem im ›Türkischen Zimmer‹ des Berliner Schlosses aufgestellt, und auch im ›gelben Salon‹ des Neuen Palais in Potsdam befanden sich, wie erwähnt, osmanische

Möbelstücke und Teppiche. Wie schwierig es war, allen Erwartungen in puncto der Geschenke zu entsprechen, zeigen die kleineren Schwierigkeiten nach dem Ende des Besuches des Kaiserpaares am »Großherrlichen Hofe« im Jahr 1889. Trotz vorheriger Absprache mit Botschafter von Radowitz war es unterblieben, den beiden auf Befehl Sultan Abdül Hamids II. mit diesem Dienst beauftragten armenischen Dolmetscherinnen für die Kaiserin, Madame Narkassian sowie Fräulein Vahan, und auch Frau von Hobe, die Abdül Hamid II. der Kaiserin zum Ehrendienst beigegeben hatte, bereits beschaffte Brillantarmbänder als Dank für die erwiesene Hilfe zu überreichen. Botschafter von Radowitz mahnte in einem Schreiben bald nach dem Ende des Besuches an Hofmarschall von Liebenau an, daß den Damen diese Armbänder unbedingt übersandt werden sollten, weil der Sultan bereits von der scheinbaren Mißachtung Notiz genommen habe und ansonsten der Eindruck erweckt werde, die Kaiserin sei mit dem Dienst der drei Damen unzufrieden gewesen. Natürlich wurden Marie von Hobe, Frau Narkassian und Fräulein Vahan unverzüglich die Brillantarmbänder mit Namenschiffre des Kaisers überreicht. Botschafter von Radowitz teilte daraufhin am 18. Dezember 1889 dem Hofmarschall mit, »daß Seine Majestät der Sultan mit ganz besonderem Wohlgefallen von der Verleihung der Armbänder Kenntniß [sic] genommen und die Vorlage derselben befohlen hat, wobei Seine Majestät Sich mit Bewunderung über die feine und geschmackvolle Arbeit ausgesprochen haben.«[953]

Galten Geschenke innerhalb der osmanischen Gesellschaft vor allem als »ein greifbarer Ausdruck der Ehre«, auf welche der oder die Beschenkte aufgrund der jeweiligen Position innerhalb der gesellschaftlichen Hierarchie Anspruch erheben konnte, so kann es keineswegs verwundern, daß sich Sultan Abdül Hamid II. persönlich darum sorgte, daß der von ihm eigens mit dem Ehrendienst bei Kaiserin Auguste Victoria betrauten Frau von Hobe aufgrund ihrer Stellung am Hof die entsprechende Auszeichnung, eben jenes Brillantarmband, überreicht wurde oder daß auch die beiden armenischen Dolmetscherinnen für ihre Dienste passende Auszeichnungen erhielten. Auch die sicherlich versehentliche Nichtbeachtung solcher Gepflogenheiten konnte zum einen als Mißachtung der Damen und ihrer gesellschaftlichen Stellung aufgefaßt werden, zum anderen aber konnte darin mangelnder Respekt gegenüber dem Sultan gesehen werden, hatte er doch höchstselbst die Damen für diesen Dienst bei der Kaiserin auszuwählen geruht. Daß bei alldem die Unterschiede zwischen einem Ehrengeschenk und einem Bakschisch fließend waren und teilweise bis heute sind, bedarf kaum der Erwähnung.

Nicht allein Kaiserin Auguste Victoria aber hatte ihre Schwierigkeiten im Umgang mit der ihr zunächst ungewohnten orientalischen Großzügigkeit. Freifrau von Spitzemberg, die bereits genannte Chronistin und scharfzüngige Kommentatorin der Berliner Hofgesellschaft, besuchte nach 1900 mehrfach Constantinopel, weil sie mit Botschafter Marschall von Bieberstein befreundet war und ihre Tochter 1902 dessen späteren Nachfolger, Freiherrn Hans von Wangenheim, geheiratet hatte. Im Juni 1903 vermerkte sie während eines Aufenthaltes am Bosporus sehr aufschlußreich in ihrem Tagebuch: [Es geht darum,] »vom Sultan ein Geschenk für den Kaiser zu ›erpressen‹ ... Diese Altertümer repräsentieren einen Museumswert von 4-500.000 M [Sultan Abdül Hamid II. schenkte dem Kaiser damals die berühmte Palastruine von Mschatta, von deren Fassade sich wesentliche Stücke seitdem im Berliner Museum für Islamische Kunst befinden]; zweimal hat Hans monieren müssen, um nur einen Dank S.M's zu erhalten für den Sultan, und als Gegengeschenk bieten sie an eine Prachtausgabe der Werke Sultan Selims, höchstens 1.000 M wert!!« Freifrau von Spitzemberg bezeichnete in ihren Aufzeichnungen die deutschen Forderungen als unverschämt, »zumal die sogenannten Gegenschenkungen meist entsetzlich schäbig und plötrig ausfallen, ...« [954] Ob dem tatsächlich so war, bleibt in einzelnen Fällen zu prüfen. Entscheidend ist in diesem Fall zunächst jedoch der Eindruck, den das offenbar wenig feinfühlige deutsche Auftreten selbst bei Deutschen wie auch sicherlich Türken in solch delikaten Angelegenheiten erzeugte. Allerdings ließ Kaiser Wilhelm II. dem Sultan für seine Verhältnisse auch durchaus kostbare Gaben überreichen – zum Beispiel gleich nach seinem Regierungsantritt im Herbst 1888 eine Marmorbüste, die ihn selbst zeigte. Der bedeutende von Wilhelm II. sehr geschätzte Bildhauer Reinhold Begas[955] hatte dafür ein Honorar in Höhe von 10.000 Mark erhalten. Aus Anlaß seines Besuches in Constantinopel ein Jahr später übergab der deutsche Kaiser Abdül Hamid II. im Hoftheater des Yıldız-Palastes eine reich dekorierte Neorokoko-Porzellanuhr aus der Königlichen Porzellan Manufaktur nebst zwei neunarmigen Kandelabern sowie ein Gewehr M 88 mit Zubehör. Die Uhr kostete 1.800 Mark, die Kandelaber pro Stück 550 Mark. Im Januar 1891 ließ Wilhelm II. dem Sultan einen Ehrensäbel übersenden. Die Chiffre des Sultans – in diesem Fall die lateinischen Buchstaben A H – waren in Brillanten ausgeführt. Der Säbel, dessen Griff aus vergoldetem Silber bestand, war demjenigen nachgebildet, den Kaiserin Auguste Victoria ihrem Gatten geschenkt hatte. Er kostete immerhin 7.781,50 Mark.

Anläßlich des 25. Jahrestages seiner Thronbesteigung am 31. August 1900 wurden dem Padischah Ende August drei kunstvoll gestaltete Kassetten mit insgesamt zweiundsechzig Photographien unter anderem der Palästina-Reise von 1898 übergeben. Dieses überhaupt teuerste Geschenk Wilhelms II. aus dem Bereich der Photographie kostete 7.000 Mark.[956] Ein zehnteiliges mit Berliner Ansichten geschmücktes Tee- und Kaffeeservice für zwei Personen aus der Königlichen Porzellan Manufaktur gelangte als Geschenk des deutschen Kaisers ebenso an den Sultan wie eine aufwendig mit Diamanten und Rubinen verzierte goldene Taschenuhr mit Portrait und Chiffre des Monarchen.[957] Ein Gewehr der preußischen Infanterie, geschmückt mit der Sultans-Tuğra und einem Halbkreis kleiner Sterne (vermutlich handelt es sich um das Gewehr, dessen Übergabe die erwähnten Verwicklungen auslöste) sowie ein reich ziselierter Revolver mit einem Griff, dessen Griffschalen aus Elfenbein bestehen und auf der einen Seite die Chiffre Wilhelms II. und eine Kaiserkrone – beide in Brillanten – tragen, befinden sich heute im Istanbuler Militärmuseum.[958] Abgesehen von solch kostbaren Geschenken, tauschten die beiden befreundeten Monarchen im Lauf der Jahre auch ganz banale Geschenke wie das Buch »Unser Heer« oder Photographien der heranwachsenden Kinder aus. So erhielt Abdül Hamid II. 1905 Photographien von der Vermählung des deutschen Kronprinzen Wilhelm mit Herzogin Cecilie zu Mecklenburg.[959] Von den empfindlichen Birnensendungen an den Kaiser war bereits die Rede. Außerdem bekam der Pferdefreund Wilhelm II. Sättel und Zügel von seinem osmanischen Freund am Bosporus geschenkt. Als das deutsche Kaiserpaar 1906 seine Silberhochzeit beging, trafen aus Constantinopel als Geschenke Abdül Hamids II. Porzellane der kaiserlichen Manufaktur sowie abermals Stoffe und Teppiche in Berlin ein, und noch 1908 übersandte der Sultan dem Kaiser einen Teppich mit einer Abbildung des kaiserlichen Empfangspavillons in Hereke.

Nicht nur Sultan Abdül Hamid II. galt es fürstlich zu beschenken. Es entsprach den Gepflogenheiten bei solchen Besuchen, von den höchsten Würdenträgern bis hinab zu den kleinen Beamten und dienstbaren Geistern Geschenke, Orden oder wenigstens Trinkgelder zu verteilen. Die Stellung der Betreffenden in der gesellschaftlichen oder der höfischen Hierarchie galt es dabei streng zu beachten. Über das Außenministerium wurde 1889 bei Botschafter von Radowitz Rat eingeholt, welche Summen überhaupt als angemessen gelten, weiterhin, wer mit einem Geschenk und wer mit einem Orden oder beidem zu bedenken wäre. Herbert von Bismarck, der Staatssekretär des Auswärtigen, ließ daraufhin Oberhofmarschall von Liebenau[960] wissen: »... daß es einer Mittheilung des Kaiserlichen Botschafters in Constantinopel zufolge angemessen sein wird, den Betrag von 1.600 £ Türk. = rund 30.000 Mark für Seine Majestät den Kaiser und König zu Geldgeschenken auf die bevorstehende Reise nach Constantinopel mitzunehmen, somit 100 £ Türk. mehr, als Seine Kaiserliche Hoheit der Kronprinz Rudolf von Österreich seiner Zeit für die Palastdienerschaft angewiesen hatte.«[961] Verschiedene osmanische Beamte sollten »Kleinere Brillant-Geschenke resp. Uhren« erhalten. Außerdem wurden zahlreiche Orden verliehen – vom Großkreuz des preußischen Ordens vom Roten Adler für den Ober-Palastmarschall Ghazi Osman Pascha abwärts bis zum Kronen-Orden 4. Klasse und Medaillen des Kronen-Ordens für die Beamten des »Herrschaftlichen Marstalls«. Auch wertvollere Geschenke wurden natürlich überreicht – Kâzım Bey, der Privatsekretär des Sultans, bekam eine goldene Dose mit Brillanten und der Chiffre W, ebenso Hadschi Ali Bey, Verwalter der Schatulle des Sultans. Munir Pascha, der ›Oberceremonienmeister‹, und Ali Nizami Pascha erhielten sogar je eine goldene Dose mit Brillanten und Portrait des Kaisers. Der Außenminister Said Pascha bekam dagegen »Eine Vase mit Allerhöchstem Portrait«. Ferner waren vorgesehen »Bracelets [Armbänder] mit Chiffre für mindestens drei vornehme Türkische Damen als Dolmetscherinnen für Ihre Majestät. (Für Damen des Kaiserlichen Harems keine Geschenke).«[962] Von diesen Schmuckstücken für Madame Narkassian, Fräulein Vahan sowie Frau von Hobe ist bereits die Rede gewesen. Daß die Walide Sultan und die Gemahlinnen Abdül Hamids II. keine Geschenke erhielten, klingt dagegen nach heutigen Vorstellungen erstaunlich, läßt sich aber eventuell damit erklären, daß es galt, die großherrliche Intimsphäre zu respektieren. Ob Kaiserin Auguste Victoria ganz privat bei ihrem Besuch des kaiserlichen Harems den Damen dennoch Geschenke überreichte, läßt sich den durchgesehenen Quellen nicht entnehmen.

Doch nicht allein Geschenke wurden in jenen Jahren zwischen Berlin und Constantinopel ausgetauscht. Die beiden befreundeten Monarchen schrieben einander zumindest zu bestimmten Anlässen. Das Sekretariat im Yıldız-Palast übersetzte die Schreiben des deutschen Kaisers und übertrug sie in die arabische Schrift, um sie dann dem Padischah vorzulegen. Zur Illustration sei hier ein Telegramm Wilhelms II. vom 3. April 1901 angeführt:

Am Morgen des 31. März hatten sich der Hof mit dem Sultan-Kalifen an der Spitze, der Scheich-ül Islam, die höchsten zivilen und militärischen Würdenträger des Reiches nebst dem diplomatischen Corps anläßlich des Kurban-Bayrams[963] zu einer glanzvollen Zeremonie im Thronsaal des Dolmabahçe-Palastes versammelt, als der Palast durch ein heftiges Erdbeben erschüttert wurde. Von der Decke des über zwei Etagen reichenden Saales stürzten Putzstücke zu Boden, Teile des tonnenschweren Kristalllüsters fielen klirrend auf das Parkett, während die Anwesenden ein unheimliches unterirdisches Grollen vernahmen. Zahlreiche der Gäste flohen eilends in den Park und auf die Terrassen vor dem Thronsaal oder suchten anderweitig Schutz. Zwei Offiziere baten den Sultan, das Schloß unverzüglich zu verlassen. Doch Abdül Hamid II. bewahrte kaltes Blut, erhob sich von seinem Thron, befahl den Musikern wieder zu spielen und mit der Zeremonie des Handkusses[964] fortzufahren. Der britische Botschafter berichtete noch am selben Tag nach London, daß es größtenteils der Kaltblütigkeit Sultan Abdül Hamids II. zu verdanken gewesen sei, daß keine gefährliche Panik unter den Anwesenden ausbrach. Bieberstein berichtete wohl im gleichen Sinn nach Berlin, woraufhin Kaiser Wilhelm II., vermutlich mit einer Formulierungshilfe durch den Botschafter, dem Sultan ein Telegramm sandte, das wie folgt in die blumenreiche Sprache des osmanischen Hofes übertragen wurde: »An Seine unter den Hoheiten hochaufragende Hoheit, Seine Majestät, das Asyl des Kalifats, von Seiner Majestät dem Kaiser Deutschlands [...] In welcher Gefahr sich Eure Majestät während des Großherrlichen Morgenempfangs befunden hatten, habe Ich mit sehr großer Betroffenheit, auf welche Weise hingegen der Herrgott die Säule der Kaiserlichen

Lebenstage in öffentlich sichtbarer Weise bewahrt hat, mit vollkommener Befriedigung erfahren. Da die Person Eurer Majestät, Gott sei gelobt, vor dieser Gefahr bewahrt worden ist, entbiete ich meine aufrichtigen Glückwünsche und kann in diesem Zusammenhang nicht davon absehen, die Haltung und Handlungen Eurer glorienverzierten Großherrlichen Majestät sowie den Mut und die Festigkeit, welche Ihr dabei sowohl den Untertanen Eurer Kaiserlichen Majestät als auch den dort anwesenden Ausländern gegenüber sichtbar gemacht und manifestiert habt, [unleserlich] und zu loben. Möge der Herr der Weltenwesen Eure, die Attribute hoher Qualitäten tragende, Großherrliche Majestät immerdar mit seinem göttlichen Schutz zu beschirmen und zu bewahren geruhen! Am 3. April des Jahres 1901, Wilhelm«[965]

In Deutschland erinnert heute wenig Sichtbares an die Zeit der engen deutsch-osmanischen Verbindungen und fast nichts an die Freundschaft zwischen Wilhelm II. und Abdül Hamid II., zumal der Sultan Deutschland während seiner langen Regierungszeit nicht besucht hat. Herausragend ist zweifellos die im Berliner Museum für Islamische Kunst aufgebaute Fassade des Wüstenschlosses von Mschatta, die als Geschenk des Padischahs in die Hauptstadt des Deutschen Reiches gelangte. In Dresden befindet sich unweit der Altstadt die einstige Zigarettenfabrik ›Yenidze‹: Die charakteristische gläserne Kuppel des Hauptgebäudes, Minaretten nachgebildete Türmchen und Schornsteine in großer Zahl sowie die mit Fliesen verzierten Portale im orientalischen Stil erinnern an eine Moschee. Der Name der 1908 errichteten Fabrik geht auf den damals noch osmanischen, jetzt griechischen Ort Yenice[966] in den Tabakanbaugebieten Ostthrakiens zurück. Von dort bezog der Dresdner Fabrikant seine erstklassigen Tabake. Für den sogenannten Kleinen Hof des Berliner Schlosses ließ Wilhelm II. etwa 1904 nach einer eigenen Skizze ein Zelt im orientalischen Stil anfertigen, das als Vorfahrt vor dem Wendeltreppenportal diente.[967] Bis zu ihrer Zerstörung im Frühjahr 1945 gab es in der Potsdamer Umgebung die ›Enver-Pascha-Brücke‹, die von Klein Glienicke (dem Wohnort Enver Paschas während seiner Berliner Diplomatenzeit vor dem Ersten Weltkrieg) nach Griebnitzsee führte und mit ihrem Namen seit 1915 an die deutsch-osmanische Waffenbrüderschaft des Ersten Weltkrieges erinnerte. Wie diese Brücke, so sind auch die Residenzen der osmanischen Botschafter am Berliner Hof allesamt untergegangen. Die Standorte in der Leipziger Straße 15 (bis 1897), in der Alsenstraße 1, der Rauchstraße 20 sowie der Tiergartenstraße – Ecke Hildebrandtstraße (ab 1918) sind teils dem Zweiten Weltkrieg, teils den nationalsozialistischen Umgestaltungsplänen für die Innenstadt am Ende der 1930er Jahre zum Opfer gefallen. Für ein besonderes Zeichen der persönlichen Nähe beider Monarchen sowie der engen Beziehungen zwischen Constantinopel und Berlin haben sich immerhin die Pläne erhalten: Sultan Abdül Hamid II. beabsichtigte als sichtbaren Ausdruck der deutsch-osmanischen Freundschaft – und als Reaktion auf den durch Wilhelm II. ge-

Kaiser Wilhelms II. gestifteter Brunnen. Im Hintergrund ist die Moschee Hagia Sophia zu erkennen, Postkarte um 1914

stifteten Kaiser-Wilhelm-Brunnen in Constantinopel – die Stiftung eines nach ihm benannten Krankenhauses in der deutschen Reichshauptstadt. Verschiedene Entwürfe für den Bau in den Formen des damals gerade aufkommenden osmanischen Historismus fertigte seit 1902 einer seiner wichtigsten Repräsentanten, der unter anderem in Berlin ausgebildete Architekt Mahmud Kemaleddin Bey.[968] Der Umsturz von 1908 setzte schließlich dem ungewöhnlichen Projekt ein Ende, es wurde nicht realisiert.[969]

In der Türkei und den Nachfolgestaaten auf dem Boden des Osmanischen Reiches verhält es sich dagegen hinsichtlich der Zeugnisse dieser engen deutsch-osmanischen Beziehungen etwas anders. Allein viele Bahnhofsgebäude entlang den verschiedenen Eisenbahnlinien aus der Zeit Abdül Hamids II. erinnern in ihrer Gestaltung an deutsche Kleinstadtbahnhöfe. Der weithin sichtbare mächtige Bahnhof Haydarpascha auf der asiatischen Seite Istanbuls, einst Ausgangspunkt für die Bagdadbahn, ist mit seinen Giebeln, den wuchtigen Türmen und monumentalen Säulen im Stil der Neorenaissance bis heute ebenfalls ein Zeichen der intensiven beiderseitigen Beziehungen zu Beginn des 20. Jahrhunderts. Er wurde zwischen 1906 und 1908 nach Plänen deutscher Architekten durch die auch maßgeblich am Bau der Bagdadbahn beteiligte Firma Philipp Holzmann errichtet.[970] In İzmir steht noch der Uhrturm, dessen Uhrwerk der deutsche

Kaiser stiftete. In dem heute libanesischen Baalbek erinnert am berühmten Tempel des Bacchus wieder die zweiteilige Gedenktafel in deutscher und in osmanischer Sprache an den Besuch des Herrscherpaares im November 1898.[971] Auch die in Jerusalem im Zusammenhang mit diesem Kaiserbesuch errichteten Kirchenbauten lassen sich neben ihrer religiösen Bestimmung als Symbole der deutsch-osmanischen Freundschaft auffassen. Für das Grab Sultan Saladins in Damaskus stiftete der Kaiser einen reich verzierten vergoldeten Bronzekranz mit einem Durchmesser von fast 75 Zentimetern, der allerdings nach der Besetzung von Damaskus durch die Briten am 1. Oktober 1918 in das Imperial War Museum in London gelangte. Der mit einer Krone und einem großen Monogramm Kaiser Wilhelms II. geschmückte Lorbeerkranz trägt in arabischen Schriftzeichen die Inschrift ›Diese Krone schenkte seine Majestät, der erhabene deutsche Kaiser Wilhelm II., in Erinnerung seiner Pilgerfahrt für das Grab des erhabenen Salah el Din el Ajubi.‹[972] 1915 stifteten die beiden Monarchen Wilhelm II. und Mohammed V. schließlich als Symbol der gemeinsamen Waffenbrüderschaft einen über dem Kenotaph Sultan Saladins hängenden großen Kupferleuchter mit zahlreichen Inschriften, der sich auch jetzt noch dort befindet. In Damaskus trägt zudem eine Straße den Namen des deutschen Kaisers. Ein weiteres Sinnbild der freundschaftlichen Beziehungen zwischen Osmanen und Deutschen ist das repräsentative Staatsportrait des Malers Max Fleck aus dem Jahr 1916, das Wilhelm II., umgeben von den Insignien der preußischen Königswürde, in osmanischer Uniform mit den entsprechenden Orden sowie einem reich verzierten Krummsäbel zeigt. Das Portrait war ursprünglich als Geschenk für Sultan Mohammed V. gedacht, wurde aber aufgrund der Kriegsereignisse oder des Todes des Sultans nicht mehr überreicht. Es befindet sich seitdem in der einstigen deutschen Botschaft, dem heutigen Generalkonsulat.

Das bedeutendste Denkmal der deutsch-osmanischen Freundschaft sowie der persönlichen Verbundenheit Kaiser Wilhelms II. und Abdül Hamids II. befindet sich ebenfalls in Istanbul – auf dem repräsentativen Platz zwischen der Hagia Sophia und der Moschee Sultan Ahmeds.[973] Es ist der Brunnen, den Wilhelm II. anläßlich seines Besuches 1898 gestiftet hat. Offenbar hatte der Monarch schon während seines durch die Herzlichkeit Abdül Hamids II. sowie den Enthusiasmus der Bevölkerung geprägten zweiten Aufenthaltes in Constantinopel beschlossen, aufgrund dieser freundlichen Atmosphäre dem Sultan, der Stadt sowie der Bevölkerung ein Geschenk von bleibendem Wert zu machen. Oberhofmeister Freiherr von Mirbach wußte in erhebenden Worten darüber zu berichten: »... so beschloß Seine Majestät, sich einer allgemeinen Not der Armen, die in diesem trockenen, heißen Jahre besonders hervorgetreten war, des Mangels an gutem Trinkwasser, anzunehmen und in der Stadt einen öffentlichen, immerfließenden Brunnen in romanisch-byzantinischem Stile errichten zu lassen. Am 22. Oktober früh zeichnete der Kaiser selbst auf der Dampferfahrt nach Therapia den

Entwurf, ließ ihn von Professor Knackfuß etwas ausführen und überreichte die Skizze vor seiner Abfahrt dem Sultan.«[974] Die Planungen für die Errichtung des Brunnens begannen im März 1899. Der Kirchenbaumeister Max Spitta[975] wurde mit der Ausführung des endgültigen Entwurfes beauftragt. Die dekorativen Mosaiken entwarf der Oldenburger Maler August Oetken;[976] deren Fertigung lag in den Händen der Berliner Firma Puhl & Wagner, die auch an der künstlerischen Ausgestaltung der im Bau befindlichen Jerusalemer Erlöserkirche beteiligt war.[977] Die osmanischen Inschriften für das Kuppelmosaik verfaßte der Dichter Ahmed Muhtar Efendi, während Mehmed İzzet Efendi[978] die kunstvolle Kalligraphie ausführte. In der Kuppel sind auf Goldgrund neben diesen Versen viermal das Monogramm Kaiser Wilhelms II. sowie viermal die Tuğra Sultan Abdül Hamids II. als unmittelbare Hinweise auf den Stifter und den Herrscher über das Osmanische Reich in Mosaik ausgeführt. In Berlin legte Kaiser Wilhelm II. die Einzelheiten des Baues fest, bestimmte die Inschrift der bronzenen Weihetafel und die weiteren Einzelheiten der Ausschmückung, während der Sultan indes über den Bauplatz entscheiden sollte. Abdül Hamid II. favorisierte offenbar zunächst einen Platz im damals eher entlegenen, bis heute aber sehr europäisch geprägten Nişantaşı mit eleganten Wohnquartieren im Jugendstil, die einen Vergleich mit Brüssel oder Wien nicht zu scheuen brauchen. Die Wahl fiel jedoch schließlich nach Einwänden sowohl des deutschen Botschafters als auch des Großwesirs auf den zentralen Platz zwischen der Hagia Sophia und der Sultan Ahmed-Moschee in der Altstadt. Die zum Bau benötigten Materialien, hauptsächlich weißer Marmor für das Brunnenhaus und dunkelgrüner Granit für die acht Säulen, wurden allesamt aus Deutschland per Schiff nach Constantinopel transportiert. Außenminister Tewfik Pascha wurde bei einem Besuch in Berlin im Januar 1900 durch den Kaiser selbst über den Stand der Planungen unterrichtet und berichtete darüber ausführlich an den Hof des Großherrn. Am 31. August 1900, dem offizell zum 25. Jahrestag der Thronbesteigung Abdül Hamids II. erklärten Datum, sollte der Brunnen dem Sultan zur Freude und vor allem der ärmeren Bevölkerung zum Nutzen eingeweiht werden. Der vorgesehene Termin konnte jedoch nicht eingehalten werden, und so wurde schließlich der 27. Januar 1901, der 42. Geburtstag des deutschen Kaisers, als Tag der festlichen Einweihung festgelegt. Am 11. Januar ging der Brunnen der Vollendung entgegen. Die Stadtverwaltung wurde darüber informiert, daß »der Kanaldeckel, welcher für die Öffnung [bestimmt ist], die zu dem Wasserfluß des Brunnens führen würde, noch nicht aus Berlin eingetroffen sei ...«.[979]

Wilhelm II. entsandte eine fünfköpfige Delegation zur Teilnahme an der Feier, die in verschiedenen Photographien festgehalten wurde. Von osmanischer Seite waren neben dem Außenminister Botschafter Tewfik Pascha, der Innenminister,[980] der Minister für die religiösen Stiftungen, der greise Stadtpräfekt Constantinopels und zahlreiche Militärs erschienen. Sultan Abdül Hamid II.

übersandte dem deutschen Kaiser aus Anlaß der Brunnenweihe ein ganz besonders sinniges Geschenk: Das erste Wasser, daß aus einem der Hähne floß, ließ er in eine reichdekorierte silberne Kanne mit entsprechender Widmungsinschrift füllen, ihren Deckel versiegeln und sie dann nach Berlin senden. Eine ebensolche Kanne mit diesem Wasser behielt der Sultan selbst. Sie wird heute in der Schatzkammer des Topkapı-Palastes aufbewahrt.

Bereits wenige Tage nach der feierlichen Einweihung suchten dreiste Metalldiebe den Brunnen heim – drei der sieben Wasserhähne waren schon am 2. Februar verschwunden, ebenso Medaillons mit der Chiffre des deutschen Kaisers. Dabei wurde auch das den Sockel des Brunnens oberhalb der Wasserhähne umgebende Mosaik beschädigt, denn dort waren jene Medaillons über den Hähnen eingelassen. Obwohl nun Polizisten den Brunnen bewachten, kam es in den folgenden Jahren zu ähnlichen Diebstählen und Beschädigungen. Als sogar Teile des Mosaikbandes gestohlen wurden, wurde es schließlich durch die heute noch vorhandenen Marmorschmuckteile ersetzt, da gleichwertige Mosaiken in Constantinopel erstaunlicherweise nicht beschafft werden konnten. In deutschen Zeitungen wurde immer wieder über den schlechten Zustand des Brunnens berichtet und gefordert, die osmanischen Behörden seien gehalten, dieses Symbol der deutsch-osmanischen Freundschaft besser zu pflegen. Um größere Schäden zu beheben, schickte Kaiser Wilhelm II. dann 1914 einen deutschen Ingenieur nach Constantinopel.[981] Sultan Mohammed V. dekorierte ihn zum Dank mit einem Orden, der Vandalismus setzte sich indessen fort. Der angesichts des weiten Platzes ein wenig zu klein geratene Brunnenbau – heute ein vielbesuchter Anziehungspunkt für Touristen aus aller Herren Ländern – gefiel jedoch nicht allen deutschen Zeitgenossen, Freiherr Dalwigk von Lichtenfels nannte ihn ziemlich banal,[982] und Großherzogin Elisabeth von Oldenburg war er keiner Erwähnung wert, obwohl doch ein Oldenburger Landeskind an seiner Ausschmückung maßgeblich beteiligt gewesen war. Der bereits erwähnte Pastor Ludwig Schneller dagegen schrieb 1912 über das »prächtige« Monument eines christlichen Kaisers in der Stadt des Kalifen: »Die Errichtung eines Brunnens, aus welchem das segenspendende Wasser allem Volke zum Heile hervorströmt, gilt ja seit alter Zeit dem Morgenländer als Vorrecht weiser Herrscher, die als Volkswohltäter und Friedensfürsten im Andenken der dankbaren Nachwelt fortleben sollen.«[983] Schneller hatte betreffs der großen Bedeutung solcher Wasserspender recht, und womöglich war auch Kaiser Wilhelm II. die Bedeutung des arabisch-türkischen Wortes ›Sebil‹, das einen solchen Brunnen bezeichnet, bekannt – es heißt ›der Weg‹ und meint den Weg in das Paradies, der sich für den Stifter eines Brunnens deshalb öffnen soll. Abgesehen von diesen religiösen Aspekten, symbolisiert der noch immer funktionierende, inzwischen mehrfach sorgsam restaurierte und liebevoll gepflegte Brunnen Wilhelms II. in Istanbul nicht nur die persönliche Verbundenheit zweier Monarchen an der Schwelle des zwanzigsten Jahrhunderts, sondern er ist auch heute noch, knapp einhundertzwanzig Jahre nach seiner Einweihung, ein Zeichen der intensiven Freundschaft zwischen beiden Staaten und Völkern, die nach dem Willen beider Herrscher weit in die Zukunft wirken sollte.

»Aber wer im Okzident kennt unsere Geschichte? Wer unterzieht sich der Mühe, sie kennenzulernen?« fragte einst Sultan Abdül Hamid II. – und so soll am Ende dieses Buches noch einmal der Schriftsteller Ahmet Hamdi Tanpınar, dem eine Gestaltung der Gegenwart und der Zukunft ohne die Kenntnis der Geschichte nicht denkbar erschien, das abschließende Wort haben: »Die Vergangenheit, das heißt die Geschichte, ist für die Gesellschaft, was das Gedächtnis für das Individuum ist.«

Erläuterungen zum Text

Die europäischen Zeitgenossen Sultan Abdül Hamids II. benutzten die Bezeichnungen ›Türkei‹ und ›Osmanisches Reich‹ oder ›Ottomanisches Reich‹ nebeneinander. In diesem Buch wird jedoch stets, mit Ausnahme lediglich der Zitate, der Begriff ›Osmanisches Reich‹ benutzt, schon allein deshalb, um diesen Vielvölkerstaat, dessen einigende Klammer die Dynastie der Osmanen war, von dem heutigen türkischen Nationalstaat abzugrenzen, den Mustafa Kemal (Atatürk) und seine Weggefährten nach dem Ersten Weltkrieg und in den folgenden blutigen Kämpfen 1923 gründeten.

In bezug auf Abdül Hamid II. und die übrigen Sultane folge ich der um 1900 von den Europäern benutzten Schreibweise, so daß seine ihm auf den Thron nachfolgenden Brüder, abweichend von der in der islamischen Welt üblichen Tradition, wonach die Namensform Mohammed einzig dem Propheten vorbehalten ist, statt Mehmed eben Mohammed V. und Mohammed IV. genannt werden.

Die osmanische Hauptstadt wird im vorliegenden Text durchweg Constantinopel genannt. Bis zum Ende des Sultanats 1923 war dies auch im offiziellen osmanischen Sprachgebrauch der Name der Reichshauptstadt. Erst mit der Einführung der Republik und der Verlagerung der Hauptstadt nach Ankara änderte sich das langsam. Bis etwa 1930 wurden beide Namen, Konstantinopel und Istanbul, gleichermaßen benutzt. Danach setzte sich der schon seit der Eroberung durch die Osmanen in der alltäglichen Sprache benutzte türkische Name Istanbul durch. Die Variante Constantinopel war bis in die 1920er Jahre gebräuchlich und wurde auch von vielen deutschen Zeitgenossen verwendet.

Die Schreibung von Personen- und Ortsnamen oder Titeln folgt weitgehend der heute üblichen Schreibweise. Für eine Reihe der Namen von Personen oder Städten wird allerdings die in der älteren Literatur verwendete Umschriftform beibehalten, weil sie eindeutiger erscheint. Es ist zu berücksichtigen, daß die osmanische beziehungsweise die türkische Sprache bis 1928 mit arabischen Buchstaben geschrieben wurde, für die eine Vielzahl von Umschriften existiert. Der Titel ›Paşa‹ wird, abgesehen von einigen Ausnahmen bei Zitaten, stets in der in der deutschen Sprache gebrauchten Form ›Pascha‹ wiedergegeben.

Bei einigen Personen- und Ortsnamen werden zudem Buchstaben des heutigen türkischen Alphabets verwendet. Zu ihrer Aussprache sei Folgendes angemerkt: Der Buchstabe İ (klein: i) wird hell ausgesprochen, wie das i im deutschen Wort ›dicht‹, wogegen I (klein: ı) dunkel gesprochen wird, etwa so wie das e am Ende des Wortes ›Quelle‹. Ç oder ç werden wie ›tsch‹ ausgesprochen, Ş und ş dagegen wie ›sch‹. Der Buchstabe Z oder z wird wie das stimmhafte s im Wort ›diese‹ gesprochen. Der Buchstabe ğ kommt praktisch nur nach Vokalen vor und zeigt eine Längung des voraufgehenden Vokals an, ohne selbst gesprochen zu werden. ›Gedanken und Erinnerungen‹ Sultan Abdül Hamids im Internet:

Die in runde Klammern eingeschlossenen Informationen in den Erinnerungen des Sultans finden sich so auch im Originaltext, eckige Klammern im gesamten Buch enthalten zumeist von mir hinzugefügte Ergänzungen. Eine Ausnahme bilden hierbei jedoch die in eckige Klammern gesetzten Jahreszahlen in den Kapitelüberschriften der ›Gedanken und Erinnerungen‹ des Sultans, die sich so bereits in dem Text von 1914 finden.

Abbildungsnachweis

Seite 57
Berliner Kongreß 1878,
Ölbild von Anton von Werner 1881,
© Senatskanzlei Berlin

Seite 331
Kaiser Wilhelm II. in der Uniform eines osmanischen Marschalls,
Ölbild von Max Fleck 1917,
© Deutsches Generalkonsulat Istanbul

Alle weiteren Abbildungen entstammen aus dem Privatarchiv von Thomas Weiberg

Anmerkungen

[1] Siehe den zweisprachigen Katalog zur Ausstellung: İlona Baytar (Hrsg.): İki dost hükümdar Sultan II. Abdülhamid Kaiser II. Wilhelm. Zwei befreundete Herrscher.
[2] Thomas Weiberg: Zwischen Orient und Ostsee. Die Reisetagebücher der Großherzogin Elisabeth von Oldenburg. Großherzog Friedrich August von Oldenburg (1852-1931) verheiratete sich 1896 mit Herzogin Elisabeth zu Mecklenburg (-Schwerin) (1869-1955). Bis heute befindet sich in den Empfangsräumen des Dolmabahçe-Palastes in Istanbul eine repräsentative Kohlezeichnung von Bernhard Winter (1871-1964); sie zeigt Großherzogin Elisabeth (Hüftbild) etwa im Jahr 1901 und trägt deren Unterschrift – Elisabeth Großherzogin von Oldenburg, Herzogin zu Mecklenburg. Das Portrait gehörte entweder zu den Sultan Abdül Hamid II. 1902 überreichten Geschenken oder gelangte nach dem Besuch als Erinnerungsgeschenk in den Palast.
[3] Der einer breiten Öffentlichkeit heute nahezu unbekannte Philosoph Ludwig Stein (1859-1930) gehörte zu den schillerndsten Figuren des deutschen Geisteslebens der Jahrzehnte vor 1933. Stein vertrat in seinen Werken unter anderem einen hemmungslosen Imperialismus und trat – obschon selbst Jude – für die uneingeschränkte Vorherrschaft der germanischen (weißen) Rasse unter deutscher Führung ein, wobei er sich, wie viele seiner Zeitgenossen, von deren Überlegenheit zutiefst überzeugt zeigte. Steins Text findet sich in: ›Nord und Süd‹, Februar 1913, S. 141-150; ebenda März 1913, S. 277-290; ebenda April 1913, S. 18-31. Die Übersetzung wurde angeblich von Heinz Bothmer, einem osmanischen Konsul in Berlin, angefertigt.
[4] Die europäischen Mächte wurden im zwanzigsten Jahrhundert infolge dramatischer Machtverschiebungen durch die Vereinigten Staaten von ihrer globalen Führungsposition verdrängt, eine Tatsache, die zur Zeit Abdül Hamids II. den meisten der in diesem Buch erwähnten Protagonisten unvorstellbar gewesen sein muß.
[5] Gedanken und Erinnerungen (Internetversion): Siehe das Kapitel ›Die Reformen‹.
[6] Kalif, Beherrscher der Gläubigen: Der Hinweis auf das Kalifat erscheint gelegentlich in der Titulatur der osmanischen Sultane seit dem 14. Jahrhundert (unter Sultan Murad I. [1362-1389]); mit der Eroberung Ägyptens durch die Osmanen 1517 ging die Kalifenwürde endgültig auf die Sultane über. Der klassische Titel ›Kalif, Beherrscher der Gläubigen‹ ist ausdrücklich Sultan Abdül Hamid I. (1725-1789) anläßlich des Vertrages von Kütschük-Kainardji mit Katharina II. von Rußland (21. Juli 1774) beigelegt worden.
[7] Ahmet Hamdi Tanpınar (1901-1962), türkischer Romancier und Dichter, viele seiner Werke, die auch auf Deutsch vorliegen, erschienen erst posthum.
[8] Osmanisch: Tanzimat-ı Hayriye.

[9] Clemens Fürst von Metternich-Winneburg zu Beilstein (1773-1859); sein Name steht bis heute für die antidemokratische, äußerst konservative Regierungspolitik in Österreich und anderen deutschen Staaten zwischen 1815 und 1848. Gleichzeitig gilt Metternich als Diplomat von herausragenden Fähigkeiten.
[10] Graf Anton von Apponyi (1782-1852).
[11] Stern: Jungtürken und Verschwörer; S. 9-11.
[12] Salah ad-Din (1137-1193), Sultan von Ägypten und Syrien. Wegen seiner Erfolge im Kampf gegen die Kreuzfahrer zählt er zu den bedeutendsten muslimischen Herrschern und fand auch Eingang in die europäische Literatur.
[13] Schröder: Zwanzig Jahre Regierungszeit; (erster Teil) S. 313.
[14] Sultan Abdül Medschids I. (1823-1861). Der Sultan war der Vater Abdül Hamids II. wie auch der beiden nach diesem regierenden Sultane. Er erlag der Tuberkulose. Sein Sohn, der spätere Sultan Abdül Hamid II. (1842-1918), regierte als 34. Sultan aus dem Haus Osman von 1876 bis 1909. Sein Name bedeutet etwa ›Diener des Gepriesenen‹. Bei seinem Geburtsort handelt es sich um den Vorgängerbau des zwischen 1864 und 1872 errichteten Çırağan-Palastes, der zeitweilig als Sultanspalast fungierte. Das heutige Schloß, für Sultan Abdül Aziz (1830-1876) errichtet, brannte 1910 völlig aus und wurde in den 1980er Jahren zu einem luxuriösen Hotel ausgebaut.
[15] Kaiser Konstantin der Große (* zwischen 270 und 288 † 337) benannte 330 Byzanz in Konstantinopel um. Offiziell wird die Stadt seit 1930 Istanbul genannt. Dieser Name wurde allerdings schon nach 1453 benutzt. Er leitet sich aus dem Griechischen her und bedeutet etwa ›in die Stadt [gehen]‹, was die außerordentliche Bedeutung Constantinopels als eben die Stadt zeigt. Angeblich gründete Byzas aus Megara 667 v. Chr. die Stadt Byzanz. Im vorliegenden Buch wird einheitlich der Name Constantinopel in der um 1900 – der Entstehungszeit der Memoiren – vielfach auch in Deutschland gebräuchlichen Schreibweise verwendet. Der Sultan selbst benutzte in seinen Aufzeichnungen häufig die Bezeichnung Stambul.
[16] Katholiken, Protestanten und Westeuropäer überhaupt rechneten nach dem Gregorianischen Kalender, orthodoxe Christen nach dem Julianischen Kalender, die Drusen hatten ihre eigene Zeitrechnung, die Juden folgten dem jüdischen Kalender – und die Muslime rechneten traditionell in Mondjahren nach der islamischen Zeitrechnung, die mit der Hidschra 622 begann. Seit 1677 gab es zudem den sogenannten ›Finanzkalender‹, der nach Sonnenjahren zählte und 1840 unter der Bezeichnung ›Rumi-Kalender‹ als für die Verwaltung des Reiches verbindlicher Kalender eingeführt wurde. Er orientierte sich seit dem 1. März 1917 am Gregorianischen Kalender (mit einer Differenz von etwa 584 Jahren), zuvor folgte er dem Julianischen. Außerdem wurde damals der Jahresanfang auf den 1. Januar festgelegt (freundlicher. Hinweis Michael R. Heß).
[17] Allein in Ostanatolien wurden mindestens fünfzehn Sprachen gesprochen, existierten sieben Religionen. In dem damals osmanischen Irak zählte man acht

Völkerschaften, zwanzig konfessionelle Gruppierungen und fünf Sprachen (Georgeon: Abdulhamid II; S. 320).

[18] Dem Patriarchen von Constantinopel gebührt bis heute ehrenhalber der Vorrang vor allen übrigen Patriarchen der verschiedenen orthodoxen Kirchen.

[19] In der Epoche von 1789 bis 1924 war İkbal in der Form ›İkbal Hanım‹ Titel der Sultansgemahlinnen, hatte also eine ähnliche Bedeutung wie Kadın Efendi (freundlicher Hinweis von Michael R. Heß). ›Gözde‹ leitet sich von dem persischen Wort ›guzida‹ ab. Es bedeutet ›(aus)erwählt‹, ›erlesen‹. Volksetymologisch wurde die Bezeichnung jedoch als (türkisch) von ›im Auge‹ herkommend gedeutet. Daher stammt Sterns Erläuterung (freundlicher Hinweis von Michael R. Heß). Bernhard Stern (1867-1927) war ein vielseitiger baltischer Schriftsteller und Journalist, der seit Ende des 19. Jahrhunderts für verschiedene deutschsprachige Zeitungen aus Constantinopel berichtete.

[20] Stern: Abdul Hamid II.; S. 80.

[21] Der Titel ›Walide Sultan‹ entspricht der deutschen Bezeichnung ›Sultansmutter‹. Walide Sultan am Hof Abdül Hamids II. War Rahime Perestu Kadın Efendi (1832-1906).

[22] Gedanken und Erinnerungen (Internetversion): Siehe das Kapitel ›Die Menschenfeindlichkeit des Sultans‹.

[23] Ursprünglich Hermann Bamberger (1832-1913), der seinen Namen zu Arminius Vámbéry magyarisierte. Er war eine schillernde Persönlichkeit, Turkologe sowie Orientalis und entstammte einer ungarischen jüdischen Familie. Zeitweilig war Vámbéry nach eigenem Bekenntnis mit Abdül Hamid II. befreundet, was ihn nicht daran hinderte, den Sultan in Briefen an Theodor Herzl verächtlich als »Hurensohn« zu titulieren. Vámbéry veröffentlichte seine Erinnerungen 1904 unter dem Titel ›The Story of my Struggels‹ in englischer Sprache. Ein Vorläufer war bereits 1884 ebenfalls in Großbritannien erschienen.

[24] Fatma Sultan (1840-1884).

[25] Bartholomä: Von Zentralasien nach Windsor Castle; S. 45.

[26] Bartholomä: Von Zentralasien nach Windsor Castle; S. 49.

[27] Stratford Canning, Viscount Stratford de Redcliff (1786-1880), war von 1841 bis 1858 britischer Botschafter am osmanischen Hof. Er war bestrebt, den Einfluß der übrigen Mächte im Osmanischen Reich zugunsten der britischen Stellung auszuschalten.

[28] Georgeon: Abdulhamid II; S. 26.

[29] Georgeon: Abdulhamid II; S. 26.

[30] Dalwigk; Konstantinopel 1902; S. 112. Freiherr Reinhard von Dalwigk zu Lichtenfels (1855-1935), Flügeladjutant Großherzog Friedrich Augusts von Oldenburg (1852-1931).

[31] 1928 erfolgte auf Anordnung Mustafa Kemals (Atatürk) die Umstellung auf die lateinische Schrift, womit sowohl eine erhebliche Vereinfachung als auch eine

Erneuerung der Sprache einherging, da viele Arabismen und Persismen durch türkische Begriffe und Neologismen ersetzt wurden.

[32] İbrahim Edhem Pascha (1813-1893), griechischer Herkunft; zahlreiche Ministerämter, 1876-1877 Botschafter in Berlin, Botschafter in Wien 1879-1883, zuvor 1877-1878 Großwesir. Er war als junger Mann von Sultan Mahmud II. zu einem längeren Aufenthalt nach Paris entsandt worden.

[33] Mahmud Esat Pascha, genannt Saffet (1814-1883), ursprünglich Schreiber, mehrfach Außenminister, Bildungsminister, Großwesir 1878. Er gehörte zu den bedeutenden Reformpolitikern der Tanzimat-Ära und vertrat das Reich 1876 auf der unten erwähnten Konferenz von Constantinopel.

[34] Ahmed Lütfi Efendi (1816-1907); er war der letzte traditionelle Hofhistoriograph und veröffentlichte zahlreiche Werke zur neueren Geschichte und zur Politik des Osmanischen Reiches.

[35] Mugheid: Sultan Abdulhamid II.; S. 30 und S. 40-42.

[36] Georgeon: Abdulhamid II; S. 26-27. Selbst Französischkenntnisse solcher Art müssen einigermaßen fundiert sein, da der Sprecher dem übersetzten Text zu folgen in der Lage sein muß.

[37] So äußerten sich Ignaz Goldziher und Theodor Herzl teilweise in sehr schroffer Form über Vámbéry; wobei Goldziher sogar eine tiefere Kenntnis des Islams bei Vámbéry in Zweifel zog! (Bartholomä: Von Zentralasien nach Windsor Castle; S. 37-40 sowie 52-59).

[38] Bartholomä: Von Zentralasien nach Windsor Castle; S. 40.

[39] Yum: Yüzyılda Osmanlı-Alman ilişkisinin müzik alanına yansıması, in: İlona Baytar (Hrsg.): İki dost hükümdar; S. 99.

[40] Graf Bogdan von Hutten-Czapski (1851-1936). Der erwähnte Joseph Maria von Radowitz (1839-1912) war zwischen 1882 und 1892 deutscher Botschafter am osmanischen Hof (Hutten-Czapski: Sechzig Jahre, 1. Bd.; S. 139).

[41] Mirbach: Das deutsche Kaiserpaar im Heiligen Lande; S. 74.

[42] Şadiye Osmanoğlu [das ist Şadiye Sultan (1886-1977)]: Hayatımın acı ve tatlı günleri; S. 29. Übersetzung von Michael R. Heß.

[43] Gedanken und Erinnerungen (Internetversion): Siehe das Kapitel ›Der Müßiggang‹.

[44] Kaiser Meiji (Mutsohito) von Japan (1852-1912); er regierte seit 1867 und forcierte eine Politik der Öffnung und Modernisierung des japanischen Kaiserreiches.

[45] Es handelt sich um eine als Wandspiegel getarnte Tür, die über einem eleganten Holzrahmen die Chiffre Abdül Hamids II. in lateinischen Buchstaben trägt. Sie wurde später ausgebaut und ist heute im Museum des Schlosses zu sehen.

[46] The Maslak Kasrıs; S. 14-15.

[47] Ayşe Sultan (1887-1960). Sie begleitete ihren Vater 1909 in s Exil nach Selanik und verfaßte eine (französische) Biographie ihres Vaters. Die französische Schreibweise des Titels Sultan, der bei Frauen ›Prinzessin‹ bedeutet, ist ›Sultane‹. Im vorliegenden

Werk wird die Prinzessin, die viele Jahrzehnte lang in der Schweiz und in Frankreich lebte, stets in der deutschen Form zitiert.

[48] Sultan Abdül Aziz (1830-1876) regierte ab 1861. 1876 wurde er abgesetzt und in einem Schloß in der Nähe des Çırağan-Palastes am Bosporus interniert, wo er einige Tage später vermutlich ermordet wurde.

[49] Offenbar ließ der Prinz Cerussit (Weißbleierz) fördern, aus dem mittels Essigsäure und konstanter Wärme das damals noch häufig für die Malerei benutzte giftige Bleiweiß gewonnen wurde. In der von ihm betriebenen Aquarellmalerei hat er es sicherlich selbst verwendet. Ayşe Sultan: Avec mon père; S. 41.

[50] Gedanken und Erinnerungen (Internetversion): Siehe das Kapitel ›Pinti Hamid‹.

[51] Kürşat: Der Verwestlichungsprozeß, Bd. II; S. 66.

[52] Kaiser Napoléon III. (1808-1873), von 1852 bis 1870 Kaiser der Franzosen.

[53] Königin Victoria (1819-1901), seit 1877 war sie auch Kaiserin von Indien und herrschte somit über Millionen muslimischer Untertanen.

[54] König Wilhelm I. von Preußen (1797-1888), seit 1871 deutscher Kaiser, vermählt seit 1829 mit Prinzessin Auguste zu Sachsen-Weimar-Eisenach (1811-1890). Als Kaiserin nannte sie sich dann Augusta.

[55] Kaiser Franz Joseph (1830-1916), regierte seit 1848 die Donaumonarchie.

[56] Georgeon: Abdulhamid II; S. 33.

[57] Ayşe Sultan: Avec mon père; S. 81.

[58] Vincenzo Bellini (1801-1835). Der Journalist Bernhard Stern erwähnt, daß die Oper ›Norma‹ zu den Lieblingsstücken des Sultans gehört habe (Stern: Abdul Hamid II.; S. 38). Siehe auch die Schilderung der Opernaufführung am 5. April 1902 im Reisetagebuch der Großherzogin Elisabeth von Oldenburg (1869-1855): Thomas Weiberg: Zwischen Orient und Ostsee; S. 81-82.

[59] Der Hamidiye Marşı (›Marsch Seiner Kaiserlichen Majestät Abdül Hamid Chans II.‹) wurde von Necib Pascha (Yesarızade Ahmed Necib *1813 †1883) geschrieben. Er komponierte sowohl im Geist der europäischen Musik als auch im Stil der klassischen osmanischen Musik und war von Giuseppe Donizetti ausgebildet worden.

[60] Callisto Guatelli (1820-1899), er war zunächst als Leiter einer italienischen Operntruppe nach Constantinopel gekommen.

[61] Gioachino Rossini (1792-1868).

[62] Giuseppe Donizetti (1788-1856); Bruder Gaetano Donizettis (1797-1848).

[63] Sultan Abdül Aziz komponierte selbst zahlreiche Musikstücke, teils europäisch, teils osmanisch inspiriert. Daß er zu den eifrigen Förderern Richard Wagners (1813-1883) und dessen Bayreuther Opernhauses gehörte, ist bis heute weitgehend unbeachtet geblieben.

[64] Dieser Theaterbau, dessen Inneres im Stil des zweiten Rokokos überreich ausgestattet war, wurde bis 1859 errichtet. Das Gebäude befand sich vor dem Uhrturm neben der Palastmoschee und wurde wegen der weitreichenden

Umgestaltungspläne Istanbuls 1937 leider abgebrochen. Später entstand dort an der ausgebauten Uferstraße ein Busparkplatz.
65 Radowitz: Aufzeichnungen, 2. Bd.; S. 306.
66 Giuseppe Verdi (1813-1901); Ayşe Sultan: Avec mon père; S. 108. Es mag pikant anmuten, daß der Sultan gerade eine Oper, die von einem beabsichtigten Fürstenmord handelt, geschätzt hat. Doch auch ›Norma‹ ist im Hinblick auf den Sultan und sein Reich nicht ohne Pikanterie, verkündet doch die Oberpriesterin Norma den Untergang Roms – nicht durch einen äußeren Feind, sondern durch die eigene Schwäche.
67 Paul Lange (1865-1920). Aufgrund seiner Tätigkeit im Dienst des Sultans wurde Paul Lange im November 1918 nach der Besetzung Constantinopels durch die Truppen der Siegermächte im Gegensatz zu vielen Deutschen und Österreichern nicht zum Verlassen der Stadt gezwungen. Unmittelbar nach seinem Tod und dem auf Wunsch Sultan Mohammed VI. pompösen Staatsbegräbnis wurde seine Familie allerdings durch die Siegermächte gezwungen, nach Deutschland zurückzukehren.
68 Engin: Yıldız Sarayı'inda hayat. Life in the Yildiz Palace; in: Yılmaz (Hrsg.): II. Abdülhamid. Modernleşme sürecinde İstanbul; S. 70. Der Autor gibt leider keine Quelle an.
69 Prinz Yusuf İzzeddin (1857-1916) galt zur Zeit Sultan Mohammeds V. (1843-1918) als Thronfolger. Sein plötzlicher Tod im Januar 1916 gab zu allerlei Spekulationen Anlaß. Fortan war der jüngste Halbbruder Sultan Abdül Hamids II. und Mohammeds V. als Thronfolger ausersehen – Prinz Mohammed Vahideddin (1861-1926), der dann als letzter Sultan von 1918 bis 1922 auf dem Thron des untergehenden Osmanischen Reiches saß.
70 Cemile Sultan (1843-1915) verheiratet seit 1858 mit Damad Mahmud Celaleddin Pascha Beyefendi (1836-1884), die Ehe wurde 1881 durch den Sultan geschieden.
71 Der Schwager des Sultans fiel 1877 nach dem Fall von Plewna in Ungnade und wurde später im heute saudi-arabischen Taif ermordet, wobei bis heute nicht klar ist, ob Sultan Abdül Hamid II. den Mord in Auftrag gegen hatte oder die örtlichen Behörden in vorauseilendem Gehorsam handelten.
72 Mehmed Said Pascha (1838-1914); vielseitiger Politiker, zwischen 1879 und 1912 insgesamt neun Mal Großwesir. Er spielte als Senatspräsident auch eine maßgebliche Rolle bei der Absetzung des Sultans im Frühjahr 1909.
73 Ayşe Sultan: Avec mon père; S. 53.
74 Das osmanische Wort für Haube (Hotoz) bezeichnet einen Kopfschmuck, der in der Regel hochgestellten Damen vorbehalten war. Frauen aus der Mittelschicht trugen ihn nur zu besonderen Anlässen wie etwa Hochzeiten. Der Form nach war der Hotoz meist ein leichtes Kopftuch, das in einer bestimmten Weise zusammengebunden oder -gesteckt wurde, so daß es eine stabile Form einnahm. Eine solche Haube bildete jeweils einen ringförmig auf das Haupthaar gesetzten Kopfschmuck, der vorne erhöht und hinten offen war.

Die Oberseite konnte offen oder auf verschiedene Weisen geschlossen sein, wobei die Hauben unterschiedliche Formen annehmen konnten, etwa die eines Fezes, eines Schiffchens oder eines runden Deckels. Sie wurden in der Regel durch Diamantnadeln zusammengehalten. Für das Flanieren auf der Straße wurde von den Damen am Hotoz der unerläßliche Jaschmak (Gesichtsschleier) befestigt. Der Hotoz wurde in der Regel als Ganzes auf- und abgesetzt (freundlicher Hinweis von Michael R. Heß).

[75] Ayşe Sultan: Avec mon père; S. 71-72.

[76] Sultan Murad V., der 1840 geborene ältere Bruder Abdül Hamids II., war von 1876 bis zu seinem Tod 1904 im Çırağan-Palast interniert. Er regierte 1876 nur drei Monate lang und wurde wegen angeblichen Wahnsinns abgesetzt. Der Sultan gehörte zu den bemerkenswertesten Komponisten der kaiserlichen Familie und verfaßte hauptsächlich an europäischer Musik orientierte Kompositionen, die in den letzten Jahren auf verschiedenen CDs veröffentlicht wurden; auch seine Kinder waren hochmusikalisch und taten sich als Komponistinnen und Komponisten hervor.

[77] Eyüp ist heute ein idyllischer Stadtteil Istanbuls am Goldenen Horn. Bei der ersten arabischen Belagerung der Stadt durch die Sarazenen zwischen 674 und 679 soll hier, vor den Landmauern, Ebu Eyüp el-Ensari, der Bannerträger des Propheten, gefallen sein. Sultan Mehmed II. fand auf wunderbare Weise das Grab Eyüps, dessen Leichnam der Legende nach nicht verwest war, und ließ 1458 an dieser Stelle eine Moschee errichten. Für die nichtarabische, osmanische Dynastie war das sehr wichtig, konnte sie doch damit eine Verbindung zwischen sich und der islamisch-arabischen Frühzeit herstellen. Deshalb wurden die Sultane zu Beginn ihrer Herrschaft dort seit Mehmed II. mit dem Schwert Osmans gegürtet. Der heutige Moscheekomplex mit dem Grabmal Eyüps entstand in der Regierungszeit Sultan Selims III. (1762-1808). Das Grab des Bannerträgers wurde schnell ein bedeutender Wallfahrtsort für Sunniten und gehört zu den heiligsten Stätten des Islams.

[78] Ahmed Şefik Midhat Pascha (1825-1884). Ob der machtbewußte Midhat Pascha möglicherweise in die oben erwähnte Ermordung mehrerer Regierungsmitglieder verwickelt war, um Mitwisser und -helfer der Absetzung von Sultan Abdül Aziz auszuschalten, bedarf noch einer genauen Prüfung.

[79] Diese Einschätzung äußerte auch Fürst Chlodwig zu Hohenlohe-Schillingsfürst nach einem Gespräch in Paris im Oktober 1877: »Mit der Konstitution und einem Siege [gegen Rußland] habe er [Midhat] gehofft, ganz Herr der Situation zu sein« und den Sultan »ganz in seine Hände zu bekommen« (Hohenlohe-Schillingsfürst: Denkwürdigkeiten, Band 2; S. 223). Es scheint im Licht dieser Äußerung auch bedenkenswert, die Rolle Midhat Paschas bei der spektakulären Ermordung des Kriegsministers Hüseyin Avni Pascha (*1819) am 15. Juni 1876 zu prüfen. Der Kriegsminister fiel angeblich der Blutrache eines Schwagers von Sultan Abdül Aziz zum Opfer. Doch scheint es auch denkbar, daß auf diese Weise Mitwisser, die in Absetzung und Ermordung des Sultans verwickelt waren, beseitigt werden sollten

und die Morde lediglich als Beziehungstat getarnt waren, um Spuren in die Politik und zu Midhat Pascha zu verwischen.
[80] ›Damad‹ (eigentlich ›Schwiegersohn‹) war der Titel, den der Gemahl einer osmanischen Prinzessin am Tage seiner Vermählung erhielt.
[81] Georgeon: Abdulhamid II; S. 51.
[82] Osman Salaheddin Dede (1820-1886).
[83] Georgeon: Abdulhamid II; S. 53.
[84] The Maslak Kasrıs; S. 17-18.
[85] Mehmed Rüşdü Pascha (1809-1882), mehrfach Kriegsminister und Großwesir (unter anderem 1876 und 1878); weil er in die Absetzung der Sultane Abdül Aziz sowie Murat V. verwickelt war, wurde er als Mitwisser 1881 vor Gericht gestellt. Zuvor war er bereits auf seine Güter bei Manisa (Magnesia) verbannt worden.
[86] Hasan Hayrullah Efendi (1834-1898), war zwischen 1874 und 1877 mehrfach kurzzeitig Scheich ül-Islam.
[87] ›Biat‹ bedeutet ›Treueeid‹ oder ›Schwur‹ (freundlicher Hinweis Michael R. Heß).
[88] Georgeon: Abdulhamid II; S. 53. Der dafür benutzte Thron ist heute im Topkapı-Museum zu sehen.
[89] Es handelt sich um den mehrmals als Großwesir amtierenden Kıbrıslı Mehmed Kâmil Pascha (1832-1913) aus einer türkisch-zypriotischen Familie. Seit einem Besuch in London 1851 galt er als anglophil und strebte während seiner gesamten politischen Tätigkeit nach freundschaftlichen osmanisch-britischen Beziehungen.
[90] Naime Sultan (1876-1945), seit 1898 vermählt mit Damad Mehmed Kemaleddin Pascha Beyefendi (1869–1920). Die Ehe wurde 1904 geschieden. Der Name Naime bedeudet ›die Glückliche‹ oder auch ›die Friedreiche‹.
[91] Im Osmanischen Reich wurde traditionell bis 1922 der Titel ›Sadrazam‹ für den Leiter der Regierung (Hohe Pforte) benutzt, die Europäer dagegen nannten den ersten der Wesire (Minister) ›Großwesir‹. Das Wort ›Sadrazam‹ setzt sich aus den arabischen Worten ›sadr‹ (Führer) und ›a'zam‹ (größter) zusammen. In der persischen Sprache entstand daraus ›sadr-i a'zam‹, das im Osmanischen zu ›Sadrazam‹ wurde (freundliche Erläuterung Michael R. Heß). Das Wort ›Wesir‹ hat persisch-arabische Wurzeln und bedeutet ›eine Bürde tragen‹. Bis heute bezeichnet das Wort einen Minister. Im Osmanischen Reich erlangte das Amt große Bedeutung, denn der Großwesir (Sadrazam) stand der Regierung vor. Es gab regelrechte Dynastien von Sadrazams, so die berühmte Köprülü-Familie im 17. Jahrhundert.
[92] Georgeon: Abdulhamid; S. 57.
[93] Raschdau: Ein sinkendes Reich; S. 113.
[94] Ali Haydar Bey: Midhat Pacha; S. 68.
[95] Namık Kemal (1840-1888), er war ein Schriftsteller, dessen Werk über seinen Tod hinaus großen Einfluß auf die jungtürkische Bewegung hatte. Atatürk schätzte ihn, wie erwähnt, sehr und soll seinen zweiten Namen Kemal aus eben dieser Verehrung heraus gewählt haben.

[96] Eine ›İrade‹ ist ein Erlaß des Sultans. Das Wort stammt aus der arabischen Sprache und bedeutet ›Willensbekundung‹ (freundlicher Hinweis von Michael R. Heß).
[97] Georgeon: Abdulhamid; S. 64.
[98] Majoros, Rill: Das Osmanische Reich; S. 342.
[99] Prinz Ferdinand von Sachsen-Coburg und Gotha(-Koháry) aus der österreichischen Linie des Hauses (1861-1947). Fürst von Bulgarien seit 1887, nannte er sich nach den revolutionären Wirren im Osmanischen Reich im Jahr 1908 zum großen Ärger des russischen Herrschers ›Zar‹ (König). Er dankte am Ende des Ersten Weltkrieges 1918 ab. Bis 1908 sah sich das Osmanische Reich noch immer als der Suzerän Bulgariens, das erst mit der Proklamation zum Königreich am 5. Oktober 1908 seine völlige Unabhängigkeit erreichte. Zar Ferdinand starb in Coburg und ist auch dort beigesetzt.
[100] Kaiser Nikolaus II. von Rußland (1868-1918), regierte von 1894 bis zu seiner Abdankung 1917.
[101] Moy: Als Diplomat m Zarenhof; S. 106. Graf Carl von Moy (1863-1932).
[102] Georgeon: Abdulhamid II; S. 65.
[103] Stern: Jungtürken und Verschwörer; S. 175. Der erwähnte russische Vertreter war Graf Nikolaus Pawlowitsch Ignatjew (1832-1908), von 1864 bis 1881 russischer Botschafter am osmanischen Hof. Der 1878 auf dem Berliner Kongreß in wesentlichen Punkten revidierte Vertrag von San Stefano war maßgeblich das Werk Ignatjews.
[104] Georgeon: Abdulhamid II; S. 65-66.
[105] Majoros, Rill: Das Osmanische Reich; S. 342.
[106] Stern: Jungtürken und Verschwörer; S. 178-179. Bis heute ist nicht ganz klar, ob der Sultan tatsächlich den Auftrag für die Ermordung beider Männer gab oder ob es eher eine Art vorauseilender Gefälligkeit des Provinzgouverneurs war. Hasan Hayrullah Efendi starb allerdings eines natürliche Todes im Jahr 1898, hier irrte Stern offenbar.
[107] Mustafa İsmet Pascha (seit 1934 İsmet İnönü) 1884-1973; enger Weggefährte Atatürks, nach 1924 mehrfach Ministerpräsident, von 1938 bis 1950 Staatspräsident.
[108] Mehmed Redif Pascha (1836-1905), General im Jemen und in Mazedonien, unter anderem Kommandant der Kaiserlichen Garde, Vorsitzender des Militärrates sowie seit 1876 Kriegsminister. Er wurde wegen angeblicher Unfähigkeit im Juni 1877 abgesetzt und verbannt.
[109] Georgeon: Abdulhamid II; S. 115.
[110] ›Muharrem‹ ist der islamische Trauermonat, der 1881 mit dem Monat Dezember zusammenfiel.
[111] Die osmanische Reichsschuldenverwaltung, eingerichtet durch den Erlaß vom 20. Dezember 1881, wurde gemeinsam von Frankreich und Großbritannien verwaltet. Diese supranationale Behörde übte eine strenge Aufsicht über den Außenhandel und die wichtigsten Behörden im Inneren des Osmanischen Reiches bezüglich deren

Finanzgebarens aus. In dem weitläufigen Gebäude in der Altstadt Istanbuls (Türk Ocağı Caddesi 4 in Cağaloğlu) befindet sich heute das renommierte Gymnasium ›İstanbul Lisesi‹, an dem seit 1915 deutsche Lehrer zahlreiche Fächer in deutscher Sprache unterrichten.

112 Schöllgen: Imperialismus und Gleichgewicht; S. 38.

113 Palmer: Verfall und Untergang; S. 237.

114 Georgeon: Abdulhamid II; S. 71.

115 Ludwig Raschdau (1849-1943), deutscher Diplomat, 1877-1879 in Constantinopel, vertretender Konsul in Smyrna, preußischer Gesandter am Weimarer Hof. Raschdau nahm als Mitarbeiter Bismarcks am Berliner Kongreß teil.

116 Raschdau: Ein sinkendes Reich; S. 98.

117 Georgeon: Abdulhamid II; S. 96.

118 Shaw: Sultan Abdülhamid: Last Man of the Tanzimat; ebenso: St. J. Shaw und E. Kural Shaw: History of the Ottoman Empire and Modern Turkey, Bd. 2.

119 Küng: Der Islam; S. 551-552.

120 Merad: L' Empire Ottoman; S. 69

121 Majoros, Rill: Das Osmanische Reich; S. 343-344.

122 Der vielschichtige Begriff ›Ghazi‹ bedeutet ursprünglich ›Krieger‹, in späterer Zeit wurde er als Titel für Verdienste in einer Schlacht vergeben. Daher erhielt ihn Osman Nuri Pascha für die heldenhafte Verteidigung Plewnas.

123 Ghazi Osman (Nuri) Pascha (1832-1900). Er zeichnete sich in Bulgarien während des russisch-türkischen Krieges aus (1877-78), als er mit seinen verbissen kämpfenden Soldaten die Angriffe der Rumänen und der Russen gegen Plewna (September bis Dezember 1877) zurückschlug, und bekleidete dann bis 1885 das Amt des Kriegsministers und wechselte danach in den Hofdienst des Sultans. Er begleitete den Sultan regelmäßig bei dessen Fahrten zum Selamlık in die in der Nähe des Yıldız-Palastes gelegene Hamidiye-Moschee, die 1886 errichtet wurde. Dabei saß er stets im Wagen des Sultans, was die Zeitgenossen dahingehend interpretierten, Abdül Hamid II. benutze den Pascha unter Umständen als Lebensversicherung gegen eventuelle Attentate, denn kein Osmane hätte riskiert, bei einem Anschlag den Löwen von Plewna zu verletzen oder gar zu töten. Den Zug der zerlumpten überlebenden Soldaten in Richtung Constantinopel im Dezember 1877 beschrieb die Dichter-Königin Carmen Sylva (Königin Elisabeth von Rumänien) in ihrem Gedicht ›Der Krieg‹ in eindringlichen Worten (Carmen Sylva: Balladen und Romanzen; Berlin 1901; S. 115-117). Gelegentlich wurde wohl auch der Garderobier und ›Milchbruder‹ des Sultans als Doppelgänger eingesetzt: İsmet Bey († 1906) fungierte als ›Ser-i eswabı-i Hazret-i Şehriyari‹ (Haupt der Kleider Seiner Majestät des Herrschers) und wurde von Abdül Hamid II. bei öffentlichen Auftritten (unter anderem den freitäglichen Moscheebesuchen) gelegentlich als Doppelgänger verpflichtet, da er dem Padischah sehr ähnlich sah.

[124] Bülow: Denkwürdigkeiten, 4. Bd.; S. 422-423. Prinzessin Ayşe erwähnte ebenfalls Osman Pascha in ihren Erinnerungen (Ayşe Sultan: Avec mon père; S. 85, Anmerkung 102). Die scharfzüngige Chronistin der Berliner Hofgesellschaft Marie von Bunsen (1860-1941) nannte Bülows ›Denkwürdigkeiten‹ kritisch »das größte Klatschbuch der Weltgeschichte«.
[125] ›Scharia‹ heißt in der arabischen Sprache etwa ›der vorgeschriebene Weg‹. Die Scharia umfaßt die Gesamtheit der göttlichen Gebote. Daraus entwickelten die geistlichen Rechtsgelehrten eine Rechtswissenschaft, die auf alle Lebensbereiche der Muslime Anwendung finden kann. Im Osmanischen Reich entstand im 19. Jahrhundert ein teils lähmender Dualismus zwischen der traditionsreichen Scharia und einer europäisch inspirierten Gesetzgebung.
[126] Yılmaz: II. Abdülhamid'in »Gazi« Sultan Olması; in: Yılmaz (Hrsg.): II. Abdülhamid. Modernleşme sürecinde İstanbul; S. 275. Übersetzung des Textes Michael R. Heß.
[127] Raschdau: Ein sinkendes Reich; S. 223-253 und 125-132.
[128] Prinz Wilhelm von Schleswig-Holstein-Sonderburg-Glücksburg (1845-1913), seit 1863 als Georg I. König von Griechenland. 1913 fiel der König in Thessaloniki einem Attentat zum Opfer.
[129] Ponsonby: Briefe der Kaiserin Friedrich; S. 186.
[130] Majoros, Rill: Das Osmanische Reich; S. 344.
[131] Otto von Bismarck-Schönhausen (1815-1898), seit 1862 preußischer Ministerpräsident, seit 1871 deutscher Reichskanzler, 1865 in den Grafenstand erhoben, 1871 Fürst, nach seiner Entlassung 1890 außerdem Herzog von Lauenburg.
[132] Ponsonby: Briefe der Kaiserin Friedrich; S. 188.
[133] Ponsonby: Briefe der Kaiserin Friedrich; S. 188.
[134] Hajo Holborn (1902-1967): Deutschland und die Türkei; S. 29 und S. 7. Durch das geheime Militärbündnis mit Österreich-Ungarn von 1879 rückte das Deutsche Reich indirekt näher an das Osmanische Reich heran, waren doch die vitalen Interessen der Donaumonarchie eng mit dem Balkan und dem Vorderen Orient verknüpft. Im politischen Kalkül Bismarcks wurde der Sultan in dem Augenblick zu einer interessanten Figur, als sich nach 1881 das bislang gute Verhältnis Deutschlands zu Rußland zaghaft zu ändern begann. Dann nämlich konnte der deutschen Politik die Wehrhaftigkeit des Osmanischen Reiches keinesfalls gleichgültig sein, wie Fürst zu Hohenlohe-Schillingsfürst äußerte.
[135] Schöllgen: Imperialismus und Gleichgewicht; S. 18.
[136] Georgeon: Abdulhamid II; S. 221 bis 225.
[137] Gerson von Bleichröder (1822-1893); 1872 wurde der jüdische Bankier auf Bismarcks Betreiben hin nobilitiert. Das Bankhaus Bleichröder war einer der wichtigsten Geldgeber der 1908 gegründeten deutschsprachigen Zeitung ›Osmanischer Lloyd‹, die im Oktober 1918 ihr Erscheinen einstellen mußte.
[138] Radowitz: Aufzeichnungen, 2. Bd.; S. 2.

[139] Lord Odo Russel (1829-1884); Fürst Alexander Michailowitsch Gortschakow (1798-1883); Graf Peter Andrejewitsch Schuwalow (1827-1889); Baron Paul Petrowitsch d' Oubril (1818-1896); Graf Gyula Andrássy (1823-1890); Baron Heinrich Karl von Haymerle (1828-1881); Graf Alois Karoly (1825-1889); William Henry Waddington (1826-1894); Felix Hippolyte Desprez (1819-1898); Graf Charles de Saint-Vallier (1833-1886); Graf Luigi Corti (1823-1888); Graf Eduardo de Launay (1820-1892); Alexander Karatheodori Pascha (1833-1906); Benjamin Disraeli, Earl of Beaconsfield (1804-1881), der von Königin sehr geschätzte britische Premierminister; Robert Gascoyne Cecil Marquess of Salisbury (1830-1903).
[140] Kaiser Alexander II. von Rußland (1818-1881). Er war ein Neffe Kaiser Wilhelms I. und galt als ausgesprochen deutschfreundlich in seiner Politik.
[141] Mehmed Ali Pascha (1827-1878), sein Urenkel war der bedeutende türkische Dichter Nazim Hikmet (1902-1963). Weitergehende Informationen zu Mehmed Ali bietet die ausführliche Biographie ›Der Pascha von Magdeburg‹, die Mieste Hotop-Riecke 2020 veröffentlichte.
[142] Sadullah Pascha (Bey) (1838-1891); Dichter und Diplomat. Von 1877 bis 1883 Botschafter am Berliner Hof, anschließend Botschafter am Wiener Hof. Sein Freund und Kollege Refet Bey (1846-1888) war Diplomat in verschiedenen Positionen im In- und Ausland.
[143] Böer: Türken in Berlin 1871-1945; S. 30.
[144] Bernhard Ernst von Bülow (1815-1879). Seit 1876 Staatssekretär des Auswärtigen Amtes. Er war der Vater des späteren Reichskanzlers Bernhard Fürst von Bülow.
[145] Scherer: Adler und Halbmond; S. 51-52.
[146] Scherer: Adler und Halbmond; S. 47. Hohenlohe-Schillingsfürst: Denkwürdigkeiten, Band 2; S. 234.
[147] Scherer: Adler und Halbmond; S. 49-50.
[148] Hohenlohe-Schillingsfürst: Denkwürdigkeiten, Band 2; S. 234.
[149] Delimitation meint die völkerrechtlich verbindliche (vertragliche) Festlegung von Grenzen zwischen Staaten. Mit der erwähnten ›ligne de conciliation‹ ist eine Grenzziehung zu allseitiger Zufriedenheit der beteiligten Konfliktpartner gemeint Hohenlohe-Schillingsfürst: Denkwürdigkeiten, Band 2; S. 250-251.
[150] Selanik ist der türkische Name für das seit 1912 wieder griechische Saloniki (Thessaloniki). Der berühmteste Sohn der Stadt ist Mustafa Kemal Pascha (1881-1938), der Gründer der modernen Türkei, der sich seit der Einführung von Familiennamen ab 1934 Atatürk (›Vater der Türken‹) nannte. In seinem Geburtshaus befindet sich heute das türkische Konsulat. Im vorliegenden Buch wird für die Zeit bis 1912 durchweg der türkische Name der Stadt gebraucht, der auch zu Zeiten Abdül Hamids II. offiziell verwendet wurde.
[151] Fürst Karl I. (1839-1914); seit 1866 Fürst, ab 1881 König von Rumänien. Der Prinz aus der katholischen Linie der Hohenzollern wurde, lanciert durch den französischen Kaiser Napoléon III. (1808-1873), schließlich durch eine

Volksabstimmung zum Fürsten gewählt. Die Rumänen erhofften sich dadurch letztlich auch preußische Unterstützung des Landes im Spannungsfeld zwischen Rußland, Österreich-Ungarn und dem Osmanischen Reich, unter dessen Suzeränität Rumänien noch bis 1881 stand.

[152] Am 28. Juni hatten die übrigen Kongreßteilnehmer unter Protest der osmanischen Delegation Österreich-Ungarn die Besetzung und Verwaltung Bosniens und der Herzegowina zugestanden. Ohne sich allerdings mit der osmanischen Regierung zu einigen, marschierten schließlich österreichisch-ungarische Truppen im Juli in die Wilajets ein (Große Politik, Bd. 2; 439, siehe die mit * und ** gekennzeichneten Anmerkungen der Herausgeber).

[153] Große Politik, Bd. 10; 2375, 2463. Auch Wilhelm II. war dieser Auffassung; siehe seine 1921 in Doorn entstandenen Aufzeichnungen über Bismarck und dessen Orientpolitik (GStA PK, BPH Rep. 165, 8).

[154] Friedrich List (1789-1846), bedeutender Wirtschaftstheoretiker, Begründer der modernen Volkswirtschaftslehre.

[155] Jäckh: Deutschland im Orient nach dem Balkankrieg; S. 23. Jäckh wies richtig darauf hin, daß bis zum Ersten Weltkrieg die Briten offiziell weder in Damaskus noch in Bagdad Fuß fassen konnten, aber Zypern (1878) und Kuweit (1914) bereits als Brückenköpfe in den Nahen und Mittleren Osten in das Empire eingegliedert wurden.

[156] Ponsonby: Briefe der Kaiserin Friedrich; S. 197. In diesem Brief ist unverhohlen schon das Augenmerk der Briten auf Ägypten gerichtet. Bismarck hatte bereits 1877 die Briten ermuntert, Ägypten zu besetzen, um so einen Keil zwischen Großbritannien und Frankreich zu treiben.

[157] Ponsonby: Briefe der Kaiserin Friedrich; S. 196.

[158] GStA PK, BPH Rep. 165, 8.

[159] Majoros, Rill: Das Osmanische Reich; S. 346. Beispiele für das hier geschilderte Vorgehen liefern Tunesien, Ägypten, Bulgarien, Ostrumelien, Bosnien, die Herzegowina, Kreta oder Zypern.

[160] Hohenlohe-Schillingsfürst: Denkwürdigkeiten, Band 2; S. 240.

[161] Cebeci: Die deutsch-türkischen Beziehungen; S. 240. Die britische Regierung hatte dem Sultan die Unverletzlichkeit seiner Rechte zuvor ausdrücklich garantiert. Wie wenig diese Garantie letztlich wert war, sollten die Eingriffe der Mächte in den kommenden dreißig Jahren immer wieder zeigen.

[162] Scherer: Adler und Halbmond; unter anderem S. 13. Hohenlohe-Schillingsfürst: Denkwürdigkeiten, Band 2; S. 234.

[163] Die osmanische Bezeichnung ›millet-i sadika‹ bedeutet eigentlich ›treue Religionsgemeinschaft‹, wird heute allerdings häufig mit ›treues Volk übersetzt.‹ Der arabische Begriff ›milla(t)‹, osmanisch ›millet‹, bezeichnete im Osmanischen Reich die nicht-islamischen Religionsgemeinschaften unter Leitung religiöser Oberhäupter, die sich selbst verwalteten und nicht der osmanischen Gerichtsbarkeit unterstanden.

Juden, armenische und griechisch-orthodoxe Christen bildeten frühe Millets, zu denen später noch die katholischen und protestantischen Christen sowie die unierte orientalische Kirche zählten. Mit dem aufkommenden Nationalismus setzte im 19. Jahrhundert ein Niedergang des Milletsystems ein.

164 Damat Halil Pascha war armenischer Herkunft. Er bekleidete von 1616 bis 1619 und von 1626 bis 1628 das Amt des Sadrazams. Offenbar hatte er in die Herrscherfamilie eingeheiratet, war also zuvor konvertiert.

165 Khoren Narbey (eigentlich Khoren Galfayan, 1832-1892), armenischer Kirchenpolitiker und Dichter; seit 1867 armenisch-apostolischer Bischof. Minaz Tcheraz (1852-1929), armenischer Gelehrter und Politiker. Stephan Papazian fungierte als Sekretär der armenischen Delegation. Seine Lebensdaten ließen sich nicht ermitteln.

166 Mkrtich Khrimian (1820-1907); bedeutender armenischer Kirchenpolitiker und Schriftsteller; 1869-1873 armenischer Patriarch von Constantinopel, 1880-1885 Prälat der armenisch-apostolischen Kirche in Van und seit 1892 oberster armenischer Patriarch und Katholikos mit Residenz in Etschmiadsin. Er vertrat mit Nachdruck die armenischen Angelegenheiten und geriet in dieser Frage sowohl mit dem osmanischen Sultan als auch mit dem russischen Kaiser aneinander. Weil Sultan Abdül Hamid II. ihm nicht erlaubte, das Osmanische Reich zu verlassen, konnte er erst 1893, ein Jahr nach seiner Wahl zum obersten Patriarchen, im damals russischen Etschmiadsin gesalbt werden. Da er die französische Sprache fließend beherrschte, fungierte er während des Kongresses als Übersetzer für die armenische Delegation.

167 Große Politik, Bd. 9; 2183.

168 Merad: L' Empire Ottoman; S. 94-96.

169 Krethlow: Rüstungsgeschäfte, Verschwörungen und Massaker; S. 55. Bereits zwischen 1855 und 1864, als das Russische Reich in blutigen Kriegen den Kaukasus unterwarf, kam es zu einer massenhaften Auswanderung von Teilen der muslimischen Bevölkerung aus diesen Gebieten. So strömten allein etwa eine Million muslimische Tscherkessen und Tataren über die Schwarzmeerhäfen und Gebirgspässe in das Osmanische Reich, das auf diese massenhafte Einwanderung kaum vorbereitet war. Diese neuen Untertanen wurden vielfach in Ostanatolien, aber auch in Rumelien, auf Zypern und im Westen Anatoliens angesiedelt.

170 Majoros, Rill: Das Osmanische Reich; S. 348.

171 Stern: Der Sultan und seine Politik; S. 115-120.

172 Freiherr Colmar von der Goltz (1843-1916), preußischer Feldmarschall. Reorganisator der osmanischen Armee von 1883 bis 1896. Während der Ersten Weltkrieges wurde von der Goltz Pascha reaktiviert und trat wieder in den Dienst der osmanischen Militärführung ein. Er befehligte von seinem Hauptquartier in Bagdad unter anderem die 6. Armee und starb im April 1916 dort. Sein Grab befindet sich bis heute im Garten der einstigen Sommerresidenz der deutschen Botschafter in Istanbul.

[173] Krethlow: Rüstungsgeschäfte, Verschwörungen und Massaker; S. 56.
[174] Krethlow: Rüstungsgeschäfte, Verschwörungen und Massaker; S. 55. Es ist außerordentlich interessant, daß Freiherr von der Goltz bereits in seinem 1893 in osmanischer Übersetzung erschienenen Buch ›Das Volk in Waffen‹ in seinen Überlegungen zu einer modernen Kriegsführung von Vernichtungskrieg auch gegen innere Feinde sprach. Umsiedlungen oder Deportationen solcher Feinde gehörten für ihn zu einem modernen Krieg ebenso dazu wie ein ›nationales Bewußtsein‹ zur Stärkung der Kampfkraft.Genau solche mörderische ›Umsiedlung‹ der Armenier (die von den Nationalisten zu inneren Feinden erklärt wurden) unter anderem in die Wüstengebiete Syriens wurde dann im Ersten Weltkrieg von den jungtürkischen Diktatoren vorgenommen, wobei die Osmanen ihren Tod zumindest billigend in Kauf nahmen (Goltz schrieb schon von der Notwendigkeit der physischen Vernichtung des Gegners). So hat von der Goltz zweifellos Anteil an den theoretischen Grundlagen, die zu dem Massenmord an der armenischen Bevölkerung im Osmanischen Reich und zu dessen militärischer Rechtfertigung führten.
[175] Krethlow: Rüstungsgeschäfte, Verschwörungen und Massaker; S. 56.
[176] Abdül Hamid II. dagegen betonte ebenso scheinheilig gegenüber den europäischen Botschaftern, die Opfer der Armenier seien Muslime, was ein scharfes Vorgehen gegen sie rechtfertige.
[177] Große Politik, Bd. 10; 2409, Anmerkung 1. »Il sera suicidé« – »an ihm wird Selbstmord verübt werden«.
[178] Freiherr Anton Saurma von der Jeltsch (1836-1900) war seit 1895 deutscher Botschafter am osmanischen Hof. Auf Wunsch des Sultans wurde er 1897 abberufen. Aus den in ihren Beurteilungen sowohl der politischen Lage als auch des Sultans selbst sehr wechselhaften Berichten Saurmas läßt sich schließen, daß sich in seiner Zeit als Botschafter die Beziehungen zwischen Palast und Botschaft erheblich gelockert hatten und der Botschafter, der insgesamt wenig feinfühlig agierte, vermehrt auf Informationen Dritter angewiesen war.
[179] Große Politik, Bd. 10; 2409.
[180] Röhl: Der Aufbau der persönlichen Monarchie; S. 1042-1043. Der Sultan hatte in einer Privataudienz Botschafter Saurma von der Jeltsch gebeten, diesbezüglich bei Kaiser Wilhelm II. einen Vorstoß zu unternehmen, um Großbritannien von einer weiteren Parteinahme für die armenischen Insurgenten abzubringen (siehe Große Politik, Bd. 9; 2184).
[181] Große Politik, Bd. 10; 2482.
[182] Große Politik, Bd. 10; 2893. Randbemerkung 2.
[183] Große Politik, Bd. 10; 2898.
[184] Große Politik, Bd. 10; 2901.
[185] Adolf Freiherr Marschall von Bieberstein (1842-1912) war von 1897 bis 1912 deutscher Botschafter am osmanischen Hof. Zuvor hatte er den Posten des Staatssekretärs des Äußeren inne.

[186] Der Syrer Achmad İzzet al-'Abid (vor 1850-1924), seit 1896 zweiter Sekretär AbdülHamids II., stieg zu einem der mächtigsten Männer am osmanischen Hof auf. Dies entsprach der panislamischen Absicht das Sultans, durch die Berufung von Arabern auf hohe Posten diese Bevölkerungsteile für sich zu gewinnen (Mugheid: Sultan Abdulhamid II.; S. 32). Sein Sohn Mohammed Ali Bey al-'Abid (1867-1939) war während der französischen Mandatsherrschaft von 1932 bis 1936 syrischer Staatspräsident und starb in Paris. Seit 1908 war er der erste und einzige arabischstämmige Botschafter des Osmanischen Reiches (in Washington).
[187] Dalwigk; Konstantinopel 1902; S. 112.
[188] Die um 1890 entstandene nationalfreiheitliche Bewegung zur Befreiung Armeniens (Daschnakzutiun).
[189] Georgeon: Abdulhamid II.; S. 293-295.
[190] Der deutsche Botschafter Freiherr Saurma von der Jeltsch schloß entgegen seinen ersten Vermutungen nach weiterer Beurteilung der Lage eine Beteiligung der obersten Behörden nahezu aus, hielt aber eine Verwicklung der Behörden auf Provinzebene mancherorts für gegeben (Große Politik, Bd. 10; 2444).
[191] Cebeci: Die deutsch-türkischen Beziehungen; S. 309.
[192] Cebeci: Die deutsch-osmanischen Beziehungen; S. 233-237.
[193] Siehe hierzu unter anderem den Aufsatz von Carl Alexander Krethlow: Rüstungsgeschäfte, Verschwörungen und Massaker. Goltz Pascha und die Armenierproblematik im Osmanischen Reich (1868-1914) in der Zeitschrift ›Sozial. Geschichte.‹ Krethlow untersucht hier die Rolle der deutschen Militärs bei der Ausprägung der Ablehnungshaltung gegenüber den Armeniern durch offizielle osmanische Stellen seit etwa 1885.
[194] Scherer: Adler und Halbmond; S. 69-70. Der Sultan erinnerte den Botschafter natürlich auch an die preußische Militärmission von 1835 bis 1839, die Großes geleistet habe.
[195] Merad: L' Empire Ottoman; S. 18-19.
[196] Große Politik, Bd. 9; 2183.
[197] Stern: Jungtürken; S. 7.
[198] Schütte: Freiherr Marschall von Bieberstein; S. 63. Das untermauert unter anderem auch eine Bemerkung des Botschafters Adolf Freiherr Marschall von Bieberstein gegenüber Reichskanzler von Bülow am 13. Januar 1908 über die seit Jahren angestrebte Reform der Justiz: »Der Entwurf der Justizreform ist von sechs Botschaftern ausgearbeitet worden, die sehr verschiedene Anschauungen, aber etwas gemeinsam haben, nämlich die Unkenntnis des türkischen Rechtslebens. Ich schließe mich in dieser Beziehung nicht aus.« (Große Politik, Bd. 22; 7726).
[199] Weiberg: Zwischen Orient und Ostsee; S. 81. Daß Abdül Hamid II. sich der Tatsache bewußt war, daß es gerade angesichts der herausgehobenen (und vielleicht auch vertraulichen) Beziehungen zwischen dem Sultan und dem deutschen Botschafter zuweilen notwendig war, dessen politischen Eifer etwas zu bremsen und

Bieberstein daran zu erinnern, daß er eben nur Botschafter (wenn auch durch besondere Gunst ausgezeichneter), aber keineswegs heimlicher Regierungschef des Osmanischen Reiches oder gar Großherr war, geht aus seinen Äußerungen im Kapitel ›Deutschland, die Türkei und Anatolien‹ (siene: Gedanken und Erinnerungen (Internetversion): deutlich hervor.

200 Schönburg-Waldenburg: Erinnerungen; S. 181. In deutlichem Gegensatz zu den positiven Darstellungen des Verhältnisses zwischen Abdül Hamid II. und dem langjährigen Botschafter stehen die von Âtif Hüseyin Bey, der von 1909 bis 1918 der Leibarzt des Sultan war, in seinem Tagebuch festgehaltenen angeblichen Äußerungen des einstigen Herrschers, wonach Bieberstein weder ein guter Diplomat noch ein guter Mensch gewesen sei. Hierbei ist jedoch zu berücksichtigen, daß Âtif Hüseyin Bey ein überzeugter Jungtürke war, der offenbar starke Sympathien für Briten und Franzosen hegte und aus diesem Grund die Äußerungen des Sultans in diesem Punkt eventuell nicht korrekt überliefert hat. (Metin Hülagü: Sultan II. Abdülhamid'in Sürgün Günleri (1909-1918). Hususi Doktoru Âtif Hüseyin Bey'in Hatirati).

201 Reinkowski: Die Dinge der Ordnung; S. 22.

202 Alexander Iwanowitsch von Nelidow (1835-1910); zwischen 1883 und 1897 russischer Botschafter am osmanischen Hof.

203 Große Politik, Bd. 12 I. Teil; 3101.

204 Beispielsweise ernannte die Botschafterkonferenz in Abstimmung mit ihren jeweiligen Regierungen den osmanischen Gouverneur des Libanon, der ein Christ sein mußte, weil dort eine zahlenmäßig starke christliche Bevölkerung lebte. Es gab auch zeitweilig Überlegungen, den Mächten ähnliche Kompetenzen für Ostrumelien zu übertragen.

205 Alfred von Kiderlen-Wächter (1852-1912). Botschafter an verschiedenen europäischen Höfen, von 1908 bis 1909 Vertreter des Staatssekretärs des Auswärtigen, von 1910 bis zu seinem Tod dann Staatssekretär des Auswärtigen. In den Jahren 1907 und 1908 vertrat er jeweils für einen längeren Zeitraum den deutschen Botschafter in Constantinopel.

206 Große Politik, Bd. 12 II. Teil; 3286. Der Botschafter erläuterte dem Sultan gegenüber diese Taktik bereits im Februar 1898 kurz nach seiner Berufung als Grundzug der deutschen Politik gegenüber den Großmächten und dem Osmanischen Reich, um dessen Integrität zu erhalten sowie Ruhe und Ordnung zu wahren. Siehe auch: Jäckh: Kiderlen-Wächter, 1. Bd.; S. 231-232.

207 Große Politik, Bd. 22; 7726.

208 Große Politik, Bd. 12 II. Teil; 3254.

209 Große Politik, Bd. 22; 7529.

210 Raschdau: Ein sinkendes Reich; S. 327.

211 Zum Beispiel Jäckh: Kiderlen-Wächter, 1. Bd.; S. 230 oder S. 262. Auf die Problematik der Zuverlässigkeit des von Jäckh herausgegebenen Nachlasses Alfred

von Kiderlen-Wächters hat Ralf Forsbach in seiner Untersuchung: ›Alfred von Kiderlen-Wächter. Ein Diplomatenleben im Kaiserreich‹ hingewiesen (1. Teilband; S. 27-28). Ernst Jäckh hat demnach die Briefe und Notizen Kiderlen-Wächters insgesamt stark überarbeitet und beispielsweise antisemitische Äußerungen des Diplomaten verschwiegen.
212 Schütte; Freiherr Marschall von Bieberstein; S. 62. Der erwähnte Ernest Constans (1833-1913) war von 1898 bis 1909 Botschafter Frankreichs am osmanischen Hof; bedeutender Staatsmann. Bezeichnenderweise kehrte er nach der Absetzung Abdül Hamids II. im Juni 1909 nach Frankreich zurück.
213 Merad: L' Empire Ottoman; S. 122-123.
214 Endres: Die Türkei; S. 23.
215 Stern: Jungtürken; S. 180.
216 Keyf oder Keïf (osmanisch ›keyf‹, türkisch ›keyif‹) ist der türkische Begriff für eine Haltung des Müßigganges und des süßen Nichtstuns.
217 Glassen: »Huzur«: Trägheit, Seelenruhe, soziale Harmonie; S. 150.
218 Glassen: »Huzur«: Trägheit, Seelenruhe, soziale Harmonie; S. 154.
219 Glassen: »Huzur«: Trägheit, Seelenruhe, soziale Harmonie; S. 153.
220 Glassen: »Huzur«: Trägheit, Seelenruhe, soziale Harmonie; S. 150.
221 Scherer: Adler und Halbmond; S. 367.
222 Gedanken und Erinnerungen (Internetversion): Siehe zum Beispiel das Kapitel ›Das Bakschisch‹.
223 Goltz: Denkwürdigkeiten; S. 134.
224 Scherer: Adler und Halbmond; S. 408.
225 Scherer: Adler und Halbmond; S. 324.
226 Ausfürhlich dazu äußerte sich Louis von Kamphövener Pascha (1843-1927), der von 1882 bis 1909 im Dienst der osmanischen Armee stand und deutscher Generaladjutant des Sultans war, in seinen bislang unveröffentlichten Memoiren, deren Erscheinen derzeit vorbereitet wird.
227 Scherer: Adler und Halbmond; S. 405.
228 Siehe zum Beispiel: Jäckh: Kiderlen-Wachter, 1. Bd.; S. 242-243.
229 Goltz: Denkwürdigkeiten; S. 134-135.
230 Lindenberg: Auf deutschen Pfaden im Orient; S. 164.
231 Said: Orientalismus; S. 53-54.
232 Weiberg: Zwischen Orient und Ostsee; S. 81-83 sowie S. 121.
233 Einen solchen Hof und ein westlichen Einflüssen gegenüber völlig abgeschlossenes Land erlebte Vámbéry Mitte des 19. Jahrhunderts noch im Emirat Buchara. Das dort Erlebte war für ihn so fremd, daß ihm auf der Rückreise das persische Teheran geradezu europäisch erschien.
234 Said: Orientalismus; S. 38. Immer wieder fällt auf, mit welch unbekümmertem Chauvinismus die Europäer in jenen Jahren von der kolonialen Herrschaft über andere Völker sprachen und selbstverständlich davon ausgingen, daß die

solchermaßen Beherrschten noch ›glücklich‹ über diese Fremdherrschaft seien, da sie eo ipso gerecht sowie auf wirtschaftliche und sittliche Hebung ausgerichtet sei.

235 Joan Haslips (1912-1994) teils sehr polemische Biographie des Sultans erschien 1958 unter dem Titel ›The Sultan – The Life of Abdul Hamid‹. Sie liegt auch in deutscher Übersetzung vor: ›Der Sultan – Das Leben Abdul Hamids II.‹, München 1968. Angesichts von stetigen Heiraten im engsten Verwandtenkreis kann wohl eher in bezug auf die europäischen Dynastien von ›Dekadenz der Familie‹ gesprochen werden. Die osmanische Dynastie erhielt durch den Harem ständig neue Blutzufuhr und war daher einer familiären Degeneration nicht in dem Maß ausgesetzt wie der europäische Hochadel, im dem der Begriff ›Ahnenschwund‹ bei engverwandten Paaren zu einer teilweise berüchtigten Vokabel wurde.

236 Wirth: Geschichte der Türken; S. 70-71. Albrecht Wirth (1866-1936), Historiker und Generalsekretär der Orientalischen Gesellschaft in München. Durch seine völkische Gesinnung wurde er bereits ab etwa 1920 ein Anhänger des Nationalsozialismus und betätigte sich mit zahlreichen Publikationen in dessen Sinn. So veröffentlichte er 1922 eine ›Weltgeschichte der Deutschen‹, der 1934 seine ›Völkische Weltgeschichte 1879-1933‹ folgte.

237 Arthur Comte de Gobineau (1816-1882), Diplomat und Schriftsteller. In seinen vielgelesenen Werken schrieb er über die phantasierte Überlegenheit der arischen Rasse und ging von einer generellen Ungleichheit der Menschenrassen aus. Mit diesem Denken beeinflußte er die im 19. Jahrhundert nicht zuletzt aufgrund seiner Überlegungen erstarkenden völkischen Bewegungen in Europa und Übersee und wurde zu einem geistigen Vater des Nationalsozialismus.

238 Röhl: Der Weg in den Abgrund; S. 123, S. 789.

239 Kinzer: Halbmond und Stern; S. 50.

240 Werner, Markov: Geschichte der Türken; S. 224.

241 Die osmanische Bezeichnung ›Efendimiz‹ bedeutet übersetzt ›unser Herr‹.

242 Goltz: Denkwürdigkeiten: S. 108.

243 Goltz: Eine Wallfahrt nach Konstantinopel; S. 429.

244 Endres: Die Türkei; S. 112. Der Militär Franz Carl Endres (1878-1954) diente unter anderem während der Balkankriege in der osmanischen Armee.

245 Graf Wladimir Nikolajewitsch Lamsdorf (1844-1907), von 1900 bis 1906 russischer Außenminister. In der für das Russische Reich außerordentlich schwierigen politischen Phase zu Beginn des 20. Jahrhunderts war der Graf sehr pragmatisch an einem Fortbestand des Osmanischen Reiches interessiert.

246 Große Politik, Bd. 18; 65. Ähnlich urteilte auch der österreichische Historiker Heinrich Friedjung (1851-1920) in seinem dreibändigen Werk »Das Zeitalter des Imperialismus 1884-1914«: »Er war mißtrauisch, persönlich feige, grausam [...]. Seine Intelligenz stand indessen hoch über dem Durchschnitt; er war einer der geriebensten Diplomaten seiner Zeit, der die gegenseitige Eifersucht der europäischen Kabinette

zu benutzen und ihre Ränke zu überbieten verstand.« (Friedjung: Das Zeitalter des Imperialismus: 1. Band, S. 158).
[247] Şadiye Sultan: Hayatımın acı ve tatlı günleri; S. 29-30. Übersetzung Michael R. Heß.
[248] Große Politik, Bd. 10; 2460.
[249] Graf Johann Heinrich von Bernstorff (1862-1939), deutscher Botschafter am osmanischen Hof von August 1917 bis zum Kriegsende 1918. 1889 hatte der Graf als junger Attaché an der Botschaft auch den ersten Besuch des deutschen Kaisers in Constantinopel erlebt.
[250] Graf von Bernstorff: Erinnerungen und Briefe; S. 20-21.
[251] Abdul-Hamid: Pensées et Souvenirs; S. 3. Siehe auch Scherer: Adler und Halbmond; S. 368. Scherer bringt einen etwas anderen Wortlaut.
[252] Große Politik, Bd. 12 II. Teil; 3341.
[253] Französische Redewendung, etwa: ›Platz da, jetzt komme ich!‹
[254] Zu den deutschen ›Steinen‹ am Sultanshof gehörte zumindest zeitweilig der erwähnte İzzet Bey, der von deutschen Rüstungsfirmen zur Durchsetzung ihrer Interessen Geld erhielt, was Bieberstein natürlich bekannt war.
[255] Große Politik, Bd. 12 II. Teil; 3341.
[256] Das (politische) Verständnis Minderheiten gegenüber entwickelte sich in heutigem Sinn auch in Europa erst nach dem Ersten Weltkrieg in einem langwierigen, an Rückschlägen reichen Prozeß.
[257] Große Politik, Bd. 12 II. Teil; 3341.
[258] Scherer: Adler und Halbmond; S. 408. Die Frage, ob diese kritische Einschätzung tatsächlich zutrifft, muß der Klärung in einer ausführlichen Biographie Abdül Hamids II., die auch osmanische Quellen auswertet, vorbehalten bleiben.
[259] Scherer: Adler und Halbmond; S. 365.
[260] Scherer: Adler und Halbmond; S. 366.
[261] Graf von Bernstorff: Erinnerungen und Briefe; S. 20-21.
[262] Goltz: Abdul Hamids Lebensarbeit; S. 1815. Diese zögerliche Haltung beeinflußte keineswegs nur die äußere Politik des Sultans, sondern wirkte sich, wie schon gesagt, auch teilweise nach innen aus.
[263] Prinz Georg von Griechenland (1869-1957), zweiter Sohn des griechischen Königs Georg (1845-1913).
[264] Goltz: Abdul Hamids Lebensarbeit; S. 1815.
[265] Goltz: Abdul Hamids Lebensarbeit; S. 1815. Dieser Satz kann auf die im Osmanischen Reich lebenden Armenier bezogen werden, denn für die griechische und die bulgarische Minderheit engagierten sich die Regierungen in Athen und Sofia, also ›fremde Mächte‹.
[266] Goltz: Abdul Hamids Lebensarbeit; S. 1816.
[267] Schönburg-Waldenburg: Erinnerungen; S. 213. Prinz Heinrich von Schönburg-Waldenburg (1863-1945) war unter anderem Flügeladjutant Kaiser Wilhelms II.

[268] Bülow: Denkwürdigkeiten, 1. Bd.; S. 249.
[269] Endres: Die Türkei; S. 112.
[270] Theodor Herzl: Briefe und Tagebücher; S. 272-273.
[271] Kronprinz Wilhelm: Erinnerungen; S. 47-48. Kronprinz Wilhelm des Deutschen Reiches und von Preußen (1882-1951); Prinz Eitel Friedrich von Preußen (1883-1942). Prinz Eitel Friedrich heiratete 1906 Herzogin Sophie Charlotte von Oldenburg (1879-1964). Die Ehe war aufgrund der Homosexualität des Prinzen wenig glücklich. 1926 wurde das Paar schließlich geschieden, nachdem die Prinzessin bereits während des Ersten Weltkrieges die Trennung von ihrem Mann betrieben und zeitweise wieder am oldenburgischen Hof gelebt hatte. 1902 hatte Herzogin Sophie Charlotte ihren Vater und ihre Stiefmutter nach Constantinopel begleitet.
[272] Röhl: Der Aufbau; S. 1044.
[273] Spitzemberg: Tagebuch; S. 395-396. Freifrau Hildegard Hugo von Spitzemberg (1843-1914).
[274] Förster: Constantinopel. Reise-Erinnerungen; S. 40. Die Lebensdaten Rosa von Försters ließen sich bislang nicht ermitteln.
[275] Fürst Nikolaus I. (1841-1921) erhob sein offiziell seit 1878 vom Osmanischen Reich unabhängiges Land 1910 anläßlich seines fünfzigsten Regierungsjubiläums zum Königreich. Der König verheiratete seine Töchter und den Thronfolger unter politischen Gesichtspunkten sehr erfolgreich, um sein kleines Land fest im Gefüge der Balkanstaaten zu verankern. Auf diese Weise gelang es ihm, familiäre Verbindungen nach Italien, Rußland, Serbien, Großbritannien und Deutschland zu knüpfen. Der in Paris ausgebildete Fürst trat auch als Dichter und Dramatiker hervor. Viele seiner Gedichte wurden vertont und fanden Eingang in das Liedgut des Volkes, daneben verfaßte er verschiedene Dramen, von denen ›Die Balkanzarin‹ das bedeutendste ist und sein politisches Programm enthält. 1883 und 1898 besuchte Fürst Nikolaus mit seiner Gemahlin Milena (1847-1923) Sultan Abdül Hamid II. in Constantinopel. Das Verhältnis des Fürsten zu seinem einstigen Suzerän war naturgemäß schwierig, was den Sultan nicht davon abhielt dem Fürsten Nikolaus 1899 eine Yacht zu schenken, die in Bar, der Sommerresidenz der fürstlichen Familie, ankerte und später noch dem jugoslawischen Staatschef Josip Broz Tito (1892-1980) als Staatsyacht zu dienen.
[276] Heinrich von Eckardt (1861-1945), deutscher Gesandter am montenegrinischen Hof, anschließend ab 1914 Gesandter in Mexiko. GStA PK, BPH Rep. 53 FIII c5 Heinrich von Eckardt, 12 Seiten Maschinenschrift ›Kaiserpaar in Konstantinopel 1889‹.
[277] Röhl: Wilhelm II. Der Aufbau der persönlichen Monarchie; S. 153-154. Admiral Paul Hoffmann (1846-1917).
[278] Mirbach: Die Reise des Kaisers und der Kaiserin; S. 8.
[279] Raschdau: Ein sinkendes Reich; S. 326.
[280] Raschdau: Ein sinkendes Reich; S. 326.

[281] Lindenberg: Auf deutschen Pfaden im Orient; S. 163-164. Paul Lindenberg (1859-1943), Journalist und Schriftsteller. Er war mit Königin Elisabeth (Carmen Sylva) (1843-1916) und König Karl (1839-1914) von Rumänien befreundet und hielt sich mehrfach am rumänischen Hof auf.
[282] Ende: Sayyid Abū l-Hudā, ein Vertrauter Abdülhamid's II.; S. 1145.
[283] Lindenberg: Auf deutschen Pfaden im Orient; S. 164.
[284] Bülow: Denkwürdigkeiten, 1. Bd.; S. 252.
[285] Reinkowski: Die Dinge der Ordnung; S. 12.
[286] Große Politik, Bd. 10; 2391, siehe die mit * gekennzeichnete Anmerkung der Herausgeber.
[287] Große Politik, Bd. 12 I. Teil; 3102.
[288] Große Politik, Bd. 12 I. Teil; 3102, 1. Randbemerkung.
[289] Theodor Herzl: Tagebücher, 1. Band; S. 309.
[290] Theodor Herzl: Tagebücher, 1. Band; S. 309.
[291] Theodor Herzl: Briefe und Tagebücher; S. 272.
[292] Reinkowski: Die Dinge der Ordnung; S. 12.
[293] Höfert: Den Feind beschreiben; S. 99-100.
[294] Schmitt: Levantiner; S. 207-208.
[295] Schmitt: Levantiner; S. 386.
[296] Dryander: Erinnerungen; S. 266. Ernst von Dryander (1843-1922); im Juni 1918 geadelt. Daß Hofprediger von Dryander glaubte, die geschmacklose Anekdote von der Ordensinschrift erwähnen und richtigstellen zu müssen, deutet auf eine gewisse Beschränktheit hin, die nicht nur ihm im Umgang mit Fremdem eigen war. Dazu paßt, daß der osmanische Orden ›selbstverständlich‹ niemals angelegt wurde. Daß Wilhelm II. seine Äußerung über die Würdigung von Dryanders Verdiensten durch den Sultan (der immerhin das Oberhaupt des Landes war, in dem Dryander sich engagierte) eventuell ernst gemeint haben könnte, kam dem Geistlichen offenbar nicht in den Sinn.
[297] Mirbach: Das deutsche Kaiserpaar im Heiligen Lande; S. 81.
[298] Goetz: Briefe Wilhelms II.; S. 65.
[299] Freiherr Edwin von Manteuffel (1809-1885).
[300] Freiherr Carl von Müffling (1775-1851), seit 1829 als preußischer Militärreformer in Constantinopel.
[301] Große Politik, Bd. 2; 231.
[302] Reinkowski: Die Dinge der Ordnung; S. 21.
[303] Glassen: »Huzur«: Trägheit, Seelenruhe, soziale Harmonie; S. 145-146.
[304] Radowitz: Aufzeichnungen, 1. Bd.; S. 41.
[305] Banse: Die Türkei; S. 9. Ewald Banse (1883-1953). Der Geograph und Orientalist verfaßte seit etwa 1906 eine Vielzahl dem Orient scheinbar zugewandter Werke, in denen jedoch schon früh seine völkisch-rassistischen Ansichten nicht zu übersehen waren. Banse redete einer unbedingten Kolonisierung und Europäisierung des Nahen

Ostens sowie einem gewalttätigen Rassismus das Wort, wobei er dennoch ständig den Untergang des ›alten Orients‹ beklagte, der ihn – jedenfalls so, wie er sich den Orient vorstellte – offenbar nachdrücklich fasziniert hatte.

[306] Stern: Abdul Hamid II.; S. 68.

[307] Glassen: »Huzur«: Trägheit, Seelenruhe, soziale Harmonie; S. 146.

[308] Rogan: Aşiret Mektebi: Abdulhamid II's School for Tribes; S. 100.

[309] Le Jeune: Comment on sauve un empire; S. 142.

[310] Le Jeune: Comment on sauve un empire; S. 141.

[311] Le Jeune: Comment on sauve un empire; S. 141.

[312] Gedanken und Erinnerungen (Internetausgabe): ›Die kurdischen ‚Hamidiye-Regimenter'‹. Die berüchtigten Hamidiye-Regimenter, 1891 geschaffen, kämpften in Ostanatolien gegen die Armenier und verübten äußerst brutale Übergriffe auf die Bevölkerung, zumeist ohne dafür bestraft zu werden. Sie umfaßten um 1900 etwa sechzig Regimenter mit jeweils 800 bis 1500 Männern. Zeki Mustafa Pascha (1849-1914) gilt als der Schöpfer dieser Einheiten.

[313] Rogan: Aşiret Mektebi: Abdulhamid II's School for Tribes; S. 86-100.

[314] Georgeon: Abdulhamid II; S. 351-352.

[315] Prof. Dr. Robert Rieder (1861-1913) wurde 1898 zum Aufbau der neugegründeten Medizinischen Hochschule nach Constantinopel berufen und verfaßte dort diverse Schriften zur Verbesserung der Gesundheit der Bevölkerung. Einen ausführlichen Überblick über diese Literatur bietet die Dissertation von Stephanie Mutz-Humrich: Prof. Dr. med. Robert Rieder (1861-1913) und sein Wirken in der Türkei. Seine Gedanken, Ansichten und Vorstellungen; S. 78-81.

[316] Der erwähnte Uhrturm in Istanbul wurde in neobarockem Stil errichtet. Weitere monumentale Uhrtürme in orientalischen Formen entstanden zum Beispiel 1897 in Beirut sowie 1906 in Haifa. Auch İzmir (1901) und Aleppo (1899) sowie İzmit (1901) verfügen über entsprechende Wahrzeichen. Die Tradition solcher Türme geht allerdings bereits auf das 16. und das 17. Jahrhundert zurück. In mehreren Städten des Balkans und Anatoliens haben sich Beispiele erhalten.

[317] Die traditionelle osmanische Zeitrechnung, die bis 1924 üblich war, berechnete den Stundenverlauf orientiert am Untergang der Sonne, der den Beginn des neuen Tages markierte, was eine für Nicht-Osmanen äußerst verwirrende Praxis war.

[318] Siehe das Kapitel ›Die Bildung der Osmanlıs‹.

[319] Kaiser Wilhelm II. benutzte zum Schreiben noch lange am liebsten echte Gänsefedern, die stets gut gespitzt auf seinen Schreibtischen zu liegen hatten. Der erwähnte Füllhalter des Sultans gehört zu einer von mehreren erhaltenen Schreibgarnituren, deren einzelne Bestandteile jeweils mit dem verschlungenen Monogramm A H geschmückt sind.

[320] Kılıç: Kadın Yaşamı. Osmanlı Dönemi. Cumhuriyet Dönemi; S. 363. Michael R. Heß danke ich für diesen interessanten Literaturhinweis und seine Übersetzung. Allerdings verlangte Abdül Hamid II. stets, daß die Frauen in seinem Reich korrekt

bekleidet (mit dem ›Feradsche‹ genannten langen Frauenmantel, der die Gestalt weitgehend verbarg) und verschleiert (mit dem zweiteiligen Jaschmak, der gewöhnlich nur Augen und Nasenspitze unbedeckt ließ) in der Öffentlichkeit auftraten. Etwaige Abweichungen, Lockerungen oder modische Einflüsse sollten durch entsprechende Verordnungen und Hinweise, die auch in den Zeitungen publiziert wurden, unterbunden werden. Vahdettin Engin veröffentlichte diesbezügliche Schreiben der Palastkanzlei aus den Jahren 1899 bis 1904 (Engin: Sultan II. Abdülhamid ve İstanbul'u; S. 80-88). Für die Übersetzung danke ich ebenfalls Michael R. Heß.

321 Tewfik (Tevfik) Pascha (1843-1936) gehörte zu den interessantesten politischen Erscheinungen am osmanischen Hof in der an Umwälzungen und Wendungen reichen Spätzeit der Monarchie. Europäisch erzogen, trat er früh in den diplomatischen Dienst ein und absolvierte eine steile Karriere – unter anderem war er Botschafter an den Höfen in Athen, Berlin und London, Außenminister und mehrfach Großwesir in bewegten Zeiten: Als Sultan Abdül Hamid II. 1909 entthront wurde, hatte er dieses Amt inne, ebenso von 1918 bis 1919 während des Zusammenbruchs des Reiches und auch 1923, als Mustafa Kemal die Republik verkündete. Seine spätere Frau Elisabeth Tschumi (1859-1949) aus dem Schweizer Kanton Oberaargau hatte er 1879 als Botschafter in Athen kennengelernt und sie 1880 geheiratet. Sie blieb ihr Leben lang Protestantin, nannte sich jedoch nach der Hochzeit Afife (die Ehrbare). Andere Gemahlinnen hatte Tewfik Pascha nicht. Als 1934 die Familiennamen eingeführt wurden, gab Tewfik Pascha der Familie den Namen Okday. Obwohl sie Christin war, wurde Afife Okday 1949 gemäß ihrem Wunsch an der Seite ihres Mannes auf dem muslimischen Friedhof von Edirnekapı in Istanbul beigesetzt. Der Imam erklärte lakonisch: »Wenn sie diesen Wunsch geäußert hat, betrachten wir sie auch als eine der Unsrigen.« So stand am Ende dieses langen Lebens eine rührende Geste der Toleranz. (Okday: Der letzte Großwesir; S. 103.) Eine ausführliche Lebensbeschreibung bietet: Andrea Fiedler: Elisabeth Tschumi 1859-1949 die Frau des letzten Großwesirs.

322 Okday: Der letzte Großwesir; S. 89. Weitere Angaben zur Familie siehe Anmerkung 712.

323 Kürşat: Der Verwestlichungsprozeß, Bd. II; S. 256.

324 Faroqhi: Kultur und Alltag im Osmanischen Reich; S. 280.

325 Kürşat: Der Verwestlichungsprozeß, Bd. II; S. 243.

326 Küng: Der Islam; S. 512. Für Faroqhis und Küngs Annahmen spricht unter anderem die Tatsache, daß Sultan Abdül Hamid II. nach seinem Regierungsantritt die staatliche (und damit seine eigene) Kontrolle über die geistlichen Stiftungen keineswegs abschaffte, um sie gegebenenfalls wieder in die Hände des Klerus' zu legen, vielmehr zentrierte er die gesamte Regierungsmacht im Yıldız-Palast. Inwieweit und in welchen Angelegenheiten beispielsweise die einzelnen Ministerien selbständig handeln und entscheiden konnten, müßte unter Zuhilfenahme der reichlichen Aktenbestände aus dem Palast untersucht werden.

[327] Küng: Der Islam; S. 512-513. Die hier von Küng herangezogenen Beispiele bedürfen allerdings einer genauen Überprüfung anhand osmanischer Quellen.
[328] Gedanken und Erinnerungen (Internetausgabe): Siehe unter anderem die Kapitel ›Die weltweite Bedeutung des Islams‹ sowie ›Das Kalifat und die Schiiten‹.
[329] Faroqhi: Kultur und Alltag im Osmanischen Reich; S. 277.
[330] Sayyid Muhammad Ibn Safdar al-Husain (1838-1897); er stammte aus Persien. Um dort nicht verfolgt zu werden, nannte er sich Dschamal ad-Din al-Afghani.
[331] Majoros, Rill: Das Osmanische Reich; S. 352.
[332] Kürşat: Der Verwestlichungsprozeß, Bd. II; S. 521.
[333] Näheres bietet jedoch die bereits erwähnte ausführliche Untersuchung Elçin Kürşats.
[334] Gabriel, Noradungian: (1853-1936), Außenminister des Osmanischen Reiches 1909 sowie von 1912 bis 1913.
[335] Endres: Die Türkei; S. 220-221.
[336] Kürşat: Der Verwestlichungsprozeß, Bd. II; S. 496-497.
[337] Kürşat: Der Verwestlichungsprozeß; S. 363.
[338] Georgeon: Abdul Hamid II; S. 320-321, weitere Ausführungen 322-324.
[339] Georgeon schreibt, daß Griechen und Armenier in den 1880er Jahren etwa 21 Prozent der Bevölkerung ausmachten (Georgeon: Abdul Hamid II; S. 321).
[340] Kürşat: Der Verwestlichungsprozeß; S. 533.
[341] Feigl: Musil von Arabien; S. 86-87. Der von der habsburgischen Reichsidee geprägte Feigl erwähnte, daß es Bestrebungen gegeben habe, das Osmanische Reich nach dem Vorbild Österreich-Ungarns zu einem ›Türkisch-Arabischen Reich‹ zu entwickeln, in dem der Sultan außerdem eine Art König Arabiens sein sollte. Um diesen interessanten Gedanken zu verifizieren, müßten die umfangreichen türkischen Archive herangezogen werden.
[342] Siehe das Kapitel ›Die weltweite Bedeutung des Islams‹.
[343] Kürşat: Der Verwestlichungsprozeß, Bd. II; S. 506.
[344] Georgeon: Abdulhamid II; S. 212.
[345] Ayşe Sultan: Avec mon père; S. 220.
[346] Gedanken und Erinnerungen (Internetausgabe): ›Die weltweite Bedeutung des Islams‹.
[347] Georgeon: Abdulhamid II; S. 211-212.
[348] Siehe das Kapitel ›Das Kalifat und die Schiiten‹.
[349] Georgeon: Abdulhamid II; S. 209.
[350] Max Freiherr von Oppenheim (1860-1946). Zu seinem politischen Wirken siehe: Stefan M. Kreutzer: Dschihad für den deutschen Kaiser. Max von Oppenheim und die Neuordnung des Orients (1914-1918); Graz 2012. 1899 entdeckte von Oppenheim im heutigen Syrien den prähistorischen Siedlungshügel Tell Halaf sowie die neuassyrisch-aramäische Stadt Guzana, leitete die Ausgrabungen und machte sich in den folgenden Jahrzehnten als Amateurarchäologe einen Namen. Sein privates Tell

Halaf-Museum und mit ihm ein Großteil der dort gezeigten Kunstwerke fiel 1943 in Berlin der kriegsbedingten Zerstörung anheim. Reste der Sammlungen wurden in den vergangenen Jahren aufwendig restauriert und waren ab Februar 2011 im Berliner Pergamonmuseum ausgestellt.

351 Werner von Hentich (1886-1984); nach diplomatischen Stationen in Constantinopel und Teheran wurde von Hentich 1915 im Rahmen einer aufsehenerregenden Expedition mit Ritter Oskar von Niedermayer (1885-1948) als Legationsrat an den Hof des Emirs von Afghanistan entsandt, um dort und in den indischen Fürstentümern für den Heiligen Krieg an der Seite des Osmanischen Reiches gegen die Briten zu werben. Emir Habibullah Khan (1872-1919) empfing zwar die Deutschen und nahm die Akkreditierung von Hentichs an, gab aber ansonsten den Mittelmächten, trotz gewisser Sympathien für ihre Ziele, keine Zusagen. Den Briten hatte der Emir dagegen strikte Neutralität garantiert, so daß die deutsch-osmanischen Bemühungen zu diesem Zeitpunkt scheiterten. Im Sommer 1916 kehrte von Hentich nach Constantinopel zurück. Eingehender mit dieser beachtenswerten diplomatischen Mission, die von Freiherr Max von Oppenheim maßgeblich angeregt worden war, beschäftigt sich Stefan M. Kreutzer in seinem Buch: »Dschihad für den deutschen Kaiser. Max von Oppenheim und die Neuordnung des Orients (1914-1918); Graz 2012.

352 Ali Cevat Bey (1858-1930). Im Hofdienst seit 1880, wurde er im August 1908 von Abdül Hamid II. zum Ersten Sekretär ernannt – ein Amt, das er dann bis zum Sturz des Sultans innehatte.

353 Damad Ahmed Nami Bey (1873-1962).

354 Said Abu al-Huda (1850-1909).

355 Hasan Khalid Abu al-Huda (1871-1936).

356 Ende: Sayyid Abū l-Hudā, ein Vertrauter Abdül Hamid's II.; S. 1154.

357 Ausführlich beschrieben wird der Einfluß verschiedener Damaszener Familien in der Hamidischen Epoche in: David Kushner: Palestine in the late Ottoman Period; S. 156-157.

358 Selim Melhame (1851-1937); die Lebensdaten seine Bruders ließen sich nicht ermitteln. Ausführlich beschreibt das Leben Selim Melhames in einer reich bebilderten Biographie: Erol Makzume: Sultan II. Abdül Hamid in hizmetinde: Selim Melhame Paşa ve ailesi; Istanbul 2019.

359 Kürşat: Der Verwestlichungsprozeß; S. 363.

360 Georg von Siemens (1839-1901), einer der Gründungsdirektoren der Deutschen Bank, Bankier und Politiker. Er hatte an dem Zustandekommen des Bagdadbahn-Projektes einen gewichtigen Anteil.

361 Korn: Schienen für den Sultan; S. 45.

362 Dernburg: Auf deutscher Bahn; S. 100-101. Der Nationalliberale Friedrich Dernburg (1833-1911) war mit Kaiser Friedrich III. (1831-1888) befreundet und reiste 1891 auf der Anatolischen Eisenbahn durch das Osmanische Reich.

[363] Graf François René de Chateaubriand (1768-1848); George Byron, Baron Byron of Rochdale (1788-1824); Théophile Gautier (1811-1872). Der in Berlin und Paris lebende Journalist Siegmund Feldmann († 1933) war unter anderem mit dem Schriftsteller Gerhart Hauptmann (1864-1946) befreundet.
[364] Feldmann: Orientalische Pracht; in: Die Woche, Heft 16, April 1914; S. 642. Daß Feldmann mit seinem Vergleich von Constantinopel und ›Dingskirchen‹ gleichzeitig auch die gesamte kulturhistorische und geistesgeschichtliche Bedeutung der Metropole am Bosporus für ganz Europa abtat, bedarf keiner besonderen Betonung.
[365] Philipp: Der beduinische Widerstand gegen die Hedschasbahn; S. 37.
[366] Mugheid: Sultan Abdulhamid II.; S. 30 und S. 40-42.
[367] Siehe das Kapitel ›Die Hedschasbahn‹.
[368] Alois Musil (1868-1944), bedeutender Orientalist und Kenner Arabiens, der im Auftrag Österreich-Ungarns während des Ersten Weltkrieges bestrebt war, die Stämme Innerarabiens zu einen und auf seiten des Osmanischen Reiches zu halten, was ihm teilweise gelang. Auf diese Weise wurde er zu einer Art Gegenspieler von ›Lawrence von Arabien‹ (Thomas Edward Lawrence *1888 †1935), ohne allerdings dessen Berühmtheit zu erlangen.
[369] Feigl: Musil von Arabien; S. 86-87.
[370] Heinrich August Meißner (1862-1940). Meißner Pascha verstarb als großer Freund der Türkei in Istanbul.
[371] Korn: Schienen für den Sultan; S. 139.
[372] Philipp: Der beduinische Widerstand gegen die Hedschasbahn; S. 31.
[373] So könnte in freier Übersetzung der französische Name der Eisenbahn lauten.
[374] Banse: Die Türkei; S. 8.
[375] Osman Hamdi Bey (1842-1910).
[376] Yılmaz: Osmanlı'nın hediye sunumlarında önem taşıyan bir fabrika: Hereke Fabrika-i Hümâyûnu ve Hereke Köşkü; S. 131. Die Zahl der Schlösser, Köşks und Yalıs von Mitgliedern des Herrscherhauses allein in Istanbul und auf den Prinzeninseln ist ganz erheblich. Es erscheint lohnend, gegebenenfalls in den Archiven der Hofhaltung etwas über deren Ausstattung in Erfahrung zu bringen, um zumindest über Lebensstil und Kultur der letzten, zum Teil sehr europäisch geprägten Generationen der kaiserlichen Familie im Osmanischen Reich konkrete Angaben machen zu können und sich nicht nur in vagen Vorstellungen von ›unerhörter Pracht‹ und ›orientalischem Luxus‹ zu erschöpfen.
[377] Yılmaz: Osmanlı'nın hediye sunumlarında önem taşıyan bir fabrika: Hereke Fabrika-i Hümâyûnu ve Hereke Köşkü; S. 133.
[378] Weiberg: Zwischen Orient und Ostsee; S. 85.
[379] Hagop Kazazian Pascha (1833-1892); der Bankier wurde 1879 zum Direktor – ab 1880 dann Minister – der Kaiserlichen Civilliste ernannt und leitete seit 1887 das Finanzministerium. Auch seine beiden Nachfolger waren Armenier: der Finanzfachmann Mikail Portakal Pascha (1842-1897) sowie der bereits erwähnte

Ökonom Sakızlı Ohannes Pascha (1836-1912), der von 1897 bis 1908 beide Ämter bekleidete.

380 Georgeon: Abdulhamid II; S. 166-167.

381 Banse: Die Türkei; S. 251-252 und S. 273-280.

382 Gedanken und Erinnerungen (Internetversion): Siehe das Kapitel ›Die jüdische Frage‹.

383 Die deutschen souveränen Fürsten zahlten bis zum Ende der Monarchie keine Steuern.

384 Georgeon: Abdulhamid II; S. 168-169.

385 Georgeon: Abdulhamid II; S. 553.

386 Jäckh: Kiderlen-Wächter, 1. Bd.; S. 241. Ernst Jäckh (1875-1959) gehörte zu den rastlosen Förderern einer deutsch-osmanischen Annäherung und hat dabei viel Beachtliches geleistet, wenngleich sein massives Eintreten für die Jungtürken heute umstritten ist. Jäckh sah sich gezwungen, Deutschland 1933 aufgrund seiner politischen Einstellung zu verlassen. In Großbritannien und in den Vereinigten Staaten engagierte er sich dann ebenfalls für eine britisch-türkische beziehungsweise us-amerikanisch-türkische Verständigung.

387 Wenn auch das 20. Jahrhundert eigentlich erst mit dem 1. Januar 1901 begann, so empfanden die Menschen das Jahr 1899 als letztes Jahr des 19. Jahrhunderts. So hatte Kaiser Wilhelm II. den 1. Januar 1900 als Beginn des neuen Jahrhunderts in Deutschland offiziell festgelegt.

388 Die einzige deutschsprachige Zeitung am Bosporus (sie erschien zudem noch in französischer Sprache als ›Lloyd Ottoman‹), der ›Osmanische Lloyd‹, erschien von November 1908 bis Oktober 1918, initiiert von der deutschen Botschaft in Constantinopel und dem Auswärtigen Amt, finanziert von deutschen Banken und der Industrie.

389 Georgeon: Abdulhamid II; S. 349-352.

390 İlona Baytar (Hrsg.): İki dost hükümdar; S. 262. Interessante Anmerkungen zu den Feierlichkeiten enthalten auch die Erinnerungen des Schweizers Louis Rambert (1839-1919), der nach verschiedenen leitenden Funktionen (unter anderem bei der Banque Ottomane) seit 1897 Direktor der staatlichen Tabakregie in Constantinopel war. Rambert berichtete, daß die Staatsbank dem Sultan zu dessen Thronjubiläum ein Piano aus der berühmten Werkstadt von Érard zum angeblichen Preis von 15.000 Livres schenkte. Die Tabakregie sowie die Dette Publique überreichten je eintausend Livres für wohltätige Einrichtungen, die Eisenbahngesellschaft übergab literarische Prachtbände im persischen Stil (Rambert: Notes et Impressions de Turquie; S. 99-100).

391 Georgeon: Abdulhamid II; S. 352.

392 Ende: Sayyid Abū l-Hudā, ein Vertrauter Abdu□lhamid's II.; S. 1143.

393 Theodor Herzl: Briefe und Tagebücher; S. 272.

394 Theodor Herzl: Briefe und Tagebücher; S. 273.

[395] Mahmud Nedim Bey, osmanischer Botschafter in Wien 1896-1908.
[396] Theodor Herzl: Briefe und Tagebücher; S. 283.
[397] Theodor Herzl: Briefe und Tagebücher; S. 271.
[398] Der Botschafter Österreich-Ungarns am osmanischen Hof war mehr als ein Vierteljahrhundert lang – von 1880 bis 1906 – Freiherr Heinrich von Calice (1831-1912).
[399] Philip Henry Wodehouse Currie, erster Baron Currie (1834-1906), zwischen 1893 und 1906 britischer Botschafter am osmanischen Hof.
[400] Große Politik, Bd. 12 I. Teil; 3073. Graf Paul Wolff Metternich zur Gracht (1853-1934), Diplomat; unter anderem Vorgänger von Freiherr Marschall von Bieberstein als Botschafter am britischen Hof und Nachfolger des Freiherrn von Wangenheim als Botschafter in Constantinopel. Weil er die massenhafte Ermordung der Armenier sowohl in Berlin als auch bei der osmanischen Regierung deutlich anprangerte, wurde er bereits Ende 1916 von diesem Posten abberufen. Noch im Januar 1897 sprach Premierminister Lord Salisbury gegenüber dem deutschen Botschafter in London von einer möglichen Absetzung Abdül Hamids II., um ihn durch einen im Sinn der Mächte leicht lenkbaren Sultan zu ersetzen. Daß in jenen Jahren, da sich die deutsch-osmanischen Beziehungen verfestigten, gerade die Briten ein so großes Interesse an einem Regierungswechsel am Bosporus hatten, hat seine Ursache nicht zuletzt darin, daß sie befürchteten, weiter an Einfluß zu verlieren, falls Abdül Hamid II. noch länger regieren sollte. Die Regierung in London rechnete offensichtlich damit, einen neuen Sultan leichter in ihrem Sinn dirigieren zu können. Eine Auswertung der Berichte britischer Diplomaten und weiterer Archivalien des britischen Außenministeriums dürfte Aufschluß darüber geben, wie die Londoner Downing Street den Thronfolger Mehmed Reşad – den späteren Sultan Mohammed V. – oder auch andere osmanische Prinzen politisch einschätzte.
[401] Radowitz: Aufzeichnungen, 1. Bd.; S. 219. Joseph Maria von Radowitz war in den Jahren 1861 und 1862 bereits als junger Diplomat bei der damals preußischen Vertretung in Constantinopel und dann von 1871 bis 1872 sowie zwischen 1882 und 1890 als deutscher Botschafter am Bosporus akkreditiert.
[402] Stern: Die Politik des Sultans; S. 124.
[403] Große Politik, Bd. 12 II. Teil; 3348.
[404] Stern: Der Sultan und seine Politik; S. 125-129.
[405] Böer: Türken in Berlin 1871-1945; S. 60.
[406] Okday: Der letzte Großwesir; S. 25.
[407] Georgeon: Abdulhamid II; S. 164.
[408] Kreiser: Der osmanische Staat; S. 45.
[409] Diesen freundlichen Hinweis verdanke ich Felix Schönrock, Greifswald.
[410] Kreiser: Istanbul; S. 55.
[411] Johannes Ziegler (1842-1907), pietistischer Pastor, Leiter der noch immer unter dem Dach der Diakonie existierenden ›Ziegler'schen Anstalten‹

(heute ›Die Zieglerschen‹) in Wilhelmsdorf bei Ravensburg.
412 Ziegler: Konstantinopel; S. 74.
413 Große Politik, Bd. 25 II. Teil; 8881.
414 Grosser-Rilke: Nie verwehte Klänge; S. 206.
415 Der heutige Name dieser lebendigen Geschäftsstraße in Beyoğlu lautet İstiklal Caddesi. Der elegante Charakter der Straße, die von einer historischen Straßenbahn der Zeit um 1900 befahren wird, ist durch die sie säumenden Fassaden in den Formen des Historismus und des Jugendstils geprägt.
416 Grothe: Auf türkischer Erde; S. 349.
417 Siehe unter anderem: Endres: Die Türkei; S. 123-124.
418 Gedanken und Erinnerungen (Internetversion): Siehe das Kapitel ›Der Sultan und die Spionage‹.
419 Endres: Die Türkei; S. 125-126.
420 Georgeon: Abdulhamid II; S. 161.
421 Jarchow: Hofgeschenke; S. 40. Die erwähnten Photographien der Operninszenierung waren Bestandteil von drei Kassetten mit zahlreichen Aufnahmen aus Deutschland und Palästina, die 1898 nach Kaiser Wilhelms II. Reise durch das Heilige Land dem Sultan als Geschenk übersandt wurden. Jarchow nennt es das spektakulärste und wertvollste Photographiegeschenk Wilhelms II., was dafür spricht, daß es direkt an dem speziellen Interesse des Sultans orientiert war – und die besondere persönliche Freundschaft zwischen beiden Herrschern widerspiegelt.
422 Angesichts der heute üblichen Reisediplomatie der Regierungschefs und Staatsoberhäupter müssen die Reisen Wilhelms II. jedoch teilweise in einem anderen Licht erscheinen und auch unter politischen Aspekten beurteilt werden. Sie sind, neben aller Rastlosigkeit des letzten deutschen Kaisers, auch als ein in der damaligen Zeit eher ungewöhnlicher Aspekt des persönlichen Regierungsstils Wilhelms II. anzusehen.
423 Georgeon: Abdulhamid II; S. 158-159. Vergleiche auch Suraiya Faroqhi: Kultur und Alltag im Osmanischen Reich; S. S. 276: »Aber Sultan Abülhamid II., der über dreißig Jahre lang [...] das Reich in autokratischer Weise regierte, benutzte hauptsächlich Verhaftungen, Verbannungen und auch Korruption, um sich die Oberschicht gefügig zu machen.«
424 Seniha Sultan (1852-1931), seit 1877 mit Damad Mahmud Celaleddin Pascha (1853-1903) vermählt. Als ihr Gatte nach Europa geflohen war, stellte sie Abdül Hamid II. zeitweilig unter Hausarrest.
425 Prinz Ahmed Sabahattin (1877-1948); der Prinz kehrte 1909 in das Osmanische Reich zurück, mußte 1913 aber erneut fliehen, kehrte nochmals 1918 zurück und wurde 1924 endgültig des Landes verwiesen. Er starb zurückgezogen in der Schweiz. Sein Bruder Prinz Mehmed Lütfullah (1880-1973) lebte seit 1924 in Frankreich.
426 Große Politik, Bd. 14 II. Teil; 3991.
427 Große Politik, Bd. 12 II. Teil; 3347.

[428] Salih Münir Pascha (1859-1939). Er war von 1896 bis 1908 osmanischer Botschafter in Paris. Seit 1900 war er auch als osmanischer Geschäftsträger in der Schweiz akkreditiert, da die beiden Staaten erst um die Jahrhundertwende gegenseitige diplomatische Beziehungen aufnahmen.
[429] Kieser: Vorkämpfer der »Neuen Türkei«; S. 51-52.
[430] Georgeon: Abdulhamid II; S. 383-384.
[431] Jorga: Geschichte des Osmanischen Reiches; Bd. V; S. 597-598.
[432] Grothe: Auf türkischer Erde; S. 359.
[433] Grothe: Auf türkischer Erde; S. 345.
[434] Grothe: Auf türkischer Erde; S. 349.
[435] Gemeint sind die in den Grenzen des Osmanischen Reiches lebenden Serben und Bulgaren.
[436] Oswald Spengler (1880-1936), rechtskonservativer Kulturhistoriker. Der erste Band seines vielgelesenen Werkes ›Der Untergang des Abendlandes‹ erschien erstmals 1918, der zweite folgte 1922. Beide heftig kritisierten Bände erlebten bis zum Ende des 20. Jahrhunderts zahlreiche Neuauflagen.
[437] Spengler: Der Untergang des Abendlandes; S. 192 (Anmerkung 1).
[438] Hüseyn Hilmi Pascha (1855-1922), Generalinspekteur von Rumelien (1903-1908), stand den Jungtürken zunehmend nahe; Großwesir Sultan Abdül Hamids II. von Februar bis April 1909. Von 1912 bis 1918 Botschafter am Wiener Hof. Er starb in Wien, da ihm nach dem Ende der jungtürkischen Herrschaft die Rückkehr nach Constantinopel verboten worden war.
[439] Georgeon: Abdulhamid II; S. 368.
[440] Goetz: Briefe Wilhelms II.; S. 95-96.
[441] Wie sehr einerseits schon die Frage einer möglichen Anhebung der osmanischen Importzölle und andererseits die Bestimmungen bezüglich einer Verwendung der daraus erzielten Einnahmen Gegenstand der Interessenpolitik der europäischen Mächte waren, stellt eingehend dar: Schöllgen: Imperialismus und Gleichgewicht; S. 197-205. Hieraus geht deutlich hervor, wie sehr sich ›die Mächte‹ gegenseitig beargwöhnten und fürchteten, die eventuelle Anhebung der Importzölle könnte zum Beispiel Deutschland einseitige Vorteile bei der Realisierung des Bagdadbahn-Projektes verschaffen. Deshalb mußte die osmanische Regierung 1906 und 1907 Protokolle unterzeichnen, die die genaue Verwendung der Mehreinnahmen festlegten. Nur unter diesen Bedingungen war Großbritannien bereit, der Zollerhöhung schließlich zuzustimmen. Das komplizierte Steuersystem für den Handel im Osmanischen Reich, das zumindest seit den Abkommen von Baltalimanı (1838-1839) stark von einer sich in den folgenden Jahrzehnten verheerend auswirkenden Vorteilsnahme der europäischen Mächte im Sinne des Kolonialismus bestimmt wurde und dazu führte, daß das Osmanische Reich trotz sehr beträchtlicher Steigerung der Ein- und Ausfuhren zunehmend weniger Einnahmen daraus erzielte, wird sehr anschaulich und kurzgefaßt dargestellt in: Küçükerman/ Mortan:

Der große Basar; S. 79-82.
442 Goltz: Abdul Hamids Lebensarbeit; S. 1816.
443 König Edward VII. von Großbritannien und Irland, Kaiser von Indien (1841-1910), folgte seiner Mutter Königin Victoria (1819-1901) auf den Thron nach. Der in Europa als Lebemann mehr als berüchtigte König galt ansonsten als geschickter Diplomat. Seine Gemahlin Alexandra (1844-1925), eine dänische Prinzessin aus dem Haus Schleswig-Holstein-Sonderburg-Glücksburg, war die Schwester des griechischen Königs Georg I.
444 Goltz: Eine Wallfahrt nach Konstantinopel; S. 491.
445 Eine interessante zusammenfassende Darstellung aus der Sicht der Zeit lieferte Generalmajor Imhoff (Imhoff Pascha) in: Die Welt des Islams (1913), Bd. 1, Heft 3-4; S. 167-177. Heinrich Carl Imhoff (1854-1918) war zwischen 1902 und 1909 Angehöriger des osmanischen Generalstabs und trat auch als Übersetzer osmanischer Literatur hervor.
446 Georgeon: Abdulhamid II; S. 401.
447 Jäckh: Kiderlen-Wächter, 1. Bd.; S. 129.
448 Große Politik, Bd. 25 II. Teil; 8880.
449 Jäckh: Kiderlen-Wächter, 1. Bd.; S. 280.
450 Halide Edip (Adıvar) (1884-1964); Bildungspolitikerin, Frauenrechtlerin und Schriftstellerin. Zunächst Anhängerin der Jungtürken, schloß sie sich 1920 Mustafa Kemal Pascha (Atatürk) an, geriet dann jedoch in Gegensatz zu ihm und floh 1926 erneut ins Ausland. Erst nach dem Tod Atatürks kehrte sie 1939 in die Türkei zurück. Ihr Roman ›Das neue Turan‹ wurde bereits 1912 ins Deutsche übersetzt. ›Turan‹ (eine alte Bezeichnung für von Türken bewohnte Gebiete) sollte das alle Turkvölker vereinende nationalistisch ausgerichtete Großreich sein, von dem die Hauptaktivisten des Komitees für Einheit und Fortschritt zunehmend phantasierten.
451 Große Politik, Bd. 25 II. Teil; 8881.
452 Große Politik, Bd. 25 II. Teil; 8881.
453 Çebeci: Die deutsch-türkischen Beziehungen; S. 422.
454 Große Politik, Bd. 25 II. Teil; 8881.
455 Ayşe Sultan: Avec mon père; S. 128-132. Die Prinzessin betonte in ihren Erinnerungen deutlich die Angst, die alle Angehörigen der kaiserlichen Familie angesichts dieser ungewohnten Situation ergriffen hatte.
456 Jäckh: Kiderlen-Wächter, 1. Bd. 1. Bd.; S. 282-283.
457 Große Politik, Bd. 25 II. Teil; 8886.
458 Jäckh: Kiderlen-Wächter, 1. Bd.; S. 287-288.
459 Jäckh: Kiderlen-Wächter, 1. Bd.; S. 286; außerdem S. 289.
460 Graf Friedrich von Pourtalès (1853-1928), von 1907 bis 1914 deutscher Botschafter in Sankt Petersburg.
461 Große Politik, Bd. 25 II. Teil; 8884.
462 Große Politik, Bd. 25 II. Teil; 8910. Randbemerkung 5.

[463] Jäckh: Kiderlen-Wächter, 1. Bd.; S. 284.
[464] Goltz: Denkwürdigkeiten; S. 312. Mahmud Şevket Pascha (1856-1913), Militär und Politiker. Von Januar 1913 bis zu seiner Ermordung im Juni war er Großwesir. Er galt als gemäßigter Vertreter der Jungtürken und war in der Frage der Minderheitenrechte für die Armenier im Osmanischen Reich zu Verhandlungen bereit. Sein Tod machte radikaleren Repräsentanten der Jungtürken den Weg frei.
[465] Goltz: Denkwürdigkeiten; S. 312.
[466] Goltz: Eine Wallfahrt nach Konstantinopel: S. 431.
[467] Jäckh: Der aufsteigende Halbmond; S. 27.
[468] Große Politik, Bd. 25 II. Teil; 8910.
[469] Große Politik, Bd. 25 II. Teil; 8990.
[470] Große Politik, Bd. 25 II. Teil; 8990. Randbemerkung 13.
[471] Grosser-Rilke: Nie verwehte Klänge; S. 210.
[472] Jorga: Geschichte des Osmanischen Reiches; Bd. V; S. 622. Georgeon nennt etwas abweichende Zahlen.
[473] Adıvar: Mein Weg durchs Feuer; S. 146.
[474] Georgeon: Abdulhamid II; S. 368.
[475] Jäckh: Kiderlen-Wächter, 1. Bd.; S. 286.
[476] Ahmed Rıza (1858-1930) war einer der führenden Jungtürken in der Zeit zwischen 1902 und 1912, Journalist, Schriftsteller und Politiker. Zeitweilig lebte er in Frankreich und trat 1902 auf dem Kongreß der Jungtürken mit der radikalen Forderung auf, den Sultan gewaltsam zu beseitigen. Später distanzierte sich Ahmed Rıza allerdings von diesem Ansinnen.
[477] Georgeon: Abdulhamid II; S. 416-417.
[478] Wakuf, (arabisch) Waqf oder (türkisch) Vakıf. Es handelt sich um eine bereits seit dem 7. oder 8. Jahrhundert existierende Einrichtung frommer religiöser Stiftungen, insbesondere von Grund und Boden.Wakuf-Vermögen diente unter anderem dem Bau sowie dem Unterhalt von Moscheen, Schulen, Spitälern, Brücken, Bewässerungskanälen, Märkten und Verteidigungsanlagen. (Tworuschka: Islam Lexikon; S. 74)
[479] Große Politik, Bd. 26 I. Teil; 8939. Schlußbemerkung.
[480] Große Politik, Bd. 26 I. Teil; 8939. 2. Randbemerkung.
[481] Freiherr (seit 1909 Graf) Alois Lexa von Aehrenthal (1854-1912) war von 1906 bis zu seinem Tod österreichisch-ungarischer Außenminister. Er betrieb im Hinblick auf die Annexion Bosniens und der Herzegowina eine entschiedene, von den Zeitgenossen als rücksichtslos empfundene Politik. Im September 1908 arrangierte Graf Leopold Berchtold (1863-1942) auf seinem mährischen Schloß Buchlau eine geheime Zusammenkunft zwischen Lexa von Aehrenthal und dem russischen Außenminister Iswolski. Beide Minister einigten sich in loser Form am 16. September auf das ›Buchlauer Abkommen‹, demzufolge Österreich-Ungarn mit Rußlands Duldung Bosnien und die Herzegowina annektieren konnte. Rußland ließ sich im Gegenzug dafür eine freie Passage von Kriegsschiffen durch den Bosporus und die

Dardanellen zusichern und versicherte, im Krisenfall weder Constantinopel noch umliegende Territorien zu beanspruchen. Eine weitergehende Darstellung der Annexion sowie des Buchlauer Treffens aus zeitgenössischer Sicht siehe: Friedjung: Das Zeitalter des Imperialismus, 2. Band; S. 218-236. Friedjung wies im Vorwort seines unfangreichen Werkes, das sich ausführlich mit der Orientpolitik der Großmächte auseinandersetzte, selbstkritisch auf die Schwäche seiner zwischen 1911 und 1918 entstandenen Arbeit hin – sie entstand zu einer Zeit, da dem Historiker die Archive aufgrund der Aktualität der behandelten Zeiträume und Themen noch verschlossen waren, weswegen er sich weniger zuverlässiger Quellen bedienen mußte.

482 Große Politik, Bd. 26 I. Teil; 8992. Schlußbemerkung Kaiser Wilhelms II.

483 Kaiser Wilhelm II. hielt sich aus Anlaß der Feierlichkeiten des 60. Thronjubiläums Kaiser Franz Josephs in Wien auf.

484 Große Politik, Bd. 26 I. Teil; 8939. Fußnote*** der Herausgeber. Fürst von Radolin war durch den Botschafter Österreich-Ungarns in Paris, Graf Rudolf von Kevenhüller-Metsch (1844-1910), von diesem Vorfall unterrichtet worden.

485 Georgeon: Abdulhamid II; S. 420. Die Berufung einer Kommission zur Klärung der Ereignisse könnte allerdings auch ein Schachzug zur Verschleierung der Rolle des Sultans in diesem Geschehen gewesen sein. Auch in diesem Fall würde eine Auswertung der entsprechenden Archivalien des Palastarchivs vielleicht Licht in die Vorgänge bringen.

486 Mehmed Djemaleddin Efendi (1848-1917) war nicht nur ein geschätzter Gelehrter am Hof von Yıldız. Aus bedeutender Beamtenfamilie stammend, war er Jurist, ausgebildet in osmanischem und islamischem Recht, oberster Richter des Reiches, Minister für religiöse Angelegenheiten sowie zwischen 1891 und 1909 Scheich ül-Islam. 1913 ging er nach Ägypten, wo der Gegner der deutsch-osmanischen Militär- und Kriegspolitik 1917 starb.

487 Ayşe Sultan: Avec mon père; S. 145.

488 Diese Szene hat später der Neffe Abdül Hamids II., Prinz Abdül Medschid (der letzte Kalif), nach den Angaben der beteiligten Abgeordneten in einem detailgetreuen Ölgemälde überliefert. Es befindet sich heute im Dolmabahçe-Palast. Der Raum, in dem der Sultan seine Absetzung erfuhr, befindet sich im Yıldız-Palast und kann besichtigt werden. Die Mitglieder der Delegation befürchteten, der Sultan könnte während dieser heiklen Mission auf sie schießen. Daher gab einer der Herren vor, unter seiner Jacke eine Pistole zu halten, was allerdings nicht der Fall war. Auf dem Gemälde ist das deutlich zu erkennen.

489 Ayşe Sultan: Avec mon père; S. 149.

490 Georgeon: Abdulhamid II; S. 221-225.

491 Nagib Mahfuz (1911-2006), ägyptischer Schriftsteller und Dichter. Er erhielt 1988 den Literaturnobelpreis.

492 Grosser-Rilke: Nie verwehte Klänge; S. 127.

493 Wirth: Die Geschichte der Türken; S. 83-84.

[494] Marie von Hobe (1845-1918), als Schriftstellerin nannte sie sich Kerimée Hanoum.
[495] Königin Sophie von Schweden, Prinzessin von Nassau (1836-1913).
[496] Großherzogin Marie von Mecklenburg-Schwerin, Prinzessin von Schwarzburg-Rudolstadt (1850-1922). Sie war die Mutter der Großherzogin Elisabeth von Oldenburg, deren Reiseerinnerungen an Constantinopel im vorliegenden Buch teilweise veröffentlicht sind.
[497] Pataky: Lexikon deutscher Frauen der Feder, Bd. 1. Berlin; S. 361-362.
[498] Kerimée Hanoum: Haremsbilder; S. 12-13.
[499] Diran Bey Dadyan (1855-1908), osmanischer Diplomat, entstammte einer bedeutenden armenischen Familie, die immer wieder hohe Ämter im Osmanischen Reich bekleidete (freundlicher Hinweis von Felix Schönrock).
[500] Eine weitere Bezeichnung für den Sultan war auch: ›Hochaufragende Schwelle‹ (Baytar: Kaiser II. Wilhelm'in İstanbul'a üç ziyareti ve hediyeler; in: İlona Baytar (Hrsg.): İki dost hükümdar; S. 69). Für die Bezeichnung kaiserlicher Schlösser oder Gegenstände wird häufig das Wort ›hümayun‹ (wie in kasr-ı hümayun) benutzt. Das osmanische Adjektiv ›hümayun‹ leitet sich von der Bezeichnung des Paradiesvogels (persisch) ›Homa‹ (osmanisch ›Hüma‹) ab. Es bezeichnet ausschließlich alles, was dem osmanischen Herrscher gehört oder sich auf ihn bezieht, da laut Legende nur der Padischah vom Paradiesvogel zum Herrscher auserwählt sei (freundlicher Hinweis von Michael R. Heß). Der bereits erwähnte Louis Rambert gibt in seinen Erinnerungen ein anschauliches Beispiel für die Titulaturen des Herrschers bei offiziellen Anlässen. In der Glückwunschadresse der Gesellschaft der Straßenbahnen von Constantinopel gelegentlich des silbernen Regierungsjubiläums im Jahr 1900 wurde Abdül Hamid II. der »Repräsentant des Glücks«, »strahlendes Gestirn am Himmel des Kalifats« und »Perle der osmanischen Sultane« genannt (Rambert: Notes et Impressions de Turquie; S. 100).
[501] Unveröffentlichtes Manuskript im Besitz des Verfassers des vorliegenden Buches. Die 1889 aus anderen Munitionsfabriken hervorgegangene Fabrik existiert letztlich unter wechselnden Namen bis heute und gehörte nicht nur im Kaiserreich zu den wichtigen Rüstungsfabriken.
[502] Schneller: Königserinnerungen; S. 42-45; Ludwig Schneller (1858-1953). Eine weitere ausführliche Schilderung lieferte Bernhard Stern in seinem bereits erwähnten Buch (Stern: Abdul Hamid II.; S. 45-64).
[503] Ayşe Sultan: Avec mon père; S. 18.
[504] ›Baschkiatib‹ (Chefsekretär) ist die osmanische Bezeichnung des Ersten Sekretärs des Sultans.
[505] Goltz: Eine Wallfahrt nach Konstantinopel; S. 430.
[506] Imam Buhari (so genannt wegen seiner Herkunft aus Buchara), geboren 194 AH (nach der Hidschra). Die Sammlung von Buhari wird von den Muslimen als die

authentischste Sammlung der Überlieferungen über die Sunna des Propheten Mohammed anerkannt.

507 Şadiye Osmanoğlu (das ist Şadiye Sultan): Hayatımın acı ve tatlı günleri; S. 23. Übersetzung von Michael R. Heß.

508 Sarah Bernard (1844-1923), eine der berühmtesten Schauspielerinnen ihrer Zeit. Da sie sowohl in klassischen französischen Dramen als auch in modernen Gesellschaftsstücken Triumphe feierte, wäre es interessant, zu wissen, welche Werke der Sultan bevorzugte. Zwischen 1881 und 1908 gastierte sie fünf Mal in Constantinopel.

509 Réjane, eigentlich Gabrielle Charlotte Réju (1856-1920). Sie war Ende des 19. Jahrhunderts neben Sarah Bernard eine der bekanntesten französischen Schauspielerinnen.

510 Die Mutter des Khediven war die osmanische Prinzessin Emine İbrahim Hanımsultan (1858-1931). Sie war eine Enkelin Sultan Abdül Medschids und Nichte Abdül Hamids II. Ihr Sohn hatte ihr in Bebek am Bosporus ein auffälliges Palais im Jugendstil errichten lassen, in dem die Prinzessin bis zu ihrem Lebensende wohnte. Heute beherbergt es, in den letzten Jahren sachkundig restauriert, das ägyptische Konsulat.

511 Abbas Hilmi II. (1874-1944), letzter Khedive (Vizekönig) von Ägypten von 1892 bis 1914. Abbas Hilmi II. folgte seinem Vater Tawfiq (1852-1892) auf den Thron nach und war formell weiterhin Vasall der Osmanen. Der britische Generalkonsul fungierte offiziell nur als Berater des Khediven, faktisch jedoch hatte er die Entscheidungsgewalt über das Land inne. Abbas Hilmi II. verhielt sich loyal gegenüber dem osmanischen Sultan und wurde Ende 1914 wegen Unterstützung der nationalistischen Kräfte abgesetzt, die für ein Ende der britischen Herrschaft eintraten. Er lebte anschließend zunächst in Constantinopel und starb 1944 im Schweizer Exil in Genf. Abbas Hilmi II. besaß in Istanbul zwei prunkvolle Schlösser am Bosporus, die sich bis heute erhalten haben. Als Prinz absolvierte Abbas Hilmi zeitweilig eine Ausbildung an der Wiener Militärakademie und beherrschte fließend die deutsche Sprache, wie verschiedene Zeitgenossen berichteten (unter anderem die Schriftstellerin Erika von Watzdorf-Bachoff (1878-1963)).

512 Şadiye Sultan: Hayatımın acı ve tatlı günleri; S. 17. Übersetzung von Michael R. Heß.

513 Şadiye Sultan: Hayatımın acı ve tatlı günleri; S. 18. Übersetzung von Michael R. Heß.

514 Das bereits im Jahr 1777 gegründete Geschäft des Hoflieferanten Ali Muhiddin Hacı Bekir existiert bis heute in der Nähe des Ägyptischen Basars in Eminönü und stellt noch immer traditionelle Süßigkeiten in exquisiter Qualität her. Die aufwendig gestalteten Bonbonièren von Hacı Bekir erfreuen sich großer Beliebtheit und werden nach Wunsch zusammengestellt.

515 Şadiye Sultan: Hayatımın acı ve tatlı günleri; S. 19-20. Übersetzung von

Michael R. Heß.

516 Şadiye Sultan: Hayatımın acı ve tatlı günleri; S. 18-19. Übersetzung von Michael R. Heß.

517 Anläßlich der Weltausstellung von 1893 in Chicago wurde Sultan Abdül Hamid II. auf den Offizier und Photographen Ali Rıza Bey (1858-1930) und die von diesem geschaffenen Aufnahmen aufmerksam. Er ließ sich im Palast ein Atelier einrichten und beauftragte Ali Rıza mit dessen Leitung. (Öztuncay: Hanedan ve Kamera; S. 54.)

518 Schah Muzzaffer Eddin (Muzaffaraddin) (1853-1907), regierte Persien seit 1896. Er gehörte der Kadscharendynastie an und mußte 1906 auf Druck liberaler Kreise eine Verfassung einführen.

519 Boğos Tarkulyan († 1940) fertigte während des Kaiserbesuches 1917 auch die bekannte Photographie Wilhelms II. in osmanischer Uniform an. Der Kaiser steht dabei so vor einem der Eingänge des Şale Kasrıs, daß sein verkürzter linker Arm und die deutlich kleinere linke Hand auf diesem Bild, entgegen seiner sonstigen Gewohnheit, gut zu sehen sind.

520 Öztuncay: Hanedan ve Kamera; S. 58.

521 Şadiye Sultan: Hayatımın acı ve tatlı günleri; S. 17. Übersetzung von Michael R. Heß.

522 Weiberg: Zwischen Orienf und Ostsce; S. 81. Bei dem erwähnten Sohn des Sultans handelt es sich um den Prinzen Abdurrahim Hayri (1894-1952).

523 Weiberg: Zwischen Orient und Ostsee; S. 85.

524 Bedrifelek Baş Kadın Efendi (1851-1930).

525 Saliha Naciye Hanım Efendi (1887-1923). Ihr Sohn Prinz Mehmed Abid (1905-1973), war seit 1936 mit Prinzessin Senije Zogu (1908-1969) verheiratet, die Ehe wurde 1949 geschieden. Die Prinzessin war die Schwester des albanischen Königs Ahmed Zogu I. (1895-1961), der sich 1928 gekrönt hatte und im April 1939 vor den italienischen Okkupanten seines Landes fliehen mußte. Prinz Mehmed Abid nahm bereits im Kindesalter als Stellvertreter seines Vaters an offiziellen Veranstaltungen des osmanischen Hofes teil. Er starb völlig verarmt in Beirut.

526 Şadiye Sultan: Hayatımın acı ve tatlı günleri; S. 13. Übersetzung von Michael R. Heß.

527 Celal Esad (1875-1971) war eine schillernde Persönlichkeit im Umfeld des Hofes: Sohn des Großwesirs Ahmed Esad Pascha (1814-1886), studierte er unter anderem an der Akademie der Künste in Constantinopel und an der Verwaltungshochschule. Auf Wunsch Sultan Abdül Hamids II. folgte eine Ausbildung an der Offiziersschule. Celal Esad beteiligte sich 1903 an der Gestaltung des osmanischen Pavillons für die Weltausstellung in Saint Louis, veröffentlichte Erzählungen und Dramen, organisierte im Ersten Weltkrieg in Diensten der deutsch-osmanischen Freundschaft eine Ausstellung von Gemälden osmanischer Maler in Wien und Berlin sowie als Intendant des großherrlichen Palastorchesters eine Konzertreise in die drei

verbündeten Staaten (Berlin, Dresden, München, Wien, Budapest und Sofia). Nach 1920 war er in Istanbul Dozent für Architektur, Parlamentsabgeordneter, schrieb Bücher über türkische Kunst und war von 1951 bis 1958 Leiter der Antikenverwaltung der Türkei. Seit 1934 nannte er sich Celal Esad Arseven. (Weiteres zu dieser interessanten Biographie siehe bei: Dieter F. Kickingereder: Celâl Esad Arseven. Ein Leben zwischen Kunst, Politik und Wissenschaft; Berlin 2009.)

528 Heinzelmann: Die Balkankrise; S. 70 und 74-77. Damad Fahir Bey (1882-1922) heiratete in Constantinopel 1910 Şadiye Sultan (1886-1977); ihre Mutter war Nur Kadın Efendi (1866-1950). Die Prinzessin veröffentlichte 1966 unter dem Titel ›Hayatımın acı ve tatlı günleri‹ (›Die bitteren und süßen Tage meines Lebens‹) ihre Memoiren, die dank der Übersetzung von Michael R. Heß nun erstmals teilweise in deutscher Sprache vorliegen.

529 Behice (Maan) Hanım Efendi (1882-1969) war seit 1900 mit dem Sultan vermählt. Sie begleitete ihren Gemahl, der sich nach dem Tod eines gemeinsamen Sohnes von ihr zurückgezogen hatte, nicht nach Selanik, sondern lebte mit einem weiteren Sohn bis 1924 im Maçka-Palais in Constantinopel. Dann ging sie nach Neapel. 1969 kehrte sie in die Türkei zurück und verstarb wenige Monate später.

530 Müşfika Kadın Efendi (1867-1961), sie war eine Tochter aus kaukasischer Familie und war bereits im kaiserlichen Harem aufgewachsen.

531 Gedanken und Erinnerungen (Internetausgabe): Siehe das Kapitel ›Die Frau‹.

532 Ayşe Sultan: Avec mon père; S. 247.

533 Ayşe Sultan: Avec mon père; S. 42-51.

534 ›Hazinedar Usta‹ heißt übersetzt etwa Oberste Schatullverwalterin, denn die Hazinedar Usta verwaltete ursprünglich die Schlüssel zur Privatschatulle des Sultans.

535 Şadiye Sultan: Hayatımın acı ve tatlı günleri; S. 16-17. Übersetzung von Michael R. Heß.

536 Die Prinzessinnen Ayşe und Şadiye nennen drei oder fünf Helferinnen der Oberhofmeisterin.

537 Şadiye Sultan: Hayatımın acı ve tatlı günleri; S. 15. Übersetzung von Michael R. Heß.

538 Şadiye Sultan: Hayatımın acı ve tatlı günleri; S. 16. Übersetzung von Michael R. Heß.

539 Leyla Hanım Efendi (1845-1936). Seit 1934 nannte sie sich Leyla Saz. Die zitierte Beschreibung findet sich in: Nurhan Atasoy: Türkische Kaffeehaus-Tradition; S. 66-68; in: Mozaik – Türkische Kultur in Berlin, Bd. 2 Türkisches Leben.

540 Martin Kohlrausch: Zwischen Tradition und Innovation. Das Hofzeremoniell der wilhelminischen Monarchie; in: Klaus Tenfelde (Hrsg.): Das politische Zeremoniell im Kaiserreich, Bonn 2007; S. 25-43.

541 Goltz: Eine Wallfahrt nach Konstantinopel; S. 428.

542 Bereits Sultan Mahmud II. ließ auf den Hügeln über Beşiktaş zu Beginn der 1830er Jahre einen kaiserlichen Kiosk errichten, dem er den Namen Yıldız gab. Sein Enkel

ließ die Vorgängerbauten teilweise abbrechen und dort bald nach der Thronbesteigung seine Palastanlage errichten. Der große Mabeyn-Kiosk mit einer Folge von üppig ausgestatteten Repräsentationsräumen stammt allerdings noch aus der Zeit des Sultans Abdül Aziz, ebenso einige Bauten im Park.

543 Dorys: Abdul-Hamids Privatleben; S. 81-85.

544 Das Palastensemble ist teilweise ein Museum und kann besichtigt werden. Ein Spaziergang durch den Privatpark des Sultans mit einem Pavillon im Jugendstil sowie einer Villa im Schweizer Stil lohnt sich unbedingt. Die Gebäude sind reizvoll möbliert, im Dachgeschoß der Villa hatte Abdül Hamid II. ein Fernrohr aufgestellt, so daß es ihm möglich war, nicht nur Ankunft und Abfahrt seiner Gäste (auf dem Bosporus), sondern auch die Geschehnisse in der Umgebung des Palastes zu beobachten.

545 Leider fiel ein Teil der Palastanlage – gerade der Bereich mit repräsentativen Privaträumen des Herrschers – zu Beginn der 1930er Jahre einer Brandkatastrophe zum Opfer und wurde völlig vernichtet.

546 Von solch einem Chalet rührt der türkische Name Şale Kasrı her.

547 Georgeon: Abdulhamid II; S. 134. Die genannten 300 Frauen im Harem waren keinesfalls die Frauen des Großherrn. Die Zahl bezieht sich auf den gesamten Hofstaat.

548 James Israel: Meine Reise zum Sultan; S. 19-25.

549 Mohammed VI. Vahideddin (1861-1926). Der Sultan war seit 1453 der einzige Herrscher aus dem Haus Osman, der nicht in Constantinopel beigesetzt werden konnte. Sein Grab befindet sich in Damaskus.

550 Der Architekt war der Italiener Vitaliano Poselli (1838-1918), der mehrere öffentliche Gebäude in Selanik entworfen hatte. Heute beherbergt die Villa die Präfektur von Thessaloniki.

551 Graf Mario Nicolis di Robilant e Cereaglio (1855-1943).

552 Georgeon: Abdulhamid II.; S. 433.

553 Scherer: Adler und Halbmond; S. 371, Fußnote 41.

554 Ayşe Sultan: Avec mon père; S. 204.

555 Ayşe Sultan: Avec mon père; S. 208. Der türkische Journalist Şevket Süreyya Aydemir (1897-1976) stellte in seinen Erinnerungen Edirne in den Jahren unmittelbar vor den Balkankriegen anschaulich dar und beschrieb zugleich die Gedankenwelt wohl vieler junger Männer im Osmanischen Reich vor 1914, die von den notwendigen Reformen nur eine diffuse Vorstellung hatten, aber bereit waren, für die Ideen der Jungtürken zu kämpfen (Şevket Süreyya Aydemir: Die ersten Schritte einer Kinderseele; S. 137-194).

556 Die ›Loreley‹ lief 1884 in Großbritannien als Privatyacht vom Stapel, gehörte dann zur deutschen Kriegsmarine und lag seit 1896 dauerhaft vor Constantinopel. 1918 von den deutschen Verbündeten der Türkei überlassen, gilt sie seit einem Sturm im Schwarzen Meer 1926 als verschollen.

557 Das alte hölzerne Schloß war allerdings 1861 abgerissen worden. Sultan Abdül Aziz ließ dann bis 1865 den Beylerbeyi-Palast als Sommersitz errichten und im Stil der Zeit üppig ausstatten. Zahlreiche Staatsgäste wurden hier bei ihren Besuchen untergebracht – 1869 der spätere deutsche Kaiser Friedrich III., dann die französische Kaiserin Eugénie (1826-1920) und der österreichische Kaiser Franz Joseph. Im Gegensatz zu dem Dolmabahçe-Palast, dem Çırağan-Palast oder dem kleinen Schloß Küçüksu (etwas nördlich von Beylerbeyi gelegen) ist das Innere von Beylerbeyi in deutlichen Anklängen an orientalische Stilformen gehalten, wodurch sich in bezug auf die äußere Gestaltung reizvolle Kontraste ergeben.

558 Prinz Mehmed Burhaneddin (1885-1949); sein Sohn Prinz Ertuğrul Osman (1912-2009) wurde neben seinem Großvater in der Türbe Sultan Mahmuds II. (1784-1839) an der Divan Yolu Caddesi in Istanbul beigesetzt. Prinz Mehmed Burhaneddins an europäischer wie auch osmanischer Musik orientierten Kompositionen sind teilweise ebenfalls auf CDs veröffentlicht.

559 Georgeon: Abdulhamid II; S. 439.

560 Brussa ist die historische Bezeichnung der Stadt Bursa 90 Kilometer südlich von Istanbul. Seit 1326 war Bursa osmanische Hauptstadt, in welcher Eigenschaft es zunächst von Edirne, dann von Constantinopel abgelöst wurde.

561 Ayşe Sultan; Avec mon père; S. 220. Kaiser Konstantin XI. Dragases (1404-1453), der letzte byzantinische Kaiser aus der Dynastie der Palaiologen, der bekanntlich am 29. Mai 1453 während des Kampfes in Konstantinopel fiel.

562 İsmail Enver Pascha (1881-1922), seit 1914 verheiratet mit Prinzessin Emine Naciye (1896-1957). Enver Pascha war von 1909 bis 1911 osmanischer Militärattaché in Berlin. Er floh mit deutscher Hilfe im Oktober 1918 zunächst nach Berlin und fiel dann im Kampf für ein neues Kalifat in Tadschikistan. Er gilt als ein Hauptverantwortlicher für die Morde an den Armeniern im Osmanischen Reich während des Ersten Weltkrieges.

563 Ayşe Sultan; Avec mon père; S. 222.

564 Als der einstige Sultan starb, hatten die Briten bereits die Arabische Halbinsel weitgehend erobert. Die heiligen Stätten befanden sich nicht mehr unter osmanischer Oberherrschaft. Bereits 1917, als diese Situation absehbar wurde, waren besonders wertvolle Geschenke der Kalifen sowie von Angehörigen der kaiserlichen Familie aus Mekka nach Constantinopel zurückgesandt worden. Sie sind heute in der Schatzkammer des Topkapı-Palastes zu sehen.

565 Sultan Mahmud II. (1785-1839). Auch dieser, in der europäischen Geschichtsschreibung bislang wenig beachtete Sultan gilt schon als ein Reformer. Er löste 1826 die zu diesem Zeitpunkt nurmehr berüchtigte Elitetruppe der Janitscharen mit einem blutigen Gewaltstreich auf.

566 Der Kaiser (*1830) war am 21. November 1916 in Schloß Schönbrunn verstorben.

567 Prinzessin Peyveste Emukhvari (1873-1944); Prinzessin Fatma Pesend Achba-Anchabadze (1876-1924). Die Verfasserin der Memoiren, Prinzessin Leyla Achba-

Anchabadze (türk. Açba-Ançabadze) (1898-1931), war seit 1918 Hofdame bei der ersten Gemahlin Sultan Mohammeds VI.
[568] Prinz Mehmed Selim (1870-1937), der Sohn Abdül Hamids II. und Bedrifelek Kadın Efendis.
[569] Prinz Abdürrahim Hayri (1894-1952), der Sohn von Peyveste Hanım Efendi und Abdül Hamid II.
[570] Naciye Hanım, eine der Gemahlinnen Abdül Hamids II., siehe Anmerkung 525.
[571] Açba: Bir Çerkes Prensesinin Harem Hatıraları; S. 53-56. Übersetzung von Michael R. Heß.
[572] Hülagü: Sultan II. Abdülhamid'in Sürgün Günleri; S. 345-348 (Übersetzung von Michael R. Heß). Karl Schleip (1872-1960) war zwischen 1909 und 1919 am Deutschen Krankenhaus in Constantinopel tätig und teilte nach dem Ende des Ersten Weltkrieges das Los fast aller Deutschen in Constantinopel – er mußte mit seiner Familie die Stadt verlassen.
[573] Ahmed Refik (Altınay) (1881-1937), Historiker und Schriftsteller.
[574] Der historische Versammlungsraum der osmanischen Regierung und Empfangsraum des Großwesirs für ausländische Gesandte im Topkapı-Palast. Er kann heute besichtigt werden. Interessant ist das erhöht gelegene vergitterte Fenster an der Rückwand des Raumes, durch das der jeweilige Sultan, zusätzlich hinter einem Vorhang verborgen, den Beratungen ungesehen zu folgen vermochte.
[575] Enderûn bezeichnet den inneren Bereich des Palastes.
[576] Zitiert nach Kreiser: Istanbul; S. 101-103.
[577] Graf von Bernstorff: Erinnerungen und Briefe; S. 21.
[578] Mehmed Talat Pascha (1872-1921), einer der führenden jungtürkischen Politiker. Er floh mit deutscher Hilfe im Herbst 1918 nach Berlin, wo er 1921 auf offener Straße von einem Armenier ermordet wurde. Auch er gilt als ein Hauptverantwortlicher für die Morde an den Armeniern im Osmanischen Reich während des Ersten Weltkrieges.
[579] Ahmed Cemal Pascha (1872-1922), der dritte der jungtürkischen Diktatoren. Er floh mit deutscher Hilfe im Oktober 1918 nach Berlin und wurde 1922 von einem Armenier in Tiflis ermordet. Er gilt ebenfalls als ein Hauptverantwortlicher für die Morde an den Armeniern im Osmanischen Reich während des Ersten Weltkrieges.
[580] Damad Mehmed Adil Ferid Pascha (1853-1923), Diplomat und Politiker, montenegrinischer Herkunft, Schwiegersohn von Sultan Abdül Medschid; 1919 und 1920 mehrfach Großwesir.
[581] Noch während des türkisch-griechischen Krieges 1923 feierte die Bevölkerung im heutigen Libyen türkische Siege mit Transparenten und Fahnen, die Portraits Sultan Mohammeds VI. zeigten (freundlicher Hinweis von Felix Schönrock).
[582] Şadiye Sultan: Hayatımın acı ve tatlı günleri; S. 12 (Fußnote).
Übersetzung von Michael R. Heß.

583 Prinz Abdül Medschid II. (1868-1944); er war ein Sohn von Sultan Abdül Aziz. Seit dem Sommer 1918 offizieller Thronfolger, wurde er nach Abschaffung der Monarchie von der türkischen Nationalversammlung im November 1922 zum Kalifen ernannt. Im März 1924 setzte das Parlament ihn ab und zwang ihn, das Land zu verlassen. Prinz Abdül Medschid zählte zu den bedeutendsten Malern der späten osmanischen Epoche. Er starb in Paris an dem Tag, an dem die alliierten Truppen die Stadt von den deutschen Besatzern befreiten.

584 Freiherr Hans von Wangenheim (1859-1915); seit 1912 deutscher Botschafter am osmanischen Hof. 1902 heiratete er Freiin Johanna Hugo von Spitzemberg (1877-1960), die Tochter der als Chronistin des Wilhelminischen Kaiserreiches bekannten Freifrau Hildegard Hugo von Spitzemberg.

585 İbrahim Hakkı Pascha (1863-1918), 1910-1911 Großwesir, seit 1914 Botschafter am Berliner Hof.

586 Arthur von Gwinner (1856-1931), Bankier und Finanzpolitiker, seit 1910 Mitglied des Preußischen Herrenhauses.

587 Valentin: Deutschlands Außenpolitik; S. 78.

588 Çelik: Türkische Spuren in Deutschland; S. 139.

589 Robert Bosch (1861-1942), deutscher Industrieller. Seine Fabrik stellte Motoren her. Bosch spendete während des Krieges eine große, für die Errichtung des Hauses der Freundschaft in Constantinopel bestimmte Summe Geldes. Eine Photographie der vielköpfigen deutschen Delegation, die zur Grundsteinlegung im April 1917 nach Constantinopel gereist war, zeigt denn auch Bosch neben dem Oberhofzeremonienmeister des Sultans. Der Bankier und spätere Reichsbankpräsident Hjalmar Schacht (1877-1970) nahm ebenfalls an der Veranstaltung teil, ebenso der bereits erwähnte Orientalist und spätere preußische Kultusminister Carl Heinrich Becker.

590 Çelik: Türkische Spuren in Deutschland; S. 143.

591 Emre: 300 Jahre Türken an der Spree; S. 54-61.

592 Fuhrmann: Der Traum vom deutschen Orient; S. 173. Die ›Welt am Montag‹ war eine Wochenzeitung, die 1896 durch den nationalliberalen Adolf Damaschke (1865-1935) gegründet worden war und im März 1933 eingestellt werden mußte. Die geflügelten Worte vom deutschen Wesen gehen auf den nationalkonservativen Dichter Emanuel Geibel (1815-1884) zurück. In seinem Geicht ›Deutschlands Beruf‹ aus dem Jahr 1861 heißt es: »... und es mag am deutschen Wesen einmal noch die Welt genesen.«

593 Schrader: Eine Flüchtlingsreise durch die Ukraine; S. 112-113. Schrader verurteilte den (jungtürkischen) Nationalismus und dessen Unterstützung durch die offizielle deutsche Politik scharf. In seinen Augen war nicht zuletzt die Abkehr von einem multi-ethnischen Staatswesen zugunsten eines nationalistischen Gesellschaftsmodells für den Untergang des Osmanischen Reiches verantwortlich.

[594] Jäckh: Der goldene Pflug; S. 330-332. Laut Jäckh befanden sich diese Filme noch um 1950 in der ›National Film Library‹ in London. In seinen Erinnerungen schilderte Jäckh ausführlich die keineswegs einfache ›Entstehungsgeschichte‹ des Dostluk Yurdus nach Plänen von German Bestelmeyer (1874-1942). In Berlin entstand zur selben Zeit ein deutscher ›Ableger‹ des Hauses der Freundschaft an der Ecke Unter den Linden und Wilhelmstraße. Das Gebäude sollte laut Jäckh im April 1918 bezugsfertig sein. Analog zu der Einrichtung in Constantinopel sollten auch in Berlin »in regelmäßiger Reihenfolge Vorträge, Ausstellungen und geselliges Beisammensein, auch Empfänge durch den Botschafter, stattfinden [...].« Im Grunewald war zudem für die osmanischen Auszubildenden ein Schülerheim eingerichtet worden, um sie »den Gefahren der Großstadt zu entziehen.« (Jäckh: Der goldene Pflug; S. 334.) Das Bindeglied zwischen Ernst Jäckh und Wilhelm II. war Rudolf von Valentini (1855-1925), von 1908 bis zum Januar 1918 der Chef des Geheimen Zivilkabinetts des Kaisers.
[595] Klaus Kreiser: Deutsch-türkische Gesellschaften; S. 675-677.
[596] Schöllgen: Imperialismus; S. 16.
[597] Clark: Wilhelm II.; S. 201.
[598] Gedanken und Erinnerungen (Internetausgabe): Siehe das Kapitel ›Die deutsche Politik im Orient‹.
[599] Scherer: Adler und Halbmond; S. XII.
[600] Natürlich erfolgte auch aus Konkurrenz- und Prestigegründen 1874 die Erhebung der Gesandtschaft in den Rang einer Botschaft. Die übrigen fünf Botschaften des Deutschen Reiches befanden sich in Wien, Sankt Petersburg, London, Paris sowie in Rom. Die übrigen Vertretungen hatten lediglich den Status einer Gesandtschaft. (Scherer: Adler und Halbmond; S. XII.)
[601] Scherer: Adler und Halbmond; S. XII.
[602] Raschdau: Ein sinkendes Reich; S. 258-259.
[603] Zur Rolle des Grafen Hatzfeld in Constantinopel siehe Scherer: Adler und Halbmond; S. 391-393.
[604] Die folgende Darstellung folgt weitgehend den Ausführungen Friedrich Scherers in: Adler und Halbmond; S. 97-124. Siehe auch Cebeci: Die deutsch-türkischen Beziehungen; S. 53-59.
[605] William Gladstone (1809-1898), Führer der liberalen Partei und britischer Premierminister 1868-1874, 1880-1885, 1886 sowie 1892-1894. Im Gegensatz zu seinem Vorgänger Benjamin Disraeli, Earl of Beaconsfield (1804-1881), 1868 und 1874-1880 britischer Premierminister und Führer der konservativen Partei, war Gladstone dem Osmanischen Reich gegenüber äußerst ablehnend eingestellt. Beide Politiker förderten den britischen Kolonialismus nach Kräften und machten Großbritannien zu einer Weltmacht.
[606] Abedin Dino (1843-1906), osmanischer Politiker albanischer Abstammung, der bis zu seinem Tod verschiedene Posten innerhalb von Verwaltung und Regierung

bekleidete; außerdem trat er als Übersetzer und Dichter religiöser und nationalistischer Werke hervor. Als Außenminister amtierte er nur kurze Zeit.

607 Crna Gora ist die Bezeichnung Montenegros in serbischer Sprache.

608 Im tatsächlich dann an den deutschen Kaiser abgesandten Telegramm war das Wort »muslimisch« getilgt worden. Auf diese Weise sollte der Eindruck vermieden werden, es gehe dem Sultan nur um die albanische (muslimische) Bevölkerung.

609 Uzunçarşılı: İkinci Abdülhamid´in Alman İmparatoruna çekmiş olduğu bir telgraf [Ein Telegramm von Abdülhamid II. an den deutschen Kaiser]; S. 137-138. Übersetzung von Michael R. Heß.

610 Granville George Leveson-Gower, 2. Earl of Granville (1815-1891). Er war einer der engsten politischen Weggefährten und Freunde Gladstones, mehrfach Außen- und Kolonialminister sowie Führer der Liberalen.

611 Die Siegermächte des Ersten Weltkrieges, die Briten an der Spitze, verfuhren achtunddreißig Jahre später, nach dem Waffenstillstand von Mudros im November 1918, in genau dieser Weise. Eine Flotte der Ententemächte fuhr in den Bosporus ein und erschien mitten in Constantinopel, um so die osmanische Regierung und den Sultan unter Druck zu setzen. Im Mai 1919 erfolgte dann die Besetzung İzmirs durch die Griechen, die dabei durch eine Flotte der Entente unterstützt wurden, um dem in Agonie liegenden Reich diesen so bedeutenden Hafen dauerhaft zu entreißen. Im Zuge der darauf entbrennenden Befreiungskämpfe ging İzmir unter, große Teile der Bevölkerung mußten fliehen oder verloren ihr Leben.

612 Scherer: Adler und Halbmond; S. 122.

613 Scherer: Adler und Halbmond; S. 357 und S. 356.

614 Scherer: Adler und Halbmond; S. 392.

615 Der Empfang fand offenbar statt, als der preußisch-deutsche Kronprinz und nachmalige Kaiser Friedrich III. (1831-1888) bereits an seiner Krebserkrankung litt. Der todkranke Kronprinz hielt sich damals zur Erholung in San Remo auf. Hutten-Czapski: Sechzig Jahre; 1. Bd.; S. 139.

616 Scherer: Adler und Halbmond; S. 360-361.

617 Merad: L' Empire Ottoman; S. 120-121.

618 Große Politik, Bd. 9; 2083 und 2117; weiter Cebeci: Die deutsch-türkischen Beziehungen; S. 64-74.

619 Cebeci: Die deutsch-türkischen Beziehungen; S. 70.

620 Cebeci: Die deutsch-türkischen Beziehungen; S. 71.

621 Cebeci: Die deutsch-türkischen Beziehungen; S. 230.

622 Gedanken und Erinnerungen (Internetausgabe): Siehe das Kapitel ›Der Einfluß Frankreichs in der Levante‹.

623 Bülow: Denkwürdigkeiten, 2. Bd.; S. 197-198.

624 Monts: Erinnerungen und Gedanken des Botschafters Graf Anton Monts; S. 420-425 und 440-443. Graf Anton von Monts de Mazin (1852-1930), von 1906 bis 1909 deutscher Botschafter in Rom. Heinrich von Tschirschky und Bögen-

dorf (1858-1916), von Januar 1906 bis Oktober 1907 Staatssekretär des Auswärtigen Amtes, dann bis zu seinem Tod deutscher Botschafter am Wiener Hof.

625 Kloosterhuis: »Friedliche Imperialisten«: Deutsche Auslandsvereine und auswärtige Kulturpolitik, 1906-1918; Frankfurt am Main 1994.

626 Schöllgen: Imperialismus; S. 80. Dennoch waren die deutsch-osmanischen Ex- und Importe immer noch gering im Vergleich zu dem britisch-osmanischen oder dem österreichisch-ungarisch-osmanischen Warenumschlag.

627 Schöllgen: Imperialismus; S. 129.

628 Große Politik, Bd. 27; 9789.

629 Paul Rohrbach (1869-1956), evangelischer Theologe, Publizist, Kolonialbeamter baltendeutscher Herkunft. Rohrbach kannte Teile des Osmanischen Reiches durch seine ausgedehnten Reisen (unter anderem hielt er sich 1898 während der Reise Kaiser Wilhelms II. durch Palästina ebenfalls dort auf). Sein politisches Weltbild jener Jahre war, ähnlich wie bei Naumann und anderen Liberalen, von ›ethischem Imperialismus‹ mit deutlich nationalistischen Zügen geprägt. Durch seine reiche publizistische Tätigkeit übte er auf die deutsche Außenpolitik auch noch lange nach dem Ersten Weltkrieg Einfluß aus. 1914 gehörte er zu den Gründern der Deutsch-Armenischen-Gesellschaft, deren Vorsitz er zeitweilig innehatte.

630 Rohrbach: Der deutsche Gedanke in der Welt; S. 238.

631 Naumann: »Asia«; S. 34. Friedrich Naumann (1860-1919). Der in seinem politischen Wirken heute umstrittene Friedrich Naumann gehörte zu den Theologen, die im Herbst 1898 im weiteren Umfeld Kaiser Wilhelms II. Palästina und das Osmanische Reich bereisten. Er wurde nach 1908 zu einem begeisterten Anhänger der Jungtürken. Sein auch von chauvinistischen, sozialdarwinistischen und rassistischen Vorstellungen geprägtes Weltbild ließ ihn während des Ersten Weltkrieges eine größtenteils unkritische Haltung gegenüber den Massakern an den Armeniern einnehmen. »Der Armenier ist der schlechteste Kerl von der Welt. [...] Ganz Konstantinopel wird von den Armeniern verpestet«, hatte er schon 1898 einen deutschen Handwerksmeister am Bosporus berichten lassen (»Asia«; S. 31). Die der FDP nahestehende Friedrich-Naumann-Stiftung für die Freiheit ist nach Friedrich Naumann benannt.

632 Haeckel: Algerische Erinnerungen; S. 240. Ernst Haeckel (1834-1919) schrieb nach Forschungsreisen im Osmanischen Reich, die ihn unter anderem nach Westanatolien geführt hatten: »Auf diese östlichen Mittelmeerküsten müssen, bei der einstigen Theilung der Türkei Deutschland und Österreich ihre Hand legen«. Mit den »pergamenischen Alterthümern« ist hauptsächlich der in Berlin zur Aufstellung gelangte Pergamon-Altar gemeint. Der deutsche Ingenieur Carl Humann (1839-1896) war 1871 auf erste Stücke des hochhellenistischen Altarfrieses gestoßen, weitere Fragmente folgten 1873. Ab 1878 leitete Humann die Ausgrabungen in Pergamon.

633 Cebeci: Die deutsch-türkischen Beziehungen; S. 422.

634 Becker: Deutschland und der Islam; S. 18. Dieser Aufsatz erschien im Herbst 1914 noch vor dem Kriegseintritt des Osmanischen Reiches. Der Autor Carl Heinrich Becker (1876-1933) war ein bedeutender Orientalist und einer der Begründer der modernen Islamwissenschaften. Politisch im Sinn des Nationalliberalismus engagiert, trat Becker für eine anwendungsorientierte Orientwissenschaft im Dienst der kolonialen Interessen ein (nach: Biographisches-bibliographisches Kirchenlexikon, Band XXV; Nordhausen 2005). 1921 und von 1925 bis 1930 war Becker preußischer Kultusminister.

635 Scherer: Adler und Halbmond; S. 384.

636 Mugheid: Sultan Abdulhamid II.; S. 43.

637 Scherer: Adler und Halbmond; S. 384.

638 Graf Paul von Hatzfeldt zu Trachenberg (1831-1901); 1878-1882 deutscher Botschafter am osmanischen Hof, dann Staatssekretär des Auswärtigen Amtes und von 1885 bis zu seinem Tod deutscher Botschafter am britischen Hof. Nach 1890 versuchte er stärkeren Einfluß auf die deutsche Außenpolitik zu nehmen (zusammen mit Friedrich von Holstein) und trat für eine Annäherung Deutschlands an Großbritannien ein. Daher war Hatzfeldt kein Befürworter einer allzu eigenständigen deutschen Orientpolitik.

639 Baron Friedrich von Holstein (1837-1909); er galt lange Zeit als graue Eminenz im Auswärtigen Amt, ohne allerdings einen bedeutenden Posten zu bekleiden. Holstein war zunächst Anhänger Bismarcks, dann dessen erbitterter Gegner, der nach 1890 sein Ziel darin sah, die Bismarcksche Bündnispolitik zugunsten einer Annäherung an Großbritannien zu demontieren. Holstein erhob in seiner Amtszeit die Intrige zu seinem bevorzugten Handlungsinstrument. Letztlich scheiterte er mit seiner Politik und war keineswegs schuldlos an der Isolation Deutschlands in den Jahren vor dem Ersten Weltkrieg. Die Zeitgenossen überschätzten seinen Einfluß jedoch.

640 Große Politik, Bd. 10; 2372.

641 Scherer: Adler und Halbmond; S. 392-393.

642 Albanien wurde schließlich 1912 unabhängig. Im Frühjahr 1914 wurde daraufhin Prinz Wilhelm zu Wied (1876-1945) zum Fürsten von Albanien gewählt, doch wegen innerer Wirren und des bald folgenden Ersten Weltkrieges blieb es bei einem kurzen deutschen Intermezzo von nur wenigen Monaten. Das Fürstenpaar floh schließlich wieder nach Deutschland. Besondere Unterstützung fand die Kandidatur des Prinzen durch seine Tante, Rumäniens dichtende Königin Elisabeth (Carmen Sylva) (1843-1916), die eine Prinzessin zu Wied war. Kaiser Wilhelm II. lehnte das Engagement des Prinzen zu Wied in Albanien aufgrund der dortigen verworrenen politischen Verhältnisse strikt ab. Seit 1906 war Fürst Wilhelm von Albanien mit der mütterlicherseits rumänischstämmigen Prinzessin Sophie von Schönburg-Waldenburg (1885-1936) verheiratet.

643 Große Politik, Bd. 10; 2373, 2463, 2396.

[644] van Kampen: Studien zur deutschen Türkeipolitik; S. 113. Der Autor behandelt in seiner Darstellung eingehend die nationalliberalen und alldeutschen Positionen. Der Historiker und Herausgeber der Zeitschrift ›Preußische Jahrbücher‹ Hans Delbrück (1848-1929) gehörte lange zu den wichtigen Befürwortern einer deutschen Herrschaft über weitreichende Gebiete des Osmanischen Reiches und dessen kolonialer Aufteilung. Er bot in seiner Zeitschrift auch anderen Befürwortern dieser (alldeutschen) Ideen immer wieder breiten Raum und trug sie so weit in die (gebildeten) Kreise der Bevölkerung.

[645] Große Politik, Bd. 10; 2377. Deutschland fürchtete zurecht, die beiden mit Deutschland im Dreibund vereinten Mächte könnten im Fall einer Aufteilung des Osmanischen Reiches über Albanien, auf das beide Ansprüche erhoben, in Streit miteinander geraten. Die Briten wollten eher Italien im Besitz Albaniens sehen, um den Dreibund nachhaltig zu schwächen (Italien würde ihn dann eventuell sogar verlassen, hoffte die Regierung in London) und gleichzeitig Österreich-Ungarn den Weg nach Saloniki dauerhaft zu verlegen. Curée läßt sich hier in etwa mit (Jagd-)Beute übersetzen.

[646] König Umberto I. (1844-1900), regierte seit 1878. Ende Mai 1890 statte er, begleitet von mehreren Politikern, dem neuen deutschen Kaiser einen Besuch ab.

[647] Große Politik, Bd. 9; 2105.

[648] Leo von Caprivi (1831-1899), Reichskanzler 1890-1894.

[649] Große Politik, Bd. 9; 2105. Fußnote der Herausgeber. In jenen Jahren favorisierte die britische Regierung zeitweilig die Errichtung eines mehr oder weniger souveränen armenischen Fürstentums nach bulgarischem Vorbild, um so eine indirekte Einflußmöglichkeit in der Kaukasusregion zu erhalten. Rußland war naturgemäß gegen einen armenischen Staat an seinen Grenzen, scho allein deshalb, um die Armenier auf russischem Territorium nicht zu weiteren Aufständen zu ermuntern und den ohnehin unruhigen Kaukasus nicht weiter zu destabilisieren.

[650] Große Politik, Bd. 10; 2391 (siehe die mit * gekennzeichnete Anmerkung der Herausgeber).

[651] Große Politik, Bd. 10; 2391. Randbemerkung 2. Kaiser Wilhelm II. meinte, daß der Dreibund Großbritannien in der Frage einer möglichen Aufteilung des Osmanischen Reiches, die er zu diesem Zeitpunkt aufgrund des britischen Drucks für unabwendbar hielt, keineswegs die alleinige Initiative überlassen dürfte. Vielmehr müßten »die Reiche« Constantinopel sowie die Dardanellen Rußland zuerkennen – allerdings nur gegen bestimmte Kompensationen auf dem Balkan (Selanik für Österreich-Ungarn) und an der Ostgrenze Deutschlands (russische Truppenreduktion). Die britische Regierung lancierte im Herbst 1895 die Idee eines zweiten Berliner Kongresses. Reichskanzler Fürst von Hohenlohe-Schillingsfürst lehnte solch eine erneute Konferenz in einem Schreiben an Wilhelm II. in deutlichen Worten ab, fürchtete die Berliner Regierung zum einen doch, damit ihre Zurückhaltung in Orientfragen aufgeben zu müssen, zum anderen glaubte man darin ein Bestreben Großbritanniens

zu erkennen, die übrigen Mächte erfolgreich gegeneinander auszuspielen und den Graben besonders zwischen dem Deutschen und dem Russischen Reich weiter zu vertiefen beziehungsweise den Dreibund zu schwächen. Kaiser Wilhelm II. schloß sich der Meinung seines Reichskanzlers an und notierte als Schlußbemerkung auf dem Schreiben entschieden: »Der Berliner Congreß war ein folgenschwerer Fehler, ich werde nie in einen zweiten willigen W.« (Große Politik, Bd. 10; 2391).

652 Große Politik, Bd. 14 II. Teil; 4002; ebenso Reinkowski: Die Dinge der Ordnung; S. 21.

653 Große Politik, Bd. 12 II. Teil; 3977.

654 Große Politik, Bd. 12 II. Teil; 3145.

655 Gabriel Hanotaux (1853-1944), in den 1890er Jahren mehrfach Außenminister der Französischen Republik. Aus Bülows Telegramm spricht deutlich das Unbehagen angesichts einer russisch-französischen Annäherung, die für das Deutsche Reich im Kriegsfall höchst gefährlich werden könnte. Im Ersten Weltkrieg sollte sich dann zeigen, wie berechtigt diese Furcht gewesen war.

656 Kaiserin Maria Feodorowna, die Mutter von Nikolaus II., war die Schwester der britischen Kronprinzessin Alexandra (siehe Anmerkung 734).

657 Große Politik, Bd. 12 II. Teil; 3242.

658 Große Politik, Bd. 12 II. Teil; 3292.

659 Große Politik, Bd. 14 II. Teil; 4006.

660 Große Politik, Bd. 10; 2464.

661 Jäckh: Deutschland im Orient nach dem Balkankrieg; S. 37-38.

662 Jäckh: Deutschland im Orient nach dem Balkankrieg; S. 34.

663 Rohrbach: Deutschland unter den Weltvölkern; S. 306-307.

664 Rohrbach: Deutschland unter den Weltvölkern; S. 314.

665 Siebert: Diplomatische Aktenstücke, Bd. 1; S. 317. Der baltendeutsche Diplomat Benno Alexandrowitsch von Siebert (1876-1926) war ein Spion in deutschen Diensten, womit sich erklärt, warum er über die von ihm publizierten Akten verfügte, wie er selbst schrieb. Er informierte offenbar die deutschen Stellen über die Vorgänge in der russischen Botschaft in London, in der er als Botschaftssekretär tätig war.

666 Große Politik, Bd. 10; 2468.

667 Große Politik, Bd. 10; 2390. Lord Salisbury hatte offenbar nicht mit einer so deutlichen Absage des deutschen Kaisers in bezug auf seine Teilungspläne gerechnet und hatte deshalb Anfang August 1895 in Cowes eine Aufforderung zu einem zweiten Gespräch mit Wilhelm II. einfach ignoriert, um einer weiteren – aus seiner Sicht unerfreulichen – Erörterung der britischen Aufteilungspläne aus dem Weg zu gehen. Diese offensichtliche Brüskierung des Monarchen durch den Premierminister hatte denn auch eine nachhaltige Verstimmung seitens des Kaisers zur Folge und löste einen entsprechenden Notenwechsel zwischen Berlin und London aus.

668 Große Politik, Bd. 10; 2377.

669 Große Politik, Bd. 10; 2463.

[670] Arif Hikmet Pascha (1851-1915).
[671] Große Politik, Bd. 10; 2372.
[672] Große Politik, Bd. 10; 2573.
[673] Graf Ladislaus von Szögyény-Marich von Magyar-Szögyen und Szolgaegyháza (1841-1916); der Botschafter versah sein Amt in Berlin ungewöhnlich lange – er wurde 1892 akkredidiert und erst im August 1914 abberufen.
[674] Große Politik, Bd. 10; 2494.
[675] Fürst Alexej Borisowitsch von Lobanow-Rostowskij (1825-1898), russischer Außenminister von 1895 bis 1896. In den 1860er Jahren war der Fürst an der russischen Botschaft in Constantinopel akkreditiert. Nach einem ungeheuerlichen Gesellschaftsskandal (Lobanow hatte seine Geliebte, die Gattin eines französischen Gesandtschaftssekretärs, entführt) mußte er zunächst seinen Abschied nehmen und lebte bis zum Tod dieser Frau 1866 in Nizza. Später wieder im diplomatischen Dienst tätig, war er Botschafter in Constantinopel,
London und seit 1882 in Wien, bevor er dann russischer Außenminister wurde.
[676] Posonby: Briefe der Kaiserin Friedrich; S. 469-470. Die ansonsten uneinigen europäischen Mächte forderten immerhin gemeinsam eine Änderung der osmanischen Politik gegenüber den Armeniern, die deutsche Regierung schloß sich dem schließlich zögernd an. In der Folge drängten die europäischen Staaten allerdings nicht auf die konsequente Umsetzung der von der osmanischen Regierung gemachten Versprechungen.
[677] Große Politik, Bd. 10; 2463. Mit der Königin ist des Kaisers britische Großmutter Königin Victoria gemeint. Wilhelm II. ging wohl ganz zutreffend davon aus, daß seine Mutter mit ihrer komplizierten Persönlichkeit in einer so wichtigen Frage selbstverständlich den britischen Standpunkt einnehme.
[678] Der Brief von Bülows in: Behnen: Quellen zur deutschen
Außenpolitik; S. 211-212. Freiherr Ernst von Mirbach (1844-1925) war der langjährige Oberhofmeister der Kaiserin Auguste Victoria.
[679] Große Politik, Bd. 14 II. Teil; 3991.
[680] Mit ›vindizieren‹ meinte der Botschafter hier ›beanspruchen‹.
[681] Große Politik, Bd. 12 II. Teil; 3339.
[682] Schöllgen: Imperialismus; S. 141.
[683] Große Politik, Bd. 12 II. Teil; 3340.
[684] Radowitz: Aufzeichnungen, 2. Bd.; S. 307.
[685] Siehe zum Beispiel: Fesch: Constantinople aux derniers jours d'Abdul
Hamid; S. 491; auch Brenner: Die Strahlen der Krone; S. 255. Christopher Clark spricht von »den engeren Horizonten der Bismarckschen Diplomatie«, zu denen die Außenpolitik des nach einer weltpolitischen Rolle strebenden Deutschen Reiches in der Regierungszeit Wilhelms II. auch angesichts »schwindelerregender Wachstumsraten beim Export« und der allgemeinen Begleiterscheinungen der imperialistischen Politik nicht mehr zurückkehren konnte (Clark: Wilhelm II.; S. 209).

686 Bülow: Denkwürdigkeiten, 1. Bd.; S. 252-253.
687 Große Politik, Bd. 12 II. Teil; 3348. Der Adressat war Felix von Müller (1857-1918), zwischen 1898 und 1903 außerordentlicher Gesandter und bevollmächtigter Minister in Kairo. Genau solche Wirkung nach außen kalkulierte Wilhelm II. bei solchen Auftritten bewußt ein, ging es ihm doch oftmals »um die deutsche Weltstellung«, wie der letzte kaiserliche Botschafter am britischen Hof Fürst Max von Lichnowsky (1860-1928) meinte.
688 Mirbach: Das deutsche Kaiserpaar im Heiligen Lande; S. 403.
689 Bülow: Denkwürdigkeiten, 1. Bd.; S. 251.
690 Bülow: Denkwürdigkeiten, 1. Bd.; S. 259.
691 Bülow: Denkwürdigkeiten, 1. Bd.; S. 259.
692 Bülow: Denkwürdigkeiten, 1. Bd.; S. 251.
693 Mugheid: Sultan Abdulhamid II.; S. 42-43.
694 Große Politik, Bd. 12 II. Teil; 3346.
695 Gedanken und Erinnerungen (Internetausgabe): Siehe das Kapitel ›Deutschland und Frankreich in der Levante‹.
696 Goetz: Briefe Wilhelms II.; S. 66.
697 van Kampen: Studien zur deutschen Türkeipolitik; u. a. S. 145-146.
698 Auch die britische Filmindustrie nahm sich des osmanischen Sultans an: 1935 entstand der fast zweistündige Spielfilm »Abdul the Damned« mit dem berühmten Fritz Kortner (1892-1970) in der Haupt- und Titelrolle. Der bedeutende Schauspieler hatte Deutschland ebenso verlassen müssen wie Hanns Eisler (1898-1962), der Komponist der Musik zu »Abdul the Damned«, und Walter Rilla (1894-1980), der in einer Nebenrolle zu sehen war. In Österreich wurde dieser Film bis 1938 unter dem Titel »Abdul Hamid« gezeigt. In Deutschland war er während der nationalsozialistischen Diktatur verboten.
699 Auf der CD ›Paul Lincke, ein Komponistenportrait in historischen Aufnahmen 1904-1940‹ ist das Couplet veröffentlicht. Paul Lincke (1866-1946) war ein populärer Komponist und gilt als ›Vater der Berliner Operette‹, der Dichter Julius Freund (1862-1914) verfaßte in den Jahren vor und nach der Jahrhundertwende für Singspiele und Revuen zahlreiche bis heute bekannte Liedtexte – so etwa ›Die Kirschen in Nachbars Garten‹ oder das ›Schaukellied‹. Den vorliegenden Text verdanke ich Frau Dr. Dagmar Walach, Institut für Theaterwissenschaft der Freien Universität Berlin, die mir das Bühnenexemplar des Textbuches für die Revue zur Verfügung stellte. Die Zitate finden sich auf den Seiten 70 bis 73. Bei der im Text erwähnten »dell' Era« handelt es sich um Antonietta dell' Era-Marsop (1860-1945), die von 1879 bis 1909 ›Königliche Hoftänzerin‹ an der Königlichen Oper in Berlin war.
700 Jugend: 1909, Nr. 19; S. 450. Die Zeichnung stammt von

Albert Weisgerber (1878-1915), der zu den vielversprechenden Malern seiner Zeit gehörte und Meisterschüler Franz von Stucks (1863-1928) war. Weisgerber fiel während des Ersten Weltkrieges in Flandern.

701 Jugend: 1909, Nr. 19; S. 448 und 449. Eine weitere Karikatur, die den Sultan im Exil mit einer seiner Frauen zeigt, befindet sich auf Seite 447. Fritz von Ostini [eigentlich Freiherr Friedrich von Ostini] (1861-1927), seit 1896 leitender Redakteur der Zeitschrift. In derselben Nummer wurde auch Sultan Mohammed V. zum Gegenstand eines satirischen Gedichtes von Anton Noder [A. de Nora] (1864-1936), die dazugehörige Karikatur stammt aus der Feder von Erich Wilke (1879-1936).

702 Robert Gascoyne Cecil Marquess of Salisbury (1830-1903).

703 Eckardstein: Die Isolierung Deutschlands; S. 15. Ob dieses Gespräch tatsächlich und in der von Freiherr von Eckardstein geschilderten Version stattfand, gilt in der historischen Forschung als zumindest umstritten (Große Politik, Bd. 10; 2385, die mit * gekennzeichnete ausführliche Anmerkung). Freiherr Hermann von Eckardstein (1864-1933) verfügte über gute Verbindungen in Diplomatie und Gesellschaft und war seit 1891 der deutschen Botschaft in London zugeordnet, wo er bis 1898 verblieb.

704 Große Politik, Bd. 10; 2371; 2372 und 2375.

705 Große Politik, Bd. 10; 2572.

706 Gedanken und Erinnerungen (Internetausgabe): Siehe das Kapitel ›Türken und Deutsche‹.

707 Röhl: Der Weg in den Abgrund; S. 126.

708 Unter anderem Spitzemberg, Eintrag vom 22.7. 1906; Tagebuch, S. 462; und Große Politik, Bd. 14 II. Teil; 357 mit der Randbemerkung Kaiser Wilhelms II. zu Mesopotamien.

709 Gedanken und Erinnerungen (Internetausgabe): Siehe das Kapitel ›Deutschland, die Türkei und Anatolien‹. Fuhrmann weist allerdings darauf hin, daß deutsche Regierungsstellen, im Gegensatz zu privaten Ideengebern, solch kolonialpolitischen Gedankenspielen in bezug auf das Osmanische Reich ablehnend gegenüberstanden, da eine Annexion osmanischen Territoriums letztendlich immer wieder konsequent abgelehnt wurde (Fuhrmann: Der Traum vom deutschen Orient; S. 57). Erst 1913, als die Großmächte nach zwei Balkankriegen einen Zusammenbruch des Reiches erneut in Betracht zogen, erhielt Freiherr von Wangenheim den Auftrag, die Gebiete zu benennen, auf die Deutschland im Fall der Teilung des Osmanischen Reiches Anspruch zu erheben gedenke. Der Botschafter erklärte unter anderem das nördliche Zweistromland bis Kirkuk, Nordsyrien mit Aleppo und Alexandrette sowie die südanatolische Küste östlich von Alanya zum deutschen Einflußgebiet, ebenso die Ebene von Konya und die Umgebung der Anatolischen Eisenbahn bis Eskişehir (Fuhrmann: Der Traum vom deutschen Orient; S. 76).

710 Ayşe Sultan: Avec mon père; S. 80.

711 Röhl: Der Abgrund; S. 933; siehe auch Röhl: Kaiser, Hof und Staat; S. 181.

712 Böer: Türken in Berlin 1871-1945; S. 60. İsmail Hakkı (1881-1977), sein Bruder Ali Nuri (1883-1977). Tewfik Pascha gab seiner Familie 1934 den Nachnamen Okday. İsmail Hakkı heiratete 1914 eine Nichte Abdül Hamids II. – Prinzessin Fatma Ulviye Sultan (1892-1967). Sie war eine der Töchter Sultan Mohammeds VI.; die Ehe wurde 1923 geschieden. Ali Nuris Sohn Şefik Okday (1909-2002) veröffentlichte 1991 eine Biographie seines Großvaters und dessen Söhne in deutscher Sprache. Okday schildert in seinem Buch die Meldung seiner Onkel bei Wilhelm II. jedoch in etwas anderer Weise.

713 Jäckh: Kiderlen-Wächter, 1. Bd.; S. 237.

714 Jäckh: Kiderlen-Wächter, 1. Bd.; S. 272.

715 Jäckh: Kiderlen-Wächter, 1. Bd.; S. 229.

716 Nişanü'l-iftihar (Orden des Ruhmes), 1831 gestiftet. Der runde Orden war oben von einer klassizistisch gestalteten Diamantschleife bekrönt und wurde unten von zwei gebundenen diamantenen Lorbeerzweigen umfaßt. Gritzner: Handbuch der Ritter- und Verdienstorden; S. 570-571. Osmaniye Orden: Gestiftet 1862 in vier (zunächst drei) Klassen für hervorragende Dienste bei der Erfüllung der Amtspflichten. Der Stern der 1. Klasse wurde mit Brillanten verliehen. Gritzner: Handbuch der Ritter- und Verdienstorden; S. 573.

717 Jäckh:Kiderlen-Wächter, 1. Bd.; S. 266.

718 Jäckh: Kiderlen-Wächter, 1. Bd.; S. 266.

719 Johannes Graf Moy (1902-1995) in: Carl Graf Moy: Als Diplomat am Zarenhof; S. 17.

720 Forsbach: Alfred von Kiderlen-Wächter, 1. Teilband; S. 244.

721 Große Politik, Bd. 12 II. Teil; siehe die mit * gekennzeichnete Fußnote auf Seite 575.

722 Großherzog Friedrich I. von Baden (1826-1907), vermählt seit 1856 mit Prinzessin Luise von Preußen (1838-1923), die die Vatersschwester Wilhelms II. war.
Kaiser Wilhelm II. betonte dabei Herzl gegenüber, »daß alle diejenigen Bestrebungen auf sein wohlwollendes Interesse zählen könnten, welche auf eine Hebung der Landwirtschaft in Palästina zur Förderung der Wohlfahrt des turkischen [sic] Reiches unter voller Beachtung der Landeshoheit des Sultans abzielten.« (Mirbach: Das deutsche Kaiserpaar im Heiligen Lande; S. 288.)

723 Brenner: Die Strahlen der Krone; S. 252.

724 Gedanken und Erinnerungen (Internetversion): Siehe das Kapitel ›Die jüdische Einwanderung‹.

725 Große Politik, Bd. 12 II. Teil; siehe die mit ** bezeichnete Fußnote auf Seite 579.

726 Redwitz: Hofchronik; S. 11. Marie Freiin von Redwitz(-Schmölz) (1856-1933).

727 Herzogin Ludowika in Bayern (1808-1892), Mutter der Kaiserin Elisabeth von Österreich (1837-1898). Redwitz: Hofchronik; S. 17.

728 GStA PK, BPH Rep. 53 FIII c5 Heinrich von Eckardt, 12 Seiten Maschinenschrift ›Kaiserpaar in Konstantinopel 1889‹. Jacques (Jacob) Offenbach (1819-1880), in der

zweiten Hälfte des 19. Jahrhunderts sehr populärer deutsch-französischer Operettenkomponist. Die Operette ›Die Großherzogin von Gerolstein‹ wurde 1867 uraufgeführt.

729 Mit ›alla franca‹ (nach Art der Franken) wurde im osmanischen Sprachgebrauch etwas bezeichnet, das aus Europa stammte oder nach europäischer Art war. Im Gegensatz dazu steht ›alla turca‹ für etwas nach Art der Türken.

730 Alle Angaben finden sich bei: Coşansel: 19. yüzyılda değişen sofra düzeni ve Alman İmparatoru II. Wilhelm'e sunulan ziyafetler; in: İlona Baytar (Hrsg.): İki dost hükümdar; S. 112-115.

731 Prinzessin Sophie von Preußen (1870-1932), seit 1889 verheiratet mit dem späteren König Konstantin I. von Griechenland (1868-1923).

732 Prinz Heinrich von Preußen (1862-1929), seit 1888 verheiratet mit Prinzessin Irene von Hessen und bei Rhein (1866-1953).

733 Graf (seit 1898 Fürst) Herbert von Bismarck (1849-1904).

734 König Christian IX. von Dänemark (1818-1906) seit 1842 verheiratet mit Prinzessin Luise von Hessen-Kassel (1817-1898). Seine Töchter waren: Prinzessin Alexandra (1844-1925), später Königin von Großbritannien und Irland und Kaiserin von Indien, Prinzessin Dagmar (1847-1928), später Kaiserin Maria Feodorowna von Rußland und Prinzessin Thyra (1853-1933), später Herzogin von Cumberland und seit 1913 Schwiegermutter der einzigen Tochter der Kaiserin Auguste Victoria. Einer seiner Söhne war König Georg von Griechenland (1845-1913). Der jüngste Sohn Christians IX. war der bereits erwähnte Prinz Waldemar von Dänemark (1858-1939). Der Prinz war seit 1885 mit Prinzessin Marie Amélie von Orléans (1865-1909) verheiratet, die keine deutschfreundliche Haltung auszeichnete. Daß die politisch engagierte Prinzessin ihren Ehemann politisch beriet, ist überliefert. Königin Luise vertrat einen dezidiert antipreußischen Standpunkt, weil sie Preußen die Annexion ihres Heimatlandes Hessen-Kassel im Jahr 1866 nicht verwinden konnte. Der Verlust Schleswig-Holsteins 1864 nahm das dänische Herrscherhaus zudem gegen Preußen-Deutschland und die holsteinischen Augustenburger, denen die Kaiserin entstammte, ein. Die Töchter der Königin Luise hegten daher dann eine überwiegend antideutsche Haltung, was dem Familienfrieden sowie der Politik zwischen London, Berlin und Sankt Petersburg keineswegs zuträglich war.

735 GStA PK, BPH Rep. 53 Aufzeichnungen Kaiser Wilhelms II.; 165. Die Gründe für diese frostige Atmosphäre können hier nur kurz gestreift werden: Sie lagen, neben dem oben skizzierten Benehmen, sicherlich auch in dem empörenden Verhalten Wilhelms II. gegenüber seiner sicherlich sehr schwierigen Mutter anläßlich des Todes seines Vaters im Jahr zuvor und in dem stark gestörten Verhältnis zwischen dem Kronprinzen und seinen Eltern überhaupt begründet. Zu ihrer Schwiegertochter (und ihrem Patenkind) Auguste Victoria stand Kaiserin Victoria (1840-1901) nach anfänglichem Wohlwollen später ebenso in einem sehr gespannten Verhältnis.

736 GStA PK, BPH Rep. 53 CI 3a; Reisetagebuch der Kaiserin Auguste Victoria; S. 51.

737 Radowitz: Aufzeichnungen, 2. Bd.; S. 301-302. Wilhelm von Hanke (1833-1912), Chef des Militärkabinetts 1888-1901; Hermann von Lucanus (1831-1908), 1888-1908 Chef des Zivilkabinetts; Adolf von Wittich (1836-1906), seit 1888 Generaladjutant; Freiherr Gustav von Senden-Bibran (1847-1909), 1889-1906 Chef des Marinekabinetts; Rudolf Ferdinand von Leuthold (1832-1905), Generalarzt der Armee; Coelestin von Zitzewitz (1847-1892); Friedrich von Scholl (1846-1928); Freiherr Adolph von der Lippe (1845-1919), Freiherr Albert von Seckendorff (1849-1921); Freiherr Eberhard von der Recke (aus dem Zweig Mansfeld) (1847-1920); Hans von Dambrowski (1861-1938); Paul von Below (1845-1906); Carl Saltzmann (1847-1923).
738 Ali Nizami Pascha (1817-1899), wichtiger Militär, zeitweilig Chef des Generalstabes; 1882 war er in Berlin, um Kaiser Wilhelm I. den İmtiyaz-Orden in Brillanten zu überbringen.
739 Ahmed Ali Pascha (1841-1907), osmanischer General und Maler, studierte in Paris unter anderem bei dem Maler Jean Léon Gérôme (1824-1904).
740 Kostaki Muzurus Pascha (1807-1891), griechischer Abkunft, ab 1851 osmanischer Botschafter am britischen Hof. Er übersetzte 1867 die Rede von Sultan Abdül Aziz an den Bürgermeister von London.
741 GStA PK, BPH Rep. 113 Oberhofmarschallamt; 678.
742 İbrahim Hakkı Pascha (1862-1918), osmanischer Militär und 1910 bis 1911 Großwesir.
743 GStA PK, BPH Rep. 53 FIII c5 Heinrich von Eckardt, 12 Seiten Maschinenschrift ›Kaiserpaar in Konstantinopel 1889‹.
744 GStA PK, BPH Rep. 53 FIII c5 Heinrich von Eckardt, 12 Seiten Maschinenschrift ›Kaiserpaar in Konstantinopel 1889‹.
745 ›Tercüman-i Hakikat‹, übersetzt ›Dolmetscher der Wahrheit‹.
746 Gözeller: Osmanlı basınında Alman İmparatoru II. Wilhelm'in 1889 ve 1898 yıllarında osmanlı devletine yaptığı ziyaretler; in: İlona Baytar (Hrsg.): İki dost hükümdar; S. 200-201.
747 Kaiserin Auguste Victoria schrieb in ihrem Reisetagebuch, daß dies »eine Sache, die er noch nie gethan hatte« sei. GStA PK, BPH Rep. 53 CI 3a, Reisetagebuch der Kaiserin Auguste Victoria; S. 53.
748 Obst: Kaiser Wilhelm II. und Kaiserin Auguste Viktoria; S. 306.
749 Obst: Kaiser Wilhelm II. und Kaiserin Auguste Viktoria; S. 308.
750 Keller: Vierzig Jahre; S. 109. Gräfin Mathilde von Keller (1853-1945), von 1881 bis 1921 Hofdame der Kaiserin Auguste Victoria.
751 Naile Sultan (1884-1957).
752 Prinzessin Caroline Mathilde zu Schleswig-Holstein-Sonderburg-Augustenburg (1860-1932), seit 1885 verheiratet mit Herzog Friedrich Ferdinand zu Schleswig-Holstein-Sonderburg-Glücksburg (1855-1934). Die beiden Schwestern waren einander ein Leben lang eng verbunden, sie schrieben einander fast täglich

mindestens einmal. Große Teile dieser umfangreichen Korrespondenz werden im Archiv der Herzöge zu Schleswig-Holstein-Sonderburg-Glücksburg in Schloß Glücksburg aufbewahrt.

753 Schloßarchiv Glücksburg, Rep. 614; Brief vom 3. November 1889.

754 GStA PK, BPH Rep. 53 CI 3a, Reisetagebuch der Kaiserin Auguste Victoria, S. 55.

755 Radowitz: Aufzeichnungen, 2. Bd.; S. 301.

756 GStA PK, BPH Rep. 113 Oberhofmarschallamt; 678.

757 Der Çadır-Kiosk sowie der Malta-Kiosk sind heute Restaurants. Die im Stil des Neorokokos gestalteten Räume mit Deckenmalereien und reichen Stuckarbeiten sind der Öffentlichkeit zugänglich.

758 GStA PK, BPH Rep. 113 Oberhofmarschallamt; 678.

759 Schloßarchiv Glücksburg, Rep. 614; Brief vom 3. November 1889. Hinsichtlich der Sehenswürdigkeiten in der Hauptstadt am Bosporus erwies sich die Kaiserin als vorzüglich informiert. Die Briefe Auguste Victorias an ihre Schwester zeigen das ebenso wie die zahlreichen Notizen, die sich in ihrem Reisetagebuch im Geheimen Staatsarchiv finden. Sicherlich befanden sich die aktuellen Kunst- und Reiseführer im Gepäck der Monarchin und ihrer Begleitung. Darüber hinaus wäre es denkbar, daß Kaiserin Auguste Victoria und ihr Hofstaat vor der Reise kunsthistorische Vorträge gehört hatten, um auf die sie erwartenden Sehenswürdigkeiten vorbereitet zu sein.

760 Keller: Vierzig Jahre; S. 112-113.

761 Nişanü'l-şefkat – 1878 von Sultan Abdül Hamid II. gestifteter Orden (der Barmherzigkeit) für Damen; drei Klassen, die 1. und 2. Klasse in Brillanten.

762 Gräfin Therese von Brockdorff-Kletkamp (1846-1924) war von 1881 bis 1918 Oberhofmeisterin der Kaiserin Auguste Victoria. Die Gräfin war mütterlicherseits eine Urenkelin Wilhelm von Humboldts (1767-1835) und galt als geistvolle Erscheinung am deutschen Kaiserhof, wenngleich von beträchtlichem Konservatismus und tiefer Frömmigkeit geprägt. Die drei Hofdamen der Kaiserin Auguste Victoria sind auf einer noch heute erhaltenen gemeinsamen Grabstelle des Bornstedter Friedhofes in Potsdam beigesetzt.

763 Gestiftet durch Kurfürst Friedrich III. von Brandenburg (1657-1713) in Königsberg am Vorabend (17.1.) seiner Krönung zum ersten König in Preußen am 18. Januar 1701.

764 Giaccomo Meyerbeer (1791-1864) komponierte vier Fackeltänze für Hochzeiten am preußischen Hof, unter anderem auch für die Hochzeit der Eltern Wilhelms II. im Jahr 1858. Der erste Fackeltanz in B-Moll entstand 1842 für die Hochzeit von Prinzessin Marie von Preußen (1825-1889) und dem späteren König Maximilian II. von Bayern (1811-1864).

765 The Levant Herald and Eastern Express, 9. 11.1889; S. 9; (GStA PK, BPH Rep. 53, F III d, 2a). Fernando de Aranda Pascha (1846-1919), Pianist, Organist, Komponist und Dirigent. Von Abdül Hamid II. 1886 zum Hofkapellmeister und Leiter der osmanischen Militärmusik berufen, weshalb er den

Rang eines Generals erhielt. Nach dem Sturz des Sultans 1909 kehrte de Aranda nach Spanien zurück. Sein Sohn Fernando de Aranda (1878-1969) war im Osmanischen Reich und später in Syrien als Architekt tätig. Er entwarf den noch vorhandenen prächtigen Endbahnhof der Hedschasbahn in Damaskus und starb, längst zum Islam konvertiert, hochbetagt in der syrischen Hauptstadt. Fernando de Aranda war auch über lange Jahre Honorarkonsul Spaniens in Syrien.

766 Keller: Vierzig Jahre; S. 114.

767 The Levant Herald and Eastern Express, 9. 11.1889; S. 6; (GStA PK, BPH Rep. 53, F III d, 2a).

768 The Levant Herald and Eastern Express, 9. 11.1889; S. 9; (GStA PK, BPH Rep. 53, F III d, 2a).

769 Rudolf Kögel (1829-1896), seit 1863 Oberhof- und Domprediger.

770 Vermutlich handelte es sich um Aquarelle von Silvestro Valeri (1814-1902), der zahlreiche kleinformatige Tuschzeichnungen von Constantinopel und dessen Bewohnern anfertigte.

771 Förster: Constantinopel. Reise-Erinnerungen; S. 52-53.

772 Radowitz: Aufzeichnungen, 2. Bd.; S. 303.

773 The Levant Herald and Eastern Express, 9. 11.1889; S. 9; (GStA PK, BPH Rep. 53, F III d, 2a).

774 The Levant Herald and Eastern Express, 9. 11.1889; S. 9; (GStA PK, BPH Rep. 53, F III d, 2a).

775 Keller: Vierzig Jahre; S. 114.

776 GStA PK, BPH Rep. 53 FIII c5 Heinrich von Eckardt, 12 Seiten Maschinenschrift ›Kaiserpaar in Konstantinopel 1889‹.

777 GStA PK, BPH Rep. 113 Oberhofmarschallamt; 678.

778 GStA PK, BPH Rep. 53 FIII c5 Heinrich von Eckardt, 12 Seiten Maschinenschrift ›Kaiserpaar in Konstantinopel 1889‹.

779 Schloßarchiv Glücksburg, Rep. 614; Brief vom 3. November 1889.

780 GStA PK, BPH Rep. 53 CI 3a, Reisetagebuch der Kaiserin Auguste Victoria; S. 60-61.

781 Förster: Constantinopel. Reise-Erinnerungen; S. 53.

782 GStA PK, BPH Rep. 53 FIII c5 Heinrich von Eckardt, 12 Seiten Maschinenschrift ›Kaiserpaar in Konstantinopel 1889‹.

783 GStA PK, BPH Rep. 53 CI 3a, Reisetagebuch der Kaiserin Auguste Victoria; S. 61.

784 Ismail Pascha (1830-1895) war von 1863 bis 1867 Wali (Gouverneur) und von 1867 bis 1879 osmanischer Khedive (Vizekönig) Ägyptens. In seiner Regierungszeit wurde 1869 der Suezkanal eingeweiht.

785 Hasan Hüsnü Pascha (1832-1903); er war bis zu seinem Tod 1903 Marineminister und galt als äußerst korrupt und wenig engagiert für die Modernisierung der osmanischen Marine.

786 The Levant Herald and Eastern Express, 9. 11.1889; S. 9;

(GStA PK, BPH Rep. 53, F III d, 2a). Der Zeitungsartikel nennt akribisch die Namen all derer, die ihre Besitzungen an diesem Abend festlich illuminiert hatten.
787 Der ursprünglich fürstlich-hohenzollersche Orden war nach dem Übergang des Fürstentums an Preußen 1851 durch König Friedrich Wilhelms IV. (1795-1861) als preußischer Orden anerkannt worden und sollte nur Personen verliehen werden, die sich um Glanz und Macht des Herrscherhauses verdient gemacht hatten oder ihm besonders treu ergeben waren.
788 Radowitz: Aufzeichnungen, 2. Bd.; S. 305.
789 GStA PK, BPH Rep. 53 CI 3a, Reisetagebuch der Kaiserin Auguste Victoria; S. 26.
790 Hier dürfte die Gräfin irren. Den Erinnerungen der Prinzessin Ayşe läßt sich entnehmen, daß die Gemahlinnen und Töchter Abdül Hamids II. selbständig den Stil ihrer Garderobe bestimmten – und sich teils europäisch, teils nach traditioneller osmanischer Art kleideten.
791 Keller: Vierzig Jahre; S. 117-118.
792 GStA PK, BPH Rep. 53 CI 3a, Reisetagebuch der Kaiserin Auguste Victoria; S. 62-63.
793 GStA PK, BPH Rep. 53 CI 3a, Reisetagebuch der Kaiserin Auguste Victoria; S. 64.
794 Keller: Vierzig Jahre; S. 119.
795 Damad Mehmed Ali Pascha (1813-1868) war 1852 und 1853 kurzzeitig Großwesir. Er hatte 1845 Adile Sultan (1826-1899 [der ›Gotha‹ von 1898 nennt 1897 als Todesjahr, die türkischen Quellen nennen allerdings übereinstimmend 1899] geheiratet und war somit Schwiegersohn Sultan Mahmuds II. geworden. Prinzessin Adile gehört zu den bemerkenswertesten Frauengestalten in der jüngeren Geschichte des Hauses Osman. Aufgeschlossen gegenüber der Zeit, in der sie lebte, dennoch tiefreligiös, hinterließ die Hochgebildete als einziges weibliches Mitglied der Dynastie einen eigenen Diwan (Gedichtsammlung), der in neuerer Zeit publiziert wurde. Die Türbe der Prinzessin und ihres Gemahls befindet sich gegenüber dem Brunnen der Stiftung von Mirişah Valide Sultan.
796 Radowitz: Aufzeichnungen, 2. Bd.; S. 306; Ayşe Sultan: Avec mon père; S. 80-81.
797 Keller: Vierzig Jahre; S. 120.
798 Radowitz; Aufzeichnungen, 2. Bd.; S. 306.
799 GStA PK, BPH Rep. 113 Oberhofmarschallamt; 678.
800 GStA PK, BPH Rep. 113 Oberhofmarschallamt; 678.
801 Radowitz; Aufzeichnungen, 2. Bd.; S. 309.
802 Böer: Türken in Berlin 1871-1945; S. 52. Hüseyn Hulki (1861-1894) gilt als Begründer der medizinischen Fachrichtungen für Haut- und Geschlechtskrankheiten im Osmanischen Reich; er war Dozent und Facharzt an der Militärakademie für Medizin.
803 Fürst Hugo von Radolin, (bis 1888) Graf von Radolin-Radolinksi (1841-1917), Hofbeamter und Diplomat, zwischen 1893 und 1895 Botschafter in Constantinopel.
804 Große Politik, Bd. 14 II. Teil; 3963 und 3965.

805 Lindenberg: Auf deutschen Pfaden im Orient; S. 165.
806 Lindenberg: Auf deutschen Pfaden im Orient; S. 169-170. Nach Lindenberg lebten um 1900 über 1000 Deutsche am Bosporus, im gesamten Reich waren es demnach circa 1800 Deutsche. Die noch heute bestehende Gesellschaft ›Teutonia‹ sorgte schon damals mit vielfältigen Veranstaltungen in einem eigenen Haus für den »geselligen Zusammenschluß« der Deutschen in Constantinopel. Mit der ›Untergrundbahn‹ ist die unterirdische Standseilbahn gemeint, die 1875 eröffnet wurde und von Karaköy am Goldenen Horn nach Beyoğlu führt. Sie wird verkürzt einfach ›Tünel‹ genannt und ist noch heute als vielgenutzes Verkehrsmittel in Betrieb.
807 Forsbach: Alfred von Kiderlen-Wächter; S. 242 sowie Anmerkung 26, ebenfalls S. 242.
808 Scherer weist darauf hin, daß sich diese Vermutung aus Radowitz' Berichten allerdings nicht ergibt (Scherer: Adler und Halbmond; S. 395). Scherer führt als ein Beispiel für die Bevorzugung Radowitz' dessen Einladung zu einem Diner anläßlich des Besuches von König Oscar (1829-1907) und Königin Sophie von Schweden (1836-1913) an. Das ist in diesem Fall nicht ganz zutreffend. Da die Königin als Prinzessin von Nassau eine geborene Deutsche war, entsprach es den Gepflogenheiten, neben dem schwedischen auch den deutschen Botschafter einzuladen.
809 Schöllgen: Imperialismus und Gleichgewicht; S. 52.
810 Große Politik, Bd. 12 II. Teil; 3339.
811 Höchst aufschlußreich sind schon allein die von Sir Ponsonby in seinem Werk mit den Briefen der deutschen Kaiserin Victoria abgedruckten Schreiben, die Königin Victoria und ihre Tochter zum Thema einer möglichen Annexion Ägyptens 1877 wechselten. Siehe Ponsonby: Briefe der Kaiserin Friedrich; S. 182-184. Die Briten fürchteten ein (gemeinsames) Vorgehen Frankreichs und Rußlands gegen Ägypten, besonders dann, wenn Rußland bei einer möglichen Aufteilung des Osmanischen Reiches in den Besitz der Dardanellen geraten sollte (unter anderem in: Große Politik, Bd. 10; 2464).
812 Siebert: Diplomatische Aktenstücke, Bd. 1; S. 316-317.
813 Eine genaue Auflistung der Mitreisenden (auch nach Palästina) siehe in: Das deutsche Kaiserpaar im Heiligen Lande; S. 411-422.
814 Hans Georg von Plessen (1841-1929); er begleitete Wilhelm II. im November 1918 in die Niederlande und nahm dann seinen Abschied. Gustav von Kessel (1846-1918), Generaloberst und von 1909 bis 1918 Kommandeur von Berlin. Bei dem erwähnten ›Hauptmann von Mackensen‹ handelt es sich wahrscheinlich um August von Mackensen (1849-1945). Er wurde allerdings erst am 27. Januar 1899 nobilitiert.
815 Hermann Knackfuß (1848-1915), von Wilhelm II. bevorzugter Historienmaler. 1895 betraute der Kaiser ihn mit der Ausarbeitung seiner bekannten Zeichnung ›Völker Europas, wahrt eure heiligsten Güter‹.

[816] Claire von Gersdorff (1858-1927), seit 1881 Hofdame der Kaiserin Auguste Victoria.
[817] Fausto Zonaro (*1854), der mehr als 1000 Gemälde für den osmanischen Hof schuf, kam vor 1889 nach Constantinopel, wo er bis 1909 als offizieller Hofmaler Sultan Abdül Hamids II. tätig war. Nach Unstimmigkeiten mit den Jungtürken verließ er 1910 die Türkei und starb 1929 in San Remo. Der Künstler bewohnte ein Haus in Pera, das ihm sein eifriger Förderer Abdül Hamid II. geschenkt hatte.
[818] Makzume, Trevigne (Hrsg.): Fausto Zonaro: Twenty Years under the reign of Abdülhamid; S. 149. Jean Léon Gérôme (1824-1904), französischer Maler, der mit seinen orientalischen Genreszenen das europäische Bild des Orients maßgeblich prägte und damit selbst noch die Hollywood-Filme des 20. Jahrhunderts beeinflußte. Ivan Konstantinowitsch Ajvazovskij (eigentlich Aïvazian) (1817-1900), russisch-armenischer Marinemaler. Er schuf zahlreiche Gemälde, die das Schwarze Meer und russische Seeschlachten zeigten. 1845 besuchte er auf Einladung Sultan Abdül Medschids erstmals Constantinopel und wurde in der Folge zum Hofmaler dreier Sultane ernannt. Sein Bruder war der armenische Bischof und Gelehrte Gabriel Aïvasian (1812-1879).
[819] Coşansel: 19. yüzyılda değişen sofra düzeni ve Alman İmparatoru II. Wilhelm'e sunulan ziyafetler; in: İlona Baytar (Hrsg.): İki dost hükümdar; S. 117.
[820] Coşansel: 19. yüzyılda değişen sofra düzeni ve Alman İmparatoru II. Wilhelm'e sunulan ziyafetler; in: İlona Baytar (Hrsg.): İki dost hükümdar; S. 119.
[821] Kürd Said Pascha (1834-1907) war mehrfach Außenminister und von 1883 bis 1885 Botschafter am Berliner Hof, danach Präsident des Staatsrates bis zu seinem Tod. Den Namenszusatz ›Kürd‹ trug er wegen seiner kurdischen Abkunft – und zur Unterscheidung von Küçük Said Pascha.
[822] Mirbach: Das deutsche Kaiserpaar im Heiligen Lande; S. 57.
[823] Mehmed Fuad Pascha (1835-1931), osmanischer General, einer der ›Helden‹ im Krieg gegen Rußland. Wegen angeblicher Taktlosigkeiten, die er 1882 während eines Aufenthaltes am Wiener Hof – er überbrachte Kaiser Franz Joseph den İmtiyaz-Orden – geäußert haben sollte, wurde er zunächst angeklagt, und nach einem Freispruch weitgehend kaltgestellt. Wegen allzu offen geäußerter Kritik wurde Mehmed Fuad Pascha 1902 schließlich nach Damaskus verbannt und dort unter dauernde Bewachung gestellt, bis er während der Revolution von 1908 nach Constantinopel zurückkehrte. Er wurde von den Zeitgenossen auch ›Deli Fuad‹ genannt, was im Osmanischen ›Fuad der Narr‹ bedeutet.
[824] Mirbach: Das deutsche Kaiserpaar im Heiligen Lande; S. 59.
[825] Mirbach: Das deutsche Kaiserpaar im Heiligen Lande; S. 60-61.
[826] Zitiert nach Coşansel: 19. yüzyılda değişen sofra düzeni ve Alman İmparatoru II. Wilhelm'e sunulan ziyafetler; in: İlona Baytar (Hrsg.): İki dost hükümdar; S. 118.
[827] Mirbach: Das deutsche Kaiserpaar im Heiligen Lande; S. 67.
[828] Mirbach: Das deutsche Kaiserpaar im Heiligen Lande; S. 73.

829 Therapia liegt etwa 15 Kilometer nördlich der Altstadt auf der europäischen Seite des Bosporus. Der Name geht auf einen griechischen Patriarchen zu Beginn des 5. Jahrhunderts zurück, der den Ort wegen dessen Thermalquellen schätzte. Zuvor hatte man ihn ›der Vergiftende‹ genannt, weil hier die sagenhafte kolchische Zauberin Medea ihr Gift weggeworfen haben soll. In dieser Gegend befanden sich mehrere Sommerresidenzen der europäischen Botschafter. Die Sommerresidenz der deutschen Botschafter wurde zwischen 1885 und 1887 errichtet, der Archäologe Wilhelm Dörpfeld (1853-1940) war an den Planungen maßgeblich beteiligt. Entstanden ist schließlich eine Villa, die sowohl deutsche als auch türkische Stilmerkmale vereint, alles in der typischen Holzbauweise der Sommerhäuser am Bosporus. Das Grundstück war 1882 als Geschenk des Sultans an Kaiser Wilhelm I. gegangen. Heute nutzt das deutsche Generalkonsulat die Gebäude.
830 Zitiert nach Coşansel: 19. yüzyılda değişen sofra düzeni ve Alman İmparatoru II. Wilhelm'e sunulan ziyafetler; in: İlona Baytar (Hrsg.): İki dost hükümdar; S. 121.
831 Sie befinden sich heute in seinem niederländischen Exilwohnsitz Huis Doorn.
832 Der erfahrene Diplomat Galib Ali Bey (1848-1919) war von Februar 1896 bis Ende 1897 osmanischer Botschafter am Berliner Hof.
833 Mirbach: Das deutsche Kaiserpaar im Heiligen Lande; S. 68-69.
834 Stiftung Preußische Schlösser und Gärten Berlin Brandenburg, Aquarellsammlung Nr. 4674.
835 Gorka-Reimus: Der Traum vom Orient; S. 66. Die Teppiche messen 475 mal 376 Zentimeter und 348 mal 342 Zentimeter.
836 Mirbach: Das deutsche Kaiserpaar im Heiligen Lande; S. 70.
837 Der Ökonom Sakızlı Ohannes Pascha (1836-1912), der von 1897 bis 1908 beide Ämter, das des Finanzministers und das des Schatzmeisters, bekleidete.
838 Zitiert nach Coşansel: 19. yüzyılda değişen sofra düzeni ve Alman İmparatoru II. Wilhelm'e sunulan ziyafetler; in: İlona Baytar (Hrsg.): İki dost hükümdar; S. 122.
839 Mirbach: Das deutsche Kaiserpaar im Heiligen Lande; S. 70.
840 Coşansel: 19. yüzyılda değişen sofra düzeni ve Alman İmparatoru II. Wilhelm'e sunulan ziyafetler; in: İlona Baytar (Hrsg.): İki dost hükümdar; S. 122. Daß dieses Aussteuerprojekt tatsächlich vereinbart wurde, belegen die Akten, die im Geheimen Staatsarchiv zu Berlin aufbewahrt werden (GStA PK, BPH Rep. 113 Oberhofmarschallamt; 1104).
841 Mirbach: Das deutsche Kaiserpaar im Heiligen Lande; S. 71.
842 Mugheid: Abdulhamid II., S. 43. Im Dienst der panislamischen Bestrebungen der Osmanen veröffentlichte auch Ibrahim al-Aswad 1898 einen Text über die Reise des Kaisers (Ende: Wer ist ein Glaubensheld; S. 83).
843 Frank Wedekind (1864-1918) Dichter, Kabarettist und Schauspieler. Sein politisches Chanson »König David« liegt in einer ausgezeichneten Interpretation des Sängers Ernst Busch (1900-1980) vor. Wedekind war nach der Veröffentlichung seines Spottliedes zunächst nach Paris geflohen, um sich der Bestrafung zu entziehen,

und hatte sich dann 1899 in Leipzig gestellt, weil er auf eine mildere Strafe durch die sächsische Justiz hoffte. König Albert von Sachsen (1828-1902) regierte seit 1873.

[844] Schloßarchiv Glücksburg 612; 25.10.1898. Um zu der Parade gelangen, bestiegen Abdül Hamid II. und Kaiserin Auguste Victoria ohne jede weitere Begleitung einen kleinen, reich vergoldeten Wagen, den der Padischah selbst lenkte und der von zwei Schimmeln gezogen wurde. Wilhelm II. folgte in einer zweiten Kutsche zu dem sogenannten Paradeplatz unmittelbar an der Mauer der Yıldız-Gärten. Die Kaiserin beschrieb die Szene in einem Brief an ihre Schwester Herzogin Caroline Mathilde zu Schleswig-Holstein-Sonderburg-Glücksburg (1860-1932).

[845] Mirbach: Das deutsche Kaiserpaar im Heiligen Lande; S. 72.

[846] Die Schilderung von Kamphövener Paschas findet sich in: Louis von Kamphövener: 27 Jahre in der Türkei; unveröffentlichtes Manuskript im Landesarchiv Schleswig-Holstein in Schleswig.

[847] Zitiert nach Coşansel: 19. yüzyılda değişen sofra düzeni ve Alman İmparatoru II. Wilhelm'e sunulan ziyafetler; in: İlona Baytar (Hrsg.): İki dost hükümdar; S. 123.

[848] Bidar Kadın Efendi (1858-1918), seit 1872 zweite Gemahlin Abdül Hamids II., Mutter der bereits erwähnten Prinzessin Naime.

[849] Ayşe Sultan: Avec mon père; S. 78. Prinzessin Ayşe schrieb in ihren Memoiren, daß es sich bei dem von ihr geschilderten Haremsaufenthalt der Kaiserin um deren Besuch im Jahr 1889 gehandelt habe. Da sie damals erst zwei Jahre alt war, ist dies wahrscheinlich ein Irrtum. Sie meinte wohl den Haremsbesuch 1898, dem die dann elfjährige Prinzessin mit ihren älteren Schwestern beiwohnte.

[850] Bülow: Denkwürdigkeiten, 1. Bd.; S. 251. Bülow instrumentalisierte diese Äußerung ganz bewußt, um zu zeigen, Kaiserin Auguste Victoria habe sich von der unkritischen Haltung Wilhelms II. gegenüber dem Sultan und allem Osmanischem nicht beeinflussen lassen. Über den Kaiser schrieb er in diesem Zusammenhang mokant: »Alles Reden ist sinnlos, wenn jemand nicht verstehen will« und nannte ihn letztlich voreingenommen.

[851] Açba: Bir Çerkes Prensesinin Harem Hatıraları; S. 26-27. Übersetzung Michael R. Heß.

[852] Schloßarchiv Glücksburg, Rep. 612; Brief vom 25. Oktober 1898.

[853] Refia Sultan (1891-1938), eine Tochter Abdül Hamids II.

[854] Mehmed Rauf Pascha (1838-1923).

[855] Mirbach: Das deutsche Kaiserpaar im Heiligen Lande; S. 78-79.

[856] Zitiert nach Coşansel: 19. yüzyılda değişen sofra düzeni ve Alman İmparatoru II. Wilhelm'e sunulan ziyafetler; in: İlona Baytar (Hrsg.): İki dost hükümdar; S. 124.

[857] Mirbach: Das deutsche Kaiserpaar im Heiligen Lande; S. 78-79.

[858] Weiberg: Zwischen Orient und Ostsee; S. 85. Die Mannschaft der ›Lensahn‹ erhielt noch täglich »geronnene Ziegenmilch« wie Freiherr Dalwigk von Lichtenfels ergänzte. Vermutlich handelte es sich dabei um den damals bei den deutschen Reisenden noch unbekannten Joghurt.

859 Mirbach: Das deutsche Kaiserpaar im Heiligen Lande; S. 404.

860 Bülow: Denkwürdigkeiten, 1. Bd.; S. 270. Auch dieser Brief diente Bülow in dessen Memoiren dazu, das Engagement Wilhelms II. für den Orient noch im nachhinein herabzusetzen.

861 Naumann: »Asia«; S. 24-25. War Abdül Hamid II. für Naumann auch der »gekrönte Massenmörder«, so sah er die Deutschen dennoch als »zur Gruppe der Protektoren« des Osmanischen Reiches« gehörig an (»Asia«; S. 140).

862 Der Maravedi war eine seit dem 11. Jahrhundert in Spanien und Portugal im Umlauf befindliche Münze, deren Bezeichnung sich von dem arabischen Wort ›Al-Muwahhidun‹ (Name einer Herrscherdynastie in Al-Andalus) herleitet. 1854 wurde der Maravedi letztmalig in Spanien als geringwertige Kupfermünze geprägt. Der Kaiser benutzte die Bezeichnung hier als Synonym für Pfennig, um auszudrücken, daß der Sultan ›keinen Pfennig‹ für den Besuch bezahlen müsse.

863 Friedrich der Große (1712-1786), seit 1740 König von Preußen. In seiner Zeit gab es bereits einen Austausch von Diplomaten zwischen Berlin und Constantinopel.

864 Sergei Dimitrijewitsch Sasonow (1860-1927), russischer Außenminister von 1910 bis 1916. Alexander Petrowitsch Iswolski (1856-1919), Vorgänger Sasonows im Amt. 1908 gelang es ihm nach der Krise um die Annexion Bosniens durch Österreich-Ungarn das Das Durchfahrtsrecht russischer Kriegsschiffe durch die Dardanellen vertraglich festzulegen. 1909 verständigte er sich mit seinem italienischen Kollegen über die Balkanpolitik beider Staaten, die in einer Wahrung des Status quo bestehen sollte.

865 Hier irrt Kaiser Wilhelm II. offenbar. Tatsächlich war er mit Herzl erstmals 1898 in Constantinopel zusammengetroffen.

866 Es handelt sich um den Freund Wilhelms II. Graf Philipp zu Eulenburg); siehe Anmerkung 883.

867 Luigi Piavi (1833-1905), seit 1889 Patriarch von Jerusalem.

868 GSaPK Rep. 53 Aufzeichnungen Kaiser Wilhelms II; 165.

869 In diesem Zusammenhang stehen auch die verschiedenen Besuche der älteren Söhne des deutschen Kaisers in den Jahren nach 1900.

870 Dolmabahçe Sarayı (Palast im gefüllten Garten – nach einer verfüllten kleinen Bucht, in der ein Garten entstand). Der Palast zieht sich rund 600 Meter am Bosporus entlang. 1853 gab Sultan Abdül Medschid den Topkapı-Palast als Residenz der Sultane auf und bestimmte den nach französischen Vorbildern errichteten Dolmabahçe-Palast mit seiner verschwenderischen Ausstattung zum repräsentativen Sitz der Herrscher. Besondere Attraktion ist das mit Geländern aus böhmischem Kristallglas geschmückte Treppenhaus. In einem Appartement des Schlosses verstarb am 10. November 1938 Mustafa Kemal Atatürk. Das Sterbezimmer ist seitdem als Erinnerungsstätte an den Gründer der modernen Türkei gestaltet und kann, wie auch der übrige Palast, besichtigt werden.

[871] Die Porzellanfabrik ließ der Sultan im Osten des Parks einrichten. Eine ausführliche Beschreibung des Palastensembles, der Gärten und der Porzellanfabrik ist zu finden bei: Stern: Abdul Hamid II.; S. 14-16. Das Theater und dessen Einrichtung beschreibt Stern eingehend auf den Seiten 35 bis 38 seines Buches.

[872] Erbgroßherzog Friedrich August besuchte 1874/75 im Rahmen einer mehrmonatigen Reise den vorderen Orient sowie Nordafrika. Die Fahrt führte über Wien und den Balkan zunächst an den Bosporus. Zwischen dem 23. Oktober und dem 3. November 1874 hielt er sich in Constantinopel auf, wo er im ›Hôtel d'Angleterre‹ in Pera wohnte. Am 26. Oktober wurde der Erbgroßherzog von Sultan Abdül Aziz zu einer etwa halbstündigen Audienz im Dolmabahçe-Palast empfangen. Der Sultan lud ihn zur Besichtigung verschiedener Paläste sowie Sammlungen ein und stellte ihm einen Offizier des Generalstabes als Begleiter an die Seite, worauf sich die beiderseitigen Kontakte allerdings beschränkten. Anders als 1902 war Erbgroßherzog Friedrich August also nicht dauernd Gast des osmanischen Herrschers. Adolph Lüttge begleitete den künftigen oldenburgischen Großherzog und veröffentlichte 1877 einen zweibändigen Bericht über diese Reise. Die Beschreibung des Constantinopel-Aufenthaltes findet sich im ersten Band auf den Seiten 25 bis 81.

[873] Weiberg: Zwischen Orient und Ostsee; S. 73-76.

[874] Zuaven waren aus dem heutigen Algerien stammende Elitesoldaten. Der Name geht auf einen Volksstamm der Kabylen zurück. Die Franzosen hatten bis 1963 Zuaven-Infanterieregimenter in ihrer Armee.

[875] Gemeint ist die 1885 bis 1886 errichtete Hamidiye Camii mit einer sehenswerten Innenausstattung im Stil der Zeit.

[876] Weiberg: Zwischen Orient und Ostsee; S. 77-79.

[877] Sultan Abdül Medschid ließ direkt am Bosporus in der Nähe der Mündung zweier kleiner Flüsse (Göksu und Küçüksu, die die Europäer ›Süße Wasser Asiens‹ nannten) von 1853 bis 1856 das Sommerschloß Küçüksu errichten. Der Palast ist reich im Stil der späten Sultanszeit ausgestattet und verfügt über eine üppige ›neobarocke‹ Fassade.

[878] Ada von Joannis (1870-1951) begleitete die Großherzogin auf der Reise, beide Damen waren miteinander befreundet.

[879] Prinz Mehmed Burhaneddin (1885-1949); sein jüngerer Bruder, den Großherzogin Elisabeth wiederholt erwähnt, war Prinz Abdurrahim (1894-1952).

[880] Norma – Oper von Vincenzo Bellini (1801-1835). Der Journalist Bernhard Stern erwähnte, daß diese Oper zu den Lieblingsstücken des Sultans gehört habe (Stern: Abdul Hamid II.; S. 38).

[881] Charles Gounod (1818-1893).

[882] Weiberg: Zwischen Orient und Ostsee; S. 80-83.

[883] Fürst (seit 1900, zuvor Graf) Philipp zu Eulenburg und Hertefeld (1847-1921); Graf Kuno von Moltke (1847-1923). Beide gehörten zu dem intimen Freundeskreis um Kaiser Wilhelm II. und standen ab 1908 im Mittelpunkt eines das späte

wilhelminische Kaiserreich schwer erschütternden Gesellschaftsskandals großen Ausmaßes, bei dem es vordergründig um ihre Homosexualität ging. Wilhelm II. ließ Eulenburg brüsk fallen und behauptete, nichts von den homosexuellen Vorlieben seines Vertrauten und von dessen Freunden gewußt zu haben.

884 Stern: Abdul Hamid II.; S. 38. Im Internet ist unter https://soundcloud.com/ulf-kenklies/kaiser-wilhelm-ii-sang-an-aegir eine Gesangsaufnahme abrufbar.

885 Weiberg: Zwischen Orient und Ostsee; S. 84.

886 Frédéric Chopin (1810-1849), polnischer Komponist. Das zuvor erwähnte Stück ›Einzug der Gäste auf der Wartburg‹ stammt aus Richard Wagners Oper ›Tannhäuser‹.

887 Weiberg: Zwischen Orient und Ostsee; S. 85-87.

888 Prinzessin Victoria von Preußen (1866-1929), verheiratet seit 1890 mit Prinz Adolf zu Schaumburg-Lippe (1859-1916). 1927 heiratete die Prinzessin den fünfunddreißig Jahre jüngeren russischen Hochstapler Alexander Zoubkoff (1901-1936), der sie finanziell ruinierte. Bald nachdem sie die Scheidung eingereicht hatte verstarb die Prinzessin. Aus Geldnot hatte sie noch kurz vor ihrem Tod ihre Memoiren veröffentlicht.

889 Zoubkoff (d. i. Prinzessin Victoria von Preußen): Was mir das Leben gab – und nahm; S. 86.

890 Erbprinz Ernst von Sachsen-Altenburg (1871-1955), seit 1908 Herzog. Er heiratete 1898 Prinzessin Adelheid zu Schaumburg-Lippe (1875-1971).

891 Gillmeister: Vom Thron auf den Hund; S. 27.

892 Prinzessin Stephanie von Belgien, Herzogin zu Sachsen-Coburg und Gotha (1864-1945), vermählt in erster Ehe seit 1881 mit Erzherzog Rudolf, Kronprinz von Österreich-Ungarn (1858-1889). Prinzessin Stephanie: Ich sollte Kaiserin werden; S. 119. – Auch Irmgard Schiel, die Biographin der Kronprinzessin Stephanie, behandelt in ihrem Buch ›Stephanie‹ den Besuch des Kronprinzenpaares. Was Abdül Hamids II. betrifft, so erschöpft sich die ansonsten sehr genaue Schiel allerdings in den bereits bekannten kolportagehaften Darstellungen des Sultans, der wieder einmal als planlos agierender Verbrecher, »vollkommen geisteskrank« und geistig unbedeutend (so Kronprinz Rudolf in einem doch bemerkenswerten Fehlurteil), von Verschwendungssucht und Bauwut geplagt dargestellt wird (Schiel: Stephanie; S. 182-184). Im Wiener Haus-, Hof- und Staatsarchiv wird ein handschriftlicher Bericht des Kronprinzen über seinen Besuch am Bosporus im Jahr 1884 aufbewahrt (Schiel: Stephanie; S. 389).

893 Prinzessin Stephanie war die Tochter des belgischen König Leopolds II (1835-1909), weshalb zu ihrer Begrüßung auch der belgische Botschafter am osmanischen Hof erschien.

894 Prinzessin Stephanie: Ich sollte Kaiserin werden; S. 126.

895 Prinzessin Stephanie: Ich sollte Kaiserin werden; S. 126.

[896] Die Kronprinzessin ist die einzige, die in der für dieses Buch zur Kenntnis genommenen Literatur die Eunuchen als »schön« aussehend beschrieb während die übrigen Berichterstatter sie, wohl mehr aus innerer Ablehnung des ihnen Fremden denn aus tatsächlicher Anschauung, stets als häßlich oder sogar furchterregend bezeichneten.
[897] Prinzessin Stephanie: Ich sollte Kaiserin werden; S. 127-128.
[898] Prinzessin Stephanie: Ich sollte Kaiserin werden; S. 127-128.
Mit den ›Obstpastillen‹ sind wahrscheinlich kandierte Früchte gemeint.
[899] Prinzessin Stephanie: Ich sollte Kaiserin werden; S. 128-129.
[900] Prinzessin Stephanie: Ich sollte Kaiserin werden; S. 130.
[901] Posonby: Briefe der Kaiserin Friedrich; S. 244.
[902] Prinzessin Stephanie: Ich sollte Kaiserin werden; S. 131.
[903] Herzogin Elisabeth in Bayern, seit 1854 vermählt mit Kaiser Franz Joseph von Österreich (1830-1916). Die lebenslang mehr als zierliche Kaiserin nannte ihre ungeliebte, belgische Schwiegertochter aufgrund deren Größe und üppiger Statur, die allerdings dem damaligen Schönheitsideal entsprach, wenig schmeichelhaft ›den Trampel von Brabant‹.
[904] Prinzessin Stephanie: Ich sollte Kaiserin werden; S. 130-132.
[905] Prinzessin Stephanie: Ich sollte Kaiserin werden; S. 130.
[906] Radowitz; Aufzeichnungen, 2. Bd.; S. 240. Der in seinen letzten Lebensjahren unter großen inneren Spannungen stehende Kronprinz Rudolf seinerseits äußerte sich in seinem handschriftlichen Memoire in abfälliger Weise sowohl über den Sultan als auch im Osmanischen Reich Gesehenes und Erlebtes. Allerdings meinte er, festzustellen, daß Abdül Hamid II. voller Respekt gegenüber Kaiser Franz Joseph sei (siehe: Schiel: Stephanie; S. 184).
[907] Kaiser Wilhelm II. hat während seiner gesamten Regierungszeit niemals einen der Balkanstaaten besucht und auch Rumänien erst während des Ersten Weltkrieges, obwohl sowohl die Könige von Rumänien (katholische Linie der Hohenzollern) als auch der Fürst und nachmalige König von Bulgarien (Sachen-Coburg und Gotha) und auch deren Gemahlinnen (Elisabeth Prinzessin zu Wied (1843-1916), Maria Prinzessin von Sachsen-Coburg und Gotha (1875-1938) beziehungsweise Prinzessin Eleonore Reuß-Schleiz zu Köstritz (1860-1917) sowie die Kronprinzessin Militza von Montenegro (Herzogin Jutta zu Mecklenburg(-Strelitz) (1880-1946) Deutsche waren.
[908] Herzog Carl Eduard von Sachsen-Coburg und Gotha (1884-1954), verheiratet seit 1905 mit Prinzessin Victoria Adelheid zu Schleswig-Holstein-Sonderburg-Glücksburg (1885-1970). Der Prinz wuchs in Großbritannien auf, sein Vater Prinz Leopold (1853-1884) war der jüngste Sohn der Königin Victoria. Nach dem Tod seines Onkels Herzog Alfred (1844-1900) wurde er Herzog von Sachsen-Coburg und Gotha. Da er auch den Titel eines Königlichen Prinzen von Großbritannien führte und Enkel der britischen Königin war, erschien zu seiner Begrüßung auch der britische Botschafter.

909 Jäckh: Kiderlen-Wächter, 1. Bd.; S. 171-172.
910 Jäckh: Kiderlen-Wächter, 1. Bd.; S. 172.
911 Jäckh: Kiderlen-Wächter, 1. Bd.; S. 172.
912 Goltz: Eine Wallfahrt nach Konstantinopel; S. 431.
913 Jäckh: Kiderlen-Wächter, 1. Bd.; S. 172.
914 Königin Eleonore, seit 1908 vermählt mit König (Zar) Ferdinand von Bulgarien. Wenn auch Wilhelm II. nicht persönlich am Staatsbegräbnis der Zarin teilnahm, so mußte dennoch die Hoftrauer beachtet werden.
915 Graf von Bernstorff: Erinnerungen und Briefe; S. 132.
916 Graf von Bernstorff: Erinnerungen und Briefe; S. 131.
917 Graf von Bernstorff: Erinnerungen und Briefe; S. 131-132.
918 Graf von Bernstorff: Erinnerungen und Briefe; S. 132.
919 Turhan Pascha (1839-1927), osmanisch-albanischer Politiker (albanisch: Turhan Pascha Përmeti). Turhan Pascha bekleidete Botschafterposten an den Höfen von Madrid, Rom und Stankt Petersburg, war Gouverneur von Kreta und zwischen 1904 und 1908 Minister für die religiösen Stiftungen. Prinz Wilhelm zu Wied (siehe Anmerkung 642 ernannte ihn nach seiner Wahl zum Fürsten von Albanien im Frühjahr 1914 zum Ministerpräsidenten des seit 1912 unabhängigen Landes. Turhan Pascha Përmeti geriet in die politischen Wirren Albaniens, gab sein Amt Ende 1914 auf, kehrte von 1918 bis 1920 auf seinen Posten zurück und starb schließlich im französischen Exil.
920 Schröder: Zwanzig Jahre Regierungszeit; (dritter Teil) S. 239.
921 Keller: Vierzig Jahre; S. 268-269.
922 Keller: Vierzig Jahre; S. 270.
923 Gräfin Keller: Vierzig Jahre; S. 116-120.
924 Reindl-Kiel: Pracht und Ehre; S. 181, siehe auch S. 162.
925 Kaiser Wilhelm II., in Fragen des politischen wie des persönlichen Taktes sein Leben lang des öfteren entgleisend, äußerte wiederholt gegenüber Bernhard von Bülow, auf die teilweise provinziell-schlichte Art seiner Gemahlin anspielend: »Man merkt ihr immer wieder an, daß sie nicht in Windsor aufgewachsen ist, sondern in Primkenau.« (Bülow: Denkwürdigkeiten, 1. Bd.; S. 262.)
926 Keller: Vierzig Jahre; S. 120.
927 Schloßarchiv Glücksburg, Rep. 614; Brief vom 6. November 1889.
928 Herzogin Victoria Luise: Deutschlands letzte Kaiserin; S. 140. Prinzessin Victoria Luise von Preußen (1892-1980), seit 1913 verheiratet mit Herzog Ernst August von Braunschweig (1887-1953). Die Eheschließung im Mai 1913 beendete offiziell das seit der preußischen Annexion Hannovers im Jahr 1866 bestehende Zerwürfnis zwischen den Hohenzollern und den Welfen.
929 Reindl-Kiel: Pracht und Ehre; S. 166. Bei dem von Reindl-Kiel hauptsächlich untersuchten Zeitraum handelt es sich zwar um das 16. und 17. Jahrhundert, dennoch

bezeugen die Geschenke Abdül Hamids II. eine erhebliche Kontinuität in bezug auf das Geschenkwesen am Hof des Padischahs.

930 Das Atelier der Hofphotographen Abdullah Frères gehörte lange Zeit zu den führenden seiner Art in Constantinopel. Die Familie war seit dem 17. Jahrhundert in der Hauptstadt ansässig; Vichen (Viçen) Abdullah (1820-1902) konvertierte 1900 mit seiner Frau und den Kindern zum Islam und nannte sich nun Abdullah Şükrü Efendi. Seine Beisetzung ließ Sultan Abdül Hamid II. aus seiner Privatschatulle bezahlen (Öztuncay: Hanedan ve Kamera; S. 53).

931 GStA PK, BPH Rep. 113 Oberhofmarschallamt; 1099. Schreiben des Staatssekretärs des Auswärtigen Amtes von Bülow an das Oberhofmarschallamt vom 20. März 1899. Die Inhaber des Ateliers übersandten Wilhelm II. während seines Aufenthaltes am Bosporus 1898 als Dank für den rund zehn Jahre zuvor verliehenen Titel ein Album mit Ansichten von Constantinopel – mit der ausdrücklichen Versicherung, keine Belohnung dafür zu erwarten.

932 Gorka-Reimus: Der Traum vom Orient; S. 90.

933 Ernst Koerner (1846-1927). Er unternahm von 1873 bis 1874 eine ausgedehnte Orientreise. Für die in Berlin-Rummelsburg von 1890 bis 1892 unter dem Patronat der Kaiserin Auguste Victoria errichtete Erlöserkirche schuf Koerner das Altargemälde. Die Kirche mit ihrer sehenswerten Ausstattung ist bis heute weitgehend erhalten.

934 Gorka-Reimus: Der Traum vom Orient; S. 56.

935 Gorka-Reimus: Der Traum vom Orient; S. 47.

936 Das imposante neogotische Schloß liegt in einem ausgedehnten Park und gehörte seit 1906 dem Fürstenpaar. Seit 1947 gehört das Schloß zur Slowakei; es liegt heute im Stadtgebiet von Bratislava und heißt Rusovce.

937 Als Schriftstellerin benutzte Gräfin von Gatterburg (1899-1998) ihren Mädchennamen Juliane von Stockhausen.

938 Stockhausen: Im Schatten der Hofburg; S. 197-198.

939 Reindl-Kiel: Pracht und Ehre; S. 161-189.

940 Reindel-Kiel: Pracht und Ehre; S. 186.

941 GStA PK, BPH Rep. 113 Oberhofmarschallamt; 678.

942 GStA PK, BPH Rep. 113 Oberhofmarschallamt; 678.

943 Hans Kurt Henning von Hobe Pascha (1843-1928); Oberststallmeister und Generaladjutant des Sultans, seit 1884 in osmanischen Diensten. Seine Gattin war die bereits erwähnte Schriftstellerin Marie von Hobe.

944 Solche mit kunstvollen Mustern (zumeist Blumen und Pflanzenmotiven) aus Seiden- oder Metallfäden bestickten Handtücher galten bei den osmanischen Frauen traditionell als herausragende Stücke einer bräutlichen Aussteuer.

945 Elfenbein von jungen Elefanten. Es ist von besonderer Qualität und Farbe (leicht grünlich, eine Färbung, die sich allerdings durch Einwirkung von Luft und Licht nach und nach verliert).

[946] Vermutlich handelt es sich bei diesen im Original »Deckenbezüge« genannten bestickten Stoffen um die bei den Osmanen beliebten eleganten Decken oder Überwürfe, die sich (im traditionell an Möbelstücken armen osmanischen Haushalt) über Gebrauchsgegenstände aller Art breiten ließen, um sie so vor Staub oder neugierigen Blicken zu schützen.
[947] Mit der Krappwurzel lassen sich Stoffe von Orange bis zu Rot färben; große Meisterschaft erreichten dabei Färber in Indien und dem Osmanischen Reich. Unter anderem die Feze erhielten durch Färben mit der Krappwurzel und Olivenöl ihre satte rote Farbe.
[948] Die Stiftung Preußische Schlösser und Gärten Berlin-Brandenburg bewahrt eine solche Decke, die eventuell aus dem Haus der Lehrerinnen stammt. Sie wurde 2005 in der Ausstellung ›Der Traum vom Orient‹ gezeigt. (Gorka-Reimus: Der Traum vom Orient; S. 65.)
[949] Baytar: Kaiser II. Wilhelm'in İstanbul'a üç ziyareti ve hediyeler; in: İlona Baytar (Hrsg.): İki dost hükümdar; S. 66. Eine Auflistung der Geschenke findet sich auch in den Unterlagen des Oberhofmarschallamtes: GStA PK, BPH Rep. 113 Oberhofmarschallamt; 678.
[950] 695 osmanische Livres entsprachen etwa 12.870 Mark. Für das goldene Zigarettenetui, das Kaiser Wilhelm II. erhielt, bezahlte der Sultan etwa 139 osmanische Livres, also 2574 Mark – inclusive »der Kosten für das dreimalige Austauschen und Umbauen der Tafel, welche im Inneren des dem Kaiser geschenkten Zigarettenetuis angebracht wurde«.
[951] Baytar: Kaiser II. Wilhelm'in İstanbul'a üç ziyareti ve hediyeler; in: İlona Baytar (Hrsg.): İki dost hükümdar; S. 69.
[952] Baytar: Kaiser II. Wilhelm'in İstanbul'a üç ziyareti ve hediyeler; in: İlona Baytar (Hrsg.): İki dost hükümdar; S. 77.
[953] GStA PK, BPH Rep. 113 Oberhofmarschallamt; 678.
[954] Die Ruine der omayyadischen Schloßanlage (›Mschatta‹ heißt in arabischer Sprache ›Winterlager‹) aus der ersten Hälfte des 8. Jahrhunderts befand sich südlich von Amman im heutigen Jordanien. Die Palastfassade wurde im Zweiten Weltkrieg in Berlin erheblich beschädigt. Spitzemberg: Das Tagebuch; S. 431. Mit Hans ist ihr Schwiegersohn Freiherr von Wangenheim gemeint. Bei dem erwähnten Sultan handelt es sich sicherlich um Selim I. (1470-1520), der einen Divan hinterlassen hat (freundlicher Hinweis von Michael R. Heß).
[955] Reinhold Begas (1831-1911), bedeutendster Bildhauer der Berliner Schule zur Zeit Kaiser Wilhelms II.
[956] Jarchow: Hofgeschenke; S. 182-188.
[957] İlona Baytar (Hrsg.): İki dost hükümdar; S. 258 und 261. Verschiedene dieser Geschenke sind heute im Dolmabahçe-Palast ausgestellt, so auch das Service aus der Königlichen Porzellan Manufaktur.
[958] İlona Baytar (Hrsg.): İki dost hükümdar; S. 260.

[959] Baytar: Kaiser II. Wilhelm'in İstanbul'a üç ziyareti ve hediyeler; in: İlona Baytar (Hrsg.): İki dost hükümdar; S. 76. Herzogin Cecilie zu Mecklenburg(-Schwerin) (1886-1954).
[960] Wilhelm von Liebenau (1840-1900), seit 1888 Oberhofmarschall Kaiser Wilhelms II. Um genau die Summe von 30.000 Mark zu erreichen, erbat die Botschaft über das Außenministerium die Erstattung von 1620 türkischen Pfund.
[961] GStA PK, BPH Rep. 113 Oberhofmarschallamt; 678. Wie bereits erwähnt, hatte Kronprinz Rudolf mit seiner Gemahlin 1884 Constantinopel besucht. Die folgenden Zitate entstammen dem zitierten Schriftstück.
[962] GStA PK, BPH Rep. 113 Oberhofmarschallamt; 678.
[963] Kurban-Bayram ist das islamische Opferfest. Bei diesem Fest wird des Propheten Ibrahim (Abraham) gedacht, der im Rahmen einer göttlichen Probe bereit war, seinen Sohn Ismail (Isaak) zu opfern. Als Allah die Treue Ibrahims erkannte, griff er ein, bewahrte Ismail vor dem Tod – und Vater und Sohn opferten daraufhin einen Widder, dessen Fleisch sie verteilten. Alle Muslime sollen daher anläßlich des Opferfestes ein Tier opfern und dessen Fleisch unter den Bedürftigen verteilen.
[964] Bei dieser Zeremonie wurde keineswegs die Hand des Sultan-Kalifen geküßt. Tatsächlich war um den Thron ein grünes Band gewunden, das von den Würdenträgern anstelle der Hand des Herrschers an die Lippen geführt wurde.
[965] Taşdelen: Milli Saraylar. Tarih-Kültür Sanat-Mimarlik; S. 51. Übersetzung Michael R. Heß.
[966] Yenice bedeutet übersetzt Neustadt (freundlicher Hinweis von Michael R. Heß). Heute heißt die Stadt auf griechisch Genisea.
[967] Gorka-Reimus: Der Traum vom Orient; S. 66. Eine zeitgenössische Photographie zeigt das im Schloßhof errichtete Zelt.
[968] Mahmud Kemaleddin (1870-1927). Sultan Abdül Hamid II. ließ den angehenden Architekten von 1895 bis 1897 an der Technischen Hochschule in Charlottenburg (heute Technische Universität Berlin) ausbilden. Kemaleddin Bey arbeitete anschließend bis 1899 in verschiedenen Berliner Architekturbüros, und kehrte danach in das Osmanische Reich zurück. Er entwarf unter anderem die historisierende Türbe für Mohammed V. in Eyüp und die direkt am Bosporus gelegene Moschee in Bebek. Sein Bildnis schmückt heute den türkischen Zwanzig-Lira-Schein. Das mit einem auffallenden Stein versehene Grab Mahmud Kemaleddins befindet sich in Istanbul auf dem kleinen Friedhof direkt an der Beyazıt-Moschee.
[969] Yıldırım: Sağlıkta devr-i Hamîdî. Health in the Hamidian Period; in: Yılmaz (Hrsg.): II. Abdülhamid. Modernleşme sürecinde İstanbul; S. 257-259. Bei weiterern Recherchen in Berliner und Istanbuler Archiven ließe sich auch klären, ob für das Krankenhaus bereits ein Standort in Berlin in Aussicht genommen worden war.
[970] Allen historisch interessierten Istanbul-Reisenden sei der Besuch des Bahnhofes, dessen reiche Ausstattung sich in erstaunlicher Vollständigkeit, den Zeitläuften zum Trotz, erhalten hat, unbedingt anempfohlen. Er ist ein besonderes Denkmal für die

türkische Geschichte in der ersten Hälfte des 20. Jahrhunderts. Kaiser Wilhelm II. besuchte ihn 1917, Truppen und Ausrüstung wurden von hier während des Krieges an alle Fronten transportiert. Atatürk kam hier an, wenn er Istanbul besuchte – und von hier trat der Zug mit den sterblichen Überresten des Begründers der Türkischen Republik im November 1938 seine Fahrt in die Hauptstadt Ankara an. Ausmalungen, Täfelungen, Lampen und das elegante Bahnhofsrestaurant zeugen bis heute von der großen Bedeutung, die diesem Bahnhof einst beigemessen wurde. Einen Blick lohnt auch das vollständig erhaltene Fährhaus im osmanischen Jugendstil am Anleger vor dem Bahnhof.

[971] Die Tafeln wurden 1918 von den Briten entfernt, die Namen des Kaiserpaares zerstört. Erst in den 1970er Jahren wurden die Steinplatten wieder aufgefunden, restauriert und dann um 1980 erneut an ihrem ursprünglichen Bestimmungsort angebracht.

[972] Imperial War Museum, London; Catalogue Number EPH 4338.

[973] Sultan Ahmed I. (1590-1617).

[974] Mirbach: Das deutsche Kaiserpaar im Heiligen Lande; S. 75.

[975] Max Spitta (1842-1902), schuf zahlreiche Kirchenbauten in ganz Deutschland.

[976] August Oetken (1868-1951).

[977] Gorka-Reimus: Der Traum vom Orient; S. 45.

[978] Ahmed Muhtar Efendi (1848-1910). Die Inschriften beziehen sich auf die Bedeutung des Wassers und dessen Hervorhebung im Koran. Mehmed İzzet Efendi (1841-1903), einer der bedeutenden Lehrer für Kalligraphie in Constantinopel, damals am Galatasaray Lisesi tätig.

[979] Yazıcı: Türk-Alman Dostluğunun hatırası/ ›nişânesi‹ Sultanahmet'teki Alman Çeçmesi'nin inşa süreci ve bir çizimin düşündürdükler; in: İlona Baytar (Hrsg.): İki dost hükümdar; S. 181.

[980] Mehmed Memduh Pascha (1839-1925), Provinzgouverneur und seit 1895 äußerst umstrittener Innenminister. Nach dem Umsturz von 1908 wurde er auf die Insel Chios verbannt, kehrte aber Ende 1912 nach Constantinopel zurück, wo er 1923 verstarb. Mehmed Memduh Pascha trat auch als Dichter mit verschiedenen Gedichtbänden hervor.

[981] Yazıcı: Türk-Alman Dostluğunun hatırası/ ›nişânesi‹ Sultanahmet'teki Alman Çeçmesi'nin inşa süreci ve bir çizimin düşündürdükler; in: İlona Baytar (Hrsg.): İki dost hükümdar; S. 185.

[982] Weiberg: Zwischen Orient und Ostsee; S. 118.

[983] Schneller: Am goldenen Horn; S. 69.

Literatur- und Quellenverzeichnis

Archivalien:
Geheimes Preußisches Staatsarchiv zu Berlin; I. HA Hausministerium, Rep. 53, Kaiser Wilhelm II.

Geheimes Preußisches Staatsarchiv zu Berlin; I. HA Hausministerium, Rep. 113, Oberhofmarschallamt.

Institut für Theaterwissenschaft der Freien Universität Berlin, Theaterhistorische Sammlung Walter Unruh: Nachlass Julius Freund, Bühnenexemplar / Textbuch: Halloh! Die große Revue.

Schloßarchiv Glücksburg; Rep. 612 und Rep. 614.

Literatur:
(Prinzessin) Leyla Açba-Ançabadze: Bir Çerkes Prensesinin Harem Hatıraları; Istanbul 1994.

Halide Edip Adıvar: Mein Weg durch Feuer. Erinnerungen; Zürich 2010.

Ali Haydar Bey: Midhat Pacha, sa vie – son œuvre; Paris 1908.

Ali Vahbi Bey: Avant la débâcle de la Turquie. Pensées et Souvenirs de l'ex-Sultan Abdul-Hamid; Paris et Neufchâtel, ohne Jahr (1914).

Nurhan Atasoy: Türkische Kaffeehaus-Tradition, S. 66-68; in: Mozaik – Türkische Kultur in Berlin, Bd. 2 Türkisches Leben (Hrsg. Leibnitz-Gesellschaft für kulturellen Austausch, Berlin); Berlin 1987.

Şevket Süreyya Aydemir: Die ersten Schritte einer Kinderseele; S. 137-194. In: Klaus Kreiser, Patrick Bartsch: Türkische Kindheiten; Frankfurt / Main 2012.

Ewald Banse: Die Türkei; Braunschweig 1915.

Ruth Bartholomä: Von Zentralasien nach Windsor Castle. Leben und Werk des Orientalisten Arminius Vámbéry (1832-1913); Würzburg 2006.

İlona Baytar: Kaiser II. Wilhelm'in İstanbul'a üç ziyareti ve hediyeler; S. 59-95.

In: İlona Baytar (Hrsg.): İki dost hükümdar Sultan II. Abdülhamid Kaiser II. Wilhelm. Zwei befreundete Herrscher; Publikation Nr. 53 der Verwaltung Nationale Paläste des TBMM; Istanbul 2009.

Michael Behnen (Hrsg.): Quellen zur deutschen Außenpolitik im Zeitalter des Imperialismus 1890-1911; Darmstadt 1977.

Prinzessin Stephanie von Belgien Fürstin von Lónyay: Ich sollte Kaiserin werden. Lebenserinnerungen der letzten Kronprinzessin von Österreich-Ungarn; Leipzig 1935.

Graf Johann Heinrich Bernstorff: Erinnerungen und Briefe; Zürich 1936.

Ingeborg Böer et al (Hrsg.): Türken in Berlin 1871-1945: Eine Metropole in den Erinnerungen osmanischer und türkischer Zeitzeugen; Berlin 2002.

Thomas Brenner: Die Strahlen der Krone. Die religiöse Dimension des Kaisertums unter Wilhelm II. vor dem Hintergrund der Orientreise 1898; Marburg 2001.

Bernhard Fürst von Bülow: Denkwürdigkeiten. Herausgegeben von Franz von Stockhammern; Band eins bis vier; Berlin 1930.

Mehmed Cebeci: Die deutsch-türkischen Beziehungen in der Epoche Abdülhamdis II. (1876-1908). Die Rolle Deutschlands in der türkischen Außenpolitik unter besonderer Berücksichtigung der Bulgarischen, Ägyptischen und Armenischen Frage; Marburg 2010.

Latif Çelik: Türkische Spuren in Deutschland. Almanya'da Türk İzleri; Mainz 2009.

Christopher Clark: Wilhelm II. Die Herrschaft des letzten deutschen Kaisers; München 2008.

Demet Coşansel: 19. yüzyılda değişen sofra düzeni ve Alman İmparatoru II. Wilhelm'e sunulan ziyafetler; S. 109-129. In: İlona Baytar (Hrsg.): İki dost hükümdar Sultan II. Abdülhamid Kaiser II. Wilhelm. Zwei befreundete Herrscher; Publikation Nr. 53 der Verwaltung Nationale Paläste des TBMM; Istanbul 2009.

(Reinhard) Freiherr von Dalwigk (zu Lichtenfels): Konstantinopel. 1902. Aus dem Reisetagbuch des Majors Freiherrn v. Dalwigk. Mittelmeerreise Sr. Königl. Hoheit des Großherzogs im Jahre 1902. In: Oldenburgischer Volksbote, 68. Jg.; Oldenburg 1905.

(Ernst Freiherr von Mirbach und andere): Das deutsche Kaiserpaar im Heiligen Lande; Berlin 1899.

Denkwürdigkeiten des Fürsten Chlodwig zu Hohenlohe-Schillingsfürst. Hrsg. von Friedrich Curtius; Band 2; Stuttgart 1914.

Georges Dorys: Abdul-Hamids Privatleben; München 1902.

Ernst von Dryander: Erinnerungen aus meinem Leben; Bielefeld 1923.

Hermann Freiherr von Eckardstein: Die Isolierung Deutschlands. III. Band der Lebenserinnerungen und politischen Denkwürdigkeiten; Leipzig 1921.

Gültekin Emre: 300 Jahre Türken an der Spree. Ein vergessenes Kapitel Berliner Kulturgeschichte; Köln 1997.

Werner Ende: Sayyid Abū L-Hudā, ein Vertrauter Abdülhamid's II. Notwendigkeit und Probleme einer kritischen Biographie. In: Zeitschrift der Deutschen Morgenländischen Gesellschaft: Supl.; III, 2; Wiesbaden 1977.

Werner Ende: Wer ist ein Glaubensheld, wer ist ein Ketzer? Konkurrierende Geschichtsbilder in der modernen Literatur islamischer Länder; Sonderdrucke aus der Albert-Ludwigs-Universität Freiburg; Freiburg i. Brsg. 1984.

Vahdettin Engin: Sarayı'ında hayat. Life in the Yildiz Palace; S. 46-71. In: Coşkun Yılmaz (Hrsg.): II. Abdülhamid. Modernleşme Sürecinde İstanbul. Istanbul during the Modernization Process; Istanbul 2010.

Vahdettin Engin: Sultan II. Abdülhamid ve İstanbul'u; Istanbul 2008.

Suraiya Faroqhi: Kultur und Alltag im Osmanischen Reich. Vom Mittelalter bis zum Anfang des 20. Jahrhunderts; München 2003.

Erich Feigl: Musil von Arabien. Vorkämpfer der islamischen Welt; Frankfurt am Main 1988.

Siegmund Feldmann: Orientalische Pracht. In: Die Woche. Moderne illustrierte Zeitschrift (Hrsg. August Scherl); 16. Jahrgang, Heft 16; Berlin 1914.

Paul Fesch: Constantinople aux derniers jours d' Abdul Hamid; Paris 1907.

Andrea Fiedler: Elisabeth Tschumi 1859-1949 die Frau des letzten Grosswesirs; in: Jahrbuch des Oberaargaus, Bd. 41 (1998), S. 73-92.

Heinrich Friedjung: Das Zeitalter des Imperialismus 1884-1914, 3 Bände; Berlin 1919-1922.

Ralf Forsbach: Alfred von Kiderlen-Wächter (1852-1912). Ein Diplomatenleben im Kaiserreich. (Schriftenreihe der Historischen Kommission bei der Bayerischen Akademie der Wissenschaften; Bd. 59); Göttingen 1997.

Rosa von Förster: Constantinopel. Reise-Erinnerungen; Berlin 1893.

François Georgeon: Abdulhamid II. Le sultan calife (1876-1909); Paris 2003.

Uwe Gillmeister: Vom Thron auf den Hund. Das Leben des Herzog [sic] Ernst II. von Sachsen-Altenburg; Borna 2009.

Erika Glassen: »Huzur« – Trägheit, Seelenruhe, soziale Harmonie. Zur osmanischen Mentalitätsgeschichte. In: Jean-Louis Bacqué-Grammont (Hrsg.): Türkische Miszellen: Robert Anhegger Festschrift; Istanbul 1987, S. 145-166.

Walter Goetz: Briefe Wilhelms II. an den Zaren 1894-1914; Berlin 1920.

Lazarus Goldschmidt: El Koran das heißt die Lesung. Die Offenbarung des Mohammed Ibn Abdallah des Propheten Gottes. Zur Schrift gebracht durch Abdelkaaba Abdallah Abu-Bekr, übertragen durch Lazarus Goldschmidt im Jahre der Flucht 1334 oder 1916; Berlin 1920.

Colmar Freiherr von der Goltz: Denkwürdigkeiten. Hrsg. Friedrich Freiherr von der Goltz und Wolfgang Foerster; Berlin 1932.

Colmar Freiherr von der Goltz: Eine Wallfahrt nach Konstantinopel in den letzten Tagen des alten Regimes. In: Velhagens & Klasings Monatsheft (Hrsg. Hanns von Zobeltitz und Paul Oskar Höcker) Jahrgang 1908 /1909; Berlin 1908.

Gothaischer Genealogischer Hofkalender nebst diplomatischem-statistischem Jahrbuche 1902; Gotha 1901.

Gudrun Gorka-Reimus et al.: Der Traum vom Orient. Kaiser Wilhelm II. im Osmanischen Reich; [= Katalog zur Ausstellung: Der Traum vom Orient. Kaiser Wilhelm II. im Osmanischen Reich. Potsdam 30. April bis 24. Juli 2005]; Stiftung Preußische Schlösser und Gärten Berlin-Brandenburg; Potsdam 2005.

Maximilian Gritzner: Handbuch der Ritter- und Verdienstorden aller Kulturstaaten der Welt; Leipzig 1893.

Hugo Grothe: Auf türkischer Erde. Reisebilder und Studien; Berlin 1903.

Tobias Heinzelmann: Die Balkankrise in der osmanischen Karikatur. Die Satirezeitschriften Karagöz, Kalem und Cem 1908-1914; Istanbul 1999 (Beiruter Texte und Studien 75).

Theodor Herzls Tagebücher 1895-1904. Drei Bände; Berlin 1922.

Theodor Herzl: Briefe und Tagebücher. Dritter Band. Zionistisches Tagebuch 1899-1904. Bearbeitet von Johannes Wachten, Chaya Harel; Berlin 1985.

Almut Höfert: Den Feind beschreiben. ›Türkengefahr‹ und europäisches Wissen über das Osmanische Reich 1450-1600; Frankfurt am Main 2003.

Hajo Holborn: Deutschland und die Türkei 1878-1890; Berlin 1926.

Mieste Hotop-Riecke: Der Pascha von Magdeburg: Der Orient in Mitteldeutschland (chriftenreihe des ICATAT); Magdeburg 2020.

Bogdan Graf von Hutten-Czapski: Sechzig Jahre Politik und Gesellschaft; 2 Bde.; Berlin 1936.

Metin Hülagü: Sultan II. Abdülhamid'in Sürgün Günleri (1909-1918). Hususi Doktoru Âtif Hüseyin Bey'in Hatirati; Istanbul 2007.

Heinrich Carl Imhoff: Die Entstehung und der Zweck des Comitées für Einheit und Fortschritt. In: Die Welt des Islams. Zeitschrift der Deutschen Gesellschaft für Islamkunde (Hrsg. Georg Kampffmeyer), Band I, Heft 3/4; Berlin 1913.

James Israel: Meine Reise zum Sultan. 10. Juni bis 3. August 1915; (Hrsg. Rolf Winau); Teetz 2006.

Ernst Jäckh; Der aufsteigende Halbmond. Auf dem Weg zum deutsch-türkischen Bündnis; Stuttgart 1916.

Ernst Jäckh: Der goldene Pflug. Lebensernte eines Weltbürgers; Stuttgart 1954.

Ernst Jäckh: Deutschland im Orient nach dem Balkankrieg; München 1913.

Ernst Jäckh (Hrsg.): Kiderlen-Wächter der Staatsmann und Mensch. Briefwechsel und Nachlaß, 2 Bände; Berlin 1924.

Margarete Jarchow: Hofgeschenke. Wilhelm II. zwischen Diplomatie und Dynastie 1888-1914; Hamburg 1998.

Wilhelm van Kampen: Studien zur deutschen Türkeipolitik in der Zeit Wilhelms II.; Kiel 1968.

Mathilde Gräfin von Keller: Vierzig Jahre im Dienst der Kaiserin; Leipzig 1935.

Kerimée Hanoum (d. i. Marie von Hobe): Haremsbilder; Breslau 1896.

Dieter F. Kickingereder: Celâl Esad Arseven. Ein Leben zwischen Kunst, Politik und Wissenschaft; Berlin 2009.

Stephen Kinzer: Halbmond und Stern. Die Türkei zwischen zwei Welten; Weinheim 2009.

Hans-Lukas Kieser: Vorkämpfer der »Neuen Türkei«. Revolutionäre Bildungseliten am Genfersee (1870-1939); Zürich 2005.

Zülal Kılıç: Kadın Yaşamı. Osmanlı Dönemi. Cumhuriyet Dönemi. In: Eyice, Semavi et al. (Hrsg.): Dünden bugüne İstanbul ansiklopedisi; Bd. 4, S. 360-364; Istanbul: 1994.

Martin Kohlrausch: Zwischen Tradition und Innovation. Das Hofzeremoniell der wilhelminischen Monarchie; in: Klaus Tenfelde (Hrsg.): Das politische Zeremoniell im Kaiserreich; Bonn 2007.

Wolfgang Korn: Schienen für den Sultan. Die Bagdadbahn: Wilhelm II., Abenteurer und Spione; Köln 2009.

Klaus Kreiser: Der osmanische Staat 1300 bis 1922; München 2001.

Klaus Kreiser: Deutsch-türkische Gesellschaften von Wilhelm II. bis Konrad Adenauer; Istanbul 2002.

Klaus Kreiser: Istanbul. Ein historischer Stadtführer; München 2009.

Carl Alexander Krethlow: Rüstungsgeschäfte, Verschwörungen und Massaker. Goltz Pascha und die Armenierproblematik im Osmanischen Reich (1868-1914). In: Sozial. Geschichte. Zeitschrift für historische Analyse des 20. und 21. Jahrhunderts (Hrsg. Stiftung für Sozialgeschichte des 20. Jahrhunderts); Nummer 21 (2006).

Önder Küçükerman: Der große Basar und die Geschichte des Handels in Anatolien; Hückelhoven 2009.

Hans Küng: Der Islam. Geschichte, Gegenwart, Zukunft; München 2006.

Elçin Kürşat: Der Verwestlichungsprozeß des Osmanischen Reiches im 18. und 19. Jahrhundert. Zur Komplementarität von Staatenbildungs- und Intellektualisierungs-prozessen; Band II; Frankfurt am Main 2003.

Edouard Baron Le Jeune: Comment on sauve un empire. S. M. I. le Sultan Ghazi Abdul Hamid Khan II.; Paris 1895.

David Kushner: Palestine in the last Ottoman Period. Political, Social and Economic Transformation; Jerusalem 1986.

Bernhard Lewis: The Emergence of Modern Turkey; London 1961.

Paul Lindenberg: Auf deutschen Pfaden im Orient: Berlin 1902.

Paul Lindenberg: Das Buch der Kaiserin Auguste Viktoria; Berlin 1928.

Ferenc Majoros, Bernd Rill: Das Osmanische Reich 1300-1922; Regensburg 2004.

Erol Makzume: Sultan II. Abdülhamid in hizmetinde: Selim Melhame Paşa ve ailesi; Istanbul 2019.

Erol Makzume, Cesare Mario Trevigne (Hrsg.): Twenty Years under the Reign of Abdülhamid. The Memories and Works of Fausto Zonaro; Istanbul 2011.

Autorenkollektiv: The Maslak Kasrıs; TBMM Departement of the National Palaces; Publication No. 11; Istanbul 1992.

Ali Merad: L' Empire Ottoman et l' Europe. D' après les Pensées et Souvenirs du sultan Abdul-Hamid II (1876-1909). Réimpression de l'édition originale (1914); Paris 2007.

Ernst Freiherr von Mirbach: Die Reise des Kaisers und der Kaiserin nach Palästina. Drei Vorträge gehalten in Potsdam zum Besten der Diakonissen-Stationen, des St. Josephs-Krankenhauses und der Auguste Viktoria-Krippe; Berlin 1899.

Anton Graf Monts: Erinnerungen und Gedanken des Botschafters Anton Graf Monts (Hrsg. Karl Friedrich Nowak und Friedrich Thimme); Berlin 1932.

Carl Graf Moy: Als Diplomat am Zarenhof (Hrsg. Johannes Graf Moy); München 1971.

Turki Mugheid: Sultan Abdulhamid II. im Spiegel der arabischen Dichtung. Eine Studie zu Literatur und Politik in der Spätperiode des Osmanischen Reiches; Berlin 1987.

Stephanie Mutz-Humrich: Prof. Dr. med. Robert Rieder (1861-1913) und sein Wirken in der Türkei. Seine Gedanken, Ansichten und Vorstellungen; Würzburg 2009; http:/www.opus-bayern.de/uni-wuerzburg/volltexte/2009/3463 (23.6.2010).

Friedrich Naumann: »Asia«. Athen – Konstantinopel – Baalbek – Damaskus – Nazaret – Jerusalem – Kairo – Neapel; Berlin 1907.

Nord und Süd. Eine deutsche Monatsschrift; Hrsg. Ludwig Stein; 37. Jahrgang. Band 144. Heft 461, 462 und Band 145. Heft 463; Breslau 1913.

Şefik Okday: Der letzte Großwesir und seine preußischen Söhne; Göttingen 1991.

Ayşe Osmanoğlu (d. i. Aïché Osmanoglou princesse ottomane, Ayşe Sultan): Avec mon père le sultan Abdulhamid de son palais à sa prison; Paris 1991.

Şadiye Osmanoğlu (d. i. Şadiye Sultan): Hayatımın acı ve tatlı günleri; Istanbul 1966.

Fritz von Ostini [Leutnant von Versewitz]: Zum türkischen Thronwechsel. In: Jugend (Hrsg. Georg Hirth); Heft 19; München 1909.

Bahattin Öztuncay: Hanedan ve Kamera. Dynasty and Camera. Portraits from the Ottoman Court; Istanbul 2011.

Alan Palmer: Verfall und Untergang des Osmanischen Reiches; München 1992.

Sophie Pataky: Lexikon deutscher Frauen der Feder, Band 1; Berlin 1898.

Hans-Jürgen Philipp: Der beduinische Widerstand gegen die Hedschasbahn. In: Die Welt des Islams; Hrsg. Stefan Reichmuth, Bd. XXV; Amsterdam 1985, S. 31-83.

Die Große Politik der Europäischen Kabinette 1871-1914. Sammlung der diplomatischen Akten des Auswärtigen Amtes. Herausgegeben von Johannes Lepsius, Albrecht Mendelssohn Bartholdy und Friedrich Thimme [= Die Diplo-matischen Akten des Auswärtigen Amtes 1871-1914, Band 1 bis 40]; Berlin 1922-1927.

Sir Frederick Ponsonby: Briefe der Kaiserin Friedrich. Herausgegeben von Sir Frederick Ponsonby; Berlin 1929.

Joseph Maria von Radowitz: Aufzeichnungen und Erinnerungen aus dem Leben des Botschafters Joseph Maria von Radowitz; Hrsg. Hajo Holborn, 2 Bde.; Stuttgart 1925.

Louis Rambert: Notes et Impressions de Turquie. L' Empire Ottoman sous Abdul Hamid II 1895-1905; Genf 1926.

Marie Freiin von Redwitz(-Schmölz): Hofchronik 1888-1921; München 1924.

Hedda Reindl-Kiel: Pracht und Ehre. Zum Geschenkwesen im Osmanischen Reich. In: Das Osmanische Reich in seinen Archivalien und Chroniken. Nejat Göyünç zu Ehren. Hrsg. Klaus Kreiser und Christoph K. Neumann [=Beiruter Texte und Studien, Band 65]; Stuttgart 1997.

Maurus Reinkowski: Die Dinge der Ordnung. Eine vergleichende Untersuchung über die osmanische Reformpolitik im 19. Jahrhundert. [= Südosteuropäische Arbeiten, Bd. 124] München 2005.

Eugene L. Rogan: Asiret Mektebi: Abdulhamid II's School for Tribes (1892-1907). In: International Journal of Middle East Studies, Vol. 28, Nr. 1. (Feb., 1996), S. 83-107.

Paul Rohrbach: Deutschland unter den Weltvölkern. Materialien zur auswärtigen Politik; Berlin 1912.

Paul Rohrbach: Der deutsche Gedanke in der Welt; Leipzig o. J. (1912).

John C. G. Röhl: Der Aufbau der persönlichen Monarchie 1888-1900; München 2001.

John C. G. Röhl: Der Weg in den Abgrund 1900-1941; München 2008.

Herrmann Romberg: Bericht über eine Reise in die Türkei 1897 mit dem Orient-Express, aufgezeichnet von Herrmann Romberg; unveröffentlichtes Manuskript.

Edward W. Said: Orientalismus; Frankfurt am Main 2009.

Friedrich Scherer: Adler und Halbmond. Bismarck und der Orient 1878-1890.

Wissenschaftliche Reihe / Otto-von-Bismarck-Stiftung; Bd. 2); Paderborn 2001.

Irmgard Schiel: Stephanie. Kronprinzessin im Schatten von Mayerling; Stuttgart 1978.

Oliver Jens Schmitt: Levantiner. Lebenswelten und Identitäten einer ethnokonfessionellen Gruppe im osmanischen Reich im »langen 19. Jahrhundert«. [= Südosteuropäische Arbeiten, Bd. 122]; München 2005

Ludwig Schneller: Am Goldenen Horn. Streifzüge durch Konstantinopel; Cöln 1912.

Ludwig Schneller: Königserinnerungen; Leipzig 1926.

Gregor Schöllgen: Imperialismus und Gleichgewicht. Deutschland, England und die orientalische Frage 1871-1914; München 2000.

Friedrich Schrader: Eine Flüchtlingsreise durch die Ukraine. Tagebuchblätter meiner Flucht aus Konstantinopel; Tübingen 1919.

E. Schröder: Zwanzig Jahre Regierungszeit. Tagebuch Kaiser Wilhelms II. nach Hof- und anderen Berichten; Berlin 1909.

Ernst Schütte: Freiherr Marschall von Bieberstein, ein Beitrag zur Charakterisierung seiner Politik; Berlin 1936.

Stanford J. Shaw: »Sultan Abdülhamid: Last Man of the Tanzimat«. In: Tanzimat'ın 150. Yıldönümü Uluslararası Sempozyumu; Ankara 1991.

B[enno] Alexandrowitsch von Siebert: Diplomatische Aktenstücke zur Geschichte der Ententepolitik der Vorkriegsjahre, Band 1; Berlin 1921.

Oswald Spengler: Der Untergang des Abendlandes: Umrisse einer Morphologie der Weltgeschichte. Zweiter Band. Welthistorische Perspektiven; München 1930.

Bernhard Stern: Abdul Hamid II. Seine Familie und sein Hofstaat; Budapest 1901.

Bernhard Stern: Der Sultan und seine Politik. Erinnerungen und Beobachtungen eines Journalisten; Leipzig 1906.

Bernhard Stern: Jungtürken und Verschwörer. Die innere Lage der Türkei unter Abdul Hamid II.; Leipzig 1901.

Ahmet Hamdi Tanpınar: Seelenfrieden; Zürich 2008.

Ömer Taşdelen: Milli Saraylar. Tarih-Kültür Sanat-Mimarlık; Istanbul 2006.

Yves Thoraval: Lexikon der islamischen Kultur; Hamburg 2005.

Monika und Udo Tworuschka: Islam Lexikon; Düsseldorf 2002.

İsmail Hakkı Uzunçarşılı: İkinci Abdülhamid´in Alman İmparatoruna çekmiş olduğu bir telgraf [Ein Telegramm von Abdülhamid II. an den deutschen Kaiser]; in: Türkiyat Mecuması 12; Ankara 1955.

Veit Valentin: Deutschlands Außenpolitik von Bismarcks Abgang bis zum Ende des Ersten Weltkrieges; Berlin 1921.

Thomas Weiberg: Zwischen Orient und Ostsee. Die Reisetagebücher der Großherzogin Elisabeth von Oldenburg; Oldenburg 2009.

Ernst Werner und Walter Markov: Geschichte der Türken von den Anfängen bis zur Gegenwart; Berlin 1978.

Kronprinz Wilhelm [des Deutschen Reiches und von Preußen]: Erinnerungen des Kronprinzen Wilhelm. Aus den Aufzeichnungen, Dokumenten, Tagebüchern und Gesprächen herausgegeben von Karl Rosner; Stuttgart 1922.

Albrecht Wirth: Geschichte der Türken; Stuttgart 1912.

Nuran Yıldırım: Sağlıkta devr-i Hamîdî. Health in the Hamidian Period; S. 244-263. In: Coşkun Yılmaz (Hrsg.): II. Abdülhamid. Modernleşme Sürecinde İstanbul. Istanbul during the Modernization Process; Istanbul 2010.

Yaşar Yılmaz: Osmanlı'nın hediye sunumlarında önem taşıyan bir fabrika: Hereke Fabrika-i Hümâyûnu ve Hereke Köşkü; S. 130-139. In: İlona Baytar (Hrsg.): İki dost hükümdar Sultan II. Abdülhamid Kaiser II. Wilhelm. Zwei befreundete Herrscher; Publikation Nr. 53 der Verwaltung Nationale Paläste des TBMM; Istanbul 2009.

Nurcan Yazıcı: Türk-Alman Dostluğunun hatırası / ›nişânesi‹ Sultanahmet'teki Alman Çeçmesi'nin inşa süreci ve bir çizimin düşündürdükleri; S. 173-197. In: İlona Baytar (Hrsg.): İki dost hükümdar Sultan II. Abdülhamid Kaiser II. Wilhelm. Zwei befreundete Herrscher; Publikation Nr. 53 der Verwaltung Nationale Paläste des TBMM; Istanbul 2009.

Şule Yum: Yüzyılda Osmanlı-Alman ilişkisinin müzik alanına yansıması; S. 97-108. In: İlona Baytar (Hrsg.): İki dost hükümdar Sultan II. Abdülhamid Kaiser II. Wilhelm. Zwei befreundete Herrscher; Publikation Nr. 53 der Verwaltung Nationale Paläste des TBMM; Istanbul 2009.

J(ohannes) Ziegler: Konstantinopel. Komm mit nach Konstantinopel und sieh durch meine Brille Land und Leute an; Wilhelmsdorf 1911.

Viktoria Zoubkoff (d.i. Prinzessin Victoria zu Schaumburg-Lippe, Prinzessin von Preußen): Was mir das Leben gab – und nahm; Bonn 2005.

Sultan Abdül Hamid II.
Gedanken und Erinnerungen:
www.matrixmedia-verlag.de/Tagebuch-Abdul-Hamid-II.pdf

Danksagung

Mein Dank gilt allen, die Werden und Entstehen des Buches begleitet und durch ihre Hilfe überhaupt erst ermöglicht haben, allen voran und in besonderer Weise meiner Mutter Ingrid Weiberg und ihrem leider verstorbenen Mann Ronald Krüger. Sehr verbunden bin ich Dr. Felix Schönrock für vielfältige Unterstützung bei der Suche nach Literatur und sein unermüdliches kritisches Zuhören, wenn es um die Politik ›der Mächte‹ und des Sultans ging. PD Dr. Michael Reinhard Heß danke ich vielmals, da er so freundlich war, die teilweise Übersetzung der Erinnerungen der Prinzessinnen Şadiye Osmanoğlu und Leyla Achba Anchabadze (die in Ausschnitten somit erstmals in deutscher Sprache vorliegen) sowie der osmanischen Geschenklisten für das deutsche Kaiserpaar zu besorgen, mir geduldig zahlreiche osmanische Begriffe erläuterte und stets mit seinem Rat zur Seite stand. Ohne den *M*atrix*M*edia Verlag und das Engagement von Heinrich Prinz von Hannover wäre das Buch in seiner vorliegenden Form nicht entstanden. Es freut mich sehr, daß Hasan Cobanli, mit der deutschen wie der türkischen Geschichte persönlich eng verbunden, Zeit gefunden hat, das Buch mit einem Vorwort zu begleiten; ich danke ihm herzlich dafür.

S.K.H. Prinz Selim Djem, als Ururenkel Sultan Abdül Medschids und Urgroßneffe Sultan Abdül Hamids II. in der Geschichte seiner Familie sehr bewandert, begleitete das Entstehen des Buches mit regem Interesse und steuerte verschiedene Informationen zu Angehörigen der Familie bei. S.H. Christoph Prinz zu Schleswig-Holstein möchte ich für die erneute freundliche Erlaubnis, das herzogliche Familienarchiv nutzen zu dürfen, danken und I.H. Elisabeth Prinzessin zu Ysenburg und Büdingen für ihre engagierte Hilfe bei der Recherche im Archiv in Schloß Glücksburg.

Die frühere wissenschaftliche Leiterin der Archive des Institutes für Theaterwissenschaft der Freien Universität Berlin Dr. Dagmar Walach ermöglichte mir freundlichst den Zugang zum Nachlaß von Julius Freund und stellte mir den Text des Abdül-Hamid-Couplets zur Verfügung, wofür ich ihr sehr verbunden bin. S.D. Ernst Johann Prinz Biron von Curland war so freundlich, für dieses Buch, das auch die Orientreisen seiner Urgroßeltern, des deutschen Kaiserpaares, behandelt, einige Informationen beizusteuern.

Herrn Ahmad Gross danke ich für die Beantwortung meiner Fragen hinsichtlich der Texte aus dem Koran sowie seine Hinweise auf die Bedeutung des Kalifen Abdül Hamid II. Nicht zuletzt danke ich meiner Schwester Anke Weiberg für ihre gewissenhafte Hilfe bei der Recherche, wenn mir wieder einmal die Zeit fehlte, sowie dem Familienverein der Freiherrn und Barone von der Recke und Grafen von der Recke von Volmerstein e.V. für die Auskunft unter anderem zu Freiherrn Eberhard von der Recke. Herzlich danke ich auch dem ehemaligen Vorsitzenden der deutsch-türkischen Parlamentariergruppe Staatssekretär a.D. Thomas Kossendey für seine Anteilnahme, die er diesem Buch sowie dessen Entstehen entgegenbrachte. Herr Mehmet Erken vom Deutschen Generalkonsulat in Istanbul war so freundlich, mir die Abbildung des Staatsportraits Kaiser Wilhelms II. in osmanischer Uniform zur Verfügung zu stellen.

Die Portraitphotographie des deutschen Botschafters Adolf Freiherr Marschall von Bieberstein hat mir dankenswerterweise Dr. Isabelle Freifrau Marschall von Bieberstein überlassen. S.K.H. Prinz Roland Selim Kadir verfolgte die Übersetzung der Erinnerungen seines Urgroßvaters Abdül Hamid II. mit regem Interesse, wofür ich ihm an dieser Stelle ebenfalls danken möchte.

Mein ganz besonderer Dank gebührt jedoch I.H. Marie Alix Herzogin zu Schleswig-Holstein, denn sie nahm es in liebenswürdiger Weise auf sich, während eines meiner Besuche in Bienebek jene Briefe und Reiseberichte, die Kaiserin Auguste Victoria sowohl 1889 als auch 1898 aus Constantinopel an ihre ihr sehr verbundene Schwester Herzogin Caroline Mathilde zu Schleswig-Holstein-Sonderburg-Glücksburg schrieb, gemeinsam mit mir zu sichten und die nicht immer leicht lesbare Handschrift zu entziffern – vor allem jedoch war sie es, die mir die Reisetagebücher ihrer Großmutter Großherzogin Elisabeth von Oldenburg zur Verfügung stellte und damit mein näheres Interesse für das Osmanische Reich, Sultan Abdül Hamid II. und seine Beziehungen zu Deutschland überhaupt erst weckte.

Personenverzeichnis

Autor

Thomas Weiberg, geboren 1965 in Seesen, studierte Geschichte, Germanistik und Pädagogik in Berlin. Dabei entstanden frühzeitig die Interessenschwerpunkte deutsch-europäische Geschichte zwischen 1860 und 1920 sowie Kulturgeschichte des Wilhelminischen Deutschlands. 2007 erschien »Wie immer Deine Dona. Verlobung und Hochzeit des letzten deutschen Kaiserpaares«, 2008 »Prinzessin Feodora. Ein Leben als Schwester der deutschen Kaiserin« und 2009 »Zwischen Orient und Ostsee. Die Reisetagebücher der Großherzogin Elisabeth von Oldenburg«, 2014 erschien in Istanbul sein Buch »Mein Sultan möge lange leben! Padişahım çok yaşasın! Thomas Weiberg lebt und arbeitet in Berlin.

Corsica
Sardinien
ITALIEN
Rom
Neapel
Brindisi
Sizilien
Messina
Bosnien
Belgrad
Serbien
Rumänien
Bukarest
Donau
Bulgarien
Ost-Rumelien
M.
Türkei
Saloniki
Brussa
Griechenland
Patr.
Athen
Samos
Smyrn
Kle
Kreta
Chania
MITTELLÄNDISCHES M
Tunis
Susa
Kl. Syrte
Gabes
Tripolis
Misda
Ghadames
Gr. Syrte
Benghasi
Alexandria
Tripolis
Sokna
Fessan
Mursuk
Gatrun
Siwa
Ägyp
Oasen v. Kufra
Nördl. Wendekreis